Les sources du droit des hydrocarbures en Afrique

5-7, rue de l'École-Polytechnique ; 75005 Paris

http://www.editions-harmattan.fr/

ISBN : 978-2-343-16218-8
EAN : 9782343162188

Stéphane Essaga

Les sources du droit des hydrocarbures en Afrique

Préface d'Emmanuel Jeuland
Avant-propos de Martin Ndendé

L'Harmattan

PRÉFACE

La thèse de M. Essaga sur les sources du droit des hydrocarbures en Afrique n'est pas une recherche commune. Il s'agit non seulement d'une véritable thèse comportant une position forte, mais aussi, et surtout, d'une véritable vision juridique des relations économiques essentielles pour de nombreux pays africains, du Cameroun à l'Algérie en passant par le Nigeria.

Il va également à contre-courant d'une thèse habituelle en son domaine : le droit des hydrocarbures serait entièrement dicté par les multinationales, sans tenir compte des ordres juridiques nationaux des États africains ; il existerait une *lex petrolea* en tant que branche de la *lex mercatoria,* qui serait l'expression d'un ordre juridique indépendant exprimant à la fois le pluralisme du droit et la faiblesse des États africains.

Au contraire, pour M. Essaga, les États africains mais aussi les citoyens et les communautés locales continuent de jouer un rôle déterminant en matière de sources du droit des hydrocarbures en relation avec les multinationales. Il pose ainsi sa double thèse fondamentale : le droit des hydrocarbures appartient, en Afrique, à la fois à la théorie moniste et à la théorie relationiste.

Selon la thèse moniste provenant de Kelsen, il n'y a qu'un ordre juridique par État car l'État n'est rien d'autre qu'un ordre juridique ; de même, au plan international, il n'existe qu'un ordre juridique qui unit les États et les autres acteurs dont les multinationales.

Selon la théorie relationiste (voir récemment A. Somek), l'ordre juridique est avant tout composé de relations entre des personnes juridiques qui créent et interprètent leur propre norme ou appliquent en les interprétant des normes posées par d'autres. Cette théorie a aussi un versant axiologique : il convient de construire les relations juridiques de telle sorte que les parties demeurent autonomes dans l'interdépendance (position de J. Nedelsky, *Law's Relations*, Oxford University Press, 2011). D'autres concepts fondamentaux tels que les actes juridiques, en particulier ici les contrats internationaux et les personnes juridiques, constituent ainsi la relation.

Ainsi, selon M. Essaga, les relations juridiques formées entre les acteurs des hydrocarbures doivent générer une équidistance pour être valides. Le concept d'équidistance juridique, inventé par M. Essaga, ne veut pas dire qu'il pense que doit exister une égalité économique. Il signifie, au contraire, que les parties, en particulier les États, ont une marge suffisante de négociation qui peut d'ailleurs changer avec le temps. Il montre ainsi que les clauses de stabilité fiscale ont parfois été renégociées par les États à l'égard des multinationales exploitant les hydrocarbures quand le contexte s'y prêtait. Il est tentant de taxer M. Essaga d'idéalisme, mais il importe de réfléchir à deux fois à sa proposition. Il ne pense pas que les États africains sont en position de force mais il indique cependant qu'ils sont de véritables parties à la recherche d'une équidistance avec les multinationales. Sa position est courageuse et finalement réaliste et informée quand on sait qu'il a travaillé des années durant au contact des réalités fiscales du droit des hydrocarbures au Cameroun et dans la sous-région d'Afrique centrale, au moins.

Sa thèse est aussi importante car il paraît être l'un des premiers à l'époque contemporaine, voire le premier à s'appuyer sur la théorie relationiste du droit en Afrique. Il ne se contente pas d'utiliser une théorie quelque peu marginale et peu unifiée. On retrouve certes des relationistes dans toutes les traditions juridiques occidentales, aussi bien en *Common Law* qu'en *Civil Law* depuis Savigny, mais dans des positions plutôt minoritaires, Achterberg en Allemagne, Cicala et Alessandro Levi en Italie, Ferrer Arelanno et Falcon y Tella en Espagne, Orlando de Carvalo et Dominguès de Andrade au Portugal et au Brésil, Villey à certains égards en France, Nedelsky au Canada et aux États-Unis, Zirk-Sadowski en Pologne, Korkounov en Russie à la fin du XIXe siècle (qui ne se présente pas comme relationiste mais considère le rapport de droit comme essentiel), etc. (pour les références, voir E. Jeuland et S. Messaï, *Les nouveaux rapports de droit*, IRJS, 2013, p. 1-12 ; et *Théorie relationiste du droit,* LGDJ, 2016). Mais, ces auteurs restent peu connus pour leur relationisme et ils ont peiné à critiquer le normativisme et le réalisme. On peut cependant avancer qu'il y a eu récemment un *relational turn* lié à un *emotional turn* dans de nombreuses disciplines, en raison notamment des découvertes des neurosciences (notamment les neurones miroirs qui rendent compte biologiquement de la réciprocité des rapports humains et également de l'importance des émotions aux côtés de la raison pour parvenir à une décision, judiciaire ou non). Le mouvement *Law and Emotion* qui s'est développé aux États-Unis pourrait se transformer en mouvement *Law and Relation.*

Or, le défi que relève M. Essaga est d'africaniser la théorie relationiste du droit. Les comparatistes classent les droits africains à l'intersection des droits d'origine religieuse (droit dit informel, souvent oral) et des droits occidentaux (droit formel et écrit) qui les ont influencés. Or, il apparaît que la relation humaine est fondamentale dans l'approche de la troisième famille juridique qui est issue directement des religions, indépendamment de l'influence occidentale récente (Chine, Japon, Inde, Afrique, etc.). Il se peut dès lors que M. Essaga retrouve à travers les siècles une philosophie du droit fort ancienne qui remonte à la déesse égyptienne Maât.

Cette philosophie est exprimée à travers le célèbre conte de l'oasien, vieux de 4 000 ans. Selon cette histoire, un habitant d'une oasis se rendait au marché avec son âne et sa charrette chargée d'herbes médicinales et de fruits. Un jeune homme avide, fils d'un riche gouverneur, lui tendit un piège en étendant du linge sur la route. L'oasien s'écarta de la chaussée et passa dans un champ où son âne mangea quelques graines d'orge. Le fils du gouverneur, constatant le vol de graines, lui confisqua son âne et ses produits. L'oasien tenta en vain de les récupérer auprès du gouverneur. Celui-ci, frappé par son éloquence, s'en ouvrit au roi qui lui conseilla de donner le sentiment d'être sourd à sa demande pour l'écouter davantage plaider sa cause. Le gouverneur devint ainsi, aux yeux de l'oasien, complice du voleur. Le pauvre homme adressa des suppliques au gouverneur concernant la nécessité d'avoir accès à un juge qui soit à l'écoute des parties dans un esprit de solidarité. L'oasien a même été molesté par ses agents. Le pauvre homme a adressé neuf suppliques qui peuvent se résumer en trois attitudes que doit avoir, selon lui, le juge : 1) ne pas être inactif de telle sorte qu'il y ait un engrenage dans les actions des uns et des autres afin de maintenir la cohésion sociale dans le temps – l'oasien prône donc une solidarité basée sur l'interdépendance et l'interaction pour permettre à tout le monde de vivre en bonne intelligence ; 2) être à l'écoute dans le silence pour être intégré au groupe, car « si l'écoute est bonne, la parole est bonne. Celui qui n'écoute pas est donc incapable de la bonne parole. Puisque ses paroles sont mauvaises, elles sont une nourriture empoisonnée et, au lieu de l'intégrer, elles l'isolent » ; et 3) ne pas être avide car cela détruit les relations sociales. Il y avait là, a-t-on dit (J. Assmann, *Maât, l'Égypte pharaonique et l'idée de justice sociale*, MdV éditeur, 2010, p. 34), une véritable philosophie du droit et de la justice. Cette philosophie est relationiste, puisqu'elle place l'interdépendance au cœur du droit.

Ce conte est riche en symboles. Les tissus sur la route figurent la privatisation d'un domaine public où chacun, en principe, est l'égal de l'autre. La justice est comparée à un bateau dont la voile ressemble à une plume, le symbole de Maât, déesse de la justice. La balance servant à peser les produits vendus est également présente. On peut, dès lors, se demander comment ces éléments – relation juridique et symboles – sont liés et comment penser le droit dans la mondialisation à partir des rapports juridiques. L'excès de raison serait-il ainsi tout autant irrationnel qu'une approche magique du monde ? (Sur l'origine magique du droit, voir « Magie », in *Dictionnaire encyclopédique de théorie et de sociologie du droit*, LGDJ, 1993 ; voir aussi, récemment, L. de Sutter, *Magic, une métaphysique du lien*, PUF, 2015). Cette philosophie du droit a très bien pu voyager depuis l'Empire égyptien vers les pays d'Afrique de l'Ouest et du Centre, comme a tenté de le montrer l'historien sénégalais Cheikh Anta Diop, certes fortement contesté, en comparant les langues africaines avec l'ancienne langue égyptienne (*Nouvelles recherches sur l'égyptien ancien et les langues africaines modernes*, Paris, Présence africaine, 1988). M. Essaga réaliserait donc des retrouvailles entre les sources les plus anciennes du droit africain et les sources du droit africain contemporain d'influence occidentale.

Peu importe d'ailleurs la réalité historique sans doute indémontrable, sa proposition fait aujourd'hui fortement réfléchir.

Il reste à se poser des questions sur l'application de la théorie relationiste en Afrique au regard de la nature. Les hydrocarbures et les autres ressources de ce type sont extraits de la terre. La théorie relationiste pourrait très bien considérer que les relations entre les hommes et la nature doivent être prises en compte en droit. Un collègue africain m'a ainsi expliqué que le fait de rendre sacrée une forêt n'est pas nécessairement un acte religieux, voire un acte de superstition, mais peut être une manière de protéger cette forêt de la destruction. Plusieurs pays dans le monde admettent aujourd'hui que les êtres naturels peuvent agir en justice (Inde et Nouvelle-Zélande pour les fleuves, Bolivie pour la terre mère, Pacha Mama, la Suisse pour les animaux domestiques). Des procès d'animaux ont existé en Europe jusqu'au début du XXe siècle. Un auteur suisse a considéré les animaux comme des personnes juridiques (Osenbrüggen) avant que Demogue et plus récemment Marguénaud ne s'emparent de la question.

La question que l'on peut se poser à la lecture de la thèse de M. Essaga, dans une approche relationiste élargie à la nature, qui implique que tout est lié (philosophie africaine en dehors du droit), est celle que pose Derrida à propos des seuls animaux : et si les animaux répondaient ? Et si l'homme devait répondre de ce qu'il a fait à la nature ? Le juriste entendra derrière ce verbe « répondre » le principe du contradictoire et le principe de réparation intégrale. Allant jusqu'au bout, apparemment un peu absurde, de la démarche relationiste, il faudrait alors permettre d'organiser des procès où les êtres naturels seraient intégrés dans le monde symbolique des humains pour défendre leur cause. Les hydrocarbures pourraient-ils un jour engager un procès contre leurs exploiteurs, multinationales et États, pour leur demander de répondre de leur destruction ? M. Essaga ne pose pas une telle question qui fait sourire (un peu de travers), mais il conduit à ce que l'on se pose ce type de question. À cheval entre l'Afrique et l'Europe, le Camerounais Victor Stéphane Essaga mène un travail de transmission, de création et de réflexion juridique.

Nous espérons qu'au travers de ses activités de consultant international, d'enseignant à l'université et d'écrivain, il pourra contribuer au développement de la théorie relationiste du droit qui est peut-être, sait-on jamais, un élément du nouveau paradigme du droit en voie de se construire.

Emmanuel Jeuland, professeur à l'école de droit de la Sorbonne,

Directeur de l'Institut de recherche juridique de la Sorbonne (IRJS), 06 octobre 2018.

AVANT-PROPOS

L'ouvrage que M. Victor Stéphane Essaga offre ici à nos lecteurs, et qui est issu de sa remarquable thèse de doctorat en droit soutenue à l'Université Paris I (Panthéon-Sorbonne), vient proprement à son heure et brille par l'originalité de sa conception scientifique.

Le sujet traité, en l'occurrence *Les sources du droit des hydrocarbures en Afrique,* est en effet d'une actualité permanente et présente un intérêt pratique considérable si l'on tient simplement compte à la fois du poids économique et géostratégique du secteur des hydrocarbures en Afrique, et des problématiques nombreuses et variées que confirment aujourd'hui les sérieuses difficultés des États du continent à se doter de législations et de réglementations véritablement adaptées et protectrices de leurs intérêts.

La chose a de quoi préoccuper sérieusement quand on sait que ce continent mal outillé et dominé juridiquement et économiquement fournit environ 12 % du pétrole mondial ; qu'au moins dix-sept pays africains sont des exportateurs mondiaux de pétrole et/ou de gaz, parmi lesquels le Nigeria, l'Angola, la Libye, l'Algérie, les deux Soudan, la Guinée équatoriale, le Congo-Brazzaville, le Gabon, le Ghana, le Tchad, l'Égypte ou le Cameroun ; que le Nigeria, la Libye, l'Algérie, l'Égypte et l'Angola produisent à eux seuls 81 % du pétrole africain ; ou encore que le continent possède des réserves prouvées de gaz naturel estimées à 513 milliards de pieds cubes et détient pas moins de 7,6 % du total des réserves mondiales de pétrole.

Une telle étude s'imposait également face à *« une prolifération anarchique des règles... »* en ce domaine (des règles venues forcément d'ailleurs), et que de grands spécialistes du droit international ne manquent pas souvent de dénoncer, à l'image de notre collègue Jacques Chevallier.

L'intérêt majeur de l'ouvrage de M. Essaga, à ce niveau, consiste cependant à tenter de remettre les choses dans le bon ordre et à mieux « charpenter » l'Afrique dans ce droit mondialisé des hydrocarbures. À ses yeux, il en découle que si ce droit tire sa sève nourricière à la fois des sources internationales, transnationales et nationales, il n'en ressort pas moins que la *lex petrolea* apparaît surtout, dans sa conception, comme une dérivée de la *lex mercatoria,* ce puissant système normatif transnational et spontané élaboré par les marchands et professionnels. Le continent ne saurait donc y échapper et doit en conséquence s'y adapter courageusement s'il tient à commercer avec le reste du monde. D'où le rôle moteur que devraient jouer non seulement les États, mais encore les opérateurs locaux coalisés, à l'instar notamment de l'Organisation des producteurs de pétrole africains (*African Petroleum Producers Organisation*, APPO, en anglais).

Si l'ouvrage colle donc aux dures réalités d'une Afrique qui doit se construire juridiquement tout en s'adaptant à un droit fortement mondialisé et souvent féroce, il évite soigneusement le piège facile de la victimisation du continent.

L'auteur montre avec une rare perspicacité la voie à suivre dans nombre de domaines et terrains de haute technicité : la souveraineté énergétique, le régime des investissements, l'appropriation des espaces maritimes et la protection de l'environnement marin (le continent regorgeant en effet de ressources *offshore*). La fiscalité de l'industrie extractive est surtout maîtrisée à la perfection par M. Essaga, qui offre l'avantageux privilège d'être inspecteur principal des impôts de formation, et expert minier et pétrolier international (à l'image des développements de très grande qualité sur l'analyse et les effets pervers des clauses de stabilité fiscale qui ont fait le malheur d'un certain nombre d'États africains mal conseillés dans leurs négociations pétrolières).

Mais cet ouvrage se veut également, dans sa conception fondamentale, une œuvre de pure science juridique. L'auteur nous conduit à aborder le droit des hydrocarbures comme un système qui doit s'appuyer sur un « monisme relationiste », cette théorie visant un ensemble structuré (avec des organes, une hiérarchie, un règlement intérieur, etc.), des rapports de droit, construits à partir des rapports de force présents au moment de sa constitution, mais aussi dynamiques, cette force s'exprimant elle-même dans l'interaction des parties. L'opportunité et l'originalité d'une telle réflexion ne font l'ombre d'aucun doute, si l'on ne veut pas s'isoler dans un système mécanique de la norme exclusivement produite par les pouvoirs publics.

Au total, cette étude à la fois traditionnelle et novatrice des sources du droit, et cette approche qui place l'Afrique au cœur des grandes réflexions scientifiques concernant la construction du droit des hydrocarbures, confèrent toute sa valeur et sa dimension à ce magnifique ouvrage d'école. L'auteur donne la pleine mesure de ses capacités de systématisation d'une matière considérée comme ésotérique dans un environnement souvent peu transparent. C'est toute une prouesse en soi.

Avec cet ouvrage, les sources des hydrocarbures ont enfin trouvé… leurs sources normatives et épistémologiques. Et de manière magistrale et pertinente sur le théâtre inattendu du continent africain ! Une véritable œuvre de pionnier…

Martin NDENDE
Professeur à la faculté de droit de l'Université de Nantes.
Avocat-conseil et expert international.
Conseiller juridique hors classe aux Nations unies, CEA.

DÉDICACE

À ma femme Majolie
et à nos merveilleux enfants.

SOMMAIRE

SIGLES ET ABRÉVIATIONS

ADG	Administrateur directeur général
AFDI	Annuaire français de droit international
AGNU	Assemblée générale des Nations unies
AIDI	Annuaire de l'Institut de droit international
AJIL	American Journal of International Law
ALNAFT	Agence nationale pour la valorisation des ressources en hydrocarbures
Art.	Article
APPA	Association des producteurs de pétrole africains
Ass. Plén.	Assemblée plénière
BEAC	Banque des États de l'Afrique centrale
B.Y.B.I.L.	British Yearbook of International Law
CA	Cour d'appel
Cass. ch. Mixte	Chambre mixte de la Cour de cassation
Cass. civ. 1re	Première chambre civile de la Cour de cassation
Cass. com.	Chambre commerciale de la Cour de cassation
CCJA	Cour commune de justice et d'arbitrage de l'OHADA
CE	Conseil d'État
CEMAC	Communauté économique et monétaire de l'Afrique centrale
CDI	Commission du droit international
CCI	Chambre de commerce internationale
CEDEAO	Communauté économique et monétaire de l'Afrique de l'Ouest
CEDIN	Centre de droit international de Paris I ou de Paris X Nanterre
CIJ	Cour internationale de justice
CIP	Centre d'informations pétrolières
CIRDI	Centre international pour le règlement des différends relatifs aux investissements
Clunet	Journal du droit international
CNUDM	Convention des Nations unies sur le droit de la mer
COTCO	Cameroon Oil Transportation Company
CPJI	Publications de la Cour permanente de justice internationale, Série A.
CPSP	Comité de suivi des pipelines
CREDIMI	Centre de recherche sur le droit des marchés et des investissements internationaux
Dalloz	Recueil Dalloz
DGI	Direction générale des impôts
EPSA	Exploration and Production Sharing Agreement
FAO	Organisation des Nations unies pour l'alimentation et l'agriculture
GEPETROL	Compagnie pétrolière nationale de la Guinée équatoriale
HYDRAC	Hydrocarbures Analyses Contrôles (Cameroun)
I.L.M.	International Legal Materials
I.L.R.	International law Reports
Intl'l & Comp. L.Q.	International and comparative law quarterly

ITIE	Initiative pour la transparence dans les industries extractives
JDI	Journal du droit international
JOA	Joint Operating Agreement
JUR Class	Juris Classeur
LGDJ	Librairie générale de droit et de jurisprudence
MARPOL	Convention internationale pour la prévention de la pollution marine par les navires
Mél.	Mélanges
INFI	Ministère des Finances
N°	Numéro
NNPC	Nigerian National Petroleum Corporation
Obs.	Observations
OCDE	Organisation pour l'harmonisation en Afrique du droit des affaires
OGEL	Oil, Gas & Energy Law
OHADA	Organisation pour l'harmonisation du droit des affaires
ONG	Organisation non gouvernementale
ONU	Organisation des Nations unies
OPEP	Organisation des pays exportateurs de pétrole
OUA	Organisation de l'Union africaine
PUCAC	Presses de l'Université catholique d'Afrique centrale
P.	Page
Pp.	Pages
PNUE	Programme des Nations unies pour l'environnement
PUAM	Presses Universitaires Aix-Marseille
PUF	Presses Universitaires de France
RCADI	Recueil des cours de l'Académie de droit international de La Haye
RDP	Revue de droit public
Rec.	Recueil
REDE	Revue européenne de droit de l'environnement
Rev. Arb.	Revue de l'arbitrage
RIEJ	Revue interdisciplinaire d'études juridiques
RGDIP	Revue générale de droit international public
RTD civ.	Revue trimestrielle de droit civil
SA.	Société anonyme
SEP	Société en participation
SFDI	Société française pour le droit international
SNH	Société nationale des hydrocarbures du Cameroun
SONANGOL	Société nationale pétrolière angolaise
SONATRACH	Société nationale pour la recherche, l'exploitation, le transport par canalisation et la commercialisation des hydrocarbures
Spéc.	Spécialement
Supra	Au-dessus
TCA	Taxe sur le chiffre d'affaires
Th.	Thèse
TNCO	Texte composite de négociation officieux de 1977
TVA	Taxe sur la valeur ajoutée
UA	Union africaine
UDEAC	Union douanière des États de l'Afrique centrale
UICN	Union mondiale pour la nature
V.	Versus (contre)
Vol.	Volume
YB Com. Arb.	Yearbook of commercial arbitration

INTRODUCTION GÉNÉRALE

Jus est suum cuique tribuere
(le droit, c'est attribuer à chacun le sien).
Digeste, *1,1, De justicia et jure,* fr. 10.

1. Les travaux sur l'étude des sources du droit sont à la fois présentés comme audacieux, périlleux, mais nécessaires. Pour Georges Gurvitch, l'étude des sources de l'ordre juridique constitue sans aucun doute « *le problème crucial de toute réflexion juridique ; c'est le point central de la philosophie du droit* »[1]. Ainsi a-t-il été estimé que « *prendre conscience de la défaillance des prétendues sources du droit sera la tâche de la génération qui s'installe. Il y a urgence à réalimenter la pensée et le raisonnement juridiques. Pour y parvenir, les juristes du XX*e *siècle finissant devront être audacieux, aussi iconoclastes que le fut la doctrine du XX*e *siècle naissant* »[2]. Ainsi l'étudiant ambitionnant d'étudier les sources privées du droit fiscal reconnaît-il une démarche « profondément délicate », le prisme envisagé ramant à contre-courant de la division classique du droit (droit public et droit privé)[3]. De même, tenter de décrire le renouveau des sources du droit privé de la responsabilité civile, c'est « *se lancer dans une entreprise aussi atypique que risquée* »[4]. Quelques années plus tard, et de façon générale, le professeur Bernard Teyssié considère que « *remonter aux sources du droit est déjà, en soi, un exercice périlleux* »[5]. Du même souffle, le professeur Nicolas Molfessis assène : « *Ne discute pas qui veut (...) du critère de la juridicité, du rôle de la contrainte dans le droit, de la hiérarchie des normes, des transformations de notre système juridique.* »[6]

---

[1] GURVITCH G., *L'expérience juridique et la philosophie pluraliste du droit*, Paris, Pédone, 1935, p. 138.
[2] ATIAS Ch., « La fin d'un mythe ou la défaillance du juridique », D. 1997, chron. p. 44.
[3] VARNEROT V., *Les sources privées du droit fiscal*, Thèse, Université de Nice Sophia-Antipolis, 2001, p. 1, dactyl.
[4] LEHOT M., Le *renouvellement des sources internes du droit et le renouveau du droit de la responsabilité civile*, Thèse, Université du Maine, 2001, p. 16, dactyl.
[5] Dans sa préface à JEANSEN E., *L'articulation des sources du droit. Essai en droit du travail*, Economica, 2008, p. XI.
[6] Dans sa préface à GERRY-VERNIÈRES S., *Les petites sources du droit. À propos des sources étatiques non contraignantes*, Economica, 2012, p. XII.

2. Les difficultés théoriques entourant la question des sources du droit naissent de la transformation de la régulation juridique contemporaine. Le professeur Jacques Chevallier constate que « *l'ordonnancement juridique a subi de redoutables secousses en raison de la prolifération anarchique des règles qui a rendu plus flous les contours de l'ordre juridique, sapé sa cohésion et perturbé sa structure* »[7]. Dès lors, de nombreux travaux, études et colloques ambitionnent tantôt de comprendre le phénomène[8], tantôt d'en dégager de nouveaux paradigmes[9].

3. Toutefois, cette dynamique continue de réflexions aussi pointues les unes que les autres n'épuise pas le champ d'étude possible. Le droit international économique en général, tout comme le droit des hydrocarbures en particulier, n'est pas encore abordé de façon systématique. Point que la question n'ait effleuré certains analystes, au contraire. Mais, elle est abordée soit de façon indicative en invoquant simplement l'existence de certaines sources atypiques du droit, soit après avoir rappelé ces sources atypiques de façon exotique, en évoquant les rapports co-existentiels des différentes sources du droit des investissements en général, et du droit des hydrocarbures en particulier[10]. Lorsque, enfin, est abordée l'existence certaine d'un ordre spécifique à ces activités, ces travaux n'en détaillent pas les caractéristiques, et le contenu de cet ordre spécifique n'est pas toujours clair ou opérant. Or, comme le disait Savigny, la science du droit a besoin « *d'un moyen logique de la forme, à savoir la condition logique de la connaissance de tout le contenu de la législation pour connaître ces principes, en partie de façon particulière, en partie dans leurs connexions* »[11].

4. Il s'agit alors de décrire les généralités entourant la notion de sources du droit (I), qui détermineront ensuite les contours et l'orientation de la

---

[7] In « Vers un droit postmoderne ? Les transformations de la régulation juridique », *RDP*, n°3, 1998, p. 668.

[8] Cf. par exemple, *Le renouvellement des sources du droit des obligations*, Tome I, Actes du colloque de Lille, L.G.D.J., 1996 ; *Libres propos sur les sources du droit, Mélanges en l'honneur de Philippe Jestaz*, Dalloz, 2006 ; DE BÉCHILLON D., CHAMPEIL-DESPLATS V., BRUNET P. et MILLARD E., *L'architecture du droit, Mélanges en l'honneur de MICHEL TROPER*, Economica, 2006 ; MARTIAL-BRAZ N., RIFFARD J.-F., BEHAR-TOUCHAIS M., *Les mutations de la norme. Le renouvellement des sources du droit*, Economica, 2011 ; Le dossier de la revue de droit de l'université d'ASSAS portant sur « la mutation des sources en droit public », *RDA*, n°6, oct. 2012, pp. 32-72.

[9] Lire par exemple DELMAS-MARTY M., *Le pluralisme ordonné*, Seuil, 2006 ; OST F., de KERCHOVE M.V., *De la pyramide au réseau ? Pour une théorie dialectique du droit*, Publications des facultés universitaires Saint-Louis, Bruxelles, 2002 ; THIBIERGE C. et *al.*, *La force normative. Naissance d'un concept*, L.G.D.J., Bruylant, 2009.

[10] Lire notamment LAURIOL T. et RAYNAUD E., *Le droit pétrolier et minier en Afrique*, L.G.D.J, 2016. Ils constatent « *l'extrême imbrication juridique des éléments conventionnels et réglementaires* », sans systématisation particulière (p. 99).

[11] F.C. von Savigny, cité par CHAMPEIL-DESPLATS V., *Méthodologies du droit et des sciences du droit*, Dalloz, 2016, p. 83.

recherche envisagée (II), avant de présenter la démarche scientifique adoptée dans cette étude (III).

I. GÉNÉRALITÉS SUR LA NOTION DE SOURCES DU DROIT DES HYDROCARBURES

5. La notion de sources du droit est polysémique, à un point tel qu'il a pu être affirmé que « *sans forcer le trait, on pourrait presque dire qu'il y a autant de présentations de sources que d'auteurs de manuels* »[12]. Au gré de l'évolution à la fois du temps[13] et des conceptions mêmes que l'on se fait du droit[14], plusieurs acceptions ont vu le jour, au point de déboucher sur une sorte de « bazar » ou une « *auberge espagnole* »[15].

6. Dans son sens courant, la source est une métaphore hydrologique, signifiant « *le lieu où apparaissent à la surface du sol des eaux demeurées jusque-là cachées* »[16]. Par voie de conséquence, d'un point de vue juridique, les sources sont les « *forces d'où surgit le Droit (objectif)* »[17]. Cela correspond à la deuxième acception du *Dictionnaire encyclopédique de théorie et de sociologie du droit*, pour qui « *la notion de ''source du droit'' renvoie alors aux facteurs économiques ou sociaux qui ont influencé l'évolution du droit* »[18]. Catherine Thibierge explique la polysémie de la conjonction des deux termes « source du droit » par son caractère bipolaire, voire bijectif. « *Elle inclut ce qui crée (source) et ce qui est créé (droit) ; l'origine et l'effet.* »[19]

7. Elle ne distingue alors pas moins de huit sens à la notion, dont sept concernant « ce qui crée » et répondant à la question « d'où le droit jaillit-il ? », et un huitième sens désignant « non plus l'origine, mais le fruit », « ce qui est créé », les normes créées. Cette définition, selon l'auteur, « *identifie le droit au droit positif, et assimile par là même le droit aux règles (...), elles-mêmes caractérisées sur le modèle de la loi* ».

---

[12] THIBIERGE C., « Sources du droit, sources de droit : une cartographie », in *Libres propos sur les sources du droit, op. cit.*, p. 536.
[13] Avec les phénomènes de désétatisation des sources du droit causée par la combinaison de l'internationalisation, de la judiciarisation, de la contractualisation et de la privatisation de ces dernières. (V. THIBIERGE C., « Sources du droit, sources de droit : une cartographie », in *Libres propos sur les sources du droit, op. cit.*, p. 520).
[14] Conception légicentriste du droit ou plus large incluant la coutume, la pratique, les sources privées…
[15] VULLIERME J.-L., « Les anastomoses du droit (Spéculation sur les sources) », in *Archives de philosophie du droit*, vol. 26, 1981.
[16] Voir AMSELEK P., « Brèves réflexions sur la notion de ''sources du droit'' », *Arch. phil. du dr.*, T. 3, *Droit et économie*, Sirey, 1992, p. 59.
[17] Cf. *Vocabulaire Henri Capitant* ; voir aussi SÈVE R., « Brèves réflexions sur le Droit et ses métaphores », *Arch. phil. du dr.*, T. 27, « *Sources » du droit*, Paris, Sirey, 1982, p. 260.
[18] Voir ARNAUD A.-J. (dir.), *Dictionnaire encyclopédique de théorie et de sociologie du droit, deuxième édition entièrement refondue corrigée et augmentée*, L.G.D.J., 1993, p. 577.
[19] *Op. cit.*, p. 529.

8. Cette acception légicentriste sied partiellement à notre étude. Elle permettra de mettre en évidence les origines historico-factuelles de certaines normes juridiques encadrant le droit des hydrocarbures, notamment à l'échelle internationale. Mais, cette notion sera complétée ensuite par celle de « source *de* droit », encore plus générale.

9. Par source *de* droit, la doctrine entend « *source de droit au sens large du terme droit, c'est-à-dire non réduit aux règles générales abstraites, impersonnelles, obligatoires ou sanctionnées par l'autorité publique* »[20]. Il s'agit donc d'y inclure les normes juridiques non nécessairement générales, qu'elles soient simplement collectives ou individuelles. Il s'agira alors précisément de deux sources de droit particulières :

– Les contrats, précisément les contrats d'État[21], mais aussi les contrats d'association signés entre les États et les entreprises privées étrangères et établissant les règles applicables dans le cadre de l'association créée[22]. Il ne s'agira plus de revenir sur les forces créatrices de ce droit, l'origine ou le fondement, mais directement sur le résultat de ces foyers de création de droit des hydrocarbures, dont il faut simplement préciser également la nature.

– Le système relationnel mis en place par les parties liées par l'objectif commun de valorisation des ressources pétrolières et gazières, et générant des normes de comportement intégrant certes des normes écrites (notamment de type contractuel), mais les dépassant également[23].

10. Il est généralement admis que « *les règles par lesquelles les États encadrent le commerce international sont à rechercher dans leurs textes législatifs et réglementaires et dans leurs jurisprudences respectives* »[24]. Il est même considéré que le droit étatique est une source « naturelle » du droit du commerce international[25]. Toutefois, l'identification précise de ce droit étatique est rarement détaillée, et jamais complète, en tout cas en ce qui concerne le droit des hydrocarbures. Une approche complète consiste ainsi à intégrer plusieurs variantes de sources du droit à la fois. Il s'agit au

---

[20] *Op. cit.*, p. 533.

[21] KAMTO M., « La notion de contrat d'État : une contribution au débat », *Revue de l'arbitrage*, 2003, pp.722-729.

[22] Bien que les praticiens Thierry Lauriol et Émilie Raynaud identifient ce qu'ils appellent un « tissu conventionnel », ils ne citent finalement que ce qu'ils appellent les contrats « principaux » signés entre les États et les opérateurs privés, d'une part, et les contrats privés accessoires signés entre les opérateurs privés, notamment dans le cadre de la sous-traitance ou de la co-traitance, d'autre part. V. LAURIOL T., RAYNAUD E., in *Le droit pétrolier et minier en Afrique*, *op. cit.*, p. 98. Ils omettent un deuxième type de contrats signés entre les États et les entreprises privées en matière pétrolière notamment, les contrats d'association, qui établissent les règles d'exploitation commune des gisements et constituent un concentré décisif de règles constitutives du droit des hydrocarbures, comme nous le verrons.

[23] Lire JEULAND E. et CHAMPAIN L., « Interactionnisme juridique et norme, approche juridique », in JEULAND E. et PICAVET E., *Interactionnisme et norme*, IRJS Éditions, 2016, pp. 7-22.

[24] BÉGUIN J. et MENJUCQ M. (dir.), *Droit du commerce international*, Collection Traités, LexisNexis 2011, n°16.

[25] KENFACK H., *Droit du commerce international*, collection Mémento Dalloz, 2012, p. 9.

demeurant de constater que le droit des hydrocarbures, généralement résumé avec le vocable *lex petrolea*, dérivé de la *lex mercatoria,* est plus complexe que ce que lui présuppose cette notion.

11. Les normes marchandes internationales sont de plus en plus définies *in solo*, sous le vocable *lex mercatoria.* Ce sont « *les règles transnationales que les partenaires des échanges économiques internationaux se donneraient progressivement à eux-mêmes, notamment dans le cadre de leurs organismes professionnels, et que les arbitres, contractuellement désignés pour résoudre leurs litiges, constatent et, par là même précisent, voire élaborent à leur intention* »[26]. Toutefois, c'est en référence aux autres sources, alors considérées comme classiques du droit (droit international et droit national, sources formelles en général), que la *lex mercatoria* a presque toujours été définie. Ainsi, dans leur description des sources du droit international économique, les professeurs Dominique Carreau et Patrick Juillard affirment qu'« *il existerait des sources qui ne se rattacheraient ni aux ordres juridiques nationaux, ni à l'ordre juridique international interétatique et que, pour cette raison, faute d'une meilleure dénomination, on désigne génériquement sous l'appellation de sources de tiers ordre* »[27].

12. Ils continuent en précisant alors : « *Ces sources naîtraient des efforts concertés des opérateurs et, plus précisément, des sociétés multinationales ou transnationales.* »[28] C'est l'originalité de ce mode de formation du droit, né des us et coutumes des opérateurs et acteurs du commerce international, qui a conduit à le baptiser « droit spontané ». En effet, même si l'expression est utilisée dans d'autres disciplines, la catégorisation des usages commerciaux en « droit spontané » serait plus intense en droit international privé[29]. La *lex mercatoria* est définie comme une « *expression reprise de l'histoire du Droit du Moyen Âge pour désigner le Droit élaboré par les milieux professionnels du commerce international ou spontanément suivi par ces milieux indépendamment de tout Droit étatique et dont l'application échapperait, pour cette raison, à la méthode du conflit de lois* »[30]. Pour certains auteurs, la *lex mercatoria* est considérée comme le synonyme même de « droit spontané »[31]. La coutume, en tout état de cause, relève d'un « *phénomène spontané* »[32], et « *dans les relations commerciales internationales, le développement d'un droit spontané issu de la pratique,*

---

[26] GOLDMAN B., cité par BÉGUIN J. et MENJUCQ M. (dir.), *Droit du commerce international*, *op. cit.*, p. 56.

[27] In *Droit international économique*, 4e édition refondue et corrigée, Paris, L.G.D.J., 1998, n°21, p. 12.

[28] *Ibid.*

[29] DEUMIER P., *Le droit spontané*, Paris, Economica, 2002, p. 14.

[30] Lire CORNU G., *Vocabulaire Juridique*, 11e édition mise à jour, Paris, PUF, Quadrige, 2016, p. 609. (V. *Lex mercatoria*). C'est nous qui soulignons.

[31] Le professeur KENFACK estime en effet qu'« *en définitive, ce droit spontané adapté aux besoins de la pratique, a une importance considérable en droit du commerce international...* », in *Droit du commerce international*, *op. cit.*, p. 14.

[32] DEUMIER P., *Le droit spontané*, *op. cit.*, p. 8. C'est nous qui soulignons.

quoiqu'il suscite encore interrogations et réflexions, apparaît comme un phénomène établi »[33].

13. De la *lex mercatoria*, la doctrine a pu dégager une spécialité relative aux activités d'exploration-production des hydrocarbures, baptisée *lex petrolea*. Les professeurs Dominique Carreau et Patrick Juillard précisent alors que « *l'entente entre les principales sociétés américaines et européennes (*les seven sisters*) a donné naissance à une* lex petrolea*, qui a réglé, durant trois décennies, l'exploitation et la distribution des hydrocarbures à l'échelle planétaire* »[34]. M.-E. Loquin, dans son étude « Où en est la *lex mercatoria* ? », estime que « *du droit des hydrocarbures gazeux à celui des eurocrédits, de l'exploitation commerciale de l'espace à la gestion des ressources naturelles d'origine agricole, chacune des recherches collectives et individuelles développées au sein du Centre a révélé la création par les opérateurs du commerce international d'un droit matériel transnational du commerce international* »[35].

14. Mais, l'origine du terme semble jurisprudentielle. Le gouvernement du Koweït a pu en effet avancer, en 1982, que certains volets des litiges « *generated a customary rule valid for the oil industry - a* lex petrolea *that was in some sort a particular branch of a general universal* lex mercatoria »[36]. Depuis lors, de nombreux travaux ambitionnent de particulariser ce droit spontané spécial relatif aux hydrocarbures. Le pionnier dans cette entreprise est Doak Bishop, qui fut le premier à essayer d'identifier et classer l'ensemble des règles dégagées par la jurisprudence arbitrale internationale et relatives à l'exploitation des hydrocarbures[37]. Ce travail a été actualisé en 2011[38], et l'originalité normative qu'il recèle commence à être envisagée à l'échelle régionale, notamment en Afrique noire[39].

---

[33] AZZI T., « Les mutations de la norme en droit international privé », in MARTIAL-BRAZ et RIFFARD, BEHAR-TOUCHAIS (dir.), *Les mutations de la norme. Le renouvellement des sources du droit*, Paris, Economica, 2011, p. 141. (C'est nous qui soulignons).

[34] *Ibid.*

[35] LOQUIN E., « Où en est la *lex mercatoria* ? », in *Études P. Kahn*, Litec, 2000, p. 23. Il se base sur les travaux du Centre de recherche sur le droit des marchés et des investissements internationaux (CREDIMI). Lire également MANIN P., « Exploitation du gaz naturel et transformation des structures juridiques », in *Les hydrocarbures gazeux et le développement des pays producteurs*, vol. 2, Paris, Librairies Techniques, 1974, pp. 209-225.

[36] *Gouvernement de l'État du Koweït contre American Independent Oil Co (AMINOIL)*, sentence du 24 mai 1982, 21 I.L.M 976, 1036 (1982), 9 Yearbook Commercial Arbitration 71, 87 (1984). C'est nous qui soulignons.

[37] Voir BISHOP D., *International arbitration of petroleum dispute: the development of a lex petrolea*, CEPLMP, Université de Dundee, Écosse, discussion paper n°. DP 12, 1997, XXIII YB Com. Arb., 1998.

[38] Voir THOMAS C.C. CHILDS, « Update on *lex petrolea*: the continuing development of customary law relating to international oil and gas exploration and production », *J.W.E.L.B.*, vol. 4, n°3, septembre 2011, pp. 214- 259.

[39] BONNEFOY N., « Moving towards an Africa Lex Petrolea », *Advisor*, September 2012, p. 24.

15. Après ce constat de la consécration doctrinale[40] de plus en plus affinée du droit spontané en général, et de la *lex petrolea* en particulier, il convient de définir la notion de « droit délibéré »[41].

16. Sans être particulièrement définie, son acception est presque toujours sous-entendue, par le jeu de son opposition au droit spontané, et abondamment précisée dans son contenu et ses sens. Ainsi a-t-il été souligné que « *face à l'absence de texte, chacun, juriste ou béotien, se sentant pris de vertige, crie au vide et réclame ses lignes de loi, oubliant que sa surdose lui donne la nausée. Une telle annexion du juridique par le droit délibéré laisse bien peu de place à d'autres formes de création et encore moins à celle qui se voudrait spontanée* »[42]. L'adjectif « délibéré », sur le plan juridique, renvoie à ce « *qui procède d'une résolution intime mûrement réfléchie ; se dit d'une action consciente et décidée, d'un fait que son auteur accomplit résolument après l'avoir examiné en lui et pesé…* »[43].

17. Il s'agit en fait principalement des sources étatiques, l'État étant le foyer par excellence du droit délibéré, mais pas le seul. En effet, « *l'ordre étatique, dans sa fonction de création du droit, est autonome, proposant un ensemble complet de normes de comportement et de sanction en privilégiant pour cette création le mode délibéré, mieux à même de pourvoir aux intérêts de la société globale* »[44]. En général, la doctrine ne se focalise, lorsqu'elle décrit les sources étatiques contribuant à l'encadrement du commerce international, que sur les sources de nature législative et réglementaire[45]. En suivant les professeurs Dominique Carreau et Patrick Juillard, nous pouvons classer les sources de droit délibéré des hydrocarbures en deux catégories : celles qui relèvent du droit public, car « *émanant de l'action souveraine de la puissance publique, que ce soit dans le droit interne, que dans le cadre international* »[46]. Il s'agira alors :

– Des Constitutions qui, dans le cas du statut des ressources extractives, fixent des règles fondamentales, comme nous le verrons.

– Des traités internationaux, précisément les traités multilatéraux et les traités bilatéraux de protection et de promotion des investissements, dont la

---

[40] Pour le rôle de la doctrine dans l'élaboration des sources du droit, lire DECOCQ G., « Réflexions sur l'influence doctrinale », in *Libres propos sur les sources du droit, Mél. Philippe Jestaz*, Dalloz, 2006, pp. 111-118 ; lire aussi JAMIN C., « La doctrine : explication de texte », in *Libres propos sur les sources du droit, Mél. Philippe Jestaz*, Dalloz, 2006, pp. 225-233.

[41] THIBIERGE C., « Sources du droit, sources de droit : une cartographie », in *Libres propos sur les sources du droit, Mélanges Philippe Jestaz, op. cit.*, p. 536.

[42] DEUMIER P., *op. cit.*, p. 2. Tout au long de son livre, la notion est régulièrement évoquée, même dans les titres et sous-titres.

[43] Voir CORNU G., *Vocabulaire juridique, op. cit.*, p. 319.

[44] DEUMIER P., *op. cit.*, n°363, p. 2.

[45] Voir par exemple BÉGUIN J. et MENJUCQ M. (dir.) *Droit du commerce international, op. cit.*, n°16.

[46] *Droit international économique, op. cit.*, n°22.

portée en droit des investissements a connu une évolution significative ces dernières années.

– Des lois spécifiques relatives aux activités pétrolières et gazières, textes principaux de régulation de ces activités émanant des États hôtes de ces investissements.

18. Les règlements, également entendus comme textes *« de portée générale émanant de l'autorité exécutive par opposition à la loi »*[47], sont utiles à la concrétisation et à l'évolution des liens unissant les États et les opérateurs privés en matière d'investissement[48], et dans l'industrie extractive particulièrement.

19. Ensuite, seront pris en compte les contrats d'État, considérés comme des sources à caractère mixte par ces auteurs[49]. Ce sont des actes conventionnels entre un État, d'une part, et un ressortissant d'un autre État, d'autre part[50]. Ces derniers seront mobilisés autant qu'ils seront disponibles, mais aussi les contrats d'association ou de consortium[51] signés entre ces États et les mêmes investisseurs, fixant les règles de coopération régissant leur association.

II. LES CONTOURS ET L'ORIENTATION DE LA RECHERCHE

20. Étudier les sources du droit en Afrique nécessite au départ sa contextualisation épistémologique[52]. Il s'agit alors notamment de rappeler *« l'état du savoir juridique, tel qu'il est supposé établi, pratiqué, invoqué, travaillé »*[53], du droit africain.

21. Le droit africain a presque toujours été étudié sous l'angle du pluralisme juridique, concept désormais doté du statut de paradigme[54] et intégré dans la théorie des sources du droit[55], à défaut d'être toute une

---

47 Voir CORNU G., *Vocabulaire juridique*, *op. cit.*, p. 883.

48 Nous songeons à la fois aux actes administratifs octroyant les régimes fiscaux dérogatoires et aux positions administratives relatives à l'interprétation des textes légaux et/ou contractuels qui constituent parfois des véritables règles autonomes applicables aux entreprises privées étrangères.

49 *Ibid.*

50 *Op. cit.*, n°22.

51 Voir CHENUT C.-H., *Le contrat de consortium*, L.G.D.J., 2003.

52 L'objet de l'épistémologie juridique « *réside dans le savoir juridique, dont elle observe la formation et le développement et dont elle souligne les égarements* ». (BARRAUD B., *La recherche juridique. Science et pensées du droit,* L'Harmattan, Coll. Logiques juridiques, 2016, p. 186).

53 ATIAS C., *Épistémologie juridique*, Dalloz, 1re édition, 2002, p. 9.

54 MORET-BAILLY J., « Ambitions et ambiguïtés des pluralismes juridiques », in *Ordre juridique ? Revue française de théorie, de philosophie et de culture juridiques*, vol. 32, Paris, PUF, 2002, p. 203.

55 TERRE D., « Le pluralisme et le droit », in *Archives de Philosophie du Droit,* Tome 49, *Le pluralisme*, Dalloz, 2006, p. 75.

théorie de normes[56]. La caractéristique la plus frappante des systèmes juridiques africains est le pluralisme juridique[57]. Pour Vanderlinden, « *l'écrasante majorité des Africains sont de fait dans ce que j'appelle une situation de pluralisme et rien ne permet de croire qu'ils en sortiront dans un proche avenir* »[58]. Le pluralisme juridique est le résultat de la pénétration de systèmes juridiques étrangers, pendant la période coloniale mais aussi celle des postindépendances. Sur la base existante du droit populaire, des coutumes ou du droit traditionnel, des systèmes importés se sont greffés, transplantés, plus ou moins imposés, ceci en plusieurs vagues, et parfois par la volonté des autorités locales. Il s'est alors institué un pluralisme à la fois dans le système judiciaire et dans le système juridique[59].

22. La notion de « pluralisme juridique » est polysémique. Certes, son acception générique et primaire est simple : on entend ici par pluralisme « *le simple fait que plusieurs systèmes juridiques coexistent au même moment* »[60]. Mais, Vanderlinden précise ainsi lui-même le sens donné à ce concept : « *...il n'y a (...) de véritable pluralisme que lorsqu'un individu est soumis, de gré ou de force, simultanément à plusieurs ordres juridiques, que je considère intrinsèquement égaux, même si certains sont plus envahissants que d'autres (...).* »[61] Pour lui, la caractéristique essentielle du pluralisme juridique est l'existence, au sein d'une société déterminée, de mécanismes juridiques différents s'appliquant à des situations identiques[62]. En termes de particularité, il s'agit ici d'un pluralisme institutionnel au sens que lui a donné N. Bobbio, « *visant par là la coexistence de systèmes juridiques de types différents, correspondant à la diversité des "institutions" ou groupes sociaux organisés* »[63].

---

[56] FONTAINE L., « Le pluralisme comme théorie des normes », in FONTAINE L. (dir.), *Droit et pluralisme*, Actes du colloque de Caen des 30 novembre et 1er décembre 2006, Éditions Némésis, Bruylant, Coll. Droit et Justice, 2007, p. 125-160.

[57] NTAMPAKA C., *Introduction aux systèmes juridiques africains*, Presses universitaires de Namur, 2005, p. 75.

[58] DARBON D. et DUBOIS DE GAUDUSSON J., *La création du droit en Afrique*, Paris, Éditions Karthala, 1997, p. 32.

[59] Pour la persistance des droits traditionnels en Afrique, lire DAVID R. et JAUFFRET-SPINOSI C., *Les grands systèmes de droit contemporains*, Dalloz, 11e édition, 2002, pp. 461-462 ; LEGEAIS R., *Grands systèmes de droit contemporains, approche comparative*, 2e édition, Litec, 2008, p. 249.

[60] Van de KERCHOVE M. « Les rapports entre systèmes juridiques : entre clôture et ouverture », in BERGEL, J.-L. (dir.), *Le plurijuridisme*, actes du 8e congrès de l'Association internationale de méthodologie juridique, Presses Universitaires d'Aix-Marseille, 2005, p. 47.

[61] *Ibid.*, p. 31.

[62] « Le pluralisme juridique. Essai de synthèse », in *Le pluralisme juridique*, études publiées sous la direction de John Gilissen, Bruxelles, 1972, p. 19. Cette conception avait déjà été avancée par Carbonnier, pour qui « *le droit est essentiellement multiple et hétérogène. Au même moment, dans le même espace social, peuvent coexister plusieurs systèmes juridiques, le système étatique certes, mais d'autres avec lui, indépendants de lui, éventuellement ses rivaux* » (*Sociologie juridique*, PUF, 1978, p. 208).

[63] Cité par Van de KERCHOVE M. et OST F., « Le pluralisme, facteur d'effectivité ou d'ineffectivité du droit ? », in *Pluralisme juridique et effectivité du droit économique* (ouvrage

23. Dès leur accession à l'indépendance, et ceci dans la majorité des pays africains, pratiquement toutes les branches du droit ont fait l'objet d'une codification : le droit de la famille (mariage, divorce, succession, adoption…), le régime foncier, le code de la nationalité, le régime des investissements, l'organisation judiciaire, le droit pénal et la procédure pénale, le droit constitutionnel et le droit administratif. À des degrés et moments divers, les États ont finalement construit un système à la fois juridique et judiciaire complexe, où se côtoient, selon les matières et les pays, droit moderne et droit coutumier. C'est ce qui a fait dire qu'« *il est impossible d'identifier une culture juridique spécifiquement africaine* »[64], celle-ci étant foncièrement pluraliste.

24. La conception précédente du pluralisme juridique est la version « traditionnelle » ou « classique », de type institutionnel. Le pluralisme caractérisant le droit des hydrocarbures en Afrique est d'une autre nature, que nous appellerons « pluralisme statutaire ». Le pluralisme statutaire met en évidence deux variables essentielles permettant de décrire la structuration et la fonction du droit des hydrocarbures en Afrique : toutes les conditions et conséquences de l'émergence de plusieurs acteurs et facteurs de production de normes de natures et forces diverses dans un espace multiple – international, transnational et national. Il prend au sérieux la production de normes en matière d'hydrocarbures par des acteurs non étatiques, et étudie les interactions entre les normes de sources différentes, complémentaires et parfois concurrentes.

25. Il s'agit d'une considération que nous pouvons qualifier de fondamentale, car « *les juristes pluralistes refusent de se concentrer uniquement sur qui détient l'autorité formelle pour édicter des normes ou le pouvoir de contrainte pour les mettre en œuvre. Ils visent plutôt à analyser de façon empirique les énoncés d'autorité qui tendent à être considérés comme contraignants en pratique et par qui* »[65].

26. L'épithète « statutaire » renvoie à la fois à la qualité des parties en tant que productrices et destinataires du droit des hydrocarbures, qui, suivant leur posture, influencent non seulement la qualification de la norme à respecter (internationale, contractuelle ou administrative), mais aussi, et surtout, l'ordre juridique compétent. Le droit des hydrocarbures est en effet un concentré de normes qui coexistent au sein de plusieurs ordres juridiques différents : l'ordre juridique international, où seuls les États sont les sujets

---

collectif), Éditions Larcier, 2011, p. 18. Plus tard, Vanderlinden reconnaît davantage une pluralité de systèmes juridiques, car entre le droit traditionnel et le droit colonial, « *s'ils demeuraient parallèles et ne se rencontraient jamais, il n'y avait pas lieu à pluralisme, mais bien au simple constat d'une pluralité de droits, ce qui ne justifiait pas l'identification d'une perception nouvelle de celle-ci* » ; in « Pluralisme juridique radical, révélation et *common law* anglaise », *Libres propos sur les sources du droit, op. cit.*, p. 584.

[64] ROBERTS M., cité par LEGEAIS R., *op. cit.*, p. 248.

[65] SCHIFF BERMANN P., « Le nouveau pluralisme mondial », *R.I.D.E.,* 2013, T. XXVII, vol. I, p. 248.

(originellement), l'ordre juridique transnational, caractérisé par les règles coutumières produites par les opérateurs privés mais aussi (et encore) les États, et l'ordre juridique national, où seul l'État est le producteur légitime des normes applicables en matière commerciale. Le dédoublement fonctionnel des États est alors une donnée centrale à mettre en relief, lui qui peut agir tantôt comme État souverain, tantôt comme État commerçant ou encore comme État administratif, avec à chaque fois un impact direct sur la nature de la norme (internationale, contractuelle ou administrative), et conséquemment l'ordre juridique correspondant[66].

27. Les systèmes ou ensembles normatifs composant ce droit s'interpénètrent donc, s'inter-complètent et parfois se concurrencent, dans une relation de relevance[67], pour déboucher sur un système juridique complexe et à géométrie variable suivant les États, les époques et même parfois les matières étudiées. Le pluralisme statutaire est ainsi fondamentalement structuré autour de deux variables permanentes dans plusieurs ordres juridiques : les États, sujets des ordres juridiques international et national, et les hydrocarbures, ressource réglementée également dans ces deux ordres juridiques.

28. Le droit des hydrocarbures ne peut s'appréhender en dehors de ces variables qui lui sont essentielles, et qui influent sur la doctrine spécialisée en la matière, autour du vocable *lex petrolea.* En effet, l'admission quasi unanime du pluralisme juridique comme cadre d'appréhension de la *lex mercatoria* et, partant, de la *lex petrolea,* a concentré la réflexion sur l'admission ou pas d'un ordre juridique transnational. L'affirmation de son existence relève davantage de l'intuition, parfois de l'incantation, et est souvent perçue comme de l'usurpation. Autrement dit, l'ordre juridique transnational[68] a de la peine à s'imposer, mais structure l'essentiel des travaux de doctrine portant sur ce sujet. Mieux, cette attention, voire obsession, est érigée en horizon indépassable de l'intérêt théorique à accorder à ce secteur d'activité particulier.

---

[66] Un système juridique est ainsi relativement autonome sur le plan organique, dès lors que ses agents constituent les organes de plusieurs systèmes juridiques différents.(V° VAN de KERCHOVE M., « Les rapports entre systèmes juridiques : entre clôture et ouverture », in BERGEL J.-L. (dir.) *Le plurijuridisme,* Actes du VIIe congrès de l'Association internationale de méthodologie juridique (Aix-en-Provence, 4-6 septembre 2003), Presses Universitaires d'Aix-Marseille, 2005, p. 43.

[67] La relevance est définie par Santi Romano comme le fait que « *l'existence, le contenu ou l'efficacité d'un ordre soit conforme aux conditions visées par un autre ordre* ». Cité par VAN de KERCHOVE M., « Les rapports entre systèmes juridiques : entre clôture et ouverture », in Le *plurijuridisme, op. cit.*, p. 39.

[68] Est transnational « ce qui suppose le franchissement d'une frontière ou (et) s'exerce par-dessus les frontières indépendamment de l'action des États ». CORNU G., *Vocabulaire Juridique*, *op. cit.,* p. 1038. Pour une définition plus dense du concept de « transnational », lire LHUILIER G., *Le droit transnational,* Dalloz, 2016 (chapitre introductif, « Définir le droit transnational », pp. 1-36).

29. Pascale Deumier a alors pu dire que « *la seule dimension présentant encore un intérêt pour le débat doctrinal est la dimension transnationale. (...) La doctrine s'accorde pour reconnaître l'existence de règles matérielles transnationales, d'origines diverses (...), mais la discorde naît dès qu'il s'agit de savoir dans quelle mesure cette* lex mercatoria *constitue le droit d'un ordre juridique autonome, concurrent des ordres juridiques étatiques et de l'ordre juridique international* »[69]. Certes, quelques tentatives doctrinales ou jurisprudentielles ont été avancées depuis longtemps[70]. Mais le débat semble sans fin, malgré des doctrines de plus en plus affirmatives, voire péremptoires, sur la validité et la viabilité de l'ordre juridique transnational, au regard de la définition même de l'ordre juridique. Selon M. Rigaux, par exemple, pour qu'un système social puisse être qualifié d'ordre juridique, il doit « *se composer de trois séries d'éléments : des règles de conduites observées par les destinataires, des règles de décision appliquées par un juge, des mécanismes de contrainte qui assurent l'effectivité du système* »[71]. Au regard de ces critères constitutifs, le professeur Kamto a cherché à démontrer que tous ces critères étaient réunis. Il nous dit alors, en guise de conclusion : « *Le droit transnational constitue un ordre juridique spécifique (...), il comporte des règles de conduite que ses destinataires respectent dans leurs rapports juridiques. (...) ces règles comprennent aussi bien des règles de droit interne que des règles de droit international, mais aussi des actes juridiques produits par les instances chargées du règlement des différends (...). Il s'agit d'un droit en partie spontané, constitué de la coutume et des usages du commerce international, en partie créé délibérément par les opérateurs du commerce international et par les institutions internationales, en partie de création prétorienne et en particulier arbitrale.* »[72]

30. Toutefois, cette assertion, voire conviction, souffre de nombreuses imprécisions pour constituer en soi l'aboutissement d'un débat doctrinal pointu. Déjà, la composition des acteurs de cet ordre n'est pas précise, alors qu'elle détermine l'ordre juridique de rattachement des normes par eux produites. Les règles de la *lex mercatoria* sont-elles, par exemple, uniquement produites par les entreprises privées internationales, ou aussi par les États, qui sont leurs cocontractants[73] ? En tout état de cause, « *la simple*

---

[69] DEUMIER P., *op. cit.*, p. 341, spéc. n°352. L'auteure constate notamment que l'ordre juridique transnational est limité, dans un prisme fortement influencé par la conception kelsénienne de l'ordre juridique, pourtant contestée. Lire JORI M., « Ordre juridique », in *Dialogue, dialectique en philosophie et en droit*, Paris, Sirey, 1984, vol. 29 ; AMSELEK P., « Réflexions critiques autour de la conception kelsénienne de l'ordre juridique », *Revue de Droit Public*, 1978, pp. 5-19.

[70] Pour une synthèse de l'évolution de cette notion, lire KAMTO M., « La notion de contrat d'État : une contribution au débat », *op. cit.*, p. 719-751.

[71] RIGAUX F., « Souveraineté des États et arbitrage international », in *Le droit des relations économiques internationales. Études offertes à Bertold Goldmann*, Paris, Litec, 1982, p. 279.

[72] *Op. cit.*, p. 748-749.

[73] Pour DELMAS-MARTY M., la doctrine propose de dégager, en droit de l'arbitrage, une notion d'ordre public, transnational ou anational, « *mais tel ordre spontané, incertain dans sa*

affirmation qu'un ensemble de normes est un ordre ne peut pas être admise dogmatiquement, sans aucun autre argument que celui de leur validité commune. À partir de quel point de vue herméneutique peut-on dire que ce qui est un ensemble de normes est un ordre ? »[74]. Mieux, il a été requis récemment de distinguer entre les normes et les normes juridiques, entre la juridicité et la normativité, dans le but de contester l'épithète « juridique » à toute norme dépourvue du pouvoir de contrainte étatique[75].

31. Pour sûr, la *lex petrolea*, branche de la *lex mercatoria*, en tant que source matérielle de droit des opérations relatives à l'exploration et l'exploitation des hydrocarbures, est un ensemble de règles relativement indépendantes des règles étatiques. Dès lors, ces dernières ne s'entendent que dans un contexte de pluralisme normatif. En effet, « *seul le pluralisme permet d'appréhender le droit spontané* »[76]. Cette conception du droit admet « *la coexistence d'une pluralité d'ordres, de systèmes juridiques distincts qui établissent ou non entre eux des rapports de droit, ou encore de sources de droit, dans un espace donné à un moment donné* »[77].

32. Mais, le droit des hydrocarbures n'est pas constitué que de règles émanant d'opérateurs privés, mais aussi du droit international et des droits nationaux. Les questions entourant le droit des hydrocarbures embrassent des enjeux tant de droit international que de droit national, sans que ces différents ordres et systèmes juridiques soient exclusifs. Ainsi en est-il des questions relatives à la répartition spatiale des compétences sur les ressources pétrolières et gazières, qui ne sauraient être régies que par le droit international. Toutes les sources du droit international public sont alors susceptibles de s'appliquer suivant la question en cause : les traités internationaux (multilatéraux ou bilatéraux), les principes généraux du droit international et la coutume internationale (en vertu de l'article 36 des statuts de la Cour internationale de justice). La pénétration récente des questions majeures des droits de l'homme, de la protection de l'environnement et de l'éthique internationale achève de positionner durablement et sérieusement le droit international public comme source opérante du droit des

---

définition, risque d'être ineffectif dans ses applications ». « Plurijuridisme et mondialisation : vers un pluralisme ordonné », in BERGEL J.-L. (dir.) *Le plurijuridisme, op. cit.*, p. 359.

[74] Lire GRZEGORCZYK C., « Ordre juridique comme réalité », in *Ordre juridique, Revue française de théorie, de philosophie et de culture juridiques*, tome 35, Paris, PUF, 2002, p. 112.

[75] Voir BARRAUD B., *Théories du droit et pluralisme juridique. Les théories dogmatiques du droit et la fragilité du pluralisme juridique.*, PUAM, Coll. Inter normes, 2016, T. I, n°6, p. 36. Il dit erroné l'adage latin *ubi societas ubi ius*, auquel il substitue l'expression *ubi societas ubi regulae*, pour distinguer l'activité juridique d'essence étatique des activités normatives davantage de nature sociale. Il s'agit néanmoins là d'une vision purement moniste du droit au sens de monopole de l'État dans la production des normes juridiques, et en réaction à la théorie pluraliste du droit, que nous allons certes intégrer mais dépasser ensuite.

[76] DEUMIER P., *op. cit.*, p. 325.

[77] BELLEY J.-G., « Pluralisme juridique », in *Dictionnaire encyclopédique de théorie et de sociologie du droit*, 2e éd., L.G.D.J., 1993, 446-449, ici, 446.

hydrocarbures. De même, certains principes consacrés par les organes des Nations unies, et ceci, indépendamment de leur force normative, fondent de nombreuses règles tant transnationales que purement étatiques, tel le sacro-saint principe de souveraineté des États sur leurs ressources naturelles[78], qui a toujours eu vocation à contribuer au développement des pays africains, entre autres. À la fois principe politique et principe général de droit international cristallisé par la jurisprudence tant arbitrale que judiciaire, celui-ci maintient aujourd'hui toute sa vigueur, malgré quelques difficultés théoriques importantes[79].

33. Pour ce qui est des différents droits nationaux, l'État central demeure l'acteur majeur et légitime de l'édiction des normes entourant la valorisation et l'exploitation des hydrocarbures. La réduction certaine de sa place en droit international économique dans le processus de création normative[80] n'a pas mécaniquement modifié sa place impériale, parfois totalitaire, en droit interne, notamment en matière de pilotage de ses ressources énergétiques.

34. Enfin, l'interaction[81] existant entre les États et leurs partenaires privés étrangers est manifestement une source de normes entre ces parties, qui ne se réduit donc pas aux textes. Au regard notamment des phases précontractuelles et postcontractuelles qui contribuent à la durée et à l'intensité de leurs différentes relations[82], il existe une partie du droit des hydrocarbures qui n'est pas consignée dans les supports traditionnels d'édiction des règles (traités, lois, contrats, règlements). De plus, les processus de construction, de maintien et de développement des relations juridiques sont aménagés par des tiers de plusieurs ordres, notamment les arbitres et les instances administratives diverses, sans lesquels le droit des hydrocarbures est incomplet, voire impossible à concevoir et à mettre en œuvre. Enfin, plusieurs mécanismes contractuels et appareils institutionnels organisent et pérennisent la relation juridique existant entre les parties, nonobstant les nombreux symboles et signes participant de la consolidation de ces liens juridiques. C'est cette singularité du droit des hydrocarbures, encadré par plusieurs systèmes juridiques, plusieurs sources de normes, mais

---

[78] ROSENBERG D., *Le principe de souveraineté des États sur leurs ressources naturelles*, Paris, L.G.D.J, 1983.

[79] BASTID BURDEAU G., « Le principe de souveraineté permanente sur les ressources naturelles à l'épreuve de la mondialisation », in *L'État souverain dans le monde d'aujourd'hui, Mélanges en l'honneur de J.-P. PUISSOCHET*, Paris, Pedone, 2008, pp. 27-34.

[80] KESSEDJIAN C., « Mondialisation, gouvernance, régulation : doit-on penser le droit international économique différemment au XXIe siècle », in *Le droit international économique à l'aube du XXIe siècle, Mélanges en l'honneur de Dominique Carreau et Patrick Julliard, Cahiers internationaux*, n°21, Paris, Pedone, 2009, pp. 263- 268.

[81] Lire JEULAND E.et CHAMPAIN J., « Interactionnisme et norme, approche juridique », in JEULAND et PICAVET, *Interactionnisme et norme. Approche transdisciplinaire*, *op. cit.*, pp. 7-61.

[82] Voir MESSAI-BAHRI S., « La relation d'affaires ou relation commerciale », in JEULAND et MESSAI-BAHRI (dir.), *Les nouveaux rapports de droit*, IRJS Éditions, 2013, p. 24.

essentiellement décrit sous l'angle d'un pluralisme juridique aussi plurivoque que contesté, que nous ambitionnons d'étudier dans un espace particulier, l'Afrique.

35. Mais que sont donc les hydrocarbures ? La notion d'« hydrocarbures » s'est progressivement imposée dans les législations africaines au gré de la valorisation progressive de chacune de ses variantes. En effet, les noms de baptême des législations y relatives sont passés de « lois minières » à « lois portant sur les activités pétrolières » ou « codes pétroliers », pour enfin se généraliser comme étant des « codes des hydrocarbures ». Ils sont définis de manière très diversifiée dans les législations africaines, mais presque uniquement sous le prisme de leurs variantes.

36. En ce qui concerne les législations éponymes par exemple, elles les déterminent de façon assez extensive, quoique avec quelques différences. Ainsi, par exemple, en Algérie, elles intègrent les hydrocarbures liquides (pétrole brut, liquides de gaz naturel et gaz de pétrole liquéfiés), les hydrocarbures gazeux et solides, notamment les sables bitumineux et les schistes bitumineux[83]. Pour la Tunisie, ceux-ci doivent être entendus comme « *les hydrocarbures naturels liquides et gazeux, les hydrocarbures solides, le bitume, l'asphalte, l'hélium et autres gaz rares* »[84]. La Guinée équatoriale adopte une définition mixte, en intégrant à la fois l'origine et la composition des hydrocarbures. Elle considère en effet les hydrocarbures comme « *toute substance naturelle organique composée de carbone et d'hydrogène, y compris le pétrole brut et le gaz naturel ainsi que toutes les autres substances minières, produits, sous-produits et dérivés qui les composent* »[85].

37. Il convient de remarquer que certaines législations ne s'embarrassent pas de définitions particulières, considérant probablement que l'intitulé portant sur les hydrocarbures conduit mécaniquement à la généralisation de toutes sortes de ressources en découlant[86].

38. Ces définitions législatives sont davantage complémentaires que contradictoires. Du point de vue de leur nature, les hydrocarbures sont le résultat d'une décomposition organique donnant initialement naissance au kérogène, qui sera transformé en hydrocarbures par craquage thermique. Ensuite, à partir d'un seuil de 50-70° C, « *le kérogène se transforme en pétrole, encore appelé huile. Vers 120-150° C, l'huile est à son tour*

[83] Article 5 de la loi n°13-01 du 20 février 2013 modifiant et complétant la loi n°05-07 du 28 avril 2005 relative aux hydrocarbures en Algérie.

[84] Article 2 alinéa e) de la loi n°99-93 du 17 août 1999 portant Code des hydrocarbures. La loi n°2017- 41 du 30 mai 2017 modifiant certaines dispositions du Code des hydrocarbures n'a pas modifié cette définition.

[85] Article 6 alinéa n°e de la loi n°6/2000 du 20 mars portant modification des articles déterminés du décret-loi n°7/1981 du 16 juin sur les hydrocarbures.

[86] Exemple du Tchad avec la loi n°07-006 du 2 mai 2007 relative aux hydrocarbures, et du Congo avec la loi n°24-94 portant Code des hydrocarbures.

craquée, et donne du gaz dit humide, puis du gaz sec »[87]. Or, « *par le jeu des myriades des combinaisons possibles du carbone et de l'hydrogène (composant ces hydrocarbures), le nombre de molécules différentes pouvant exister dans ces hydrocarbures est de l'ordre du milliard !* »[88].

39. C'est cette flexibilité dans leur nature et variété, dans l'intérêt accordé à chacun des hydrocarbures, qui explique que certains pays aient plusieurs lois, suivant l'attention ou non accordée à une ou plusieurs sortes d'hydrocarbures[89].

40. Il est maintenant nécessaire de décliner la démarche scientifique choisie.

III. DÉMARCHE SCIENTIFIQUE DE L'ÉTUDE

41. Selon Bachelard, philosophe des sciences, un objet n'accède pas immédiatement à la connaissance humaine ; pour que cette accession se produise, l'homme doit nécessairement et préalablement élaborer des théories. Il écrivait que « *l'instrument de mesure finit toujours par être une théorie et il faut comprendre que le microscope est un prolongement de l'esprit plutôt que l'œil* »[90]. Dès lors, « *le réalisme est [...] une métaphysique sans fécondité, puisqu'il arrête la recherche au lieu de la provoquer* »[91].

42. L'objet de cette étude est d'aborder les sources du droit des hydrocarbures sous le prisme de la théorie du droit. Au sens strict, nous rappelle Boris Barraud, « *théoriser le droit consiste donc à définir le droit et à se définir les fins et les moyens de son étude, tandis qu'il incombe à la science juridique subséquente de l'analyser et de l'expliquer, en termes plus ou moins abstraits* »[92]. Il précise par ailleurs « *qu'il est permis de penser que la qualité d'une théorie se mesure tout spécialement à sa "capacité explicative", laquelle est un élément de sa "force scientifique". Rien n'est plus décisif pour l'étude du droit que le cadre théorique retenu, que la notion de droit et la méthode d'études acceptées* »[93].

43. La définition de la théorie du droit peut être complétée par le professeur Jean-Louis Bergel, qui retient que « *la théorie générale du droit a pour objet de saisir le phénomène juridique par l'étude de sa raison d'être, de ses finalités, de ses concepts fondamentaux, de sa mise en œuvre, de ses*

---

[87] Voir *Recherche et production du pétrole et du gaz. Réserves, coûts, contrats*, Publications de l'Institut français du Pétrole, Éditions Technip, Paris, 2002, p. 61.

[88] B. DURAND, *La crise pétrolière. Analyse des mesures d'urgence*, EDP Sciences, 2009, p. 21.

[89] Exemple du Cameroun qui a une loi spécialement dédiée au gaz associé, et une autre au gaz naturel.

[90] BACHELARD G., *La formation de l'esprit scientifique*, Vrin, 1938, p. 242.

[91] *Ibid.*, p. 21.

[92] BARRAUD B., *La recherche juridique. Sciences et pensées du droit,* Paris, L'Harmattan, 2016, p. 24.

[93] *Ibid.*

instruments, de sa méthode. (...) C'est une construction intellectuelle méthodique et organisée fondée sur l'observation et l'explication des divers systèmes juridiques et destinée à définir les grands axes de la construction et de l'application du droit »[94].

44. Le droit étant une construction doctrinale extérieure au système en vigueur[95], nous admettons que « *la théorie du droit est en réalité au cœur du droit* » et que « *toute pratique est le fruit d'une conception théorique, même si cela n'est pas toujours conscient et encore moins formalisé* »[96]. Précision doit être immédiatement faite qu'il ne s'agit pas pour nous d'ajouter aux théories du droit la nôtre, mais de mettre à contribution celles qui existent déjà pour décliner le droit des hydrocarbures. D'où une mise à contribution *de* la théorie du droit, et non une proposition d'une nouvelle théorie de droit *à* la théorie du droit déjà constituée.

45. La recherche que nous proposons a pour cadre spatial les États d'Afrique, dont la diversité culturelle et linguistique est particulière. Toutefois, il ne s'agira pas pour nous de procéder à un découpage territorial ou culturel du genre « Afrique centrale » ou « Afrique francophone », comme de nombreux travaux portant sur le droit en Afrique. Les pays ont d'abord été choisis en fonction de l'importance quantitative de leur production réelle ou potentielle d'hydrocarbures. Ainsi ont été pris en compte le Nigeria, l'Angola, la Libye, l'Algérie, la Guinée équatoriale et le Ghana. Après, des pays à production moyenne, mais dont les systèmes normatifs relatifs aux hydrocarbures sont assez anciens, ont été retenus, à savoir le Cameroun, le Tchad, le Congo-Brazzaville et la Côte d'Ivoire. Enfin, le positionnement géostratégique de la Tunisie, ainsi que la sophistication de son système normatif, ont milité en faveur de sa sélection également. Ces États devront être étudiés dans la dynamique mouvante de la géographie mondiale de l'industrie pétrolière, de plus en plus favorable pour les États africains. En effet, l'Afrique accède de façon durable au statut de région pétrolière d'intérêt mondial, avec une influence notable sur la structure du droit des hydrocarbures, et même peut-être grâce au droit des hydrocarbures[97].

46. L'incertitude sécuritaire qui pèse sur les sources d'approvisionnement classiques américaines du golfe Arabo-Persique et le souci des États-Unis de diminuer cette dépendance[98], la qualité du pétrole africain et les facilités

---

[94] BERGEL J.-L., *Théorie générale du droit,* 5e éd., Dalloz, Coll. Méthodes du droit, 2012, p. 4.

[95] MAGNON X., *Théorie(s) du droit,* Ellipses, Coll. Universités-Droit, 2008, p. 5.

[96] BARRAUD B., *Théories du droit et pluralismes juridiques. Les théories dogmatiques du droit et la fragilité du pluralisme juridique*, *op. cit.*, p. 21.

[97] Lire NOËL P., *Production d'un ordre pétrolier libéral. Une politique normative américaine dans les relations internationales entre 1980 et 2000,* Thèse, Université de Grenoble II, 2000.

[98] Walter Kansteiner, alors sous-secrétaire d'État américain chargé des dossiers africains, a pu dire que le pétrole du continent noir « *est devenu un intérêt national pour les États-Unis* » (voire SERVANT J.-C., « Offensive sur l'or noir africain », *Le Monde Diplomatique*, janvier 2003, p. 19).

d'acheminement vers les marchés internationaux qu'il offre, et enfin la forte croissance de l'Inde et de la Chine[99], contribuent à insérer l'Afrique dans le champ de la mondialisation, avec des conséquences normatives des plus importantes. En effet, la relation créée en Afrique entre les États et les investisseurs privés étrangers n'est pas de la même nature entre ces mêmes opérateurs et les États du Moyen-Orient par exemple. Outre la différence du régime conventionnel international entre les différentes zones géographiques concernées, il semble bien que les niveaux de réserves et d'intérêt accordés à la pérennité des relations soient différents, et donc conduisent à des liens juridiques aussi différents[100].

47. D'autre part, l'importance des ressources en hydrocarbures pour ces États sur le plan économique milite pour l'étude de leurs systèmes normatifs, qui peuvent alors traduire ce qui continue d'être considéré comme leur « pétro-dépendance ». Selon un rapport de la Commission économique des Nations unies pour l'Afrique, 90% des recettes en devises du Nigeria et de la Guinée équatoriale proviennent des recettes en hydrocarbures. En Algérie et en Libye, le ratio est encore plus important, soit 95% des exportations du pays. Le déficit budgétaire de tous les pays producteurs de pétrole pris ensemble s'est creusé pour passer de 6,1% à 6,5% en 2016, en grande partie attribuable, selon le même rapport, à la faiblesse des cours du pétrole entre 2014 et 2016 (Cameroun, Congo, Angola, Gabon, Guinée équatoriale…). En un mot comme en plusieurs, les matières premières en général et les hydrocarbures en particulier constituent la recette majeure de la plupart des pays africains[101].

48. Il s'agit donc d'une analyse réflexive et non d'une étude fondée sur la carte postale, permettant davantage de singulariser le droit des hydrocarbures, par-delà les systèmes juridiques individuels de ces États (de *Common Law*, de droit romano-germanique ou d'obédience musulmane). C'est ce qui justifie le choix orienté de certains pays pour des développements précis, et non d'autres, voire une démonstration assise sur l'expérience personnelle d'un pays particulier (notamment le Cameroun), au regard des matériaux de recherche ayant été rendus disponibles au cours de ce travail.

49. La méthode et les hypothèses de recherche sont alors choisies en rapport avec l'ensemble des paramètres ci-dessus évoqués.

---

[99] FOGUE TEDOM A., « Le mythe de la marginalisation stratégique de l'Afrique : analyse de la dynamique américaine et chinoise autour du pétrole africain », in KAMTO (dir.), *L'Afrique dans un monde en mutation,* Éditions Afrédit, janvier 2010, p. 255-291.

[100] Le doyen de l'université de Dundee en Écosse, Peter Cameron, dans son étude quasi exhaustive sur la clause de stabilité sous toutes ses coutures, différencie les régimes d'Amérique latine, d'Europe centrale et de l'Est, pour démontrer des modes de sécurisation variables entre les parties. Nous pensons que cela démontre des intensités de rapports juridiques différentes suivant les régions. Voir CAMERON P., *International energy investment law: The pursuit of stability,* Oxford University Press, 2010.

[101] https://www.uneca.org/fr/publications/rapport-sur-la-gouvernance-en-afrique-v-la-gouvernance-des-ressources-naturelles, visité le 28 juillet 2018.

50. L'étude que nous proposons est fortement structurée par l'épistémologie du dévoilement et de la déconstruction des discours juridiques. En effet, « *elle vise à révéler des présupposés cachés, des implicites (...) ou encore des contradictions internes, des écueils...* »[102]. Nous faisons alors nôtre la définition de la méthodologie suivant laquelle elle est « *une sorte de technologie dont la tâche principale serait de formuler une série de règles qui pour certains constitueraient des formes de progrès de la connaissance* »[103].

51. La méthode analytique spécifiquement construite par Noberto Bobbio « *consiste à envisager dans les choses les éléments simples plutôt que les ensembles* »[104]. En considérant avec lui qu'un langage est scientifiquement rigoureux « *quand sont établies les règles sur la base desquelles des propositions primitives on peut tirer des propositions dérivées, et que ne sont pas utilisées d'autres règles que celles établies* »[105], il s'agira d'évaluer le discours juridique dominant sur le droit des hydrocarbures, qui se résume à celui constitué par la *lex petrolea.* Qu'est-ce qui constitue le droit des hydrocarbures, et quelles en sont les lois de composition internes ?

52. En posant que le droit des hydrocarbures est une spécialisation du savoir juridique, nous utiliserons également la méthodologie juridique de Savigny dans ses trois composantes : la dimension interprétative, la dimension historique et la dimension systématique. Pour lui, le travail de systématisation de la science du droit doit consister, de façon fidèle, à déterminer si les droits particuliers « *doivent être unis ou séparés* » ; et il ajoute que « *dans la méthode totale, rien ne doit être considéré comme insignifiant* »[106]. Il s'agira ainsi à la fois d'un discours-objet de type prescriptif, portant sur le droit des hydrocarbures, et d'un métadiscours orienté sur l'évaluation de la doctrine dominante en la matière. La recherche se veut théorique et pratique, rétrospective et prospective, un essai à la compréhension et à l'analyse d'un phénomène juridique complexe, l'agencement de plusieurs systèmes juridiques, voire d'ordres juridiques, dans une matière précise, le droit des hydrocarbures.

53. Il s'agira en somme d'une approche pluridisciplinaire et syncrétique, convenable pour aborder un sujet portant en toile de fond la problématique du pluralisme juridique et de l'interactionnisme juridique[107]. Il s'agit, comme

---

[102] Voir CHAMPEIL-DESPLATS V., *Méthodologies du droit et des sciences du droit, op. cit.*, p. 284.

[103] VILLA V., *La science du droit,* Paris, L.G.D.J., 1990, p. 28, cité par CHAMPEIL-DESPLATS, *Méthodologies du droit et des sciences du droit, op. cit.*, p. 2.

[104] V. GUASTINI R., « Noberto Bobbio ou l'art de la distinction », in BOBBIO, *Essais de théorie du droit*, Paris, L.G.D.J., 1998, p. 1.

[105] BOBBIO N., « Scienza del diritto e analisi del linguaggio », cité par CHAMPEIL-DESPLATS, *Méthodologies du droit et des sciences du droit, op. cit.*, p. 134.

[106] Cité par CHAMPEIL-DESPLATS, *Méthodologies du droit et des sciences du droit, op. cit.*, p. 83.

[107] Lire JEULAND E. et PICAVET E. (dir.), *Interactionnisme et norme. Approche interdisciplinaire, op. cit.*

le professeur Emmanuel Jeuland, « *de mener une recherche sans être limité par les frontières transdisciplinaires et sans pour autant avoir à maîtriser l'histoire et les références de chaque champ* »[108].

54. Les perspectives d'interrogation de l'étude des sources du droit des hydrocarbures sont multiples et constituent une pesanteur irrésistible dans le cadre d'une recherche qui lui est consacrée.

55. La première, majeure et universellement instituée, est d'ordre théorique, et concerne la place de l'État dans les dynamiques de production des normes de nature économique. Peut-on valablement soutenir l'idée d'une « postmodernité » juridique reléguant l'État à un simple greffier de normes créées par les opérateurs économiques en matière d'hydrocarbures ? Le pluralisme juridique réaliste suivant lequel la régulation économique contemporaine échappe au contrôle étatique est-il le prisme pertinent et/ou exclusif de connaissance des sources du droit des hydrocarbures en Afrique ?

56. Une autre source de réflexion sur le plan théorique, plus singulière et ainsi absente des travaux consacrés au droit extractif pour le moment, est celle de la relation juridique entretenue entre deux entités aux intérêts liés et indissociables : les États, soucieux de financer au mieux leurs budgets à partir des ressources naturelles dont ils sont pourvus, et les investisseurs privés étrangers, possesseurs de capitaux et de technologies indispensables à la valorisation de ces richesses potentielles, et soucieux de réaliser des profits dans le cadre de l'exercice de leur objet social. Quelle est la nature des relations juridiques qui les nouent ? Sont-ce des relations de type autoritaire et vertical, ou de type coopératif et horizontal ? L'étude portant sur « les sources du droit des hydrocarbures en Afrique » permettra d'aborder tous ces volets, en objectivant les données collectées et analysées. Il s'agira ainsi de tenter une rationalisation des modes de création et d'application du droit des hydrocarbures en Afrique, par l'introduction de l'ordre et de la cohérence dans une situation manifeste de plurijuridisme, plus précisément de transystématicité ou plurisystématicité[109].

57. La macro-hypothèse autour de laquelle s'ordonne la recherche est la suivante : les sources du droit des hydrocarbures ne s'articulent pas de la même manière que celles relatives à l'activité marchande classique, tous secteurs d'activités confondus. Une approche pertinente du droit des hydrocarbures doit intégrer la multiplicité des identités et la force normative concrète des acteurs. Nous constatons avec Rémy Libchaber que s'agissant précisément du droit des hydrocarbures, « *la théorie du droit a rompu toutes*

---

[108] JEULAND E., *La fable du ricochet. Approche juridique des liens de parole,* Ed. Mare & Martin, Coll. Paradigme relationnel, 2009, p. 23. Lire aussi TOUZEIL-DIVINA M., « Propos introductifs : de la fragmentation de l'enseignement du Droit. Manifeste en faveur de ses défragmentations », in *Fragmentation en droit, Fragmentation du droit,* actes du colloque de Grenoble, 17 mai 2013, Éditions L'ÉPITOGE - LEXTENSO, 2014, pp. 9-24.

[109] Michel Van de Kerchove désigne ainsi l'hypothèse où une pluralité de systèmes est intégrée dans un système unique plus vaste : « Les rapports entre systèmes juridiques : entre clôture et ouverture », in BERGEL J.- L. *Le plurijuridisme*, *op. cit.*, p. 47.

ses amarres avec le droit vivant, de sorte qu'elle ne peut plus guère participer de l'étude concrète de la matière »[110]. Nous faisons également nôtre son affirmation suivant laquelle « *c'est davantage à partir de réalités de base que l'on essaiera de remonter à une connaissance d'ensemble, pour marquer les repères qui permettront d'utiliser le mot droit à bon escient* »[111].

58. De cette macro-hypothèse dérive l'hypothèse centrale de notre thèse, suivant laquelle les États producteurs d'hydrocarbures en Afrique entretiennent des relations juridiques particulières avec leurs contractants, dans le sens d'une mise en commun de leurs différents moyens vers l'atteinte d'un objectif commun, l'exploitation des ressources extractives. Il s'agit ainsi d'un monisme étatique de type relationiste, que nous appellerons l'équidistance.

59. Le plan adopté est alors conséquent à la méthodologie choisie. Parce que le droit des hydrocarbures a été, de façon dogmatique, essentiellement présenté sous le prisme du pluralisme juridique, il s'agit, dans une première partie, de défendre l'idée d'un monisme juridique du droit des hydrocarbures (Partie I).

60. Dans un second mouvement, l'ambition sera de proposer une dimension complémentaire du droit des hydrocarbures au sens de Bobbio[112], c'est-à-dire « *une façon d'entendre et d'expliquer le phénomène juridique* », qui est son caractère relationiste (Partie II).

---

[110] LIBCHABER R., *L'ordre juridique et le discours du droit*, Paris, L.G.D.J, 2013, p. 1.

[111] *Ibid.* p. 2.

[112] BOBBIO N., *Essais de théorie du droit*, *op. cit.*, p. 47. Lire aussi OST F., Van de KERCHOVE M., « La doctrine entre ''faire savoir'' et ''savoir faire'' », in *Les sources du droit revisitées*, volume 3, Anthémis, Coll. Normativités concurrentes, 2012, pp. 17-43.

PARTIE I

LA DÉFENSE D'UN MONISME JURIDIQUE EN DROIT DES HYDROCARBURES

61. Les hydrocarbures charrient des intérêts de plusieurs ordres et pour différents acteurs aux statuts juridiques différents. En effet, si la boulimie énergétique est croissante et constante au rythme de l'émergence de nouvelles puissances internationales, la recomposition des acteurs sur la scène énergétique mondiale est par contre nouvelle. En effet, « *une poignée d'acteurs opèrent au début de la chaîne, dans l'exploration et la production, à travers toute la planète, et se partagent les réserves mondiales de pétrole et de gaz. Avec un rapport de forces en plein bouleversement entre les dominants d'hier, les majors surtout anglo-saxonnes, qui ne sont que cinq (Exxon Mobil, Royal Dutch Shell, BP, Total, Chevron) à contrôler à peine 9% des gisements, et les nouveaux titans du brut que sont les compagnies pétrolières nationales (CPN) des pays membres de l'Organisation des pays exportateurs de pétrole (OPEP). Dix d'entre elles disposent de la majorité des réserves (53%) et se savent désormais incontournables (...). Beaucoup sont les bras armés d'États comme la Chine, l'Inde, le Brésil ou la Malaisie, dont les besoins explosent au rythme exceptionnel de leur croissance économique* »[113]. Selon PFC Energy, 77% des hydrocarbures du monde appartiennent aux États, et en termes géopolitiques, les compagnies des pays consommateurs sont plutôt au Nord ou à l'Est, et les gisements plutôt au Sud. Dès lors, *« le tête-à-tête est donc inévitable entre les premières, les compagnies pétrolières internationales, et les gouvernements des pays exportateurs »*[114].

62. Les nouveaux enjeux de régulation de cette activité majeure n'ont pas forcément évincé ceux de l'ordre juridique international ancien, focalisé sur la coexistence pacifique des peuples. Le caractère conflictogène des hydrocarbures a généré un ensemble de règles interétatiques de natures

[113] SERENI J.-P., « Les États s'emparent de l'arme pétrolière », *Le Monde Diplomatique*, mars 2007.
[114] *Ibid.*

différentes, articulées autour des piliers essentiels du droit international[115] que sont la coexistence des peuples et la coopération des États. Si la globalisation a manifestement entraîné la diminution ou la perte du monopole de l'État dans l'édiction des normes, il convient de rappeler, avec le professeur H. Ullrich, que « *la souveraineté limitée n'est pas équivalente à une soi-disant désétatisatisation* »[116]. Mieux, et spécialement en matière d'hydrocarbures, « *les États continuent encore de tenir dans la société internationale le rôle cardinal* »[117].

63. Dès lors, nous pensons démontrer la force explicative du monisme juridique en droit des hydrocarbures en Afrique, à l'opposé du pluralisme juridique ci-dessus évoqué. Le monisme juridique doit ici être entendu comme le monopole étatique de la production, de l'application et de la qualification du droit. S'agissant de la production des normes juridiques, il s'agit de partir du postulat suivant lequel « *a été historiquement confié à l'État – et à lui seul – le soin de délimiter officiellement ce qu'il appelle "Le Droit"* »[118]. Ensuite, comme le précise Boris Barraud, il y a également monisme juridique quand l'État « *reconnaît la juridicité de certaines normes d'origine externe ou lorsqu'il confère à certaines entités non étatiques la compétence d'engendrer des normes juridiques, toutes ces règles intègrent l'ordre juridique et le monisme juridique ne se trouve aucunement affecté* »[119]. Sont également considérées comme résultant du monisme juridique les normes produites par les organisations internationales, car étant elles-mêmes des « créations interétatiques », elles sont donc des « dérivés ou des morceaux » de l'ordre juridique étatique duquel « *elles ne se détachent en rien* »[120].

64. En effet, le droit des hydrocarbures peut se décliner autour de l'outil conceptuel qu'est l'ordre juridique. Selon Rémy Libchaber, « *la notion d'ordre juridique conjugue tous les éléments de la vie du droit : la création, grâce aux institutions chargées de promouvoir des règles du droit ; leur application aux sujets de droit, par des pouvoirs d'exécution, institués ou non ; l'interprétation et le recyclage, par le jeu des tribunaux appelés à*

---

[115] Suivant l'arrêt fondateur de la Cour permanente de justice du 7 septembre 1927 dans l'affaire du *Lotus*, « *le droit international régit les rapports entre les États indépendants… en vue de régler la coexistence de ces communautés indépendantes ou en vue de la poursuite de buts communs* », CPIJ, affaire du *Lotus*, Série A, n°10, p. 18.

[116] « La mondialisation du droit économique : vers un nouvel ordre public économique. Rapport introductif », *RIDE*, 2003, p. 302.

[117] RUIZ FABRI H., « Genèse et disparition de l'État à l'époque contemporaine », *AFDI*, 1992, p. 153.

[118] DE BECHILLON D., « La structure des normes juridiques à l'épreuve de la postmodernité », in BERTHOUD, SEVERIN (dir.), *La production des normes entre États et société civile - Les figures de l'institution et de la norme entre État et sociétés civiles*, L'Harmattan, 2000, p. 69.

[119] BARRAUD B., *Théories du droit et pluralismes juridiques. Les théories dogmatiques du droit et la fragilité du pluralisme juridique*, tome I, *op. cit.*, p. 72.

[120] *Ibid.*, p. 72.

trancher les litiges, et donc à apaiser les tensions qui s'y manifestent. (...) il est le cadre où les règles naissent, se révèlent dans leur plénitude, s'adaptent et meurent. Par toutes les composantes qui y entrent, l'ordre est aussi une réalité de nature juridique ; le droit circule au sein d'un ensemble, qui se révèle lui-même toujours déjà saisi par le droit »[121]. Et il ajoute : « *L'ordre juridique est une réalité descriptive. Il est un instrument intellectuel élaboré à des fins d'abord descriptives, en ce qu'il permet une approche plus globale du droit que celles qui cherchent à appréhender directement la teneur.* »[122] Il s'agit ainsi de considérer l'ordre juridique comme un effort de modélisation, et non comme une réalité sociale, beaucoup plus complexe[123].

65. En tant que système ordonné des règles de droit, les concepts d'ordre juridique international et d'ordre juridique national nous semblent opératoires dans notre perspective qui est la théorisation du droit des hydrocarbures. Le droit des hydrocarbures est un système de normes de nature plurielle et d'institutions qui visent à valoriser ces ressources naturelles spécifiques d'une certaine manière, pour l'intérêt de plusieurs parties prenantes (*shareholders*). Or, « *nulle autre personne que l'État n'a la possibilité d'édicter ou de valider des règles juridiques ou d'édifier des institutions juridiques, à moins de bénéficier d'une habilitation étatique exprès. Il s'agit donc d'un droit exclusif ; seul l'État jouit de pareille prérogative* »[124].

66. Si on l'admet, nous pouvons alors suivre Étienne Picard lorsqu'il conclut que « *tant que la souveraineté des États impose son effectivité en fait et en droit, et tant que l'on n'estime pas ou n'admet pas qu'elle puisse être elle-même tributaire d'autres normes pour le motif déterminant qu'il s'agit précisément d'une souveraineté, il n'est pas possible de penser la structure générale du droit – ni d'établir une hiérarchie modulable entre ses règles – sans faire de cette notion de "souveraineté" le pivot autour duquel s'organise cette dualité fondamentale : celle des ordres juridiques étatiques d'une part, et de l'ordre juridique international de l'autre* »[125].

---

121 LIBCHABER R., *L'ordre juridique et le discours du droit*, *op. cit.*, p. 197.

122 *Ibid.*, p. 198.

123 Nous admettons, avec Christophe Grzegorczyk, que « *s'il est indispensable pour la théorie juridique, il ne faut pas oublier que (le concept de l'ordre juridique) ne constitue qu'une reconstruction théorique et non une réalité sociale. Il ne faut pas prendre des modèles pour des réalités, ils ne sont que des outils conceptuels simplifiés, et leur pertinence se mesure à l'aune de leur utilité explicative* » (*in* « Ordre juridique et réalité », *Revue française de théorie, de philosophie et de culture juridique*, collection Droits, Tome 35, PUF, 2002, p. 113).

124 BARRAUD B., *L'État. Entre fait et droit*, Paris, L'Harmattan, collection Logiques juridiques, 2015, p. 287.

125 PICARD E., « La hiérarchie des normes confrontée aux rapports entre ordres juridiques », in *Repenser les rapports entre les ordres juridiques*, L.G.D.J. - Montchrestien, Lextenso éditions, 2013, p. 528.

67. Ainsi la régulation des activités relatives à l'exploitation des hydrocarbures génère-t-elle plusieurs espaces normatifs et plusieurs systèmes juridiques, notamment le droit international, qui encadre le pouvoir souverain des États en matière énergétique (Titre I).

68. Mais, la convergence[126] de la totalité du système juridique relatif au droit des hydrocarbures requiert ensuite que soient aménagées, au niveau national également, ceci autour du même concept de la souveraineté des États, des règles qui fassent corps avec le système international (Titre II).

---

[126] La convergence est entendue comme l'« *action de tendre vers un but commun* ». V. *Dictionnaire Le Petit Robert*, v. « convergence ».

TITRE I

LE DROIT INTERNATIONAL, DROIT DE FIXATION DE LA SOUVERAINETÉ ÉNERGÉTIQUE DES ÉTATS

69. Le droit international est un ordre juridique dynamique qui s'adapte à la réalité sociale qui fait l'objet d'une régulation. Il repose encore aujourd'hui sur la volonté souveraine des États, en l'occurrence ce qui est classiquement appelé sa souveraineté externe[127]. Or, « *le premier attribut étatique est sans doute la capacité à restreindre la souveraineté par l'acceptation d'obligations juridiques. Cette acceptation peut se produire à travers de multiples moyens, (...) par lesquels un État assume des obligations juridiques et lui sont reconnus des droits. La conclusion d'un traité, sa réserve, amendement ou modification, la participation dans un processus coutumier, avec sa pratique et sa conviction juridique, mais aussi (...) ses actes unilatéraux, ses silences ou accords, et ses décisions consensuelles au sein des organisations intergouvernementales, sont tous des moyens d'exprimer sa volonté et de l'adapter aux prétentions juridiques des autres sujets de l'ordre juridique international. Traités, coutumes, principes, décisions des organisations internationales et actes unilatéraux qui, en plus, interagissent entre eux* (…) »[128].

70. La mondialisation a élargi le champ régulateur du droit international, et l'activité d'exploitation et de production des hydrocarbures en est un exemple topique. Ce processus, qui a commencé à se manifester entre les deux guerres mondiales, a acquis une nouvelle vigueur après les indépendances des États africains en quête d'une souveraineté politique et économique toujours plus affirmée.

---

[127] La souveraineté externe signifie qu'un État ne doit pas se plier à d'autres obligations envers les autres États et les organisations internationales que celles qu'il a acceptées. V. KNAPP B. « L'État souverain en 2006 : théorie et réalité ? », in *L'État souverain dans le monde d'aujourd'hui, Mélanges en l'honneur de J.-P. PUISSOCHET*, *op. cit.*, p. 145.

[128] AZNAR GOMEZ M.L., « Une vision provisoire du droit international actuel », in JOUANNET, RUIZ FABRI et SOREL (dir.), *Regards d'une génération sur le droit international*, Pedone, 2008, pp. 50-51.

71. Or, le droit international est rarement cité comme source du droit des hydrocarbures par la doctrine. En tant que droit interétatique, il est considéré comme relevant d'un ordre de rapports (entre États souverains) ne concernant pas les liens juridiques existants dans le cadre de l'exploitation des hydrocarbures, d'une part, l'exploitation de ces ressources nécessitant une relation minimale avec les entreprises privées étrangères. D'autre part, il ne prend pas en charge des ressources particulières, mais des activités entières telles que le commerce ou l'industrie par exemple, dont les États membres essayent d'assurer l'organisation et le fonctionnement[129]. Dès lors, en l'absence de textes internationaux statuant directement sur l'exploitation des hydrocarbures (à l'exception du droit de l'environnement), la doctrine ne systématise pas les règles particulières qui existent dans le droit international public et concernant ces ressources, de façon directe ou indirecte.

72. Cette omission ou exclusion de principe du droit international public nous semble la source première d'une incompréhension de l'ordre juridique des activités relatives à l'exploration et à l'exploitation des hydrocarbures, pour deux raisons :

– En amont, de nombreux textes internationaux influencent directement les relations bipartites États/entreprises privées étrangères, obligées d'en tenir compte précisément dans la régulation de leurs relations d'affaires. L'ensemble des produits légaux étatiques (Constitutions, lois et tous les instruments réglementaires de l'État) en sont alors influencés[130], ainsi que les contrats liant les États souverains et ces entreprises privées.

– En aval, de nombreux litiges sont résolus sur la base de ces règles internationales, constitutives soit de références aux arbitres tenus de solutionner ces derniers, soit par le biais des traités bilatéraux de protection signés entre ces États signataires de conventions et les États d'origine dont sont ressortissantes les entreprises privées étrangères[131].

73. Dès lors, ne pas tenir compte de ces règles purement internationales est une source d'obstruction non seulement des règles régissant les hydrocarbures, mais aussi de la singularité de ces sources, multiples et variables.

74. Nous avons alors un double objectif ici : démontrer le monisme étatique en droit international en matière de droit des hydrocarbures, et mettre en évidence le rôle essentiel du droit international public dans le

---

[129] Exemple des accords de Marrakech de 1994, renforçant les règles de l'ancien GATT, et ayant débouché sur la mise en place d'une organisation internationale dédiée au commerce international, l'Organisation mondiale du commerce (OMC). Lire LESAFFRE H., *Le règlement des différends au sein de l'OMC et le droit de la responsabilité internationale*, L.G.D.J., 2007.

[130] Lire SANTULLI C., *Le statut international de l'ordre juridique étatique. Étude du droit interne par le droit international*, Paris, Pedone, 2001.

[131] Gilles Lhuilier rappelle que « *la jurisprudence arbitrale CIRDI applique le droit international pour combler les lacunes du droit national et en corriger le résultat si ce dernier lui est contraire* » (in *Le droit transnational*, *op. cit.*, p. 317).

champ bien restreint de l'exploitation des hydrocarbures, malgré l'inexistence d'une organisation internationale spécifique en la matière. Lorsque nous parlons de droit international, nous entendons précisément par là le droit international public, qui est défini comme l'ensemble des règles juridiques qui régissent les relations interétatiques. Il se distingue du droit international privé, dont l'objet porte sur les rapports internationaux des personnes privées relevant de plusieurs États[132].

75. La démarche de démonstration du rôle des États dans la production des normes en droit international public peut s'avérer aisée, car les États en sont naturellement considérés comme les sujets et les acteurs, en tant que détenteurs de la souveraineté. En effet, « *dans le cadre du droit international "westphalien" ou "vatelien", seuls les États sont sujets "originaires" de droit international, tandis que les organisations internationales, les individus, les entreprises, sont toujours des sujets "dérivés". C'est-à-dire qu'ils ne sont sujets qu'en vertu de la volonté des États qui leur confèrent des droits et des obligations, le plus souvent par la voie d'un traité international* »[133]. Toutefois, la structure de la société internationale a substantiellement évolué à partir des années 1960, au point où la doctrine a pu relever des « *signes que les États ne sont plus absolument souverains dans leurs décisions* »[134], ou sollicite à tout le moins de « *tout esprit raisonnable à avoir de la souveraineté une conception bien tempérée* »[135]. Les facteurs ayant perturbé le droit international classique sont une modification de la structure de la société internationale (avec principalement l'émergence des ONG et le renforcement des organisations internationales), elle-même générée par l'évolution dans le fond du droit international public, précisément dans les domaines économiques (avec tous les efforts de promotion du nouvel ordre économique international dans le cadre des résolutions de l'Assemblée générale des Nations unies en 1974)[136]. Dès lors, comme le dit le professeur Pierre d'Argent, « *en droit international, l'enjeu de la théorie des "sources" paraît bien être celle de ses sujets* »[137].

---

132 HORCHANI F., *Les sources du droit international public*, L.G.D.J. / C.P.U./DELTA, 2e éd. augmentée, 2008, p. 11.

133 DE FROUVILLE O., « Le changement en droit international public : la souveraineté est-elle toujours au fondement du droit itnernational ? », in *Le changement en droit*, Revue de droit d'Assas, N°10 spécial février 2015, Université Panthéon-Assas, p. 200. Le droit « westphalien » ou droit international classique est considéré dans l'historiographie du droit international, comme trouvant son point de départ historique dans les traités de paix de Wesphalie, mettant fin à la guerre de trente ans, en 1648.

134 BEIGZADEH E., « L'évolution du droit international public », in *Regards d'une génération sur le Droit international, op. cit.*, p. 78.

135 PELLET A., *Droit international et développement* (préface), actes du colloque de Lyon organisé par la Société française de droit international, du 22 au 24 mai 2014, Paris, Pedone, 2015, p. 6.

136 BEIGZADEH E., « L'évolution du droit international public », *op. cit.*, p. 76.

137 D'ARGENT P., « Le droit international : quand les sources cachent les sujets », in *Les sources du droit revisitées* (ouvr. coll.), vol. 4, « Théorie des sources du droit », Bruxelles, Éditions Anthémis, Université Saint-Louis, 2012, p. 247.

76. Ainsi la dialectique entre le monisme et le pluralisme juridique trouve-t-elle un terreau d'étude pertinent en droit international. Il s'agit ici d'évaluer le rôle de l'État dans l'encadrement international de la régulation des hydrocarbures qui, suivant notre hypothèse, demeure central.

77. L'étude s'articulera alors autour des deux axes de déploiement du droit international : le champ de la souveraineté positive des États, qui clarifie les droits des États (Chapitre I) ; et le champ de la souveraineté négative, qui fixe cette fois les devoirs des États (Chapitre II) en matière énergétique.

CHAPITRE I

LE DROIT INTERNATIONAL, DROIT DE LA SOUVERAINETÉ POSITIVE DES ÉTATS

78. Les ressources énergétiques ont un statut particulier dans la catégorie des biens. Sur le plan instrumental, elles permettent une allocation collective du bien-être matériel, voire immatériel, en fournissant de l'énergie à un maximum de personnes, mais aussi en constituant un puissant levier de développement pour les États[138].

79. Dès lors, elles font l'objet de convoitises particulières entre États, lesquels se sont confrontés longtemps dans l'histoire tant lointaine que contemporaine, pour leur maîtrise ou conservation. Comment, en tant que coproducteurs de normes internationales visant à garantir la paix mondiale, les États ont-ils pu produire des normes pertinentes en la matière ? Le droit international public repose essentiellement sur la volonté souveraine des États[139]. Celle-ci s'articule autour des modes de coopération et de solidarité qui, en matière d'hydrocarbures, devraient générer des normes permettant la coexistence pacifique des États. Partant, l'hypothèse d'un monopole étatique dans la production des normes relatives aux hydrocarbures doit être éprouvée, dans un premier temps, dans le champ des droits octroyés par le droit international aux États.

80. À l'analyse, le droit international a, au fil du temps, dégagé un ensemble de règles spécifiques à ces ressources, qui portent à la fois sur le contenu du pouvoir matériel dont disposent les États sur celles-ci (Section I) et sur le contenu du pouvoir personnel de ces mêmes États (Section II).

---

138 RIFFAUT-SILK J., « La régulation de l'énergie : bilan et réformes », *RIDE,* 2011/1, pp. 5-41.

139 V. KAMTO M., *La volonté de l'État en droit international,* Leiden Boston, Mass M. Nijhoff, 2007.

SECTION I. DROIT DE DÉTERMINATION DU POUVOIR MATÉRIEL DES ÉTATS

81. La souveraineté est considérée comme un attribut fondamental de l'État. De plus, de nombreux sacro-saints principes du droit international public commandent un maximum de coopération entre les États dans le cadre de la pacification nécessaire de la scène internationale. Ainsi en est-il du principe de l'égalité souveraine des États, du principe de l'égalité en droit, du principe de non-recours à la force et à la menace de la force, et de celui de la non-ingérence dans les affaires internes[140]. Les règles fondamentales du droit international favorisent ainsi une coopération permanente entre les États, qui devraient coproduire des normes juridiques, et le monisme juridique en être vérifié, notamment sur le volant matériel de leurs pouvoirs en matière d'hydrocarbures.

82. Le pouvoir matériel peut être défini comme l'ensemble des prérogatives d'ordre physique et palpable, accordées aux États sur les hydrocarbures. Peuvent ainsi être dégagés du droit international deux types de règles : celles relatives à la détermination de la compétence territoriale des États (§1), et celles qui concernent la détermination de la compétence économique des États (§2).

§1. Droit de la souveraineté territoriale des États

83. S'il est vrai que « *l'État moderne a besoin de frontières linéaires pour exister* »[141], le territoire en est l'élément fondateur. Il a besoin de précision spatiale pour circonscrire l'étendue de ses pouvoirs et planifier les infrastructures qui matérialisent son existence[142]. Le territoire fonde la légitimité de l'État. Son marquage étatique est la preuve matérielle de l'effectivité de la domination politique. Or, le territoire, entendu à la fois comme l'expression de l'existence d'un État, comme un concept juridique en droit international et une réalité politique, nécessite une clarté dans la détermination de ses limites.

84. Cette règle fondamentale est encore plus cruciale pour les États africains, et ceci, pour trois raisons.

85. Premièrement, dans leur genèse, les États d'Afrique ont d'abord été des territoires définis par les puissances coloniales, et ils ne sont donc pas l'aboutissement de processus internes. En d'autres termes, « *ils ne finissent*

---

140 Lire DUTU MIRCEA, « La dépendance énergétique, la souveraineté et le droit international général », in DOUMBÉ-BILLÉ (dir.), *Défis énergétiques et droit international, op. cit.*, pp. 29-52.

141 TERRAY E. (coord.), *L'État contemporain en Afrique*, Paris, L'Harmattan, 1987.

142 SAUTTER G., « Quelques réflexions sur les frontières africaines », in *Problèmes de frontières dans le tiers-monde*, Paris, L'Harmattan, Coll. Pluriel-Débat, 1982.

pas à la frontière mais y trouvent leur commencement »[143]. Deux ordres d'États sont alors à différencier : les États décolonisés et ceux issus de la partition des États décolonisés tels l'Érythrée et le Sud-Soudan. Leur irruption sur la scène internationale bouleverse la carte à la fois régionale et internationale. Le professeur Marcelo Kothen a pu alors dire qu'« *il surgit inéluctablement des changements sur le plan des frontières, que ce soit du point de vue de la nature juridique des délimitations existantes, des sujets que les frontières séparent ou bien du tracé même de la délimitation »*[144].

86. Deuxièmement, et par voie de conséquence, les premières règles internationales relatives à la détermination des frontières étatiques, notamment maritimes, l'ont été sans la contribution des Africains, qui ont obtenu leurs indépendances à partir des années 1960. Très peu d'États, notamment d'Afrique noire, avaient accédé à la souveraineté en 1958, au moment où furent négociées et conclues, en date du 29 avril, les quatre conventions de Genève sur le droit de la mer, et aucun d'entre eux ne prit donc part à leur établissement[145].

87. Enfin, troisièmement, le double statut des hydrocarbures, notamment du pétrole, en tant que ressource naturelle provenant d'un patrimoine naturel mais aussi en tant que marchandise que l'on vend, échange, importe ou exporte, est un enjeu majeur de puissance étatique, et donc source de convoitises diverses et de conflits territoriaux conséquents. Dans le processus à la fois de construction et d'affirmation des États africains, la question énergétique a alors pris une envergure particulière[146]. Toutefois, le droit des frontières internationales ne semble pas encore clairement identifier la place des hydrocarbures dans son contenu, alors même qu'il constitue une véritable caisse de résonance des défis de son temps, d'une part, et que les hydrocarbures sont reconnus comme ayant généré un véritable droit

---

[143] GEOUFFRE DE LA PRADELLE P., *La frontière*, Paris, Thèse de droit, 1928, cité par ROLAND P., « L'Afrique dans tous ses états », *Espaces Temps*, vol. 33, n°1, 1990, pp. 43-44, http://www.persee.fr/doc/espat_0339-3267_1990_num_43_1_3755.

[144] KOHEN M., « La création d'États en droit international contemporain », *Cours Euro Bancaja de droit international*, vol. VI, 2002, p. 619-620, cité par METOU B.M., « La détermination des frontières internationales de nouveaux États africains », in KAMTO, DOUMBE-BILLE, METOU (dir.), *Regards sur le droit public en Afrique*, *Mélanges en l'honneur du doyen Joseph-Marie Bipoun Woum*, Paris, L'Harmattan, 2016, p. 404.

[145] CHEMILLIER-GENDREAU M., ROSENBERG D., *Droit international et relations internationales, Encyclopédie juridique de l'Afrique*, Tome deuxième, Les Nouvelles Éditions Africaines, Abidjan, Dakar, Lomé, 1982, p. 91.

[146] MBENGUE M.M., « Delimitation and demarcation of borders in Africa: history, problems and prospects », in *Droit des frontières internationales*, journées franco-allemandes, Société française pour le droit international, Pedone, 2016, pp. 91-92. Il cite alors les conflits entre le Nigeria et le Cameroun, d'une part, et entre la Guinée et la Guinée-Bissau, d'autre part, comme exemples de conflits territoriaux motivés par des raisons économiques, précisément des raisons de contrôles des ressources énergétiques en Afrique.

international de l'énergie, d'autre part[147]. Tout au plus a-t-il été reconnu que « *les ressources en hydrocarbures, notamment le pétrole, ont été sans aucun doute, la cause première du mouvement vers l'appropriation d'espaces maritimes jusqu'alors régis par le principe sacro-saint de la liberté de la haute mer* »[148], et que de nombreux litiges territoriaux, précisément maritimes, en Afrique, sont fondés par ces ressources[149].

88. Or, la compétence territoriale exclusive est l'occurrence la plus normale que le droit international puisse aménager pour un État. La frontière, entendue comme « *la limite du territoire d'un État, la ligne déterminant où commencent et finissent les territoires relevant respectivement de deux États voisins* »[150], est considérée, en droit international public, comme un facteur de stabilité et de sécurité. Il a été plaidé en outre, devant la Cour internationale de justice, que le territoire est le « *cadre indispensable à l'exercice de la souveraineté de l'État. Il représente le contexte spatial de l'existence même de l'État* »[151], au point où les limites et la délimitation des frontières sont considérées comme des paramètres centraux du droit international public[152]. La Cour internationale de Justice, pour déterminer les zones sur lesquelles les États sont habilités à exercer des droits souverains, explique qu'« *il faut (...) établir la limite ou les limites entre États voisins, c'est-à-dire tracer la ligne exacte ou les lignes exactes de rencontre des espaces où s'exercent respectivement les pouvoirs et droits souverains des États* »[153].

89. Dans cette perspective, les hydrocarbures ont substantiellement structuré le droit de délimitation maritime, qui a fait l'objet de nombreux travaux dont le volume est clairement en lien avec l'obsession des frontières[154], et dont témoignent les nombreux contentieux internationaux relatifs à cette question.

---

147 DOUMBÉ-BILLÉ S., « Droit international et défis énergétiques : "arguments d'une recherche" », in DOUMBÉ-BILLÉ (dir.), *Défis énergétiques et droit international*, *op. cit.*, p. 22.

148 KAMGA M.K., *Délimitation maritime sur la côte atlantique africaine,* Éditions Bruylant, 2006, p. 17.

149 Entre le Cameroun et le Nigeria, le Gabon et Sao Tomé-et-Principe, le Ghana et la Côte d'Ivoire, le Congo et l'Angola, entre le Gabon et la Guinée équatoriale, etc.

150 BASDEVANT J., in SALMON, *Dictionnaire de droit international public*, Bruxelles, Bruylant, 2001, p. 520.

151 Procédure écrite, observations écrites du gouvernement de la République de Serbie (14 juillet 2009), §228, p. 102, CIJ, Avis, 22 juillet 2010, *Conformité au droit international de la déclaration unilatérale d'indépendance relative au Kosovo.*

152 ALLAND D., « Le droit international sans Terminus ? Réflexions sur la délimitation », in *Droit des frontières internationales*, *op. cit.*, p. 14.

153 CIJ, 19 décembre 1978, *Affaire du plateau continental de la mer Égée*, §85. Voir aussi CIJ, 12 juillet 2005, *Différend frontalier*, §124 : « *Une frontière marque la séparation des souverainetés étatiques, autant sur la surface terrestre que dans le sous-sol et l'espace atmosphérique.* »

154 Voir FOUCHER M., *L'obsession des frontières*, Ed. Perrin, 2007 (nouvelle édition augmentée, 2012).

90. Selon le professeur Daniel Bardonnet, la délimitation consiste à « déterminer intellectuellement » l'emplacement de la « ligne divisoire », et elle correspondrait dès lors à « *une définition* in abstracto *de la frontière* »[155]. Dans ce cadre, le fondement du titre de l'État sur les espaces maritimes a connu une mutation substantielle. Sur la question : « *En vertu de quel critère la division des espaces de chevauchement doit-elle être effectuée ?* »[156], le droit international a évolué, passant de la théorie du prolongement naturel de la masse terrestre sous l'eau comme fondement du titre sur le plateau continental à celle de l'adjacence côtière mesurée par la distance comme fondement du titre[157]. Dans l'affaire *Libye c. Malte* (1985), la CIJ déclare que « *le lien juridique entre la souveraineté territoriale de l'État et ses droits sur certains espaces maritimes adjacents s'établit à travers ses côtes. La notion d'adjacence en fonction de la distance repose entièrement sur celle du littoral* »[158].

91. La conséquence majeure et pratique de cette nouvelle règle est que les droits auxquels un État peut prétendre sur les espaces maritimes dépendent de l'existence des côtes, tel qu'explicité dans l'affaire *Libye c. Tunisie*, où la CIJ rappelle que « *c'est l'État côtier qui est titulaire de droits exclusifs sur les zones sous-marines. Le lien géographique entre la côte et les zones immergées qui se trouvent devant elles est le fondement du titre juridique de cet État. (...) C'est la côte du territoire de l'État qui est déterminante pour créer le titre sur les étendues sous-marines devant cette côte* »[159].

92. Ainsi la notion d'adjacence se définit-elle concrètement dans l'établissement des limites des bases qui servent de point de départ à la largeur de la mer territoriale : 12 milles marins pour la mer territoriale, 24 milles marins pour la zone contiguë, 200 milles marins pour la zone économique exclusive et le plateau continental, 350 milles marins maximum pour certains plateaux continentaux[160].

93. C'est cette reconfiguration des règles relatives aux frontières, précisément celle relative à la zone économique exclusive, qui a donné aux hydrocarbures une place prépondérante, mais curieusement ignorée par la doctrine. L'étude ambitionne de mettre en évidence le rôle de l'État dans la construction du droit des hydrocarbures. Il s'agira alors ici de constater que sous l'impulsion exclusive des États, les hydrocarbures ont largement influencé le régime juridique des ZEE. à deux niveaux : dans la détermination du champ de la zone économique exclusive, quoique de façon

155 BARDONNET D., « De la densification des frontières terrestres en Amérique latine », in *Mélanges Claude-Albert Colliard*, Paris, Pedone, 1984, p. 4.

156 WEIL P., *Perspective du droit de délimitation maritime*, Paris, Pedone, 1988, p. 53.

157 Lire ARBOUR J.-M., « Droit de délimitation maritime », *R.J.A.*, n° 2 & 3, 1991, p. 35.

158 *Plateau continental (Jamahiriya arabe libyenne/Malte)*, arrêt, 3 juin 1985, CIJ, Recueil, 1985, p. 13.

159 *Plateau continental (Tunisie/Jamahiriya arabe libyenne)*, arrêt du 10 décembre 1985, CIJ, Recueil, 1985, §73.

160 ARBOUR J.-M., *op. cit.*, p. 37.

implicite (A), et de façon explicite, ensuite, en ce qui concerne le champ de la solidarité territoriale des États (B).

A. L'inclusion implicite des hydrocarbures dans le champ de la zone économique exclusive

94. La zone économique exclusive (ZEE) est une partie de la mer, sise au-delà de la mer territoriale mais adjacente à celle-ci, et pouvant s'étendre jusqu'à 200 milles marins, décomptés à partir des lignes de base de la mer territoriale. Elle est régie actuellement par les dispositions des articles 55 à 76 de la convention de 1982 sur le droit de la mer (partie V). Toutefois, seule est régulièrement mise en évidence l'origine géographique du concept de ZEE, à savoir l'Afrique.

95. Ainsi a-t-il pu être dit que « *le concept de zone économique exclusive est d'origine africaine ; il a été évoqué pour la première fois par le délégué du Kenya à la conférence du comité juridique consultatif afro-asiatique tenue à Colombo le 22 janvier 1971 ; le concept a été précisé par la même délégation à la conférence du même comité tenue à Lagos en janvier 1972...* »[161]. Laconique, le professeur Queneudec nous dit que « *la promotion de l'idée de la zone économique dans l'ordre international apparaît comme étant essentiellement l'œuvre des États africains* »[162].

96. Or, l'influence des hydrocarbures sur le contenu final du régime de cette ZEE est aussi patente que son origine géographique. Il convient de distinguer les séquences relatives à la construction du concept sous deux aspects : le régime primaire de la ZEE (1) et le régime consolidé de la ZEE (2).

1. Le régime primaire de la ZEE : l'introduction opportuniste des hydrocarbures par le concept de « ressources naturelles »

97. Le régime primaire de la ZEE peut être défini comme celui qui a constitué, au fil du temps, l'ossature principale en termes de règles ayant simplement été aménagées par la suite. La construction du concept de zone économique exclusive débuta à Yaoundé (Cameroun)[163], où se tint, du 20 au 30 juin 1972, un séminaire régional des États africains sur le droit de la mer, et auquel prirent part le Cameroun, la République centrafricaine, la Côte d'Ivoire, le Dahomey, le Sénégal, le Togo et le Zaïre. Les conclusions adoptées à l'unanimité[164] mentionnèrent que « *la largeur de la mer territoriale ne devait pas dépasser douze milles nautiques* » (I, a, 2), mais laissèrent apparaître des réserves exprimées par quelques États sur ce point.

---

[161] WODIE F., « Les intérêts économiques et le droit de la mer », *RGDIP*, n°3, 1976, p. 745, note 5.

[162] QUENEUDEC J.-P., « La zone économique », *RGDIP*, n°2, 1975, p. 324.

[163] *Série des traités des Nations unies*, vol. 1006, I-14758.

[164] Nations unies, A/AC 138/79.

La disposition fondamentale approuvée à Yaoundé fut cependant celle relative à l'établissement d'une nouvelle zone maritime de juridiction en faveur des États d'Afrique : « *Les États africains ont également le droit d'établir au-delà de la mer territoriale une zone économique sur laquelle ils auront une juridiction exclusive aux fins d'une réglementation de contrôle et de l'exploitation nationale des* <u>*ressources*</u> *au service des intérêts primordiaux de leurs peuples et de leurs économies respectives, ainsi qu'aux fins de prévention de la pollution et de la lutte contre celle-ci.* »[165] (I, a, §3).

98. Si les États réunis à Yaoundé ne fixèrent aucune limite précise à cette zone économique sur laquelle l'État côtier jouirait des droits souverains finalisés, une autre disposition du texte adopté énonça qu'elle comprenait le plateau continental et ses ressources économiques tant vivantes que non biologiques, « *telles que le pétrole, le gaz naturel et autres ressources minérales* » (III, 1).

99. Il est à remarquer alors que les hydrocarbures sont explicitement mentionnés comme « ressource » devant faire l'objet d'exploitation par les États côtiers, mais seulement sur le plateau continental. Ce fut clairement là le premier signe de la prise en compte des enjeux liés aux hydrocarbures, eux qui n'étaient pas initialement visés par ce séminaire. Le plateau continental, dans sa version de l'époque, ne constituait que « *le lit de la mer et le sous-sol des régions sous-marines adjacentes aux côtes, mais situées en dehors de la mer territoriale, jusqu'à une profondeur de 200 mètres ou, au-delà de cette limite, jusqu'au point où la profondeur des eaux surjacentes permet l'exploitation des ressources naturelles desdites régions* »[166]. Il ne s'agissait en quelque sorte que du « *prolongement du continent sous la mer (...) s'entendant à des profondeurs généralement inférieures à 200 mètres* »[167].

100. En effet, avant la tenue des nombreux séminaires et conférences internationales relatives à la délimitation des frontières maritimes dès les années 1970, le droit international reconnaissait déjà une compétence maritime minimale aux États côtiers. C'est sur cette base qu'à leurs indépendances, certains pays africains ont étendu leurs différents espaces de compétences à diverses distances du territoire terrestre, à partir notamment de leurs législations internes[168].

---

165 C'est nous qui soulignons.

166 Art.1er al. a de la convention de Genève sur le droit de la mer de 1958.

167 Selon la CIJ, « *l'institution du plateau continental est née de la constatation d'un fait naturel et le lien entre ce fait et le droit, sans lequel elle n'eût jamais existé, demeure un élément important dans l'application du régime juridique de l'institution. Le plateau continental est par définition une zone prolongeant physiquement le territoire de la plupart des États maritimes par cette espèce de socle qui a appelé en premier lieu l'attention des géographes puis des juristes* ». CIJ, *Plateau continental de la mer du Nord*, arrêt du 20 février 1969, Rec.1969, p. 51, §95.

168 Le Ghana dès 1962, la Gambie en 1966, la Côte d'Ivoire en 1967, le Liberia en 1969, la Guinée équatoriale en 1970, sont tant et plus de pays qui manifestèrent des volontés de clarification de leurs espaces maritimes soit par de la production normative, soit par des litiges

101. Malgré cela, l'exploitation industrielle et commerciale du milieu marin était insuffisante, voire absente, entre les années 1950 et les années 1970, en raison de facteurs technologiques et financiers inexistants. L'exploitation maritime existait, quoique de façon rudimentaire initialement, pour ensuite prendre un envol important mais grâce à des compagnies étrangères, qui ont fait courir le risque de la surexploitation[169]. En 1971, la FAO organisa une conférence régionale sur les pêcheries africaines, où elle insista sur l'importance de cette économie pour ces derniers, d'une part, et pointa du doigt les dangers liés aux activités halieutiques des étrangers, d'autre part[170]. Par voie de conséquence, un panel d'experts de l'Organisation de l'unité africaine suggéra fortement aux pays africains de prendre des mesures pour la promotion d'une pêcherie locale importante, en des termes clairs : « *Having considered all the available scientific information and also considered the role that fisheries development can play in the economic development of African states, the Panel suggests that fishing in the area of the sea up to the 600 meter isobaths should be reserved exclusively for the coastal state. Where the eventually agreed limit of the territorial waters is not enough to encompass this zone, the waters between the edge of the territorial sea and the 600 meter isobaths should be declared an exclusive fishing zone.* »[171]

102. Dès lors, la préoccupation des pays africains au moment de la tenue du séminaire de Yaoundé était bien la valorisation des ressources halieutiques (poissons) en particulier, et non des ressources naturelles en général[172]. Par opportunisme et préscience, les ressources des hydrocarbures ont été intégrées dans le champ du centre d'intérêt des pays africains et, dès le départ, dans une volonté de capitalisation de toute ressource économique ultime pouvant se situer dans la mer territoriale. Les États prennent alors ici en compte les hydrocarbures de façon implicite, à travers le concept de « ressources naturelles », et la norme produite par eux sur les ZEE englobe *de facto* les hydrocarbures. Ce mode de production des normes, où le texte

---

d'ordre frontalier. Voir LADAN A.M., « Twenty years of the Exclusive Economic Zone in Africa: resource, exploitation and management », 29. comp. & Int'l L.J.S. Afr. 249. 1996.

[169] Pour le niveau d'extraversion de l'économie halieutique en Afrique dans les années 1970, lire LADAN A.M., « Twenty years of the Exclusive Economic Zone in Africa: resource, exploitation and management », *op. cit.*

[170] REMBE N.S, « Africa and international law of the sea: A study of the contribution of the African states to the Third United Nations Conference on the Law of the Sea », 1980, 119, cité par LADAN A.M., « Twenty years of the Exclusive Economic Zone in Africa: resource, exploitation and management », *op. cit.*, note 43.

[171] "Report and Recommandation of the Panel of Scientists on the Problem of the Sea- Bed and Fisheries Resources in Africa Lagos", 14-16 October 1971, cité par LADAN A.M. « Twenty years of the Exclusive Economic Zone in Africa: resource, exploitation and management », *op. cit.*

[172] La professeure NIKI ALOUPI est l'un des rares auteurs à rappeler que « *la pêche a (d'ailleurs) été le point de départ pour une prise de conscience de l'importance que revêtait la ZEE pour les pays en développement* », « Pays en développement et zone économique exclusive », Y.B. Int'L L.185, 2010, p. 202.

est coupé de son « monde circonstanciel » pour lui donner un destin imprévu, est bien connu en droit international[173].

103. Cette extension matérielle du champ d'application motivant l'élaboration de la ZEE par les États en raison des hydrocarbures, et ceci, dès le début de sa conception, se consolida ensuite au fil du temps, notamment concernant les pouvoirs mêmes des États.

2. Le régime secondaire de la ZEE : l'extension opportuniste de la force normative des hydrocarbures à toutes les ressources naturelles quant au pouvoir des États

104. Quels sont les pouvoirs des États dans les ZEE, aussitôt celles-ci délimitées ? Les États ont répondu à cette question, dans la continuité de la construction du régime juridique des ZEE, avec, une nouvelle fois encore, une place de choix accordée aux hydrocarbures.

105. Les déclarations adoptées ultérieurement par le Conseil des ministres à sa 21e session ordinaire, dans le cadre des réunions de l'OUA consacrées aux questions du droit de la mer[174], qui s'est tenue à Addis-Abeba du 17 au 24 mai 1973, complétèrent et affinèrent les prises de position communes exprimées à Yaoundé. Certes, aucun accord ne put se réaliser sur la largeur de la mer territoriale, mais les États africains s'entendirent pour porter la largeur de la zone économique exclusive à deux cents milles : « *Les États africains reconnaissent le droit de tous les États riverains d'établir au-delà de leur mer territoriale une zone économique exclusive qui ne s'étendra pas au-delà de deux cents milles marins, mesurés à partir des lignes de base servant à délimiter leur mer territoriale.* »

106. Les droits souverains des États côtiers et leurs limites étaient ainsi énoncés : « *...dans cette zone, les États riverains exerceront une souveraineté permanente sur toutes les ressources biologiques et minérales et ils géreront la zone sans porter indûment atteinte aux autres utilisations légitimes de la mer, à savoir la liberté de navigation et de survol et la pose de câbles et de pipelines.* »[175] L'on peut alors observer une consolidation de la place des hydrocarbures dans la conception de la ZEE, par l'adjonction du qualificatif « minérales » au concept de « ressources ». La répétition de l'énoncé de base, même sans l'énumération des ressources visées comme à Yaoundé (pétrole, gaz), participe d'une banalisation mais surtout d'une consolidation de la règle, voire d'une augmentation de sa force normative[176].

---

[173] Lire NEGRI V. et SCHULTE-TENCKHOFF, « Mimesis : pour une lecture anthropologique de la construction du droit », in NEGRI et SCHULTE-TENCKHOFF (dir.), *La formation du droit international. Entre mimétisme et dissémination,* Paris, Pedone, 2016, p. 29.

[174] Déclaration du Conseil des ministres à Addis-Abeba en date du 21 mai 1973, Nations unies A/AC 138/89, et déclaration de Mogadiscio, Nations unies, A/Conf. 62/33.

[175] Nations unies, A/AC.138/89. (C'est nous qui soulignons).

[176] NICOLAS E. nous dit : « *La force du droit apparaît comme un subtil jeu de répétition d'une structure (le langage) dont la possibilité ontologique est liée tout à la fois à sa capacité*

107. Il faut alors noter une extension des prérogatives des États riverains par rapport au texte de Yaoundé : la déclaration d'Addis-Abeba fit référence à une souveraineté aux fins de l'exploitation des ressources biologiques et minérales dans la zone économique de deux cents milles marins, alors qu'antérieurement, seules les ressources minérales du plateau continental étaient soumises à la souveraineté de l'État côtier. Le maintien du pouvoir exclusif initial des États côtiers du plateau continental à une zone plus large, la zone économique exclusive, et finalement l'extension de ce pouvoir « souverain » à une autre catégorie de ressources, les ressources biologiques, sont clairement le résultat d'une densification normative plus importante de cette règle. Par le jeu non seulement de l'augmentation des flux normatifs sur le plan quantitatif (multiplication des textes internationaux), mais aussi de la circulation de l'énergie normative d'une ressource (les hydrocarbures) sur les autres ressources naturelles, dont les ressources halieutiques[177], les pouvoirs des États côtiers s'en trouvent accrus. Alors que le principe de souveraineté des États sur leurs ressources naturelles concerne principalement les hydrocarbures, cet attribut est étendu aux ressources biologiques, dans un processus d'« *épaississement normatif* »[178], les États ayant dans un premier temps intégré les hydrocarbures dans le champ de la ZEE, avant de s'attribuer des pouvoirs qui, originellement, sont rattachés à l'exploitation des hydrocarbures.

108. L'on observe donc une production progressive et continue de la part des États de normes entourant les hydrocarbures, mais de façon processuelle et tactique. Cette dialectique inclusion-exclusion et imitation-singularisation entre les deux types de ressources (biologiques et minérales) va perdurer tout au long de la construction de ce régime, notamment dans le pendant immédiat de la ZEE, le droit de solidarité interétatique africain.

B. L'exclusion explicite des hydrocarbures dans le champ du droit de solidarité interétatique

109. Le rôle des États dans le contenu du champ de la ZEE, puis dans la précision des pouvoirs des États concernés par cette institution, a largement été perceptible et déterminé autour des enjeux de maîtrise des hydrocarbures. Toutefois, l'avantage historique et hasardeux de ces États à pouvoir bénéficier d'une façade côtière devait être contrebalancé par l'aménagement d'un minimum de coopération avec les États géographiquement défavorisés, et devant néanmoins avoir un débouché sur la côte. C'est l'ensemble des

---

et sa vocation d'être répétable », « Répétabilité et répétition des énoncés normatifs : la force intercitationnelle dans le langage juridique comme force normative », in THIBIERGE et *al.*, *La force normative*, L.G.D.J., Bruylant, 2009, p. 80.

177 NICOLAS E., « Les flux normatifs et la densification normative », in THIBIERGE et *al.*, *La densification normative*, Éditions Mare & Martin, 2013, p. 111.

178 Expression empruntée à ROBINEAU M., cité par NICOLAS E., « Les flux normatifs et la densification normative », *op. cit.*, p. 118.

droits tournant autour des relations à entretenir avec les États de l'hinterland qui est appelé droit de la solidarité interétatique.

110. Le processus de construction du régime de la ZEE devait ainsi s'étendre à la clarification des rapports juridiques à entretenir entre les deux types d'États. Le monisme étatique a alors habillé les mêmes caractéristiques que celui observé jusque-là : exclusivité de l'action des États et prise en compte des hydrocarbures dans la définition de ce droit de la solidarité interétatique.

111. La construction du régime de la ZEE entre États africains voisins a aussi été progressive. Au rythme des réunions et conférences interétatiques et intra-africaines, puis des conférences internationales à vocation normative intégrant peu ou prou les orientations de ces cercles régionaux, la ZEE a consolidé l'essentiel de ses règles[179]. Celle relative à ce qui a été appelé le droit de solidarité interétatique dès l'origine, à Yaoundé, illustre une fois de plus la place singulière des hydrocarbures dans la construction du droit. Cela se manifeste tant dans la phase de conception intellectuelle du régime (1) que dans celle de sa consolidation normative (2).

1. L'exclusion dans le processus de conception intellectuelle de la ZEE

112. Dans le cadre de la construction du régime de la ZEE, les États africains ne se préoccupèrent pas seulement d'étendre les prérogatives des États côtiers sur des espaces maritimes élargis, mais ils prirent également en considération les intérêts des autres États du continent africain ne disposant pas ou presque pas d'une façade maritime.

113. C'est ainsi que depuis les travaux de Yaoundé, il a été prévu « *la possibilité d'exploiter les ressources biologiques dans la zone économique* », celle-ci devant « *être ouverte à tous les États africains, qu'ils soient sans littoral ou presque, étant entendu que les entreprises de ces États souhaitant exploiter ces ressources seront effectivement contrôlées par des capitaux et du personnel africain. Les droits des États sans littoral devront, pour être effectifs, être complétés par le droit de transit. Ces droits devront être énoncés dans des accords, soit multilatéraux, soit régionaux, soit bilatéraux* »[180].

114. À partir des travaux initiés au niveau de l'Organisation de l'unité africaine, la doctrine[181] a pu identifier un retrait quant aux droits attribués dans cette zone économique exclusive aux États sans littoral ou aux pays

179 Lire ABDULQAWI AHMED YUSUF, « L'influence des États africains sur la formation des règles relatives à la zone économique exclusive », in *L'Afrique et le droit international : variations sur l'organisation internationale, Liber Amicorum Raymond RANJEVA*, Pedone, 2013, pp.393-414.

180 CHEMILLIER-GENDREAU M., ROSENBERG D., *Droit international et relations internationales, Encyclopédie juridique de l'Afrique*, Tome deuxième, *op. cit.*, p. 91.

181 BARDONNET D., CARROZ J., « Les États de l'Afrique de l'Ouest et le Droit international des pêches maritimes », *AFDI*, 1973, p. 853.

défavorisés. Bien que le groupe d'experts de l'OUA qui prépara le projet de déclaration ait été composé de quatre ressortissants d'États sans littoral sur cinq membres (la Haute-Volta et le Rwanda y figuraient, par exemple), les États côtiers d'Afrique ont manifestement voulu réduire la portée des dispositions de Yaoundé relatives à la solidarité africaine dans l'exploitation des zones économiques exclusives. Elle stipulait alors que « *les pays africains, soucieux de permettre à tous les peuples de la région de tirer parti des ressources qu'elle renferme, reconnaissent que les pays sans littoral et les autres pays défavorisés ont le droit de participer à l'exploitation des ressources biologiques des zones économiques voisines sur un pied d'égalité avec les ressortissants des États riverains sur la base de la solidarité africaine et en vertu des accords bilatéraux ou régionaux qui pourront être élaborés* »[182].

115. La contractualisation nécessaire des modes d'exploitation des ressources rendait *ipso facto* conditionnelle la jouissance de ces ressources.

116. Mais, ce qui n'a pas fait l'objet d'une analyse particulière fut l'exclusion dès l'origine des hydrocarbures de tout mode de coopération dans le cadre de cette ZEE. Alors qu'intégrés *ab initio* dans le champ de la ZEE (depuis les travaux de Yaoundé), et tels que confirmés dans les travaux des experts de l'OUA, les hydrocarbures ne figurent pas dans le champ de l'exercice éventuel de la solidarité des pays africains, fût-ce par le moyen d'accords régionaux. Le 5 août 1974, à la deuxième session de la troisième conférence des Nations unies sur le droit de la mer (Caracas), des États africains tels la Zambie, le Botswana, la Haute-Volta, le Lesotho, le Mali, l'Ouganda, le Swaziland ont formellement souhaité, par exemple, des « arrangements équitables » pour l'exploitation des ressources non biologiques, ce à quoi se sont radicalement opposés des États tels le Ghana, le Nigeria et le Kenya[183].

117. La souveraineté exclusive sur ces ressources est par voie de conséquence réaffirmée avec une intensité supérieure à celle qui peut entourer la gestion et l'exploitation des ressources biologiques. Il y a une graduation supérieure de l'intérêt accordé aux hydrocarbures, qui structure par conséquent le champ de solidarité interafricain *a minima*[184]. Ce double impact des hydrocarbures, sur la nature des ressources couvertes par la ZEE mais aussi des droits accordés tant aux États côtiers qu'aux États riverains,

---

[182] Lire ABDULQAWI AHMED YUSUF, « L'influence des États africains sur la formation des règles relatives à la zone économique exclusive », in *L'Afrique et le droit international : variations sur l'Organisation internationale, Liber Amicorum Raymond Ranjeva, op. cit.*, p. 399. (C'est nous qui soulignons).

[183] *Ibid.*, p. 409.

[184] Comme l'a fait remarquer le juge ODA dans son opinion dissidente dans l'affaire *Libye c. Tunisie*, aucun consensus durant les travaux de la troisième conférence sur le droit de la mer n'a été établi eu égard à la possibilité d'accorder des compensations aux pays enclavés ou géographiquement désavantagés dans l'exploitation des ressources minérales, comme cela a été le cas concernant les ressources halieutiques dans la zone économique des pays voisins (arrêt de 1982, p. 256, par. 159).

va demeurer permanent tout au long de la construction du régime de la zone économique exclusive[185].

2. L'exclusion dans le processus de consolidation formelle

118. Résultat d'un compromis laborieux entre les pays industrialisés et ceux dits du « tiers-monde », d'une part, et entre les aspirations des États sans littoral et géographiquement désavantagés et les États côtiers, d'autre part, la convention de Montego Bay, ou Convention des Nations unies sur le droit de la mer (CNUDM), a fortement été influencée par les débats concernant la prise en compte ou non des hydrocarbures dans le champ du droit de solidarité entre les États côtiers et les autres. Une double conséquence concrète aux options affirmées pendant la phase de construction du régime de la ZEE est alors perceptible : la confirmation indirecte de l'exclusion des hydrocarbures du droit de solidarité des États africains, et une augmentation de la pression des États côtiers en matière de responsabilité en termes de préservation de l'environnement.

119. L'article 56 de la CNUDM accorde des droits « souverains » aux États côtiers, « *aux fins d'exploration et d'exploitation, de conservation et de gestion des ressources naturelles, biologiques ou non biologiques, des eaux surjacentes aux fonds marins, des fonds marins et de leur sous-sol, ainsi qu'en ce qui concerne d'autres activités tendant à l'exploration et à l'exploitation de la zone à des fins économiques, telles que la production d'énergie à partir de l'eau, des courants et des vents* ». Il a donc été estimé que les pouvoirs souverains reconnus à l'État côtier sont à finalité économique et doivent être considérés comme « exclusifs »[186]. Cette règle est réitérée précisément à l'article 60, qui ajoute que l'État côtier dispose du « *droit exclusif (...) de procéder à la construction, l'exploitation et l'utilisation* » des îles artificielles, installations et ouvrages (par. 1) sur lesquels il exerce sa « *juridiction exclusive* » (par. 2).

120. Toutefois, deux règles permettent de singulariser la place des hydrocarbures dans le régime ainsi aménagé de la ZEE. En premier, l'article 63 incite les États à coopérer « *directement ou par l'intermédiaire des organisations sous-régionales ou régionales appropriées* » pour la conservation et le développement des stocks de poissons se trouvant dans les zones économiques exclusives des États côtiers. Indépendamment des modes pratiques de mise en œuvre, voire de succès de cette éventualité, les ressources halieutiques, à la différence des hydrocarbures, peuvent faire l'objet d'une gestion concertée entre États.

121. D'autre part, l'exclusivité ainsi consacrée dans la jouissance des hydrocarbures ne s'est pas faite de façon inconditionnelle et neutre. Bien que cette convention ne soit pas un traité environnemental, « *le cadre juridique*

---

185 Lire ABDULQAWI AHMED YUSUF, *op. cit.*, pp. 393-414.

186 NIKI ALOUPI, *op. cit.*, p. 188.

ainsi créé donne grand relief à la protection de l'environnement marin en tant que critère de balancement des prérogatives des États dans l'exercice de leurs droits et de leurs activités, tels que prévus par la convention même »[187]. Autrement dit, le régime de la ZEE intégré dans cette convention, dont la protection de l'environnement a représenté un intérêt majeur[188], a légitimement été structuré sans le droit de solidarité des États pour ce qui est des hydrocarbures. Cette exclusivité a été « contrebalancée » par l'imputation d'une responsabilité environnementale particulière aux États côtiers. Le régime des installations pétrolières et gazières est alors ainsi aménagé : « *La construction de ces îles artificielles, installations et ouvrages doit être dûment notifiée et l'entretien de moyens permanents pour signaler leur présence doit être assuré. Les installations ou ouvrages abandonnés ou désaffectés doivent être enlevés afin d'assurer la sécurité de la navigation, compte tenu des normes internationales généralement acceptées établies en la matière par l'organisation internationale compétente. Il est procédé à leur enlèvement en tenant dûment compte aussi de la pêche, de la protection du milieu marin et des droits et obligations des autres États.* »[189] Il s'agit en somme d'une ligne directrice, d'un principe environnemental n'ayant pas de force contraignante directe. Mais la CNUDM impute aux États côtiers une responsabilité personnelle dans la mise en œuvre de ces principes, notamment par la voie législative, et en conformité avec les normes internationales applicables[190].

122. Ainsi, l'enveloppe formelle de consignation du régime de la ZEE a contribué à transformer substantiellement son contenu, car « *en se densifiant formellement, le droit se densifie substantiellement (...), la forme influence le fond* »[191]. La densification formelle du régime de la ZEE a consolidé l'exclusivité de l'exploitation des hydrocarbures aux États côtiers, tout en leur imputant une responsabilité particulière dans la protection du milieu marin.

123. Ainsi les États africains ont-ils largement contribué à construire un régime de la ZEE prenant en compte leurs intérêts énergétiques, refoulant

---

[187] TREVISANUT S., « La Convention des Nations unies sur le droit de la mer et le droit de l'environnement : développement intrasystémique et renvoi intersystémique », in FABRI, GRADONI, *La circulation des concepts juridiques : le droit international de l'environnement entre mondialisation et fragmentation,* Paris, Société de législation comparée, 2009, p. 397.

[188] *Ibid.*, p. 399.

[189] Art. 60, par. 3 de la CNUDM.

[190] L'article 214 stipule : « *Les États (...) adoptent des lois et règlements et prennent les autres mesures nécessaires pour donner effet aux règles et normes internationales applicables, établies par l'intermédiaire des organisations internationales compétentes ou d'une conférence diplomatique, afin de prévenir, réduire et maîtriser la pollution du milieu marin qui résulte directement ou indirectement des activités relatives aux fonds marins et relevant de leur juridiction, ou qui provient d'îles artificielles, d'installations et d'ouvrages relevant de leur juridiction en vertu des articles 60 et 80.* »

[191] BOUTONNET M., « La densification normative du droit de l'environnement. Du phénomène normatif au mode de régulation juridique », in THIBIERGE et *al.*, *La densification normative, op. cit.*, p. 859.

des modes de partage de ces ressources qui porteraient atteinte à leur souveraineté exclusive sur les hydrocarbures, ce qui a été confirmé plus tard par la CNUDM de 1982. Leur place centrale en tant que producteurs de normes visant à encadrer les hydrocarbures en est ainsi établie.

124. Si les hydrocarbures ont largement influencé la construction du droit de délimitation maritime des frontières tel que conçu par les États, ils ont également eu une influence remarquable sur les règles de définition du pouvoir économique des États.

§2. Droit de la souveraineté économique des États

125. Le droit international, dans le cadre de son renouvellement, a pris en charge certaines questions économiques centrales concourant à la définition d'un nouvel ordre économique mondial. L'un des principes majeurs de cette restructuration en profondeur du droit international public est le principe de souveraineté des États sur leurs ressources naturelles. Tel que l'explique la professeure Emmanuelle Tourme-Jouannet : « *À travers lui, on visait également à élaborer un régime économique autonome pour les pays dits à l'époque "sous-développés" en instaurant un traitement différentiel ou à double standard permettant de tenir compte de façon équitable de la situation extrêmement défavorisée des pays pauvres, tous les pays anciennement colonisés.* »[192]

126. Dès lors, notre hypothèse sur le rôle central des États dans la construction des normes juridiques relatives à l'exploitation des hydrocarbures prend un relief particulier en matière économique. Il s'agit, pour les États, non plus de contribuer à la construction de règles les concernant entre eux, mais de tenir compte d'un autre type d'acteur majeur en matière économique : les entreprises privées étrangères ou entreprises transnationales (ETN). La conception et la mise en œuvre de normes juridiques impliquant ces deux acteurs différents sont en outre susceptibles de mettre en selle un troisième acteur, les juges, ce qui contribue à envisager une autonomie relative des États dans le façonnage du droit international des hydrocarbures en matière économique. Cette tension entre les différents intérêts des parties et du rôle potentiel des juges dans la construction du droit des hydrocarbures en matière économique devrait donner un profil différent au monisme étatique en matière économique.

127. L'on analysera le résultat de cette tension permanente dès l'émergence normative du principe de souveraineté des États sur leurs ressources naturelles dans un premier temps (A), puis nous étudierons les schémas de sa consécration progressive dans le droit international, en

---

[192] TOURME-JOUANNET E., « Droit du développement et droit de la reconnaissance, les "piliers" juridiques d'une société mondiale plus juste ? », in *Droit international et développement*, *op. cit.*, p. 35.

appréciant à chaque fois le sort du monisme étatique jusque-là vérifié dans la construction du droit des hydrocarbures (B).

A. L'émergence normative du principe de souveraineté des États sur les ressources naturelles

128. Le principe de souveraineté des États sur leurs ressources naturelles est né d'une double dynamique : tout d'abord, par les nationalisations de l'industrie pétrolière mexicaine, dont le principe a été validé par tous les acteurs (1), et ensuite, par les oppositions d'arguments juridiques qui lui ont succédé, débouchant sur la construction d'un véritable paradigme de protection des investisseurs privés étrangers (2).

1. La naissance du principe autour de l'affaire du pétrole mexicain

129. Le 18 mars 1938, le président mexicain Lazero Cardenas, promulguant un décret portant expropriation avec indemnité des biens des compagnies pétrolières – essentiellement américaines et britanniques – du Mexique, et donc restitution à la nation mexicaine de ses richesses, fit naître le premier différend sérieux et spécifique au problème de la souveraineté des États sur leurs ressources naturelles. Opposant un régime du tiers-monde et les plus grandes compagnies énergétiques occidentales de l'époque, elles-mêmes politiquement soutenues par leurs pays d'origine, cette affaire dite « du pétrole mexicain »[193] cristallisa l'ensemble des positions juridiques elles-mêmes assises sur des confrontations idéologiques qui ne quittèrent plus la scène internationale pendant des décennies, concernant l'étendue et les mécanismes de protection des investisseurs privés étrangers. Les opérations juridiques de nationalisations (a) entraînèrent des développements de doctrines juridiques opposées, mais fondatrices d'un ordre juridique international relatif aux hydrocarbures (b).

a) La nationalisation de l'industrie pétrolière mexicaine comme source originelle du principe

130. La loi querellée avait pour fondement juridique l'article 27 de la Constitution de 1917[194]. Il posait le principe que « *la propriété des terres et eaux comprises à l'intérieur des frontières du territoire national appartient originellement à la nation, laquelle a eu et a le droit de la transmettre à des particuliers, constituant par là la propriété privée (...)* »[195]. La reconnaissance de la propriété privée ainsi affirmée est ensuite confirmée par

---

[193] Lire ROSENBERG D., *Le principe de souveraineté des États sur leurs ressources naturelles*, L.G.D.J, 1983, p. 80.

[194] Elle fut, selon le juriste américain Bullington, « *the basis of the various protests made by the U.S.* ». BULLINGTON J.P., « Problems on International law in the Mexican Constitution of 1917 », *A.J.I.L*, vol. 21, n° 4, p. 685.

[195] Article 27 al. 1.

l'alinéa suivant, selon lequel « *la propriété privée ne pourra pas être expropriée sauf pour des raisons d'utilité publique et moyennant le payement d'une indemnité* ».

131. Toutefois, des limitations importantes sont prévues à l'alinéa 3 du même article : « *La nation aura, à tout moment, le droit d'imposer à la propriété privée, les limitations que l'intérêt public peut exiger, aussi bien que le droit de réglementer l'utilisation des ressources naturelles qui sont susceptibles d'appropriation, afin de les conserver et d'assurer une distribution plus équitable de la richesse publique. À cette fin, les mesures nécessaires seront prises pour diviser les grandes propriétés foncières (...).* » Et la Constitution ajoute alors : « *À la Nation, appartient la propriété directe de tous les minéraux.* »

132. Dans le cadre de l'application de ces dispositions constitutionnelles, une première législation relative à l'exploitation pétrolière[196] et une seconde portant sur la propriété agricole, visant à redistribuer les terres aux paysans pauvres[197], avaient été édictées par le gouvernement mexicain. Si la réforme agraire fut mise en œuvre rapidement, tel ne fut pas le cas de la réforme pétrolière, qui connut une franche opposition de la part des compagnies pétrolières[198]. L'on note ainsi, dès le départ, la singularité du secteur pétrolier dans le régime des investissements étrangers, qui concentre l'ensemble des intérêts économiques, stratégiques et politiques qu'un État peut considérer comme vitaux pour lui. L'objectif clairement affirmé par le gouvernement mexicain était la reconnaissance et l'exercice du « domaine éminent » du Mexique sur son pétrole. Il accordait, en contrepartie de cette souveraineté reconnue, des concessions de cinquante ans aux compagnies ayant accompli des actes concrets d'exploitation, mais celles qui n'avaient jamais mis en valeur, et qui avaient donc joui d'acquisitions considérées comme spéculatives, se voyaient expropriées. Dans ces deux cas, les gouvernements britannique et américain, dont les ressortissants étaient les principales cibles de ces mesures, les défendirent au nom du principe de la protection diplomatique. Cependant, ils admirent aussi bien la nécessité d'une rétribution des terres que la légitimité d'une nationalisation des ressources pétrolières, mais contestèrent juste le mode opératoire du gouvernement[199].

133. Toute la bataille se focalisait ainsi autour des principes du respect absolu des droits acquis et de la pleine propriété des citoyens américains, et

---

196 Loi promulguée le 31 décembre 1925.

197 Loi promulguée le 21 janvier 1926.

198 Lire ROSENBERG D., *Le principe de souveraineté des États sur leurs ressources naturelles*, *op. cit.*, pp. 80 et suiv. ; LEBEN C., « Un survol historique », in LEBEN (dir.), *Droit international des investissements et de l'arbitrage transnational*, Paris, Pedone, 2015, pp. 30-34.

199 Cf. BULLINGTON J.P., *op. cit.*, note 4, p. 59, et KAECKENBEECK, « La protection internationale des droits acquis », *R.C.A.D.I.*, 1937, I, p. 384 à 386.

des exigences relatives aux compensations qui devaient être réelles, équitables et complètes.

134. Cette affaire fit alors frontalement émerger l'opposition entre le droit international coutumier, d'une part, et des règles nouvelles défendues par quelques États anti-impérialistes, d'autre part.

b) Les divergences juridiques autour du principe comme sources complémentaires du principe

135. Une synthèse complète de la position mexicaine fut fournie par un juriste mexicain, A. Garcia-Robles, dans un ouvrage édité en France en 1939[200] . En conclusion, sont ainsi résumées les motivations de la décision mexicaine de nationaliser le pétrole : « *...Les Républiques d'Amérique latine ont conscience d'avoir atteint une majorité et d'avoir dépassé le stade semi-colonial. Elles accordent volontiers la plus entière égalité de droits aux étrangers désirant exploiter leurs matières. Mais elles se refusent à ce que ceux-ci prétendent constituer une caste privilégiée, un État.* »

136. A. Garcia-Robles, après avoir replacé les mesures mexicaines dans le contexte plus général d'une prise de conscience latino-américaine en faveur de l'indépendance économique, souligne donc que le comportement des sociétés pétrolières étrangères, notamment leur tendance à se soustraire aux lois mexicaines, a fortement déterminé la nationalisation décidée. Sur la base d'une enquête sur les pratiques de ces sociétés à la suite d'un conflit du travail dont l'origine résidait dans leur refus d'appliquer un règlement mexicain relatif aux conditions de travail, le rapport fut accablant, confirmant que les compagnies ne s'étaient jamais souciées de l'intérêt national mexicain, qu'elles s'étaient ingérées dans les affaires intérieures du pays, avaient retiré des bénéfices énormes du pillage du pétrole et qu'en plus, elles refusaient de se soumettre à la législation mexicaine et aux décisions des tribunaux mexicains. Ce fut précisément cette dernière attitude qui motiva la décision du président Cardenas, car elle était contraire à la Constitution (art. 27, alinéa 1er) ci-dessus évoquée.

137. Le second point de friction entre le Mexique et les gouvernements tentant de protéger les intérêts de leurs ressortissants concerna l'indemnité de compensation qui serait accordée à ces derniers. Alors que le droit international classique avait posé le principe d'une indemnité préalable, juste ou intégrale et effective, le gouvernement mexicain, arguant des limites de ses possibilités financières présentes, avait prévu une indemnisation juste échelonnée sur un délai de dix ans au maximum. A. Garcia-Robles affirma que cette disposition « *ne saurait aucunement enlever aujourd'hui à une telle législation son caractère parfaitement licite au point de vue du droit international* ». Il fit alors référence aux écrits d'un juriste nord-américain

---

[200] GARCIA-ROBLES A., *La question du pétrole au Mexique et le droit international*, Paris, Éditions Internationales, 1939.

démontrant que la décision mexicaine était conforme au droit international[201] : « *Le Mexique paraît être prêt pour satisfaire à la demande du secrétaire d'État Hull d'une compensation adéquate, prompte et effective telle qu'on entend ces termes en droit international…* »

138. Les arguments mexicains trouvèrent quelques échos favorables jusque dans la doctrine américaine. Cependant, la grande majorité des juristes occidentaux s'en tinrent à répéter que le Mexique ne respectait pas ses obligations internationales en n'accordant pas le standard minimum de justice aux intérêts lésés. Ce furent surtout là les termes des positions des représentants des gouvernements américain et britannique.

139. Le secrétaire d'État américain Cordell Hull dénonça en effet, dans une note du 22 août 1938, cette doctrine mexicaine : « *In the opinion of my government, the doctrine so proposed runs counter to the basic precepts of international law and the law of every American republic, as well as to every principle of right and justice upon which the institutions of the American republics are founded. It seems to the Government of the United States a contention alien to the history, the spirit and the ideals of democracy as practiced throughout the independant life of all nations of this continent.* »[202] Quant au gouvernement anglais, il se montra encore plus rigide que le gouvernement américain. Tout en reconnaissant le droit du gouvernement mexicain d'exproprier pour cause d'utilité publique avec une indemnité compensatrice, il estima néanmoins que la nationalisation ainsi décidée ne répondait pas à ces critères. Une note adressée au gouvernement mexicain le 8 avril 1939 souligna le caractère arbitraire de la décision mexicaine : « *…this Majesty's Government find difficulty in escaping the conclusion... that the real motive for the expropriation was the political desire to acquire for Mexico in permanence the advantages of ownership and control of the oilfields…* »[203]

140. Si les deux réactions furent d'intensité variable, un point commun fut qu'elles admettaient le principe même de nationalisation, mais rappelaient l'exigence du paiement d'une compensation pleine et adéquate, ou juste et effective. Tel fut le terreau des raisonnements qui meublèrent la construction prétorienne de la protection des investisseurs privés étrangers en général, et des investisseurs pétroliers en particulier, au fil du temps.

Mieux, nous pensons que cette problématique a constitué tout un paradigme juridique, que nous appelons le paradigme juridique de protection des investisseurs privés étrangers.

---

201 WEINFIELD A.C., « The Mexican, Oil Expropriation », *National Lawyers Guild Quaterly*, cité par ROSENBERG D., in *Le principe de souveraineté des États sur leurs ressources naturelles*, *op. cit.*, p. 82, note 26.

202 HYDE C., « Confiscatory Expropriation », *AJIL*, 1938, p. 761, cité par LEBEN C., « Un survol historique », in LEBEN (dir.), *Droit international des investissements et de l'arbitrage transnational*, *op. cit.*, p. 33.

203 Cité par ROSENBERG D., in *Le principe de souveraineté des États sur leurs ressources naturelles*, *op. cit.*, p. 83.

2. La naissance du paradigme juridique de protection des investisseurs privés étrangers

141. L'affaire du pétrole mexicain est clairement le départ de la dynamique normative entourant les enjeux de sécurisation des investisseurs étrangers. Le mouvement progressif d'encadrement du pouvoir souverain des États en matière économique, du point exclusif des sources de droit, est le résultat de l'expansion d'un paradigme juridique que nous appellerons le paradigme de protection des investisseurs privés étrangers, qui débuta par les nationalisations de l'industrie pétrolière.

142. Le paradigme se définit comme « *un ensemble de croyances, de valeurs reconnues et de techniques qui sont communes aux membres d'un groupe donné* »[204]. De cette définition, la doctrine a pu décliner le paradigme juridique comme étant une matrice de pensée qui permet de « *mettre en relation cohérente les divers éléments de l'univers juridique, depuis la manière de penser, de percevoir et d'imaginer le droit jusqu'à celle de poser et d'orienter les solutions, concrètement, en droit* »[205]. Par le truchement de la force normative de ce paradigme juridique, évaluée notamment grâce à l'appréciation systématique de l'équilibre des pouvoirs entre les États et leurs cocontractants privés, tant dans les raisonnements qu'au niveau de l'application concrète du droit (notamment au niveau des juges), le droit des investissements, et par conséquent des hydrocarbures, a conduit à une modification substantielle des moyens de limitation de la souveraineté des États.

143. En réclamant que fussent effectuées des saisies sur les cargaisons de pétrole mexicain achetées par des ressortissants européens[206], les compagnies expropriées incitèrent les tribunaux européens à se prononcer sur la validité de la nationalisation mexicaine : la portée de ces décisions dépasse donc largement les faits et procédures de l'espèce pour permettre d'apprécier l'impact de la confrontation doctrinale susmentionnée sur le terrain judiciaire. À cet égard, l'on observe une diversité des décisions rendues, mais d'inégale importance : une tendance minoritaire à considérer les standards internationaux d'indemnisation comme applicables (a), et une autre majoritaire validant l'applicabilité du droit national comme source pertinente opposable en la matière (b).

---

[204] KUHN T., *La structure des révolutions scientifiques*, Postface Flammarion, Coll. Champs, 1983, 283 p., spéc. p. 238.

[205] GAILLARD-SEBILEAU E., « La force normative du paradigme juridique », in THIBIERGE et *al.*, *La force normative*, *op. cit.*, p. 173.

[206] Le tribunal du Havre rendit 26 sentences analogues correspondant aux 26 demandes de saisies différentes faites par la société El Aguila - Mexican Eagle.

a) La consécration minoritaire et équivoque de l'illicéité des nationalisations mexicaines

144. B.A. Wortley[207], en 1939, remarquait, dans une note finale intégrée à la conclusion de son cours de La Haye, que plusieurs décisions – essentiellement néerlandaises, celles du tribunal de Rotterdam (1er septembre 1938) et du tribunal d'Arnhem (13 juin 1939) – s'étaient montrées favorables aux revendications des sociétés nationalisées, tandis que deux seulement avaient indirectement confirmé la validité de l'action mexicaine. Or, il faut souligner qu'il rangeait parmi les premières l'ordonnance de référé du 18 octobre 1938 du tribunal civil du Havre, ordonnance par laquelle le tribunal avait refusé la main levée des saisies opérées quelques jours auparavant sur le pétrole déchargé et entreposé à la requête de la société El Aguila (Mexican Eagle). Cette ordonnance ne présumait en rien du jugement qui pourrait être rendu au fond, comme confirmé plus tard.

145. Dans la seconde catégorie était classée une sentence délibérée par le tribunal de Middelburg (Pays-Bas), le 2 août 1938, « *dont la spécificité empêchait qu'on tirât quelque conclusion sur le fond même du litige* »[208]. Les décisions défavorables à la nationalisation mexicaine se fondirent sur le fait qu'elle avait été accomplie sans indemnité préalable, et seulement en vertu de l'action des autorités nationales obéissant à leur droit national, en violation des règles du droit international en la matière. Ce ne fut pas, loin s'en faut, la position judiciaire majoritaire.

b) La consécration majoritaire et univoque de la licéité des nationalisations mexicaines

146. Au contraire, plusieurs tribunaux parvinrent à la conclusion que le pouvoir exécutif mexicain avait agi en conformité avec la loi mexicaine et que celle-ci était applicable au cas de l'espèce et compatible, d'une façon générale, avec les obligations imposées par le droit international (Dordrecht, Pays-Bas, 23 août 1938 ; Alabama, États-Unis, 18 novembre 1938). Un grand pas était franchi, qui admettait qu'un gouvernement, pour prendre une décision dans le domaine des ressources naturelles, pouvait se soumettre à sa propre législation, même si celle-ci ne se révélait pas complètement identique voire conforme aux normes internationales. Les décisions qui méritent davantage encore l'intérêt furent celles rendues en Belgique et en France, pour des motifs certes différents. Le tribunal civil d'Anvers (Belgique), pour sa part, siégeant en référé le 21 février 1939 dans l'affaire *Propetrol, Petroservice et Petrolet contre Compania Mexicana de Petroleo*

---

207 WORTLEY B.A., *op. cit.*, note 74, p. 425. Ce même auteur étudia de nouveau cette jurisprudence dans son cours de La Haye : « The General Principles of private international law », *R.C.A.D.I.*, 1958 II, p. 246-248.

208 ROSENBERG D., *Le principe de souveraineté des États sur leurs ressources naturelles*, *op. cit.*, p. 85.

et Tankage et Transport, fit pour la première fois[209] en Europe application de l'*act of state doctrine.* Il reconnaissait par conséquent à la décision du président Contreras une validité autonome, qu'il s'interdisait de confronter à d'autres normes internationales ou issues de systèmes juridiques différents, en raison même de la souveraineté qu'elle exprimait. Il était ainsi indirectement affirmé que dans le domaine de la réglementation relative à l'exploitation et à la production des ressources naturelles, la souveraineté nationale pouvait primer sur les règles internationales établies antérieurement.

147. Le tribunal civil du Havre (France), quant à lui, dans ses décisions toutes identiques du 22 juillet 1939, adressa de façon parcimonieuse la conformité de la nationalisation mexicaine au regard de l'ordre juridique français dont les dispositions en matière de respect de la propriété étaient voisines des normes internationales. Sa conclusion favorable au gouvernement mexicain et déboutant donc la compagnie El Aguila en est ainsi particulièrement plus remarquable. Les considérants fondamentaux énoncés par le tribunal français sont alors d'une rigueur appréciable : « *...Attendu d'ailleurs que le décret d'expropriation n'a point manqué de prévoir dans son article trois, que le secrétariat des finances paiera l'indemnité correspondante en espèces et dans un délai qui n'excédera pas dix ans* » ; « *Attendu que, pour s'opposer à ce que les droits acquis de la sorte au Mexique soient réservés par les tribunaux français, la Mexican Eagle invoque l'article 545 de notre code civil aux termes duquel l'indemnité d'expropriation doit être préalable, et se prévaut de ce que l'indemnité promise n'a pas été payée avant la dépossession* » ; « *Attendu qu'à l'épreuve du temps et de difficultés d'ordre national, la législation française a été amenée à dégager ce qui dans une telle règle, était rigoureusement indispensable à la protection de la propriété privée contre les spoliations ou les confiscations, et ce qui l'était moins ; qu'elle n'a jamais abandonné le principe d'une juste indemnité, qu'il ne lui a pas semblé que cette indemnité dût être toujours préalable, sans doute parce que s'agissant d'une indemnité dont le paiement incombe à l'État, le créancier, qui a pour garantie tout appareil constitutionnel et pour sûreté le crédit public, n'a pas absolument besoin de conserver encore un droit de rétention... ; (Attendu) qu'il n'est pas possible au juge d'opposer à l'État mexicain une conception plus rigoureuse (que celle qui existe alors en France) ; (Attendu) que pour faire grief à l'État mexicain d'atermoiements et de lenteurs aboutissant à suspecter la sincérité de ces dispositions et à considérer comme illusoire l'indemnité promise, le tribunal français devait se prouver avec certitude en présence de négligences volontaires constituant à l'évidence des manœuvres de mauvaise foi... ; (Attendu) que tel n'est pas*

[209] Cf. RIGAUX F., « Droit Public et Droit Privé dans les relations internationales », Pedone, 1977, pp. 237-238, cité par ROSENBERG D., in *Le principe de souveraineté des États sur leurs ressources naturelles*, *op. cit.*, p. 85.

le cas, que non seulement le principe d'une indemnité a figuré au décret d'expropriation, mais que le gouvernement mexicain, dès le 28 mars 1938, a invité la Mexican Eagle à participer à la confection de l'inventaire des biens expropriés… »[210]

148. L'argumentation du tribunal du Havre, sans être audacieuse, prouvait néanmoins que les normes figées et rigides qui réglementaient auparavant la propriété privée étaient soumises à appréciation variable même dans les pays capitalistes, et était prémonitoire de la réception formelle qu'en ferait le droit international classique plus tard, notamment après la Deuxième Guerre mondiale. La longueur et la qualité du raisonnement témoignent également de la sensibilité de la question : légitimer et valider le droit national comme source pertinente d'appréciation de la régularité de la dépossession d'un investisseur privé étranger, de la part d'un tribunal occidental au sens idéologique du terme.

149. Ce fut là l'un des appareils conceptuels essentiels concourant à la consécration internationale du principe de souveraineté des États sur leurs ressources naturelles.

B. La consécration internationale du principe de souveraineté des États sur leurs ressources naturelles

150. Le droit international, à travers ses supports classiques, a fortement été imprégné des débats doctrinaux consécutifs aux nationalisations mexicaines. Il a même connu des variations dans son contenu, s'agissant précisément des conditions de jouissance de la souveraineté des États sur leurs ressources naturelles (2), seul le principe étant resté stable sur la durée (1).

1. La plénitude du principe malgré la multiplication des sources recommandatoires

151. Aussitôt après la Deuxième Guerre mondiale, le principe de souveraineté des États sur leurs ressources naturelles a pris corps à l'échelle du droit international (a). Il s'est confirmé au fil du temps ensuite, notamment au moment des indépendances de nombreux États du tiers-monde (b).

a) L'introduction du principe dans le droit international classique après la Deuxième Guerre mondiale

152. Apparu par voie coutumière dans la pratique des États, le principe de la souveraineté a toujours gardé son unité structurelle, même s'il a connu de légères variations morphologiques, notamment dans son énoncé normatif, mais aussi, et surtout, dans son enveloppe normative.

---

210 C'est nous qui soulignons.

153. Il a trouvé sa première consécration conventionnelle dans la Charte des Nations unies, sous la formule « égalité souveraine » (art. 2, par. 1, et art. 78), et a été confirmé ensuite dans de nombreux traités bilatéraux et multilatéraux, ainsi que dans les déclarations officielles. Il a clairement connu une force normative progressive et continue, malgré les débats inhérents aux différents supports linguistiques l'énonçant[211].

154. Ainsi, la première délibération onusienne du 21 décembre 1952, intitulée « Droit d'exploiter librement les richesses et les ressources naturelles », et fortement inspirée par les pays d'Amérique latine, disposait ceci : « *...Consciente du fait que le droit des peuples d'utiliser et d'exploiter librement les richesses et leurs ressources naturelles est inhérent à leur souveraineté et conforme aux buts et principes de la Charte des Nations unies,*

1° Recommande à tous les États membres, lorsqu'ils exercent leur droit d'utiliser et d'exploiter librement leurs richesses chaque fois qu'ils le jugent souhaitable pour leur progrès et leur développement économiques, de prendre dûment en considération, dans la mesure compatible avec leur souveraineté, la nécessité de maintenir la confiance mutuelle et la coopération entre les nations,

2° Recommande en outre à tous les États membres de s'abstenir de tout acte, direct ou indirect, destiné à empêcher un État quelconque d'exercer sa souveraineté sur ses ressources naturelles. »[212]

155. Il est loisible de constater un penchant plus prononcé dans l'édiction des droits des pays producteurs de ressources naturelles que pour les pays capitalistes exportateurs de capitaux, malgré les amendements opérés au cours de la construction de leur contenu[213]. L'équilibre initial du principe dans la doctrine relative à l'affaire du pétrole mexicain semblait absent de cette première résolution. Cela a justifié, dans une large mesure, les vives réactions des pays industrialisés, qui dénoncèrent le caractère unilatéral (donc déséquilibré) de cette résolution. Ainsi la Chambre de commerce internationale fit-elle parvenir au Conseil économique et social de l'ONU une contestation sous forme de résolution, où elle a fait savoir, tout d'abord, que « *nul ne conteste le droit souverain des États de disposer librement des*

---

[211] Selon Geneviève BASTID BURDEAU, l'on est passé d'une doctrine politique officielle, relative aux principes régissant les relations entre les États de situation des ressources naturelles et les utilisateurs, à un véritable principe juridique reconnu comme tel par la jurisprudence judiciaire et arbitrale, plus tard. Lire « Le principe de souveraineté permanente sur les ressources naturelles à l'épreuve de la mondialisation », in *L'État souverain dans le monde aujourd'hui, Mélanges J.-P. PUISSOCHET*, Paris, Pedone, 2008, p. 29. Pour les débats sur la nature juridique des résolutions de l'ONU en la matière, lire ROSENBERG D., *Le principe de souveraineté des États sur leurs ressources naturelles*, *op. cit.*, pp. 111 et suiv.

[212] Résolution 626 (VII) du 21 décembre 1952, « Droit d'exploiter librement les ressources naturelles », adoptée contre l'avis des États-Unis, du Royaume-Uni, de l'Afrique du Sud et de la Nouvelle-Zélande. Voir ROSENBERG D., *Le principe de souveraineté des États sur leurs ressources naturelles, op. cit.*, p. 105.

[213] *Ibid.*

richesses et des ressources dont la Constitution leur réserve le contrôle ». Mais, elle continue immédiatement en estimant qu'*« il faut également souligner comme il convient l'importance du respect des obligations contractuelles, du devoir d'indemnisation en cas de nationalisation et, en général, du traitement équitable des placements étrangers et des entreprises étrangères »*[214].

156. Même si l'idée générale d'exigence à « *maintenir la confiance mutuelle et la coopération économique entre les nations* » semblait convenir aux préoccupations des pays occidentaux pour les États du tiers-monde[215], l'intensité et la clarté du contenu de cette règle n'ont pas fait l'unanimité, voire n'ont pas obtenu de validation par les nations industrialisées. La dialectique droit-devoir était présente, mais avec des intensités variables, selon les destinataires de la norme.

157. Cette problématique ne devait que se renforcer au moment de la décolonisation, avec la création, en 1958, de la Commission pour la souveraineté permanente sur les ressources naturelles. Depuis lors, la doctrine officielle de l'ONU, exprimée notamment au travers de la célèbre résolution 1803, devait gagner en densité, sans variation dans son principe même[216].

b) La confirmation du principe au moment des indépendances des États du tiers-monde

158. Le principe universel de souveraineté permanente des États sur leurs richesses et ressources naturelles fut reconnu de nouveau par la résolution 1803 (XVII) de l'Assemblée générale des Nations unies en date du 14 décembre 1962, dite de souveraineté permanente sur les ressources naturelles.

159. Toutefois, pour migrer de sa nature déclaratoire voire incantatoire, d'une part, et de son contenu encore perçu comme déséquilibré vers un texte plus consensuel, d'autre part, le cadre de production de cette norme rénovée était propice à un changement substantiel tant dans la force de l'énoncé normatif que dans sa densification. Son préambule, explicite à ce sujet, rappelle alors : « *Tenant compte de sa résolution 1314 (XIII) du 12 décembre*

---

214 Brochure n°175 des publications de la CCI, p. 39 ; cité par ROSENBERG D., *Le principe de souveraineté des États sur leurs ressources naturelles, op. cit.*, p. 107.

215 Pour la Colombie, par exemple, «*…il n'existe pas de moyen plus explicite et plus clair d'interdire et de condamner les méthodes de part et d'autre injustes que de recommander qu'il soit dûment tenu compte de la nécessité de maintenir la confiance mutuelle et la coopération économique entre les nations* ». Cité par ROSENBERG D., *Le principe de souveraineté des États sur leurs ressources naturelles, op. cit.*, p. 108.

216 Résolution 1803 (XVII) du 14 décembre 1962, « Souveraineté permanente sur les ressources naturelles ». Lire BASTID BURDEAU G., « Le principe de souveraineté permanente sur les ressources naturelles à l'épreuve de la mondialisation », in *L'État souverain dans le monde aujourd'hui, Mélanges J.-P. PUISSOCHET*, Paris, Pedone, 2008, pp. 27-34.

1958, par laquelle elle a créé la Commission pour la souveraineté permanente sur les ressources naturelles et l'a chargée de procéder à une enquête approfondie concernant la situation du droit de souveraineté permanente sur les richesses et les ressources naturelles, élément fondamental du droit des peuples et des nations à disposer d'eux-mêmes, et de formuler, le cas échéant, des recommandations tendant à renforcer ce droit et en outre décider que, dans l'enquête approfondie relative à la question de la souveraineté permanente des peuples et des Nations sur leurs ressources naturelles, il serait dûment tenu compte des droits et devoirs des États conformément au droit international et du fait qu'il importe d'encourager la coopération internationale en matière de développement économique des pays en voie de développement (...). La fourniture d'une assistance économique et technique, les prêts et l'augmentation des investissements étrangers ne doivent être soumis à aucune condition qui lèse les intérêts de l'État qui les reçoit (...). L'exercice et le renforcement de la souveraineté permanente des États sur leurs richesses et leurs ressources naturelles favorisent l'affermissement de leur indépendance économique (...). »

160. Une double modification fondamentale pour le développement des droits politiques des États souverains concerne l'édiction d'un texte plus pragmatique et technique relatif au contenu du principe, et l'adjonction d'une source formelle constitutive de référence du comportement licite. Les articles 4 et 8 de cette résolution indiquent respectivement, en effet : « *La nationalisation, l'expropriation ou la réquisition devront se fonder sur des raisons ou des motifs d'utilité publique, de sécurité ou d'intérêt national, reconnu comme primant les simples intérêts particuliers ou privés, tant nationaux qu'étrangers. Dans ces cas, le propriétaire recevra une indemnisation adéquate conformément aux règles en vigueur dans l'État qui prend ces mesures dans l'exercice de sa souveraineté et en conformité du droit international. Dans tous les cas où la question de l'indemnisation donnerait lieu à une controverse, les voies de recours nationales de l'État qui prend lesdites mesures devront être épuisées. Toutefois, sur accord des États souverains et autres parties intéressées, le différend devrait être soumis à l'arbitrage ou à un règlement judiciaire international.* » (Article 4).

161. L'article 8 stipule, quant à lui, que : « *Les accords relatifs aux investissements étrangers librement conclus par des États souverains ou entre de tels États seront respectés de bonne foi ; les États et les organisations internationales doivent respecter strictement et consciencieusement la volonté des peuples et des Nations sur leurs richesses et leurs ressources naturelles, conformément à la Charte et aux principes énoncés dans la présente résolution.* »

162. Au gré du temps et de l'accroissement des intérêts économiques en jeu, eux-mêmes démultipliés par les indépendances politiques nouvelles, le principe de souveraineté dut gagner en précision et conditions de sa mise en œuvre, tout en demeurant dans la dialectique initiale de droit des États producteurs, mais de devoirs conséquents à rendre autant contraignants que ce droit.

163. Dès lors, les précisions relativement denses de la résolution 1803 et le renvoi aux accords bilatéraux interétatiques portant sur les investissements ont conduit à un accroissement du potentiel de situations, à l'extension infinie des hypothèses.

2. L'incomplétude formelle des conditions de mise en œuvre du principe par leur contractualisation

164. Plusieurs situations peuvent être constitutives de la manifestation de l'exercice du pouvoir souverain des États sur leurs ressources naturelles. Elles sont rangées sous le terme générique de « dépossession » (a). Par contre, l'obligation concomitante d'indemniser pour la licéité de l'intervention de l'État est systématiquement évoquée comme telle dans les traités bilatéraux portant sur les investissements (b).

a) Le potentiel infini des interventions constitutives du droit à la dépossession

165. La dépossession est la mesure la plus grave qui puisse directement affecter l'investissement étranger. Le terme « dépossession » est en principe utilisé pour désigner l'expropriation proprement dite, la nationalisation, la taxation excessive ou spoliatrice, les mesures d'indigénisation et toute autre mesure de dépossession ou d'effet équivalent, totale ou partielle, à caractère législatif ou administratif, à l'exclusion des mesures à caractère judiciaire[217]. Historiquement, le risque encouru par l'investisseur est passé de la dépossession directe de l'investissement étranger à la dépossession indirecte, par la réglementation de l'investissement étranger[218].

166. Le trait singulier est que les différentes conventions n'offrent aucun critère d'identification, ni même la moindre illustration des « autres mesures » indirectes, larvées ou déguisées, assimilables à la dépossession ou « d'effet équivalent »[219] (*creeping expropriation*). Mais, l'une comme l'autre échouent à proposer une conception essentialiste des « mesures d'effet équivalent » par la définition d'un critère précis et opératoire.

167. Pour la doctrine, il s'agissait de choisir entre la théorie de l'objet (c'est l'objet de la mesure qui détermine son caractère équivalent à l'expropriation) et la théorie de l'effet (c'est plutôt l'effet de la mesure qui

---

217 Cf. JUILLARD P., « Chronique de droit international économique (Investissements) », *AFDI*, 1986, p. 640.

218 Cf. NOUVEL Y., « Les mesures équivalant à une expropriation dans la pratique récente des tribunaux arbitraux », *RGDIP*, 2002, pp. 79-102, p. 80.

219 Cf. SALEM M., « Le développement de la protection conventionnelle des investissements étrangers », *op. cit.*, pp. 610-611.

détermine son caractère équivalent à l'expropriation). Optant pour la théorie de l'effet, Dominique Carreau et Patrick Juillard proposent que la mesure de dépossession soit largement entendue comme « *celle qui prive l'investisseur de ses droits essentiels au profit de l'autorité publique, quelles que soient les modalités de cette dépossession* ». Mais, ce point de vue n'a pas fait l'unanimité[220]. La doctrine et la jurisprudence produisent plusieurs exemples de cas concrets où des mesures prises par l'État d'accueil ont été considérées comme équivalant à des mesures d'expropriation.

168. La doctrine mentionne notamment au rang de telles mesures : l'imposition prohibitive des bénéfices, la vente forcée de la majorité du capital aux nationaux, l'affaiblissement des droits de gestion eu égard au capital détenu, la restriction d'importation de matières premières et de techniques, la restriction de la production, une législation du travail et de l'environnement défavorable, l'inexécution d'un contrat, le défaut de paiement de marchandises déjà livrées, une mesure qui rend piétonnière la rue au bord de laquelle est installée une station d'essence, etc.[221].

169. La jurisprudence y ajoute une kyrielle d'autres mesures : le déclassement ou la fermeture d'un port, le retrait de privilèges accordés par un concessionnaire de chemin de fer, l'interruption injustifiée de trafic, l'expulsion, l'arrestation et l'emprisonnement injustifiés de l'investisseur ou de l'un de ses directeurs, les mesures de pression exercées sur la main-d'œuvre, le refus de protéger ses installations, la saisie de ses livres, l'utilisation et la destruction ou la séquestration de ses biens[222].

170. La gamme des mesures susceptibles d'être assimilées aux mesures de dépossession est ainsi potentiellement illimitée, modélisée autour de l'infinie variété des modes d'intervention des États, des qualifications jurisprudentielles, ainsi que de l'œuvre doctrinale. Le principe de souveraineté revêt alors le caractère d'un noyau central dont les ramifications sont autant illimitées que le nombre potentiel d'accords bilatéraux pouvant exister, ainsi que de situations concrètes pouvant arriver. Certes, le concept de souveraineté est à la source de la licéité internationale des mesures de dépossession, mais il irradie pratiquement l'ensemble du droit des investissements par le biais de sources formelles autres que la résolution onusienne, avec le concours de l'ensemble des supports normatifs disponibles.

171. Les mesures de dépossession qui relèvent du droit souverain de l'État sont néanmoins soumises au respect de nombreuses conditions impératives, dont l'indemnisation constitue la pierre angulaire.

---

[220] *Ibid.*, p. 501.
[221] Cf. VOSS J., « The protection and promotion of foreign direct investment in developing countries : interest, interdependencies, intricacies », *Int. and Comp Law Qtly*, 1983, 31, pp. 702 et ss., cité par SALEM M, « Le développement de la protection conventionnelle des investissements étrangers », *JDI,* 1986, vol. 113, p. 611.
[222] Cf. BETTEMS D., *op. cit.,* pp. 241-242.

b) Le potentiel infini des hypothèses de licéité par l'indemnisation

172. L'indemnisation participe des mesures de protection de l'investissement étranger dès lors que les règles de protection sont de celles qui « *préviennent ou sanctionnent les atteintes publiques à l'existence de l'investissement international* »[223], mais aussi de celles qui préviennent ou sanctionnent les atteintes à la rentabilité de l'investissement[224].

173. L'indemnisation pour expropriation constitue la pierre angulaire de la protection des investissements[225]. Elle constitue aussi le point focal des désaccords entre différentes catégories d'États. Ces divergences portent autant sur le principe même de l'indemnisation que sur les caractères de l'indemnisation, les principes et modes d'évaluation des biens et des droits expropriés (théories des bénéfices excessifs[226], respect des capacités de paiement de l'État hôte[227], dédommagement pour enrichissement sans cause[228]), ainsi que sur les modalités de règlement de l'indemnité[229].

---

223 V. CARREAU D., FLORY T., JUILLARD P., *Droit international économique,* 3e éd., Paris, L.G.D.J., 1990, p. 629.

224 V. NOUVEL Y., « Les mesures équivalant à une expropriation dans la pratique récente des tribunaux », *RGDIP*, 2002, pp. 81-84.

225 *Ibid.*

226 Élaborée sous le Chili de Salvatore Allende, à l'occasion de la nationalisation du cuivre chilien, la théorie des profits excessifs a été avancée pour réduire le montant des indemnités dues aux investisseurs dépossédés, en arguant que l'évaluation des dommages tenait compte des profits excessifs antérieurement réalisés par le propriétaire des biens nationalisés. En effet, les bénéfices élevés prélevés à l'étranger pouvaient être considérés comme une compensation anticipée du risque de perte de l'investissement. Cette théorie, qui s'assimile à l'application d'une pénalité pécuniaire à titre rétroactif (prohibée par l'article 15 du pacte international sur les droits civils et politiques), n'a pas prospéré hors des frontières du Chili. Cf. SEIDL-HOHENVELDERN I., « International economic 'soft law' », *RCADI,* 1979 - II, vol. 163, p. 14. V. aussi LALIVE J.-F., *op. cit.*, pp. 218-219, qui y voit « *une demande de modification avec effet rétroactif des conditions du contrat* ». Cette théorie a été condamnée pour la première fois en jurisprudence dans l'affaire *Amoco* précitée. Cf. JUILLARD P., « Chronique de droit international économique » (investissements), *AFDI*, 1988, *op. cit.*, p. 575.

227 Ignaz SEIDL-HOHENVELDERN relève avec pertinence que de *lege ferenda*, l'acceptation générale de cette règle aurait comme conséquence que les investisseurs ne seraient plus prêts à investir dans les pays les plus pauvres, ceux-là mêmes qui ont le plus grand besoin d'investissements ; *op. cit.,* p. 30.

228 Par cette méthode d'évaluation, les pays d'accueil de l'investissement tentent de limiter le *quantum* du dédommagement aux seuls avantages qu'ils ont pu tirer de l'acte dommageable. Elle est spécieuse, car c'est la perte de l'investisseur, et non pas l'enrichissement de l'État de territorialité de l'investissement, qui détermine le montant de la compensation. Sentence *Amoco*, par. 259, citée par SEIDL-HOHENVELDERN I., *op. cit.*, p. 21.

229 Dans la sentence *Aminoil,* rendue le 24 mars 1982 par un tribunal composé de Paul Reuter, président, Sir Kahn, pp. 844-868. Cf. aussi BURDEAU G., « Droit international et contrats d'État, la sentence *Aminoil c. Koweït* du 24 mars 1982 », *AFDI,* 1982, pp. 454-470. Le tribunal y rappelle que : « *Depuis la fin du XIXe siècle, toutes sortes de considérations économiques, morales et idéologiques ont été avancées par les pays d'accueil de manière à se réserver l'évaluation des indemnités dues, et ainsi de les réduire au minimum ou à néant.* » Cité par JUILLARD P., *ibid.*, p. 579.

174. L'analyse des conventions conclues par le Cameroun, par exemple, permet de remarquer que l'indemnisation pour dépossession y est rigoureusement encadrée. Elle est tantôt qualifiée d'« *effective*[230] *et adéquate, conformément au droit des gens* »[231], tantôt de « *prompte, juste et effective* »[232], voire de « *prompte, adéquate et efficiente* »[233]. Les accords conclus avec certains autres États africains exigent le « *prompt versement d'une indemnité effective et adéquate* »[234]. L'on a pu voir, dans les accords bilatéraux, « *une fonction de codification du droit coutumier des investissements* »[235]. Même si cela a parfois été contesté, l'on ne peut que remarquer qu'à l'image de la résolution 1803 des Nations unies, l'indemnisation des investisseurs privés étrangers n'est pas ici présentée comme une condition de la licéité de la mesure mais comme sa conséquence[236].

175. Ainsi le principe de souveraineté des États sur leurs ressources naturelles trouve-t-il un bain de jouvence relatif dans les sources formelles du droit international. Depuis la résolution 1803, les articulations majeures du principe sont densément édictées, et les accords bilatéraux interétatiques en sont davantage les caisses de résonance, des dupliques formelles que des sources de clarification ou de modification du principe. Mieux, en édictant comme mesures d'intervention les nationalisations, l'expropriation et dans

---

230 Selon l'interprétation usuelle, une compensation est effective si elle est transférable au lieu de résidence de l'investisseur. Cf. SEIDL-HOHENVELDERN I., *op. cit.*, p. 28.

231 Accord avec la Suisse et accord avec les Pays-Bas : « Indemnisation effective et adéquate, conformément au droit international » (article 6).

232 Article 5, alinéa 1 de l'accord avec le Royaume-Uni. L'indemnité sera considérée comme « juste » si elle équivaut à la valeur totale des biens saisis par la mesure de dépossession. Cf. JUILLARD P., « Chronique de droit international économique » (investissements), *AFDI*, 1988, p. 575. L'article 712, paragraphe 1 du *Restatement of law* américain de 1987 précise : « *Pour qu'une indemnité soit 'juste' (...) elle doit, en l'absence de circonstances exceptionnelles, être équivalente à la valeur des biens saisis ; être payée soit au moment de la saisie, soit dans un délai raisonnable, intérêts compris à compter de ce moment ; et être versée sous une forme utilisable, économiquement parlant, à l'étranger.* » Avec ce commentaire : « *Dans les circonstances exceptionnelles, le standard de la 'juste' indemnité peut se satisfaire de quelque écart par rapport au standard d'indemnisation prévu au paragraphe 1. Il appartient au droit international de déterminer si les circonstances peuvent justifier cet écart, et si, dans les circonstances particulières, cet écart n'en satisfait pas moins le standard de juste indemnité.* » Cité par JUILLARD P., *ibid.*, 587.

233 Article 3, alinéa 1 du traité avec les États-Unis.

234 Article 6, alinéa 1 des accords avec la Guinée, le Mali et Maurice. Les autres accords conclus avec les États africains sont moins exigeants sur les caractères de l'indemnité. Ils se bornent à stipuler que « *cette indemnité est versée sans retard ni délai injustifié, elle est effectivement réalisable et librement transférable* » (article 5 alinéa 2 des accords avec l'Égypte et la Mauritanie).

235 V. SALEM M., « Le développement de la protection conventionnelle des investissements étrangers », *op. cit.*, p. 617.

236 Lire MANCIAUX S., *Investissements étrangers et arbitrage entre États et ressortissants d'autres États. Trente années d'activité du CIRDI*, Travaux du CREDIMI, vol. 24, 2004, pp. 528-531.

une moindre mesure les réquisitions, le champ d'action étatique en est potentiellement infini et la souveraineté ainsi potentiellement plus affirmée.

176. De plus, par l'exigence d'une indemnisation « *adéquate conformément aux règles en vigueur dans l'État qui prend ces mesures dans l'exercice de sa souveraineté et en conformité du droit international* », le principe de souveraineté des États sur leurs ressources naturelles n'en est que peu affecté. Il trouve même en cette exigence un élément de sa structuration, de sa solidification. Les mécanismes de mise en œuvre constitués uniquement par des standards de comportement dont les caractères, au moins à cette époque, n'étaient pas si contraignants et clairs que le principe lui-même, connotent une étape dans le processus de cristallisation du principe devenu alors juridique[237].

177. La pierre angulaire certaine du principe, faisant déjà l'objet de réitération par l'Assemblée générale des Nations unies, était clairement le principe de souveraineté des États sur leurs ressources naturelles, règle autour de laquelle un renforcement de l'énoncé normatif s'est opéré avec l'énumération des modes d'interventions possibles, mais non limitatifs, de l'État (nationalisation, expropriation et réquisition), en même temps que l'ajout d'une conséquence relative à sa responsabilité, l'indemnisation, sans aucune précision particulière, si ce n'est qu'elle doit être conforme aux règles du droit international (article 4 de la résolution), ou « prompte et juste » (traités bilatéraux de protection des investissements).

178. Cet encadrement par le droit international des pouvoirs politiques des États sur leurs ressources naturelles semble dès lors être resté plus à l'avantage de ceux-ci, du moins à ce stade du développement du droit international. Toutefois, force est de constater que le principe a fortement été influencé dans sa texture par l'interaction entre les différents acteurs, qui ont tous contribué à sa construction. La participation effective et constante tant des entreprises pétrolières internationales, des juges que des États dans la conception puis la consolidation de ce principe, relègue les États à un rôle de contributeur de normes et non de producteur de normes en la matière. Il s'agit alors ici d'un monisme étatique de type interactionniste, au sens de la théorie interactionniste des normes en droit international[238]. Selon cette approche en rappel, « *l'effet d'une norme sur les acteurs auxquels elle*

[237] Pour le débat sur la valeur normative de la résolution 1803, lire ROSENBERG D., *Le principe de souveraineté des États sur leurs ressources naturelles, op. cit.*, p. 204.

[238] « *The interactional theory of law explains that it is obligation that constitutes law's added value, not form, and that a sense of obligation will only arise when states and other actors perceive lawmaking to be legitimate (...) state and other actors at the international level are not consumers ; they are active agents in the continuing enterprise of law-making, through the elaboration of custom, treaty and soft law* » (in BRUNNÉE J. et TOOPE STEPHEN J., *Legitimacy and legality in international law an interactional account*, Cambridge University Press, 2010, p. 55).

s'impose n'est pas la conséquence de son entrée dans le champ du droit international mais le déterminant de son caractère juridique »[239].

179. L'hypothèse du monisme étatique demeure vérifiée ici, en ceci que si les États ne sont pas les uniques producteurs du principe de souveraineté des États sur leurs ressources naturelles, ils en sont les ratificateurs par la voie des sources formelles classiques du droit international, telles les résolutions des organes des Nations unies. Nous observons néanmoins un infléchissement du pouvoir normatif des États, moins monopolistique et davantage partagé avec les tiers (entreprises pétrolières étrangères et juges).

180. Si la construction du droit des hydrocarbures est influencée par la nécessaire prise en compte des intérêts des entreprises pétrolières étrangères en matière économique (acteurs externes à l'État), il est maintenant essentiel de s'appesantir sur les règles de définition du titulaire de ce droit à l'intérieur même de son territoire de compétence (avec des acteurs internes), en s'interrogeant sur le niveau d'implication des États dans la formation de ces normes juridiques.

181. En effet, la consolidation de ce droit inaliénable devait nécessairement préciser le titulaire de ce droit, ce qui s'est avéré momentanément perturbant dans l'évolution du droit international public, avec néanmoins une clarification ultime protectrice des intérêts des parties.

SECTION II. DROIT DE DÉTERMINATION DU POUVOIR PERSONNEL DES ÉTATS

182. Les dividendes attendus des ressources énergétiques par les États sont d'une importance telle que l'ensemble des règles concourant à la définition des pouvoirs de leurs bénéficiaires revêt un intérêt particulier. Nous observons jusque-là un monisme étatique tantôt de type monopolistique en matière politique (délimitation des frontières), tantôt de type interactionniste en matière économique (droits et devoirs des États en matière de jouissance de leurs ressources énergétiques), dans la construction du droit des hydrocarbures. Il s'agit maintenant d'analyser les règles d'exercice même de ce pouvoir énergétique à l'intérieur de son territoire de compétence, et relevant du droit international. Certes, la fonction de gouvernement, entendue comme un « *pouvoir en mesure de prendre des décisions et de produire les commandements correspondants, contraignants pour tous ceux qui habitent sur ce territoire, et effectivement exécutés par la grande majorité des destinataires* »[240], relève du domaine réservé des États. Mais, comme le conclut le professeur Pierre Bodeau-Livinec :

---

[239] V. JEAN D'ASPREMONT, « La déformalisation dans la théorie des sources du droit international », in *Les sources du droit revisitées* (ouvr. coll.), vol. 4, « Théorie des sources du droit », *op. cit.*, p. 278.

[240] BOBBIO N., « État, pouvoir et gouvernement », in *L'État et la démocratie internationale : des histoires des idées à la science politique,* Complexe, Bruxelles, 1998, p. 231.

« L'émergence de nouveaux acteurs et la diffusion de normes sur lesquels l'État n'a guère d'emprise témoignent de l'inexistence d'un sanctuaire de compétences propres à l'État, qu'il s'agisse de matières non couvertes par le droit international ou de la persistance de droits fondamentaux qui lui appartiendraient. »[241]

183. Quelle marge de pouvoir normatif ou de régulation les États ont-ils en interne, au regard du droit international, en matière de droit des hydrocarbures ? L'on répondra à cette interrogation au regard de l'introduction d'un nouveau sujet de droit international, les populations autochtones (§1), qui a perturbé les règles de détermination des pouvoirs personnels de l'État en tant que titulaire du pouvoir de souveraineté sur les ressources naturelles (§2).

§1. Les ambiguïtés normatives relatives au titulaire du pouvoir de souveraineté

184. Si le pouvoir de souveraineté des États sur leurs ressources naturelles est un principe fortement ancré dans le droit international, il a pu être perturbé dans sa mise en œuvre par l'introduction des populations autochtones dans le champ des titulaires potentiels de ce pouvoir, ceci en concurrence avec l'État central (A). Cette perturbation a d'autant plus de relief qu'elle s'accompagne d'une imprécision des termes essentiels du droit accordé aux populations autochtones (B).

A. L'introduction des autochtones dans le champ des titulaires potentiels du pouvoir de souveraineté par la voie coutumière

185. En tant que principe de droit international, l'affermissement de la protection des peuples autochtones s'est fait au fil du temps, par le truchement d'un ensemble de textes dont la nature relevait davantage de la coutume, au sens de l'article 38 du statut de la Cour internationale de justice.

186. Il convient ainsi de distinguer les sources indirectement liées à la problématique de la protection des peuples autochtones, nombreuses et génératrices de droit par le biais de la coutume par voie de conséquence (1), des sources directement rattachables à cette problématique (2).

1. L'introduction par des sources indirectes

187. L'on peut distinguer des sources universelles, qui se caractérisent par leur autonomie et leur diversité thématique (a), des sources régionales africaines, moins nombreuses, semblables les unes aux autres du point de

---

[241] BODEAU-LIVINEC P., « Le domaine réservé : persistance ou déliquescence des fonctions étatiques face à la mondialisation », in *L'État dans la mondialisation*, Actes du colloque de Nancy des 31 mai, 1er juin et 2 juin 2013, Paris, Pedone, 2013, p.175.

vue de leurs objets, et volontairement captives d'autres sources de droit visant la protection des autochtones (b).

a) Les sources universelles

188. Dans le processus de construction du droit des autochtones, les sources universelles se caractérisent chacune par leur autonomie dans leurs objets, mais aussi par leur diversité thématique.

189. Romélien Colavitti a pu démontrer l'existence d'« *une pratique institutionnelle (onusienne) allant manifestement dans le sens de l'exigence de la protection minoritaire* » et a soutenu « *la thèse d'une formation progressive d'un corps de règles à valeur coutumière au profit de celles-ci (les populations minoritaires)* »[242]. La doctrine a pu estimer en effet qu'en prélude aux droits des autochtones, un ensemble de textes relatifs aux droits de l'homme a constitué les prémisses d'un droit autonome les concernant. En effet, « *les autochtones peuvent se prévaloir de toutes les dispositions contenues dans les instruments internationaux visant les droits de l'homme et ceux des minorités. D'ailleurs, les institutions onusiennes où s'élabore la réflexion les concernant sont rattachées à la Commission des droits de l'homme* »[243].

190. Au sein de l'Organisation des Nations unies et de l'Organisation internationale du travail, en effet, il est reconnu que « *la définition et la protection des droits des peuples autochtones constituent une partie essentielle des droits de l'homme, et une préoccupation légitime de la communauté internationale* »[244]. Par conséquent, les nombreux textes internationaux dont les objets spécifiques n'évoquaient pas directement le sort des peuples autochtones en sont néanmoins considérés comme les géniteurs indirects, sous le prisme des droits de l'homme.

191. Peut ainsi être citée, dans ce sens, la Convention pour la prévention et la répression du crime de génocide du 9 décembre 1948 qui, en son article 2, protège les groupes, « *c'est-à-dire qu'elle protège implicitement les minorités et les peuples autochtones, dans la mesure où ce sont ces catégories de peuples qui sont victimes de génocide à travers l'histoire* »[245]. Le lendemain, la résolution 217 (III) du 10 décembre 1948 relative à la Charte internationale des droits de l'homme portant sur le sort des minorités

---

[242] COLAVITTI R., « L'ONU et la protection des minorités : un droit coutumier *in statu nascendi ?* », *L'Observateur des Nations unies*, n°20 & 21, 2006, pp. 265-275.

[243] ROULAND N., PIERRE-CAPS S., POUMAREDE J., *Droit des minorités et des peuples autochtones*, Paris, PUF, 1996, p. 337.

[244] Cf. Nations unies, « Droits de l'homme : les droits des peuples autochtones », Fiche d'information n°9, cité par MOUANGUE KOBILA J., *La protection des minorités et des peuples autochtones au Cameroun. Entre reconnaissance interne contrastée et consécration universelle réaffirmée*, Éditions Danoia, mars 2009, p. 212.

[245] MOUANGUE KOBILA J., *La protection des minorités et des peuples autochtones au Cameroun. Entre reconnaissance interne contrastée et consécration universelle réaffirmée*, *op. cit.*, p. 212.

édicte que : « *Les Nations unies ne peuvent pas demeurer indifférentes au sort des minorités.* »[246] Dans le même ordre d'idée, le principe de leur protection a fait l'objet, en 1997, d'une recommandation générale (n°3) de la part du Comité sur l'élimination de la discrimination raciale sur les droits des peuples autochtones, qui reconnaissait la situation de discrimination et de dépossession dont ils ont été victimes.

192. Ces exigences sont reconduites dans des sources juridiques de nature déclaratoire, comme la Déclaration sur l'environnement et le développement de Rio[247], la Déclaration des peuples indigènes et deux résolutions sur les minorités, celle du 18 décembre 1992[248] et celle du 12 décembre 1997[249], émanant de l'Assemblée générale des Nations unies.

193. Le droit coutumier, alors en cours de consolidation, reposait sur les principes articulés autour de la reconnaissance d'un droit à l'autodétermination, du droit de préserver et développer sa culture, du droit sur les terres et ressources ancestrales, à une compensation en cas de dépossession sans consentement, et du droit à une gouvernance autonome. En somme, les États ont choisi d'introduire l'impératif de prise en compte des intérêts des populations autochtones par la voie du droit souple ou du *soft law*, entendu comme norme dépourvue de force obligatoire[250]. Cette option normative n'est pas neutre dans le cadre de la vérification de notre hypothèse. En effet, les raisons du recours au *soft law* sont liées à l'identité même des sujets du droit international, les États, d'une part, mais surtout à leurs attributs fondamentaux en tant qu'États, d'autre part. Le professeur Alain Pellet rappelle récemment que « *les États voient dans le recours au* soft law *une possibilité de manifester leurs positions ou des aspirations, sans se lier juridiquement* »[251], et ceci, en raison de la nécessité de tenir compte de leur souveraineté[252]. S'agissant particulièrement des États africains, il est

---

[246] Voir le premier considérant de la résolution.

[247] Le principe 22 de cette déclaration pose que « *les populations et communautés autochtones et les autres collectivités locales ont un rôle vital à jouer dans la gestion de l'environnement et le développement du fait de leurs connaissances du milieu et de leurs pratiques traditionnelles. Les États devraient reconnaître leur identité, leur culture et leurs intérêts…* ».

[248] Cf. www.sre.gob.mx/uaos/documentos/puebmlos.doc.

[249] Résolution de l'Assemblée générale des Nations unies du 18 décembre 1992, portant déclaration des droits des personnes appartenant à des minorités nationales ou ethniques, religieuses et linguistiques (A/RES/47/52/123 du 12 décembre 1997).

[250] Lire DEROUSSIN D., « *Soft law*, Éléments historiques », in SOREL et DEUMIER, *Regards croisés sur la soft law en droit interne, européen et international,* L.G.D.J., 2018, p. 58.

[251] Lire PELLET A., « Les raisonnements du développement du *soft law* en droit international : choix ou nécessité ? », in SOREL et DEUMIER, *Regards croisés sur la* soft law *en droit interne, européen et international, op. cit.*, p. 188.

[252] Ascensio H. explique que « *l'objectif est d'ériger par étapes un bel édifice, de préparer les sens en donnant un sens, une direction. L'approche requiert du doigté car il ne faut pas effrayer trop vite les participants par la rudesse des obligations* » (cité par PELLET A., « Les raisonnements du développement du *soft law* en droit international : choix ou nécessité ? », *ibid,* p. 187).

alors intéressant de s'interroger sur le mode d'appropriation de cette norme dans le cadre de l'exploitation des hydrocarbures.

194. Les sources régionales africaines indirectes liées à cette thématique s'articulent de façon différente, même si elles s'inscrivent dans la continuité des sources universelles ci-dessus rappelées.

b) Les sources régionales africaines

195. L'on peut observer une similarité quant à la construction régionale africaine du droit des populations autochtones à partir de la problématique générale de la protection des droits de l'homme, mais une différence dans le processus de son affermissement dans le droit régional.

196. La protection des minorités et des peuples autochtones peut être retrouvée déjà dans le préambule de la Charte culturelle de l'Afrique du 5 juillet 1976, à travers la reconnaissance de la diversité culturelle des États africains, que ces derniers qualifient de «*facteur d'équilibre et de développement au service de l'intégration nationale*». Ensuite, l'article 3 alinéa h de l'Acte constitutif de l'Union africaine du 12 juillet 2000 fait de la protection des droits de l'homme et des peuples l'un des objectifs de l'Union africaine.

197. Toutefois, c'est la volonté de capitaliser l'ensemble des normes relatives à cette question, en plus de son propre dispositif de protection, qui relativise le nombre réduit de textes régionaux consacrant, même indirectement, le droit des peuples autochtones. En effet, l'article 60 de la Charte africaine des droits de l'homme et des peuples stipule que : *« La Commission s'inspire du droit international relatif aux droits de l'homme et des peuples, notamment des dispositions des divers instruments africains relatifs aux droits de l'homme et des peuples, des dispositions de la Charte des Nations unies, de la Charte de l'Organisation de l'unité africaine, de la Déclaration universelle des droits de l'homme, des dispositions des autres instruments adoptés par les Nations unies et par les pays africains dans le domaine des droits de l'homme et des peuples ainsi que des dispositions de divers instruments adoptés au sein d'institutions spécialisées des Nations unies dont sont membres les parties à la présente Charte. »*

198. L'article 61, pour sa part, énonce que : *« La Commission prend aussi en considération, comme moyens auxiliaires de détermination des règles de droit, les autres conventions internationales, soit générales soit spéciales établissant des règles de droit, établissant des règles expressément reconnues par les États membres de l'Organisation de l'unité africaine, les pratiques africaines conformes aux normes internationales relatives aux droits de l'homme et des peuples, les coutumes généralement acceptées comme étant le droit, les principes généraux de droit reconnus par les nations africaines ainsi que la jurisprudence et la doctrine. »*[253]

---

[253] La Commission africaine des Droits de l'Homme et des peuples a rappelé qu'en vertu des articles 60 et 61 susmentionnés, elle se base, pour l'interprétation et l'application de la Charte africaine, certes sur sa propre jurisprudence, mais aussi sur les normes, principes et

199. En renvoyant ainsi à un champ quasi infini de sources de droit relatives aux droits de l'homme, la Charte africaine des droits de l'homme et des peuples contribue à la globalisation du droit, entendue comme l'« *unification ou la tendance vers l'unification du contenu des règles de droit* »[254]. Elle introduit néanmoins une logique d'hybridation de ce droit, en disposant que les principes généraux de droit seront « *reconnus par les nations africaines* », aménageant ainsi une marge d'acculturation propice à une dissémination harmonieuse des principes universels[255]. Mieux, en marquant ainsi fortement leur adhésion aux normes universelles, les États africains contribuent à leur normativité, car « *la normativité réside moins dans les origines de la norme que dans sa réception. La normativité est une question d'adhésion* »[256].

200. Ce modèle de dissémination normative marque fortement le droit encadrant la régulation des hydrocarbures. Les États africains s'inscrivent ainsi dans la chaîne normative concernant la protection des populations autochtones, et l'on peut dès lors anticiper une augmentation dans la densité normative de cette norme à l'échelle tant internationale que régionale africaine. La reconnaissance et la légitimité de ces principes étant acceptées par les États à l'échelle universelle mais surtout africaine, le monisme juridique, en matière de droit des hydrocarbures, continue à être perceptible. Il le sera d'autant plus ensuite que des sources directes et autonomes, consacrant les droits des populations autochtones, ont été produites par la société internationale.

201. On l'observera de nouveau en analysant les sources directes relatives aux droits des populations autochtones.

2. L'introduction par des sources directes à densité variable

202. Les États ont manifesté leur adhésion aux idéaux de protection des populations autochtones par le biais d'actes juridiques internationaux indirectement dédiés à cette problématique. Toutefois, la convergence des actes juridiques internationaux et régionaux, notamment africains, permettait d'entrevoir une meilleure affirmation du principe par l'ensemble de la

---

instruments régionaux et internationaux pertinents et appropriés des droits de l'homme. Voir affaire n°241/01, *Purobit et Moore c. Gambie*, document : activity 16 _fr.pdf, par. 47, p. 72, cité par MOUANGUE KOBILA J., *La protection des minorités et des peuples autochtones au Cameroun. Entre reconnaissance interne contrastée et consécration universelle réaffirmée*, *op. cit.*, p. 197, note n° 2.

254 Lire ROUVIÈRE F., « La globalisation du droit : une idée théoriquement inutile », in CHEROT, FRYDMAN (dir.), *La science du droit dans la globalisation*, Bruylant, 2012, p. 117.

255 DELMAS-MARTY V.M., *Le pluralisme ordonné*, Paris, Seuil, 2e éd., 2005, chap. III, pp. 101-129.

256 MEKKI M., cité par GESLIN A., « L'utilisation des disciplines internes pour l'analyse - définitionnelle - de la *soft law* internationale », in SOREL et DEUMIER, *Regards croisés sur la* soft law *en droit interne, européen et international*, *op. cit.*, p. 134.

communauté internationale. L'hypothèse d'un statocentrisme normatif pouvait alors gagner en durcissement, sur la base de sources exclusivement dédiées à cette cause. Les sources directement liées à la thématique des droits des peuples autochtones sont plurielles à l'échelle internationale (a), et de moindre importance quantitative à l'échelle régionale (b).

a) La pluralité des sources à l'échelle internationale

203. Il convient de constater ici la prépondérance des sources déclaratoires (i), et de mettre en exergue l'importance de la Déclaration des Nations unies sur les droits des peuples autochtones du 13 septembre 2007 (ii).

i) La prépondérance des sources de nature déclaratoire

204. Si les résolutions des Nations unies sont quantitativement plus nombreuses en termes de foyer de consécration des droits des peuples autochtones, la voie conventionnelle n'est pas totalement exclue. Deux conventions internationales sont essentielles dans la construction du droit des populations autochtones :

– La convention 107, concernant la protection et l'intégration des populations indigènes et autres populations tribales et semi-tribales dans les pays indépendants, adoptée en juin 1957 par la Conférence internationale du travail.

– Et la convention 169, concernant les peuples indigènes et tribaux dans les pays indépendants, adoptée en 1989 et entrée en vigueur en septembre 1991.

205. Si elles sont d'inspirations différentes, elles « *constituent les seuls instruments de droit positif concernant globalement les peuples autochtones et tribaux, possédant de surcroît une force contraignante pour les États qui ont choisi de les ratifier* »[257].

206. Toutefois, ce sont plusieurs textes internationaux de nature recommandatoire qui sont directement sources d'édiction des droits des peuples autochtones. Ainsi pouvons-nous citer l'article 1er commun aux deux pactes internationaux de 1966, relatifs aux droits économiques, sociaux et culturels, d'une part, et aux droits civils et politiques, d'autre part[258].

207. Il dispose que : « *1. Tous les peuples ont le droit de disposer d'eux-mêmes. En vertu de ce droit, ils déterminent librement leur statut politique et assurent librement leur développement économique, social et culturel. 2. Pour atteindre leurs fins, tous les peuples peuvent disposer librement de leurs richesses et de leurs ressources naturelles [...]. En aucun cas, un peuple ne pourra être privé de ses propres moyens de subsistance.* »[259]

---

[257] ROULAND N., PIERRE-CAPS S., POUMAREDE J., *Droit des minorités et des peuples autochtones*, *op. cit.*, p. 343.

[258] Résolution de l'Assemblée générale des Nations unies n°2200 (XXI), 16 décembre 1966.

[259] Dans le même sens, l'article 20 de la Charte africaine des Droits de l'Homme et des peuples indique que : « *Tout peuple a un droit imprescriptible et inaliénable à*

208. Les aspects politiques et économiques du droit des peuples à disposer d'eux-mêmes sont donc considérés comme indissociables. En effet, sans l'effectivité de l'indépendance économique, la souveraineté politique est condamnée à rester théorique. Un peuple qui ne dispose pas librement de ses ressources économiques ne peut pas prétendre se gouverner librement de manière effective, efficiente et pérenne.

209. C'est précisément dans cette perspective que les résolutions des années 1960 et 1970, qui affirment le droit des peuples à disposer d'eux-mêmes, consacrent de manière concomitante le principe corollaire de souveraineté permanente sur les ressources naturelles, en hésitant à en attribuer le bénéfice aux peuples ou aux États.

210. La résolution 1803 (XVII) du 14 décembre 1962 ne proclame par exemple que « *le droit de souveraineté permanente des peuples et des nations sur leurs ressources naturelles* ». La résolution 3201 (S-VI) du 1er mai 1974 indique quant à elle que « *le nouvel ordre économique international doit être fondé sur le plein respect [de la] souveraineté permanente intégrale de chaque État sur ses ressources naturelles et sur toutes les activités économiques* ». La résolution 3281 (XXIX) du 12 décembre 1974, portant Charte des droits et devoirs économiques des États, proclame dans son article 1er que « *chaque État détient et exerce librement une souveraineté entière et permanente sur toutes ses richesses, ressources naturelles et activités économiques, y compris la possession et le droit de les utiliser et d'en disposer* ».

211. Les enjeux de ce nouveau concept de souveraineté des États nouvellement indépendants sont alors clairement de leur garantir le droit de lutter contre l'exploitation de leurs ressources par les anciennes puissances coloniales, et de leur donner les moyens économiques d'assurer leur indépendance politique.

ii) L'importance singulière de la Déclaration des Nations unies sur les droits des peuples autochtones du 13 septembre 2007

212. Récente, cette déclaration mérite son pesant d'attention de par son contenu, mais surtout de par sa force normative.

213. Elle reconnaît aux peuples autochtones des droits collectifs qualifiés de « *normes minimales nécessaires à la survie, à la dignité et (à leur) bien-être* » (art. 43), qui sont indispensables à leur existence et à leur développement intégral en tant que peuples, ces droits collectifs étant analysés comme une condition de l'exercice de leurs droits individuels. Ces droits comprennent alors l'autodétermination politique, le développement

---

l'autodétermination. Il détermine librement son statut politique et assure son développement économique et social selon la voie qu'il a librement choisie. » Le chapitre VIII de l'acte final d'Helsinki affirme qu'« *en vertu du principe de l'égalité de droits des peuples et de leur droit à disposer d'eux-mêmes, tous les peuples ont toujours le droit, en toute liberté, de déterminer, lorsqu'ils le désirent et comme ils le désirent, leur statut politique interne et externe, sans ingérence extérieure, et de poursuivre à leur gré leur développement politique, économique, social et culturel* ».

économique, social et culturel[260], le droit d'auto-administration pour tout ce qui touche leurs affaires intérieures, ainsi que le droit de disposer des moyens de financer leurs activités autonomes[261], de renforcer leurs institutions et de participer pleinement à la vie politique, économique, sociale et culturelle de l'État[262].

214. Vis-à-vis de l'État, la déclaration du 13 septembre 2007 reconnaît aux peuples autochtones le droit à la prévention et à la réparation de tout acte ayant pour but ou effet de les déposséder de leurs terres, territoires ou ressources[263], ou pour toute forme d'assimilation forcée[264] en ce qui concerne les biens culturels, intellectuels, religieux qui leur ont été pris sans leur consentement préalable, donné en pleine connaissance de cause, ou en violation de leurs lois, traditions et coutumes[265].

215. Si le contenu peut s'avérer être un concentré voire une duplication des principes généraux déjà édictés dans les textes similaires mais dont les objets n'étaient pas exclusivement ou directement liés aux autochtones, c'est davantage sa force normative particulière par rapport aux précédentes sources similaires qui en fait un instrument de protection singulier, lui conférant précisément une force obligatoire semblable aux conventions internationales. En effet, les circonstances de son adoption ainsi que le mécanisme de contrôle aménagé pour en assurer l'application suggèrent qu'elle formalise le processus coutumier en cours jusqu'alors[266].

216. En ce qui concerne en effet les conditions de son adoption, une majorité écrasante de 143 voix s'est prononcée pour, comprenant des États de toutes les régions du monde ainsi que des États de catégories différentes, quatre voix seulement se déclarant contre (Canada, Australie, Nouvelle-Zélande et États-Unis), ainsi que 11 abstentions. Il s'est vraiment agi de la constatation formelle, à l'échelle internationale, d'un consensus universel,

---

260 Article 3.

261 Article 4.

262 Article 5.

263 Articles 10 et 28.

264 Article 8

265 Article 11.

266 La Cour Internationale de Justice rappelle que : « *Les résolutions de l'Assemblée générale, même si elles n'ont pas force obligatoire, peuvent parfois avoir valeur normative. Elles peuvent, dans certaines circonstances, fournir des éléments de preuve importants pour établir l'existence d'une règle ou l'émergence d'une* opinio juris. *Pour savoir si cela est vrai d'une résolution donnée de l'Assemblée générale, il faut en examiner le contenu ainsi que les conditions d'adoption ; il faut en outre vérifier s'il existe une* opinio juris *quant à son caractère normatif. Par ailleurs, des résolutions successives peuvent illustrer l'évolution progressive de l'*opinio juris *nécessaire à l'établissement d'une nouvelle règle.* » Affaire de la licéité de la menace ou de l'emploi d'armes nucléaires, CIJ, 8 juillet 1996, avis consultatif, Rec., p. 254, §68.

surtout que certains États ayant voté contre ont quand même manifesté leur adhésion au principe général de protection des autochtones[267].

217. De plus, un mécanisme de contrôle, qui est un indicateur de la force obligatoire d'une norme, a été mis en place pour en assurer l'effectivité : l'instance permanente sur les questions autochtones[268], par rapport à laquelle les organes et les institutions spécialisées des Nations unies ont été invités à prêter leur concours à cette fin[269]. Or, il est admis en doctrine que l'existence d'un mécanisme de contrôle des énonciations d'une résolution « *contribue à faire naître, par une sorte de contrainte psychologique, le sentiment d'une obligation à la charge des États* »[270].

218. Toutes ces raisons juridiques et factuelles conduisent à reconnaître que l'adoption de cette résolution « *parachève le processus coutumier, en formation jusqu'alors...* »[271].

219. Sur le plan régional africain, la source directement rattachable au droit des populations autochtones est unique, mais sans préjudice de la vigueur de l'appareil normatif de protection.

b) La centralité de la Charte africaine des droits de l'homme et des peuples au niveau régional

220. Si la protection des droits de l'homme en Afrique repose sur le fondement lointain des chartes constitutives de l'OUA[272] et de l'UA[273], cette ossature conventionnelle primaire a connu un développement normatif plus soutenu avec la Charte africaine des droits de l'homme et des peuples du 28 juin 1981[274]. Celle-ci précède la Déclaration des droits de l'homme et des

---

267 Les États-Unis, par exemple, ont fait savoir qu'« *ils continueront (leur) travail de reconnaissance et de promotion des droits des peuples autochtones dans le contexte domestique mais également international* » (Doc. AG/10612).

268 Article 42.

269 Article 41.

270 COLAS B., « Acteurs, sources formelles et hiérarchie des normes en droit international économique », *RGD*, n°22, 1991, p. 394. Patrick Juillard évoque le couple « droit mou - mécanisme de suivi » comme permettant aux mentalités collectives de s'exprimer et de donner à ce qu'elles expriment une forme juridique. « Le suivi des instruments OCDE du 21 juin 1976 (déclarations et décisions sur l'investissement international et les entreprises multinationales) », in RUIZ-FABRI, SICILIANOS et SOREL (dir.), *L'effectivité des organisations internationales : mécanismes de suivi et de contrôle*, Athènes-Bruxelles, Sakkoulas-Bruylant, 2000, p. 195.

271 MOUANGUE KOBILA J., *La protection des minorités et des peuples autochtones au Cameroun. Entre reconnaissance interne contrastée et consécration universelle réaffirmée*, *op. cit.*, p. 127.

272 Son préambule offre une faible assise normative aux droits de l'homme, notamment en ébauchant les principes du droit des peuples à disposer d'eux-mêmes (§1), la libre disposition des ressources naturelles et humaines (§3).

273 Elle va reprendre à son compte tous les textes relatifs aux droits de l'homme adoptés avant 2000, dont la Charte africaine des droits de l'homme et des peuples (art. 3h).

274 Elle est entrée en vigueur le 21 octobre 1986 après avoir été ratifiée par 26 États, en vertu de l'art. 63 exigeant la majorité absolue des membres de l'OUA. Voir GLELE

peuples de 2007, mais capitalise les grands principes des textes internationaux en la matière, comme ceux de la Charte internationale des droits de l'homme. Elle est l'instrument dont l'objet vise la protection directe des minorités et des peuples autochtones en Afrique, et « *est le cadre normatif pertinent auquel se réfèrent les conventions africaines des droits de l'homme subséquentes* »[275].

221. La Charte africaine a le même profil de normativité que la Déclaration des droits de l'homme et des peuples de 2007 : une source *a priori* de nature déclaratoire, mais des conditions d'adoption et un mécanisme de suivi dont l'objectif exprès est de lui donner une garantie normative. Toutefois, il ne s'agit pas seulement d'un mimétisme formel et axiologique des sources universelles antérieures, au demeurant normal dans le cadre de la constitution de la coutume internationale[276]. Il y émerge également un minimum d'acculturation juridique de ces principes, avec la volonté de ne pas renoncer à certains principes moraux et éthiques profondément enracinés dans les traditions africaines, et débouchant finalement sur une copule « *enracinement-ouverture* »[277].

222. En ce qui concerne son contenu, l'alinéa 1er de l'article 20 de cette Charte édicte : « *Tout peuple a droit à l'existence. Tout peuple a un droit imprescriptible et inaliénable à l'autodétermination. Il détermine son statut politique et assure son développement économique et social selon la voie qu'il a librement choisie.* »

223. Plus direct encore, l'article 21 pose que « *les peuples ont la libre disposition de leurs richesses et de leurs ressources naturelles. Ce droit s'exerce dans l'intérêt exclusif des populations. En aucun cas un peuple ne peut en être privé (...) En cas de spoliation, le peuple spolié a droit à la légitime récupération de ses biens ainsi qu'à une indemnisation adéquate* »[278]. À titre ensuite de mécanismes de protection et de promotion des droits de l'homme, la Charte africaine des droits de l'homme et des peuples a créé la Commission africaine des droits de l'homme et des

---

AHANHANZO M., « Introduction à la Charte africaine des droits de l'homme et des peuples », in *Mélanges Claude-Albert Colliard*, Pedone, 1984, p. 516 et suiv.

[275] SAIDOU NOUROU TALL, *Droit des organisations internationales africaines, Théorie générale de droit communautaire comparé*, Paris, L'Harmattan, Coll. Droits de l'Homme, Paix et Sécurité, 2015, pp. 346-347.

[276] JAN KLABER rappelle que : « *Customary international law by definition involves states doing the same sort of thing repeadly (...) Mimesis here is inevitable* ». « Reflections on mimesis and international law - An epilogue », in NEGRI, SCHULTE-TENCKHOFF (dir.), *La formation du droit international. Entre mimétisme et dissémination, op. cit.*, p. 253).

[277] SAIDOU NOUROU TALL nous rappelle que « *cette Charte met l'accent sur les valeurs africaines de civilisation et magnifie les structures sociales telles que la famille, la communauté, dans le respect dû aux personnes les plus vulnérables (femmes, enfants, vieillards, handicapés)* » (in *Droit des organisations internationales africaines, Théorie générale de droit communautaire comparé*, Coll. Droits de l'Homme, Paix et Sécurité, *op. cit.*, p. 347). Nous retrouvons ici l'idée d'adhésion qui permet une adaptation du droit souple suivant les contextes culturels, politiques et économiques.

[278] Alinéas 1er et 2.

peuples, chargée de promouvoir les droits de l'homme et d'assurer leur protection[279]. Ces fonctions, précisées à l'article 45, sont la promotion des droits de l'homme et des peuples, leur protection et l'interprétation de toute disposition de la Charte.

224. Dans la pratique, et ceci, sur le fondement des énonciations de la Charte africaine des droits de l'homme et des peuples, la Commission africaine a plusieurs fois eu à traiter des droits collectifs, notamment des droits fondamentaux des peuples autochtones.

225. Déjà, le principe de l'existence des droits du peuple katangais, en tant que peuple autochtone, a été affirmé dans l'affaire *Congrès du peuple katangais c. Zaïre*[280]. Il en est ainsi, également, de l'affaire des peuples Vhavenda[281] d'Afrique du Sud, mais aussi de la composante anglophone de la population camerounaise, pour laquelle elle a décidé qu'« *elle a le droit d'être considéré(e) comme un peuple en raison des nombreuses particularités et affinités, y compris une histoire commune, une tradition linguistique, une connexion territoriale et une perspective politique. Chose plus importante, ils s'identifient comme un peuple avec une identité distincte. L'identité est une particularité interne du peuple. Il incombe aux autres peuples de reconnaître une telle existence, et non de la nier* »[282].

226. Elle a affirmé par ailleurs la consécration de la notion de violation continue pour connaître de faits survenus avant l'entrée en vigueur de la Charte africaine des droits de l'homme et des peuples, mais qui perdurent après cette date[283].

227. Toutes ces références formelles et jurisprudentielles, tant universelles que régionales, forment clairement ce qu'il convient d'appeler le « *corpus spécialisé* »[284] concernant les autochtones. Les États ont été les producteurs exclusifs, soit par des textes de natures différentes (actes conventionnels, déclarations, résolutions des organes spécialisés des Nations unies, soit par l'intermédiaire des institutions judiciaires mises en place par

---

[279] Article 30 de la Charte africaine des droits de l'homme et des peuples.

[280] Voir la communication n°75/92 (1995), 8e rapport annuel d'activités de la Commission africaine des droits de l'homme et des peuples, cité par MOUANGUE KOBILA J., *La protection des minorités et des peuples autochtones au Cameroun. Entre reconnaissance interne contrastée et consécration universelle réaffirmée*, *op. cit.*, p. 200.

[281] Communication 335/06, *Dabalorihuwa Patriotic front c. République d'Afrique du Sud,* 19 décembre 2006, décision du 23 avril 2013, citée par SAIDOU NOUROU TALL, *Droit des organisations internationales africaines*, *Théorie générale de droit communautaire comparé*, Coll. Droits de l'Homme, Paix et Sécurité, *op. cit.*, p. 380.

[282] Affaire n°266/2003, *Kevin Mgwanga Gunme et Al. c/Cameroun*, Doc. Ex. CL/529 (XV), 26e rapport d'activités de la Commission africaine des droits de l'homme et des peuples, 2009, paragraphe 179, cité par OLINGA A.-D., « La question anglophone devant le prétoire international des droits de l'homme », *in* OLINGA A.-D (dir.), *Le Cameroun et le prétoire international*, Éditions Afrédit, 2015, p. 329.

[283] *Amnesty International c/Soudan*, communications 48/90, 50/90, 52/90, et 89/90 ; *Annette Pagnoule (au nom d'Abdoulaye Mazou)/Cameroun*, communication 39/90.

[284] ROULAND N. (dir.), PIERRE-CAPS S., POUMAREDE J., *Droit des minorités et des peuples autochtones*, *op. cit.*, p. 337.

ces derniers). Toutefois, par-delà le principe lui-même qui ne souffre plus alors de déficit de réceptivité, certaines notions décisives devant permettre de mettre en œuvre cette norme sont demeurées floues, et par rapport à celles-ci, il importe d'évaluer la réaction des États dans leur clarification.

B. Les imprécisions notionnelles et fonctionnelles du droit des peuples à l'autodétermination

228. Le droit international, appelé à s'irradier à l'échelle planétaire, est structurellement et téléologiquement contraint de tenir compte de plusieurs systèmes juridiques, tant dans leurs structures que dans leurs conceptions mêmes. Dès lors, il est fortement marqué par des règles floues, indéterminées et imprécises, en un mot, par des notions qui ont vocation à s'adapter par le jeu de l'appropriation des acteurs à l'échelle soit régionale, soit nationale, des grands principes ainsi fixés[285].

229. Cette incorporation de notions juridiques indéterminées, précisément en matière de droits de l'homme, participe du besoin de répondre de manière indifférenciée à plusieurs situations indéfinies[286]. C'est ainsi que bien qu'étant un *« principe essentiel du droit international »*[287] désormais, le droit des peuples à l'autodétermination demeure en effet particulièrement ambigu.

230. Alors que le droit des populations autochtones bénéficie ainsi du statut de règle obligatoire et opposable à l'échelle internationale en vertu de son statut coutumier, il est néanmoins marqué par des ambiguïtés de deux ordres : celles qui portent sur les notions essentielles des termes de ce droit (1), mais aussi celles relatives à la fonction des différents acteurs potentiels (2).

1. Les imprécisions notionnelles

231. Deux termes fondamentaux ont des sens équivoques : la notion de « peuple » (a) et celle d'autodétermination (b).

a) La notion floue de « peuple »

232. Si le droit à la libre disposition des ressources naturelles est clairement reconnu aux peuples, la souveraineté permanente, pour sa part, est attribuée aux peuples, aux États, voire aux nations. Cette indétermination présente peu d'importance pratique lorsque le peuple se confond avec l'État qui l'incarne. En revanche, elle suscite des difficultés certaines, dès lors que

---

285 Lire SOREL J.-M., « Notions juridiques et droit international : à propos de quelques contresens classiques », in TUSSEAU, *Les notions juridiques*, Éditions Economica, 2009, pp. 127-138.

286 Lire BUZZINI G.P., « La 'généralité' du droit international général, réflexions sur la polysémie d'un concept », *RGDIP*, 2004-2, pp. 398-401.

287 CIJ, 30 juin 1995, *Timor oriental (Portugal. c. Australie),* arrêt, CIJ Rec,. 1995, p. 102, §29.

peuple et État se dissocient, ce qui est une occurrence très régulière notamment dans les États africains. Les titulaires du droit, dans ce cas, sont indéterminés, faute de définition communément admise du terme « peuple ».

233. Pour Aureliu Critescu, force est en effet d'admettre qu'« *il n'existe pas de définition admise du mot peuple ni de moyen permettant de le définir avec certitude* »[288]. Edmond Jouve constatait également l'« *introuvable définition juridique du peuple* »[289], et un important arrêt de la Cour suprême du Canada a pu mettre en lumière cette incertitude notionnelle : « *C'est aux peuples que le droit international accorde le droit à l'autodétermination. En conséquence, pour disposer de ce droit, le groupe qui l'invoque doit remplir la condition préliminaire, c'est-à-dire être qualifié de peuple. Toutefois, comme le droit à l'autodétermination s'est développé par l'adoption d'un ensemble d'ententes et de conventions internationales, conjuguée à la pratique des États, et que peu de précisions formelles sont apportées à la définition de "peuples", il s'ensuit que le mot "peuple" reste assez incertain.* »[290]

234. Néanmoins, l'exploitation des ressources naturelles peut se faire soit au détriment d'un peuple autochtone discriminé au sein de l'État, soit au détriment de l'ensemble du peuple national floué par un gouvernement. Dans ces deux cas, et contrairement à l'hypothèse précédente, les intérêts des peuples dont il s'agit se dissocient nettement des intérêts de l'État hôte de l'exploitation. La souveraineté économique de l'État contrarie ici la mise en œuvre, par ces peuples, de leur droit à l'autodétermination, au risque parfois d'exacerber l'expression de ce droit et de générer des revendications sécessionnistes (légitimes ou non)[291].

235. En tout état de cause, la notion de peuple s'avère ici plurisémantique et malléable dans son instrumentation. En l'absence de précision, de la part des États, de la notion de peuple, la reconnaissance internationale de la légitimité des peuples autochtones à être particulièrement protégés s'en trouve diluée, voire inopérante. Ainsi en est-il aussi de la notion d'autodétermination.

---

288 « Le droit à l'autodétermination : développement historique et actuel à la base des instruments des Nations unies, sous-commission de la lutte contre la discrimination et de la protection des minorités », 1981, Doc. E/CN. 4/Sub.2/404/Rev.1.

289 JOUVE E., *Le droit des peuples,* Paris, PUF (Q.S.J.), 1986, p. 109.

290 (1998) 1 S.C.R.127, par. 123-124. http://csc.lexum.unmontreal.ca/fr/index.html, cité par KAMTO M., « Le droit des peuples à disposer d'eux-mêmes : entre fétichisme idéologique et glissements juridiques », 14, Afr. Y.B. Int'l L. 219, 2006, p. 221.

291 Voir COLLIER P., « Ressources naturelles, développement et conflits : liens de causalité et mesures politiques », *Revue d'économie du développement*, Vol. 18, 2004, p. 202 ; OKWU-OKFOR O.C., « Self-Determination and the struggle for Ethno-Cultural Autonomy in Nigeria: The Zangon–Kataf and Ogoni Problems », *African Society of International and Comparative Law Proceedings*, 1994, pp. 88-118.

b) La notion floue d'« autodétermination »

236. Le droit des peuples à disposer d'eux-mêmes est synonyme du droit à l'autodétermination par voie de sécession, aussi bien en doctrine que dans la jurisprudence[292]. Au-delà des controverses doctrinales initiales, les groupes jouissant d'un droit à l'autodétermination (interne et/ou externe) sont clairement identifiés sur le plan juridique, à défaut de l'être sur les plans anthropologique ou sociologique[293]. En l'état actuel du droit international, il s'agit des « *peuples constitués en États* »[294], des « *peuples soumis à une subjugation, à une domination et à une exploitation étrangère* »[295], ainsi que des peuples autochtones et tribaux[296]. Cette multiplicité d'hypothèses – non sans controverse[297] – de la notion de « peuple » a été opérée au moyen d'instruments souvent non contraignants, de nature déclaratoire, mais qui ont établi des standards juridiques désormais reconnus valides.

237. Toutefois, une seconde source d'incertitude est liée au contenu de la libre disposition et de la souveraineté sur les ressources naturelles. L'exercice effectif de la souveraineté économique suppose que son titulaire dispose librement des ressources concernées, mais encore faut-il savoir quels sont les droits précis liés à cette libre disposition.

238. En effet, il s'agit manifestement d'un droit relevant de principes « *à contenu variable* »[298], qui restent ouverts à différentes interprétations, ce qui garantit leur adaptabilité[299].

239. Ainsi, dans les années 1960-1970, l'affirmation, par l'Assemblée générale des Nations unies, de la souveraineté permanente des peuples coloniaux sur leurs ressources naturelles visait à « *sauvegarder les droits futurs de la collectivité étatique et [à] gêner l'exploitation coloniale* »[300]. La

---

[292] Voir notamment CIJ, Différend frontalier (*Burkina Faso c. République du Mali*), Arrêt du 22 décembre 1986, Recueil, 1986, §25.

[293] Lire WENGLER W., « Le droit de la libre disposition des peuples comme principe du droit international », *RHDI*, 26, 1957, pp. 26-39.

[294] Selon l'expression de Kelsen qui considérait, pour sa part, que l'article 1er §2 de la Charte des Nations unies ne pouvait faire référence qu'à de tels peuples. KELSEN H., *The Law of the United Nations*, London, Stevens, 1950, p. 51.

[295] AGNU, Rés. 1514 (XV) du 14 décembre 1960.

[296] L'article 3 de la Déclaration des Nations unies sur les droits des peuples autochtones proclame que : « *Les peuples autochtones ont le droit à l'autodétermination. En vertu de ce droit, ils déterminent librement leur statut politique et assurent librement leur développement économique, social et culturel.* » AGNU, Rés. 61/295, 13 septembre 2007.

[297] Lire KOHEN M., « Sur quelques vicissitudes du droit des peuples à disposer d'eux-mêmes », in *Mélanges Jean Salmon*, Bruxelles, Bruylant, 2007, pp. 972-973.

[298] Bien que les auteurs de cette expression ne fassent pas état de l'autodétermination. Voir PERELMAN C. et Van Der ELST R. (dir.), *Les notions à contenu variable en droit*, Bruxelles, Bruylant, 1984, 378 p.

[299] Dans le même sens, voir LACOREL S., « Le renouvellement du droit des peuples à l'autodétermination face aux changements environnementaux », in COURNIL, FAREGOULE (dir.), *Changements environnementaux globaux et droits de l'homme*, Bruxelles, Bruylant, 2012, pp. 554-575.

[300] DAILLIER P., PELLET A., FORTEAU M., *Droit international public*, Paris, L.G.D.J., 8e éd, 2009, p. 580.

souveraineté des peuples devait donc laisser place à la souveraineté des États, une fois le processus de décolonisation achevé. À l'origine, ainsi, il s'agit[301] d'un principe émancipateur de peuples colonisés, notamment africains. Il s'agit là de ce qui a été appelé l'autodétermination externe.

240. Toutefois, le droit des peuples à l'autodétermination n'est pas utile seulement dans l'hypothèse d'un État en devenir. Il présente également un intérêt dans l'hypothèse où un peuple voudrait affirmer ses droits contre son propre État. Dans cette perspective, l'effet utile du droit des peuples à disposer d'eux-mêmes (et de leurs ressources naturelles) n'est pas « purement transitoire ». Mieux, il ne peut être que continu, afin de conforter la mise en œuvre des droits des peuples à l'existence, au développement et à un environnement satisfaisant[302], parfois même contre leur État. Autrement dit, il s'agit d'affirmer l'existence d'un droit des peuples à l'autodétermination de façon durable, droit s'attachant à une minorité, et ne prévoyant aucun droit de sécession[303].

241. Cette orientation génère des imprécisions du point de vue fonctionnel.

2. Les imprécisions fonctionnelles

242. Le droit des peuples à disposer d'eux-mêmes a posé deux types d'incertitude : l'assimilation de ce droit à un droit à la sécession (a), et le droit d'exploitation direct des ressources naturelles par ces populations autochtones (b).

a) L'imprécision politique du droit de sécession des peuples autochtones

243. La reconnaissance du droit à l'autodétermination des peuples autochtones, ou droit des peuples à disposer d'eux-mêmes, ne souffre d'aucune contestation en droit international. C'est un principe consacré par une véritable chaîne normative, composée de nombreux textes conventionnels et résolutoires[304], ainsi que par la jurisprudence internationale[305].

---

301 Lire GONIDEC P.F., « Conflits internes et question nationale en Afrique : le droit à l'autodétermination », *African Journal of International and Comparative Law*, vol. 9, 1997, pp.543-572 ; CHRISTAKIS T., *Le droit à l'autodétermination en dehors des situations de décolonisation,* Paris, La Documentation française, 1999.

302 Ces droits sont proclamés dans différents instruments internationaux, contraignants ou non. Voir notamment la Charte africaine des droits de l'homme et des peuples autochtones adoptée par l'Assemblée générale le 13 septembre 2007. (Rés. 61/295).

303 Voir CORNTASSEL J., « Toward Sustainable Self-Determination: Rethinking the Contempory Indigenous- Rights Discourse », *Alternatives; Global, Local, Political*, vol. 33, 2008, pp. 105-132 .

304 V. notamment les articles 1 (2) et 55 de la Charte des Nations unies, la résolution 1514 (XV) du 16 décembre 1960, les deux pactes internationaux du 16 décembre 1966, la résolution 2621 (XXV) du 12 décembre 1970 sur le programme d'action pour l'application intégrale de la déclaration adoptée par la résolution 1514 (XV) précitée, la résolution 2625

244. Au regard de la Déclaration des Nations unies de 2007 sur les droits des peuples autochtones (art. 3), « *les peuples autochtones ont le droit à l'autodétermination. En vertu de ce droit, il détermine librement leur statut politique et assure librement leur développement économique, social et culturel* ». La question est dès lors de savoir si le fait, pour la communauté internationale, d'accorder la liberté aux peuples autochtones de déterminer leur statut politique constitue « un chèque en blanc » qui autoriserait la sécession. Les revendications des peuples autochtones sur les activités extractives ont parfois pour effet de relancer, dans les milieux autochtones, les revendications autonomistes, l'enjeu de ces revendications étant le contrôle, sinon la participation autochtone aux activités extractives. Les revendications liées à la souveraineté et à l'autodétermination sont les plus acerbes dans le sens où elles pourraient être porteuses de germes de sécession, avec pour enjeu implicite ou explicite le contrôle des ressources naturelles[306].

245. Ainsi en est-il par exemple de l'enclave de Cabinda en Angola, qui engloberait à elle toute seule 29% voire 70% de la production pétrolière du pays, ce qui fait dire que les velléités sécessionnistes dans ce pays sont essentiellement motivées par cet enjeu énergétique[307].

246. Ces revendications ne sont pas du goût des États, qui sont préoccupés par le respect de leur intégrité territoriale, et ainsi de leur pouvoir souverain sur l'entièreté des ressources naturelles, laquelle intégrité territoriale est préservée par plusieurs instruments internationaux, rappelés par une jurisprudence constante à ce propos. À l'échelle universelle, l'on peut citer l'article 2 §4 de la Charte des Nations unies du 26 juin 1945, par exemple, qui garantit le respect de la souveraineté internationale et l'intégrité territoriale. Dans la résolution 1514 (1960), au paragraphe 6, on peut lire que toute tentative visant à détruire partiellement ou totalement l'unité nationale et l'intégrité territoriale d'un pays est incompatible avec les buts et les principes de la Charte des Nations unies[308].

247. Au niveau régional africain, le principe est également très présent compte tenu des conditions particulières de constitution des États africains. La charte d'Addis-Abeba de 1963, constitutive de l'OUA, met l'accent sur

(XXV) du 26 octobre 1970, la résolution 36/103 du 9 décembre 1981, la Charte de l'OUA de 1963 (art. II, d), la Charte africaine des droits de l'homme et des peuples de 1981.

305 V. CIJ, *Affaire du Sud-Ouest africain*, avis consultatif du 21 juin 1971, Rec. 1971 ; *Affaire du Sahara occidental*, avis consultatif du 16 octobre 1976, Rec. 1975 ; *Affaire des activités militaires*, arrêt du 27 juin 1986, Rec. 1986 ; *Affaire du Timor oriental*, arrêt du 30 juin 1995, Rec. 1995.

306 Lire TCHAPMEGNI R., « Les nouvelles revendications foncières et l'activité extractive. Le cas de l'Arctique », in NGWANZA et LHUILLIER G. (dir.), *Le contentieux extractif*, ICC, 2015, pp.106-113.

307 Lire MAIA C. et KOLB R., *Le statut international de la province angolaise du Cabinda à la lumière du droit international public,* Pedone, 2015, pp. 212-213.

308 Ce thème est repris dans la résolution 1625 (1970) également.

l'intégrité territoriale des États membres[309]. Ensuite, dans une importante résolution du Caire de 1964, les États africains ont affirmé la primauté du principe de la stabilité des frontières héritées du colonisateur (*uti possidetis*) sur toute velléité d'autodétermination des peuples[310]. Ce même principe a été mis en exergue à nouveau lors du sommet d'Alger de 1999[311] et dans l'article 4, lettre b, de la Charte de la nouvelle organisation continentale, l'Union africaine[312].

248. Cet enjeu d'exclusivité de pouvoir souverain sur les ressources naturelles *via* la préservation de principe de l'intégrité territoriale a conduit à des aménagements normatifs tant en droit international que dans les droits nationaux, comme nous le verrons.

b) L'imprécision économique du droit d'exploitation des ressources naturelles par les peuples autochtones

249. Le droit conventionnel consacre le droit de jouissance des ressources naturelles par les populations autochtones. La convention 169 de l'Organisation internationale du travail (OIT), relative aux droits des peuples autochtones et tribaux, reconnaît en son article 14 le droit de propriété et de possession des autochtones des territoires qu'ils occupent traditionnellement, en invitant les États intéressés à reconnaître ces droits. Cet instrument juridique international leur reconnaît par ailleurs le droit aux ressources naturelles se trouvant sur leurs territoires. Ce droit comprend trois autres droits : le droit de participer à l'utilisation, celui de participer à la gestion et enfin le droit de participer à la conservation.

250. Ces droits sont repris quasi *in extenso* par l'article 26 de la Déclaration des Nations unies sur les droits des peuples autochtones de 2007, qui évoque, quant à elle, le droit à la terre et celui de contrôler les ressources qui s'y trouvent.

251. Face à ces développements importants du droit international, qui sont favorables aux peuples autochtones, la question centrale est de savoir comment s'exerce la conciliation entre le droit de propriété et de possession des autochtones sur leurs terres et ressources, d'un côté, et celui de la souveraineté des États sur ces mêmes terres, de l'autre.

---

309 Article 3 § 3.

310 Résolution AHG/16 (1) de la conférence des chefs d'État africains, qui réaffirme leur adhésion au principe de l'intégrité territoriale et déclare « *solennellement que tous les États membres s'engagent à respecter les frontières existant au moment où ils ont accédé à l'indépendance* ».

311 Trente-cinquième session ordinaire de la conférence de l'OUA, Doc. AHG/Décl. 1 (XXXV), p. 4 : « *Convaincus que le respect du principe d'intangibilité des frontières lors des indépendances a contribué de façon déterminante à la préservation de la paix et de la stabilité sur notre continent, nous réaffirmons sa validité et sa pérennité comme norme fondamentale applicable au traitement de différends frontaliers.* »

312 Cet article 4 indique : « *L'Union africaine fonctionne conformément aux principes suivants : (...) b) respect des frontières existant au moment de l'accession à l'indépendance.* »

252. Le droit international, qui a fait migrer le statut des autochtones d'objet en sujet, est la source qui devait résoudre ces ambiguïtés, ce qu'il fit avec une certaine complexité. En effet, l'ensemble des imprécisions ci-dessus évoquées constituaient un défi pour les États qui, dans la construction progressive des droits des populations autochtones, avaient marqué leur *imperium* quasi exclusif, en tant que producteurs de normes. Il était donc logique que cette dynamique soit consolidée par les clarifications nécessaires à l'applicabilité de cette norme universellement partagée.

§2. La complexité normative de l'aménagement du rapport entre l'État central et les peuples autochtones vis-à-vis des ressources naturelles

253. Deux sortes de clarification ont été faites par le droit international, en relation avec les problématiques relatives à l'introduction d'un nouvel acteur sur la scène internationale. Il a clarifié le rôle des acteurs potentiellement en conflit que sont l'État central et les populations autochtones (A), et décliné de nouveaux droits et devoirs accessoires au principe de souveraineté des États sur leurs ressources naturelles, par voie de conséquence (B).

A. La distribution des rôles des acteurs

254. La fonction essentielle du *soft law* est d'éviter la réticence des États quant aux obligations qui leur seraient imputables, en tant que destinataires principaux des normes internationales. L'adhésion aux normes souples du droit international, relatives aux populations autochtones, s'est faite à la fois dans le temps et par des supports normatifs divers et à force normative variable. Les imprécisions essentielles des notions importantes à ce droit en gestation devaient ainsi être levées. Vu la grande sensibilité de cette question au regard du principe de souveraineté des États sur leurs ressources naturelles, les États ont maintenu leur autorité en tant que producteurs des normes précisant le sens à donner à ces notions importantes. Comme il était prévisible, les États ont consolidé leur exclusivité dans la détention du pouvoir de souveraineté sur leurs ressources naturelles (1), tandis que les populations autochtones ont été désignées comme bénéficiaires de ce pouvoir, le cas échéant (2).

1. L'État central comme titulaire consolidé du pouvoir de souveraineté sur les ressources naturelles

255. Avant d'accéder à l'indépendance, le peuple d'un territoire non autonome cumule le droit de disposer librement de ses ressources naturelles et la souveraineté permanente sur ces ressources. Comme l'indique le professeur Crawford, « *even if, as I suspect, the question of permanent* *sovereignty in relation to independent States is a right of States rather than peoples, in the context of colonial self - determination it seems clearly to be a peoples' right* »[313]. Cette interprétation est confirmée par les multiples résolutions de l'Assemblée générale, relatives à la souveraineté permanente du peuple sahraoui sur les ressources pétrolières, minières et halieutiques du Sahara occidental, considéré comme un territoire non autonome[314].

256. Ainsi, en dehors du cas spécifique des peuples colonisés, les concepts de libre disposition et de souveraineté permanente sont distincts, bien qu'inévitablement liés, et relèvent de titulaires différents. Ceci explique dans une large mesure que les résolutions de l'Assemblée générale, adoptées à partir du milieu des années 1960, alors que le processus de décolonisation était en cours, ne fassent plus référence qu'à la souveraineté permanente des États, laissant aux peuples le droit de disposer librement de leurs ressources naturelles[315].

257. Cette dichotomie est désormais reprise de manière quasi unanime par la doctrine[316]. De fait, dans l'hypothèse où un peuple est constitué en État, les principes d'autodétermination ne s'éteignent pas dans la souveraineté, pas plus que le peuple ne disparaît dans l'État. Dès lors, à l'instar du professeur Rosenberg, il faut clairement distinguer « *les contours de la fonction respective des entités peuples et États au sein du [principe de la souveraineté permanente des ressources naturelles] : aux premiers le droit incessible de jouir de leurs ressources et, sur cette base fondamentale, aux seconds le droit souverain de mettre en œuvre le principe conformément à leurs intérêts nationaux* »[317].

258. Les peuples auraient donc la jouissance du droit à l'autodétermination économique, tandis que les États en auraient l'exercice, par le biais de la souveraineté sur leurs ressources naturelles. Il y aurait donc un « *dédoublement fonctionnel de l'entité peuple : intégré à l'État qui exerce le droit de libre disposition, [le peuple] reste titulaire de ce droit en raison de sa préexistence comme sujet de droit international* »[318].

259. Cette analyse semble pouvoir s'appliquer, enfin, à la situation des peuples autochtones. Il est vrai que les droits reconnus aux peuples

---

313 CRAWFORD I., « The Rights of peoples: some conclusions », in CRAWFORD (Ed), *The rights of peoples*, Oxford University Press, 1992, p. 171.

314 Voir AGNU. Rés. 3458 (XXX) du 10 décembre 1975, « Question du Sahara espagnol ».

315 Voir notamment les résolutions suivantes : 2158 (XXI) du 25 novembre 1966, §1 ; 3201 (S-VI) du 1er mai 1974, § 4-e ; 3016 (XXVII) du 18 décembre 1972, §1 ; 3171 (XXVIII) du 17 décembre 1973, §1 ; 3281 (XXIX) du 12 décembre 1974, art. 2 ; 34/201 du 19 décembre 1979, préamb ; 35/7 du 30 octobre 1980, préamb.

316 En ce sens, voir ROSENBERG D., *Le principe de souveraineté des États sur leurs ressources naturelles*, *op. cit.*

317 ROSENBERG D., « Article 21 §1 », in KAMTO (dir.), *La Charte africaine des droits de l'homme et des peuples et le protocole y relatif portant création de la Cour africaine des droits de l'homme et des peuples. Commentaire article par article,* Bruxelles, Bruylant, 2011, p. 523.

318 ROSENBERG D., *op. cit.*, p. 528.

autochtones par les conventions et les résolutions internationales relèvent de l'autodétermination interne, dans la mesure où l'exercice de ces droits ne saurait avoir *« pour effet de détruire ou d'amoindrir, totalement ou partiellement, l'intégrité territoriale ou l'unité politique d'un État souverain et indépendant »*[319].

260. L'examen de la situation des différents peuples désormais reconnus comme tels par le droit international permet donc d'apporter une première réponse à la controverse relative au titulaire des droits sur les ressources naturelles.

2. Les peuples autochtones comme bénéficiaires du pouvoir souverain

261. À l'analyse, si la souveraineté des États sur les ressources naturelles semble acquise en droit international, la question n'est pas pour autant entièrement résolue, d'autant que cette souveraineté doit s'exercer dans l'intérêt du développement national et du bien-être de la population intéressée, c'est-à-dire dans l'intérêt du développement et du bien-être des peuples autochtones.

262. En effet, dans une sorte de distribution de rôle, le droit international contemporain permet de s'intéresser non plus au titulaire de ces droits, mais à leurs bénéficiaires[320]. Les textes internationaux à ce sujet sont concordants. La deuxième phrase de l'article 21 §1 de la Charte africaine des droits de l'homme et des peuples affirme par exemple que « *ce droit [des peuples de disposer librement de leurs richesses et de leurs ressources naturelles] s'exerce dans l'intérêt exclusif des populations* ». Dans le même sens, la résolution 1803 de l'Assemblée générale des Nations unies, relative aux peuples colonisés, indique que le « *droit de souveraineté permanente des peuples et des nations sur leurs ressources naturelles doit s'exercer dans l'intérêt du développement national et du bien-être de la population de l'État intéressé* »[321].

263. Du reste, s'agissant des peuples des territoires colonisés ou non autonomes, l'Assemblée générale établit une distinction entre les activités économiques préjudiciables aux habitants de ces territoires et celles déployées dans leurs intérêts.

264. Les premières sont considérées comme des violations des obligations résultant de la Charte des Nations unies, dans la mesure où elles privent les peuples concernés de leur droit de disposer de leurs ressources naturelles. En revanche, l'Assemblée générale « *affirme la valeur des investissements économiques étrangers entrepris en collaboration avec les populations des territoires non autonomes et conformément à leurs vœux*

---

[319] Déclaration des Nations unies sur les droits des peuples autochtones, art. 46 §1.

[320] Lire LAVOREL S., « Exploitation des ressources naturelles et droit des peuples à l'autodétermination », in AILINCAI et LAROVEL, *Exploitation des ressources naturelles et protection des droits de l'homme,* Paris, Pedone, 2013, p. 42.

[321] AGNU, rés. 1803 (XVII), 14 décembre 1962.

afin d'apporter une contribution valable au développement socio-économique des territoires »[322]. Cette distinction entre les investissements effectués dans l'intérêt de la population et ceux réalisés à son détriment se retrouve également dans la jurisprudence internationale relative aux peuples autochtones, comme dans celle relative aux peuples sous occupation étrangère.

265. Ainsi, quel que soit le titulaire de la souveraineté permanente sur les ressources naturelles, l'exploitation de ces ressources par un État (qu'il s'agisse de l'État territorial, de l'État occupant ou de l'État investisseur) n'est conforme au droit international qu'à condition que cette exploitation soit réalisée au profit du peuple concerné, d'une part, et en vue de son développement, d'autre part.

266. Par la voie de leurs dirigeants politiques, les autochtones de l'Arctique, par exemple, affirment qu'ils ne s'opposent pas au développement des ressources naturelles en Arctique, mais qu'ils essayent simplement d'avoir un contrôle sur les activités qui se déroulent dans leur « arrière-cour », s'agissant de l'exploration et de l'exploitation des hydrocarbures et des gisements miniers qui prolifèrent sur leur territoire[323].

267. Cette clarification des rôles des différents acteurs a mécaniquement conduit à la redéfinition de leurs responsabilités respectives.

B. La redéfinition de la responsabilité des acteurs

268. En tant que titulaires exclusifs du pouvoir souverain sur les ressources naturelles, les États sont tenus, au regard du droit des peuples à disposer d'eux-mêmes, d'exercer ce pouvoir de façon à en tenir compte. Autrement dit, la clarification des rôles en faveur des États est complétée par une densification de leur responsabilité (1). Dans le même temps, une limite essentielle à ce droit est édictée par le droit international, contribuant à l'aménagement des champs de compétence entre deux acteurs appelés à coexister et à partager des ressources naturelles (2).

1. La responsabilité aménagée des États vis-à-vis des populations autochtones

269. Le droit des peuples à disposer d'eux-mêmes impose aux États des obligations vis-à-vis de ces populations, conséquences logiques du pouvoir

---

322 AGNU, rés. 50/33 du 9 février 1996. Activités des intérêts étrangers, économiques et autres, qui font obstacle à l'application de la déclaration sur l'octroi de l'indépendance aux pays et aux peuples coloniaux dans les territoires se trouvant sous domination coloniale, §2. Cette position a été confirmée par l'Assemblée générale dans toutes les résolutions annuelles ultérieures relatives aux activités économiques préjudiciables aux intérêts des peuples des territoires non autonomes (pour les dernières, voir rés. 64/98 du 10 décembre 2009, rés. 65/109 du 10 décembre 2010 et rés. 66/83 du 9 décembre 2011).

323 Lire TCHAPMEGNI R., « Les nouvelles revendications foncières et l'activité extractive. Le cas de l'Arctique », in NGWANZA et LHUILLIER (dir.), *Le contentieux extractif*, *op. cit.*

exclusif qu'ils ont d'exercer la souveraineté sur les ressources naturelles. Il s'agit ici clairement d'une approche relationiste du droit, intégrant les États souverains, les populations autochtones, les ressources naturelles dans un même espace, et unis par un lien de droit précis[324].

270. Dès lors, la doctrine a pu, non sans une légère complexité, concevoir un rapport à la fois différent et complémentaire entre les États et les populations autochtones, visant à préserver les principes fondamentaux encadrant les deux institutions. C'est ainsi que la souveraineté permanente doit s'entendre comme la mise en œuvre par l'État de sa compétence territoriale pour régir le statut des ressources naturelles se trouvant sur son territoire : l'État peut déterminer souverainement le(s) régime(s) de propriété, les modalités d'accès et le(s) mode(s) d'exploitation de ses ressources naturelles. Pour le professeur Combacau, la souveraineté permanente désigne *« le droit, exclusif et complet, qu'a l'État d'user de l'ensemble de ses compétences, dans les limites habituellement reconnues par le droit international, pour régir leur statut [celui des ressources naturelles] et celui de leur exploitation »*[325]. La souveraineté dépasse donc la propriété, en ce qu'elle implique un droit de disposition, de gestion, de contrôle et de réglementation s'imposant au propriétaire même de la ressource.

271. Ainsi a-t-il été établi une distinction *dominium - imperium*, qui permet de résoudre la question du droit des États sur leurs ressources naturelles. Par contre, demeure la question de l'interprétation à donner à l'expression « droit de disposer », qui renvoie à la notion d'*abusus*. En ce sens, un peuple pourrait vendre ou même détruire ses ressources naturelles, sans pour autant les utiliser (*usus*) ni en percevoir les fruits (*fructus*). Le peuple serait alors le nu- propriétaire de ses ressources naturelles.

272. Une telle interprétation paraît à l'évidence trop restrictive et ne correspond pas à la lettre des textes internationaux. Le Pacte international relatif aux droits économiques, sociaux et culturels (PIDESC) précise en effet, en son article 25, qu'« *aucune disposition du présent Pacte ne sera interprétée comme portant atteinte au droit inhérent de tous les peuples à profiter et à user pleinement et librement de leurs richesses et ressources naturelles* », attribuant ainsi aux peuples *usus* et *fructus*. Le droit de libre disposition constitue donc un droit réel complet, qui semble toutefois se distinguer du droit de propriété.

273. Ainsi, le droit d'un peuple de disposer librement de ses ressources naturelles se présente comme un droit-condition, dont la réalisation est nécessaire pour que le peuple concerné puisse effectivement exercer d'autres droits tels que les droits à l'existence, au développement (durable) ou à un environnement sain. Dès lors, l'État central est désigné en créancier de

---

[324] Voir *infra,* deuxième partie sur le monisme relationiste du droit des hydrocarbures.

[325] COMBACAU J., « La crise de l'énergie au regard du droit international », in *SFDI, La crise de l'énergie et le droit international,* Actes du colloque de Caen, Pedone, 1976, p. 21.

diligences avec une obligation de moyens, visant à assurer le développement économique des populations autochtones dont il est responsable.

274. Pour autant, le droit d'un peuple aux ressources naturelles n'empêche aucunement l'État territorial d'accorder des concessions à des investisseurs privés pour l'exploitation de ressources pétrolières, compétence au demeurant souvent constitutionnellement protégée, comme en Angola. Mais, il importe que ces restrictions au droit de libre disposition soient « *établies par la loi, dans la seule mesure compatible avec la nature de [ce droit] et exclusivement en vue de favoriser le bien-être général dans une société démocratique* »[326].

Dans le même sens, le droit des autochtones a été circonscrit.

2. L'hostilité réaffirmée au droit à la sécession des peuples autochtones

275. L'hostilité affirmée dans le droit international universel trouve un regain de densité dans le droit régional africain. Certes, « *la Déclaration n'accorde pas aux autochtones des droits spéciaux au regard de l'autodétermination extérieure* »[327], mais l'artificialité particulière des frontières héritées de la colonisation, tout comme la multitude des groupes ethniques divers éparpillés à travers l'Afrique, « *donne à la sécession l'aura d'une menace permanente* »[328].

276. Les nombreuses sources internationales et régionales récusant toute initiative de nature à porter atteinte partiellement ou totalement à l'unité nationale ou à l'intégrité territoriale d'un pays, car incompatible avec les buts et la Charte des Nations unies, ont été maintes fois mobilisées par la jurisprudence tant internationale que régionale.

277. Au Cameroun par exemple, dans l'affaire *Kevin Mgwanga Gunme et Al. c/Cameroun*, fut clairement posée la question du droit à l'autodétermination des populations du Cameroun du Sud. Plusieurs articles de la Charte africaine des droits de l'homme et des peuples étaient présentés comme ayant été violés par le Cameroun. La principale allégation des plaignants était celle de la violation du droit à l'autodétermination. La Commission africaine des droits de l'homme et des peuples, ou Commission de Banjul, dans une décision particulièrement dense, et dans une posture de principe, énonce alors : « *La Commission note que la République du Cameroun est partie à l'Acte constitutif (et était partie à la Charte de l'OUA) ; elle est également partie à la Charte africaine des droits de*

[326] Art. 4 du PIDESC. Dans le même esprit, la Commission africaine de la Cour interaméricaine des droits de l'homme indique qu'un État ne peut limiter les droits des peuples autochtones sur leurs terres et leurs ressources naturelles que si ces territoires sont nécessaires, proportionnels à un objectif légitime et ne mettant pas en danger la survie du peuple concerné.

[327] Lire ANAYA J., *International Human Rights and Indigenious Peoples*, Aspen Publishers, 2009.

[328] MAIA C. et KOLB R., *Le statut international de la province angolaise du Cabinda à la lumière du droit international public, op. cit.*, p. 148.

l'homme et des peuples. La Commission est donc dans l'obligation de faire respecter l'intégrité territoriale de l'État défendeur. Il est donc hors de question que la Commission envisage une forme d'autodétermination pour le Cameroun du Sud qui compromettrait l'intégrité territoriale de la République du Cameroun. »[329] Au paragraphe suivant, elle ajoute que « *la sécession n'est pas le seul moyen d'exercer le droit à l'autodétermination. La Charte africaine ne peut pas être invoquée par un plaignant pour menacer la souveraineté et l'intégrité territoriale d'un État partie* ».

278. Cette décision concentre toutes les caractéristiques de cette norme de droit international. Les juges se basent à la fois sur le caractère impératif de la norme relative à la préservation de l'intégrité territoriale, réitérée par plusieurs actes juridiques internationaux. Ensuite, elle consacre l'idée d'une relation non mécanique (mais possible) entre le droit à l'autodétermination et la sécession. En somme, la sécession s'avère être une exception, voire une anomalie juridique qui ne serait validée que dans des cas exceptionnels. En clair, le droit à l'autodétermination, en tant que droit, ne conduit pas nécessairement, voire pas idéalement, à la sécession.

279. À partir de ce moment, la jouissance des ressources naturelles par les populations autochtones doit trouver en l'État souverain à la fois le cadre et le moyen de leur exercice, conduisant à leur bien-être.

CONCLUSION DU CHAPITRE I

280. Les enjeux entourant l'exploitation des hydrocarbures dès l'origine ont conduit le droit international, dans sa fonction essentielle de préservation de la paix, à prendre en charge la question de la compétence territoriale des États sur les gisements pétroliers et gaziers. Si le droit conventionnel prime sur les autres sources de droit en la matière, la jurisprudence internationale, tant par ses règles explicites que par son silence qualifié, ainsi que la coutume, ont permis de mettre en exergue la force normative des hydrocarbures.

281. Notre hypothèse sur le monopole de l'État dans la production, la qualification du droit des hydrocarbures en matière internationale connaît ici une conclusion provisoire fertile. Plusieurs règles ont été directement édictées par la volonté des États de les singulariser du régime général des ressources du sous-sol, mais avec trois variantes essentielles. Nous identifions un monisme classique ou absolu s'agissant de la définition des règles territoriales, notamment dans la construction progressive du régime des ZEE, où les États veillent à préserver leur totale souveraineté sur les ressources naturelles. En revanche, nous identifions un monisme étatique de

---

[329] *Affaire n°266/2003, Kevin Mgwanga Gunme et Al. c/Cameroun*, Doc. Ex. CL/529 (XV), 26e rapport d'activités de la Commission africaine des droits de l'homme et des peuples, 2009, paragraphe 190.

type interactionniste, où la norme « *est discutée et acceptée par les parties autonomes qui s'en servent pour guider leur action* »[330]. Cela est le cas en ce qui concerne les règles clarifiant le pouvoir économique des États sur leurs ressources naturelles, qui, dès le départ, à partir des affaires du pétrole du Mexique, intègrent le principe d'indemnisation des entreprises privées étrangères en cas de dépossession. Enfin, nous avons identifié le monisme de type relationiste, avec les clarifications normatives relatives au titulaire du pouvoir de souveraineté sur les ressources naturelles. Les États sont considérés comme les créanciers de ce pouvoir et les populations autochtones comme les débitrices, « *les uns n'existant pas sans les autres et sans le rapport qui les unit* »[331].

282. Ces différents monismes confirment d'autant la centralité des États dans la production et la qualification des normes en droit des hydrocarbures en Afrique. Ces différentes figures du monisme juridique permettent de décliner les normes du droit international qui, cette fois, limitent les pouvoirs énergétiques des États avec plus de ressorts doctrinaux, ce que nous avons appelé la souveraineté négative des États.

---

330 JEULAND E. et CHAMPAIN L., « Interactionnisme et norme, approche juridique », in JEULAND E. et PICAVET E., *Interactionnisme et norme. Approche pluridisciplinaire*, *op. cit.*, p. 15.

331 MOIROUD C., citée par ROCHFELD J., « Les nouveaux rapports de droit : éléments de synthèse », in JEULAND E. et MESSAI-BAHRI S., *Les nouveaux rapports de droit*, IRJS Éditions, 2013, p. 239.

CHAPITRE II

LE DROIT INTERNATIONAL, DROIT DE LA SOUVERAINETÉ NÉGATIVE DES ÉTATS

283. Deux centres d'intérêts ont progressivement fait l'objet de régulation internationale en matière d'hydrocarbures, contribuant à la limitation ou la réduction du pouvoir énergétique des États : l'environnement, d'une part, et les rapports entre les États propriétaires des ressources naturelles et les investisseurs privés étrangers, d'autre part.

284. La société internationale étant principalement constituée des États comme sujets, ces derniers sont potentiellement les producteurs et les destinataires des normes dans cet ordre juridique. Notre hypothèse de départ est qu'en matière d'hydrocarbures, le monopole étatique dans la production et la qualification des normes juridiques est observable, vu les enjeux entourant ces ressources particulières pour ces États. Toutefois, à ce stade de l'étude, ce monopole est caractérisé par la multiplicité de ses figures. Il s'agit soit d'un monisme étatique classique, soit d'un monisme étatique interactionniste, soit d'un moniste relationiste. Il s'agit alors de s'interroger à présent, tout en maintenant l'hypothèse de base, sur le type de monisme concernant le droit international de l'environnement des hydrocarbures, d'une part (Section I), et le droit international économique, d'autre part (Section II).

SECTION I. LE DROIT INTERNATIONAL DE L'ENVIRONNEMENT DES HYDROCARBURES : LA RÉGULATION PAR LES NORMES SOUPLES

285. Pour Michel Prieur, « *le droit de l'environnement a pour but la protection de la nature et des ressources, la lutte contre les pollutions et les nuisances et l'amélioration de la qualité de la vie et de la santé publique* »[332]. Dans la perspective d'étude qui est la nôtre, cette définition ne

[332] *Droit de l'environnement*, Dalloz, 2004, p. 8. Pour M. Despax, « *le droit de l'environnement a pour objet de supprimer ou de limiter l'impact des activités humaines sur les éléments ou les milieux naturels* » : *Droit de l'environnement*, Litec, 1980, p. IX et p. 8.

nous semble pas opérante. Elle donne comme objectif (la protection de la nature) un facteur qui peut être considéré comme une contrainte, dans le cadre d'une activité plus large, l'exploitation des hydrocarbures. Autrement dit, nous pensons que l'environnement doit être considéré comme un élément à prendre en compte dans le cadre de l'exercice du pouvoir énergétique, et que, par conséquent, les normes y relatives peuvent s'expliquer par le prisme du monisme relationiste précédemment observé dans le cadre de la définition du pouvoir personnel des États[333]. De plus, vu le rôle fondamental joué par la société civile dans l'élaboration du droit de l'environnement[334], l'on peut également anticiper un monisme de type interactionniste, tel qu'il se déploie en matière de pouvoir économique des États[335]. En effet, « *on associe généralement la création et la mise en œuvre du droit de l'environnement à l'action des associations environnementales et des individus* ». Mieux, « *ce droit présente la particularité d'être élaboré avec l'intervention d'autres participants que les titulaires du pouvoir normatif que sont les États ou les législateurs nationaux* »[336]. Dès lors, l'une des caractéristiques essentielles de l'interactionnisme juridique, entendu comme « *action à plusieurs* »[337], sera considérée comme une donnée acquise, sauf précision contraire.

286. Par contre, une caractéristique importante et supplémentaire de l'interactionnisme juridique nous semble devoir faire l'objet de démonstration en droit international de l'environnement relatif aux hydrocarbures : c'est l'adhésion de ses destinataires. Selon Jutta Brunnée et Toope, en effet, « *social norms can only emerge when they are rooted in an underlying set of shared understandings supporting first the need for normativity, and then particular norms intended to shape behaviour* »[338]. Dès lors, nous prenons l'option de décliner le droit international de l'environnement en matière d'hydrocarbures dans sa substance, en posant qu'il est le résultat conjugué de l'action normative des États et de la société civile, mais surtout qu'il se construit sur la base d'une adhésion de l'ensemble des acteurs, permettant alors son extension planétaire progressive.

287. Ce droit comprend d'importantes sources internationales et communautaires, et cette diversité des sources entraîne une diversité de leur accueil et de leur réception, par-delà la convergence essentielle de ses grands

---

[333] Voir *supra,* Chap. I, Section II, « Droit de détermination du pouvoir personnel des États ».

[334] POMADE A., *La société civile et le droit de l'environnement. Contribution à la réflexion sur les théories des sources du droit et de la validité*, L.G.D.J., 2010.

[335] Voir *supra,* Chap. I, Section I, « Droit de la souveraineté économique des États ».

[336] POMADE A., *La société civile et le droit de l'environnement. Contribution à la réflexion sur les théories des sources du droit et de la validité*, *op. cit.*, p. 28.

[337] JEULAND E. et CHAMPAIN L., « Interactionnisme et norme, approche juridique », in JEULAND et PICAVET, *Interactionnisme et norme. Approche pluridisciplinaire*, *op. cit.*, p. 14.

[338] BRUNNÉE J. et TOOPE STEPHEN J., *Legitimacy and legality in international law an interactional account*, *op. cit.*, p. 350.

principes à l'échelle planétaire[339]. L'on peut constater que les mécanismes de limitation de la souveraineté des États en matière environnementale se structurent autour de normes souples (§1), qui font ensuite l'objet d'appropriation quasi mimétique en droit des hydrocarbures (§2).

§1. La structuration binaire des normes environnementales à l'échelle universelle : le noyau normatif

288. Les activités relatives à l'exploration et à la production des hydrocarbures sont particulièrement préjudiciables à l'environnement, de plusieurs manières. La pollution maritime par les hydrocarbures peut provenir de l'exploitation pétrolière en mer, qui comprend aussi bien l'exploitation du plateau continental que le transport des hydrocarbures. Dans le premier aspect, il y a le risque de pollution pour mauvais fonctionnement de l'engin de forage ou d'une plate-forme pétrolière, et celui qui peut résulter d'un dysfonctionnement de pipelines posés sur le plateau continental. Le second aspect concerne la pollution provenant de rejets accidentels ou opérationnels liés à la navigation, et enfin pouvons-nous évoquer la problématique du démantèlement des sites pétroliers et gaziers. Le monisme interactionniste que nous postulons ici doit être vérifiable dans l'appréciation de l'extension des normes internationales concernées, elle-même largement déterminée par l'adhésion (*shared understandings*) des États aux principes de base alors édictés. Nous nous rendrons compte que la démonstration sera facilitée par le rythme et le mode d'édiction des normes en la matière. Les mécanismes de limitation de la souveraineté des États en matière environnementale s'articulent en effet autour du noyau central constitué par les principes généraux du droit de l'environnement (A), mais aussi de standards divers (B).

A. Le noyau central : les principes généraux du droit de l'environnement

289. La plupart des règles internationales qui envisagent de manière générale la pollution dérivant de l'exploitation des fonds marins appliquent à ce type de pollution un principe plus général. Il s'agit du principe dont l'origine peut être indiquée dans la déclaration de Stockholm de 1972 sur l'environnement humain, et qu'on retrouve dans plusieurs instruments internationaux plus récents, d'après lequel « *les États ont l'obligation de protéger et de préserver le milieu marin* ».

---

339 Pour les mécanismes techniques, jurisprudentiels et langagiers contribuant à la convergence en droit de l'environnement, lire BERTONCINI F., « La mondialisation du droit de l'environnement autour du concept d'équilibre écologique », *in* MORAND DEVILLER, BENICHOT (dir.), *Mondialisation et globalisation des concepts juridiques : l'exemple du droit de l'environnement,* IRJS Éditions, 2010, pp. 53-74.

290. Au regard du monisme étatique, ici de type interactionniste, nous observerons que le modèle normatif emprunté (le *soft law*) est favorable à sa vérification, les États devant, par tactique ou résignation, marquer leur adhésion aux idéaux ainsi proclamés.

291. Au-delà des principes de nature inspiratoire (1), se distinguent ensuite des principes directeurs (2), tous contribuant à la consolidation du droit coutumier de l'environnement marin.

1. Les principes généraux de type inspiratoire

292. La conférence de Stockholm sur l'environnement de 1972 et la conférence de Rio de Janeiro sur l'environnement et le développement de 1992 sont deux grands sommets qui ont révolutionné le droit international de l'environnement, en ce sens qu'elles ont généré le substrat devant le dynamiser et lui permettre de gérer les défis environnementaux du monde contemporain, tels que le réchauffement de la planète, les changements climatiques, les catastrophes industrielles, l'érosion des littoraux, les pollutions de divers ordres et la pollution des mers par les hydrocarbures, en particulier.

293. D'abord, la première a jeté les bases du droit international de l'environnement à travers les principes de sa déclaration sur l'environnement, qui posent des règles d'importance fondamentale, et son plan d'action pour l'environnement, formé de résolutions qui dégagent en quelque sorte les méthodes de mise en œuvre de la protection de l'environnement[340]. L'option des États, ici, est alors de procéder par la voie du droit souple, le droit de l'environnement étant le terreau de prédilection de ce mode de régulation normative, tel que décrit par le Conseil d'État français en 2013[341].

294. Il s'agit précisément du principe de précaution (a), du principe pollueur-payeur (b), et enfin du principe de prévention (c).

a) Le principe de précaution

295. Le principe 15 de la déclaration de Rio établit que « *pour protéger l'environnement, des mesures de précaution doivent être largement appliquées par les États selon leurs capacités. En cas de risque de dommages graves ou irréversibles, l'absence de certitude scientifique absolue ne doit pas servir de prétexte pour remettre à plus tard l'adoption de mesures effectives visant à prévenir la dégradation de l'environnement* ». Il s'agit là d'une version obligatoire du principe, interdisant la possibilité pour les États d'utiliser une situation d'incertitude scientifique pour différer des actions en faveur de l'environnement.

---

[340] KISS A. et BEURIER J.-P., *Droit international de l'environnement*, Paris, Pedone, 2004, pp. 33 et s.

[341] CE, *Le droit souple*, Étude annuelle 2013, Paris, La Documentation française, pp. 89-90.

296. Le principe 21 de la déclaration susmentionnée dispose déjà, à la charge des puissances souveraines, que « *conformément à la Charte des Nations unies et aux principes du droit international, les États ont le droit souverain d'exploiter leurs propres ressources selon leur politique d'environnement et ils ont le devoir de faire en sorte que les activités exercées dans les limites de leur juridiction ou sous leur contrôle ne causent pas de dommages à l'environnement dans d'autres États ou dans des régions ne relevant d'aucune juridiction nationale* »[342].

297. Ce principe de précaution sera ensuite codifié dans la conférence des Nations unies de Montego Bay (CNUDM), quoique cette dernière ne soit pas un traité environnemental. L'article 206 dispose que : « *Lorsque des États ont de sérieuses raisons de penser que des activités envisagées relevant de leur juridiction ou de leur contrôle risquent d'entraîner une pollution importante ou des modifications considérables et nuisibles du milieu marin, ils évaluent, dans la mesure du possible, les effets potentiels de ces activités sur ce milieu et rendent compte des résultats de ces évaluations de la manière prévue à l'article 205* ». La doctrine fait alors remarquer que « *l'expression "de sérieuses raisons" introduit un élément de discrétionnalité dans l'obligation contenue à l'article 206, quant à son exercice, et peut, en effet, miner son efficacité. Les termes "dans la mesure du possible" renforcent cette discrétionnalité.* »[343]

298. La conférence de Rio de Janeiro fait suite à une importante prise en compte, par l'ensemble de la communauté internationale, des questions intéressant l'environnement. Elle s'est traduite par une série d'évolutions aussi bien juridiques qu'institutionnelles. La déclaration de Rio reflète de façon générale l'intégration de la protection de l'environnement dans le processus du développement et contribue au renforcement des principes généraux du droit international de l'environnement. Elle consacre à son tour, en son principe 2, le principe 21 de la déclaration de Stockholm, objet de l'article 193 de la CNUDM qui fait aux États une obligation générale de protéger et de préserver l'environnement marin, qu'il s'agisse ou non de la zone sous juridiction.

299. En vertu du principe de précaution, des mesures de prévention doivent être prises lorsqu'il est légitime de craindre que certaines activités humaines puissent entraîner des risques pour la santé de l'homme, nuire aux ressources écologiques et aux écosystèmes marins, ou entraver d'autres utilisations légitimes de la mer, même si le lien de causalité entre les activités et les effets n'a pas été strictement prouvé. L'absence de preuve scientifique complète ne doit pas entraver la protection de l'environnement

---

342 *Ibid.*, p. 33.

343 TREVISANUT S., « La Convention des Nations unies sur le droit de la mer et le droit de l'environnement : développement intrasystémique et renvoi intersystémique », in *La circulation des concepts juridiques : le droit international de l'environnement entre mondialisation et fragmentation*, RUIZ FABRI, GRADONI (dir.), Société de législation comparée, 2009, p. 404.

marin. Le principe de précaution prévoit que retarder les mesures de protection serait au final plus coûteux sur le long terme, tant pour l'entreprise que pour la nature, et serait susceptible de compromettre les besoins des générations futures[344].

300. Il s'agit d'un principe central dans le dispositif de protection de l'environnement, et particulièrement pour les activités énergétiques, tout comme le principe pollueur-payeur, né pratiquement en même temps que le principe de précaution.

b) Le principe pollueur-payeur

301. Le principe pollueur-payeur a été défini pour la première fois par l'OCDE, dans la recommandation du Conseil du 26 mai 1972. L'OCDE se prononce en faveur d'un principe à appliquer afin de « *favoriser l'imputation des coûts des mesures de prévention et de lutte contre la pollution, principe qui favorise l'emploi rationnel des ressources limitées de l'environnement tout en évitant des distorsions dans le commerce et les investissements internationaux* »[345]. Par contre, la doctrine s'accorde pour reconnaître que ce principe a été, pour la première fois, consacré comme principe général du droit international de l'environnement par la Déclaration sur le développement et l'environnement de Rio (1992)[346].

302. C'est le seizième principe qui énonce que : *« Les autorités nationales devraient s'efforcer de promouvoir l'internalisation des coûts de protection de l'environnement et l'utilisation d'instruments économiques, en vertu du principe selon lequel c'est le pollueur qui doit, en principe, assumer le coût de la pollution, dans le souci de l'intérêt public et sans fausser le jeu du commerce international et de l'investissement. »*

303. Deux différences sont alors notables par rapport à l'énoncé de l'OCDE :

– La mention de l'obligation d'assumer ce coût, *« en principe »*, fait implicitement place à des exceptions à cette règle.

---

[344] L'article 2 (2) (A) de la Convention pour la protection du milieu marin de l'Atlantique du Nord-Est, ou convention OSPAR (OSPAR pour « Oslo-Paris »), dispose que : *« Le principe de précaution [est celui] selon lequel des mesures de prévention doivent être prises lorsqu'il y a des motifs raisonnables de s'inquiéter du fait que des substances ou de l'énergie introduites, directement ou indirectement, dans le milieu marin, puissent entraîner des risques pour la santé de l'homme, nuire aux ressources biologiques et aux écosystèmes marins, porter atteinte aux valeurs d'agrément ou entraver d'autres utilisations légitimes de la mer, même s'il n'y a pas de preuve concluante d'un rapport de causalité entre les apports et les effets. »*

[345] Recommandation du Conseil sur les principes directeurs relatifs aux aspects économiques des politiques de l'environnement sur le plan international, adoptée par le Conseil à sa 293e séance le 26 mai 1972. *Le principe pollueur-payeur*, Paris, OCDE, 1975, pp. 9-12.

[346] Annexe I du rapport de la conférence des Nations unies sur l'environnement et le développement, qui s'est tenue à Rio de Janeiro du 3 au 14 juin 1992.

– La déclaration ne fait pas référence, à la différence de l'OCDE, à l'objectif à atteindre, qui est celui d'un *état acceptable de l'environnement*. La déclaration se contente de faire référence aux *coûts de la pollution*.

304. Même si la doctrine a pu affirmer que la prise en compte des intérêts concurrents que sont la protection de l'environnement et le développement économique est commune à ces deux sources différentes, il apparaît néanmoins que les énoncés juridiques sont de densités variables. La déclaration de Rio est moins conciliante que la prescription de l'OCDE.

305. Le principe de pollueur-payeur est l'un des principes de la Convention pour la protection du milieu marin de l'Atlantique du Nord-Est, ou convention OSPAR (OSPAR pour « Oslo-Paris »), qui définit les modalités de la coopération internationale pour la protection du milieu marin de l'Atlantique du Nord-Est[347]. Elle exige que les frais résultant des mesures de prévention, de réduction de la pollution et de lutte contre celle-ci soient encourus par le pollueur[348].

306. L'on constate alors ici une répétition des énoncés normatifs relative aux principes de prévention et de précaution, répétition qui contribue à la fois à leur irradiation normative et à leur force normative. En effet, « *la quantité n'est pas sans lien avec l'importance du degré de la force normative car elle peut conduire à la reconnaissance de nouvelles sources plus contraignantes. (...) leur répétition conduirait, au niveau international (...), à la reconnaissance de principes normatifs, c'est-à-dire plus contraignants (...)* »[349]. Le lien indissociable entre la CNUDM et les obligations découlant d'autres conventions est exprimé à sa partie XII, qui précise qu'elle n'affecte pas les obligations particulières qui incombent aux États en vertu des conventions et accords spécifiques conclus antérieurement en matière de protection et de préservation du milieu marin, ni les accords qui peuvent être conclus en application de ses principes généraux[350].

307. Il s'agit donc clairement d'une agrégation formelle de sources visant à renforcer l'obligatoriété de ces principes, qui s'opère d'autant plus aisément que les États manifestent ainsi de façon régulière, méthodique et constante leur adhésion à leur sensibilité sur les questions environnementales.

---

[347] Elle est entrée en vigueur le 25 mars 1998, et remplace les conventions d'Oslo et de Paris.

[348] L'article 2 (2) de la convention dispose que « *le principe du pollueur-payeur [est celui] selon lequel les frais résultant des mesures de prévention, de réduction de la pollution et de lutte contre celle-ci doivent être supportés par le pollueur* ».

[349] BOUTONNET M., « La force normative des principes environnementaux, entre droit de l'environnement et théorie générale du droit », in THIBIERGE C. et *al.*, *La force normative, op. cit.*, p. 485. Également, NICOLAS E., « Répétabilité et répétition des énoncés normatifs : la force intercitationnelle dans le langage juridique comme force normative », in THIBIERGE et *al.*, *La force normative, op. cit.*

[350] CNUDM, art. 237 (1).

c) Le principe de prévention

308. Le principe de prévention est l'un des principes généraux du droit de l'environnement. Le principe de prévention implique la mise en œuvre de règles et d'actions pour anticiper toute atteinte à l'environnement, qui doivent tenir compte des derniers progrès techniques.

309. La Déclaration sur l'environnement et le développement de Rio de 1992 prévoit que les États doivent promulguer des mesures législatives efficaces en matière d'environnement, principe retenu aussi dans le droit communautaire. Le traité de Maastricht énonce : « *La politique de la Communauté dans le domaine de l'environnement vise un niveau de protection élevé, en tenant compte de la diversité des situations dans les différentes régions de la Communauté. Elle est fondée sur le principe de précaution et d'action préventive, sur les principes de la correction, par priorité à la source, des atteintes à l'environnement et sur les principes du pollueur-payeur.* »

310. De plus, une obligation d'évaluer les conséquences d'activités pouvant exercer des effets néfastes sur l'environnement a été énoncée dans la déclaration de Stockholm en son principe 21, « *réaffirmant que les États ont, conformément à la Charte des Nations unies et aux principes du droit politique en matière d'environnement et de développement, le devoir de faire en sorte que les activités exercées dans les limites de leur juridiction ou sous leur contrôle ne causent pas de dommages à l'environnement dans d'autres États ou dans des zones ne relevant d'aucune juridiction nationale* ».

311. Cette obligation est imposée aux États dans la CNUDM, en ces termes : « *Les États prennent toutes les mesures nécessaires pour que les activités relevant de leur juridiction ou de leur contrôle le soient de manière à ne pas causer de préjudice par pollution à d'autres États et à leur environnement et pour que la pollution résultant d'incidents ou d'activités de leur juridiction ou de leur contrôle ne s'étende pas au-delà des zones où ils exercent des droits souverains conformément à la Convention.* »[351] La CNUDM stipule ainsi une obligation de protéger l'environnement et de ne pas causer de préjudice à celui-ci, distinguant alors la pollution du préjudice lui-même.

312. La Cour internationale de justice a eu l'occasion de préciser la portée à la fois procédurale et substantielle de cette obligation fondamentale en droit international de l'environnement, observant « *que le principe de prévention, en tant que règle coutumière, trouve son origine dans la diligence requise* (due diligence) *de l'État sur son territoire. Il s'agit de l'obligation, pour tout État, de ne pas laisser utiliser son territoire aux fins d'actes contraires aux droits d'autres États* »[352]. Les décisions de la CIJ faisant partie des sources du droit international public au regard de l'article 38 de ses statuts, l'on peut constater ici l'intervention d'un tiers, le juge

---

[351] CNUDM, art. 194, par. 2.

[352] *Affaire du détroit de Corfou, Royaume-Uni c. Albanie*, arrêt, CIJ, Recueil, 1949, p. 22.

international, pour donner une plus grande positivité au principe de prévention. Les États étant néanmoins les autorités ayant habilité cette institution pour rendre le droit, d'une part, et étant appelés à en assurer l'application, d'autre part, ils demeurent les acteurs majeurs dans l'émergence de la normativité de ces principes.

313. Les principes directeurs requièrent encore davantage d'implication de la part des États.

2. Les principes directeurs

314. Pour le professeur Delmas-Marty, les principes généraux de droit, qui sont des principes non écrits, deviennent « directeurs » lorsqu'ils « *dirigent l'interprète en lui indiquant la voie à suivre* »[353]. Ils participent fortement au mode de régulation juridique de l'environnement, « *permettant d'offrir un socle au droit de l'environnement, de ramasser ses finalités* »[354].

L'on peut notamment citer le droit à l'information (a), le droit à la participation (b) et le droit à la consultation (c).

a) L'obligation d'information

315. Il est admis en règle générale que l'obligation d'informer, ou plus précisément de notifier certaines informations, existe dans toute une série de situations, et ce, même en l'absence d'une règle qui l'impose explicitement.

316. Cette obligation est initialement véhiculée par les déclarations de principe adoptées à l'échelle internationale, et généralement dénuées de force contraignante. Ainsi pouvons-nous citer la déclaration finale de la conférence des Nations unies sur l'environnement de Stockholm de 1972[355], la Charte mondiale de la nature de 1982[356] et la déclaration de Rio adoptée par la conférence des Nations unies sur l'environnement et le développement en juin 1992[357]. La CNUDM, en son article 211 al. 6, dispose que doivent être notifiées, sans délai, à l'État du pavillon et à tout autre État intéressé, toutes les mesures prises à l'encontre de navires étrangers pour protéger et préserver le milieu marin tant dans la mer territoriale que dans la ZEE.

317. À l'échelle régionale, cette obligation est prévue dans les conventions sur les mers régionales africaines, aussi bien en ce qui concerne les projets susceptibles d'affecter l'environnement commun qu'en cas de situation critique. Les articles 13 §3 des conventions d'Abidjan[358] et de

---

353 *Pour un Droit commun*, Paris, Éditions du Seuil, 1994, p. 131.

354 BOUTONNET M., « La densification normative du droit de l'environnement. Du phénomène normatif au mode de régulation juridique », in THIBIERGE et *al., La densification normative, op. cit.*, p. 856.

355 Principe 19.

356 Principes 15, 16 et 18.

357 Principe 10.

358 La convention d'Abidjan pour la coopération en matière de protection et de développement du milieu marin et côtier de la région de l'Afrique de l'Ouest et du Centre est née de la

Nairobi[359] font à cet égard obligation aux États parties à ces conventions de diffuser des renseignements portant sur les effets possibles des activités envisagées sur l'environnement.

318. Ce devoir d'information préalable sur les activités prévues se double d'une exigence d'informer en cas de situation critique. L'article 12 §2 de la convention d'Abidjan précise à cet égard que *« toute partie contractante ayant connaissance d'une situation critique génératrice de pollution dans la zone d'application de la convention informe sans délai l'Organisation et, par l'intermédiaire de cette Organisation ou directement, toute autre partie contractante qui risque d'être touchée par cette situation critique »*. Cette disposition n'est d'ailleurs qu'une adaptation à l'environnement marin régional de l'alinéa I du numéro 9 des principes de conduite du PNUE dans le domaine de l'environnement[360], et se retrouve également dans les autres conventions relatives aux mers régionales africaines, en l'occurrence, les conventions de Nairobi (art. 11 §1).

b) L'obligation de consultation et de concertation

319. Au devoir d'information s'ajoute souvent une obligation de consultation et de concertation. La consultation consiste, pour l'État informé par un autre, à manifester son opinion devant une négociation, sans que celle-ci préjuge d'une obligation d'aboutir à une solution négociée. La concertation tient une place importante dans le droit des relations transfrontières et tout particulièrement dans le droit des pollutions. On comprend alors qu'elle soit préconisée par les instruments juridiques relatifs aux mers régionales.

320. C'est ainsi que les protocoles de Genève (art. 6 §2 et 4) et de Nairobi (art. 13 §2 et 3), relatifs aux zones protégées, prévoient notamment la mise en œuvre de cette procédure dans les hypothèses où les parties contractantes envisagent de créer des zones protégées contiguës à la frontière et aux limites de la juridiction de l'État non partie à ces protocoles. De façon plus laconique, la convention d'Abidjan prévoit simplement l'adoption conjointe de mesures pour protéger et préserver les écosystèmes singuliers ou fragiles (art. II).

321. La convention d'Abidjan est un accord-cadre de coopération entre les États de l'Afrique de l'Ouest et du Centre en matière de protection et de

---

nécessité d'adopter une approche régionale pour la prévention, la réduction et la lutte contre la pollution du milieu marin, des eaux côtières et des eaux fluviales connexes de l'Afrique de l'Ouest et du Centre. La date de la signature de la convention est le 23 mars 1981 et l'année de sa mise en vigueur est 1984.

359 La convention de Nairobi pour la protection, la gestion et le développement de l'environnement marin et côtier de la région de l'Afrique de l'Est, dite convention de Nairobi, signée à Nairobi le 21 juin 1985, constitue le cadre privilégié pour les actions de coopération internationale relatives à la mer dans cette région.

360 KISS A.C., « Activités scientifiques et techniques et devoir d'information », in *Études offertes à Claude-Albert COLLIARD,* Paris, Pedone, 1984, p. 285.

gestion des zones côtières et marines. Elle s'applique à la pollution par les navires, la pollution due aux opérations d'immersion, la pollution tellurique, la pollution résultant d'activités liées à l'exploration et à l'exploitation du fond de la mer, et la pollution d'origine atmosphérique et transatmosphérique[361].

322. Les États parties considèrent la lutte contre l'érosion côtière, la création des zones marines spécialement protégées, la lutte contre la pollution marine en cas de situation critique, l'évaluation des incidences des activités industrielles sur le milieu marin et côtier, le développement durable et la gestion intégrée des zones côtières comme les aspects prioritaires sur lesquels il convient de concentrer les efforts de coopération[362]. L'aspect de la situation critique fait l'objet d'un protocole particulier qui vise spécifiquement à combattre ou à répondre de façon opérationnelle aux situations critiques en mer, de même qu'à coordonner les activités y relatives, dans chacun des États parties.

323. Il définit la situation critique pour le milieu marin comme tout incident, événement ou situation, quelle qu'en soit la cause, ayant pour conséquence une pollution importante ou une menace imminente de pollution importante du milieu marin et des zones côtières par des hydrocarbures ou d'autres substances nuisibles, et en particulier les collisions, échouements et autres incidents survenant à des navires, y compris les navires-citernes, les éruptions sur les sites de production pétrolière et la présence d'hydrocarbures ou d'autres substances nuisibles dues à des défaillances d'installations industrielles[363].

324. Dans le fond, les principes édictés dans le protocole ne diffèrent pas substantiellement de la Convention internationale pour la prévention de la pollution par les navires (MARPOL), ni de la Convention sur la préparation, la lutte et la coopération en matière de pollution par les hydrocarbures (OPRC)[364], qui demeure actuelle et compatible avec la CNUDM au regard des moyens de prévention préconisés en cas de situation critique pour le milieu marin.

325. En effet, il est clairement stipulé dans la CNUDM l'obligation de tout État de notifier, dès qu'il en a connaissance, aux autres États ainsi qu'aux organisations internationales compétentes, tout risque imminent de dommage ou d'un dommage effectif pour le milieu marin[365]. En

---

[361] Convention d'Abidjan, art. 5 à 9.
[362] *Ibid.*, art. 10 à 15.
[363] Protocole relatif à la coopération en matière de lutte contre la pollution en cas de situation critique, art. 1 (2).
[364] Cette convention a été adoptée le 30 novembre 1990 et est entrée en vigueur le 13 mai 1995, après une conférence des principaux États industriels qui s'est tenue à Paris à la suite de la catastrophe de l'*Exxon Valdez*. Le protocole additionnel du 15 mars 2000 a été adopté pour la préparation, la lutte et la coopération contre les événements de pollution par substances nocives et potentiellement dangereuses. Celui-ci est entré en vigueur le 17 juin 2007.
[365] CNUDM, art. 198.

conséquence, les plans d'urgence élaborés dans le cadre de la coopération régionale doivent aussitôt être mis en œuvre conjointement, pour y faire face[366].

326. Il en est ainsi du protocole d'Abidjan, qui expose de façon explicite la situation critique pour le milieu marin, les opérations nécessaires et les plans d'intervention d'urgence à mettre en application. Il prévoit les mêmes obligations d'information, à savoir que les parties contractantes demandent aux capitaines de navires battant leur pavillon et aux pilotes des aéronefs immatriculés sur leur territoire, ainsi qu'aux personnes responsables d'ouvrages opérant au large des côtes sous la juridiction desdites parties, de signaler tout accident causant ou pouvant causer une pollution des eaux de la mer par les hydrocarbures, ainsi que la présence des nappes d'hydrocarbures susceptibles de constituer une menace grave pour l'environnement marin et côtier[367].

327. Il met également l'accent sur l'échange de données scientifiques et d'informations permettant de faire face à des situations de pollution par les hydrocarbures. Si le protocole d'Abidjan a le mérite de faire des développements approfondis en ce qui concerne particulièrement la pollution par les hydrocarbures, il ne répond pas aux problèmes de fond, surtout s'agissant de la responsabilité pour violation des dispositions qu'elles stipulent. Le dispositif général d'Abidjan (convention et protocole) ne se montre pas clair sur les mesures à prendre en cas de non-respect des obligations générales aux parties contractantes.

328. Ce faisant, il relève davantage de la catégorie des normes recommandatoires, et non obligatoires, dans l'échelle de la normativité. L'ensemble des principes directeurs, néanmoins, est fortement dépendant des États, tant dans leur énonciation que dans leur application, ce qui maintient le *leadership* étatique en matière de droit international de l'environnement pour les hydrocarbures. En termes de typologie, ce monisme est à la fois relationiste et interactionniste, aménageant des conditions d'exploitation des hydrocarbures qui doivent tenir compte de l'environnement, et élaboré conjointement avec plusieurs acteurs sur la base d'une adhésion commune de ceux-ci.

B. Le foyer supplémentaire : les standards internationaux du droit de l'environnement

329. La standardisation s'inscrit dans un contexte de globalisation juridique[368]. Le terme « standard » est utilisé « *pour désigner une norme*

---

[366] CNUDM, art. 199.

[367] Protocole relatif à la coopération en matière de lutte contre la pollution en cas de situation critique, art. 6 à 9.

[368] Voir sur ce sujet : LOQUIN E., KESSEDJAN C. (dir.), *La mondialisation du droit*, vol. 19, Litec, Coll. Travaux du CREMIDI, 2000 ; AUBY J.-B., *La globalisation, le droit et l'État de droit*, Bruylant, 2002 ; VOGEL L. (dir.), *La globalisation du droit des affaires : mythe ou*

souple fondée sur un critère intentionnellement indéterminé »[369]. En matière internationale, un standard peut être entendu comme un « *énoncé à vocation prescriptive dont le seuil de normativité ne peut être atteint que par une concrétisation ultérieure, notamment par un processus juridictionnel* »[370]. Dès lors, les États ont un double rôle sur le plan normatif au regard des standards : les renforcer dans leur normativité par leur reconnaissance sur des supports normatifs divers, et les faire appliquer par tous les acteurs concernés. L'hypothèse du monisme juridique trouve ainsi ici un terreau d'expérimentation important, à partir des standards concernant la protection de l'environnement.

330. Le droit international de l'environnement est une discipline qui se prête à l'usage des standards. On a pu dire que « *le* soft law *ou droit programmatoire constitue le réceptacle par excellence de l'éthique environnementale et le canal par lequel cette dernière se structure et se consolide progressivement* »[371]. L'une des caractéristiques fondamentales des standards est leur indétermination, ce qui favorise la variabilité de leur contenu en fonction de l'époque, du lieu, des circonstances et des faits d'espèces. Pour Rials, en effet, « *le standard constitue une technique de formulation de la règle de droit qui a pour effet une certaine indétermination* a priori *de celle-ci* »[372]. Cette indétermination est intentionnelle, dans le but assumé d'en assurer la flexibilité.

331. Deux ordres de standards peuvent alors être évoqués : les standards de qualité (1) et les standards de comportement (2).

1. Les standards de qualité

332. Au travers des sources internationales du droit de l'environnement, l'on peut distinguer le standard relatif à l'environnement sain (a), et celui qui porte sur le développement durable (b).

a) L'environnement sain

333. La déclaration de Stockholm adoptée par la conférence des Nations unies sur l'environnement le 16 juin 1972 énonce, en son principe 1, que « *l'homme a un droit fondamental à la liberté, à l'égalité et à des conditions de vie satisfaisantes, dans un environnement dont la qualité lui permette de*

---

réalité, Panthéon Assas, Coll. Droit Global, 2001/2 ; DELMAS-MARTY M., « La mondialisation du droit : chances et risques », D., 1999, p. 43.

369 CORNU G. (dir.), *Vocabulaire juridique*, Paris, PUF, 8e édition, 2007, p. 750.

370 SALMON J., *Dictionnaire de droit international public*, Bruylant/AUF, 2001, p. 1050.

371 BOISSON DE CHAZOURNES L., « La protection de l'environnement global et les visages de l'action normative internationale », cité par LAGELLE A., *Les standards en droit international économique. Contribution à l'étude de la normativité internationale*, Paris, L'Harmattan, Coll. Logiques Juridiques, 2014, p. 71.

372 in « Le juge administratif et la technique du standard : essai sur le traitement juridictionnel de l'idée de normalité », *RIDC*, vol. 33, 1981, n°3, p. 120.

vivre dans la dignité et le bien-être (...) »[373]. Suivant le principe 1 de la déclaration de Rio, « *les êtres humains sont au centre des préoccupations relatives au développement durable. Ils ont droit à une vie saine et productive en harmonie avec la nature* »[374]. Le principe 4 du même texte dispose que « *pour parvenir au développement durable, la protection de l'environnement doit constituer une partie intégrante du processus de développement et ne peut être considérée isolément* »[375]. Deux spécificités sont alors constatables par rapport à la déclaration de Stockholm. Il s'agit ici d'un droit collectif concernant les peuples en tant que groupe et non les individus considérés isolément. La créance énoncée se caractérise par une grande imprécision, à la fois en posant un « *droit à un environnement satisfaisant et global* » et en ne donnant aucune précision sur les débiteurs de ce droit[376].

334. Plus récente, la Charte africaine des droits de l'homme, adoptée le 27 juin 1981, dispose que « *tous les peuples ont le droit à un environnement satisfaisant et global, propice à leur développement* »[377]. L'article 11 du protocole additionnel de 1988 à la Convention américaine des droits de l'homme reconnaît que « *chacun a le droit de vivre dans un environnement sain et d'avoir accès aux services publics essentiels. Les États parties s'engagent à promouvoir la protection, la préservation et l'amélioration de l'environnement* ». Il s'agit clairement d'une règle coutumière ayant le statut de règle obligatoire internationale.

335. Il est revenu à la Commission africaine des droits de l'homme et des peuples d'apporter des clarifications aux contours de ce droit, ce qu'elle fit dans l'affaire *SERAC c. Nigeria* (*Social and Economic Rights Action Center, Center for Economic and social rights v. Nigeria)*, rendue le 13 octobre 2001.

336. Dans cette affaire, le gouvernement nigérian, actionnaire majoritaire dans un consortium avec *Shell Petroleum Development Corporation*, a été jugé responsable des dommages causés à l'environnement et des problèmes de santé parmi la population Ogoni. La Commission africaine des droits de l'homme et des peuples a alors saisi cette occasion pour clarifier le contenu de l'article 24, en énonçant que la Charte se réfère à « *un droit à un environnement général satisfaisant* » ou à « *un droit à un environnement global acceptable et favorable au développement* », expressions qu'elle

---

373 Cf. Doc. NUA/Conf. 48/14/Rev. 1 (1973).

374 Art. III.

375 Doc. ONU A/CONF. 151/26, *op. cit.*

376 AILINCAI M., « Exploitation des ressources naturelles et droit à un environnement sain », in AILINCAI, LAVOREL, *Exploitation des ressources naturelles et protection des droits de l'homme*, *op. cit.*

377 Art. 24.

considère comme équivalentes à celle de « *droit à un environnement (propre et) sain* »[378].

337. L'intérêt de la comparaison des énoncés normatifs est double. L'on constate aisément, en premier, que s'agissant de principes par nature généraux et évasifs, leur circulation dans plusieurs espaces culturels et à travers plusieurs instruments juridiques contribue à leur densification, voire à leur transformation. Ensuite, leur répétition, comme la plupart des principes, contribue à l'augmentation de leur force normative[379]. Dès lors, il est vérifié ici la nature interactionniste du monisme étatique, la dissémination normative étant générée par une adhésion certaine des États à ce standard sur l'environnement sain.

338. Le standard du développement durable est davantage central dans le dispositif normatif relatif à la protection de l'environnement.

b) Le développement durable

339. Le développement durable se définit également comme un objectif à atteindre tant par les États que par la communauté internationale. Le principe 4 de la Déclaration sur l'environnement et le développement de Rio énonce que « *pour parvenir à un développement durable, la protection de l'environnement doit faire partie intégrante du processus de développement et ne peut être considérée isolément* ». Intégrant à la fois des variables économiques, sociales et internationales, la notion de développement durable est considérée comme « un concept intersystémique » par nature, mais aussi, « *sa capacité de résonance peut se ressentir au sein d'un même système juridique, par l'influence qu'il déploie sur le système et ses normes ainsi que par les applications qui en sont faites* »[380].

340. Ainsi le concept de développement durable figure-t-il dans plusieurs actes juridiques internationaux et régionaux. Le préambule de l'accord instituant l'Organisation mondiale du commerce (OMC) fait expressément état de l'objectif de développement durable[381], considéré par voie de conséquence comme l'un des buts que se sont assignés les parties à l'accord. De même, les articles 2 du traité sur l'Union européenne et du traité instituant la Communauté européenne définissent clairement le développement durable comme un objectif de l'Union et de la Communauté, respectivement.

---

[378] Comm. Afr. DH, 13 octobre 2001, Social and Economic Rights Action Center, *Center for Economic and social rights v. Nigeria* (*SERAC c. NIGERIA*), communication n°155/96, 30e session ordinaire, par. 51 et 52.

[379] Lire NICOLAS E., « Répétabilité et répétition des énoncés normatifs : la force intercitationnelle dans le langage juridique comme force normative », in THIBIERGE et *al.*, *La force normative, op. cit.*

[380] BARRAL V., « Le rayonnement intrasystémique du concept de développement durable », in RUIZ FABRI, GRADONI (dir.), *La circulation des concepts juridiques : le droit international de l'environnement entre mondialisation et fragmentation, op. cit.*, 2009.

[381] §129.

341. À l'échelle régionale africaine, plusieurs instruments juridiques à forces normatives variables invoquent également ce standard de développement durable. En 1963, dans la foulée des indépendances, est créée l'Organisation de l'unité africaine (OUA). Bien que ne recevant pas de compétences explicites dans le domaine de l'environnement, le préambule de sa charte constitutive se réfère déjà au « *devoir (...) de mettre les ressources naturelles et humaines de notre continent au service du progrès général de nos peuples dans tous les domaines de l'activité humaine* ». En 2002, l'OUA migre en Union africaine (UA) à Durban, en Afrique du Sud, dont l'acte constitutif fait figurer au rang des objectifs celui de « *promouvoir le développement durable aux plans économique, social et culturel* »[382]. Le lien ici n'est pas alors fait entre la protection de l'environnement et le développement durable, mais à trente reprises, la Convention africaine pour la conservation de la nature et des ressources naturelles, dite convention de Maputo, adoptée dès la deuxième session de la conférence de l'OUA, le 11 juillet 2003, fait référence au développement durable[383].

342. Dans son préambule, déjà, les États se déclarent « *désireux d'entreprendre une action individuelle et collective en vue de la conservation, de l'utilisation et du développement de ce capital par l'établissement et le maintien de son utilisation durable* »[384]. À l'article IV de cette convention, les principes de prévention et de précaution sont érigés en obligations fondamentales en ces termes : « *Les Parties prennent et mettent en œuvre toutes les mesures nécessaires pour réaliser les objectifs de la présente Convention, notamment par des mesures de prévention et l'application du principe de précaution, et en tenant compte des valeurs éthiques et traditionnelles ainsi que des connaissances scientifiques dans l'intérêt des générations présentes et futures.* »[385]

343. L'article 2, consacré aux objectifs de la convention, pose ceux d'« *améliorer la protection de l'environnement ; promouvoir la conservation et l'utilisation durable des ressources naturelles ; harmoniser et coordonner les politiques dans ces domaines en vue de mettre en place des politiques et des programmes de développement qui soient écologiquement rationnels, économiquement sains et socialement acceptables* ». Il s'agit alors non seulement de protéger l'environnement, mais aussi de l'améliorer tout en promouvant conservation et utilisation durable des ressources naturelles.

---

[382] De plus, la protection de l'environnement fait explicitement partie des attributions du Conseil exécutif de l'Union africaine (article 13).

[383] Lire MALJEAN-DUBOIS S., « La contribution de l'Union africaine à la protection de la nature en Afrique : de la convention d'Alger à la convention de Maputo », in *L'Afrique et le droit international, Variations sur l'organisation internationale, Liber Amicorum Raymond Ranjeva*, Pedone, 2013, p. 215.

[384] Voir aussi les articles II, V, par. 6, VII, VIII, IX, XII, XVII, XVII, XVIII, XX, XXII.

[385] Voir aussi l'annexe 2.

344. Il s'agit d'une notion à contenu variable[386] qui s'est précisée au fil du temps, au point de constituer un standard à la fois législatif et jurisprudentiel[387]. Les États font alors preuve d'une appropriation particulière du standard du développement durable. À travers plusieurs textes de nature différente et de manière progressive, ce standard est rentré dans le bloc de juridicité du continent africain. Le monisme juridique en la matière en est ainsi renforcé, avec une variante interactionniste importante.

2. Les standards de comportement

345. Le droit international de l'environnement a produit des standards de comportement pour les États en termes de coopération nécessaire (a) et de droits procéduraux (b).

a) Le devoir de coopération

346. À l'image des autres règles internationales relatives au droit de l'environnement, le devoir de coopération est consigné dans plusieurs sources de natures différentes du droit international. Le principe 24 de la déclaration de Stockholm édicte que : « *Les questions internationales se rapportant à la protection et à l'amélioration de l'environnement devraient être abordées dans un esprit de coopération par tous les pays, grands ou petits, sur un pied d'égalité. Une coopération par voie d'accords multilatéraux ou bilatéraux ou par d'autres moyens appropriés est indispensable pour limiter efficacement, prévenir, réduire et éliminer les atteintes à l'environnement résultant d'activités exercées dans tous les domaines, et ce dans le respect de la souveraineté et des intérêts de tous les États.* »

347. Le principe 7 de la déclaration de Rio, également, énonce que : « *Les États doivent coopérer dans un esprit de partenariat mondial en vue de conserver, de protéger et de rétablir la santé et l'intégrité des écosystèmes.* » Pour Gilles Fievet, « *ce principe n'est qu'une application particulière d'un devoir général des États affirmé à l'article 74 de la Charte des Nations unies par lequel les États membres conviennent que leur politique doit être fondée sur le principe de bon voisinage dans les domaines sociaux, économiques et commerciaux* »[388]. La CNUDM, en son article 192, exprime également en termes généraux l'obligation de coopération en matière de protection de l'environnement. L'obligation est ensuite spécifiée dans plusieurs autres articles, notamment les articles 197 et suivants, relatifs à « *la coopération*

---

[386] Lire FIEVET G., « Réflexions sur le concept de développement durable : prétention économique, principes stratégiques et protection des droits fondamentaux », *Revue belge de droit international*, n°128, 2001/1, p. 140.

[387] Lire BARDOUL C., « La densification normative du développement durable », in THIBIERGE et *al.*, *La densification normative*, *op. cit.*, p. 842.

[388] FIEVET G., « Réflexions sur le concept de développement durable : prétention économique, principes stratégiques et protection des droits fondamentaux », *op. cit.*, p. 148.

mondiale et régionale ». Il s'agit à la fois d'une obligation d'information (article 198) et de l'exigence d'une participation active des États dans la recherche scientifique et dans l'élaboration des normes et des standards nécessaires pour la conservation et la protection de l'environnement marin (articles 197, 200-201).

348. À ce stade, l'on ne peut que constater des normes juridiques souples, non particulièrement obligatoires, non reprises dans des textes régionaux, et concernant les relations interétatiques elles-mêmes. Il s'agit ici d'un monisme juridique primaire, par le biais des déclarations de Stockholm et de Rio, et d'un acte conventionnel lointain, la CNUDM, qui n'est pas un traité environnemental au sens propre du terme[389].

349. À ce devoir de coopération se joignent des droits procéduraux, qui connaissent une plus grande intensité normative.

b) Les droits procéduraux

350. La convention de Maputo[390], en son article 16, intègre les droits procéduraux déjà consignés dans d'autres conventions internationales : « *Les Parties contractantes adoptent les mesures législatives et réglementaires nécessaires pour assurer à temps et de manière appropriée :*

a) la diffusion d'informations sur l'environnement ;

b) l'accès du public aux informations sur l'environnement ;

c) la participation du public à la prise des décisions pouvant avoir un impact important sur l'environnement ;

d) l'accès à la justice en ce qui concerne les questions liées à la protection de l'environnement et des ressources naturelles. » (Par. 1).

351. Il s'agit en réalité d'un concentré de normes recommandatoires à la base qui, par leur circulation à travers plusieurs normes et dans plusieurs régions, contribuent à leur densification, entendue comme l'accroissement de leur obligatoriété.

352. C'est ainsi que le droit à l'information, par exemple, a été institué à l'origine par l'Union européenne, à la faveur de la création de l'Agence de l'environnement, avec la directive concernant « *la liberté d'accès à l'information en matière d'environnement* »[391].

---

[389] Lire TREVISANUT S., « La convention des nations unies sur le droit de la mer et le droit de l'envrionnement : développement intrasystémique et renvoi intersystémique », in RUIZ FABRI, GRADONI (dir.), *La circulation des concepts juridiques : le droit international de l'environnement entre mondialisation et fragmentation*, *op. cit.*, pp.397-426.

[390] La Convention africaine sur la conservation de la nature et des ressources naturelles a été initialement adoptée à Alger en 1968. Trente-cinq ans plus tard, elle a été révisée par la conférence de l'Union africaine qui s'est tenue à Maputo en 2003. Cette révision a opéré une profonde rénovation de la convention originelle, en lui conférant un contenu normatif beaucoup plus étoffé et actualisé.

[391] Cf. règlement du Conseil n°1210/90 du 7/5/1990 relatif à la création de l'agence de l'environnement, *J.O.C.E.*, n° L 120, p. 90, et directive du Conseil du 7/6/1990 concernant la

353. Pour ce qui est du principe de participation, il a été fixé à la norme 10 de la déclaration de Rio, qui proclame que « *la meilleure façon de traiter les questions de l'environnement est d'assurer la participation de tous les citoyens concernés au niveau qui convient (principe de subsidiarité). (...) Les États doivent faciliter et encourager la sensibilisation et la participation du public en mettant les informations à la disposition de celui-ci (...)* ». Ce principe est cardinal dans la gamme des principes de la gouvernance environnementale, incluant même un volet éducatif sans lequel les populations ne sauraient participer utilement à la préservation de l'environnement[392].

354. La régionalisation de ces principes n'augmente donc pas particulièrement le nombre et la qualité des normes relatives au droit international de l'environnement. Elle contribue, comme les autres normes, à la sédimentation et cristallisation de principes alors universels, et participe de leur consécration en tant que norme internationale coutumière. Dès lors, cette appropriation africaine de normes initialement étrangères est une marque d'adhésion, condition nécessaire pour le renforcement de la normativité du droit souple. Il s'agit ainsi, ici, d'un monisme interactionniste.

355. L'ensemble de ces principes et standards fait l'objet d'une spécification en matière d'hydrocarbures.

§2. L'appropriation des principes en droit des hydrocarbures par voie conventionnelle

356. Il est notable que suivant le lien direct avec l'environnement ou pas, les normes relatives à l'environnement font l'objet tantôt d'interactionnisme juridique, tantôt de monisme juridique classique ou primaire, le droit de l'environnement étant par essence un droit de nature relationiste. Au-delà des principes et standards universels relatifs à l'environnement, l'exploitation des hydrocarbures nécessite une adaptation de ces normes juridiques. Le rôle des États en devient encore plus particulier, en même temps que la technicité de ce secteur d'activité peut laisser entrevoir une

---

liberté d'accès à l'information en matière d'environnement, n°90/313/, *J.O.C.E.*, n° L 158.23/6/90, p. 56.

392 Le programme des N.U. pour le développement donne de la « bonne gouvernance » la définition suivante : « *La gouvernance peut être considérée comme l'exercice des pouvoirs économique, politique et administratif pour gérer les affaires des pays à tous les niveaux (...), elle est participative, transparente et responsable. Elle est aussi efficace et équitable (...). Elle assure que les priorités politiques, sociales et économiques sont fondées sur un large consensus dans la société et que les voix des plus pauvres et des plus vulnérables sont au cœur du processus de décision sur l'allocation des ressources pour le développement.* » Doc. de travail du CR Nord-Pas-de-Calais, cité par FIEVET G., « Réflexions sur le concept de développement durable : prétention économique, principes stratégiques et protection des droits fondamentaux », *op. cit.*, p. 157, note n°75.

participation plus grande de spécialistes, réduisant d'autant le monopole originel des États dans la production des normes juridiques.

357. L'un des objectifs fondamentaux des principes et surtout des standards en droit est leur adaptabilité à des situations différentes, indépendamment de l'objet et du lieu concernés. En matière d'hydrocarbures, ces normes souples ont toutes fait l'objet d'appropriation particulière, se voulant davantage calibrées à la matière (A). Dans le but de leur donner une force contraignante vis-à-vis des acteurs concernés, un régime de responsabilisation a été peu ou prou aménagé, ce qui accroît d'autant l'appropriation des règles environnementales générales en matière d'hydrocarbures (B).

A. L'appropriation par spécialisation des normes

358. Deux phénomènes normatifs sont observables en droit des hydrocarbures en matière environnementale. Il y a, en premier lieu, une spécialisation des principes environnementaux, à travers des sources autonomes se voulant plus précises que les sources primaires en la matière (1). Ensuite, l'encadrement formel de ces règles est particulièrement dense (2).

1. L'appropriation par la densification du contenu des principes

359. La spécialisation des principes environnementaux en matière d'hydrocarbures se décompose sur chacune des phases particulières de l'activité énergétique : la phase d'exploration et de production des hydrocarbures, d'une part (a), et celle du démantèlement des sites de production, d'autre part (b).

a) En phase d'exploration et de production des hydrocarbures

360. Bien avant le régime de la convention MARPOL 73/78, la prévention de la pollution des eaux de mer reposait sur le système établi par la convention OILPOL, relativement moins contraignante, qui s'est progressivement efforcée de relever les seuils de pollution. Ce système reposait sur les principes d'interdiction des rejets trop près des côtes, d'interdiction de déverser un mélange trop riche en hydrocarbures, et sur l'application de ces restrictions aux navires marchands supérieurs à un certain tonnage de jauge brute[393].

361. La convention MARPOL de 1973 s'applique au « navire », qui désigne un bâtiment exploité en milieu marin de quelque type que ce soit, et qui englobe les hydroptères, les aéroglisseurs, les engins submersibles, les engins flottants et les plates-formes fixes ou flottantes[394]. Elle a pour objectif

---

[393] Convention MARPOL, annexe I, règle 9 (1-6) ; BEURIER J.-P., *op. cit.*, p. 922.
[394] Convention MARPOL, art. 2 (4).

de prévenir les accidents par le renforcement des mesures de sécurité à bord des navires, tout en empêchant les pollutions opérationnelles. À cet effet, les États parties s'engagent à renforcer les contrôles sur les navires battant leur pavillon afin de s'assurer du respect de l'interdiction de tout déversement volontaire de substances nocives en mer, provenant aussi bien des cargaisons que des soutes. Elle instaure des règles universelles qui s'appliquent sur tous les aspects techniques de la pollution par les navires. Elle ne s'applique ni aux navires d'État affectés à des usages non commerciaux, ni aux activités liées à l'exploration de grands fonds marins ainsi qu'aux opérations d'immersion[395].

362. La Convention sur la préparation, la lutte et la coopération en matière de pollution par les hydrocarbures (convention OPRC) revêt également un intérêt particulier en matière de prévention de pollutions accidentelles par les hydrocarbures. Les États qui autorisent des activités industrielles en mer doivent pouvoir définir, en relation avec les professionnels de l'industrie pétrolière, des plans de prévention d'urgence en cas d'accidents des navires pétroliers ou survenus sur des plates-formes de 148 productions *offshore*.

363. La catastrophe du *Torrey Canyon* en 1967 a mis en évidence certains doutes concernant les pouvoirs des États, au regard du droit international, en cas d'incident survenant en haute mer. Ce naufrage a donné lieu à des réactions d'urgence, dénonçant la largesse de l'État de pavillon et affirmant la nécessité de reconnaître à l'État riverain la compétence d'intervenir en haute mer pour prévenir, atténuer ou éliminer les dangers graves et imminents que présentent pour ses côtes ou intérêts une pollution ou une menace de pollution des eaux de mer par les hydrocarbures.

364. La question s'est alors posée de savoir jusqu'à quel point un État riverain peut prendre des mesures pour protéger son territoire lorsqu'il existe pour lui un tel danger, en particulier si les mesures nécessaires sont susceptibles de porter atteinte aux intérêts d'armateurs étrangers, des propriétaires de la cargaison, et même des États du pavillon. Les négociations dans le cadre de l'Organisation maritime consultative intergouvernementale (OMCI) ont abouti à la signature à Bruxelles, le 29 novembre 1969[396], de la Convention sur l'intervention en haute mer d'un État riverain menacé de pollution par hydrocarbures de cargaison à la suite d'un accident. Cette convention instaure un régime qui reconnaît la nécessité d'un certain degré d'intervention des États en haute mer en cas de situation

---

395 Convention MARPOL, art. 3 (3).

396 Cette convention est entrée en vigueur le 6 mai 1975. Nous soulignons par ailleurs que la conférence diplomatique de Bruxelles avait également adopté, le 29 novembre 1969, la Convention internationale sur la responsabilité civile des propriétaires de navires pour les dommages dus à la pollution par les hydrocarbures, qui prend en compte les dommages subis par les personnes.

critique grave, tout en limitant clairement ce droit afin de protéger d'autres intérêts légitimes[397].

365. La Convention pour la protection du milieu marin de l'Atlantique du Nord-Est (« la convention OSPAR ») est entrée en vigueur le 25 mai 1999. Elle a remplacé la convention d'Oslo de 1992 relative à la prévention de la pollution marine par les opérations d'immersion effectuées par les navires et aéronefs, et la convention de Paris de 1974 sur la prévention de la pollution marine d'origine tellurique.

366. En vertu du principe de précaution, des mesures de prévention doivent être prises lorsqu'il est légitime de craindre que certaines activités humaines puissent entraîner des risques pour la santé de l'homme, nuire aux ressources écologiques et aux écosystèmes marins, ou entraver d'autres utilisations légitimes de la mer, même si le lien de causalité entre les activités et les effets n'a pas été strictement prouvé. L'absence de preuve scientifique complète ne doit pas entraver la protection de l'environnement marin. Le principe de précaution prévoit que retarder les mesures de protection serait au final plus coûteux sur le long terme, tant pour l'entreprise que pour la nature, et serait de nature à compromettre les besoins des générations futures[398]. Le principe de pollueur-payeur est également l'un des principes de la convention OSPAR, et exige que les frais résultant des mesures de prévention, de réduction de la pollution et de lutte contre celle-ci soient encourus par le pollueur[399].

367. Cette réappropriation sectorielle des principes dans la phase de production et d'exploitation des hydrocarbures, le transport en étant une activité centrale, se prolonge en fin d'exploitation, lorsqu'il s'agit de démanteler les sites d'exploitation. Les États, même s'ils sont contraints à la co-conception, la co-élaboration ou tout simplement à l'homologation de normes préalablement proposées par les experts en la matière, maintiennent néanmoins un rôle central sur cet aspect[400].

---

[397] Convention internationale sur l'intervention en haute mer en cas d'accident entraînant ou pouvant entraîner une pollution par les hydrocarbures, art. 3.

[398] L'article 2 (2) (A) de la convention OSPAR dispose que : « *Le principe de précaution [est celui] selon lequel des mesures de préventions doivent être prises lorsqu'il y a des motifs raisonnable de s'inquiéter du fait que des substances ou de l'énergie introduites, directement ou indirectement, dans le milieu marin, puissent entraîner des risques pour la santé de l'homme, nuire aux ressources biologiques et aux écosystèmes marins, porter atteinte aux valeurs d'agrément ou entraver d'autres utilisations légitimes de la mer, même s'il n'y a pas de preuve concluante d'un rapport de causalité entre les apports et les effets.* »

[399] L'article 2 (2) de la convention dispose que « *le principe du pollueur-payeur [est celui] selon lequel les frais résultant des mesures de prévention, de réduction de la pollution et de lutte contre celle-ci doivent être supportés par le pollueur* ».

[400] ABADIE P., « La normalisation technique comme instrument de mondialisation du droit : l'exemple des normes de reporting environnemental », in MORAND DEVILLER, BENICHOT (dir.), *Mondialisation et globalisation des concepts juridiques : l'exemple du droit de l'environnement, op. cit.*, p. 124.

b) En phase de démantèlement des sites de production

368. La première tentative multilatérale permettant de se doter d'un système international de démantèlement figure dans la convention de Genève sur le plateau continental de 1958. Contrairement au projet discuté en amont par les délégués, le texte final mis en avant par le Royaume-Uni pour protéger ses intérêts maritimes prévoit des normes élevées et strictes[401]. Depuis 1958, le droit international dans ce domaine a, sans formellement révoquer cette disposition, abandonné l'exigence d'un enlèvement complet. Il est à présent communément admis que la convention de 1958 a fixé des normes trop contraignantes au regard de la pratique actuelle dans l'industrie pétrolière et gazière *offshore*.

369. Ensuite, l'article 60 (3) de la CNUDM est moins contraignant que l'article 5 (3) de la convention de 1958 et prépare le terrain pour une acceptation du retrait partiel. L'article 60 (3) de la CNUDM s'applique aux installations et structures au sein de la zone économique exclusive (ZEE). L'article 80 de la CNUDM prévoit par ailleurs que l'article 60 s'applique *mutatis mutandis* aux installations et structures sur le plateau continental. Les dispositions relatives à l'enlèvement d'installations ne sont pas applicables aux zones maritimes qui relèvent de la souveraineté d'un État côtier. Les décisions relatives à l'enlèvement doivent aussi prendre en compte la pêche, la protection de l'environnement marin ainsi que les droits et prérogatives d'autres États[402].

370. L'OMI a adopté, aux termes de la résolution A. 672 (16) du 19 octobre 1989, les « *directives et normes relatives à l'enlèvement d'installations et d'ouvrages au large sur le plateau continental et dans la zone économique exclusive* » (« les directives de l'OMI »)[403]. Les directives de l'OMI de 1989 sont visées par la CNUDM, et ont été reconnues comme étant les *« premières détaillées sur le démantèlement »*[404]. Les directives de l'OMI exigent que toutes les installations ou tous les ouvrages mis en place sur le plateau continental ou dans une zone économique exclusive à compter de janvier 1998 soient conçus et construits de manière à pouvoir être entièrement démantelés à la fin de leur exploitation.

---

[401] La convention de 1958, 5 (1), énonce que : « *L'exploration du plateau continental et l'exploitation de ses ressources naturelles ne doivent pas avoir pour effet de gêner d'une manière injustifiable la navigation, la pêche ou la conservation des ressources biologiques de la mer (...)* » ; 5 (5) : « *Avis doit être dûment donné de la construction de ces installations, et l'entretien des moyens permanents de signalisation nécessaire doit être assuré. Toutes les installations abandonnées ou ne servant plus doivent être complètement enlevées.* »

[402] United Nations Environment Programme, "Dealing with Decommissioning Costs of offshore oil and gas field installations: an appraisal of existing regimes", 1st Offshore Protocol Working Group Meeting, Valetta, Malta, 13 – 14 June 2013, pp. 8-9.

[403] Résolution A. 672 (16) de l'OMI en date du 19 octobre 1989, disponible en anglais. http://www.imo.org/Blast/blastDatahelper.asp data_id=22503 fillname=A672 (16) E.pdf.

[404] United Nations Environment, « Dealing with decommisionning Costs of Offshore oil and Gaz field installations: an appraisal of existing regimes », *op. cit.*, p. 10.

371. Les directives de l'OMI prévoient ainsi un principe général de démantèlement complet. Selon ce principe, toutes les installations ou structures *offshore* abandonnées ou désaffectées sur tout plateau continental ou dans toute ZEE doivent être retirées, sauf quand leur maintien total ou partiel est conforme aux normes. La décision autorisant une installation *offshore*, sa structure ou certaines de ses parties, à rester sur le fond marin doit notamment se fonder sur une évaluation faite au cas par cas par l'État côtier ayant compétence sur l'installation de l'ouvrage concerné[405].

372. La Convention pour la protection du milieu marin de l'Atlantique du Nord-Est (« la convention OSPAR ») est entrée en vigueur le 25 mai 1999. Elle a remplacé la convention d'Oslo de 1992 pour la prévention de la pollution marine par les opérations d'immersion effectuées par les navires et aéronefs, et la convention de Paris de 1974 sur la prévention de la pollution marine d'origine tellurique. De même, la décision OSPAR 98/3 sur l'élimination des installations *offshore* désaffectées, adoptée lors d'une réunion ministérielle dans le cadre de la convention OSPAR, établit la règle générale selon laquelle « *l'immersion et le maintien en place, en totalité ou en partie, des installations* offshore *désaffectées sont interdits dans les installations maritimes* »[406].

373. Plus précisément, la reconnaissance par la décision 98/3 des difficultés rencontrées dans l'enlèvement total des fondations de structures en acier pesant plus de dix mille tonnes a contribué à établir des dérogations à la règle générale et à privilégier une analyse au cas par cas. La règle générale fait donc l'objet de dérogations bien définies s'« *il existe des raisons sérieuses pour lesquelles une autre option d'élimination [...] est préférable à la réutilisation, au recyclage ou à l'élimination finale à terre* »[407].

374. La variabilité des situations dans le régime international du démantèlement met en évidence l'intérêt de sources complémentaires sur le plan national et contractuel, la matière exigeant un degré de précision

---

[405] Pour le large champ à couvrir par cette évaluation, voir les articles 1.1, 3.1, 3.1.3, 3.2, 3.6, 3.11 de la résolution A. 672 (16) de l'OMI.

[406] V. programmes et mesures (2) de la décision OSPAR 98/3.

[407] V. programmes et mesures (3) de la décision OSPAR : « *Par dérogation aux dispositions du paragraphe 2, si l'autorité compétente de la partie contractante concernée est convaincue, après qu'une évaluation conforme aux dispositions de l'annexe 2 a été réalisée, qu'il existe des raisons sérieuses pour lesquelles une autre option d'élimination telle que visée ci-après, est préférable à la réutilisation, au recyclage ou à l'élimination finale à terre, elle peut accorder un permis pour (a) le maintien en place de la totalité ou d'une partie des empiétements d'une installation en acier classé dans l'une des catégories énumérées en annexe 1, et implanté dans la zone maritime avant le 9 février 1999 ; (b) l'immersion ou le maintien, en totalité ou en partie, d'une installation en béton classé dans une catégorie énumérée en annexe 1 ou constituant une embase en béton ; (c) l'immersion ou le maintien, en totalité ou en partie, de toutes autres installations* offshore *désaffectées, lorsque des conditions exceptionnelles et imprévues, résultant des dégâts structurels ou d'une détérioration ou d'une quelconque autre cause présentant des difficultés équivalentes peuvent être démontrées.* »

important. Le rôle de l'État demeure néanmoins prégnant, quoique amoindri en raison de la technicité de ces normes.

375. L'on remarque que les principes environnementaux font l'objet de production de sources formelles particulières sur le plan matériel. L'appropriation des principes généraux peut également s'apprécier par l'encadrement formel de ces sources.

2. L'appropriation par la densification du contenant des principes

376. Un moyen d'accroissement de la normativité des normes est le basculement de leurs supports formels. Dans le cadre de notre étude, il importe d'évaluer l'appropriation par les États des normes environnementales en matière d'exploitation des hydrocarbures sous le prisme de leurs enveloppes normatives, et de s'interroger sur le type de monisme dont il s'agit.

377. Deux ordres de données factuelles accroissent l'appropriation des principes environnementaux généraux : la généralisation des normes techniques (a) et le suivi institutionnel du respect des principes (b).

a) Le contenant formel : la généralisation des normes techniques

378. Comme a pu le dire Amaury Ledoux, « *le savoir environnemental se présente au XXIe siècle sous la forme d'un discours d'une haute technicité. Il fait la part belle au langage des techniciens et des ingénieurs au point que certains n'hésitent pas à affirmer que ce sont les experts qui donnent le* la *au politique* »[408]. Les relations entre la technique et le droit, particulièrement entre les normes environnementales techniques et le droit[409], sont particulièrement prégnantes en droit des hydrocarbures. Activité hautement technologique et évolutive au rythme du progrès technique, l'exploration et la production des hydrocarbures ne s'accommodent pas, dans le volet environnemental, de principes imprécis et flous. Dès lors les acteurs s'obligent-ils par le biais de normes plus précises que celles constitutives de principes directeurs ou standards. Le marqueur de cette volonté de précision est la généralisation de supports manifestement techniques, mais se drapant du sceau de sources juridiques.

379. La convention MARPOL, par exemple, est accompagnée de trois protocoles et de six annexes techniques portant respectivement sur : les hydrocarbures (I) ; les substances nocives en vrac (II) ; les substances

408 « La mondialisation de l'expertise scientifique environnementale », in MORAND DEVILLER, BENICHOT (dir.), *Mondialisation et globalisation de concepts juridiques : l'exemple du droit de l'environnement*, *op. cit.*, p. 149.

409 Lire ABADIE P., « La normalisation technique comme instrument de mondialisation du droit : l'exemple des normes de *reporting* environnemental », in MORAND DEVILLER, BENICHT (dir.), *Mondialisation et globalisation de concepts juridiques : l'exemple du droit de l'environnement*, *op. cit.*, pp.119-145.

nocives en colis, les conteneurs ou citernes mobiles (III) ; les eaux usées (IV) ; les ordures (V) ; et la pollution atmosphérique (VI).

380. La pollution par les hydrocarbures en particulier est l'objet des prescriptions techniques du protocole additionnel de 1978 et de celles de l'annexe I, qui prévoient les règles appropriées en la matière. En effet, les dispositions techniques du protocole de 1978 posent les règles relatives à la construction et à l'exploitation des pétroliers, qui ont été de façon continue amendées au gré des circonstances de pollution et des exigences de la sécurité maritime.

381. Ces amendements portent aussi bien sur les équipements techniques destinés à prévenir la pollution, les plans de lutte contre la pollution par les hydrocarbures à bord des navires, que sur la délimitation des zones d'interdiction de rejets ou la construction des pétroliers[410]. D'autre part, l'annexe I prescrit des visites périodiques des pétroliers et indique les modalités que doivent respecter les certificats délivrés après les visites. Les États doivent, entre autres, bâtir des stations de réception des produits de ballastage dans leurs ports et installer des dispositifs de surveillance de la navigation et de contrôle des rejets[411]. La convention MARPOL établit en outre les zones d'interdiction de rejets, dites zones spéciales, au nombre desquelles figurent les zones des golfes qui sont considérées comme vulnérables à la pollution par les hydrocarbures[412].

382. L'annexe 1 de la décision OSPAR prévoit les catégories d'installations *offshore* désaffectées, aux titres desquelles des dérogations sont susceptibles d'être envisagées. L'annexe 2 prévoit le schéma d'évaluation des propositions d'élimination en mer, d'installations *offshore* désaffectées. Enfin, l'annexe 3 régit la procédure de consultation ainsi que les critères nécessaires à l'obtention d'une dérogation[413].

383. Ces sources additionnelles que sont les amendements, protocoles, annexes, s'articulent aux normes juridiques, lorsqu'elles ne s'assimilent pas à celles-ci[414]. Elles témoignent, en tout état de cause, à la fois de la vitalité et de la force d'irradiation normative des principes environnementaux et de leur force normogène, susceptibles qu'elles sont de constituer la référence normative pour un secteur si technique que l'exploitation des hydrocarbures. Enfin, elles sont caractéristiques de l'interdépendance entre les États et les experts, ces normes devant être à la fois suffisamment techniques pour

---

[410] Pour plus de détails, voir BEURIER J.-P., *Droits maritimes*, *op. cit.*, pp. 927 et s. et p. 932 spéc.

[411] Convention MARPOL, annexe I, règle 12.

[412] Convention MARPOL, annexe I, règle 9 (7).

[413] V. l'annexe 1, l'annexe 2 et l'annexe 3 de la décision OSPAR 98/3

[414] ABADIE P., « La normalisation technique comme instrument de mondialisation du droit : l'exemple des normes de *reporting* environnemental », in MORAND DEVILLER, BENICHT (dir.), *Mondialisation et globalisation de concepts juridiques : l'exemple du droit de l'environnement*, *op. cit.*, pp. 124-125.

correspondre au risque écologique identifié et suffisamment obligatoires, donc juridiques, pour nécessiter une intervention étatique.

384. Cette double caractéristique se traduit davantage avec l'encadrement institutionnel des questions relatives à la protection de l'environnement en matière d'hydrocarbures.

b) Le contenant institutionnel : la généralisation des instances de coopération

385. Dans le cadre de la mise en œuvre de leurs obligations internationales découlant des conventions de l'OMI en général et de la convention MARPOL 73/78 en particulier, les États parties du golfe de Guinée se sont dotés, à l'instar des États de plusieurs ensembles régionaux, d'un mécanisme de contrôle des navires par l'État du port d'escale ; ce qui leur permet d'exercer le contrôle de la prévention de la pollution par les navires. Ils ont ainsi mis en place, en octobre 1999 à Abuja, un mémorandum d'entente (*Memorandum of Understanding* - MOU d'Abuja)[415] sur le contrôle des navires par l'État du port dans la région de l'Afrique de l'Ouest et du Centre[416].

386. Le MOU d'Abuja a pour but de répondre à la nécessité d'accroître la sécurité maritime, la protection de l'environnement marin, l'amélioration des conditions de vie à bord des navires, et à l'urgence de la mise en œuvre d'une coopération régionale en matière de contrôle des navires par l'État du port. Les travaux de la 3e réunion du comité ministériel des États parties, tenue à Brazzaville en octobre 2003, ont abouti à l'adoption d'une déclaration dite « déclaration de Brazzaville », qui devait servir de feuille de route et dont la mise en œuvre donnerait une impulsion au MOU d'Abuja. Cette déclaration porte essentiellement sur le renforcement de la mise en place des administrations maritimes régionales, l'adhésion rigoureuse aux normes établies par les instruments pertinents internationaux relatifs au contrôle des navires par l'État du port, l'obligation des États membres du MOU d'Abuja de contrôler plus de 25% du total des navires, toutes nationalités confondues, faisant escale dans leurs ports, l'amélioration des conditions de vie et de travail des personnes à bord des navires et la mise en œuvre des mesures pour renforcer la sécurité et la sûreté dans les ports.

---

[415] Le mémorandum d'entente ou *Memorandum Of Understanding* (MOU) constitue le cadre de coopération portuaire institué par les États de l'Afrique de l'Ouest et du Centre en vue de mettre en œuvre toutes les obligations internationales de l'État du port tant au regard de la CNUDM qu'en application des conventions relatives à la sécurité maritime. L'objectif de contrôler 25 % des navires faisant escale dans les ports correspond à celui fixé par le MOU de Paris, considéré comme modèle. Il s'agit donc, pour ces États, d'une ambition, et ils doivent par conséquent dégager les ressources humaines et financières nécessaires à son aboutissement.

[416] Extrait de l'entretien de Louis-Marie Nombo Mavoungou, ministre congolais des Transports maritimes et de la Marine marchande, « Louis-Marie Nombo Mavoungou : Vers une réelle coopération régionale en matière maritime », *Avant-garde*, n° 005, avril-juin 2007.

387. La convention OPRC, on l'a vu, a pour objet de servir de cadre mondial à la coopération internationale pour la lutte contre les événements ou les menaces graves de pollutions des mers[417]. Elle fait référence, dans son préambule, au principe du « pollueur-payeur » et prévoit que les États doivent mettre en place un dispositif de réponse aux accidents pétroliers. Ils doivent aussi adopter des textes imposant aux navires battant leur pavillon de se doter d'un plan d'urgence et aux capitaines de rapporter sans délai, à l'État côtier le plus proche, tout événement sur le bateau impliquant un déversement ou un risque de déversement d'hydrocarbures. De même, les exploitants d'unités au large relevant de la juridiction de parties à la convention doivent également avoir des plans d'urgence contre la pollution par les hydrocarbures ou des arrangements analogues qui doivent être coordonnés avec les systèmes nationaux afin de lutter rapidement et efficacement contre les événements de pollution par les hydrocarbures.

388. L'État côtier devra, en ce qui le concerne, informer les autres États touchés ou susceptibles d'être touchés des mesures prises pour faire face à la situation. Dans la mesure de ses moyens, chaque État a un devoir d'assistance en cas d'accident particulièrement dangereux. Il convient de noter un progrès dans la logique de prévention de la pollution du milieu marin par les hydrocarbures, car la convention OPRC privilégie l'approche coopérative de cette lutte et reconnaît la nécessité d'inclure l'État du pavillon dans la prévention. Pour sa part, l'État du pavillon doit imposer des plans d'urgence à bord des navires, tandis que l'État côtier a l'obligation de prendre des mesures nécessaires pour informer tout État susceptible d'être touché par la pollution, et tous ont ensemble un devoir d'assistance en cas de situation critique.

389. De plus, dans le cadre de cette convention, des initiatives importantes se déploient sur le plan régional afin de doter les structures nationales compétentes des capacités nécessaires en matière d'évaluation d'impact environnemental des déversements d'hydrocarbures en mer. Il s'agit notamment des actions de l'OMI et de l'Association internationale de l'industrie pétrolière pour la sauvegarde de l'environnement (IPIECA)[418], qui organisent des séminaires de formation au profit des cadres nationaux.

390. Ces modes coopératifs prévus par les textes spécifiques édictant l'encadrement des activités des États en matière d'exploration et de production des hydrocarbures visent à garantir les normes et à leur donner

---

[417] Cette convention a été adoptée le 30 novembre 1990 et est entrée en vigueur le 13 mai 1995 après une conférence des principaux États industriels qui s'est tenue à Paris à la suite de la catastrophe de l'*Exxon Valdez*. Le protocole additionnel du 15 mars 2000 a été adopté pour la préparation, la lutte et la coopération contre les événements de pollution par substances nocives et potentiellement dangereuses. Celui-ci est entré en vigueur le 17 juin 2007.

[418] L'initiative mondiale pour l'environnement marin et côtier d'Afrique de l'Ouest et du Centre (GI WACAF) sert de cadre de coopération technique entre l'OMI, l'UNEP, l'IPIECA et les États côtiers, pétroliers, notamment, de la région. Pour plus d'informations, voir : http://www.gicawaf.org/.

une force obligatoire supérieure à ce que ce simples normes déclaratoires pourraient assurer. C'est ici un stade supérieur de la coopération normative dans la mesure où le lien juridique établi avec les professionnels du secteur est institutionnalisé, ostentatoire et assumé par les États.

391. En plus des sources spécifiques au droit de l'environnement des hydrocarbures, aux supports formels le consignant et à l'encadrement institutionnel le particularisant, le droit des hydrocarbures a aménagé un régime de responsabilité contribuant, dans une large mesure, à la limitation de la souveraineté des États en la matière.

B. L'appropriation par la responsabilisation des acteurs

392. Selon Jutta Brunnée et Toope, la théorie de l'interactionnisme juridique permet de mettre en relief la valeur ajoutée d'une norme, au regard de l'intérêt, le consensus et les modalités arrêtées par les acteurs concernés dans la mise en œuvre de celle-ci[419]. La production des normes juridiques relatives à la responsabilité des acteurs est alors un exercice sensible pour les États. Propriétaires certes des ressources naturelles mais dont l'exploitation dépend dans une large mesure de l'expertise et des financements des entreprises privées étrangères, il s'agit de trouver un équilibre pertinent dans la définition des responsabilités de chacun des acteurs en cas de survenance d'un dommage environnemental. Toutes les conditions sont alors réunies pour un exercice contrôlé et parcimonieux du pouvoir normatif des États.

393. Au final, le droit international a davantage orienté la responsabilité technique vers les acteurs opérationnels, même de façon canalisée (1), mais n'a pas exclu celle des États, dont le champ est, par voie de conséquence, limité (2).

1. La responsabilisation canalisée et objective d'acteurs privés

394. Les activités d'exploration et d'exploitation des fonds marins étant presque toujours le fait de particuliers, le premier de ces problèmes est de savoir si, conformément au droit international, les États doivent être tenus responsables des dommages causés par des personnes se trouvant sous leur juridiction ou leur contrôle. D'après l'interprétation qu'en fournissent certains États et auteurs, ce genre de responsabilité est implicite dans l'article 21 de la déclaration de Stockholm de 1972 qui proclame que les États ont « *le devoir de s'assurer que les activités exercées dans les limites de leur juridiction ou sous leur contrôle ne causent pas de dommage à l'environnement dans d'autres États ou dans des régions ne relevant d'aucune juridiction nationale* ».

395. Pour ce qui est de la pollution marine, cette interprétation du principe est rendue explicite dans des propositions présentées par l'Australie

---

[419] BRUNNÉE J. et TOOPE STEPHEN J., *Legitimacy and legality in international law an interactional account*, *op. cit.*, p. 55.

et par la Norvège au Comité des fonds marins des Nations unies[420]. La même idée semble avoir été acceptée dans le premier des textes de négociation issus de la conférence du droit de la mer[421]. La responsabilité de droit international pour les dommages provoqués par la pollution marine due à des personnes sous la juridiction ou le contrôle de l'État semble cependant ne pas être généralement acceptée. La plupart des auteurs soulignent que les États ont des devoirs de diligence dans la réglementation et le contrôle des activités qui se déroulent sur leur territoire ou sous leur pavillon, dont la violation peut entraîner leur responsabilité. On ajoute parfois que cette responsabilité, au moins en ce qui concerne les activités dangereuses, est une responsabilité sans faute. Il n'en reste pas moins qu'on accepte les principes traditionnels en ce qui concerne l'imputation à l'État du fait dommageable[422].

396. Ceci a formellement été la position de la majorité des États à la IIIe conférence des Nations unies sur le droit de la mer. L'article 44 de la troisième partie du texte de négociation révisé de 1976 accepte cette position, ainsi que le TNCO. D'après l'article 236, §1, de ce dernier, *« il incombe aux États de veiller à l'accomplissement de leurs obligations internationales relatives à la protection du milieu marin. Ils seront responsables, conformément au droit international, des dommages qui leur sont imputables du fait du non-respect de ces obligations »*[423]. Le même principe, bien qu'exprimé de manière un peu moins claire, ressort de l'article 139 du TNCO en ce qui concerne des dommages résultant des activités menées dans la zone internationale des fonds marins[424].

---

420 Doc. australien A/AC.138/SC.III/L 27, 23 mai 1973, principe « e » ; doc. norvégien A/AC.138/SC.III/L 43, 19 juillet 1973, art. XX.

421 Texte unique de négociation officieux, A/CONF.62/WP.8. Partie III, chap. sur la préservation et protection de l'environnement marin, art. 41.

422 Cette position est très bien exprimée par MORIN: « *Les règles coutumières applicables à la responsabilité pour les faits des particuliers sont à l'effet que l'État ne saurait être tenu responsable, à moins qu'il n'y ait négligence de sa propre part, ses seules obligations étant d'exercer la diligence requise pour prévenir les actes dommageables et d'assurer l'accès des victimes éventuelles à ses tribunaux. En d'autres termes, la responsabilité de l'État dérive de son propre comportement et non de l'acte du ressortissant.* » (in *La pollution, op. cit.*, p. 342) ; V° aussi DUPUY P.-M., *La responsabilité, op. cit.*, pp. 196-198.

423 Les principes contenus à l'art. 236 (préc.) sont développés (et non démentis) par la proposition d'amendement à l'article présenté par 18 États arabes et le Portugal le 2 mai 1978 (IIIe Conf. N.U. Droit Mer, Doc. Off., X, p. 216) ; cette proposition en reprend une autre, présentée le 23 avril 1978 dans un document informel de la délégation du Maroc.

424 Cet article prévoit que « *les dommages causés par le manquement d'un État partie aux responsabilités, qui lui incombent en vertu de la présente partie, entraînent obligation de réparer* ». Cela doit se faire toutefois « *sans préjudice des règles de droit international* » et du principe (art. 16 de l'an. II au TNCO) d'après lequel « *toute faute dommageable résultant de la conduite des opérations par le contractant entraîne la responsabilité de celui-ci, y compris l'obligation de réparer* ». Il s'ensuit qu'ici aussi, la responsabilité des États n'existe que pour les « *dommages qui leur sont imputables* ». Cela est confirmé par le même art. 139, dans le paragraphe qui exclut la responsabilité de l'État qui patronne une entreprise privée active sur les fonds marins internationaux si cet État « *a pris toutes mesures nécessaires pour assurer le*

397. Le principe de l'article 236, §1 du TNCO sanctionne l'importance donnée à l'idée suivant laquelle lorsque, aux termes du droit international, l'on veut tenir l'État pour responsable, il faut en premier lieu que le comportement dont il s'agit lui soit imputable. En d'autres termes, il faut que ce comportement soit la conséquence de ses propres actes ou omissions et, en deuxième lieu, que ce comportement constitue un manquement à une obligation internationale de l'État[425].

398. Le premier point implique qu'il y a des comportements et des dommages non imputables aux États et que, par conséquent, il faut réglementer la responsabilité des personnes privées dans le cadre du droit national et spécialement de ce droit harmonisé sur le plan international.

399. Cette même conséquence dérive du deuxième point. Au fur et à mesure que les obligations des États se font plus précises, il devient de plus en plus urgent pour les États d'organiser, dans leurs droits internes, des moyens de recours et des règles de fond qui soient autant efficaces et non discriminatoires que possible pour les victimes. Ainsi, les États pourront éviter que les dommages subis par des particuliers étrangers à la suite de violations de leurs obligations internationales puissent mettre en action le mécanisme de la protection diplomatique et de la responsabilité internationale. C'est à cette condition – qui implique aussi l'existence de règles adéquates sur la compétence judiciaire, sur les conflits de lois et sur le droit d'ester en justice – que la responsabilité internationale pourra rester, en pratique, et comme le souhaitent sans doute les États, une responsabilité supplétive[426]. Cette responsabilité ne serait alors engagée qu'au cas limite où les recours internes seraient épuisés sans succès.

400. La deuxième initiative est la convention adoptée à Londres le 17 décembre 1976 (et ouverte à la signature le 1er mai 1977) sur la responsabilité civile pour dommages dus à la pollution par hydrocarbures résultant de l'exploration et de l'exploitation des ressources minérales de fonds marins[116]. Les aspects les plus intéressants de cette convention, qui a un domaine d'application régional limité à la mer du Nord et à des parties de l'Atlantique Nord-Est et de la Baltique, ressortent d'une comparaison avec la convention de Bruxelles du 29 novembre 1969 sur la responsabilité civile pour dommages dus à la pollution par hydrocarbures[427], convention dont elle reprend, avec des changements significatifs, la structure et la plupart des idées de base.

---

respect effectif » de la convention et des règles et règlements émanant de l'autorité. Lire professeur TREVES T., « La pollution résultant de l'exploration et de l'exploitation des fonds marins en droit international », *AFDI*, vol. 24, 1978. http://www.persee.fr/doc/afdi_0066_3085_1978_num_24_1_2128. p. 843-844.

425 Commission du droit international, projet d'articles sur la responsabilité des États, art. 3. Commentaire dans le rapport de la Commission sur sa 25e session, CDI, *Annuaire*, 1973, II.

426 DUPUY P.-M., *La responsabilité, op. cit.*, p. 153 et s.

427 *New Directions*, VI, p. 535. Cf. FLEISCHER, "Oil Spills: Convention to Limit Liability", *Environment Policy and Law*, vol. 3, 1977, pp. 76-78.

401. Le régime qui émerge de la convention de 1976, ainsi que de celle de 1969, est une responsabilité canalisée et objective. La « canalisation » de la responsabilité consiste en ce que les actions en responsabilité, aux termes de la convention, ne peuvent être dirigées que contre une personne : l'exploitant, qui est une personne détentrice ou non d'une licence, « *désignée en tant que telle par l'État de contrôle (c'est-à-dire l'État qui exerce les droits souverains sur l'exploration et l'exploitation des ressources dans la zone où se trouve l'installation) ou, en l'absence d'une telle désignation, la personne qui exerce son autorité sur l'ensemble des activités de l'installation* »[428]. La canalisation n'est pas pour autant complète. La convention de 1976 (de même que celle de 1969 en ce qui concerne la propriété du navire) ne paraît pas exclure des actions en responsabilité dirigées, sur la base du droit commun, en dehors du système de la convention contre des personnes différentes de l'exploitant, de ses préposés ou mandataires[429].

402. La responsabilité est objective car aucune preuve de la part de l'exploitant (ou du propriétaire du navire pour la convention de 1969) n'est nécessaire pour établir la responsabilité.

403. Des causes d'exonération n'en sont pas moins prévues par les deux conventions. Au nombre de ces causes, on trouve les actes de guerre, les hostilités, les guerres civiles, les insurrections et tous les phénomènes de caractère exceptionnel, inévitable et irrésistible, ainsi que le fait que le dommage résulte soit d'un acte (ou d'une omission volontaire), soit de la négligence de la personne ayant subi le dommage[430].

404. Un deuxième point à retenir est de savoir si la responsabilité doit être limitée. La convention de 1976, comme celle de 1969, accepte le principe que l'exploitant (ou le propriétaire du navire) limite sa responsabilité en constituant un fonds auprès d'un tribunal ou de toute autre autorité compétente dans l'un quelconque des États contractants où une action a été engagée[431]. Selon la convention de 1969, ce principe est valable dans tous les cas.

405. Ce champ de responsabilité des acteurs privés détermine mécaniquement celui des États, laquelle responsabilité s'avère assez restrictive.

---

[428] Professeur TREVES T., « La pollution résultant de l'exploration et de l'exploitation des fonds marins en droit international », *op. cit.*, p. 846-847.

[429] Cela ressort de l'art. 4, qui prévoit qu'aucune demande ne puisse être formée contre l'exploitant autrement que sur la base de la convention, et qu'aucune action en indemnisation pour pollution ne puisse être intentée, sur la base de la convention ou autrement, contre les préposés ou les mandataires de l'exploitant. Rien n'empêche pourtant des actions en droit commun contre d'autres personnes. En ce qui concerne la convention de 1969, v. l'art. III, par. 4.

[430] Art. 3, par. 3 et 4 de la convention de 1976 ; art. III, par. 2 et 3 de celle de 1969.

[431] Convention de 1976, art. 6 ; convention de 1969, art. V.

2. La responsabilisation restrictive des États

406. La responsabilité internationale des États pour pollution due aux activités sur les fonds marins n'est qu'un aspect du problème de la responsabilité internationale pour pollution en général et pour pollution marine en particulier. Les principes environnementaux leur imputent toute une série de diligences qu'ils sont les seuls à pouvoir mettre en œuvre. L'on observe alors, ici, une production normative suffisamment détaillée, visant à s'assurer que les destinataires de ces normes sont assez avertis des exigences qui sont les leurs en matière de protection de l'environnement. Il s'agit ici de la mise en œuvre des règles de droit international classiques, où les États coproduisent un système de régulation commun en vue de leur coexistence pacifique.

407. C'est ainsi que selon ces principes, les États mettront sur un pied d'égalité les personnes et les situations touchées par la pollution transfrontière. Une coopération internationale relative aux règles du droit interne, de procédure et de fond, sur la responsabilité et l'indemnisation des dommages provoqués par la pollution, n'en est pas moins importante dans l'optique plus vaste de l'uniformisation de ces règles, indépendamment du caractère transfrontière de la pollution.

408. L'État riverain ne doit prendre que les mesures qui sont nécessaires et après avoir dûment consulté les parties intéressées, y compris en particulier l'État ou les États du pavillon du navire ou des navires en cause, les propriétaires des navires ou des cargaisons en question et, lorsque les circonstances le permettent, des experts indépendants désignés à cette fin. Un État riverain qui prend des mesures allant au-delà de celles autorisées par la convention est tenu de verser une indemnisation pour tout dommage causé par de telles mesures[432].

409. L'on constate alors un régime de protection particulier de l'État en cas de survenance d'une telle situation. La demande en réparation est effectuée par voie de négociation entre les parties en cause ou entre la partie et les personnes physiques ou morales intéressées. Sauf décision contraire des parties, une demande en réparation qui n'a pu être réglée par voie de négociation est soumise à une commission de conciliation ou à un tribunal arbitral, conformément aux conditions prévues à l'annexe de cette convention[433].

410. La partie en cause ne doit pas toutefois repousser ces modes de règlement de différends, sauf si les recours ouverts devant ses propres tribunaux n'ont pas été épuisés. Le droit d'intervention en haute mer de l'État côtier est cependant limité aux navires autres que ceux appartenant à un État ou exploités par lui et affectés exclusivement à un service gouvernemental non commercial[434]. Ce régime marque la fin de l'exclusivité

---

[432] *Ibid.* Art. 6.
[433] *Ibid.* Art. 8 (1) et annexe.
[434] *Ibid.* Art. 1 (2).

de la compétence de l'État du pavillon en haute mer. Une fois de plus, sa souveraineté s'arrête où commence celle des autres États. Il est cependant exceptionnel, dans la mesure où c'est un danger, ou la menace d'un danger, qui justifie l'intervention de l'État. En tout état de cause, les États sont les acteurs uniques de la définition de ces règles, dans une relation internationale classique où les sujets de la scène internationale arrêtent en commun des normes leur permettant de coexister pacifiquement.

411. Les règles concernant les rapports directs entre ces États et les investisseurs privés étrangers, regroupées autour du droit international économique, sont produites différemment.

SECTION II. LE DROIT INTERNATIONAL DES INVESTISSEMENTS : LA RÉGULATION PAR LE PARADIGME JURIDIQUE DE PROTECTION DES INVESTISSEURS PRIVÉS ÉTRANGERS

412. Les précisions relatives au pouvoir économique des États en matière d'exploitation des hydrocarbures, notamment relatives au principe de souveraineté des États sur leurs ressources naturelles, ont mis en évidence un mode d'élaboration des normes par les États qui tiennent compte des intérêts des entreprises étrangères[435]. L'élaboration progressive de ces normes a montré une interaction entre les États en tant que souverains, et les entreprises privées étrangères en tant que cocontractants de ces derniers, notamment avec l'encadrement des règles de dépossession. S'agissant des liens directs que ces États peuvent entretenir avec les investisseurs étrangers, notre hypothèse est que l'interaction entre les acteurs est davantage perceptible, réduisant l'État à un acteur économique classique qui coopère nécessairement avec ses contractants. Cette posture quasi égalitaire est davantage probable que dans le néolibéralisme contemporain, car « *la fonction du droit positif est de consigner sous forme de normes, les exigences émanant du corps social* »[436], et, « *à son stade ultime, l'État néolibéral vient à s'en remettre aux opérateurs économiques pour qu'ils établissent par eux-mêmes les disciplines auxquelles ils entendent se soumettre* »[437]. Il s'agira alors d'apprécier le pouvoir normatif des États en matière d'investissements énergétiques, à l'aune du monisme juridique, précisément du monisme relationiste ou interactionniste, déjà vérifié.

413. Comme le rappelle Charles Leben, « *le premier des soucis de tout investisseur à l'étranger, en dehors de sa sécurité physique, concerne la sécurité de son investissement face à la toute-puissance normative de l'État*

---

[435] Voir *supra,* chap. I., par. 2, « Droit de la souveraineté économique des États ».

[436] NOUVEL Y., « L'État néo-libéral au cœur de la mondialisation économique », in *L'État dans la mondialisation, op. cit.*, p. 143.

[437] *Ibid.*p.145.

dans lequel il investit »[438]. L'État est le seul à disposer du pouvoir régalien de légiférer et de juger, instruments susceptibles de porter atteinte aux intérêts pluriels de l'investisseur privé étranger. Ce risque, qualifié de politique par la doctrine[439], constitue une bonne partie du droit international des investissements, mais il convient de noter que l'État récepteur des investissements court lui-même des risques spécifiques[440].

414. La protection des investissements constitue alors un thème majeur. Elle se définit comme l'ensemble des principes et règles relevant du droit international et du droit interne, qui ont pour but ou pour effet d'empêcher ou de réprimer toute atteinte publique à l'existence ou à la consistance de l'investissement international. Parler de la protection des investissements étrangers revient à s'intéresser aux traités bilatéraux (TBI) et multilatéraux (TMI) de protection des investissements. En effet, les TBI comme les TMI sont, dans une large mesure, des instruments de réduction des « risques politiques ». Ils font obligation aux États signataires de fournir le plus haut et le plus constant degré de « protection et de sécurité » aux investisseurs privés étrangers.

415. Or, s'agissant du droit international public entendu comme « *droit produit par le concours de deux ou plusieurs États* »[441], les règles concernant la régulation contractuelle des États récepteurs des investissements et les entreprises privées étrangères ne sont pas initialement produites par ces derniers acteurs[442]. L'encadrement des relations contractuelles de ce binôme État - entreprises privées étrangères a par conséquent subi une mutation substantielle dont rend compte le droit international actuel, dans le sens d'une limitation du pouvoir souverain des États.

416. Les hydrocarbures ont fortement contribué à la remodélisation normative des investissements privés étrangers, comme le reconnaissent plusieurs auteurs. Ainsi, déclinant les prémisses d'un rééquilibrage des pouvoirs entre les États et les entreprises privées étrangères entre les deux guerres mondiales par leur soumission à un droit applicable autre que le droit national, Charles Leben fait remarquer que « *cela a été le cas (...) de certains contrats de concession de services publics conclus par la Grèce* » et, ajoute-t-il, « *c'est le cas surtout des contrats de concession pétrolière*... »[443]. La dynamique d'arbitrabilité des litiges entre États et investisseurs privés étrangers également, pour l'auteur, prend son envol avec

---

438 LEBEN C., « Droit international des investissements : un survol historique », in LEBEN (dir.), *Droit international des investissements et de l'arbitrage transnational*, Pedone, 2015, p. 5.

439 *Ibid.*, p. 6.

440 En particulier celui de faire face à des pressions de l'État hôte de l'investissement.

441 COMBACAU, SUR, *D.I.P.*, 4e éd., 1999, p. 1, cité par SALMON J., *Dictionnaire de droit international public*, *op. cit.*, p. 387

442 LEBEN C., « Droit international des investissements : un survol historique », *op. cit.*, pp. 1-79.

443 *Op. cit.*, p. 41. (C'est nous qui soulignons).

« *plusieurs grandes affaires dans le domaine pétrolier qui opposent directement des sociétés pétrolières et des États pour des questions qui touchent au droit international (droit applicable, rupture de contrats de concession, indemnisation de nationalisation, etc.)* »[444].

417. Mathias Audit va dans le même sens lorsqu'il affirme que s'agissant de l'arbitrage entre États et entreprises privées étrangères, « *c'est indéniablement les grands arbitrages pétroliers et miniers ayant précédé et suivi la Seconde Guerre mondiale qui ont donné ses lettres de noblesse à ce mode direct de règlement des litiges en matière d'investissements étrangers* »[445]. L'activité pétrolière peut alors être considérée non seulement en amont, comme le foyer principal de reconfiguration du droit des investissements, mais aussi comme son principal destinataire, en aval.

418. Dès lors, étudier les dynamiques normatives autour de l'activité pétrolière constitue un socle pertinent voire essentiel d'extrapolation du champ plus vaste des investissements privés étrangers. Mieux, les caractéristiques principales de cette industrie en termes d'acteurs, d'enjeux financiers et de postures multiples de l'État (souverain, administratif, commerçant) sont un terreau indispensable de compréhension et de maîtrise des mécanismes de protection construits au fil du temps par les acteurs.

419. Si la doctrine reconnaît que la généralisation du procédé conventionnel a accentué les limites dans l'exercice de la souveraineté des États signataires, plusieurs angles d'approche sont utilisés pour en décrire l'ampleur et la nature. L'approche la plus empruntée est l'énumération. Ainsi a-t-on plus classé ces limites suivant qu'elles constituent des contraintes d'application immédiate ou qu'elles sont d'application médiate[446]. D'autres tentent une classification suivant que les clauses de protection s'énoncent par renvoi, ou selon qu'elles sont autonomes, qualifiées alors d'absolues[447].

---

[444] *Op. cit.*, p. 56. Il cite alors les sentences d'Abu Dhabi (1951), *Ruler of Qatar, Aramco* (1958), *Sapphire* (1963), les trois sentences libyennes, *Texaco, LIAMCO* et *BP,* et la sentence *AMINOIL* (1982), sur lesquelles nous reviendrons.

[445] LEBEN C., « La jurisprudence arbitrale comme source du droit international des investissements », in LEBEN (dir.), *Droit international des investissements et de l'arbitrage transnational, op. cit.*, p. 124.

[446] Voir BONOMO S., *Les traités bilatéraux relatifs aux investissements. Entre protection des investissements privés étrangers et sauvegarde de la souveraineté des États*, P.U.A.M., 2012, p. 137. Les premières seraient alors les règles relatives à la dépossession de l'investissement, celles qui prohibent la prescription de résultats, et enfin celles qui intègrent le respect des engagements pris. Les secondes sont celles qui portent sur les standards minimum de droit international et celles destinées à éviter une concurrence inégale.

[447] DE NANTEUIL A., *Droit international des investissements*, Éditions Pedone, 2014, pp. 287-389. Les premières concerneraient alors les clauses de traitement national et de la nation la plus favorisée, et les secondes, plus nombreuses, les clauses de traitement juste et équitable, contre l'expropriation, pour la pleine et entière protection et sécurité, la garantie de libre transfert, l'interdiction de l'exigence de performance et la compensation des pertes.

420. Vu la diversité des mesures étatiques pouvant être prises à l'encontre d'investisseurs privés internationaux et/ou de leurs opérations[448], l'approche énumérative ou quantitative ne nous semble pas appropriée dans le cadre de notre étude, pour deux raisons. D'abord, elle court le risque d'une incomplétude, la variété des mesures de protection dans le temps et dans l'espace étant conséquente. De plus, la typologie énumérative ne rend pas forcément compte du sens donné à l'une d'entre elles par les juges, qui utilisent parfois les mêmes termes pour décrire la même réalité[449].

421. Dans une perspective normativiste et précisément pour notre entreprise de décodage[450] du droit des hydrocarbures, mais surtout d'évaluation du pouvoir normatif des États en matière de droit des investissements, l'on peut observer la limitation du pouvoir étatique par le durcissement tant de la forme (§1) que du fond (§2) des normes de protection des investisseurs privés étrangers.

§1. La limitation par le durcissement de la forme des normes : la linéarité de l'enveloppe normative

422. Comme le rappelle Yves Nouvel, les traités bilatéraux d'investissement sont une transcription, en droit international, du pouvoir normatif des investisseurs privés étrangers, du moins de leur habilitation à réclamer directement un traitement protecteur de la part des États[451]. Dès lors, l'étude de l'évolution des mécanismes de production de ces traités internationaux, ainsi que de leur force normative, permettra d'évaluer la place des États dans la production des normes internationales en matière d'hydrocarbures.

423. Deux types de traités contribuent, à l'échelle internationale, à limiter le pouvoir souverain des États en matière économique : les traités bilatéraux

---

448 Voir MANCIAUX S., *Investissements étrangers et arbitrage entre États et ressortissants d'autres États. Trente années d'activité du CIRDI*, Litec, 2004, pp. 443-608.

449 Ainsi trouve-t-on dans la sentence *B & B c/Congo* (ARB/77/1) les termes de saisie, dépossession, appropriation, confiscation, nationalisation et expropriation (sentence du 8 août 1980, §4.56 à 4.65). Manciaux nous dit à propos que « *cette façon de procéder est critiquable en ce qu'elle laisse à penser que ces divers termes sont équivalents alors que littéralement ils désignent qui des décisions de justice, qui des actes juridiques, qui le résultat auquel aboutissent ces actes ou décisions* ». *Investissements étrangers et arbitrage entre États et ressortissants d'autres États. Trente années d'activité du CIRDI, op. cit.*, p. 443.

450 Vincent Forray et Sébastien Pimont expliquent que « *le texte accomplit un codage par lequel le monde prend forme de droit, ce qui permet au juriste de s'y mouvoir, de texte en texte. (...) Ainsi, l'écriture fixe le droit en une réalité qui se substitue au réel ; un réseau référentiel et intertextuel que parcourent les juges et les juristes* ». Et ils continuent : « *Ceux-ci, dans l'exercice de leur activité, opèrent le nécessaire décodage de cette réalité afin de la mettre en rapport avec la cause qui guide leur action...* » *Décrire le droit... et le transformer*, Dalloz, 1re édition, 2017, p. 28.

451 NOUVEL Y., « L'État néo-libéral au cœur de la mondialisation économique », *op. cit.*, p. 145.

de protection des investissements (A) et les traités multilatéraux portant sur les investissements (B).

A. Le durcissement des normes par les TBI

424. Les TBI constituent une forme évoluée des normes coutumières antérieures qui se sont avérées de force obligatoire relative[452]. Au gré de l'évolution des différents rapports de force entre les États récepteurs des investissements étrangers et les investisseurs privés étrangers, les règles antérieures d'origine coutumière ont été intégrées dans des accords internationaux interétatiques, contribuant alors à l'augmentation de la force normative de ces dernières (1). Ce faisant, au regard de la multiplication de l'usage de ce procédé conventionnel, les acteurs ont contribué à la consolidation de la coutume internationale, elle-même considérée comme une source du droit international public (2). L'on pose ainsi pour hypothèse que le rétrécissement du pouvoir normatif des États en matière d'investissements énergétiques a également évolué de manière graduelle, et par l'action combinée de plusieurs facteurs.

1. Le durcissement par la forme

425. La sécurisation de l'investisseur privé étranger a toujours nécessité, de la part de l'État récepteur de ces investissements, un comportement compatible avec la préservation des intérêts pécuniaires de ses contractants, nonobstant les enjeux de préservation de sa souveraineté. Les TBI constituent alors la deuxième articulation dans le processus de durcissement des standards de traitement des investisseurs étrangers (b), après la première dynamique, jugée insuffisante, de contractualisation directe entre États et investisseurs privés étrangers (a).

a) Les contrats d'État comme germes des TBI

426. Les contrats d'État sont ceux conclus « *entre un État et une entreprise privée étrangère en vue de la réalisation d'une opération économique d'une certaine importance, le plus souvent un investissement, et que les parties n'ont pas entendu rattacher purement et simplement au droit interne de l'État contractant* »[453]. Si les contrats d'État peuvent couvrir un large éventail de questions, selon la Conférence des Nations unies sur le commerce et le développement (CNUCED), « *une des formes les plus communes de contrats d'État est le contrat d'exploitation des ressources*

---

[452] Lire CREPET DAIGREMONT C., « Les sources du droit international des investissements », in LEBEN (dir.), *Droit international des investissements et de l'arbitrage transnational,* Pedone, 2015, p. 87.

[453] SALMON J., *Dictionnaire de droit international public, op. cit.*, p. 256.

naturelles, appelé parfois 'accord de concession'... »[454]. Si de nombreuses études ont porté sur la nature des contrats d'État[455], il convient de rappeler, dans le cadre de notre étude, qu'ils sont le fruit d'une volonté des investisseurs privés étrangers exportateurs de capitaux et de technologies de renforcer la sécurité de leurs investissements.

427. En effet, la sécurisation des intérêts pécuniaires des investisseurs privés étrangers, avant l'avènement des contrats d'État, était dépendante de leurs interlocuteurs étatiques, dans la mesure où seul le droit national était considéré comme applicable. Dans son célèbre *dictum* de 1929 contenu dans l'affaire concernant le paiement des divers emprunts serbes émis en France, la Cour permanente de justice internationale affirmait alors que « *tout contrat qui n'est pas un contrat entre États en tant que sujets du droit international, a son fondement dans une loi nationale* »[456]. En termes de droit applicable, la même Cour affirme ainsi qu'« *un État souverain (...) ne peut être présumé avoir soumis la substance de sa dette et la validité des engagements pris par lui à ce sujet à une loi autre que sa propre loi* »[457]. Dès lors, seuls des principes généraux de droit, ou la coutume internationale, constituent les bases fragiles de sécurisation des intérêts des investisseurs privés étrangers[458].

428. Or, « *pour les investisseurs, le choix du droit de l'État d'accueil comme droit applicable ne pouvait assurer le minimum de sécurité juridique sans laquelle il ne peut y avoir des relations d'affaires pérennes* »[459]. Ainsi les parties convinrent-elles progressivement, depuis l'entre-deux-guerres, de contractualiser leurs engagements directement, en vue de renforcer leur sécurité face aux pouvoirs tant législatifs que juridictionnels de leurs contractants étatiques. En somme, il s'agissait clairement de rééquilibrer les pouvoirs de chacune des parties, par un double moyen :

---

454 http://unctad.org/en/Docs/iteiit200411_en.pdf. La CNUCED s'emploie à faire mieux comprendre la nature des sociétés transnationales et leur contribution au développement, ainsi qu'à créer des conditions propices à l'essor de l'investissement international et des entreprises. Elle s'acquitte de sa tâche au moyen de délibérations intergouvernementales, de travaux de recherche et d'analyse, d'activités d'assistance technique, de séminaires, d'ateliers et de conférences.

455 Lire notamment LANKARANI EL ZEIN L., *Les contrats d'État à l'épreuve du droit international,* Éditions Bruylant, Université de Bruxelles, 2001.

456 CPJI, série A, n°20, 1929, arrêt n°14, p. 41.

457 CPJI, *Affaire relative au paiement en or des emprunts fédéraux brésiliens émis en France*, série A, n°21, 1929, arrêt n°15, p. 121.

458 Notamment le standard de traitement national qui requiert de l'État qu'il accorde le même traitement en droit aux étrangers, généralement consigné dans les traités d'amitié, de commerce et de navigation signés entre deux États, ainsi que, dans une moindre mesure, le standard minimum de traitement des étrangers en droit international. Lire LEBEN C., « Droit international des investissements : un survol historique », in LEBEN (dir.), *Droit international des investissements et de l'arbitrage transnational, op. cit.*, pp. 20-27.

459 *Ibid.*, p. 36.

– Sur le plan du droit applicable, par le renvoi consensuel à des sources de droit autres que le droit national, notamment les principes généraux de droit reconnus par les nations civilisées[460].

– Sur le plan de la résolution potentielle des litiges, par la soumission de celui-ci à l'arbitrage mixte ou transnational[461].

429. Ainsi a été amorcée la dynamique de limitation formelle des pouvoirs souverains essentiels dans leurs rapports avec les investisseurs privés étrangers, et ceci, indépendamment de la portée véritable tant du droit applicable ainsi énoncé, de l'arbitrage ainsi organisé, que de la nature juridique du contrat d'État en question[462]. En effet, l'enjeu alors était moins la conformité aux règles du droit international sur le plan matériel que l'introduction de signaux et de messages normatifs nouveaux, destinés à discipliner les États. Les contrats d'État sont alors de véritables instruments de communication normative visant à propager un mot d'ordre clair : la nécessité de protéger les intérêts des investisseurs privés par-delà les pouvoirs souverains des États. Leur fonction est le téléguidage, dans le sens de Gilles Deleuze[463], du binôme essentiellement déséquilibré, État - entreprise privée étrangère, mais ainsi domestiqué par la combinaison des clauses de droit applicable et d'arbitrage. Les contrats d'État, en tant que consignataires des règles coutumières anciennes, contribuent alors à la densification d'un flux normatif d'origine interétatique mais fragile, et participent d'une meilleure promotion et positivité de ces règles[464].

430. C'est cette dynamique de durcissement formel des normes réduisant le pouvoir souverain et normatif des États qui continuera chronologiquement avec l'apparition, ensuite, des traités bilatéraux de protection des investissements.

---

[460] Voir les exemples de l'article 89 du contrat de concession entre la société Petroleum Development (*Trucial Coast*) et Abu Dhabi, et de l'article 22 F du contrat de concession entre la Perse et l'Anglo-Iranian Oil Company (ARAMCO), stipulant qu'en cas d'arbitrage, « *la sentence se basera sur les principes juridiques contenus dans l'article 38 des Statuts de la Cour permanente de justice internationale* », c.-à-d. les principes généraux de droit reconnus par les nations civilisées. V. CIJ, Mémoires, *Affaire de l'Anglo-Iranian Oil Cy, Royaume-Uni c. Iran*, annexe A, accord entre le gouvernement impérial de Perse de l'Anglo-Iranian Oil Cy Ltd, conclu à Téhéran le 29 avril 1933, pp. 30-32, cité par LEBEN C., « Droit international des investissements : un survol historique », in LEBEN (dir.), *Droit international des investissements et de l'arbitrage transnational, op. cit.*, p. 36.

[461] Exemples des contrats pétroliers cités par Charles Leben, *ibid.*, p. 41.

[462] Un débat sans fin porte en effet sur la nature internationale ou pas de tels contrats, avec une tendance récente à les considérer davantage comme relevant du droit transnational.

[463] Pour lui, les sociétés créées après la Deuxième Guerre mondiale sont davantage des sociétés de communication, entendue comme des mots d'ordre à « téléguidage » social. Cité par NICOLAS E., « Les flux normatifs et la densification normative », in THIBIERGE et *al.*, *La densification normative*, *op. cit.*, pp.109-112.

[464] Lire NICOLAS E., « L'invitation normative à penser la positivité en termes de processus. L'introduction du facteur temps dans le concept de positivité », in THIBIERGE et *al.*, *La densification normative*, *op. cit.*, pp. 253-270.

b) Les TBI comme instruments supplémentaires de protection des investisseurs étrangers

431. Les traités bilatéraux de protection des investissements (TBI) occupent une place essentielle dans le droit des investissements, et donc des hydrocarbures. Au demeurant, « *l'apparition de ce type d'instrument coïncide (...) avec les premières grandes affaires mettant un opérateur aux prises avec un État étranger, dans des contentieux souvent développés dans le domaine pétrolier – lequel était certainement le secteur dans lequel le plus de relations d'investissement avaient été nouées* »[465]. Ils sont définis comme des accords internationaux par lesquels deux États s'engagent réciproquement sur les conditions d'accueil, de traitement, de protection et de règlement des différends réservés aux investissements de l'un d'eux réalisés sur le territoire de l'autre[466]. En raison de leurs racines communes qui sont les traités d'amitié, de commerce et de navigation développés au long du XIXe siècle, d'une part, et les organisations internationales telles que l'OCDE, d'autre part, qui en ont assuré la promotion, le contenu des TBI est désormais relativement homogène, même s'il a été dynamique entre les années soixante et quatre-vingt-dix.

432. Dans les accords et traités bilatéraux d'investissement, les garanties qui relèvent du droit général des traités sont de plusieurs ordres. D'abord, il existe généralement un principe directeur qui définit l'esprit dans lequel le traitement d'un investisseur étranger doit être accordé par l'État d'accueil. Ensuite, des règles spécifiques de non-discrimination permettent d'établir une égalité de traitement dans le domaine économique avec les nationaux et d'abolir les différences de traitement entre les investisseurs étrangers qui existent parfois au sein des divers régimes juridiques. Ces garanties, encore appelées normes conventionnelles de traitement, sont en effet le traitement juste et équitable, le traitement national et le traitement de la nation la plus favorisée.

433. Autrement dit, les TBI consignent déjà ce qui était considéré comme norme coutumière dans les traités d'amitié, puis intégré dans les contrats d'État. À ce stade, ils constituent ainsi, de la même manière que ces derniers, une source de sédimentation voire de consolidation de normes de protection au bénéfice des investisseurs. Le paradigme juridique de protection ne s'arrête pas ainsi devant la différence de statut juridique des acteurs, dans un acte juridique international portant exclusivement sur la protection des investissements[467]. Mieux, leur augmentation quantitative croissante,

---

465 DE NANTEUIL A., *Droit international des investissements, op. cit.*, p. 43.

466 CREPET DAIGREMONT C., « Les sources du droit international des investissements », in LEBEN (dir.), *Droit international des investissements et de l'arbitrage transnational, op. cit.*, p. 91.

467 En effet, certains traités d'amitié, de commerce et de navigation comportaient des dispositions sur la protection des investisseurs étrangers, quand bien même ce ne serait pas là leur objectif principal. Voir DE NANTEUIL A., *Droit international de l'investissement, op. cit.*, p. 43.

reconnue par tous, contribue à autonomiser, dans tout acte juridique formel, les clauses les plus récurrentes, qui pourraient alors être considérées, ainsi que le dit Prosper Weil, comme « *des règles de caractère coutumier applicables en l'absence même de tout* umbrella agreement »[468].

434. L'intérêt technique des TBI s'améliore au regard d'une clause régulière qui y est insérée, la clause de respect des engagements[469]. En effet, il s'agit là d'une clause substantielle qui apporte une protection supplémentaire à l'investisseur. Encore appelée *umbrella clause* ou clause de couverture, elle oblige les États à se conformer à leurs engagements relatifs aux investissements de ressortissants ou sociétés de l'autre partie contractante. En fait, la clause de respect des engagements a été conçue à l'origine « *pour permettre d'accorder à l'investisseur une protection internationale en cas de violation d'un contrat conclu avec l'État d'accueil* »[470].

435. L'effet juridique essentiel de cette clause est le renforcement de l'obligation de respecter ses engagements contractuels par l'État. Cette règle élémentaire relevant de la bonne foi[471], qui représente un standard de comportement entraînant plusieurs conséquences et notamment l'obligation de loyauté contractuelle, constitue un fondement essentiel de l'équilibre contractuel. Dès lors, au-delà de la controverse doctrinale sur l'internationalisation ou non des engagements contractuels de l'État, la clause de respect des engagements est un moyen de pression normative supplémentaire visant à sceller les obligations contractuelles de l'État, notamment celles de protection.

436. Même si, sur le plan déontique, les standards minimaux de protection sont d'une force contraignante relative, leur force obligatoire s'accroît par leur couverture assurée par les TBI. En effet, comme le dit Cédric Groulier, « *l'obligatoriété passe par le média d'un acte normatif – porteur de l'énoncé normatif – auquel l'ordre juridique reconnaît ce caractère (...)* »[472].

---

468 *Les contrats d'État à l'épreuve du droit international,* Éditions Bruylant, Université de Bruxelles, 2001, avant-propos, p. XXI. En vertu de l'article 38 §1, b des statuts de la Cour internationale de justice, la coutume internationale est une source de droit international, et celle-ci découle de la pratique effective et de l'*opinio juris* des États (*Plateau continental Jamahiriya arabe libyenne/Malte*, arrêt, CIJ, Rec., 1985, p. 27).

469 Lire CAZALA J., « La clause de respect des engagements », in LEBEN (dir.), *Droit international des investissements et de l'arbitrage transnational, op. cit.*, pp. 347-373.

470 *Ibid.*, p. 361.

471 Elle traduit, suivant la sentence NORSOLOR, « *une exigence de comportement qui peut être rapprochée du principe général de responsabilité* ». Cité par OSMAN F., *Les principes généraux de la* lex mercatoria, *contribution à l'étude d'un ordre juridique anational*, Thèse, Paris, L.G.D.J., 1992, p. 36.

472 « La distinction de la force contraignante et de la force obligatoire des normes juridiques. Pour une approche duale de la force normative », in THIBIERGE et *al.*, *La force normative*, *op. cit.*, p. 205.

437. Avec un TBI dans lequel est insérée cette clause de respect des engagements, la responsabilité internationale de l'État est en jeu en cas de violation de cette dernière, et cela constitue un moyen supplémentaire de limitation de sa souveraineté. La charge de responsabilité supplémentaire qu'elle génère est telle que sa mobilisation est très souvent conditionnée par deux verrous procéduraux. D'abord, ces TBI prévoient presque tous la clause du recours préalable au règlement des différends par la voie diplomatique entre les parties contractantes, qui apparaît comme un procédé de règlement quasi incontournable dans les TBI. Elle vise à rechercher l'accord des États parties sans nécessairement impliquer que des décisions leur soient imposées[473]. Ainsi, par exemple, le traité d'investissement entre la République fédérale d'Allemagne et la République du Tchad prévoit, en ce qui concerne le règlement diplomatique, l'institution d'une commission gouvernementale mixte qui se réunit à l'instigation d'une des parties[474]. Le TBI entre le Cameroun et les États-Unis d'Amérique dispose que : « *Tout différend opposant les parties (...) sera réglé par voie de consultations entre les représentants des deux parties et, en cas d'échec, par d'autres voies diplomatiques.* »[475] Cette procédure bien nommée « préalable » vise à contenir les parties dans la sphère contractuelle même en cas de litige, autant que faire se peut, et à maintenir le consensualisme qui a présidé à l'accord d'investissement.

438. Cette logique sous-tend également l'objectif de la clause stipulant le recours préalable au règlement des différends à l'amiable entre un investisseur de l'une des parties contractantes et l'autre partie contractante. Semblable à la clause précédemment évoquée, elle s'en diffère par les termes de ses modalités, ainsi que par son objet. Le traité entre le Cameroun et les États-Unis, à l'image de plusieurs autres, prévoit pratiquement toutes les modalités de règlement à l'amiable susceptibles d'être utilisées par les parties. En effet, il stipule que « *dans le cas où un différend (...) survient entre une partie et un ressortissant ou une compagnie de l'autre d'entre elles, les parties cherchent d'abord à régler le différend par la consultation et la négociation* »[476]. Il précise ensuite que « *les parties peuvent, sur l'initiative de l'une d'entre elles et au cours de leur consultation et négociation, convenir de s'appuyer sur les procédures non exécutoires d'une tierce partie* »[477]. Ainsi, tout le panel des modalités de règlement à l'amiable, telles la médiation ou la conciliation, n'est pas exclu, et cet effort d'exhaustivité offre un surcroît de chance aux protagonistes du différend de parvenir à un accord à leur convenance.

---

[473] Voir THIERRY H., COMBACAU J., SUR S., VALLÉE C., *Droit international public*, Précis Domat, Paris, Éditions Montchrestien, 1975, p. 590.

[474] Voir article 11 du traité Allemagne – Tchad, cité par HABERLI C., « Les investissements étrangers en Afrique », in KAHN, *Politique étrangère*, vol. 45, n°1, 1980, p. 101.

[475] Voir article 7 (1) du traité Cameroun - États-Unis.

[476] Article 7 (2) du traité Cameroun - États-Unis.

[477] *Ibid.*

439. Ces préalables procéduraux sont ainsi autant de verrous pour engager la responsabilité internationale des États, ménagés par les parties contractantes elles-mêmes. Les TBI sont une source d'aggravation de la responsabilité contractuelle des États, qui pourrait engager sa responsabilité internationale, mais c'est précisément en raison de ce coût normatif supplémentaire qu'il est mobilisable de façon conditionnée.

440. Le paradigme juridique de la protection des investisseurs est ainsi doublement renforcé : d'abord par les efforts *inter partes* de résolution consensuelle des différends, et ensuite par l'éventualité normative constituée par la possibilité d'engager la responsabilité internationale de l'État récepteur des investissements pour non-respect de ses engagements. Les États sont ainsi de plus en plus limités dans leur pouvoir normatif grâce aux règles consignées dans les TBI.

441. Outre l'intérêt normatif du volet purement formel des TBI, leur force normative a davantage crû par la mutation de leur régime en droit des investissements.

2. Le durcissement par le régime : l'*arbitration without privity*

442. L'origine volontaire de la mission de l'arbitre est essentielle en matière d'arbitrage, tant en droit interne qu'en droit international de l'arbitrage. S'affranchir de la volonté des parties pour le recours à l'arbitrage invalide l'application à l'espèce de la notion d'arbitrage.

443. Le problème ne se pose généralement qu'au sujet de l'arbitrage sur la base de la clause compromissoire, car dans le cas de l'arbitrage sur la base d'un compromis, la volonté des parties est évidente : elle se manifeste en toute connaissance de cause dans l'acte juridique bilatéral qu'est le compromis d'arbitrage. La clause compromissoire est *« un acte plus dangereux »*[478] que le compromis car, au moment où elle est acceptée, les parties ignorent la nature et l'importance du litige éventuel à venir et ne peuvent dès lors mesurer les conséquences de leur engagement pour l'arbitrage.

444. Avec la survenance des contrats d'État et l'internationalisation quasi automatique des engagements contractuels des États dès la fin des années quatre-vingt, est né un phénomène nouveau conduisant à une modification radicale de l'état général du droit international des investissements, entamée par la sentence *AAPL c. Sri Lanka* du 27 juin 1990.

445. En effet, la majorité des traités de protection des investissements conclus entre un État et l'État de rattachement de l'entreprise étrangère intègrent l'éventualité, voire la contrainte de l'arbitrage en cas de litige, clause qui est qualifiée de « *disposition compromissoire* »[479] ou d'offre

---

[478] Voir GUYON Y., *L'arbitrage*, Paris, Economica, 1995, p. 23.
[479] JARROSSON C., « Les frontières de l'arbitrage », *Rev. arb.*, 2001, n°1, p. 21.

d'arbitrage par la doctrine. La sentence *AAPL c. Sri Lanka* du 27 juin 1990 en fut l'annonciatrice jamais plus démentie.

446. Une entreprise de Hong Kong, AAPL, saisit le CIRDI d'une demande de constitution d'un tribunal arbitral pour juger d'un différend avec le Sri Lanka sur la base du TBI entre le Sri Lanka et le Royaume-Uni[480], auquel était alors rattaché Hong Kong. Alors que la condition d'acceptation de la compétence du CIRDI en l'article 42 suppose l'existence d'un contrat qui n'existait pas dans le cas d'espèce, et qu'ainsi le tribunal arbitral aurait pu se déclarer incompétent, il se déclara néanmoins compétent sur le simple fondement des termes de ce traité bilatéral de protection.

447. Le professeur Kamto affirme alors que « *le souci dominant de protéger l'investisseur étranger a conduit progressivement non seulement à entamer la souveraineté juridique de l'État, mais encore à présumer sa volonté d'arbitrage. Cette volonté est traquée dans les indices, capturée par une logique qui tend à l'enfermer dans la finalité poursuivie par un arbitrage qui postule la volonté prédatrice de l'investisseur étranger par l'État d'accueil* »[481]. Le paradigme juridique de la protection des investisseurs privés étrangers est en réalité atteint par cette force inattendue accordée au traité bilatéral de constituer une source suffisante d'attraction des États à l'arbitrage transnational, notamment à l'arbitrage CIRDI qui, en tant qu'institution, a contribué à renforcer la protection des investisseurs privés étrangers et, partant, à réduire le pouvoir des États.

448. Mieux, de façon une fois de plus linéaire et agrégative, le paradigme juridique de la protection des investisseurs privés étrangers a continué sa coagulation par l'association de ses acquis avec le traité CIRDI.

B. Le durcissement des normes par les TMI : le cas du CIRDI

449. De l'avis de plusieurs spécialistes, l'arbitrage est le mode de règlement des différends le plus adapté et le plus sécurisant. Les parties aux accords et traités bilatéraux d'investissement ainsi que les investisseurs étrangers peuvent y recourir en cas d'insuccès des procédures non juridictionnelles. L'arbitrage ainsi prévu par les accords et traités bilatéraux d'investissement est un arbitrage international[433].

450. Il s'agit alors de constater que cette institution est l'organe privilégié de l'arbitrage transnational[482] (1), et que les règles procédurales qui y sont appliquées contribuent à un renforcement de la protection des investisseurs privés étrangers (2).

---

480 Article 8 alinéa 1 du traité bilatéral avec le Royaume-Uni, prévoyant l'arbitrage CIRDI.

481 « La volonté de l'État en droit international », *R.C.A.D.I.*, vol. 310, 2004.

482 Lire Beyneix I., « L'arbitrage international est-il véritablement un mode alternatif de règlement des différends ? », in RTD Com., 2012, p. 225.

1. Le CIRDI comme instance privilégiée de l'arbitrage transnational

451. Concernant la forme que peut revêtir le tribunal arbitral, la plupart des clauses arbitrales des accords et traités laissent le choix à l'investisseur étranger de recourir soit à un arbitrage *ad hoc*, soit à un arbitrage institutionnel[483]. Toutefois, le plus souvent, c'est l'arbitrage du CIRDI qui est choisi, partiellement en raison des mutations normatives ci-dessus évoquées.

452. En effet, « *là où le Centre traitait deux à quatre ou cinq affaires par an jusqu'en 1990, il fut désormais saisi tous les ans dans vingt, trente, quarante affaires et plus* ». De surcroît, « *dans la grande majorité, les cas de saisines du CIRDI se font désormais sur le fondement d'un traité bilatéral de protection des investissements* »[484].

453. C'est le cas, par exemple, de l'accord d'investissement entre la Roumanie et le Cameroun, d'après lequel, en cas d'échec du règlement par le biais des consultations, « *(...) l'investisseur pourra soumettre le différend à son choix (...) au Centre international pour le règlement des différends relatifs aux investissements (CIRDI) prévu pour le règlement des différends relatifs aux investissements entre États et ressortissants d'autres États, [selon la convention] signée à Washington le 18 mars 1965 ; ou (...) à un tribunal* ad hoc *qui, à défaut d'arrangement entre les parties au différend, sera constitué conformément aux règles d'arbitrage de la Commission des Nations unies pour le droit commercial international (CNUDCI)* »[485].

454. D'autres accords et traités, peu nombreux cependant, ne prévoient que l'arbitrage institutionnel, notamment celui du CIRDI, comme alternative pour les investisseurs étrangers. À titre d'exemple, lorsqu'un différend d'investissement ne peut être réglé par voie de consultations et de négociation, et éventuellement par d'autres procédures, le traité d'investissement entre le Cameroun et les États-Unis d'Amérique comporte un aménagement selon lequel « *(...) le ressortissant ou la compagnie concernée peut soumettre par écrit le différend au Centre international pour le règlement des différends relatifs aux investissements (CIRDI) aux fins de règlement (...) par arbitrage exécutoire...* »[486].

---

483 L'arbitrage institutionnel suppose le concours d'un organisme permanent d'arbitrage mettant à la disposition des parties en litige une liste d'arbitres, un règlement d'arbitrage, une organisation matérielle et des services.

484 LEBEN C., « Droit international des investissements : un survol historique », in LEBEN (dir.), *Droit international des investissements et de l'arbitrage transnational, op. cit.*, p. 68.

485 Voir article 8 (2) b) et c) de l'accord Roumanie - Cameroun ; voir aussi article 7 (2) c) et d) de l'accord Italie - Cameroun.

486 Voir article 7 (3) du traité Cameroun - États-Unis. En vertu de cet article, les investisseurs étrangers peuvent aussi recourir à l'arbitrage commercial en cas d'échec de procédures devant « *les organismes administratifs ou les juridictions compétentes de la partie concernée* » ; de même, à défaut d'un arrangement direct entre les parties à un différend d'investissement, au cas où l'investisseur ne veut pas recourir au tribunal compétent de la partie contractante, l'accord entre le Cameroun et la Chine dispose que le différend peut être soumis « *pour*

455. De même, à défaut d'un arrangement direct entre les parties à un différend d'investissement, et au cas où l'investisseur ne souhaite pas recourir au tribunal compétent de la partie contractante, l'accord d'investissement entre le Cameroun et la Chine prévoit que ce type de différend peut être soumis « *pour arbitrage au Centre international pour le règlement des différends relatifs aux investissements (CIRDI)...* »[487].

456. Pour Alain Pellet, le dynamisme du CIRDI s'est manifesté après qu'un tribunal arbitral CIRDI a décidé que « *the Parties have given the consent to ICSID arbitration, consent that is valid, there thus being a presumption in favor of ICSID arbitration...The investor's consent, which comes from its written consent by letter of September 17, 1997, and its request for arbitration of October 1, 1997, and the consent of the State which comes directly from the Argentina-U.S. treaty, which gives the investor the choice of forum for settling its disputes, indicate that there is no stipulation contrary to the consent of the parties* »[488].

457. Pour lui, cette « *interprétation osée* »[489], que ne prédestinait pas la règle du consentement contractuel prévue à l'article 25 de la convention CIRDI, constitue la raison essentielle de la multiplication des arbitrages CIRDI. Il nous dit alors qu'« *à partir du moment où le consentement de l'État de recourir au CIRDI a été donné (ou est réputé avoir été donné), une fois pour toutes, soit par une loi, soit dans la [convention bilatérale d'investissement] elle-même sans qu'aucune autre formalité soit nécessaire, le 'big bang' de l'arbitrage mixte auquel on assiste depuis dix ou douze ans n'est plus un mystère* »[490].

458. En Afrique, tel fut le cas dans l'affaire *AMT/Zaïre*[491], dans laquelle la société AMT dirigea une demande d'arbitrage contre la République du Zaïre en se fondant, en l'absence de toute clause d'arbitrage convenue entre les parties, sur le traité bilatéral relatif à l'encouragement et la protection des investissements, conclu entre les États-Unis d'Amérique et la République du Zaïre. Il en fut de même dans l'affaire *Goetz/Burundi*, où la compétence du

---

arbitrage au Centre international pour le règlement des différends relatifs aux investissements (CIRDI)... ». Voir article 9 (2) de l'accord Cameroun - Chine.

[487] Voir article 9 (2) de l'accord Cameroun - Chine. Dans le même sens, voir aussi article 6 (1) de l'accord Cameroun - Suède.

[488] Décision préliminaire sur la compétence, 8 décembre 1998, *LANCO International Inc. C. République argentine,* affaire n°ARB/97/6, 10 octobre 1999, *I.L.M.*, vol. 40, 2001, p. 470, §40 ; cité dans « Adieu Philippines, remarques sur la distinction entre les réclamations conventionnelles et contractuelles dans le droit de l'investissement international », in *Le droit international économique à l'aube du XXIe siècle, en hommage aux professeurs Dominique Carreau et Patrick Julliard, Cahiers internationaux,* n°21, Paris, Pedone, 2009, p. 100.

[489] *Ibid.*, p. 101.

[490] *Ibid.*, p. 101.

[491] Cf. *AMT/Zaïre* (Arb./93/1), sentence du 21 février 1997, *JDI,* 1998, p. 243 ; GAILLARD E., *La jurisprudence du CIRDI,* Paris, Pedone, 2004, vol. I, p. 425.

tribunal arbitral fut considérée comme acquise sur la base du traité bilatéral de protection des investissements, conclu entre le Burundi et la Belgique[492].

459. Ainsi, sur la base combinée d'un TBI et de la soumission d'un litige à l'arbitrage CIRDI, les États se retrouvent dépossédés d'un pouvoir de rétractation qui insécurisait les investisseurs privés étrangers. Leur volonté est capturée, pour reprendre le mot du professeur Kamto, dans un filet normatif, constitutif d'un maillage à la fois bilatéral (TBI) et multilatéral (le CIRDI), dont la marge de manœuvre en tant qu'État souverain est sinon anéantie, du moins substantiellement réduite.

460. Le paradigme juridique de protection des investisseurs privés étrangers depuis sa source lointaine a continué à s'écouler, par ondes successives, se coagulant sur le plan formel par la création de cette instance multilatérale unique qu'est le CIRDI, avec toutes les vertus de ses éléments constitutifs progressivement accumulés. Le CIRDI se révèle alors être un nœud de concentration de forces[493], par la relation interdépendante existant entre l'offre d'arbitrage consignée dans un traité bilatéral de protection, la force attractive de ce dernier à l'arbitrage en toute indépendance d'un consentement écrit, et le champ géographique important de couverture du traité CIRDI conséquent qui en a résulté. Il contribue clairement à une domestication du pouvoir normatif souverain des États, en relation avec les enjeux néolibéraux de protection des investisseurs étrangers.

461. L'élément supplémentaire de renforcement de la protection des investisseurs privés étrangers est le droit applicable même au CIRDI.

2. Le CIRDI comme source additionnelle de renforcement de l'internationalisation des contrats : le droit applicable

462. Lorsqu'un investisseur étranger, en vertu d'un accord ou d'un traité bilatéral d'investissement, fait recours à un arbitrage institutionnel, il va de soi que la procédure et le droit applicable pendant l'instance arbitrale seront ceux prévus par l'institution d'arbitrage sollicitée[494]. Si cette institution est le CIRDI, comme cela est très souvent le cas, comme on l'a vu, suite à la mutation du régime juridique des TBI, les arbitres se doivent d'appliquer, pendant l'instance arbitrale, les procédures d'arbitrage visées dans la convention de Washington du 18 mars 1965. En règle générale, le droit applicable au fond du litige sera toujours le droit adopté par les parties au

---

[492] Cf. *Goetz/Burundi* (Arb./01/2), sentence du 10 février 1999 ; GAILLARD E., *La jurisprudence du CIRDI, op. cit.*, p. 525 s.

[493] NICOLAS E. nous dit : « *Ce qui coule, c'est ce qui se déploie, c'est ce qui sort d'un réservoir, d'une source, qui n'est plus simplement potentiel mais courant normatif porté par l'énergie juridique alimentant et irriguant de façon subtile et invisible le réseau juridique. Ils invitent à porter un regard en deçà et par-delà les normes, pour identifier ce qui les irrigue, les porte et les traverse.* » (*in* « Les flux normatifs et la densification normative », in THIBIERGE et *al.*, *La densification normative*, *op. cit.*, p. 111).

[494]Voir articles 44, 45 et 46 de la Convention pour le règlement des différends relatifs aux investissements entre États et ressortissants d'autres États, qui crée le CIRDI.

différend dans leur compromis d'arbitrage ou de toute autre manière et à défaut, par le tribunal[495].

463. La question du droit applicable au fond des contrats d'État a fait l'objet d'une controverse importante, au moment de la multiplication des arbitrages les concernant[496]. Toutefois, l'essor de l'arbitrage transnational sur le fondement des TBI a modifié les termes du débat, dans le sens d'un consensus, à savoir que ces arbitrages étaient soumis au droit international. La conclusion à cette option internationalisante des arbitrages fondés sur les TBI est un processus de déductions juridiques.

464. En premier lieu, il s'agit d'appliquer le droit applicable choisi par les parties dans les TBI, expressément ou implicitement. En effet, « *les tribunaux arbitraux considèrent (...) qu'en déposant une requête d'arbitrage sur le fondement de ce traité, l'investisseur s'est également obligé à en respecter l'ensemble des termes, et notamment ceux relatifs au droit applicable* »[497]. Ce raisonnement est ainsi limpidement fixé dans la première sentence à se fonder sur un choix de droit applicable résultant de l'offre générale de l'État de recourir au mode de règlement des différends prévu au traité, et l'acceptation ensuite de l'investisseur qui se prévaut de ce traité, la sentence CIRDI du 10 février 1999, *Antoine Goetz et autres c. République du Burundi*. Il y est alors dit : « *Sans doute, la détermination du droit applicable n'est-elle pas à proprement parler faite par les parties au présent arbitrage (Burundi et investisseurs requérants), mais par les parties à la convention d'investissement (Burundi et Belgique). Comme cela a été le cas pour le consentement des parties, le tribunal estime cependant que la République du Burundi s'est prononcée en faveur du droit applicable tel qu'il est déterminé dans la disposition précitée de la convention belgo-burundaise d'investissement en devenant partie à cette convention et que les investisseurs requérants ont effectué un choix similaire en déposant leur requête d'arbitrage sur la base de cette convention.* »[498]

465. Ensuite, il s'agit de constater que suivant la convention du CIRDI en son article 42, le tribunal du CIRDI doit appliquer « *les règles de droit adoptées par les parties* » et, faute d'accord entre celles-ci, « *le droit de l'État contractant partie au différend (...) ainsi que les principes du droit international en la matière* ». Alors que les débats sur le caractère international des contrats d'État étaient vigoureux avant la mutation des

---

[495] Voir article 42 (1) : « *Le tribunal statue sur le différend conformément aux règles de droit adoptées par les parties. Faute d'accord entre les parties, le tribunal applique le droit de l'État contractant partie au différend – y compris les règles relatives au conflit des lois – ainsi que les principes du droit international en la matière.* »

[496] Pour une bonne synthèse de ces débats doctrinaux, lire LANKARANI L., *Les contrats d'État à l'épreuve du droit international, op. cit.*

[497] ACHTOUK-SPIVAK L., « Le droit applicable aux arbitrages en matière d'investissements », in LEBEN (dir.), *Droit international des investissements et de l'arbitrage transnational, op. cit.*, p. 833.

[498] GAILLARD E., *La jurisprudence du CIRDI*, vol. I, Paris, Pedone, 2004, p. 541.

régimes des TBI, la coalition entre la mutation juridique des traités et l'arbitrage CIRDI comme instance choisie par les parties ont entraîné une internationalisation médiate des rapports juridiques entre les États et les investisseurs privés étrangers.

466. Leila Lankarani nous dit alors : « *La prolifération continue depuis une décennie des traités bilatéraux de traitement et de protection des investissements prévoyant, entre autres, la compétence du CIRDI, fait que les contrats d'État conclus sous leur égide s'internationalisent médiatement dans la mesure et condition prévues dans ces traités-parapluie.* » Elle continue ensuite, mettant en exergue l'intérêt de la combinaison des TBI et du CIRDI, en précisant que : « *La présence d'un traité de protection constitue le fondement principal, et non subsidiaire, ni surabondant ni parallèle de l'internationalisation. L'internationalisation médiate nous semble une réalité actuelle* (…). *Force est de reconnaître (...) que s'agissant des droits et obligations entre États et investisseurs privés étrangers, elle projette sur l'application du droit international un éclairage nouveau car elle confère en effet à ces droits et obligations un caractère international.* »[499] Cette combinaison juridico-institutionnelle a conduit de nombreux arbitrages à considérer comme quasi automatique l'applicabilité du droit international en cas d'arbitrage fondé sur ces traités au CIRDI.

467. Au-delà des réserves doctrinales et des arbitrages qui se sont distancés par rapport à cette option, la tendance dominante est bien l'internationalisation des contrats d'État. Pour Pierre Mayer, avec l'arbitrage CIRDI, « *l'investisseur a donc bien accès direct à un tribunal impartial, devant tenir compte du droit international protecteur des investissements, et ce y compris, selon l'opinion dominante, lorsque les parties au contrat d'investissement l'ont soumis au droit de l'État* »[500].

468. Ainsi, la fédération des contrats d'État, des TBI et du CIRDI a conduit, par le simple assemblage de leurs vertus formelles individuelles, à un renforcement continu de la protection des investisseurs privés étrangers, et par voie de conséquence, à la limitation de la souveraineté des États. En effet, l'applicabilité du droit international est une source d'amoindrissement du pouvoir normatif des États. De plus, elle contribue de façon complémentaire à la réduction du pouvoir normatif des États, en rapport aux droits accordés aux investisseurs privés étrangers. Il s'agit ici d'une articulation supplémentaire du monisme interactionniste, les États se liant volontairement par des actes juridiques internationaux qui tiennent compte des intérêts de leurs contractants étrangers.

469. À ces mutations juridiques majeures sur les instruments de protection s'ajoutent les mutations du régime des règles de fond en droit international des investissements, un phénomène juridique complémentaire

---

[499] *Les contrats d'État à l'épreuve du droit international*, *op. cit.*, p. 528.

[500] « *Contract claims* et clauses juridictionnelles des traités relatifs à la protection des investissements », in Mayer P., *Choix d'articles de Pierre Mayer*, L.G.D.J., 2015, p. 419.

contribuant à la réduction du pouvoir normatif des États en matière d'investissements en général, et d'investissements énergétiques en particulier.

§2. La limitation par le durcissement du fond des normes : la circularité des standards

470. La réduction du pouvoir normatif des États en matière d'investissements énergétiques est due à une prise en considération des intérêts des entreprises privées étrangères. Outre les mutations formelles susmentionnées, l'augmentation de la normativité des normes participe également de cette dynamique progressive. Au départ, les normes de protection avaient davantage le caractère de normes recommandatoires (A). Mais, elles ont progressivement été rendues obligatoires par le durcissement du fond des normes (B).

A. La force normative relative des normes de protection primaires

471. Les normes de protection concernant les investisseurs privés étrangers étaient, au départ, constituées de standards de comportement (1), mais aussi de normes plus substantielles (2) dont la caractéristique commune était leur force normative alors relative.

1. La standardisation des normes de protection primaires

472. C'est au XIXe siècle que va naître puis s'affirmer l'idée de « standards de traitement », à titre de normes de nature conventionnelle ou coutumière de droit international. Ces derniers sont d'abord inscrits dans les traités de commerce des XVIIIe et XIXe siècles, et ne portent que sur la condition des étrangers et la protection de leurs biens. Or, ces normes sont d'une force contraignante et obligatoire tempérée, de par les sources mêmes qui en sont les supports et vecteurs : la coutume, d'une part (a), et les principes généraux de droit international, d'autre part (b).

a) Le standard de traitement national

473. Il requiert de l'État qu'il accorde le même traitement en droit aux étrangers, particulièrement aux agents économiques, qu'à ses propres nationaux. Pour se rendre attractifs et attirer les capitaux étrangers, les pays d'Amérique latine qui accèdent à l'indépendance dans les années vingt adoptent des législations et Constitutions qui consacrent l'égalité entre les nationaux et les étrangers. Les produits légaux étatiques deviennent alors des produits commerciaux censés attirer les investisseurs étrangers, les séduire et surtout assurer leur traitement convenable, à la hauteur de ce qui est réservé aux nationaux.

474. En plus de ces produits légaux étatiques se sont greffés les traités de commerce qui prévoyaient les mêmes dispositions, mais cette fois-ci, dans l'ordre juridique international. Les conditions d'exercice des activités économiques des entreprises locales étaient ainsi considérées comme extensibles aux entreprises étrangères. Mais ces dernières, très tôt, en chœur avec les États développés, objectèrent que les lois nationales n'étaient pas justes avec les étrangers, et les tribunaux nationaux impartiaux avec eux. De là naquit le standard minimum de traitement des étrangers en droit international.

b) Le standard minimum de traitement des étrangers en droit international

475. Le standard minimum de traitement des étrangers est un principe qui, indépendamment de ses sources, est le premier signe de renforcement des droits de protection pour les investisseurs étrangers. Fortement promu par la doctrine américaine face aux conceptions restrictives et nationalistes latino-américaines, ce standard pose que la précédente règle de traitement national n'est applicable que pour autant que « *l'ordre juridique de l'État comporte un ensemble de normes substantielles et procédurales conforme à des règles minimales de droit international* »[501]. Le manifeste d'existence de ce standard minimum de traitement des étrangers a été produit par Elihu Root, président de l'*American Society of International Law,* qui en précise l'origine : « *There is a standard of justice, very simple, very fundamental, and of such general acceptance by all civilized countries as to form part of the international law of the world. The condition upon which any country is entitled to measure the justice due from it to an alien by the justice it accords to its own citizens is that its system of law and administration shall conform to this general standard. If any country's system of law and administration does not conform to that standard, although the people of the country may be content or compelled to live under it, no other country can be compelled to accept it as furnishing a satisfactory measure of treatment to its citizen.* »[502] L'on observe ainsi un étalonnage des règles nationales à ce standard minimum, qui pourrait être de nature coutumière (*part of international law of the world*) ou être constitué des principes généraux de droit, puisque celles-ci sont « *acceptées par tous les pays civilisés* » (*general acceptance by all civilized countries*).

476. Le premier litige arbitral où ce principe a été invoqué est l'affaire opposant les États-Unis et le Mexique (*Dr Baldwin's Minatitlan claims*), où la commission de réclamations a mis en évidence la nécessité pour le

---

[501] LEBEN C., « Droit international des investissements : un survol historique », in LEBEN (dir.), *Droit international des investissements et de l'arbitrage transnational, op. cit.*, p. 24.

[502] ROOT E., « The Basis of protection to Citizens Residing Abroad », cité par LEBEN C., « Droit international des investissements : un survol historique », in LEBEN (dir.), *Droit international des investissements et de l'arbitrage transnational, op. cit.*, p. 24.

Mexique, dans une dynamique de reconnaissance par ses pairs de sa conformité aux standards internationaux, d'avoir à traiter différemment les entreprises privées étrangères, par rapport aux entreprises nationales, car les premières citées ont la possibilité de requérir la protection diplomatique des États dont elles sont originaires[503].

2. La force normative amoindrie des normes substantielles

477. Les normes de protection paraissent de force normative amoindrie dans deux situations différentes : lorsqu'une norme coutumière est évoquée de façon isolée (a), ou en raison de la place résiduelle accordée aux principes généraux de droit (b).

a) La place affaiblie de la coutume lorsque isolée

478. L'article 38, paragraphe 1, lettre b), du statut de la CIJ définit la coutume internationale comme preuve d'une pratique générale acceptée comme étant le droit. Elle se constitue donc de l'élément matériel ou physique qu'est la pratique répétée des États, et de l'élément psychologique ou psychique correspondant en droit interne à *l'opinio juris sive necessitatis*. La coutume apparaît sous ce rapport à la fois comme un état de fait créateur de normes (processus) et comme la norme créée par cet état de fait (résultat)[504]. C'est dans l'affaire du plateau continental de la mer du Nord que la Cour permanente de justice internationale a systématisé la nature normative de la coutume, en ces termes : « *Non seulement les actes considérés doivent représenter une pratique constante, mais en outre ils doivent témoigner, par leur nature ou la manière dont ils sont accomplis, de la conviction que cette pratique est rendue obligatoire par l'existence d'une règle de droit. La nécessité de pareille conviction, c'est-à-dire l'existence d'un élément subjectif, est implicite dans la notion même d'*opinio juris sive necessitatis. *Les États intéressés doivent avoir donc le sentiment de se conformer à ce qui équivaut à une obligation juridique.* »[505]

479. Or, c'est cette obligatoriété qui fut mise à mal à l'époque, ayant fait l'objet de vives contestations dans les enceintes multilatérales pourtant spécialisées dans les investissements internationaux[506].

480. La place donc de cette coutume a été considérée comme incertaine, sa force contraignante et obligatoire étant sujette à caution, et dès lors, le pouvoir normatif des États étant relativement autonome dans cette

---

503 ROTH A.H., « The minimum standard of international law applied to aliens », cité par LEBEN C., « Droit international des investissements : un survol historique », in LEBEN (dir.), *Droit international des investissements et de l'arbitrage transnational*, *op. cit.*, p. 26.

504 KAMTO M., « La volonté de l'État en droit international », *op. cit.*, p. 262.

505 Arrêt du 20 février 1969, CIJ, Recueil, 1969, p. 44, par. 77.

506 Notamment au sein de l'Assemblée générale des Nations unies et de la conférence des Nations unies sur le commerce et le développement (CNUCED), créée à la demande des pays en développement dans les années soixante.

hypothèse. La faiblesse de l'intensité de la norme (coutume internationale) favorise un monisme étatique classique où les États entretiennent un rapport vertical avec les entreprises privées étrangères.

b) La place résiduelle des principes généraux de droit lorsque évoqués

481. Les principes généraux de droit visés au paragraphe 1, lettre c), de l'article 38 du Statut de la CIJ s'entendent des principes communs aux droits internes des nations considérées, et qui sont transposables dans l'ordre juridique international. Ils sont transposables par le juge international. C'est lui qui consacre la « règle-fait » en tant que principe de droit international.

482. L'expression « principes généraux de droit » n'apparaît toutefois que dans l'arrêt rendu le 12 avril 1960 dans l'affaire du droit de passage sur le territoire indien. Le Portugal avait invoqué un tel principe à l'appui de sa prétention à un droit de passage sur le territoire de l'Inde. La Cour affirma que, étant parvenue à la conclusion qu'il existait une pratique suivant laquelle les parties étaient d'accord et en vertu de laquelle le Portugal avait acquis un droit de passage pour les personnes privées, les fonctionnaires civils et les marchandises en général, elle « *ne [jugeait] pas nécessaire de rechercher si la coutume et les principes généraux de droit reconnus par les nations civilisées [pouvaient] conduire au même résultat* ».

483. Il faut noter que ces principes ne sont pas à l'origine des règles de droit international. Ce sont, au départ, des règles de droit interne dont l'occurrence normative dans plusieurs États, les « nations civilisées », en font des principes communs. C'est le travail de recherche et d'identification du juge international qui les introduit dans l'ordre juridique international.

484. Le juge Tanaka avait expliqué le processus d'identification de ces principes généraux de droit dans son opinion dissidente dans l'affaire du Sud-Ouest africain de la manière suivante : « *Au départ, les principes généraux de droit sont censés être des principes de droit privé dégagés grâce à la méthode de droit comparé et applicables par analogie à des questions de droit international.* »[507]

485. Dans le même sens, la Cour permanente d'arbitrage avait déjà exposé cette démarche intellectuelle dans l'affaire de l'indemnité russe. Selon elle, « *dès l'instant où le tribunal a reconnu que, d'après les principes généraux et la coutume en droit international, il y avait similitude de situation entre un État et un particulier débiteur d'une somme conventionnelle liquide et exigible, il est équitable d'appliquer aussi, par analogie, les règles de droit privé commun* »[508].

486. On a parfois comparé, voire assimilé les principes généraux de droit à la coutume en affirmant qu'ils ont, comme elle, un élément matériel et un élément psychologique[509]. En effet, les deux types de normes se prêtent à la

[507] CIJ, Recueil, 1966, pp. 295-296.
[508] Sentence du 11 novembre 1912, RSA, vol. XI, p. 446.
[509] Voir CARREAU D., *Droit international public,* 7e éd., Paris, Pedone, 2001, p. 295.

comparaison : l'identification des principes généraux relève d'un processus assez proche de celui de la coutume ; elle obéit au même travail de dévoilement de la norme. Toutefois, du point de vue formel, la distinction entre les deux types de normes repose sur l'article 38 du Statut de la CIJ. Ensuite, en ce qui concerne leur identification, la détermination d'une règle coutumière ne passe pas, comme pour les principes généraux de droit, par un exercice de droit comparé suivi d'une transposition par analogie ; car, dans ce processus, le juge ou l'arbitre international fait le travail du comparatiste et au bout de l'exercice, il *« dégage lui-même de cette confrontation des règles communément admises par les uns et les autres dont l'exercice traduit une sorte de sens commun des lois internes »*[510].

487. En tout état de cause, en matière de droit des investissements, les principes généraux à leur origine ont une normativité incertaine, notamment les normes de protection. Ils semblent constituer une source supplétive permettant au juge ou à l'arbitre de statuer en l'absence de norme coutumière ou conventionnelle applicable[511]. Enfin, ils ont des significations variées, certains ne se distinguant pas des principes coutumiers, tels le traitement juste et équitable ou le principe de la protection et de la sécurité pleine et entière. C'est donc ici un contexte de verticalité normative pour les États, où les normes de protection des investisseurs ne sont pas contraignantes, voire pas obligatoires.

488. C'est ainsi, à la fois, l'inventaire et les caractéristiques des normes de protection avant l'avènement majeur de leur conventionnalisation internationale.

B. La densification normative des normes de protection

489. Les normes de protection ont connu une augmentation de leur caractère obligatoire par le biais de deux phénomènes normatifs successifs : l'autonomisation des standards de protection par leur conventionnalisation (1), et la modification de la force juridique du standard de traitement juste et équitable (2).

1. L'autonomisation des standards de protection par leur conventionnalisation

490. De nombreuses règles de protection des investisseurs étrangers ont été insérées dans les TBI, en changeant substantiellement de régime. Ainsi, *« les principes d'admission sur le territoire, sous réserve d'arbitraire, les standards de traitement juste et équitable et de protection et sécurité pleines et entières, le principe de l'indemnisation en cas d'expropriation ou de*

---

510 DUPUY P.-M., *Droit international public*, 2e éd., p. 243, cité par M. KAMTO, « La volonté de l'État en droit international », *op. cit.*, p. 280.

511 Les principes de bonne foi, d'interdiction de l'abus de droit, par exemple, ont été mobilisés plusieurs fois dans l'arbitrage portant sur les investissements.

nationalisation, directement transposés du droit international (...), représentent un socle de règles internationales indispensables pour le bon déroulement de relations économiques pacifiques. La fréquence d'un noyau de dispositions communes dans tous les traités bilatéraux d'investissement, ainsi que leur généralité, incite à reconnaître leur caractère coutumier »[512]. L'on note alors une force bijective à chacune des sources : la coutume est considérée comme opérante et obligatoire et elle est contractualisée par les États, et les traités sont, par leur universalité et leur homogénéité, facteurs de reconnaissance et de consolidation de la coutume. Ce circuit est une source de renforcement inédit des droits des investisseurs privés étrangers, et donc de limitation des pouvoirs économiques des États.

491. Ensuite, bien qu'il y ait une faible variation des contenus dans le temps des différents TBI, et que « *les différences d'un TBI à un autre relèvent ainsi le plus souvent de l'ordre du détail* »[513], il est clair que « *les formulations varient selon les instruments, dans le degré de précision notamment, sans que le sens des dispositions en soit nécessairement modifié* »[514].

492. C'est ainsi qu'en Afrique noire, sont identifiables une dizaine de clauses de protection de natures relativement différentes, classées en trois catégories : les clauses générales de protection, les garanties conventionnelles des investissements relevant du droit des traités, et les garanties spécifiques. Les clauses générales de protection, à savoir la clause de protection et de sécurité des investissements, la clause de non-discrimination et la clause de protection en cas de dépossession, sont topiques de la variété des formulations usitées dans les TBI, notamment en Afrique.

493. S'agissant de la clause de protection, par exemple, au Cameroun, l'article 4 (1) de l'accord d'investissement entre le gouvernement de la République du Cameroun et le gouvernement de la République populaire de Chine stipule que : « *Les investissements effectués par les investisseurs de l'une des parties contractantes bénéficient de la part de cette dernière d'une protection et d'une sécurité pleine et entière.* » Cependant, malgré la réserve qu'il prévoit, l'accord d'investissement entre le gouvernement du Canada et le gouvernement de la République gabonaise semble plus précis dans la définition du contenu de sa clause de protection à caractère non réciproque : *« Le gouvernement de la République gabonaise s'engage à mettre le gouvernement du Canada, les firmes canadiennes et le personnel canadien à couvert de toute responsabilité civile à l'égard des actes ou omissions intervenant dans le déroulement ou l'exécution d'un projet visé à l'article I, à l'exception des cas où de tels actes résulteraient d'une négligence*

---

[512] CREPET DAIGREMONT C., « Les sources du droit international des investissements », in LEBEN (dir.), *Droit international des investissements et de l'arbitrage transnational, op. cit.*, pp. 111-112.
[513] *Ibid.*, p. 96.
[514] *Ibid.*

flagrante ou d'une faute délibérée de la part des firmes canadiennes ou du personnel canadien. »[515]

494. De la clause de non-discrimination, on relèvera d'abord qu'il s'agit d'une stipulation peu précise dans son appellation[516]. Un nombre considérable d'accords et de traités bilatéraux d'investissement récents, conclus par les États d'Afrique centrale avec les États tiers, contiennent des dispositions définissant un principe général de non-discrimination dans le traitement des investissements. C'est le cas, par exemple, dans l'accord d'investissement entre le gouvernement de la République du Cameroun et le gouvernement de la République populaire de Chine. Il est mentionné dans ce texte que : « *Chaque Partie contractante s'engage sans préjudice de ses lois et règlements à s'assurer que la gestion, l'entretien, l'utilisation, la jouissance ou la cession sur son territoire, des investissements de l'autre Partie contractante ne soient pas entravés par des mesures injustifiées ou discriminatoires.* »[517]

495. En des termes presque identiques, l'accord d'investissement entre le gouvernement de la Roumanie et le gouvernement du Cameroun aménage la disposition suivante : « *Chaque Partie contractante protégera sur son territoire les investissements conformément à ses lois et règlements, par les investisseurs de l'autre Partie contractante et n'entravera pas par des mesures injustifiées ou discriminatoires, la gestion, l'entretien, l'utilisation, la jouissance, l'accroissement, la vente ou la liquidation de tels investissements.* »[518]

496. Le traité relatif aux investissements entre la République du Cameroun et les États-Unis d'Amérique consacre à cet égard une formule originale rédigée comme suit : *« Ni l'une ni l'autre des Parties ne porte en aucune façon, des mesures arbitraires et discriminatoires, atteinte à la gestion, au fonctionnement, au maintien, à l'utilisation, à la jouissance, à l'acquisition, à l'expansion ou au dessaisissement d'investissement effectué par des ressortissants ou des compagnies de l'autre Partie. »*[519]

497. Enfin, à titre d'illustration, nous pouvons prendre l'exemple de la clause de protection en cas de dépossession, qui occupe une place centrale dans la structure des accords et traités bilatéraux d'investissement. Elle intéresse particulièrement les investisseurs des pays développés. De fait, s'agissant des investissements dans les pays en voie de développement, l'une des principales préoccupations des investisseurs étrangers s'avère être la sécurité des biens investis face aux éventuelles mesures de nationalisation, d'expropriation ou autres mesures de dépossession prises par les autorités de l'État hôte. Le contenu des clauses en cas de dépossession varie d'un accord

[515] Voir art. 6.

[516] Cf. VIGNES D., « La clause de la nation la plus favorisée et sa pratique contemporaine : problèmes posés par la Communauté économique européenne », *op. cit.*, p. 228.

[517] Voir article 4 (1) de l'accord Cameroun - Chine.

[518] Voir article 3 (1) de l'accord Roumanie - Cameroun.

[519] Voir article 2 (4) du traité Cameroun - États-Unis.

ou d'un traité à un autre. En général, les instruments conventionnels examinés se réfèrent invariablement aux mesures d'expropriation et de nationalisation, de dépossession directe ou indirecte ou encore de toute autre mesure produisant les mêmes effets[520], chacun des concepts renvoyant pourtant à un contenu précis.

498. Cette même variété dans les formulations s'observe aisément pour ce qui est des garanties conventionnelles des investissements (la clause de traitement juste et équitable, de traitement national et de la nation la plus favorisée), ainsi qu'en ce qui concerne les garanties spécifiques, telles la clause des transferts, la clause de réparation des dommages résultant des guerres ou d'événements semblables et la clause de subrogation. Par-delà les formulations, on observe une autonomisation des standards par voie conventionnelle, qui trouvent dans cette contractualisation un support ferme et clair, à partir duquel l'arbitre peut se prononcer au cas par cas. Cette consécration conventionnelle des droits des investisseurs privés étrangers est l'expression ultime d'un pouvoir normatif négocié, horizontal et hétéronome.

2. La modification de la force juridique de la clause du traitement juste et équitable

499. La notion de traitement juste et équitable, bien que cela ne soit pas toujours évident, constitue la clé de voûte de l'ensemble des mesures de traitement. En effet, compte tenu, d'une part, des insuffisances du droit international concernant le traitement des investissements, lequel repose fondamentalement sur le « standard minimum » qui a été mis à rude épreuve, et d'autre part, de la difficulté à réglementer tous les aspects du traitement des investissements dans un instrument conventionnel, le traitement juste et équitable apparaît comme un principe général qui doit guider le comportement de l'État d'accueil dans tous les aspects du traitement d'un investissement. La mention du traitement juste et équitable[521] est prévue dans

---

[520] Voir article 4 (3) de l'accord Italie - Cameroun, article 5 (1) de l'accord Roumanie - Cameroun, article 3 (1) de l'accord Cameroun - Suède, article 7 (4) de l'accord Suisse - Cameroun, article 6 de l'accord Suisse - Centrafrique, article 7 de l'accord Suisse - Congo-Brazzaville, article 10 de l'accord Suisse - Tchad. Certains instruments conventionnels font figure d'exception à cet égard. On peut par exemple citer le traité Cameroun -États-Unis qui mentionne seulement les cas d'expropriation ou de nationalisation, voir article 3 (1), et le traité Cameroun - Allemagne qui ne mentionne que le cas d'expropriation, voir article 3 (2).

[521] Le contenu de la notion de traitement juste et équitable n'est pas précis. Selon R. VERNON, dans son ouvrage intitulé *Entreprises multinationales* (*op. cit.*, p. 341), « *il est difficile de donner une définition au concept de traitement équitable ; l'appliquer l'est plus encore* ». Certains auteurs prétendent que cette notion équivaudrait au standard minimum. Pour d'autres, elle renvoie à un traitement sur la base de l'équité qui permet de ne pas se référer uniquement au droit. Il y a lieu de constater aussi que le contenu de cette notion dépend de chaque accord ou traité. Cf. SALEM M., « Le développement de la protection conventionnelle des investisseurs étrangers », *op. cit.*, p. 605.

de nombreux accords et traités bilatéraux d'investissement, le plus souvent en tête des principes de traitement prévus dans ces textes.

500. Ainsi, le traitement juste et équitable, mentionné dans un certain nombre d'accords et traités, se présente comme un traitement de base qui déterminerait toutes autres normes de traitement, en l'occurrence, le traitement national et le traitement de la nation la plus favorisée, *a fortiori* lorsque ces normes de traitement sont prévues dans une même clause[522]. Dans d'autres conventions bilatérales examinées, le traitement juste et équitable est mentionné soit dans la clause prévoyant la protection et la sécurité d'un investissement, de sorte qu'il est séparé du traitement national et du traitement de la nation la plus favorisée[523], soit dans la clause générale d'encouragement et d'admission des investissements[524].

501. Du point de vue conventionnel, c'est une notion initialement introduite dans les traités de commerce conclus par les États-Unis[525]. Même si le contenu de la notion de traitement juste et équitable prévu dans les accords et traités bilatéraux d'investissement donne lieu à des interprétations diverses, la jurisprudence internationale semble avoir précisé ce qu'implique exactement cette notion. En effet, dans l'affaire du plateau continental de la mer du Nord, la CIJ a jugé « *qu'il ne s'agit pas d'appliquer l'équité simplement comme une représentation de la justice abstraite, mais d'appliquer une règle de droit prescrivant le recours à des principes équitables (...)* »[526]. En référence à cette jurisprudence, on peut considérer, *mutadis mutandis,* que le traitement équitable d'un investissement doit être déterminé sur la base des règles de l'accord ou du traité convenues entre les parties. Laviec affirme à ce sujet : « *Le rôle du traitement juste et équitable paraît être de tenir pleinement compte du but et de l'objet d'une convention dans l'application d'une règle particulière. Face aux particularités d'une*

---

522 Voir article 3 (1) de l'accord Cameroun - Chine selon lequel : « *Chacune des parties contractantes s'engage à assurer sur son territoire aux investisseurs de l'autre partie un traitement juste et équitable qui n'est pas moins favorable que celui qu'elle accorde aux investissements de ses propres investisseurs, conformément à ses lois et règlements ou aux investissements des investisseurs de la nation la plus favorisée si ce dernier est plus favorable.* » Dans le même sens, voir aussi article 3 (2) de l'accord Roumanie - Cameroun.

523 Voir article 3 (4) du traité Cameroun - États-Unis.

524 Voir article 1 du traité Cameroun - Allemagne fédérale. Cet article dispose que « *Chaque partie contractante encouragera dans la mesure du possible l'investissement de capitaux dans son territoire par des ressortissants, admettra ces investissements conformément à sa législation (...) Elle traitera ces investissements, dans chaque cas, de façon juste et équitable.* »

525 Sur les premières mentions du traitement équitable dans les traités de commerce des États-Unis, cf. WILSON, *The international law,* cité par LAVIEC J.-P., *Protection et promotion des investissements*, *op. cit.*, p. 93.

526 CIJ, Recueil, 1969, p. 21. Sur le rôle des principes équitables, à la lumière de la jurisprudence récente de la CIJ, cf. not. REUTER, « Quelques réflexions sur l'équité en droit international », *RBDI,* 1980-1, 15, pp. 165-186.

situation, il requiert que l'application des normes convenues se concrétise dans le cas d'espèce. »[527]

502. La conventionnalisation des standards par le biais des TBI n'a pas que formalisé des coutumes en mal d'application pour défaut de reconnaissance internationale. Elle a procédé à un reformatage de ceux-ci, notamment le standard de traitement minimum, devenu traitement juste et équitable, et auquel est associé parfois le standard de pleine et entière protection et sécurité[528]. Dès lors, « *on est dans une situation sans précédent dans l'histoire du droit international, d'un double standard de traitement correspondant aux deux aspects d'un standard minimum : l'aspect sécuritaire présent dans la clause de sécurité et protection pleine et entière, et l'aspect de légalité internationale (le respect des règles de fond du droit international)* »[529].

503. Or, ce standard minimum réformé a généré un panel de règles importantes, incorporant des standards anciennement dotés du statut de coutumes ou tout au plus de règles conventionnelles de protection. Ainsi pouvons-nous citer, à titre de consistance du traitement juste et équitable, un ensemble d'exigences négatives imposées dans ce sens aux États. Il s'agit de l'interdiction des conduites discriminatoires, des conduites arbitraires, des conduites coercitives et des conduites spoliatrices. Ensuite sont concernées des exigences de standard propres à l'appareil judiciaire, notamment une conduite de l'appareil judiciaire dans son ensemble, et les règles relatives au défaut de protection judiciaire (défaut de protection par l'administration de la justice et défaut de protection par la décision de justice elle-même). À ces règles négatives se greffent des règles positives liées aux attentes élémentaires pour tout investisseur (clarté, cohérence et stabilité du cadre juridique) et des attentes spécifiques (prise de position explicite et contextualisation des attentes)[530]. C'est alors là l'étape ultime d'un encadrement progressif du pouvoir normatif des États, dont ils sont certes des acteurs volontaires incontournables en tant que sujets du droit international, mais à l'intérieur d'une relation juridique étroite avec les entreprises privées étrangères, par l'intermédiaire non seulement des États dont ils sont originaires, mais aussi des juges chargés de trancher les litiges qui les opposeraient.

---

527 LAVIEC J.-P., *Protection et promotion des investissements*, *op. cit.*, p. 95.

528 LEBEN C., « Droit international des investissements : un survol historique », in LEBEN (dir.), *Droit international des investissements et de l'arbitrage transnational, op. cit.*, p. 69.

529 *Ibid.*, p. 71.

530 NOUVEL Y., « Les standards de traitement : le traitement juste et équitable, la sécurité pleine et entière », in LEBEN (dir.), *Droit international des investissements et de l'arbitrage transnational, op. cit.*, pp. 287-345.

CONCLUSION DU CHAPITRE II

504. La CNUDM et les différentes conventions à vocation universelle (convention de Bruxelles de 1969, MARPOL 73/78 et OPRC 90) ou régionale (convention d'Abidjan et MOU d'Abuja) constituent l'arsenal juridique conventionnel applicable en vue de lutter contre les pollutions de l'environnement marin, notamment la pollution par les hydrocarbures, qu'elle soit opérationnelle, accidentelle ou carrément une situation critique dans le golfe de Guinée.

505. D'une manière générale, on constate une similitude dans le contenu de ces textes, particulièrement en matière de prévention de la pollution maritime par les navires et de lutte en cas de situation critique. Cette similitude montre le respect du principe de conformité dans la procédure d'incorporation des normes à vocation universelle à l'ordre régional ou local. Mais, il convient aussi d'y voir une synergie des normes. Il s'agit clairement de normes spécifiques aux secteurs des hydrocarbures, dépendantes des principes directeurs et des standards environnementaux qui les précèdent dans les sources internationales. L'on confirme ici aisément l'analyse du professeur Dupuy, qui constate la création d'une société relationnelle et ensuite institutionnelle en matière de droit international de l'environnement, sans pour autant que l'État puisse être évincé du processus de création des normes en la matière[531].

506. D'un autre côté, au regard de l'évolution du droit international de l'investissement, la souveraineté des États a sans cesse été contenue par la force normative continue du paradigme juridique de la protection des investisseurs privés étrangers. Tous les mécanismes inventoriés au fil du temps, et parfois évoluant de façon circulaire, contribuent à limiter le pouvoir souverain des États. Il y eut d'abord des traités de commerce non contraignants au départ, édictant juste des normes coutumières. Puis, la contractualisation directe des rapports entre États et investisseurs directs étrangers, incluant des clauses d'arbitrage, a davantage lié les États vis-à-vis de leurs partenaires en termes de normes de comportement. Toutefois, les insuffisances constatées relatives au droit applicable ont généré une double protection, nouvelle et pratiquement concomitante : la généralisation des TBI et celle des arbitrages CIRDI. En reformulant dans cette instance le contenu du standard minimum de traitement juste et équitable, les investisseurs privés, désormais attraits de façon automatique en arbitrage (CIRDI notamment), même sans contractualisation directe de ce compromis d'arbitrage, sont protégés avec cet arsenal solide et sans précédent dans l'histoire du droit des investissements. L'on observe ainsi la nécessité d'un concours de facteurs dans le temps pour réduire progressivement le pouvoir

---

531 Lire PETIT Y., « Les risques environnementaux globaux et les transformations de la souveraineté », in *L'État dans la mondialisation, op. cit.*, pp. 177-208.

normatif des États en matière d'investissements en général, et d'investissements énergétiques en particulier.

CONCLUSION DU TITRE I

507. Au total, le droit international s'avère être une source doublement centrale. D'abord, en premier lieu, il fixe les conditions de l'exercice de l'exploration et de l'exploitation des hydrocarbures. La centralité des hydrocarbures dans les économies en général, et dans celle des pays africains en particulier, augure de tensions vives, voire de conflits graves en cas d'imprécision du champ spatial de compétence, et des conditions économiques de l'exercice de sa souveraineté. La multiplication des sujets méritant la protection du droit international, notamment les populations autochtones et les États souverains, a conduit le droit international à affiner les principes relatifs à la souveraineté des États sur leurs ressources naturelles, dans le sens d'un maintien du titulaire initial de ce pouvoir, mais en même temps, de sa responsabilité internationale vis-à-vis de ces populations autochtones.

508. Outre la fixation du périmètre de la souveraineté positive, le droit international a également fixé les bornes ou limites de cette souveraineté, notamment en matière environnementale et économique. Il s'agit à chaque fois de normes souples qui deviennent progressivement plus contraignantes et obligatoires, soit par le biais de la multiplication de sources molles, les érigeant en coutume internationale contraignante, soit par le biais de la circulation des normes entre sources de natures différentes (traité, contrat) ou d'origine territoriale différente. Les unes (normes environnementales) ont davantage évolué sous la forme de normes déclaratoires à irradiation spécifique successive, tandis que les autres (normes économiques) se sont déployées par le prisme d'un paradigme juridique qui en a toujours été le moteur, le paradigme juridique de la protection des investisseurs étrangers.

509. Ainsi, dans l'ordre juridique international, les normes revêtent davantage l'enveloppe de principes, de standards, de déclarations et autres recommandations, dont la fonction est de fixer les règles essentielles aux parties, mais aussi de permettre leur adaptabilité à différentes situations.

510. Dès lors, il importe de continuer la déclinaison du droit des hydrocarbures à partir de cette fondation, par l'analyse de l'appropriation de ces principes par les États africains, à l'intérieur de leur espace normatif interne. L'on pourra alors constater que le principe juridique de la souveraineté de ces États irrigue certes la quasi-totalité du régime national des hydrocarbures, mais avec, pour les États, un pouvoir normatif variable, le monisme interactionniste ou relationiste.

TITRE II

LE DROIT NATIONAL, DROIT DE REALISATION DE LA SOUVERAINETE

511. Comme il a pu être dit, « *la souveraineté d'un État se traduit concrètement et quotidiennement par l'exercice de diverses fonctions de puissance. Dès lors, le recours à une conception matérielle de la souveraineté est une tentation naturelle* »[532].

512. Le droit onusien consacre, comme on l'a vu, le principe de souveraineté permanente des États sur leurs ressources naturelles. Conçu comme un vecteur d'indépendance économique pour les États producteurs, ce principe trouve un écho particulier pour les États africains producteurs d'hydrocarbures, dont certains ont inséré dans leurs Constitutions des dispositions relatives à la souveraineté sur leurs ressources naturelles[533]. Les cultures juridiques différentes des États et surtout le caractère plurisémantique du concept de « souveraineté » commandent que l'usage concret de ce droit internationalement consacré soit apprécié à l'aune des règles concrètes relatives à l'exploitation des hydrocarbures.

513. En effet, les réitérations du principe en droit national, notamment au niveau des Constitutions, sont soit équivoques, soit à densité variable. Certains auteurs ont récemment fait, par exemple, une distinction entre les Constitutions réaffirmant le principe même de souveraineté des États sur leurs ressources naturelles et celles qui « se limitent » à affirmer la propriété de l'État sur ces ressources[534]. Ils estiment alors que la seconde version est d'une densité moindre, ces États se « bornant » à utiliser le terme « propriété » pour désigner les attributions de l'État sur leurs ressources naturelles. Or, il n'est pas certain que ces nuances sémantiques influent sur l'aménagement opérationnel de cette souveraineté. De plus, ces auteurs

---

532 MAILLARD DESGREES DU LOU D., « Rapport introductif », in *Les évolutions de la souveraineté*, actes du colloque de l'université d'Angers (13 et 14 janvier 2005), Éditions Montchrestien, Coll. Grands Colloques, 2006, p. 10.

533 Lire LAURIOL T., RAYNAUD E., *Le droit pétrolier et minier en Afrique*, *op. cit.*, chap. 4, p. 69 à 81.

534 *Ibid.*, p. 79.

identifient neuf États uniquement qui affirmeraient ce principe dans leurs Constitutions : l'Angola, le Cap-Vert, la Guinée-Bissau, le Congo-Brazzaville, le Congo-Kinshasa, le Tchad, le Niger, la Tunisie et la Guinée équatoriale. Or, pour ne prendre que l'exemple du Cameroun, le préambule de sa Constitution indique que : « *Résolu à exploiter ses richesses naturelles afin d'assurer le bien-être de tous en relevant le niveau de vie des populations sans aucune discrimination, [le Cameroun] affirme son droit au développement ainsi que sa volonté de consacrer tous ses efforts pour le réaliser et se déclare prêt à coopérer avec tous les États désireux de participer à cette entreprise nationale dans le respect de sa souveraineté et de l'indépendance de l'État camerounais.* »[535]

514. Un tel libellé peut parfaitement être considéré comme duplicateur du principe internationalement consacré, le rapport entre le développement, les richesses naturelles et la souveraineté étant explicitement établi. De même, la distinction faite entre les Constitutions explicites et univoques sur l'affirmation du principe de souveraineté des États sur leurs ressources naturelles et celles qui disposeraient directement de la gestion même de ces ressources ne nous semble pas décisive[536]. Ce sont des variantes d'expression du principe de souveraineté des États sur leurs ressources naturelles, qui, au stade constitutionnel, sont simplement plus ou moins explicites.

515. Dès lors, nous admettons avec Étienne Picard que « *pour pouvoir mériter la qualité de règles de droit positif, et pour que la souveraineté à laquelle celles-ci s'imputent puisse exister et se voir reconnue comme telle, ces règles doivent globalement s'imposer d'une manière effective à la réalité des faits qu'elle entend saisir* »[537]. Or, l'exploitation des hydrocarbures est régie par un ensemble de règles diverses et variées, portant sur des volets eux-mêmes différents, à la fois pécuniaires, financiers, techniques, administratifs, applicables entre les acteurs... La souveraineté, en tant que « *notion de nature purement formelle* », selon Jellinek[538], trouve alors en droit des hydrocarbures un terreau d'expression concret, mais dont les formes varient suivant la nature de l'objet régulé. Il conviendra donc de

---

[535] Loi n°96-06 du 18 janvier 1996 portant révision de la Constitution du 2 juin 1972. (C'est nous qui soulignons).

[536] LAURIOL T. et RAYNAUD E. singularisent ainsi des États comme le Burkina Faso qui, dans sa Constitution de 1991 (art. 14), énonce que « *les richesses et les ressources naturelles appartiennent au peuple. Elles sont utilisées pour l'amélioration de ses conditions de vie* », ou celle de l'Égypte, qui dispose que « *les ressources naturelles de l'État appartiennent au peuple, l'État s'engage à les préserver, à en faire une bonne exploitation et empêcher leur épuisement, en tenant compte des droits des générations futures* » (adoptée le 15 janvier 2014, art. 32).

[537] PICARD E., « La hiérarchie des normes confrontée aux rapports entre ordres juridiques », in *Repenser les rapports entre les ordres juridiques*, L.G.D.J. – Montchrestien, Lextenso éditions, 2013, p. 529.

[538] JELLINEK G., *L'État moderne et son droit*, deuxième partie : *Théorie juridique de l'État* (1911), trad. G. Fardis, Éditions Panthéon Assas, Coll. Les introuvables, 2005, p. 126.

rechercher dans les formes, parmi les procédures et les compétences, les traits spécifiques de la souveraineté en matière d'hydrocarbures[539].

516. « *Notion à contenu variable* »[540], la souveraineté semble alors revêtir plusieurs formes. L'État est certes l'acteur central dans la production des normes, mais il l'exerce de façon différente suivant la matière régulée.

517. Pour illustrer cette application multiforme dans le cadre de la mise en œuvre de son pouvoir souverain, nous avons choisi deux pôles majeurs d'expression de ce pouvoir suprême : le domaine fiscal, où ce pouvoir est exercé de façon absolue et inédite (Chapitre I) ; et le domaine foncier, où nous rencontrons davantage une souveraineté classique (Chapitre II).

---

539 Lire BEAUD O., *La puissance de l'État*, PUF, Coll. Léviathan, 1994, p. 23.

540 Réf. PERELMAN Ch.et Van Der ELST R. (dir.), *Les notions à contenu variable en droit*, Bruxelles, Bruylant, 1984.

CHAPITRE I

LA SOUVERAINETÉ FISCALE EXCEPTIONNELLE DE L'ÉTAT EN DROIT DES HYDROCARBURES

518. Selon le professeur Beaud, « *la souveraineté (...) se concrétise toujours par une compétence* »[541]. C'est la même fonction qu'alloue Michel Troper à la souveraineté, en la considérant comme un principe d'imputation de compétence, en ces termes : « *La souveraineté est bien un procédé d'imputation à un être réel ou fictif (...) des normes les plus élevées et indirectement de toutes celles qui sont réputées en dériver. Un tel mécanisme est indispensable dans tout système hiérarchisé. (...) Les titulaires de la souveraineté, c'est-à-dire les êtres qui servent de points d'imputation, sont très divers (...) dans l'État moderne, toute décision est bien imputée au souverain immédiatement ou médiatement. Immédiatement si cette décision est une loi, réputée exprimer la volonté générale. Médiatement, si elle est dérivée d'une loi.* »[542]

519. En matière fiscale, un double facteur conduit à envisager des règles draconiennes concernant les hydrocarbures. En premier lieu, il y a la nature essentielle de l'impôt : l'une de ses caractéristiques essentielles, c'est qu'il est un prélèvement obligatoire et perçu par voie d'autorité. Pour Laure Agron, « *aujourd'hui, l'impôt se définit comme un prélèvement obligatoire et sans contrepartie* »[543], et les dictionnaires définissent pareillement l'impôt

[541] BEAUD O., « La souveraineté dans la ''Constitution à la théorie générale de l'État'' de Carré de Malberg », *RD publ.*, 1994, p. 1294, cité par GOHIN O., « Souverainetés et compétences en droit constitutionnel français depuis 1946 », in *Les évolutions de la souveraineté*, actes du colloque de l'université d'Angers (13 et 14 janvier 2005), Éditions Montchrestien, Coll. Grands Colloques, 2006, p. 102.

[542] TROPER M., « La souveraineté comme principe d'imputation », in *Les évolutions de la souveraineté*, actes du colloque de l'université d'Angers (13 et 14 janvier 2005), Éditions Montchrestien, Coll. Grands Colloques, 2006, p. 74-75.

[543] *Histoire du vocabulaire fiscal*, Paris, L.G.D.J., 2000, p. 226.

comme un « *prélèvement obligatoire* »[544] ou comme « *une contribution obligatoire* »[545].

520. Selon Gaston Jèze, qui personnifie le plus les cours classiques de fiscalité dans les universités francophones, un « *élément essentiel de l'impôt dans tous les États civilisés modernes, c'est la contrainte juridique. L'impôt est essentiellement un paiement forcé* »[546].

521. Ensuite, les hydrocarbures, au regard de leur importance budgétaire potentielle, constituent une source de revenus inestimable, dont l'un des moyens de réalisation est constitué par les règles fiscales applicables, au point que les politiques fiscales y relatives représentent un centre d'intérêt permanent tant des bailleurs de fonds internationaux[547] que des praticiens[548]. Cette conjonction de facteurs justifie dans une large mesure l'usage exceptionnel que font les États de leur pouvoir fiscal, que l'on peut anticiper comme étant de nature exclusive, et permettant de confirmer une fois de plus leur rôle éminent dans la production du droit des hydrocarbures. Nous vérifierons alors cette hypothèse dans l'appréciation de l'usage de leur pouvoir légal (Section I) comme de leur pouvoir réglementaire (Section II).

SECTION I. LA LOI, SOURCE PRINCIPALE DE RÉALISATION DE LA SOUVERAINETÉ FISCALE

522. L'un des principes opérationnels les plus efficaces du droit fiscal est le principe de la légalité fiscale[549]. Non seulement il est reconnu dans la majorité des Constitutions africaines, mais il fait l'objet d'applications contentieuses nombreuses. Déjà, l'article 14 de la Déclaration des droits de 1789 dispose que « *tous les citoyens ont le droit de constater, par eux-mêmes ou par leurs représentants, la nécessité de la contribution publique, de la consentir librement, d'en suivre l'emploi, et d'en déterminer la quotité, l'assiette, le recouvrement et la durée* ». Le lien entre la législation et les impositions est ainsi déjà clairement établi. La tradition constitutionnelle des États africains francophones au moins confirme expressément cette compétence législative (et donc parlementaire) pour pouvoir légiférer en

---

544 CORNU G., *Vocabulaire juridique*, Paris, PUF, 6e édition mise à jour, juin 2004, p. 461.

545 ALBERT J.-L., PIERRE J.-L., RICHER D. (dir.), *Dictionnaire de droit fiscal et douanier*, Paris, Éditions Ellipses, 2007, p. 280.

546 *Cours de finances publiques 1936-1937*, L.G.D.J., 1937, p. 33. Lire aussi NEGRIN O., « Une légende fiscale : la définition de l'impôt de Gaston Jèze », *Revue de droit public*, n°1, 2008. (C'est nous qui soulignons).

547 Lire par exemple DAVIS J.M., OSSOWSKI R., FEDELINO A., *Fiscal Policy formulation and implementation in oil-producing countries*, International Monetary Fund, 2003.

548 V. IKAMA J.-J., *Comment partager la rente pétrolière ? Les enseignements d'une expérience africaine*, Paris, Éditions Technip, 2013.

549 Lire NEGRIN O., « Les principes en droit fiscal », in CAUDAL (dir.), *Les principes en droit*, Paris, Economica, 2008, p. 243.

matière fiscale. En général, la fiscalité fait partie du domaine de la loi par désignation explicite de la Constitution.

523. C'est ainsi que, par exemple, l'article 99 de la Constitution du 24 juin 1967 de la République démocratique du Congo, telle que révisée par la loi n°80-012 du 15 novembre 1980, dispose laconiquement : « *Il ne peut être établi d'impôt qu'en vertu de la loi.* » Au Cameroun, l'article 26 de la loi constitutionnelle n°96-06 du 18 janvier 1996 portant révision de la Constitution du 2 juin 1972, en son alinéa d-3 portant sur les *« questions financières et patrimoniales* », énonce « *la création des impôts et taxes et la détermination de l'assiette, du taux et des modalités de recouvrement de ceux-ci* » dans le périmètre de la compétence législative. Deux conséquences normatives se dégagent alors de ce principe constitutionnel en matière fiscale :

– La nécessité de principe d'une loi pour en fixer le régime.

– La compétence de droit commun de la juridiction administrative pour statuer sur son contentieux[550].

524. Dès lors, le monisme étatique ou monopole de l'État dans la production et la qualification des normes trouve ici un fondement et un encadrement normatif des plus légitimes et contraignants. L'État organise lui-même, à travers ses textes constitutifs, sa légitimité en tant que pourvoyeur de normes fiscales, mais aussi sa sécurité dans le cadre de cet exercice à travers la soumission de tout contentieux fiscal à son pouvoir juridictionnel. C'est ce principe juridique qui nous permet alors d'analyser les mécanismes d'exercice de ce pouvoir en matière d'hydrocarbures, dans un premier temps, sur le plan législatif, et ceci, à deux niveaux successifs : sur le plan de la technique fiscale (§1) et sur le plan de la politique fiscale (§2).

§1. La souveraineté fiscale sur le plan de la technique juridique

525. La technique juridique est définie comme une « *utilisation du raisonnement et des règles juridiques dans un domaine particulier* »[551]. Dans notre cas d'espèce, il s'agit donc de « techniques fiscales », généralement de conception difficile[552]. Toutefois, pour singulariser les règles fiscales en matière d'hydrocarbures, il faut se rappeler que l'impôt est classiquement défini comme « *un prélèvement opéré par voie de contrainte par la puissance publique et ayant pour objectif essentiel de couvrir les charges*

---

550 HERTZOG R., art. préc., p. 28.

551 CABRILLAC R. (dir.), *Dictionnaire du vocabulaire juridique*, 6e édition, LexisNexis, 2015, p. 502.

552 Lire TOURNIE, « De l'impôt et des mots : réflexions sur le déficit conceptuel du droit fiscal », *in Mélanges Loïc Philip*, Paris, Economica, 2005, p. 612.

publiques et de les répartir en fonction des facultés contributives des citoyens »[553].

526. Or, en matière d'hydrocarbures, l'on pourra observer, contre toute attente, qu'il y a une généralisation des règles fiscales mesurées, d'une part (A), et des règles fiscales ajustées, d'autre part (B), qui donneront à l'hypothèse de la vérifiabilité du monisme juridique un tout autre profil.

A. Des règles fiscales mesurées

527. Instrument essentiel de la souveraineté des États[554], la matière fiscale dans le cadre de l'exploitation des hydrocarbures devrait confirmer son statut essentiel de marqueur de leur pouvoir suprême. Toutefois, cela ne serait pas différent des autres secteurs d'activités.

528. La singularité en matière d'exploitation des hydrocarbures est que cette fiscalité est utilisée, dans le fond, par autolimitation du pouvoir souverain de l'État, de façon négative, dont l'impôt sur le revenu en est un exemple topique, par sa mesure (1). Mieux, il fait également l'objet, en droit des hydrocarbures, d'une dispense soit temporaire, soit définitive, bref, d'un ajustement (2).

1. Un impôt sur le revenu contrôlé

529. De nombreuses législations africaines aménagent des mécanismes uniques d'imposition des opérateurs pétroliers, dans l'optique de garantir un équilibre précis au contrat pétrolier. Autrement dit, l'État use de son droit à régulation maximal pour contenir justement ce pouvoir suprême, en limitant le niveau de charge potentielle que ses règles classiques auraient pu générer.

530. C'est ainsi par exemple qu'en Tunisie, le principe de partage des bénéfices entre la compagnie étrangère et l'État a été introduit par la loi n°58-36 du 15 mars 1958 fixant à 50% la part des bénéfices revenant à l'État. Les paiements effectués par la compagnie étrangère à l'État tunisien au titre des impôts au cours d'un exercice donné sont par conséquent limités à un pourcentage des bénéfices réalisés, tel que fixé par la convention.

531. En cas de résultat bénéficiaire, le titulaire de la concession est tenu de payer un impôt sur les bénéfices, qui comprend :

– L'impôt sur les revenus des sociétés de droit commun.

– Un impôt supplémentaire sur les bénéfices de manière à avoir un impôt pétrolier total qui ne soit pas inférieur au taux fixé par la convention d'établissement pétrolière.

532. Dans le cas où la somme de ces paiements est inférieure à ce pourcentage des bénéfices, la compagnie devra acquitter la différence au titre

---

553 GAUDEMET P.-M., MOLINIER J., *Finances publiques*, tome II, 6e éd., Montchrestien, 1997, p. 23.

554 BUISSON J., « Impôt et souveraineté », in *L'impôt, Arch. phil. dr.*, tome 46, *op. cit.*, p. 25 à 38.

de l'impôt supplémentaire sur les bénéfices. Dans le cas où elle est supérieure, la compagnie pétrolière peut demander l'imputation de la différence sur les obligations fiscales ultérieures et afférentes aux exercices suivants, à titre de crédit d'impôt[555].

533. Dans le même sens, au Maroc, « *dès qu'une période de quatre ans s'est écoulée depuis la production régulière de pétrole ou de gaz, et même avant l'expiration de cette période, dès que la production fournie par toutes les concessions de l'entreprise atteint 1 000 tonnes par jour de pétrole brut ou un million de mètres cubes de gaz par jour et si le total des sommes versées par le concessionnaire au titre de la taxe superficiaire et de la redevance annuelle et des taxes et impôts pour l'ensemble des concessions dont il est titulaire est inférieur à la moitié des bénéfices d'exploitation, le concessionnaire doit verser une surtaxe égale à la différence entre la moitié des bénéfices et ce total* »[556]. Bien que la législation soit alors muette sur ce qu'il faudrait faire en cas d'absence de bénéfice, apparaît clairement la volonté de plafonner la pression fiscale globale à la moitié des bénéfices de l'entreprise.

534. La législation libyenne est encore plus explicite sur la vision globale de la pression fiscale à supporter par le concessionnaire. L'article 14 alinéa 1 de la loi n°25 de 1955 sur les hydrocarbures dispose que : « *If in respect of any complete year from and after the effective date as hereinafter defined the total amount of the fees, rents and royalties except 16.67% of the value of crude oil exported as herein defined, payable under this law and income tax and direct taxes for which a concession holder is liable in respect of his operations and income there from under all petroleum concessions held by him in the SPLAJ falls short of 65% of his profits as hereinafter defined for that complete year the concession holder shall pay to the Secretariat of Petroleum such sum by way of Surtax as will make the total of his payments equal to 65% of the profits aforesaid.* »

535. La doctrine a donc pu allègrement constater que la loi appréhende la fiscalité comme un tout, ici, l'objectif ultime étant de prélever 65% de la rente pétrolière, indépendamment de la composition des différents modes de prélèvements institués[557].

536. Enfin, au Cameroun, la rente minière garantie correspond, dans sa philosophie, à la même appréhension globale ou holistique de la pression fiscale. En effet, « *la compagnie bénéficie d'une rente minière garantie après paiement de la redevance minière, de l'impôt sur les bénéfices et de tout autre prélèvement. Ceci veut dire qu'on détermine la rente minière par reconstitution. On détermine le montant, qui, ajouté aux prélèvements*

---

555 MOHAMED ALI O., thèse précitée, page 69.

556 Article 31 alinéa a) du Dahir portant Code pétrolier. Lire MOULAY AHMED IDRISSI BENYACINE, *Droit pétrolier et conventions pétrolières au Maroc*, Casablanca, Les éditions maghrébines, 1974, p. 82.

557 LEERBERG B.E., Mc CLURE C.E., WINFROW P., « Petroleum taxation in Libya », www.ogel.org, vol. 3, issue 2, juin 2005, p. 3.

fiscaux et déduits ensemble de la rente minière, assure à la compagnie un gain de 22%, 26% ou 30% selon les bassins. Le taux de la redevance devient ainsi variable et peut même être négatif »[558].

537. Le mécanisme parfaitement décrit par l'auteur ici, similaire aux cas marocain, tunisien et libyen, n'a d'intelligibilité ultime que si les éléments constituant la pression fiscale sont considérés, par les parties, comme un tout devant être plafonné.

538. Concrètement, la pression fiscale s'arrête devant le seuil garanti par l'État à son cocontractant. La liquidation concrète de la redevance intègre alors des paramètres économiques tels que le volume de la production et sa valorisation, d'une part, et les coûts associatifs de production, d'autre part. La fiscalité fait alors corps avec la profitabilité du projet, se fond dans la nature et la structure du projet, du « prospect », pour utiliser le jargon consacré, et n'est plus de type « injectif » ou « vertical » qui s'applique *ne varietur* aux entreprises pétrolières.

539. Ce qui est dans un premier temps considéré comme un prélèvement spécifique (redevances superficiaires, bonus, redevances à la production…) se mue ensuite en acomptes sur le revenu, par un mécanisme d'agrégation de ce qui a été payé, et de comparaison avec le plafond fixé contractuellement en termes de pression fiscale. Aucun autre secteur d'activité n'intègre ainsi des prélèvements différents dans un *package* global. C'est là un marqueur unique, susceptible de fédérer les fiscalités pétrolières de plusieurs pays, au-delà des différences résiduelles qu'on peut y rencontrer.

540. Il s'agit en réalité de techniques fiscalo-financières permettant la préservation de l'équilibre économique initialement contractualisé par les parties. L'État, en tant que titulaire du pouvoir de législation fiscale, use de celui-ci pour atteindre un objectif économique précis, et son pouvoir normatif revêt une originalité particulière par rapport aux règles classiques en la matière. C'est davantage le cas lorsqu'il consent à une sorte d'abandon de ses prétentions fiscales légitimes.

2. Un impôt sur le revenu relégué

541. Nous entendons, par impôt sur le revenu « relégué », l'imposition sur les résultats des sociétés pétrolières qui seraient imposés soit tardivement par rapport à la durée d'exploitation du projet, soit dès le début, mais appliquée de façon résiduelle, l'objectif étant manifestement de ne pas préjudicier aux intérêts des actionnaires.

542. Ainsi en est-il en matière gazière au Cameroun, où la loi n°2012/006 du 19 avril 2012 portant Code gazier dispose, en son article 57 alinéa 2, qu'« *en considération de la taille des investissements nécessaires aux projets gaziers visés par les conventions gazières, et des retombées économiques attendues de ceux-ci notamment pour des projets de construction d'usines de*

---

[558] DIKOUME A.L., *op. cit.*, p. 170.

liquéfaction de gaz ou d'autres projets similaires, les sociétés gazières ayant conclu des conventions gazières peuvent bénéficier, pour une période maximale de dix (10) ans définie dans leurs conventions gazières, des exemptions au paiement des taxes, impôts, droits et autres charges suivants :

a) l'impôt sur les sociétés (IS) ;

b) la taxe sur la valeur ajoutée (TVA) ;

c) les droits d'enregistrement et de timbre ;

d) la taxe foncière sur les propriétés bâties ou non ;

e) l'impôt sur les revenus des capitaux mobiliers (IRCM) ;

f) la taxe spéciale sur les revenus (TSR), en phase de développement de projet et de construction ;

g) les droits de douane ;

h) tout impôt, redevance, taxe ou frais de quelque nature que ce soit, calculés sur le chiffre d'affaires réalisé par la société de transformation, ou sur les volumes unitaires de GNL à la production, la vente ou l'exportation ;

i) toute taxe sur le transfert, l'achat ou la vente de devises, et toute taxe indirecte à la consommation dont la taxe spéciale sur les produits pétroliers ».

543. L'alinéa 3 précise alors : « *Au-delà de la période d'exemption visée à l'alinéa 2 ci-dessus, les sociétés de transformation de gaz naturel seront passibles d'un impôt sur les sociétés à un taux réduit compris entre 15 et 30%, centimes additionnels inclus, dont les modalités de détermination de l'assiette seront définies par la convention gazière.* »

544. L'inscription en tête de liste des droits et taxes dont sont dispensés les opérateurs pendant une dizaine d'années, mais avec la précision, dans l'alinéa suivant, qu'au-delà de cette période d'exemption, l'impôt sur les sociétés est dû à un taux compris entre 15 et 30%, montre à quel point le fait de retarder ainsi l'imposition sur les revenus de l'entreprise gazière est exceptionnel.

545. En effet, les allégements fiscaux dans le secteur extractif concernent généralement les taxes et droits perçus lors des événements de la vie sociale, tels que l'immatriculation, l'augmentation ou la diminution du capital social, les cessions d'actions, certaines taxes locales et des impôts indirects sur la dépense comme la taxe sur la valeur ajoutée[559]. L'inclusion de l'impôt sur les sociétés dans le champ des exemptions, pour le restituer comme droit dû plus tard à un taux négociable dans la convention gazière par les parties, est une marque de souveraineté renforcée.

546. De même certaines législations prévoient-elles des taux d'impôts sur les sociétés exceptionnellement réduits, traduisant également une volonté interventionniste particulièrement appuyée. Ainsi en est-il de la loi n°96/13 du 5 août 1996 portant ratification de l'accord signé le 8 février 1996 entre la République du Cameroun et la République du Tchad, relatif à la construction

---

[559] Lire LAURIOL T., RAYNAUD E., *Le droit pétrolier et minier en Afrique*, *op. cit.*, p. 563. Ces auteurs ne citent néanmoins pas la TVA, à tort.

et à l'exploitation d'un système de transport des hydrocarbures par pipeline. Projet exceptionnel dans sa gouvernance et ses enjeux géopolitiques, la loi nationale camerounaise prévoit, en son article 55 alinéa a, que « *les sociétés de transport par pipeline (...) sont soumises à l'impôt sur les sociétés conformément au Code général des impôts, à un taux réduit* ». Il continue en précisant que « *les revenus imposables soumis à ce taux réduit s'entendent des bénéfices résultant des opérations de transport des hydrocarbures de toutes les provenances, y compris le Cameroun* ». L'article 56 conclut alors en précisant que « *le taux réduit de l'impôt sur les sociétés visé à l'article 55 est fixé à cinq pour cent (5%), y compris les centimes additionnels communaux* ».

547. L'adjectif qualificatif « réduit », utilisé trois fois en deux articles, est un message normatif explicite, visant à banaliser, voire à annihiler, la portée budgétaire de cet impôt, et qui s'explique par la nature particulière de ce projet d'envergure internationale[560]. Les dividendes attendus de ce projet étaient alors davantage politiques que budgétaires, et les règles fiscales classiques ont été sacrifiées sur l'autel de ces enjeux extrabudgétaires.

B. Des règles fiscales ajustées

548. Une autre source de vérification de l'hypothèse du monisme juridique est constituée par les mécanismes de fixation des règles fiscales relevant de la technique fiscale. Alors que l'impôt doit être perçu « de façon autoritaire », « à titre définitif » et « sans contrepartie », suivant la définition classique de Gaston Jèze, la souveraineté de l'État en la matière se déploie de façon particulière, de nouveau, concernant les hydrocarbures. En effet, les règles de calcul de l'impôt sont rendues dépendantes de facteurs extérieurs au législateur : la volonté des parties, avec un ajustement dépendant des parties (1), et la nature des gisements miniers concernés, qui conduit à un ajustement indépendant des parties (2).

1. L'ajustement dépendant des parties

549. Certains investisseurs privés étrangers en matière d'exploitation des hydrocarbures bénéficient d'un droit à négociation de certaines dispositions fiscales spécifiques, mentionnées généralement dans le Code pétrolier de l'État hôte. Cette technique juridique d'aménagement des règles fiscales applicables est un sérieux butoir à la sacro-sainte règle du pouvoir fiscal originaire de l'État. Toutefois, en intégrant le fait que le monisme juridique se traduit également par le pouvoir de qualification et de validation des normes juridiques par les États, l'on en déduit juste que la négociation des termes fiscaux en est une variante, de type interactionniste.

---

[560] Lire LEKA ESSOMBA A., *Pétrole, pouvoirs et sociétés : Une analyse des nouvelles dynamiques sociales à partir du pipeline Tchad/Cameroun*, thèse dactylographiée de sociologie politique, Université de Yaoundé I, 2008-2009.

550. De nombreuses dispositions fiscales prévoient des renvois aux contrats pétroliers pour la définition des règles d'imposition directe des opérateurs. Ainsi pouvons-nous prendre l'exemple des législations de la Côte d'Ivoire, du Cameroun, du Niger et du Sénégal.

551. Dans les trois premiers pays cités, certaines règles relatives à la détermination de la base d'imposition de l'impôt sur les sociétés sont arrêtées conventionnellement. Il s'agit précisément :

– De la fraction raisonnable des dépenses administratives du siège social de l'entreprise à l'étranger, pouvant être imputée aux opérations pétrolières sur le territoire, conformément au contrat pétrolier[561].

– Des amortissements portés en comptabilité par l'entreprise, dans la limite des taux définis dans le contrat pétrolier, y compris les amortissements qui auraient été différés au cours d'exercices antérieurs déficitaires[562].

552. En droit camerounais et nigérien, des provisions pour abandon de gisements sont constituées pour l'abandon de ces gisements, conformément à la réglementation en vigueur et au contrat pétrolier[563].

553. Mieux, même « *le taux de l'impôt sur les sociétés applicable aux revenus tirés des opérations de recherche et d'exploitation est fixé par le contrat pétrolier* »[564] au Cameroun, ce qui achève de flexibiliser les règles de l'impôt sur les sociétés. Dans le même sens, au Sénégal, les titulaires de conventions ou de contrats de services sont assujettis à un prélèvement pétrolier additionnel calculé sur un critère de rentabilité des opérations pétrolières, « *dont le taux, les modalités d'assiette, de déclaration, de liquidation et de recouvrement sont précisés dans la convention ou le contrat de services* »[565].

554. Les codes pétroliers et gaziers sont davantage des normes d'habilitation[566] que des sources autonomes et impératives en matière de droit fiscal, en tout cas en ce qui concerne l'impôt sur les sociétés, prélèvement central et décisif dans l'appréciation de la pression fiscale des entreprises pétrolières. Ce faisant, ces codes intègrent une forte dimension interactionniste, les États s'autorisant, par ce biais, une adaptation des règles fiscales aux intérêts de leurs contractants. Il s'agit quasiment d'un partage

---

561 Article 72, alinéa 1, b du Code pétrolier ivoirien de 1996, et article 95 alinéa b *in fine* du Code pétrolier camerounais de 1999 ; article 119 al. a du Code pétrolier nigérien de 2007.

562 Article 95 alinéa b du Code pétrolier camerounais, et article 72 alinéa 2 du Code pétrolier ivoirien, qui ajoute que « *le contrat de partage de production peut définir des modalités particulières d'amortissement des coûts pétroliers récupérables* » ; article 119 al. b du Code pétrolier nigérien de 2007. (C'est nous qui soulignons).

563 Article 95 alinéa f du Code pétrolier camerounais de 1999 ; article 119 al. f du Code pétrolier nigérien de 2007. (C'est nous qui soulignons).

564 Article 96 alinéa 1 du Code pétrolier camerounais. Par contre, le Code pétrolier ivoirien renvoie au Code général des impôts en ce qui concerne les modalités de calcul et de recouvrement de l'impôt sur les sociétés (article 73), ce qui entraîne l'applicabilité du taux de droit commun aux entreprises pétrolières.

565 Art. 46 du Code pétrolier de 1998.

566 TUSSEAU G., *Les normes d'habilitation*, thèse, Paris 10, Éditions Dalloz, 2006.

égalitaire du pouvoir normatif ici, sans ôter aux États leur centralité dans le processus d'élaboration des normes fiscales.

2. L'ajustement indépendant des parties

555. Dans une dynamique résolue de promotion du domaine minier national et de lutte contre le déclin de la production pétrolière locale, les pouvoirs publics renoncent au caractère général des règles fiscales pour les adapter à des domaines miniers bien précis. Les exemples du Cameroun et de la Libye peuvent contribuer à en démontrer la technique juridique. Il s'agira d'observer un ajustement des règles fiscales certes indépendantes des parties, mais dépendantes de la nature des gisements pétroliers concernés, ce qui, *in fine,* revient à tenir compte de la relation particulière que les États entretiennent avec leurs contractants suivant la nature du projet extractif envisagé[567].

556. Au Cameroun, deux lois successives prises en moins de cinq ans structurent alors cette fiscalisation par les gisements. D'abord, il y eut la loi n°91/108 du 12 décembre 1991 relative aux mesures particulières d'incitation en vue de la promotion des activités de recherche et de production des hydrocarbures dans le bassin de Douala. Pour la première fois, une loi visant une zone pétrolière particulière est promulguée. L'article 2 de cette loi circonscrit le champ d'application des dispositions fiscales : « *Par bassin de Douala, il faut entendre tout le domaine minier constitué des zones sédimentaires situées à l'Est de l'axe volcanique du Cameroun et, plus précisément, au Sud-Est d'une ligne reliant le point A de coordonnées UTM (X = 550 000 m et Y = 5000 000 m) au point B, intersection du méridien UTM (X = 500 000 m) avec la frontière maritime entre la République du Cameroun et la Guinée équatoriale.* » Le souci de calibrage précis de la mesure fiscale est tel que les dispositions ne sont clairement pas vouées à une application générale, comme le serait toute disposition fiscale classique.

557. Pour garantir le résultat souhaité par les autorités politiques, l'article 3 précise que : « *La présente loi s'applique exclusivement et uniquement :*

(i) aux permis de recherche qui pourront être attribués à l'issue du premier appel d'offres international pour la promotion du bassin de Douala ainsi qu'à leurs renouvellements respectifs ;

(ii) aux permis de recherche qui pourront être attribués et/ou renouvelés dans le bassin de Douala dans un délai de six (6) ans à compter de la date de la promulgation de la présente loi ;

(iii) aux travaux de recherche d'hydrocarbures effectués après la date de promulgation de la présente loi sur les permis de recherche en cours de validité à cette date. »

---

[567] Voir *infra,* la deuxième partie sur le monisme relationiste dans la mise en œuvre du droit des hydrocarbures.

558. En conclusion logique, ensuite, le législateur édicte que « *tous les autres titres miniers, travaux de recherche et d'exploitation d'hydrocarbures sont exclus du champ d'application de la présente loi* »[568].

559. Le champ d'application étant ainsi rigoureusement délimité, des incitations fiscales précises sont alors édictées. Il s'agit de l'exonération de la taxe spéciale sur les revenus sur les prestations de service, assistance, location d'équipement et de matériel[569], et de la déductibilité de toutes ces dépenses de l'impôt sur les sociétés[570]. C'est le début d'une législation fiscale chirurgicale dont le champ spatial et les règles d'application se veulent le plus précis possible.

560. Ensuite, la loi n°95/13 du 8 août 1995 fixant les mesures particulières pour la promotion des activités de production des hydrocarbures liquides des champs marginaux dans le domaine minier national fut promulguée avec les mêmes caractéristiques que la précédente. Son champ d'application est partiel, mais cette fois-ci, d'ordre matériel et non géographique. L'article 1er de cette loi précise en effet que : « *La présente loi fixe les mesures particulières pour la promotion des activités de production des champs marginaux identifiés sur l'ensemble des zones sédimentaires du territoire national et s'étendant* offshore *jusqu'à la limite des eaux territoriales.* » L'article suivant précise qu'« *un champ est dit marginal lorsque le volume des réserves récupérables d'hydrocarbures liquides ou de condensats estimé avant le développement est inférieur ou égal à trois millions de tonnes métriques ou vingt millions de barils* ».

561. Le caractère exceptionnel des mesures ainsi dédiées à un type de gisement particulier conduit alors le législateur à encadrer les termes de validité de ces règles spécifiques, en limitant les mesures à trois types de découvertes précises :

– Les découvertes d'hydrocarbures liquides ou de condensats identifiés à la date de promulgation de la loi sur les superficies libres du domaine minier national[571].

– Les découvertes d'hydrocarbures liquides ou de condensats identifiés ou qui seront identifiés sur les titres miniers en cours de validité et dont les opérations de production ne peuvent être entreprises de façon rentable dans les conditions définies par le cadre contractuel qui lie la République du Cameroun et le(s) détenteur(s) de ces titres[572].

---

568 Article 3 *in fine* de la loi n°91/018 du 12 décembre 1991 relative aux mesures particulières d'incitation en vue de la promotion des activités de recherche et de production des hydrocarbures dans le bassin de Douala (Cameroun).

569 Articles 4 et 5.

570 Article 5 alinéa 3.

571 Article 3 al. A de la loi n°95/13 du 8 août 1995 fixant les mesures particulières pour la promotion des activités de production des hydrocarbures liquides des champs marginaux dans le domaine minier national.

572 Article 3 al. B de la loi n°95/13 du 8 août 1995 fixant les mesures particulières pour la promotion des activités de production des hydrocarbures liquides des champs marginaux dans le domaine minier national.

– Les découvertes résultant des travaux d'exploration et d'appréciation sur l'ensemble des zones sédimentaires libres sur le territoire national et s'étendant *offshore* jusqu'à la limite des eaux territoriales, entrepris par l'État à travers des établissements publics mandatés pour la promotion et la gestion des intérêts de l'État dans le domaine des hydrocarbures[573].

562. L'exceptionnelle précision du champ d'application de cette loi tient à la volonté de n'intégrer que les situations qui méritent de l'être au regard des objectifs poursuivis, la promotion des champs exclusivement marginaux, mais aussi de ne pas exclure les hypothèses de titres déjà valides mais offrant des perspectives de rentabilité limitées. Les avantages fiscaux sont alors aménagés différemment au regard de la loi précédente.

563. En premier lieu, il ne s'agit ici que d'une habilitation contractuelle générale : l'État est autorisé à accorder aux sociétés détentrices de titres miniers des mesures particulières en vue de la promotion des activités dans ces champs particuliers, ceci, par la voie d'avenants aux conventions d'établissement initialement signées[574].

564. En second lieu, les avantages dont il s'agit concernent uniquement des éléments caractéristiques de gestion : les produits et les charges, et non d'impôt indirect ou dont seraient redevables leurs fournisseurs (taxe spéciale sur les revenus) ou promoteurs (impôt sur les revenus de capitaux mobiliers).

565. Sont alors possibles désormais des règles de partage de la production plus favorables pour les investisseurs, ainsi que de récupération plus rapide de leurs investissements par le moyen d'amortissements accélérés[575].

566. Dans le même ordre d'idées, la Libye s'est caractérisée par une régulation minière en fonction de contextes objectifs précis, sans que ces derniers ne soient explicitement mentionnés. Pourtant, les contrats de partage de production, anciennement appelés *Exploration and Production Sharing Agreement* (EPSA), ont évolué dans leurs différents contenus, au gré de l'environnement économico-politique[576]. Il y eut d'abord les EPSA I qui débutèrent en 1974, les EPSA II dans les années quatre-vingt, puis les EPSA III à la fin des années quatre-vingt jusqu'au début des années quatre-vingt-dix. Enfin, le 16 août 2004, la Libye a annoncé une nouvelle campagne d'octroi de titres pour quinze zones d'exploration, dont les termes commerciaux furent fixés dans un nouveau modèle de contrat.

---

[573] Article 3 al. C de la loi n°95/13 du 8 août 1995 fixant les mesures particulières pour la promotion des activités de production des hydrocarbures liquides des champs marginaux dans le domaine minier national.

[574] Article 5 de la loi n°95/13 du 8 août 1995 fixant les mesures particulières pour la promotion des activités de production des hydrocarbures liquides des champs marginaux dans le domaine minier national.

[575] Article 6 de la loi n°95/13 du 8 août 1995 fixant les mesures particulières pour la promotion des activités de production des hydrocarbures liquides des champs marginaux dans le domaine minier national.

[576] KHADADAD N.L., "Libya unveils terms for foreign investors", *International Energy Law and Taxation Review,* 2005.

567. Chacun des modèles avait ses spécificités, tributaires à la fois du nouvel environnement économique exogène et des préoccupations du pouvoir libyen. Les modèles EPSA I et EPSA II ne sont plus valides, mais ils étaient exclusivement dédiés à des champs jugés commercialement intéressants, notamment dans le bassin de Syrte. Les compagnies étaient autorisées à ne pas exploiter les champs qu'elles considéraient comme non rentables. Les champs marginaux furent par conséquent complètement délaissés par les investisseurs pétroliers internationaux[577].

568. Il convient par contre de comparer les modèles EPSA III et IV pour mettre en évidence les fonctions de ces derniers.

569. Dans le but à la fois d'attirer le maximum d'investisseurs étrangers et de s'adapter à l'environnement économique international, la société nationale libyenne lança un nouveau modèle EPSA III, dont les termes contractuels étaient plus flexibles et plus incitatifs. Si le risque d'exploration demeure exclusivement celui de l'entreprise privée étrangère, la société nationale partage les coûts de développement et d'exploitation. De plus, l'entreprise étrangère se voit garantir une part de la production en vue de couvrir ses coûts d'exploration, de développement et d'exploitation. Il est notable qu'aucune fiscalité ne s'applique sur sa part de revenus[578]. Enfin, le partage de la production accorde 25 à 35% de la production, selon la zone pétrolière considérée.

570. À la différence de ce modèle, le modèle EPSA IV prévoit que l'entreprise privée étrangère sera astreinte à des obligations fiscales, et pour certains d'entre eux, que la société nationale de pétrole le sera également[579]. De plus, le management du comité prévoit désormais une participation égale et une prise de décision à l'unanimité. Il s'agit donc clairement d'un durcissement des termes contractuels dans un contexte économique favorable. Néanmoins, une certaine doctrine a soutenu que ces contrats EPSA IV étaient susceptibles de constituer les cadres appropriés pour développer certains champs marginaux, notamment ceux de Murzuq et du bassin de Ghadames[580].

571. Ainsi les États usent-ils différemment leur pouvoir fiscal en matière d'hydrocarbures sur le plan de la technique juridique et fiscale, dans le sens de l'abandon du caractère contraignant et général de l'impôt, ce qui contribue non pas à réduire sa souveraineté, mais à mieux l'exercer. Des objectifs financiers précis ou de développements spécifiques étant identifiés, ils aménagent un système fiscal correspondant.

572. Ces éléments de technique fiscale n'épuisent pas l'usage du pouvoir fiscal souverain des États en matière d'hydrocarbures. Celui-ci peut être appréhendé également sous le prisme de la politique fiscale tout entière,

---

577 Lire OTMAN W.A., ''Developing the Libyan marginal fields opportunities and risks'', www.ogel.org, vol. 4, issue 1, mai 2006.
578 MUKHTAR, KELBASH, ELGHARABLI, *op. cit.*, p. 16.
579 *Ibid.*, p. 17.
580 OTMAN W.A., *op. cit.*

mais qui traduit un exercice classique, cette fois, du pouvoir fiscal par les États.

§2. Souveraineté fiscale sur le plan de la politique juridique

573. Suivant le principe de souveraineté, l'État peut organiser comme il l'entend son pouvoir d'imposer. Il dispose en effet d'un pouvoir fiscal absolu, sur son territoire de compétence. Autrement dit, « *il peut édicter le système fiscal qui lui paraît le plus apte à répondre à ses exigences, à ses aspirations ou à ses besoins (...) ; l'État souverain peut tout faire, en fonction de ses choix politiques, entendus* lato sensu, *choix relatif au rôle qu'il veut jouer dans le domaine économique, choix relatif à son organisation administrative (...)* »[581].

574. À une échelle historique relativement importante, 10 à 30 ans selon les États, l'on peut observer une variation dans l'édiction des règles fiscales, au regard des conditions économiques exogènes. Soit cet usage est d'ordre stratégique (A), soit il est d'ordre purement économique (B). En tout état de cause, il mobilise le pouvoir normatif de ces États de façon classique, c'est-à-dire de façon autonome et souveraine.

A. L'usage stratégiquement orienté de la fiscalité par les États africains en matière d'hydrocarbures

575. L'usage unidirectionnel du pouvoir fiscal des États en matière d'hydrocarbures est la manifestation d'un interventionnisme orienté avec un objectif permanent, linéaire et constant, jusqu'à l'atteinte du résultat projeté. Il existe deux tendances antagonistes dans le profil des États instrumentant la fiscalité pétrolière à des fins précises : la tendance libérale en général générée par le souci de l'État souverain de multiplier les acteurs sur son territoire, et ainsi de multiplier les chances d'une exploitation énergétique bénéfique pour toutes les parties. La fiscalité est alors l'un des instruments les plus manipulés pour atteindre cet objectif, comme peuvent l'attester les cas du Cameroun de façon linéaire (1), et de la Guinée équatoriale de façon contradictoire dans le temps (2).

1. L'usage linéaire de la fiscalité des hydrocarbures par les États africains : exemple du Cameroun

576. L'analyse diachronique de l'ensemble des textes portant sur la fiscalité des hydrocarbures au Cameroun, sur une quarantaine d'années, atteste d'une instrumentation constante de cet outil en vue d'améliorer l'intensité du développement de ses ressources énergétiques. Le bilan de la législation fiscale en matière pétrolière et minière laisse apparaître un

---

[581] BUISSON J., « Impôt et souveraineté », in *L'impôt, op. cit.*, p. 31.

exercice permanent, de la part des pouvoirs publics, de garantir une réactivité de la pression fiscale au rythme du développement de l'activité en question, et des objectifs qu'ils se sont assignés quant à la promotion du secteur des hydrocarbures.

577. Juste après les indépendances intervenues en 1960, les lois n°64-LF-4 du 6 avril 1964 fixant l'assiette, les taux et le mode de recouvrement des droits fixes, redevances et taxes minières, et n°78/24 du 29 décembre 1978 fixant l'assiette, les taux et le mode de recouvrement des droits fixes, redevances et taxes minières, encore appelées « lois minières », ont fixé les grands principes en termes de fiscalité pétrolière dans ce pays. Toutefois, c'est à partir des années dites « libérales » (à partir de 1990) qu'un usage accéléré de la règle fiscale est palpable dans ce pays.

578. Dans une dynamique résolue de promotion du domaine minier national et de lutte contre le déclin de la production pétrolière locale, les pouvoirs publics ont pris des mesures fiscales exceptionnellement avantageuses tant en phase de recherche pure que d'exploitation.

579. Quatre lois successives prises en moins d'une décennie structurent alors ce volontarisme législatif.

– La loi n°91/108 du 12 décembre 1991 relative aux mesures particulières d'incitation en vue de la promotion des activités de recherche et de production des hydrocarbures dans le bassin de Douala

580. Elle institue l'exonération de la taxe spéciale sur les revenus sur les prestations de service, assistance, location d'équipement et de matériel (articles 4 et 5) et de la déductibilité de toutes ces dépenses de l'impôt sur les sociétés (article 5 alinéa 3). C'est le début d'une législation chirurgicale dont le champ spatial et les règles d'application se veulent le plus précis possible.

– La loi n°95/13 du 8 août 1995 fixant les mesures particulières pour la promotion des activités de production des hydrocarbures liquides des champs marginaux dans le domaine minier national

581. Ce texte est le deuxième dont le champ d'application est partiel. Les avantages fiscaux sont aménagés différemment au regard de la loi précédente[582]. Sont alors possibles désormais des règles de partage de la production plus favorables pour les investisseurs, ainsi que de récupération plus rapide de leurs investissements par le moyen d'amortissements accélérés[583] .

– La loi n°95/14 du 8 août 1995 relative à la tenue de la comptabilité des sociétés pétrolières en dollars des États-Unis d'Amérique

582. En vertu de cette loi, les sociétés pétrolières effectuant des activités de recherche, d'exploration et de production au Cameroun sont autorisées à tenir leur comptabilité en dollars des États-Unis d'Amérique et à libeller leur capital social dans cette monnaie[584]. Il s'est alors agi de réduire le risque

[582] Article 2. Voir *supra*.
[583] Article 6.
[584] Article 1er.

monétaire constitué par la parité entre devises étrangères et monnaie locale, pour des entreprises dont l'essentiel des opérations, tant d'achats de biens et services que de ventes, s'effectue en dollars américains.

La loi n°98/003 du 14 avril relative aux mesures fiscales particulières en matière de recherche des hydrocarbures sur le domaine minier national

583. Cette quatrième loi de libéralisation a une double fonction. Elle généralise à tout le domaine minier national l'exonération de la taxe spéciale sur les revenus de toutes les prestations de recherche et de développement effectuées tant par l'opérateur que par ses sous-traitants[585], aussi bien que les modes avantageux de partage de production ainsi que de récupération des coûts réservés initialement aux champs marginaux en vertu de la loi n°95/13 ci-dessus évoquée[586].

584. Ensuite, elle consacre la déductibilité fiscale des dépenses d'explorations sèches[587], à la double condition de la réalisation d'un audit desdites dépenses par l'État avant la déclaration fiscale, d'une part[588], et de la définition conjointe d'un calendrier de récupération qui ne peut être inférieur à deux ans, d'autre part[589].

585. Malgré ces mesures de nature purement fiscale et édictées parfois sous forme législative uniquement pour un type de gisement, les résultats en termes d'attraction d'investisseurs ne se sont pas avérés convaincants pour les autorités locales. Une réforme d'ampleur a alors été envisagée pour déboucher sur tout un nouveau régime pétrolier, sous le label du « Code pétrolier » promulgué en décembre 1999. Ce texte est fortement interventionniste et introduit une simplification fondamentale du régime pétrolier antérieur. Il prévoit désormais, de façon nette, le contrat de partage de production et le contrat de concession, au choix des sociétés[590], une typologie de contrats qui tranche avec la complexité des contrats antérieurs.

586. Le taux de l'impôt sur les sociétés a, de plus, été baissé de 57,5% à une valeur négociable comprise dans une fourchette de 38,5 à 50%. Comme dans le passé, les sociétés intervenantes bénéficient d'abattements dégressifs des droits de douanes, commençant par 100% lors de la période d'exploration. Tous les paramètres principaux des nouveaux contrats restent enfin soumis au droit à négociation. Plus précisément, des paramètres décisifs tels que le « Cost Oil » (part de la production d'huile disponible affectée au remboursement des coûts pétroliers) et la « participation de l'État » sont convenus d'un commun accord[591]. Les anciens titulaires des

---

[585] Article 12.
[586] Articles 7 à 10.
[587] Article 15 alinéa 3.
[588] Article 5.
[589] Article 15 alinéa 2.
[590] *Ibid.*
[591] Lire l'interview de l'administrateur et directeur général de la SNH : « La SNH a pleinement atteint ses objectifs », *SNH INFOS*, n°32, août 2010, p. 20.

contrats sont libres d'opter directement pour une migration de leur régime pétrolier ou alors d'attendre l'expiration des contrats en cours de validité pour ce faire.

587. L'impact du Code pétrolier sur la promotion du domaine minier national camerounais a semblé être positif. Moins de quatre ans après sa promulgation, l'un des responsables de la Société nationale des hydrocarbures du Cameroun s'exprimait ainsi avec enthousiasme : «*...la législation pétrolière précédente était jugée complexe par l'industrie pétrolière, avec pour conséquences, peu d'attrait de capitaux dans la recherche, et parfois même la désaffection de quelques investisseurs. Aujourd'hui, grâce notamment aux actions permises par le nouveau Code pétrolier, nous sommes partis d'un niveau d'investissement de moins de 5 millions de dollars en 1997 à plus de 100 millions de dollars en 2002. Par ailleurs, un nombre considérable de nouveaux acteurs a fait son entrée sur la scène pétrolière dans notre pays. C'est-à-dire qu'en trois années d'application du nouveau Code pétrolier, les retombées sont fort éloquentes...* »[592]

588. Cette instrumentation purement téléologique de la législation fiscale pour des fins d'amélioration de son portefeuille minier est la manifestation non seulement de la conscience du rôle des normes juridiques dans ce secteur d'activités, mais surtout de sa centralité, voire indispensabilité, dans la régulation de l'exploitation des hydrocarbures.

589. Cette instrumentation est parfois moins pacifique et linéaire qu'au Cameroun, à l'image de la Guinée équatoriale, mais tout en préservant son caractère classique de monisme juridique.

2. L'usage contradictoire de la fiscalité en matière d'hydrocarbures : l'exemple de la Guinée équatoriale

590. La production législative en matière d'hydrocarbures en Guinée équatoriale a principalement tourné autour du partage de la rente dégagée par les entreprises privées étrangères également. En moins d'une vingtaine d'années, pas moins de huit normes de natures différentes[593] ont été produites en la matière, ce qui est à peu près le double du nombre de normes juridiques similaires au Cameroun sur la même période.

---

[592] KOUM J.J., directeur de l'exploration de la SNH, interview donnée à *SNH Infos,* n°013, juin 2003, page 9. (C'est nous qui soulignons).

[593] Le décret-loi n°7/1981 du 16 juin 1981 portant Code des hydrocarbures, le décret-loi n°1/86, modifié par le décret-loi n°1988, le décret-loi n°7/1988 du 17 août 1988 portant taxation des activités d'exploration et de production des hydrocarbures, le décret-loi n°10/1991 modifiant le décret-loi n°7/1988 du 17 août 1988 portant taxation des activités d'exploration et de production des hydrocarbures, le décret-loi n°2/1997, le décret-loi n°3/1997, le modèle de contrat de partage de production de 1991, qui a inspiré les contrats de Walter International (1991) et d'Exxon Mobil (1992), et le modèle de contrat de partage de production de 1998.

591. Chacune de ces productions normatives a apporté une innovation peu ou prou significative, contribuant ainsi à l'édification progressive des règles fiscales relatives à l'exploitation des hydrocarbures en Guinée équatoriale, cette fois-ci, dans le sens d'une meilleure contribution de cette activité dans le financement du budget de l'État.

592. En effet, sous l'égide du décret-loi n°7/1981 portant Code des hydrocarbures et du modèle de contrat de partage de production d'alors, l'État ne prélevait que 3% sur les bénéfices des sociétés pétrolières[594]. Les règles d'assiette de l'impôt sur les sociétés n'étaient pas particulièrement encadrées[595]. Les redevances n'étaient que de 10%, et les coûts étaient récupérables à 100%, sans aucune limitation pour les investisseurs privés étrangers. Par ailleurs, le principe de participation de l'État n'était pas clairement énoncé[596].

593. Enfin, le partage de la production était basé sur le retour sur investissement (*Rate of Return*, ROR), qui est un système beaucoup moins favorable pour l'État, au regard des autres clés de répartition de la production[597]. Le partage était de 30% pour l'État lorsque le ROR se situait entre 30 et 40%, et pouvait atteindre 80% si ce ROR était supérieur à 80%. Ces seuils étaient clairement très élevés par rapport à ce qui était rencontré dans l'industrie pétrolière.

594. Il faut noter qu'en plus, le suivi des activités pétrolières des entreprises étrangères, dans un système de partage basé sur le retour sur investissement, est particulièrement exigeant sur les plans organisationnel, technique et institutionnel, lesquelles exigences n'étaient pas du tout satisfaites par l'État équato-guinéen[598]. C'est alors qu'à partir de 1998, ceci, sur la base d'un nouveau modèle de contrat, une étape décisive vers le renforcement de la fiscalisation des activités pétrolières et gazières prit corps en Guinée équatoriale. Outre les dispositions plus contraignantes relatives tant aux délais encadrant les phases d'exécution du projet[599] qu'aux obligations de travaux[600], quoique négociables, se resserrant, d'importantes innovations fiscales furent alors introduites, notamment :

---

[594] DIKOUME A.L., *La fiscalité pétrolière des États membres de la CEMAC. Cameroun, Congo, Gabon, Guinée équatoriale, Tchad, Centrafrique*, Paris, L'Harmattan, 2008, p. 129.

[595] Il est vrai que les premières promotions de législations portant sur les hydrocarbures en Afrique sont aussi lacunaires sur les règles de détermination de l'assiette de l'impôt sur les sociétés, au contraire des deuxièmes promotions marquées par les codes pétroliers. Voir ESSAGA S., « L'autonomie relative des codes pétroliers en matière fiscale en Afrique noire : exemple à partir de l'impôt sur les sociétés en droit camerounais et ivoirien », *Revue Solon*, n°5, vol. III, avril 2011, p. 30-49.

[596] DIKOUME A.L., *op. cit.*, p. 129.

[597] Lire NAHKLE C., ''Petroleum Fiscal Regimes. Evolution and challenges'', in *The Taxation of petroleum and minerals: principles, problems and practice*, *op. cit.*

[598] YUMISEVA H., *op. cit.*, p. 6.

[599] Article 2 du modèle de contrat de partage de production.

[600] Article 3 du modèle de contrat de partage de production.

– Les redevances varient désormais suivant les niveaux de production quantitative des barils (*sliding scale royalties*) : 12% entre 20 000 et 100 000 barils, et 16% au-delà de 100 000 barils.

– Le partage de la production est dorénavant fonction des seuils quantitatifs de production.

– Il existe désormais un bonus à la signature (5 millions de dollars), un bonus à la découverte (5 millions de dollars) et un bonus à la production, basé sur des seuils de production quantitatifs.

– La récupération des coûts pétroliers est dès lors plafonnée à 60% des coûts éligibles (*cost recovery limit*), et les coûts reportés portent des intérêts calculés en fonction du taux d'inflation des États-Unis.

– Le taux de l'impôt sur les sociétés est de 25%, conformément aux dispositions fiscales de droit commun.

– Les redevances superficiaires sont d'un demi-dollar par km^2 pendant la phase d'exploration, et d'un dollar par km^2 pendant la phase de production.

595. Contrairement à ce qui a pu être dit au sujet de l'évolution conséquente des termes fiscaux des contrats en vigueur en Guinée équatoriale[601], c'est ce modèle de contrat, et non la loi n°6/2000 du 20 mars 2000, qui en est la source principale. Le contrat de partage de production d'Exxon Mobil fut notamment renégocié en 1998 en vertu de ces nouveaux termes, ainsi que le contrat de partage de production de Walter qui suivit plus tard[602].

596. L'on observe aisément ici que l'objectif d'amélioration des recettes fiscales est le moteur principal des modifications normatives dans ces pays. L'un, défavorisé par des réserves de quantités moins favorables, a sans cesse cherché à améliorer son attractivité par des mesures fiscales toujours plus adaptées à la nature de son domaine minier (Cameroun). L'autre, en revanche, de plus en plus conscient de l'importance de ses réserves, a sans cesse lutté pour une meilleure fiscalisation de ces activités (Guinée équatoriale). Ces usages variés de l'outil fiscal côtoient parfois des itinéraires normatifs plus contrastés, ce qui confirme, cependant, l'instrumentation régulière du pouvoir fiscal à des fins bien identifiées.

597. Toutefois, cette instrumentation est davantage mise en évidence si l'on tient compte des procédures particulières d'encadrement de cette fiscalité, et pas seulement de la nature et de la structure de celle-ci.

B. L'usage économiquement orienté de la fiscalité en matière d'hydrocarbures : la stabilité fiscale

598. Outre l'usage stratégique de l'instrument fiscal, les États aménagent également des règles d'ordre économique, liées notamment à la rentabilité

---

601 Il a été affirmé, à tort, que c'est seulement avec les contrats signés sous l'égide de la loi n°2000 que le taux de prélèvement de l'impôt sur les sociétés est passé à 15%. Voir DIKOUME A.L., *op. cit.*, p. 129.

602 YUMISEVA H., *op. cit.*, p. 6.

des investisseurs privés étrangers, dont la clause de stabilité est l'exemple topique le plus récurrent et le plus expressif.

599. Les clauses de stabilité fiscale sont des clauses contractuelles visant à neutraliser le pouvoir normatif de l'État dans ses rapports *inter partes*, c'est-à-dire à l'obliger à renoncer à sa posture d'État souverain pour voir inopposables les innovations législatives postérieures à la signature du contrat pétrolier. S'il existe plusieurs variantes à cette clause, le point commun demeure une volonté de chloroformisation des termes constitutifs de l'équilibre économique global initial du contrat, dont font partie en prime les dispositions fiscales. La fixité et l'immobilité des termes fiscaux ainsi souhaitées par les parties n'ont de sens que dans l'optique de préservation de l'équilibre économique initial du contrat, indépendamment des intempéries législatives ultérieures.

600. La clause de stabilité fait manifestement partie des principes juridiques usuels en matière de *lex petrolea*, mais s'inscrit dans une véritable politique juridique entretenue par les États soucieux d'attirer les investisseurs privés internationaux. P. Kahn nous dit : « *Certes, les principes proclamés se trouvent souvent dans les législations nationales (...). Mais proclamés et utilisés par les arbitres, ils subissent une double déformation ou ils reflètent une double originalité. Tout d'abord, ils ont un domaine d'application mondiale dans la sphère du commerce international ; ensuite, même s'ils trouvent leur origine dans un droit national, leur expression par les arbitres entraîne toujours une transformation, une simplification, un détachement de l'origine qui permettent la transnationalisation de la règle.* »[603]

601. La constance dans l'aménagement en droit interne de cette clause de stabilité, ainsi que sa mise en œuvre opérationnelle, témoignent cette fois-ci d'une véritable stratégie économique de stabilisation entretenue et développée par les États. Seuls compétents pour donner un encadrement précis aux investissements susceptibles de s'implanter sur leurs territoires, les États aménagent des normes juridiques en ligne avec leur vision stratégique. Si la multiplication des sources de cette clause est un signe de l'engagement constant de l'État hôte à fournir cette garantie aux investisseurs privés étrangers, elle est également parfois une source de confusion dans le sens même à donner à cette protection particulière.

602. L'exemple du Cameroun, sur une cinquantaine d'années, illustre ce phénomène. L'on peut alors, sur cette durée, apprécier l'importance de la traduction normative d'une vision stratégique, qui ne peut émaner que des titulaires originels du pouvoir normatif, les États. Trois lois différentes fondent les clauses de stabilité dans ce pays : deux lois en ce qui concerne le régime des conventions d'établissement antérieur au Code pétrolier de 1999

---

[603] « Les principes généraux du droit devant les arbitres du commerce international », *JDI*, 1989, p. 326.

(1), et le Code pétrolier de 1999 s'agissant des contrats pétroliers modernes (2).

1. La variété de sens entre sources de la stabilité avant le Code pétrolier camerounais de 1999

603. La loi n°64-LF-66 du 6 avril 1964, tendant à adapter aux institutions fédérales la loi n°60-61 du 27 juin 1960 portant Code des investissements du Cameroun oriental, et la loi n°64-LF-4 du 6 avril 1964, fixant l'assiette, les taux et le mode de recouvrement des droits fixes, redevances et taxes minières, constituent les fondements légaux de la stabilité fiscale des conventions d'établissement. Adoptées pourtant dans la même législature, les clauses de stabilité de ces deux différentes sources s'avèrent différentes dans leurs orientations respectives.

604. Alors que le Code des investissements a clairement opté pour une version classique du principe de stabilisation (a), la loi spéciale de 1964 a corrigé cette orientation classique en modérant l'intangibilité de la stabilité (b).

a) L'orientation classique du Code des investissements de 1964

605. Les conventions d'établissement sont souvent, en Afrique noire, consécutives à des codes des investissements prévoyant les régimes particuliers dans lesquels peuvent se mouler les opérations d'investissements internationaux, et en constituent les bases légales primitives. Par voie de conséquence, le Code des investissements est une pièce maîtresse de la stratégie d'attraction des investissements étrangers dans les pays sous-développés d'Afrique francophone.

606. Le cas camerounais n'y déroge pas. Mieux, le Cameroun a régulièrement usé de cet instrument de propagande politico-économique, au gré de sa volonté et des grandes orientations qu'il a voulu impulser à ce sujet. Alors qu'il s'agit de lois émanant du pouvoir législatif, ces codes sont symboliquement érigés en textes supérieurs aux lois nationales, tant et si bien qu'il a été faussement considéré qu'ils traduisaient des engagements internationaux de la part des États. Cette stature explique que l'on doive s'en référer à eux comme premiers fondements des garanties juridiques accordées aux investisseurs étrangers en général, et aux pétroliers en particularité, références sans lesquelles le principe de stabilité fiscale est maigrement fondé.

607. Avant la signature des trois conventions d'établissement majeures que sont celles de Total Cameroun, Perenco Cameroun et Pecten, c'est la loi n°64-LF-66 du 6 avril 1964 tendant à adapter aux institutions fédérales la loi n°60-61 du 27 juin 1960 portant Code des investissements du Cameroun oriental qui était applicable, nonobstant l'adaptation du 6 avril 1966 à la convention des investissements de l'UDEAC[604]. Elle est visée dans toutes ces conventions, dans leurs annexes III, dans la gamme des textes de loi qui leur sont applicables, et l'article 19 de cette loi précise que les conventions d'établissement qui ne concernent que les entreprises des régimes C et D « *peuvent comporter (...) la stabilisation de leur régime fiscal selon les modalités précisées dans la présente section* ».

608. De cette disposition, le principe de stabilisation est énoncé comme un principe acquis, sans orientation précise du type de stabilisation à arrêter. C'est plutôt l'article 24 qui oriente le mode de stabilisation en énonçant que pendant la période stabilisée, toute disposition législative ou réglementaire qui aurait pour effet de contredire les prescriptions liées à la stabilisation ne serait pas applicable à ces entreprises[605]. Il s'agit alors, en termes de typologie des clauses de stabilité, de la clause d'inopposabilité des dispositions futures. S'agissant du champ d'application des entreprises pouvant bénéficier de cette garantie, l'article 20 de cette loi étend le bénéfice de cette possibilité aux sociétés fondatrices ou actionnaires des entreprises conventionnées, ce qui traduit une volonté d'incitation cohérente : accorder un tel avantage à une entreprise sans l'étendre à son ou ses propriétaires serait en principe contre-productif sur le plan économique.

609. Plus significativement, la matière stabilisable est générale, car s'étendant aux impôts, contributions, taxes parafiscales et droits fiscaux « de toute nature », tels qu'ils existent à la date de départ, tant dans leur assiette et leur taux que dans les modalités de leur recouvrement. La seule réserve du législateur consiste en un cantonnement temporel de cet avantage : vingt-cinq années, majorées le cas échéant des délais normaux d'installation qui ne peuvent en principe dépasser cinq ans, ce qui maximise la jouissance de ce droit à trente ans[606]. Pour d'ailleurs bien fixer la période de stabilisation, il est précisé que la convention d'établissement ou l'avenant à une convention antérieure accordant le bénéfice du régime fiscal stabilisé à une entreprise éligible doit être approuvée par une loi qui fixe la date de départ dudit régime.

610. Ce cadre étant fixé, on peut envisager une pure conformité de ce principe dans la loi n°64-LF-4 du 6 avril 1964, fixant l'assiette, les taux et le mode de recouvrement des droits fixes, redevances et taxes minières. Contre toute attente, on observe une inflexion du législateur s'agissant des conventions pétrolières.

[604] Il ne s'est agi que d'adapter le Code des investissements de 1960 à la convention des investissements de l'UDEAC du 14 décembre 1965, sans modification du régime D concernant les entreprises pétrolières amont.

[605] Article 24 de la loi n°64-LF-66 du 6 avril 1964.

[606] Article 21 de la loi n°64-LF-66 du 6 avril 1964 fixant l'assiette, les taux et le mode de recouvrement des droits fixes, redevances et taxes minières.

b) L'inflexion sémantique de la stabilisation dans la loi spécifique n°64-LF-4 du 6 avril 1964 fixant l'assiette, les taux et le mode de recouvrement des droits fixes, redevances et taxes minières

611. Alors qu'en principe, l'orientation classique de la stabilité devait se retrouver dans les lois spécifiques pour une parité de sens des clauses législatives de protection, on observe une inflexion dans la loi pétrolière, qui n'est pas prise en compte par la doctrine et la jurisprudence.

612. La loi n°64-LF-4 du 6 avril 1964 fixant l'assiette, les taux et le mode de recouvrement des droits fixes, redevances et taxes minières est très généralement présentée comme celle qui institue la stabilisation fiscale au Cameroun pour les entreprises relevant du secteur pétrolier amont. Elle dispose, en son article 42, que « *pour les entreprises détentrices de titres miniers de recherche et d'exploitation et pour celles qui leur sont associées, les dispositions de la présente loi ne pourront être aggravées pendant la durée du permis de recherche considéré, et pendant une période de vingt-cinq ans à compter de la date d'entrée en vigueur des concessions dérivant de ces derniers, sans que la durée totale de la garantie ainsi accordée puisse excéder trente ans* ».

613. En rupture avec le Code des investissements qui, péremptoirement, évacue la possibilité d'appliquer des nouvelles dispositions, ce libellé procède par une conditionnalisation de la stabilisation à l'impact « aggravant » que doit avoir la nouvelle législation. Autrement dit, il s'agit d'une remise en cause de l'automaticité de la stabilisation, introduisant un coefficient d'appréciation de l'impact de la nouvelle réglementation, exactement comme en Mauritanie et au Gabon[607]. Il est clair que la mise en jeu de ce mécanisme de stabilisation est de nature à mener à des discussions sans fin sur l'évaluation de l'impact de quelque nouvelle réglementation, ce qui n'enlève pas la réserve du législateur fiscal en matière pétrolière amont.

614. Autant la généalogie de cette clause particulière de protection est décisive pour s'approprier la philosophie voire la politique juridique des États en la matière, autant l'on observe une occultation constante de ces sources originaires de la clause de stabilisation. Que ce soit la doctrine certes récente[608] ou la jurisprudence internationale qui a déjà dû, par deux fois, se prononcer incidemment sur les sources légales de cet important dispositif protecteur, personne n'a jamais explicitement rappelé qu'il émanait

[607] Article 27.3 du contrat type de partage de production d'hydrocarbures de 1994 de la Mauritanie, article 29.4 du modèle de partage de production d'hydrocarbures nicaraguayens de 1998, et article 43.1 du contrat type d'exploration et de partage de production gabonais proposé pour le 8e appel d'offres.

[608] Nous pensons à la thèse de M. Dikoume (précitée), notamment, péremptoire sur la question mais manquant d'assise juridique et historique. Pareillement, la thèse de doctorat de 3e cycle intitulée *La Recherche et l'exploitation des hydrocarbures au Cameroun : aspects juridiques* (Paris I, 1986), du docteur Ntang Emmanuel, loge explicitement la source de cette clause dans les conventions d'établissement, érigeant ainsi cet accord pétrolier en contrat sans loi, à tort.

initialement du Code des investissements et de la loi n°64-LF-4 du 6 avril 1964 fixant l'assiette, les taux et le mode de recouvrement des droits fixes, redevances et taxes minières.

615. Chronologiquement, la sentence du 11 juin 1997 sur la déductibilité des dépenses d'explorations sèches du tribunal arbitral présidé par le président de l'Institut de droit international, M. Dupuy, et opposant la République du Cameroun à la société Elf Serepca, rappelle tout au plus que « *le texte applicable de base est la convention d'établissement, dont l'article 1er précise que complétée par ses quatre annexes, elle a pour objet de définir, dans le cadre de la législation pétrolière et du Code des investissements du Cameroun, les droits et obligations réciproques des Parties en ce qui concerne les activités entreprises par la Société au Cameroun* »[609]. Il peut s'agir là d'une volonté d'autonomisation du contrat d'investissement inconsciente ou consciente des arbitres, qui ne permet cependant pas de rendre compte du choix technique et politique opéré par l'État.

616. L'annexe n° III visant expressément le Code des investissements de 1964 et la loi pétrolière de la même année faisant partie des textes applicables à la convention, on en déduit qu'il est clair que la totalité du dispositif n'est d'appréhension possible qu'en combinant l'ensemble de ces textes.

617. La sentence suivante du 23 janvier 2003, sous la présidence du professeur Andrea Giardina et opposant les mêmes parties ci-dessus évoquées, portait sur l'obligation de constitution des provisions pour remise en état des sites pétroliers. Elle élude également totalement la législation pétrolière et le Code des investissements comme l'une des sources de la clause de stabilité fiscale. Seuls les articles 7 et 17 de la convention de Total Fina Elf sont visés[610]. Les juges auraient dû au moins reproduire l'article 1er de la convention de Total Fina Elf pour renforcer la source de la clause de stabilité, car même si cet article n'est pas explicite, il a le mérite de renvoyer à d'autres textes.

618. L'enjeu n'est pas qu'esthétique mais pratique : la convention d'établissement ne fixant pas le délai maximal de jouissance de la stabilisation, les dispositions du Code des investissements et de la loi pétrolière de 1964 expressément visées dans l'annexe n° III de cette convention, et qui font partie du bloc de juridicité de cette entreprise, sont pleinement applicables, d'une part. D'autre part, l'engagement souverain de l'État est davantage assuré lorsque ses propres outils d'édiction de normes juridiques (en l'occurrence les lois) sont explicites sur l'habilitation des parties à intégrer cette clause de stabilité.

619. La même occultation des sources de la stabilité fiscale en droit fiscal pétrolier camerounais a été observée cette fois-ci au niveau de la doctrine,

---

609 Page 15 de la sentence. (C'est nous qui soulignons).
610 Pages 8 et 41 de la sentence, non publiée.

avec une conséquence immédiate : l'interprétation erronée sur la durée de validité de la clause de stabilisation.

620. Il a en effet été dit que la loi n°78-14 du 29 décembre 1978 ne limitant pas la durée de stabilisation, cet avantage serait désormais illimité[611] dans le temps. Or, cette analyse fait fi du Code des investissements susmentionné, et dès lors, le régime de stabilité fiscale camerounais en est diminué et tronqué. De plus, la loi n°78-14 du 29 décembre 1978 complète, en ce qui concerne les hydrocarbures, la loi n°64-F-3 du 6 avril 1964 portant régime des substances minérales, et ne l'abroge pas. Elle dispose en effet, en son article 12, que « *toutes les dispositions de la loi n°64/LF/3 du 6 avril 1964 qui sont contraires aux dispositions de la présente loi sont abrogées* ». Or, rien dans cette loi n'énonce la suppression de la limitation temporelle précédemment édictée. Par conséquent, les entreprises exerçant sous l'emprise de cette législation sont bel et bien limitées temporellement dans la jouissance de cette protection, sur la base de la combinaison des sources ci-dessus évoquées.

621. En revanche, il y a un véritable détachement juridique de la source de stabilité fiscale pour les entreprises soumises au régime du Code pétrolier de 1999, où le mécanisme de stabilisation s'est substantiellement modernisé.

2. La modernisation du sens de la clause de stabilisation à partir du Code pétrolier de 1999

622. La loi n°99/013 du 22 décembre 1999 portant Code pétrolier et son décret d'application n°2000/485 du 30 juin 2000 innovent, voire révolutionnent substantiellement le régime pétrolier camerounais, et dans un sens largement tributaire du nouvel ordre pétrolier libéral international de cette époque. En ce qui concerne le mécanisme de stabilisation, l'orientation prise est innovante, plus moderne et claire que le mode précédent. Une lecture rapide pourrait considérer que le Code pétrolier est « *vague et imprécis* »[612] s'agissant de ce mécanisme protecteur. Il dispose simplement, en son article 114, que « *le contrat pétrolier peut prévoir des régimes particuliers en matière de force majeure et de stabilité des conditions économiques et fiscales, notamment en cas d'aggravation des conditions de son exécution résultant de l'intervention en République du Cameroun, d'une législation ou d'une réglementation postérieure à sa date d'entrée en vigueur* ».

623. Par rapport à son ambition exclusiviste voire totalitaire, cette disposition est certes moins dense que la loi n°64-LF-66 du 6 avril 1964 tendant à adapter aux institutions fédérales la loi n°60-61 du 27 juin 1960 portant Code des investissements du Cameroun oriental.

611 DIKOUME A.L., *op. cit.*, p. 387.
612 DIKOUME A.L., *op. cit.*, p. 386.

624. Toutefois, en évitant d'énoncer une inopposabilité de principe de tout changement de législation tel que le disposait le Code des investissements susmentionné, et en invoquant des conditions économiques et fiscales comme repère de départ pour l'aménagement des clauses de stabilisation, l'orientation du mécanisme de protection est plus que suggestive ou implicite, elle est explicite : il s'agit de prévoir des mécanismes d'appréciation et donc de flexibilité par rapport aux modifications extrinsèques au contrat, et le législateur fait preuve d'un réalisme loué par certains auteurs tel Dominique Berlin[613].

625. Ce mode de stabilisation est même considéré comme moderne, à l'opposé du mode statique, immuable, et de surcroît source de crispation pour l'État et de tension potentielle dans les relations bilatérales[614].

626. À ce stade, on peut constater qu'en réalité, la condition préalable d'aggravation des termes contractuels initiaux est permanente dans les textes pétroliers, seul le Code des investissements dégageant une version inflexible et intangible à la stabilisation. Dès lors, l'étude de l'articulation de la clause de stabilité fiscale ne peut se parachever que par l'analyse de son aménagement dans les accords contractuels, censés se conformer à l'orientation des différentes lois d'habilitation ci-dessus étudiées qui, une fois de plus, s'avèrent à tout le moins différentes, voire opposées : l'une est automatique et intangible (Code des investissements), l'autre conditionnelle et flexible (lois pétrolières de 1964 et 1999).

627. Un point commun rencontré à la lecture des accords pétroliers camerounais est le souci de sécurisation générale des investisseurs pétroliers en termes de modification contractuelle pouvant affecter les prévisions économiques de celui-ci. L'on remarque toutefois aisément une clarté du périmètre d'intangibilité dans les conventions d'établissement, tandis que celui-ci est imprécis et ainsi insécurisant en ce qui concerne les contrats pétroliers.

628. En fonction des périodes de signature des conventions d'établissement, le périmètre d'intangibilité consacré contractuellement diffère dans son étendue. En ce qui concerne par exemple les conventions d'établissement signées avec les entreprises Total SA, Pecten Cameroon LLC, Mobil Producing Cameroon, Perenco Cameroon et Noble Energy, régies par les lois pétrolières, les articles 17 alinéa 1 de leurs accords pétroliers stipulent que les modifications qui, pendant la durée de la convention, seraient apportées à l'ensemble des lois pétrolières[615] ainsi qu'au

---

[613] Ce dernier a pu dire qu'en réalité, « *toute tentative de stabiliser la législation est vaine, l'introduction de l'idée d'une concertation pour l'application pratique des nouvelles dispositions au contrat est une solution satisfaisante* » (in *Le Régime Juridique International des Accords entre États et ressortissants d'autres États*, thèse dactyl., Paris I, 1981, p. 203).

[614] OCHIEZE C., "*Fiscal Stability: to what extent can flexibility mitigate changing circumstances in a petroleum production tax regime*", www.ogel.org, avril 2007.

[615] Sont expressément visés les articles 8 à 47 de la loi n°64.LF.3 du 6 avril 1964 portant régime des substances minérales de la République unie du Cameroun, les décrets

Code général des impôts tel qu'en vigueur au 1er janvier 1980[616], ne pourront être appliquées sans leur accord. Probablement par prudence, l'article 17 alinéa 2 de toutes ces conventions énonce aussi « *les dispositions législatives, réglementaires ou individuelles qui iraient à l'encontre des dispositions de la présente Convention* ».

629. Par la même mécanique et le même article 17, la convention d'établissement du consortium Euroil limited - Trophy Petroleum, signée le 1er juillet 1998, et celle de Perenco Oil & Gas, signée le 11 décembre 1997, intègrent la loi-cadre n°96/12 du 5 août 1996 portant sur l'environnement, et incorporent dans leur bloc de juridicité plutôt le Code général des impôts tel qu'en vigueur au 31 décembre 1995. Enfin, celle de la Cameroon Oil Transportation Company SA dispose, dans son article 24 alinéa 1, que la République du Cameroun garantit la stabilité du régime juridique, fiscal, douanier et de contrôle des changes aux opérations afférentes aux activités entreprises dans le cadre de la construction, de l'exploitation et de l'entretien du pipeline. Ensuite, il est prévu qu'« *aucune mesure législative, réglementaire ou administrative contraire aux dispositions de la présente Convention ne sera appliquée aux personnes visées sans le consentement écrit préalable de COTCO* »[617]. Or, l'article 30 alinéa 1 définit limitativement les textes qui sont applicables à cette société, tous de droit commun mais figés à une date précise, le 31 décembre 1994[618].

630. Si les dispositions devant faire l'objet de stabilité sont explicitement indiquées dans les conventions d'établissement, ce n'est pas le cas dans les contrats pétroliers caractérisés par une imprécision du champ d'intangibilité.

631. Par un jeu de renvoi des contrats pétroliers vers le Code pétrolier, et *vice versa*, il résulte que les contrats pétroliers ont des périmètres d'intangibilité différents, car variables suivant leurs dates de signature respectives, à tout le moins en ce qui concerne le Code général des impôts (CGI).

632. En effet, le libellé commun de la totalité de ces contrats, à savoir les contrats de partage de production Dissoni (Total E & P et Pecten Cameroon

---

n°64.DF.162 du 26 mai 1964 et n°64.DF.163 du 26 mai 1964 pris pour l'application de ces dispositions, la loi n°64.LF.6 du 6 avril 1964 tendant à adapter aux institutions fédérales la loi n°60.64 du 27 juin 1960 portant Code des investissements du Cameroun oriental ; la loi n°64.LF.4 du 6 avril 1964 fixant l'assiette, les taux et le mode de recouvrement des droits fixes, redevances et taxes minières, modifiée par la loi n°68.LF.13 du 18 novembre 1968 ; la loi 78.14 du 29 décembre 1978 complétant en ce qui concerne les hydrocarbures la loi n°64.LF.3 du 6 avril 1964 portant régime des hydrocarbures et la loi 78.24 du 29 décembre 1978 fixant l'assiette, les taux et le mode de recouvrement des droits fixes, redevances et taxes minières.

616 Le Code général des impôts, tel qu'en vigueur au 31 décembre 1990 pour Noble Energy, dont la convention a été signée le 19 septembre 1991.

617 Art. 24.2

618 Il s'agit du Code général des impôts, du Code des douanes et du Code de l'enregistrement, du timbre et de la curatelle tels qu'en vigueur au 31 décembre 1994, et de toutes les lois de finances, et ordonnances prises en vertu de ces lois de finances, de la République du Cameroun telles qu'en vigueur au 31 décembre 1994.

LLC), Bomana (Total E & P), Ndian River (Kosmos Energy Cameroon HC) et de concessions avec RSM Production, Fusion Oil and Gas NL et le consortium Addax Petroleum Ltd - Tullow Cameroon Ltd, est trompeur. Le champ d'application de l'inopposabilité des modifications législatives et réglementaires est articulé comme suit : « *...les dispositions du Titre VI du Code pétrolier, ou plus généralement (...) toutes dispositions du Code pétrolier auxquelles renvoient le Contrat, (les) textes pris pour l'application du Code pétrolier (...), la loi annuelle des finances, et (les) dispositions des textes auxquels se [réfère] le Code pétrolier pour l'application dudit Titre VI...* »[619]

633. Le Titre VI du Code pétrolier concerne les « *dispositions fiscales, douanières et du régime de change* »[620] et soumet, en son article 89, les titulaires des contrats pétroliers au paiement des impôts, taxes et redevances prévus au Code général des impôts, sous réserve des dispositions du chapitre 1 de ce Titre VI. Le Code pétrolier ne désignant pas un code des impôts précis, et les contrats pétroliers se contentant d'exclure toute modification intervenant après la date d'entrée en vigueur, c'est-à-dire la date de signature du contrat, il y a là un glissement potentiel et mécanique du périmètre de stabilisation dépendant du temps de signature. Le temps est un élément de fixation du périmètre de sécurité pour chaque investisseur. L'autonomie de la volonté est complétée voire concurrencée par la chronologie, du moins en ce qui concerne le code des impôts applicable.

634. Du moment que les parties exercent pleinement leur autonomie de volonté dans le cadre du choix du droit applicable, rien ne les oblige à se soumettre automatiquement aux dispositions du Code général des impôts qui sont applicables à la date de signature du contrat : elles peuvent explicitement désigner un code général précis, soit celui qui est valable à ce moment de la signature, soit même un code antérieur, clairement visé. Cela est d'autant plus nécessaire pour les entreprises engagées par plusieurs accords pétroliers au Cameroun, telles que Total E & P, signataire de trois accords différents, d'une convention d'établissement, de deux contrats de partage de production, l'un conjointement avec Pecten Cameroon (Dissoni), et l'autre exclusivement (Bomana). Cela fait virtuellement trois droits applicables pour la même entreprise, appelée à n'établir qu'une seule déclaration statistique et fiscale[621] .

---

[619] Articles 29 pour tous ces contrats et 30 pour le contrat de concession entre la République du Cameroun et le consortium Addax Petroleum Cameroon Ltd et Tullow Cameroon Ltd.

[620] Articles 89 à 112.

[621] En fait, les cinq opérateurs pétroliers camerounais Total E & P, Pecten, Euroil ltd, Kosmos Energy et Perenco Cameroun se trouvent dans cette situation, que nous qualifions de « plurinormativité », ce qui pose des difficultés certaines d'appréhension par l'administration fiscale, surtout que même s'agissant d'un seul accord, il existe une variété de sous-régimes consacrés par des amendements : six pour la convention de Total, autant avec la convention de Pecten Cameroon, sept avenants pour la convention de Perenco.

635. En tout état de cause, et ceci est général, le champ d'application ainsi établi intègre à la fois des dispositions qui concerneraient uniquement le secteur pétrolier, mais aussi les dispositions fiscales de droit commun, d'applicabilité générale, qui iraient à l'encontre soit de ces lois pétrolières, soit des codes des impôts en vigueur au moment de la signature de ces accords.

636. Ainsi, la souveraineté des États sur leurs ressources naturelles trouve dans la matière fiscale un terreau particulièrement relevé de réalisation. Par l'usage de leur pouvoir fiscal, les États instrumentent la fiscalité au gré de leurs préoccupations stratégiques, économiques, politiques, au point de transgresser les principes fondamentaux de la théorie fiscale sur le caractère contraignant, général, et sans contrepartie de la charge publique.

637. La loi étant le support d'édiction par excellence des dispositions fiscales consacrant ces différentes instrumentalisations, le droit national consigne alors en cette matière une modalité particulière d'exercice de la souveraineté fiscale par les États.

638. Toutefois, l'État est contraint, pour diverses raisons, d'user également de son pouvoir exécutif, par l'usage de normes réglementaires dans le cadre de l'encadrement fiscal des activités relatives aux hydrocarbures.

SECTION II. LES RÈGLEMENTS, SOURCES DÉRIVÉES DE RÉALISATION DE LA SOUVERAINETÉ FISCALE

639. Michel Troper écrit : « *L'imputation est nécessaire pour justifier l'exercice du pouvoir législatif, mais aussi la production de normes infralégislatives. Si une décision n'est que le produit d'un syllogisme dont la prémisse majeure est la loi, alors elle est imputable elle aussi au pouvoir législatif et donc au souverain. (...) Même lorsqu'une décision particulière n'est pas réductible à la conclusion d'un syllogisme, c'est-à-dire dans tous les cas où il existe une marge de pouvoir discrétionnaire, autrement dit, presque toujours, il suffit que ce pouvoir s'exerce en vertu d'une habilitation conférée par la loi pour que l'on puisse imputer la décision au souverain. Le problème ne se pose donc réellement que si une décision est prise sans habilitation du pouvoir législatif, par exemple parce qu'il y a une habilitation conférée directement par la Constitution, comme c'est le cas pour les actes qui se rattachent à la conduite des relations internationales.* »[622]

640. Autrement dit, le pouvoir légal d'imposition peut, en cas d'habilitation expresse, être accordé dans des conditions précises à des institutions précises. En effet, « *dans sa présentation classique, de caractère exclusivement formel, le concept (de souveraineté) postule d'une part le*

[622] *Ibid.*, p. 75.

respect de la hiérarchie des normes – nul ne peut agir au nom de l'autorité publique que dans le cadre de ses compétences, définies par les règles préexistantes –, d'autre part, le respect de cette hiérarchie par l'institution de procédures juridictionnelles appropriées. (...) Au sens strict, l'État de droit vise à assumer la primauté du droit, mais ne présuppose aucun contenu consubstantiel »[623].

641. Cette mécanique institutionnelle est d'importance en matière d'hydrocarbures, en matière fiscale en particulier. L'appréhension des sources souveraines en la matière n'est pas complète si l'on n'étudie pas l'étendue de ce pouvoir au niveau réglementaire. L'exemple du Cameroun, où ont été rendues disponibles plusieurs positions administratives, fera l'objet d'illustration.

642. Il convient de noter qu'en vertu de l'instruction n°535/MINEFI/DI/LC/L du 16 septembre 2002 précisant les modalités d'application de la loi n°2002/003 du 19 avril 2002 portant Code général des impôts au Cameroun, « *les documents signés par le directeur des impôts tiennent lieu de doctrine administrative eu égard à (sa) compétence nationale et au principe d'égalité et d'application uniforme de la loi sur le territoire national* ». Le texte ne fait aucune nuance entre une instruction signée par le directeur général et une lettre adressée à un contribuable, ce qui élargit les marges de couverture des contribuables.

643. Cette portée doctrinale des documents signés par le directeur général des impôts du Cameroun a été affinée et confirmée par l'article L 33 bis tel que modifié par la loi n°2007/005 du 26 décembre 2007 portant loi de finances de la République du Cameroun pour l'exercice 2008. Il s'est agi d'une consécration formelle d'une ancienne procédure, dénommée « rescrit fiscal »[624]. Elle consiste, pour les contribuables, à saisir formellement l'administration fiscale avec des pièces justificatives pour lui demander le régime fiscal applicable à certaines opérations, préalablement à la conclusion d'un acte ou de la réalisation de ces opérations. Après un délai plus ou moins encadré, les personnes concernées par la position de l'administration fiscale par la procédure de rescrit peuvent valablement invoquer la position prise par celle-ci dans ce cadre, s'apparentant à des normes individuelles[625], ou mieux, à des actes législatifs de l'exécutif[626].

---

[623] MICHALON J.-P., « Souveraineté et État de droit », in *Les évolutions de la souveraineté*, *op. cit.*, p. 161.

[624] Le directeur général des impôts du Cameroun, dans sa circulaire interprétative de cette loi de finances, explique en effet que « *la loi de finances pour l'exercice 2008 a formellement consacré dans notre dispositif la procédure du rescrit fiscal* ». Circulaire n°0002/MINFI/DGI/LC/L du 11 janvier 2008 précisant les modalités d'application des dispositions fiscales de la loi n°2007/005 du 26 décembre 2007 portant loi de finances de la République du Cameroun pour l'exercice 2008, p. 13.

[625] MAYER P., « Existe-t-il des normes individuelles ? », in *L'architecture du droit, Mélanges Troper* (ouvr. coll.), Éditions Economica, 2006, pp. 679-703.

[626] Pierre Bon définit l'acte législatif de l'exécutif comme « *l'acte de force législative, c'est-à-dire comme l'acte qui a une force particulière, la force de loi, qui, selon l'analyse classique*

644. C'est cette nature quasi législative des sources réglementaires en matière fiscale, et particulièrement au sujet des règles applicables à des entreprises titulaires signataires de contrats d'État, qu'il convient de décliner. Elles se divisent en deux catégories à densité différente : les sources réglementaires qui confirment la règle fiscale préalablement édictée (§1), et les sources réglementaires créatrices de droit (§2).

§1. Les sources réglementaires confirmatives de droit

645. Nous pouvons distinguer les règles confirmatives de techniques juridiques (A) de celles qui confirment des règles relevant de la politique juridique (B).

A. Les sources confirmatives de règles de techniques juridiques

646. À l'analyse, il existe une différence dans le contenu des réponses administratives camerounaises suite aux rescrits fiscaux dont elle fait l'objet de la part des compagnies pétrolières et gazières : certaines sont explicitement confirmatives (1), d'autres ne le sont que de façon implicite (2).

1. Les confirmations administratives explicites

647. L'administration fiscale est parfois amenée à confirmer le régime fiscal privilégié des entreprises pétrolières ou gazières, ceci, sur la base des sources primaires d'édiction de ces avantages fiscaux, à savoir la loi et les accords pétroliers. C'est ainsi que, par exemple, le double argument de l'exclusion légale et des dispositions contractuelles est notifié à une entreprise pétrolière en activité, en confirmation de son exonération de la taxe sur la valeur ajoutée, comme suit : « *En vertu des dispositions de sa convention d'établissement et de celles de l'article 41 du chapitre cinquième de la loi de finances pour l'exercice 1998/1999, (X) est exonérée de la taxe sur la valeur ajoutée (TVA) pour ses activités liées directement à la recherche et à la production des hydrocarbures.* »[627]

---

du professeur Crisafulli, se caractérise par deux éléments : d'une part, une force active, la capacité d'innover dans le droit objectif en étant subordonné aux seules normes de rang constitutionnel et de modifier ou d'abroger les actes préexistants de valeur hiérarchique identique ou inférieure ; d'autre part, une force passive, la capacité de résister à l'abrogation ou à la modification par des actes qui ne sont pas des lois formelles ou des actes dotés de la même force ». BON P., « Les actes législatifs de l'exécutif », in *La communicabilité entre les systèmes juridiques, Liber Amicorum Jean-Claude Escarras* (ouvr. coll.), Bruylant, 2005, p. 299.

[627] Lettre n°2087/MINEFI/DI/CP du 22 janvier 1999 du directeur des impôts, adressée à une compagnie pétrolière sept mois après l'instauration de la TVA, témoignant de l'incertitude entourant la force de la clause de stabilité fiscale, incertitude entretenue tant par les compagnies et l'administration que par le législateur.

648. La référence aux « dispositions de sa convention d'établissement » ne peut que renvoyer à l'article exonérant cette entreprise de la taxe sur la valeur ajoutée, d'une part, et à celui qui consacre la stabilité de son régime fiscal, d'autre part. Dès lors, la clause n'est évoquée qu'implicitement.

649. Une autre démarche consiste parfois, pour des opérations exceptionnelles, et compte tenu du régime fiscal particulier de ces entreprises, à requérir directement la position du ministre des Finances, afin de réaliser l'opération en question en toute connaissance de cause. C'est ainsi que dans le cadre de la fiscalité de la restructuration des entreprises, la cession des actifs occupe une place de choix[628]. C'est donc sur la base de la demande d'éclaircissement d'une entreprise arrivée en fin de séjour au Cameroun que le ministre des Finances a pu répondre, dans des termes explicites : « *J'accuse réception de votre lettre visée en référence par laquelle vous me faites connaître votre position au sujet du régime fiscal applicable à la cession des actifs de X à la société Y et à votre entreprise. Y faisant suite, j'ai l'honneur de vous confirmer que cette opération est exonérée de la taxe sur la valeur ajoutée, en vertu des articles 1 et 8 de la convention d'établissement signée le 11 mars 1982 entre cette entreprise et la République du Cameroun.* »

650. Les confirmations administratives des régimes fiscaux applicables à certaines opérations peuvent s'avérer superflues, voire inutiles, dans la mesure où les moyens mobilisés dans ces actes réglementaires sont déjà proposés en soutien de la demande des requérants, et donc disponibles sur le marché juridique. Il n'en est rien. « Confirmer » est un verbe bifocal qui renvoie également à la réalité contraire, « infirmer », et sans ces confirmations explicites administratives, le saisissant est en insécurité juridique, pouvant faire ultérieurement l'objet d'interprétation contraire à ces dispositions légales et/ou contractuelles. Seules ces lettres administratives confortent alors l'entreprise pétrolière, revêtant une force normative au moins aussi égale que celle des accords pétroliers signés avec l'État, voire supérieure, compte tenu de la relation particulière existant entre l'administration fiscale et les contribuables en général, et les entreprises pétrolières en particulier.

651. Malheureusement, même si certaines réponses administratives vont dans le sens suggéré par les contribuables, elles s'avèrent être des confirmations « implicites ».

---

[628] Cf. BOIDMAN N., WARD D., VINEBERG L.L.P, « Global trends in the taxation of international mergers & acquisitions: convergence? Divergence? The organization between law & taxation – Policies & Practicies », in *Fiscalité et entreprise : politiques et pratiques, Mélanges Jean-Pierre Le Gall*, Paris, Dalloz, 2007, pp. 209-224 ; EL SAIR R., *La taxation des plus-values racontée aux dirigeants et à leurs conseils*, LexisNexis, 2008 ; OUDENOT P., *Fiscalité des sociétés et des restructurations*, LexisNexis, 2014.

2. Les confirmations administratives implicites

652. Il est observable, de la part de l'administration fiscale, une tendance lourde d'ériger les simples dispositions conventionnelles en argument massue, témoignant ainsi de l'évidence de l'opposabilité de celle-ci, indépendamment de tout autre argument complémentaire, notamment de nature légale. C'est ainsi que pour confirmer la même exonération de TVA susmentionnée à une entreprise pétrolière, le directeur des impôts se contente de dire qu'« *en vertu des dispositions de sa convention d'établissement, la société (X) est exonérée de la TVA en ce qui concerne les opérations liées directement à la recherche et à la production des hydrocarbures* »[629]. Le directeur des impôts ne s'est plus embarrassé des dispositions légales ayant elles-mêmes exclu ces opérateurs privilégiés du champ d'application de la TVA, considérant en quelque sorte que cela est surabondant.

653. De même, une autre entreprise pétrolière s'est vu préciser le contenu de son régime fiscal en ces termes : « *S'agissant des activités entreprises dans le cadre de la convention d'établissement suscitée mais ne bénéficiant pas de l'exonération de taxe sur le chiffre d'affaires, elles sont, en vertu de la clause de stabilité contenue dans ladite convention d'établissement, soumises non pas à la TVA, mais plutôt à la TCA au taux de 16,5%.* »[630] Il s'agit ici d'un usage utile de la stipulation contractuelle invoquant la clause de stabilité, dans son versant « intangibilité » cette fois-ci, dans la mesure où elle légitime l'applicabilité du taux ancien de la taxe sur le chiffre d'affaires (TCA).

654. Par contre, l'administration procède parfois à des raccourcis. Alors qu'il s'agit en général de « confirmer » une exonération déjà consignée dans l'accord pétrolier, l'administration prend parfois des raccourcis pour « faire connaître » directement à l'entreprise sa soustraction de certains droits fiscaux, sans la précaution nécessaire de renvoyer aux dispositions conventionnelles. Cela a été le cas, par exemple, lorsqu'en 2005, au Cameroun, la loi de finances n°2004/026 du 30 décembre 2004 a consacré la généralisation de la soumission de toute commande publique à la formalité de l'enregistrement et au paiement des droits y relatifs. En vertu des dispositions des articles 342, 343 et 543 nouveaux du Code général des impôts, les commandes émanant des entreprises parapubliques dans lesquelles la participation de l'État et/ou de ses démembrements est majoritaire donnent lieu à enregistrement au taux de 5% pour celles qui sont inférieures à 5 millions de francs CFA, et à 2% pour celles qui sont égales ou supérieures à 5 millions de FCFA[631].

655. En réponse à la demande d'éclaircissement d'une entreprise pétrolière en ce qui la concerne, le directeur des impôts dit simplement

---

629 Lettre n°2661/MINEFI/DI/FS/CPM du 27 décembre 1999.

630 Lettre n°2031/MINEFI/DI/CP du 19 janvier 1999.

631 Instruction n°01/MINEFI/DI/LC/L du 31 janvier 2005 précisant les modalités d'application des dispositions fiscales de la loi de finances pour l'exercice 2005, p. 20.

« faire connaître que les opérations de (X) sont exclues du champ de prélèvement des droits d'enregistrement sur les commandes publiques. Il en est ainsi notamment du prélèvement de 5% applicable aux commandes de montant inférieur à 5 millions de francs CFA »[632]. Cette formulation est équivoque : s'agit-il d'une confirmation ou d'une exonération d'origine réglementaire, qui a parfois été accordée par l'administration camerounaise en violation des dispositions légales ?

656. En réalité, il s'agit là manifestement d'une confirmation fondée sur la clause de stabilité fiscale protégeant cet opérateur, qui est sous-entendue, mais sans évocation de la source de cette stipulation protectrice, la convention d'établissement. À notre avis, c'est là une latitude que ne doit pas pouvoir se donner l'administration, dans la mesure où la source d'une exonération, autant que celle d'une taxation, ne doit pas pouvoir être d'ordre réglementaire. La référence à la convention d'établissement de l'entreprise bénéficiaire est une exigence minimale, et viser la disposition indiquant la stabilité fiscale est la meilleure formule pour rendre vivante cette clause, quand elle est interpellée pertinemment.

657. L'on peut, dans tous les cas, constater que la stabilisation de la charge fiscale potentielle des entreprises pétrolières amont est facilement applicable dans ces situations, soit par une auto-soustraction fondée, soit par une exclusion légalement réaffirmée, par surabondance manifeste, soit enfin par confirmation administrative explicite ou implicite de l'inopposabilité des dispositions nouvelles fondées sur la clause de stabilité fiscale contenue dans les accords pétroliers.

658. Outre les sources réglementaires confirmatives en matière de technique fiscale, il existe celles qui portent sur la politique juridique même des États.

B. Les sources confirmatives de règles de politique juridique

659. Comme le rappelle Boris Barraud, « *il est aussi possible (...) d'aborder le droit d'un point de vue plus politique, ce qui veut aussi dire d'un point de vue plus polémique, d'un point de vue plus subjectif et partial, conduisant à prendre parti et à avancer des propositions toujours contestables et non des descriptions par définition vraies* »[633]. Autrement dit, la politique juridique, et précisément fiscale, relève de l'explication, fondée sur une orientation, et non de la description, basée sur la production des textes.

660. Plusieurs situations fiscales ont conduit l'administration à se prononcer sur les textes applicables, tantôt de façon pacifique (1), tantôt de façon contentieuse (2).

---

[632] Lettre n°2986/MINEFI/DI/LC/L du 2 juin 2005.

[633] BARRAUD B., *La recherche juridique. Sciences et pensées du droit*, Paris, L'Harmattan, Coll. Logiques juridiques, 2016, p. 232.

1. Les confirmations pacifiques aux contribuables relatives aux pénalités fiscales

661. La stabilité fiscale s'entend dans le contexte camerounais de l'intangibilité des lois en vigueur au moment de la signature des accords pétroliers. Or, dans ce *package* normatif est souvent oublié le régime des sanctions fiscales, qui, lui aussi, a énormément évolué au fil du temps dans la législation camerounaise. Mais, autant l'appréciation de l'applicabilité ou non de nouvelles dispositions fiscales paraît spontanément justifiée ou non, autant le régime des sanctions fiscales au Cameroun semble faire l'unanimité de la population fiscale, entreprises pétrolières amont y compris. En effet, les majorations des droits dus en principal de 50% (à l'époque, réduites à 30% plus tard) et ensuite des intérêts de retard réglementaire de 1,5% par mois de retard, sont mécaniquement orchestrées, même avec les entreprises sous régime fiscal stabilisé, qui ne s'opposent pas à ces sanctions de façon particulière, par méconnaissance manifeste du régime qui leur est applicable.

662. Or, il convient de rappeler que constitutionnellement, déjà au moins depuis la loi n°96-06 du 18 janvier 1996 portant révision de la Constitution du 2 juin 1972, il est établi que « *nul ne peut être jugé et puni qu'en vertu d'une loi promulguée et publiée antérieurement au fait punissable* »[634], laquelle loi, en l'occurrence s'agissant des entreprises stabilisées, est figée et désignée dans la convention d'établissement. Cette subtilité en termes de stabilisation a été relevée par une entreprise pétrolière qui, au cours d'un contrôle fiscal, s'est vu notifier une proposition de majoration des droits rappelés en principal par 50% des pénalités, comme à l'accoutumée.

663. Dans ses observations, cette entreprise a fait remarquer que selon l'article 21 du Code général des impôts en vigueur au 31 décembre 1994, texte qui lui est applicable, les pénalités de 50% des droits compromis sont dues lorsque l'insuffisance est supérieure à 1/10e du bénéfice déclaré ou à 100 000 francs. Dans la même lancée, elle a cité l'ordonnance n°94/002 du 24 janvier 1994 relative à la TCA, qui fait partie intégrante des textes qui lui sont applicables en vertu de l'article 30.1 de sa convention d'établissement, suivant laquelle, « *lorsqu'il est établi que la déclaration s'est avérée insuffisante, il est fait application d'une pénalité de 50% des droits compromis dans le cas où l'insuffisance est supérieure à 1/10e du chiffre d'affaires ou à la somme de 500 000 francs* »[635]. En tout état de cause, et nonobstant la légère différence de quantum monétaire minimum à dépasser en termes d'insuffisance, il est clair que la majoration des droits dus en principal de 50% des pénalités est conditionnelle et non mécanique : il faut

[634] Préambule de la Constitution camerounaise, faisant partie intégrante de celle-ci conformément à l'article 65.

[635] Article 33 de l'ordonnance n°94/002 du 24 janvier 1994 fixant les modalités d'application de la taxe sur le chiffre d'affaires modifiée par les lois de finances 1994/95-1995/96-1996/97-1997/98.

que l'insuffisance dépasse un seuil de sensibilité précis, seuil en deçà duquel aucune pénalité n'est due[636].

664. La même subtilité s'observe en ce qui concerne la fluctuation de la doctrine fiscale dans le temps, très fréquente dans le dispositif fiscal camerounais. Bien que l'arsenal sécuritaire en la matière soit laconique au Cameroun, une disposition claire énonce qu'« *il ne sera procédé à aucun rehaussement d'impositions antérieures si la cause de celui-ci résulte d'un différend portant sur une interprétation par le contribuable de bonne foi d'une disposition fiscale à l'époque des faits formellement admise par l'administration fiscale* »[637].

665. Lors d'une vérification générale de comptabilité de la même entreprise pétrolière, l'administration fiscale a envisagé le rappel de la taxe spéciale sur les revenus (TSR) au taux de 7,5% pour la quote-part payée en France et de 15% pour celle payée dans les pays étrangers en dehors de la France[638], sur les frais de formation ainsi acquittés à l'étranger. Cette taxe était due, selon l'administration, en vertu de l'article 7 de la loi n°85/01 du 29 juin 1985 portant loi de finances sur les frais de formation payés à l'étranger par cette entreprise pour le compte d'une partie de son personnel, les assimilant à de l'assistance technique, expressément visée dans le champ d'application de cette loi. La question de savoir si des frais de formation sont assimilables à des frais d'assistance technique a été considérée comme tranchée par les inspecteurs vérificateurs par le moyen d'une position doctrinale de la Direction générale des impôts datant du 22 août 2005[639],

---

636 Le « conditionnement » des inspecteurs vérificateurs à l'application systématique des pénalités est consécutif à la méconnaissance du dispositif de stabilité fiscale, certes, mais aussi aux instructions administratives internes données sans nuance, telle celle qui édicte que « *lorsque, malgré les redressements opérés, la bonne foi du contribuable est établie, une pénalité de 50% est appliquée en sus de l'intérêt de retard prévu à l'article L 95 du Livre des procédures fiscales* ». Instruction n°1404/MINFI/DI/DECF portant orientation des activités du contrôle fiscal pour l'exercice 2003, p. 4. Cette pénalité de bonne foi est ramenée à 30% depuis la loi de finances 2008, mais avec le même caractère systématique.

637 Article L 37 du Livre des procédures fiscales.

638 Conformément au deuxième avenant de la convention fiscale franco-camerounaise de 1976, le taux préférentiel de 7,5% concerne uniquement les redevances pour études et celles relatives à l'assistance technique, financière et comptable. Les autres prestations demeurent soumises au taux de droit commun de 15%.

639 Lettre n°4644/MINEFI/DGI/LC/L du 22 août 2005 figurant dans le bulletin de doctrine fiscale 2007 produit par la Direction générale des impôts. Il convient de noter qu'en vertu de l'instruction n°535/MINEFI/DI/LC/L du 16 septembre 2002 précisant les modalités d'application de la loi n°2002/003 du 19 avril 2002 portant Code général des impôts, « *les documents signés par le directeur des impôts tiennent lieu de doctrine administrative eu égard à (sa) compétence nationale et au principe d'égalité et d'application uniforme de la loi sur le territoire national* ». Le texte ne fait aucune nuance entre une instruction signée par le directeur général et une lettre adressée à un contribuable, ce qui élargit les marges de couverture des contribuables. Cette portée doctrinale des documents signés par le directeur général des impôts a été confirmée par l'article L 33 bis tel que modifié par la loi n°2007/005 du 26 décembre 2007 portant loi de finances de la République du Cameroun pour l'exercice 2008.

c'est-à-dire postérieure à la signature de la convention d'établissement de cette entreprise.

666. En réponse, celle-ci a fait savoir que conformément à une précédente lettre émanant de la même autorité et datant de 1976, « *les dépenses de stage engagées (...) ne constituent pas des frais d'assistance technique* »[640]. Dès lors, ce revirement doctrinal ne lui est pas opposable, la position administrative récente étant en contradiction avec celle qui est antérieure à la signature de la convention d'établissement de cette entreprise. Sans pousser plus que de raison, il apparaît logique que si le bloc de légalité est reconnu comme étant intangible, l'interprétation de ses lois l'est aussi : à la sécurité juridique procurée par la connaissance du droit applicable à l'avance, ne peut que s'adjoindre l'impératif de la sécurité administrative de l'interprétation de ce droit. Il paraît pertinent de ne prendre en considération que la position administrative en cours jusqu'au moment de la signature de la convention d'établissement, ou à tout le moins s'insérant dans la périodicité du droit applicable à cette entreprise.

667. Autant l'appréciation du bien-fondé de la stabilité fiscale est aisée en ce qui concerne les innovations fiscales *stricto sensu*, les pénalités et l'inopposabilité de la doctrine fiscale nouvelle, autant, à l'inverse, l'argument de la stabilité fiscale s'avère contestable, notamment dans le cadre de l'application des dispositions communautaires.

2. Les confirmations contentieuses relatives aux délais de déclarations fiscales

668. Certaines normes du droit OHADA ont difficilement été appliquées par les entreprises pétrolières amont, au motif de l'existence de la clause de stabilité fiscale. Pour rappel, dans le cadre de l'élaboration des stratégies individuelles et collectives de lutte contre la grave crise économique des États africains, quatorze d'entre eux ont signé à Port-Louis (île Maurice), le 17 octobre 1993, un traité portant « *harmonisation du droit des affaires dans les États parties, par l'élaboration de règles communes simples, modernes, et adaptées à la situation de leurs économies* »[641]. Le domaine du droit des affaires, tel que précisé à l'article 2 de ce traité, intègre le droit comptable, dont l'acte uniforme devait entrer en vigueur le 1er janvier 2001[642], et a fait l'objet d'une résistance importante de la part des entreprises pétrolières amont, notamment s'agissant de deux dispositions :

– L'article 7, qui édicte que l'exercice comptable et fiscal coïncide avec l'année civile.

– Dans une moindre mesure, l'article 2 de cet acte, qui soumet toutes les entreprises astreintes à l'application du droit commercial, dont les entreprises pétrolières font partie, aux obligations comptables nouvelles.

---

640 Lettre du directeur des impôts n°820/MINFI/I/L du 30 septembre 1976.

641 Cf. article 1er du traité.

642 Article 113 de l'acte uniforme portant harmonisation des comptabilités.

669. S'agissant du second point invoqué, il ne fut que subsidiairement contesté, compte tenu de la difficulté pratique de se conformer au système comptable OHADA, la particularité du secteur induisant un système comptable spécifique tel qu'élaboré par exemple aux États-Unis.

670. Par contre, l'arrimage des entreprises pétrolières à l'année civile a fait l'objet de plus de résistance (b), compréhensible seulement si l'on reprécise l'ancien mode de déclaration fiscale de celles-ci (a).

a) Le régime déclaratif précédent des entreprises pétrolières amont

671. Conformément à l'article 3 de l'ordonnance 1962/OF/4 du 7 février 1962, l'exercice fiscal était fixé du 1er juillet de l'année N au 30 juin de l'année N+1, avant l'institution de l'acte uniforme OHADA portant harmonisation des comptabilités dans les États parties. Dès lors, les titulaires des conventions d'établissement étaient tenus de déclarer et payer leur impôt sur les sociétés en trois tranches dénommées « tiers provisionnel », le mois qui suivait le trimestre de l'année N+1, à savoir au plus tard les 31 octobre, 31 janvier et 30 avril.

672. Prenons le cas de l'entreprise X, qui déclare par exemple devoir 3 milliards au titre de l'impôt sur les sociétés pour l'exercice 1998-1999. Celle-ci devra s'acquitter de son devoir en trois tranches ou « tiers provisionnels » dans les délais suivants :

– 1 milliard au plus tard le 31 octobre 1999.
– 1 milliard au plus tard le 31 janvier 2000.
– 1 milliard au plus tard le 30 avril 2000.

673. L'on remarque aisément qu'il s'agit davantage d'un réglage de trésorerie que d'un avantage fiscal particulier, la charge demeurant la même mais étant acquittée séquentiellement. Ce *timing* de liquidation et de paiement de l'impôt sur les sociétés a été mis à mal par le nouveau découpage de l'exercice fiscal, fixé par le droit comptable OHADA en son article 7.

b) Le régime déclaratif imposé par l'acte uniforme portant droit comptable OHADA

674. En arrimant l'exercice fiscal à l'année civile, le droit comptable OHADA a posé un problème de transition, tant pour l'État qui avait une périodicité d'encaissement de certaines recettes importantes, que pour les entreprises en général et les entreprises pétrolières en particulier, qui avaient de leur côté une séquence de paiement de charge fiscale habituelle. En effet, il se posa d'emblée le choix cornélien suivant : soit l'État organisait une année de 18 mois, avec la conséquence que le solde de l'impôt sur les sociétés, constituant un pic budgétaire très important, serait retardé d'autant ; soit il instituait un exercice de six mois, avec toutes les conséquences fiscales y relatives. Et c'est cette dernière solution qui fut retenue juste après l'exercice 2001-2002 : il fut institué un exercice transitoire appelé « exercice transitoire 2002 », qui allait de juillet 2002 à décembre 2002[643], avec enfin la possibilité d'appliquer la norme OHADA en 2003.

675. Ce réaménagement du calendrier fiscal entraîna *ipso facto* une redéfinition des obligations déclaratives des entreprises pétrolières, ce qui conduisit à des discussions à la Direction générale des impôts le 15 mai 2002 et à la représentation de la Société nationale des hydrocarbures (SNH) à Douala, le 11 juin 2002. Au cours de ces assises, l'administration a proposé que pour l'exercice transitoire de juillet à décembre 2002, la déclaration des revenus soit déposée dans un délai de quatre mois, soit le 30 avril 2003, et que l'impôt correspondant soit acquitté en deux tranches au cours des périodes mai-juillet et septembre-octobre 2003. En réponse, les compagnies pétrolières ont émis des réserves en raison du coût financier supplémentaire qui résulterait du cumul de ce règlement au cours de cette même année, avec les paiements des deux tranches restantes de l'impôt sur les sociétés au titre de l'exercice 2001-2002, à apurer au 31 janvier et au 30 avril 2003.

676. Finalement, après les concertations et l'aval du siège de ces compagnies, les parties ont convenu que l'impôt sur les sociétés de l'exercice transitoire serait acquitté aux échéances des 15 octobre et 15 décembre 2003, les délais habituels devant être retenus en ce qui concerne l'exercice fiscal arrimé à l'année civile : dépôt de la déclaration des résultats et paiement pour le compte de l'exercice N du premier tiers à la fin du quatrième mois de l'exercice N+1, paiement du deuxième tiers et du troisième tiers respectivement à la fin du septième mois et à la fin du dixième mois de l'exercice N+1.

677. En réalité, les résultats de ces négociations ont largement été influencés par l'absolutisation de la clause de stabilité fiscale insérée dans les accords pétroliers liant l'État, sans que son opposabilité ne fasse l'objet d'une appréciation critique par les responsables administratifs.

678. La clause de stabilité fiscale a largement influé sur la pondération administrative dans la mise en œuvre de l'arrimage à l'année civile de l'exercice fiscal des compagnies pétrolières amont. Les minutes des travaux relatifs à cette question en témoignent aisément et d'entrée de jeu : il s'agit de discussions relatives au passage de l'exercice budgétaire à l'année civile « *pour les compagnies pétrolières soumises à un régime fiscal stabilisé en vertu de leurs conventions d'établissement* ». Cette clause de protection a été invoquée par la totalité des acteurs comme un verrou certes surmontable mais considéré comme nécessairement opposable : la Société nationale des hydrocarbures[644], le ministre de l'Économie et des Finances[645] (ainsi

[643] Cf. ordonnance n°2002/001 du 27 juin 2002 portant budget de l'État pour la période transitoire du 1er juillet 2002 au 31 décembre 2002.

[644] Cf. lettre n°134/SNH/DPR-A/DFI-A/JUR/DBC/SPO/SCO/CJC/DGA/03 de l'administrateur-directeur général de la SNH adressée au ministre des Finances et du Budget le 30 juin 2003.

dénommé alors), les cadres de la Direction générale des impôts, chargés d'instruire ce dossier[646], et les compagnies pétrolières elles-mêmes. La législation OHADA en général a été considérée explicitement comme une nouvelle disposition postérieure à l'entrée en vigueur des conventions d'établissement de ces sociétés, qui ne pourrait leur être appliquée sans leur accord préalable.

679. Or, la question de fond à analyser est la suivante : une norme supraétatique peut-elle être considérée comme une nouvelle disposition émanant de l'État contractant ? Plus simplement, la clause de stabilité fiscale est-elle opposable même en cas de survenance d'une norme communautaire ?

680. Cette question suggère juste qu'une opposabilité absolue de la clause ici n'est pas certaine, sans qu'il ne soit besoin de rentrer dans une analyse forcément subtile et périlleuse. L'administration devrait éviter par simplicité de considérer que la clause de stabilité fiscale soustrait de façon inconditionnelle les compagnies pétrolières du champ d'application d'une nouvelle disposition au droit interne des États, surtout lorsqu'elle émane d'une source supraétatique opposable à cet État et en vertu de laquelle il n'a lui-même aucune emprise véritable. L'article 10 du traité OHADA est univoque : « *Les actes uniformes sont directement applicables et obligatoires dans les États parties nonobstant toute disposition contraire de droit interne antérieure ou postérieure.* » À sa lecture, il apparaît que toutes les conditions de pénétration immédiate du droit communautaire OHADA dans les droits internes sont réunies. Il s'agit de plus qu'un simple accord qui ne créerait que des obligations mutuelles entre États : il s'agit d'une obligation imposée tant aux États qu'aux particuliers[647], par le biais d'une disposition claire et précise, complète, juridiquement parfaite et énonçant une obligation inconditionnelle.

681. Quand bien même la disposition ne serait pas considérée comme claire et précise, ce qui serait surprenant, elle ferait l'objet d'une interprétation formelle et univoque de la part des juges communautaires. Plusieurs avis de la Cour commune de justice et d'arbitrage de l'OHADA, organe judiciaire dont l'une des compétences majeures, aux termes de l'article 14 du traité OHADA, est l'interprétation et l'application communes des actes uniformes, affirment en bloc le caractère abrogatoire et

---

[645] Cf. lettre n°01606/MINEFI/DI du 14 mai 2002 adressée au ministre du Développement industriel et commercial du ministre de l'Économie et des Finances.

[646] Notes n°2993/MINFI/DI/FS/CPM du 12 novembre 2002 et n°0106/MINFI/DI/FS/CPM du 21 janvier 2003 adressées au ministre des Finances et du Budget, notes n°45/MINFI/DI/FS/CPM du 3 février 2003, n°599/MINFI/DI/LC/L du 21 juillet 2003, n°289/MINFI/DI/FS/CPM du 8 septembre 2003, adressées au directeur des impôts.

[647] CJCE 5 février 1963, *Van Gend en loos*, aff. 26/62, Rec., p. 3, où la Cour a reconnu l'effet direct de l'article 12 du traité CEE, actuel article 25 CE (interdiction de nouveaux droits de douane ou taxes d'effet équivalent).

supranational des dispositions OHADA[648], dont le but est à la fois de sécuriser les opérateurs économiques et d'orienter l'exercice de ces activités[649].

682. En l'occurrence, l'État étant lié par un contrat, il s'agit en réalité d'invoquer l'effet direct horizontal[650] des dispositions OHADA, aucune marge de manœuvre n'étant accordée à l'État, d'une part, et dans le but d'éviter toute discrimination et toute atténuation dans la dynamique d'uniformisation, d'autre part. En somme, il s'agit de dispositions d'ordre public insusceptibles d'être inappliquées. On comprend alors pourquoi on a pu dire qu'« *il n'est pas prouvé qu'il soit politiquement admissible de stabiliser la production normative d'une organisation d'intégration sous-régionale ou d'en limiter les effets, au profit d'un investisseur* »[651].

683. En plus de ces positions confirmatives de règles fiscales édictées par l'administration, il y a de véritables créations normatives dont elles sont les sources.

§2. Les sources réglementaires créatives de droit fiscal

684. Les contractants de l'État sont les entreprises ayant signé des accords d'investissement avec ces derniers, communément appelés des contrats d'État. Ils sont ceux pour qui des règles de procédures particulières sont parfois édictées par le moyen de lettres administratives. Leurs contractants ou sous-traitants, qui leur permettent de réaliser leurs opérations pétrolières ou gazières, peuvent également faire l'objet de clarification normative, par le biais de ces sources réglementaires.

685. Deux formes de positions administratives intégrant de véritables règles fiscales dans le dispositif normatif des entreprises privées étrangères peuvent être distinguées : celles qui portent sur les procédures fiscales (A) et celles qui concernent le droit fiscal substantiel (B).

A. Les sources créatives de procédures fiscales

686. Elles concernent à la fois les contractants directs de l'État (1) et les sous-traitants de ces contractants (2).

---

648 Notamment avis n°002/99/EP du 13 octobre 1999 sur demande de la République du Mali, avis n°002/2000/EP du 26 avril 2000 sur demande de la République du Sénégal et avis n°001/2001/EP du 30 avril 2001 sur demande de la République de Côte d'Ivoire.

649 MODI KOKO H.D., *L'harmonisation du droit des affaires en Afrique : Regard sous l'angle de la théorie du droit*, www.juriscope.org. Dans le même sens, GATSI J. (dir.), *L'effectivité du droit de l'OHADA*, Yaoundé, Presses Universitaires d'Afrique, 2006.

650 Voir RIDEAU J., *Droit institutionnel de l'Union et des Communautés européennes*, 5e édition, Paris, L.G.D.J., 2005, p. 921.

651 MOUANGUE KOBILA J., *Le Cameroun face à l'évolution du droit international des investissements*, thèse de droit international économique, dactyl. Université de Yaoundé II, SOA, 2004, p. 436.

1. Les règles de procédures pour les contractants de l'État

687. Les régimes fiscaux privilégiés génèrent des obligations de vigilance particulière pour les administrations fiscales. Celles-ci doivent veiller certes à ce que l'entièreté du régime fiscal ainsi accordé soit appliquée, mais aussi, et surtout, à ce qu'il n'y ait pas d'abus dans la jouissance de ces avantages fiscaux. Or, toutes les mesures de suivi permettant un contrôle du bon usage du régime fiscal particulier des entreprises bénéficiaires ne sont pas, en général, prévues dans les actes juridiques les instituant. Il s'agit d'un véritable vide contractuel permanent.

688. Dans le souci d'organiser une fluidité et une lisibilité de l'information nécessaire à l'administration fiscale pour l'exercice de ses missions de contrôle, celle-ci institue généralement des règles d'ordre procédural lui permettant de veiller à la bonne application des règles fiscales principales.

689. C'est ainsi qu'une entreprise pétrolière majeure au Cameroun, titulaire d'une convention d'établissement avec la République du Cameroun, s'est vu notifier tout un panel de mesures de suivi[652], dans le cadre de la mise en œuvre de son exonération à la taxe sur la valeur ajoutée (TVA), ainsi qu'à la taxe spéciale sur les produits pétroliers (TSPP). L'entame de cette notification est on ne peut plus claire : il s'agit de « *communiquer ci-après les modalités pratiques relatives à la mise en œuvre de certaines dispositions fiscales contenues dans la convention d'établissement de (X)...* ».

690. C'est ainsi qu'une obligation de communication mensuelle est mise à la charge de cette entreprise pétrolière, notamment les noms et activités précises de ses contractants et sous-traitants concernés par les exonérations de TVA. En ce qui concerne la TSPP, l'entreprise est alors tenue, « *afin de permettre un meilleur suivi de cette exonération* », de communiquer par trimestre à la Direction des impôts, les besoins prévisionnels en volumes de produits pétroliers pour elle-même, ses contractants et ses sous-traitants, et ensuite un état mensuel des volumes réellement consommés.

691. Il s'agit d'un véritable droit procédural spécifiquement imposé à cette entreprise pétrolière, en plus des procédures classiques relatives à la confection des liasses fiscales, leurs délais et leur lieu de présentation.

692. Si le contrôle de la dépense fiscale de l'État semble justifier de plus en plus des règles d'encadrement des exonérations en matière de taxe sur la valeur ajoutée, indépendamment au demeurant du bénéficiaire de cet avantage fiscal, il faut dire que de telles règles procédurales ont parfois porté, en matière pétrolière, sur la totalité des versements spontanés auxquels l'entreprise saisissante devait se soustraire. La légitimité de sa demande était fondée sur l'existence d'un calendrier spécifique en matière de paiement d'acomptes sur les sociétés, qui pouvait entraîner un calendrier de paiement différent de celui applicable dans le droit commun. Dès lors, le régime spécifique des autres impôts dont le calendrier n'était pas fixé dans la

[652] Lettre n°1341/MINEFI/DI du 18 novembre 1998.

convention devait, pour combler ce vide juridique, être précisé par l'administration fiscale. Ce dernier, d'ailleurs, était précédé d'une séance bilatérale de travail, devant permettre à toutes les parties de mesurer la particularité de la situation du contribuable et de s'assurer de ne pas préjudicier outre mesure à sa trésorerie et à ses activités pour des besoins de procédures fiscales.

693. C'est ainsi que la lettre n°4070/MINEFI/DI/FS/CPM du 30 mars 2000 du directeur des impôts (ainsi alors appelé), adressée à une entreprise pétrolière majeure au Cameroun, constitue une véritable charte procédurale spécifiquement aménagée à cette entreprise. Le directeur des impôts commence par préciser que « *faisant suite aux correspondances et séances de travail entre l' administration fiscale et vos services sur l'objet repris en marge ("procédure de déclaration et de paiement des impôts à versements spontanés"), j'ai l'honneur de vous faire connaître ci-après la procédure que devra observer votre société en ce qui concerne la déclaration et le paiement des impôts et taxes à versement spontané* ». Puis, en quelque sorte dans un souci de légitimation annonçant l'exceptionnelle mesure qui sera édictée, il poursuit : « *Ladite procédure tient compte à la fois de l'exigence de respect des échéances légales, des contraintes propres à votre activité et du suivi particulier dont font l'objet les compagnies pétrolières en général.* »

694. C'est dans ce sens que des règles spécifiques sont énoncées s'agissant des retenues sur salaires et précomptes sur loyers de 20%, la taxe sur les revenus de 15% (TSR), avec les règles de conversion à appliquer entre le dollar et le FCFA, l'impôt sur les sociétés et la taxe sur la valeur ajoutée. De façon aussi exceptionnelle que l'introduction de cette norme administrative, la conclusion aménage un service particulier en cas de difficulté, comme suit : « *En cas de difficulté relative au remplissage de l'imprimé des déclarations des versements spontanés, le CSPVS (chef de service provincial de versements spontanés) doit être immédiatement contacté en vue d'obtenir son assistance. (...) Pour toutes les opérations relatives à cette procédure, si le jour de déclaration et/ou de paiement est non ouvrable, lesdites opérations devront être effectuées immédiatement au jour ouvrable suivant.* »

695. Il convient de préciser que les montants dus mensuellement par cette entreprise étaient substantiels, ce qui justifie également, en plus de son régime déclaratif incomplet à combler, cette procédure spécifiquement précise. Celle-ci s'est au demeurant achevée par l'information que la cellule pétrolière de la Direction des impôts « *pourra en tant que de besoin effectuer des contrôles de versements spontanés auprès de (X)* », comme pour maintenir une distance autoritaire avec elle, alors même que lui était aménagé un régime privilégié.

696. Les sous-traitants de contractants pétroliers également voient certaines règles procédurales spécifiquement édictées pour eux, de façon occasionnelle mais non moins originale.

2. Les règles de procédures pour les sous-traitants des contractants

697. Une autre conséquence relative aux régimes fiscaux privilégiés et pris en charge par les administrations concerne les effets procéduraux imputables aux sous-traitants d'entreprises pétrolières exonérées, lorsque ces derniers eux-mêmes bénéficient d'exonérations du simple fait de ce lien contractuel. C'est ainsi que, par exemple, une cimenterie locale au Cameroun qui, à l'époque, assurait une sorte de monopole national, bénéficia du régime de l'exonération sur l'impôt sur les sociétés, sur la quote-part de chiffre d'affaires réalisé avec l'entreprise pétrolière contractante de l'État. Étant entendu que cette entreprise réalisait également un chiffre d'affaires avec d'autres clients locaux et sous-régionaux, se posait arithmétiquement la question de savoir comment déterminer la quote-part de charges non déductibles. Le plus simple aurait été d'établir un rapport entre les facturations faites à la société pétrolière et l'ensemble du chiffre d'affaires global de l'entreprise. Mais, cela aurait pu poser un problème d'équité. En effet, la facturation à l'unité, en l'occurrence la tonne, n'était pas forcément la même avec les autres secteurs d'activités.

698. En tout état de cause, il fallait avoir une clé objective de ventilation d'une quote-part des charges fiscalement déductibles, et après des séances de travail avec l'administration fiscale, une clé particulière fut arrêtée et notifiée. Par la lettre n°3332/MINEFI/DI/FS/CPM du 2 janvier 2002, le directeur des impôts de l'époque fit alors « connaître » qu'il marquait son accord « *pour l'utilisation du prorata déterminé sur la base du rapport entre le tonnage vendu dans le cadre du projet (X) (numérateur) et le tonnage global vendu par la société (dénominateur)* ». Cette cimenterie était également tenue de préciser, sur toutes ses factures, le tonnage vendu en chiffres et en lettres, et était astreinte à la même obligation mensuelle d'information.

699. Parfois, ce sont des impôts indirects tels que la taxe sur la valeur ajoutée dont les sous-traitants demandent le régime à leur niveau, notamment en termes de droit à déduction. Facturant leurs services ou leurs biens en exonération de la taxe sur la valeur ajoutée à des entreprises pétrolières en raison de leurs accords pétroliers les prévoyant, ces sous-traitants ont parfois formellement sollicité le droit à déduction intégrale de leur propre TVA d'amont. Par la lettre n°3566/MINFI/DI/LC/L du 23 juillet 2003, le directeur des impôts précisa à l'un d'entre eux que les exonérations contenues dans la convention d'établissement de X étaient des exonérations légales intégrées dans le bloc de légalité de la TVA, conformément aux dispositions de l'article 153 du Code général des impôts. En conséquence, les opérations concernées par ces exonérations ne sauraient donner droit à déduction de la TVA supportée en amont, selon l'article 143 dudit Code.

700. La loi n°2009/018 du 15 décembre 2009 portant loi de finances de la République du Cameroun pour l'exercice 2010 leva cette restriction, ce qui montre à suffisance la force normative de la position administrative antérieure. Celle-ci est davantage perceptible pour ce qui concerne les nouvelles normes fiscales.

B. Les sources créatives de droit fiscal substantiel

701. Que ce soit les contractants (1) ou les sous-traitants (2), l'administration fiscale a pu être la source de véritables règles substantielles, stade suprême d'exercice du pouvoir normatif de l'appareil d'État.

1. Pour les contractants

702. Parfois, au-delà d'un travail habituel de confirmation des droits fiscaux existants et consacrés par la législation fiscale applicable à ces opérateurs et leurs accords pétroliers, l'administration fiscale est conduite à statuer sur des objets précis non sanctionnés par les sources légale et contractuelle, et ainsi, elle est amenée à créer le droit. Tel est l'exemple d'une notification administrative qui, après avoir confirmé l'exonération de la TVA de cette entreprise en ce qui concerne les opérations liées directement à la recherche et à la production des hydrocarbures, précise ensuite, par le biais du directeur des impôts : « *S'agissant particulièrement des prestations de télécommunication, des consommations d'eau et d'électricité, celles-ci bénéficient de cette exonération lorsqu'elles entrent dans le cadre des opérations visées ci-dessus. Par contre, celles qui ne relèvent pas desdites opérations, notamment les consommations personnelles, n'en bénéficient pas.* »[653] L'exclusion administrative ici notifiée n'étant pas consacrée par la législation ni par l'accord pétrolier de cette entreprise, l'administration fiscale fait œuvre de création normative, de façon négative.

703. Dans le même sens, après avoir confirmé à une entreprise pétrolière, et ceci, sur la base également du Code pétrolier de 1999 (article 99 alinéa 2), et sans citer l'accord pétrolier, qu'une entreprise pétrolière est exonérée de la TVA sur les fournitures de biens et les prestations de services qui se rapportent directement à l'exécution des opérations pétrolières, l'administration précise néanmoins : « *Toutefois, la fourniture de carburant à (X) n'est pas éligible à cette exonération de TVA.* »[654]

704. Il s'agit là d'une véritable création normative, dans la mesure où ni les lois générales fondant les accords pétroliers de ces entreprises, ni encore moins les contrats pétroliers dont ces entreprises sont titulaires, ne précisent ainsi les droits et taxes dus ou dont sont affranchis les requérants. Or, l'administration est dotée d'un pouvoir interprétatif important, et ses positions formellement notifiées rentrent dans le bloc normatif applicable à ces entreprises, tant qu'une position contraire d'au moins égale valeur ne modifie pas la règle désormais opposable à cette dernière.

---

653 L. n°2661/MINEFI/DI/FS/CPM du 27 décembre 1999.

654 L. n°9293/MINFI/DGI/RI/L du 31 décembre 2015.

2. Pour les sous-traitants des contractants

705. Le régime fiscal privilégié des contractants de l'État, extensible suivant les cas à leurs sous-traitants, ne s'impose pas de façon évidente, mais l'administration, sous la pression des demandes plus ou moins bien motivées de certaines entreprises, s'est parfois permis de notifier à ces derniers des conditions de jouissance d'un avantage fiscal non explicitement accordé, par création du droit. C'est ainsi par exemple qu'au Cameroun, certains opérateurs se sont vu délivrer des attestations d'exonération à titre de sous-traitants d'entreprises pétrolières amont, au motif que les exonérations visées par l'article 99 alinéa 2 du Code pétrolier concerneraient des opérations et non des personnes. En effet, cet article dispose que « *les fournitures de biens et les prestations de services de toutes espèces, y compris les études, qui se rapportent directement à l'exécution des opérations pétrolières, sont exonérées de taxes sur le chiffre d'affaires, sur la valeur ajoutée et toutes taxes assimilées* ». Deux interprétations opposées se sont alors régulièrement confrontées au sein de l'administration fiscale camerounaise :

– Soit il s'agit de prendre uniquement en considération la destination du bien ou du service, et considérer qu'il doit être facturé en exonération de taxe dès lors qu'il est clairement destiné à une opération pétrolière. Dans ce cas, les sous-traitants pourraient être exonérés de TVA.

– Soit il s'agit de prendre en considération l'identité du destinataire du bien ou du service, qui, en l'occurrence, devrait être le titulaire de l'accord pétrolier, pour ensuite s'assurer que ledit bien ou service est acquis dans le cadre de la réalisation des opérations pétrolières

706. En application des principes d'interprétation stricte de la loi fiscale, seuls les sous-traitants expressément nommés comme tels par les accords signés par la République du Cameroun sont éligibles à ces exonérations, dans les conditions contractuellement édictées. Mais, le pouvoir fiscal de l'administration est tel qu'il a pu accorder le bénéfice de certains avantages fiscaux à ces sous-traitants, sur la base d'une interprétation tronquée de la disposition légale ci-dessus évoquée. Un exemple peut être alors donné à partir de cette lettre du 8 janvier 2009, où le directeur général des impôts, répondant favorablement à un sous-traitant pétrolier, notifie la position suivante : « *J'ai l'honneur de vous faire connaître que l'exonération de TVA prévue à l'article 99 (2) du Code pétrolier s'applique aux fournitures de biens et prestations de services se rapportant directement aux opérations pétrolières réalisées par des entreprises agréées, y compris par le canal des sous-traitants.* » La lettre ajoute ensuite une condition formelle qui place l'administration fiscale au centre du dispositif : « *Toutefois, vous voudrez bien noter que l'effectivité de cette exonération demeure conditionnée par la présentation d'une attestation d'exonération délivrée par l'administration fiscale à la demande du titulaire du contrat pétrolier. Cette demande doit être accompagnée le cas échéant des justificatifs du lien contractuel ou de sous-traitance liant le titulaire du contrat au fournisseur ou prestataire de service dont l'exonération est sollicitée.* »

707. Il s'agit ici d'une altération manifeste du dispositif légal, en vue d'étendre à des opérateurs autres que les titulaires des contrats pétroliers, les sous-traitants, le bénéfice de certaines exonérations fiscales. La condition formelle de la production de justification, d'essence administrative, est viciée *ab initio* par l'affirmation suivant laquelle les entreprises agréées, concept absent de la loi pétrolière, pourraient bénéficier de ces exonérations.

CONCLUSION DU CHAPITRE I

708. Au total, la fiscalité est assurément la matière où le pouvoir souverain de l'État s'exerce avec sa plénitude maximale. Sur le plan légal, l'État abandonne de façon orientée son pouvoir autoritaire intrinsèque à la chose fiscale, en vue d'atteindre certains objectifs qu'il considère fondamentaux. Ce faisant, il use de sa souveraineté en l'aliénant, ce qui est la marque suprême de sa souveraineté, mais d'une souveraineté relationiste, tenant compte d'un ensemble de facteurs pour pouvoir s'exercer voire s'exprimer. Par une habilitation législative ensuite destinée à l'administration au sens générique, il continue d'orienter tant les règles de technique fiscale que de politique fiscale, et ceci, à la fois pour les contractants de l'État et les sous-traitants de ces derniers. Il s'agit d'une souveraineté absolue et exceptionnelle, car la relation entre l'État et l'investisseur privé étranger est plus étroite, intégrant les enjeux de rentabilité dans ce rapport, au point d'évincer les caractéristiques essentielles de l'impôt. Ainsi, les principes opérationnels essentiels du droit fiscal que sont le principe d'égalité devant l'impôt et le principe de légalité fiscale[655] sont généralement inopérants en droit des hydrocarbures. Les États, en liaison avec leurs cocontractants, et au regard des enjeux financiers relatifs à l'exploitation des hydrocarbures, aménagent régulièrement des règles singulières dans leurs relations bilatérales (et donc non égales à d'autres relations), et fortement contractuelles, soit par habilitation législative, soit par complément administratif (et donc d'origine non légale dans leur substance). En tout état de cause, le monisme juridique de type interactionniste est vérifié ici de façon très nette, ce qui était notre hypothèse de départ.

709. Il convient maintenant d'analyser le type de monisme caractérisant l'exercice des tâches administratives classiques concernant la régulation spécifique aux hydrocarbures.

---

655 V. NEGRIN O., « Les principes en droit fiscal », in CAUDAL S. (dir.) *Les principes en droit*, *op. cit.*, pp.243-244.

CHAPITRE II

LA SOUVERAINETÉ ADMINISTRATIVE CLASSIQUE DE L'ÉTAT EN MATIÈRE D'HYDROCARBURES

710. Si, comme le pensent certains spécialistes, « *le monopole de la production juridique est le lieu géométrique de la souveraineté de l'État à usage interne (...)* »[656], les codes pétroliers en constituent des marqueurs particuliers dans le dispositif normatif des États africains[657] .

711. De même, l'implication du Parlement à l'élaboration de ces codes pétroliers traduit l'allégeance à une certaine modernité de l'État reposant sur la séparation des pouvoirs[658], avec un Parlement qui apporte sa touche à l'édification d'un droit du développement au cœur des préoccupations parfois contradictoires au regard des protagonistes. En tout état de cause, les codes pétroliers constituent un gisement d'informations à haute portée heuristique. Déjà, leur irruption généralisée dans les années libérales s'explique de façon subjective et téléologique, par la dynamique de marchandisation du droit pétrolier impulsé par les États-Unis d'Amérique, et pas seulement objectivement, par l'autonomisation du droit pétrolier vis-à-vis du droit minier. Autrement dit, les codes pétroliers, en tant qu'instruments juridiques, symbolisent clairement la mondialisation des États africains aux lois du marché et, plus précisément, constituent les

---

656 MAILLARD DESGREES DU LOU D., « Rapport introductif », in *Les évolutions de la souveraineté*, actes du colloque de l'université d'Angers (13 et 14 janvier 2005), Éditions Montchrestien, Coll. Grands Colloques, 2006, p. 11.

657 DONFACK SOKENG L., « Bonne gouvernance, État de droit et développement. Approche critique de la réforme de l'État en Afrique », *RTD*, n°2, avril-juin 2007, pp. 241-295.

658 Systématisée respectivement par John Locke dans *Le traité du gouvernement civil,* paru en 1690, et Montesquieu dans *L'esprit des lois,* paru en 1648, la théorie de la séparation des pouvoirs a connu des applications diverses. Pour des études relatives à sa mise en œuvre au Cameroun, on pourra lire : OLINGA A.D., « Notule sur la séparation des pouvoirs dans la Constitution camerounaise », in *La Constitution camerounaise du 18 janvier 1996 : Bilan et perspectives*, Yaoundé, Afrédit, 2007 ; ATANGANA E.J., *La révision des Constitutions en droit camerounais*, thèse de doctorat en droit public, Université de Douala, 2012, 512 p.

vecteurs de l'hégémonie du régime paraconstitutionnel en matière pétrolière[659].

712. Toutefois, l'encadrement des activités extractives en général, et des activités relatives à l'exploration et l'exploitation des hydrocarbures en particulier, nécessite un tissu dense de normes, de sources diverses. L'on peut alors supposer une activité normative importante des États, dont il conviendra de mesurer l'ampleur et l'autonomie. L'exercice de la souveraineté classique des États africains peut alors s'apprécier soit dans le cadre de la production endogène de ces normes (Section I), soit dans le cadre de la réception des normes exogènes (Section II).

SECTION I. LA SOUVERAINETÉ DANS LA PRODUCTION DE NORMES ENDOGÈNES

713. L'une des fonctions essentielles de l'État est de produire des normes juridiques. En matière d'exploration et d'exploitation des hydrocarbures, la panoplie des normes de fond, des procédures financières et environnementales est presque indéterminable. Le monisme juridique, entendu comme rôle primordial de l'État dans la production et la qualification des normes juridiques, peut alors, en la matière, être particulièrement approprié comme hypothèse. Deux pans essentiels de la régulation de cette activité seront alors choisis pour tester cette hypothèse: la matière foncière (§1) et la matière institutionnelle (§2).

§1. La souveraineté en matière foncière

714. Comme le disent Thierry Lauriol et Émilie Raynaud, « *les projets extractifs sont par nature complexes et coûteux. Le manque de connaissances techniques ou un éventuel défaut de financement peuvent mettre à mal la poursuite de l'exploitation* ». De cette donnée, ces auteurs tirent des conclusions logiques sous le signe de la nécessité : « *Ainsi, afin de s'assurer du choix d'un exploitant privé disposant de ressources financières et des connaissances techniques nécessaires à la conduite des opérations minières et pétrolières, les législations nationales imposent un ensemble de conditions relatives aux capacités de l'exploitant privé.* »[660]

715. Ces règles draconiennes sont articulées tant dans la phase antérieure à l'octroi des titres miniers (A) qu'après (B).

---

659 Lire NOËL P., *op. cit.*

660 LAURIOL T.et RAYNAUD E., *Le droit pétrolier et minier en Afrique*, *op. cit.*, p. 173. (C'est nous qui soulignons).

A. La gestion souveraine des titres miniers avant leur octroi

716. Le premier stade d'exercice de la souveraineté des États sur leurs ressources naturelles est constitué par la politique même d'accès à leurs domaines miniers respectifs, qui, par nature, relève exclusivement de leur compétence. Il s'agit alors, pour ces derniers, de définir des normes juridiques concernant les conditions et modalités de sélection des acteurs miniers (2), dont les droits et obligations sont préalablement arrêtés par ces États (1).

1. La définition des droits suivant le type de titres accordés

717. Les opérations relatives aux hydrocarbures donnent lieu à l'octroi de trois titres miniers distincts, chacun d'entre eux correspondant aux différentes phases des opérations d'exploitation : des permis ou autorisations de prospection, des permis de recherche ou d'exploration, des permis d'exploitation ou de production. Chacun des titres est alors régi par un ensemble de règles visant non seulement à assurer la bonne exécution des travaux conséquents, mais aussi, et surtout, à permettre à l'État de maintenir son pouvoir sur une partie de son territoire national.

718. C'est ainsi que s'agissant de la prospection, qui regroupe les activités préliminaires de prospection et de détection d'indices d'hydrocarbures[661], elle ne vise qu'à mettre en évidence des sites susceptibles de présenter un intérêt minier. Par voie de conséquence, « *les droits conférés par l'autorisation de prospection sur les substances découvertes sont également limités* »[662]. Ainsi, l'investisseur privé étranger :

– bénéficie d'un droit non exclusif d'exécuter les travaux préliminaires de prospection[663] ;

– ne bénéficie d'aucun droit à l'obtention d'un titre minier d'hydrocarbures ou à la conclusion d'un contrat pétrolier[664] ;

– est tenu à la transmission gratuite des informations recueillies et des résultats obtenus durant la phase de prospection[665].

719. Pour ce qui est des titres miniers de recherche, ils accordent des droits plus larges, mais non moins contrôlés. La recherche étant constituée

---

[661] Définition du Code pétrolier camerounais de 1999 (article 2, n). La Côte d'Ivoire, dans son Code pétrolier de 1996, l'intitule « reconnaissance » (article 1er, h), mais avec exactement la même définition. La Tunisie, quant à elle, les qualifie de « travaux de prospection préliminaire », relatifs à la détection de l'existence d'hydrocarbures par l'utilisation de méthodes géologiques à l'exclusion des levées sismiques et des forages (article 2, alinéa a de la loi n°99-93 du 17 août 1999 portant Code des hydrocarbures.

[662] LAURIOL T.et RAYNAUD E., *Le droit pétrolier et minier en Afrique*, *op. cit.*, p. 126.

[663] Article 23, al. 2 du Code pétrolier camerounais de 1999.

[664] Article 23, al. 3 du Code pétrolier camerounais de 1999.

[665] En Algérie, article 22 de la loi n°13-01 du 20 février 2013 modifiant et complétant la loi n°05-07 du 28 avril 2005 relative aux hydrocarbures ; en Centrafrique, article 11 de l'ordonnance n°93.007 du 25 mai 1997 portant Code pétrolier ; en Guinée, article 42 de la loi n°2014/034/AN du 23 septembre 2014 portant Code pétrolier.

des « *activités de prospection détaillée dont les forages d'exploration destinés à découvrir des gisements d'hydrocarbures commercialement exploitables* »[666], certains droits importants sont accordés aux titulaires de titres de recherche, notamment l'exclusivité[667], le droit de demander l'autorisation d'exploitation en cas de découverte d'un gisement d'hydrocarbures commercialement exploitable[668], le droit de disposer de sa part d'hydrocarbures qui pourraient éventuellement être extraits à l'occasion des travaux de recherche et d'essais de production, sous réserve de déclaration préalable[669]. L'investisseur étranger peut en outre bénéficier d'une priorité[670], ou même d'une exclusivité[671], dans l'octroi d'un titre minier de production.

720. En revanche, l'État assure son *imperium* par un ensemble d'obligations qui pèsent alors sur le titulaire de ce permis, ainsi que par un ensemble de pouvoirs qu'il détient, articulés autour des principes indicatifs suivants :

– L'autorisation de recherche est toujours attribuée pour une durée limitée dans le temps, pouvant faire l'objet de prolongation[672].

– Les renouvellements de la validité des titres de recherche sont soumis au respect des obligations minimales des travaux à effectuer[673], et en cas de non-respect de cet engagement, ces renouvellements sont subordonnés au versement d'une indemnité correspondant en général à la différence entre le montant minimum des dépenses à réaliser et le montant des dépenses

---

666 Définition du Code pétrolier camerounais de 1999 (article 2, o). En Côte d'Ivoire, voir article 1er, g du Code pétrolier de 1996 ; en République du Congo, voir article 9 de la loi n°24-94 du 23 août 1994 portant Code des hydrocarbures.

667 Article 27 du Code pétrolier camerounais de 1999 ; en Centrafrique, article 12 de l'ordonnance n°93.007 du 25 mai 1997 portant Code pétrolier ; en République du Congo, voir l'article 11 de la loi n°24-94 du 23 août 1994 portant Code des hydrocarbures ; en Tunisie, article 18, alinéa a de la loi n°99-93 du 17 août 1999 portant Code des hydrocarbures.

668 Article 32, al. 1 du Code pétrolier camerounais de 1999.

669 Article 25 de la loi n°96-669 du 29 août 1996 portant Code pétrolier ivoirien ; article 25 du Code pétrolier camerounais de 1999.

670 Au Niger, l'article 61 de la loi n°2007-01 du 31 janvier 2007 portant Code pétrolier dispose que « *le permis d'exploitation ou l'autorisation exclusive d'exploitation, est attribué, par décret pris en Conseil des ministres, respectivement au titulaire d'un permis de recherche ou d'une autorisation exclusive de recherche qui en fait la demande* ».

671 En Tunisie, article 18.2, alinéa a de la loi n°99-93 du 17 août 1999 portant Code des hydrocarbures ; au Sénégal, article 26 de la loi n°98-05 du 8 janvier 1998 portant Code pétrolier.

672 Article 28 du Code pétrolier camerounais de 1999 ; article 17.2, alinéa a de la loi n°99-93 du 17 août 1999 portant Code des hydrocarbures en Tunisie ; article 12 de l'ordonnance n°93.007 du 25 mai 1993 portant Code pétrolier en République centrafricaine.

673 Voir article 25 de la loi n°2006-18 du 17 octobre 2006 portant Code pétrolier au Bénin ; article 30 du Code pétrolier camerounais de 1999 ; article 13 de l'ordonnance n°93.007 du 25 mai 1993 portant Code pétrolier en République centrafricaine.

effectivement réalisées ou le montant nécessaire pour l'achèvement des travaux de recherche[674].

– Enfin, « *le renouvellement d'un permis de recherche donne en principe lieu à la rétrocession d'une partie du périmètre au profit de l'État d'accueil, dénommée "rendu de surface"* »[675]. Cette règle substantielle est à la fois un élément de pression qui pèse sur les opérateurs, qui doivent alors maximiser le temps initialement imparti pour procéder à leurs travaux, et un élément restituant le droit régalien de l'État à la redistribution des parcelles de domaines miniers ainsi « *rendues* »[676].

721. Finalement, le troisième titre minier relatif à l'exploitation confère des droits maximaux à leurs titulaires, sans évincer le pouvoir administratif qui entoure la gestion des titres miniers en Afrique. En termes de droits, les titulaires des permis d'exploitation ont le droit exclusif de conduire, dans le périmètre considéré, les travaux de développement et d'exploitation des gisements commercialisables[677], et de disposer de tout ou partie de la production des hydrocarbures[678]. Ces avantages extrêmes conduisent cependant l'État à circonscrire la jouissance de ce droit dans le temps[679]. L'État maintient alors un pouvoir de retrait de ces titres d'exploitation en cas de défaillance, en général, depuis six (6) mois, du titulaire du titre dans le cadre des diligences à mener, sauf cas de force majeure[680].

2. La sélection souveraine des acteurs

722. Il est légitime ensuite que les États encadrent les modalités de sélection des investisseurs énergétiques potentiels. Deux ordres de critères essentiels déterminent le choix des investisseurs privés étrangers dans l'octroi des titres miniers : des critères d'ordre matériel (a) et des critères d'ordre personnel (b).

---

[674] Article 23 de la loi n°96-669 du 29 août 1996 portant Code pétrolier ivoirien ; article 27 de la loi n°99-93 du 17 août 1999 portant Code des hydrocarbures en Tunisie.

[675] LAURIOL T., RAYNAUD E., *Le droit pétrolier et minier en Afrique*, *op. cit.*, p. 138.

[676] Article 28 al. 4 du Code pétrolier camerounais de 1999 ; article 13 de l'ordonnance n°93.007 du 25 mai 1993 portant Code pétrolier en République centrafricaine ; en République du Congo, voir l'article 13 de la loi n°24-94 du 23 août 1994 portant Code des hydrocarbures ; article 22 de la loi n°96-669 du 29 août 1996 portant Code pétrolier ivoirien. Au Niger, l'article 41 de la loi n°2007-01 du 31 janvier 2007 dispose qu'« *à chaque renouvellement d'un permis de recherche ou d'une autorisation exclusive de recherche, la superficie du permis ou de l'autorisation est réduite de moitié* ».

[677] En République du Congo, voir l'article 19 de la loi n°24-94 du 23 août 1994 portant Code des hydrocarbures ; au Niger, article 68 de la loi n°2007-01 du 31 janvier 2007 portant Code pétrolier.

[678] Article 37 du Code pétrolier camerounais de 1999.

[679] Le délai ne peut dépasser vingt-cinq (25) ans pour les hydrocarbures liquides et trente-cinq (35) ans pour les hydrocarbures gazeux au Cameroun (article 37 du Code pétrolier camerounais de 1999) ; elle est de vingt-cinq (25) ans au Sénégal (article 27 de la loi n°98-05 du 8 janvier 1998 portant Code pétrolier).

[680] Article 43 du Code pétrolier camerounais de 1999 ; article 36 de la loi n°96-669 du 29 août 1996 portant Code pétrolier ivoirien.

a) Les critères d'ordre matériel

723. Le principe généralement affirmé par les législations portant sur les hydrocarbures est que « *toute société désirant entreprendre des activités de prospection de recherche, d'exploitation et de transport des hydrocarbures doit justifier auprès du ministère chargé des hydrocarbures des capacités techniques et financières* »[681]. Comme dans le cas du Maroc, « *il appartient généralement à l'exploitant privé de transmettre à l'autorité concédante une déclaration donnant les détails des ressources techniques et financières dont il dispose* »[682].

724. En outre, s'agissant d'entreprises de droit étranger, elles doivent justifier, pendant toute la durée de leur accord pétrolier, d'un établissement stable dans le pays hôte, qui peut être une succursale[683].

b) Les critères d'ordre personnel

725. Les critères personnels de sélection des opérateurs miniers sont relatifs à la nationalité de ces derniers, à leur organisation et à leurs droits personnels.

726. En ce qui concerne la nationalité, les législations relatives aux hydrocarbures exigent en général que les entreprises soient de droit local ou une succursale[684]. Ensuite, elles autorisent l'association de plusieurs sociétés en vue de la conclusion et de l'exécution d'un contrat pétrolier, ou même l'association d'une société pétrolière à une société non pétrolière[685]. Enfin, il est prévu qu'une même société pétrolière puisse être titulaire de plusieurs contrats pétroliers ou autorisations de reconnaissance[686], mais surtout, que l'État lui-même puisse entreprendre, directement ou par le biais d'un organisme public mandaté, les opérations pétrolières[687].

---

[681] En République du Congo, article 31 de la loi n°24-94 du 23 août 1994 portant Code des hydrocarbures ; article 34 de la loi n°96-669 du 29 août 1996 portant Code pétrolier ivoirien ; en Tunisie, article 15 alinéa 1 de la loi n°99-93 du 17 août 1999 portant Code des hydrocarbures ; à Djibouti, article 8 de la loi n°117-AN-05 du 16 octobre 2005 portant Code pétrolier ; article 6 de la loi n°04-037 du 2 août 2004 portant organisation de la recherche, de l'exploitation, du transport et du raffinage des hydrocarbures en République du Mali.

[682] LAURIOL T.et RAYNAUD E., *Le droit pétrolier et minier en Afrique*, *op. cit*., p. 175 ; voir article 2 du décret n°2-93-786 du 3 novembre 1993 pris pour l'application de la loi n°21-90 relative à la recherche et à l'exploitation d'hydrocarbures comme amendé et complété par décret n°2-99-210 du 16 mars 2000 pris pour l'application de la loi n° 27-99.

[683] Article 8 de la loi n°96-669 du 29 août 1996 portant Code pétrolier ivoirien ; en République du Congo, voir l'article 33 de la loi n°24-94 du 23 août 1994 portant Code des hydrocarbures ; article 8 alinéa 2 de la loi n°99-003 du 18 février 1999 portant Code des hydrocarbures.

[684] Article 8 de la loi n°96-669 du 29 août 1996 portant Code pétrolier ivoirien.

[685] Article 7 du Code pétrolier camerounais de 1999.

[686] Article 8 de la loi n°96-669 du 29 août 1996 portant Code pétrolier ivoirien

[687] Article 5 de la loi n°96-669 du 29 août 1996 portant Code pétrolier ivoirien ; article 6 alinéa 1 du Code pétrolier camerounais de 1999.

727. Dans le même temps, des critères négatifs peuvent également être énoncés, notamment, l'exclusion des fonctionnaires de l'État qui ne peuvent détenir un intérêt direct ou indirect dans les opérations pétrolières, ni être titulaires ou bénéficiaires d'un contrat pétrolier ou d'une autorisation[688].

728. Tout cet appareil administratif sur les normes juridiques permettant de sélectionner les investisseurs pétroliers est le résultat d'un déploiement normatif majeur assuré par les États. Cette démonstration peut alors se poursuivre dans le cadre de la gestion des titres miniers elle-même, dès qu'ils sont accordés.

B. La gestion souveraine des titres miniers après leur octroi

729. Après leur octroi, l'État fixe également, souverainement, certaines règles relatives à la possession des titres miniers (1), mais aussi les règles quant à la circulation de ces titres (2).

1. Les obligations relatives à la possession des titres miniers

730. Les titres miniers une fois octroyés, les États fixent d'autorité certaines règles visant à contribuer à la bonne exécution des travaux, et ainsi à la valorisation des ressources énergétiques. Ainsi pouvons-nous distinguer les règles d'organisation de celles qui portent sur le contrôle des opérations.

731. En ce qui concerne l'organisation des travaux opérationnels, ils sont articulés autour d'obligations immatérielles d'informations imputées aux titulaires des contrats, mais aussi d'obligations matérielles d'exécution de leurs travaux.

732. Pour ce qui est des obligations immatérielles d'information, elles concernent aussitôt les gisements commercialisables identifiés, les réserves récupérables d'hydrocarbures, le profil estimé de production, le schéma et le calendrier de développement du gisement, le plan d'abandon, l'étude justifiant le caractère commercial du gisement[689]. Certaines législations, comme celle de la Tunisie, sont très précises sur les délais de production de ces informations et la variété des études à produire[690].

733. S'agissant des obligations matérielles légalement consacrées, l'on peut relever l'obligation de produire, pour les titulaires de titres miniers, une étude d'impact sur l'environnement, de prendre toutes les mesures pour protéger l'environnement, de contacter des assurances de responsabilité civile contre les risques d'atteinte aux biens d'autrui et aux tiers du fait de leurs activités, y compris notamment les risques d'atteinte à l'environnement[691].

---

[688] Article 9 de la loi n°96-669 du 29 août 1996 portant Code pétrolier ivoirien.

[689] Article 34 de la loi n°96-669 du 29 août 1996 portant Code pétrolier ivoirien.

[690] Article 47 de la loi n°99-93 du 17 août 1999 portant Code des hydrocarbures en Tunisie.

[691] Article 59 alinéa 2 de la loi n°99-93 du 17 août 1999 portant Code des hydrocarbures en Tunisie.

734. Sur le plan de la valorisation du potentiel national, les titulaires sont en outre tenus, dans la mesure du possible, d'employer en priorité du personnel local, d'utiliser en priorité, et pour autant que les prix, qualités et délais de livraison demeurent comparables, des matériaux locaux, ainsi que des services d'entreprises ou des sous-traitants de la nationalité de l'État hôte[692]. L'on peut noter ici le caractère impératif des prescriptions normatives, en raison des orientations politiques définies par les États dans le cadre de la valorisation de leurs richesses. Il s'agit ici d'un des marqueurs les plus prégnants de la place des États dans la définition des normes juridiques en matière d'hydrocarbures, à l'image des règles relatives à la circulation des titres miniers.

2. Les obligations relatives à la circulation des titres miniers

735. Les titres miniers sont représentatifs d'une valeur économique certaine, et peuvent, par voie de conséquence, faire l'objet de nombreuses opérations. Simplement, l'État, en tant que propriétaire des ressources minières, fixe autoritairement les règles en la matière, dans le sens d'une maîtrise de ces opérations et surtout de la préservation de ses intérêts fondamentaux.

736. Les opérations pouvant alors porter sur ces titres sont diverses, telles que les cessions, les apports en société, les amodiations ou plus largement les transferts de titres. Même s'il n'existe pas d'uniformité dans les règles relatives à ces opérations, il est constant qu'elles diffèrent essentiellement en raison de la nature du titre considéré, mais aussi de la politique minière de l'État hôte. C'est ainsi que les amodiations des titres miniers sont admises en ce qui concerne les permis de production ou d'exploitation, et formellement interdites pour les permis de recherche[693].

737. À l'inverse, la cessibilité des titres miniers est généralement admise pour les permis de recherche[694] et d'exploitation[695], mais ceci, sous le contrôle de l'autorité étatique. En effet, « *ces opérations impliquent (...) un changement de la propriété du titre et sont de ce fait soumises à l'autorisation préalable de l'autorité concédante* »[696].

---

[692] Article 62, alinéa 2 de la loi n°99-93 du 17 août 1999 portant Code des hydrocarbures en Tunisie.

[693] Au Bénin, l'article 24 de la loi n°2006-18 du 17 octobre 2006 portant Code pétrolier interdit l'amodiation des titres de recherche. De même, l'article 10 de la loi n°24-94 du 23 août 1994 portant Code des hydrocarbures en République du Congo dispose que « *le permis de recherche constitue un droit mobilier indivisible, non amodiable et non susceptible d'hypothèque* ».

[694] Au Bénin, l'article 24 de la loi n°2006-18 du 17 octobre 2006 portant Code pétrolier interdit l'amodiation des titres de recherche ; au Niger, l'article 50 de la loi n°2007-01 du 31 janvier 2007 portant Code pétrolier.

[695] Au Bénin, l'article 33 de la loi n°2006-18 du 17 octobre 2006 ; l'article 19, al. 6 de la loi n°24-94 du 23 août 1994 portant Code des hydrocarbures en République du Congo.

[696] LAURIOL T. et RAYNAUD E., *Le droit pétrolier et minier en Afrique*, *op. cit.*, p. 160.

§2. La souveraineté en matière institutionnelle

738. L'encadrement directif voire autoritaire des activités pétrolières et gazières est fortement déterminé par l'environnement institutionnel. Le principe de souveraineté des États sur leurs ressources naturelles guidant la totalité des États producteurs, seules des déclinaisons variées permettent ensuite, sur le plan juridique, de le mettre en œuvre. Indépendamment des différentes cultures juridiques des États, l'on observe aisément la systématisation de la co-régulation institutionnelle en matière d'hydrocarbures en Afrique.

739. Deux types de régulation institutionnelle peuvent alors être observés en général : le mode simplifié (A) et le mode renforcé (B).

A. L'encadrement institutionnel simplifié

740. Si l'organisation bipartite entre le ministère de tutelle et la société nationale dédiée paraît caractéristique de la volonté souveraine de gérer au mieux ses intérêts dans l'industrie des hydrocarbures (1), il convient de s'attarder sur le statut particulier de ces émanations de l'État, qui, à elles toutes seules, concentrent une partie importante du pouvoir souverain de l'État central (2).

1. Le bipartisme : ministère en charge des hydrocarbures - sociétés nationales dédiées

741. La création de sociétés nationales est principalement motivée par le souci d'une meilleure maîtrise des avantages économiques de l'exploitation des hydrocarbures, qui, après une simple dynamique d'augmentation de la pression fiscale, débouche ultimement sur la création de sociétés envisageant d'être des partenaires étroits des compagnies étrangères. Autrement dit, la création de sociétés nationales tient généralement au mûrissement d'un processus d'implication tant institutionnel que financier de l'État dans la gestion de ses ressources pétrolières[697]. Toutefois, ces sociétés nationales sont presque toujours précédées par des ministères qui en assurent la tutelle, ce qui crée un maillage institutionnel important autour des activités extractives.

742. C'est ainsi qu'en Angola, par exemple, le ministère du Pétrole est l'autorité responsable de la régulation du secteur pétrolier[698]. Il a entre autres tâches la responsabilité de formuler la politique pétrolière nationale, de proposer un plan de développement en lien avec la politique pétrolière nationale, et surtout d'assurer la supervision et le contrôle de son implémentation.

---

[697] Lire VICTOR D.G., HULTS D.R., THURBER M.C., ''Major conclusions and implications for the future of the oil industry', in *Oil and Governance. State owned-enterprises and the world energy supply*, *op. cit.*, p. 891.

[698] Art.1 du décret-loi n°10 du 18 octobre 1996.

743. De plus, une instance administrative particulière, détachable du ministère, la *Sociedad Nacional de Combustiveis de Angola*, communément appelée la SONANGOL, est chargée de superviser les opérations ou activités des entreprises privées internationales. De plus, elle est responsable de la négociation des contrats pétroliers, et par-dessus tout, l'entité responsable du respect des règles relatives à l'exercice de l'activité pétrolière en Angola[699].

744. En Algérie, deux nouvelles agences ont été créées en 2005 pour piloter le nouveau régime libéral pétrolier algérien :

– L'Agence nationale de contrôle et de régulation des activités dans le domaine des hydrocarbures (ARH).

– L'Agence nationale pour la valorisation des ressources en hydrocarbures (ALNAFT).

745. Cette dernière agence et le nouveau profil de la société nationale sont au cœur de l'activité pétrolière et gazière amont en Algérie.

746. En ce qui concerne l'ALNAFT, l'article 23 dispose que les activités de recherche et/ou d'exploitation sont réalisées sur le fondement d'un titre minier accordé exclusivement à l'ALNAFT, selon des procédures établies par voie réglementaire. Suivant le même article, toute personne désirant exercer ces activités doit au préalable conclure un contrat avec l'ALNAFT.

747. La SONATRACH, pour sa part, bénéficie, à l'occasion de cette nouvelle loi pétrolière, d'une consécration législative. Son rôle central dans le système pétrolier est renforcé par le fait qu'elle a la possibilité d'être systématiquement toute seule ou en association avec des entreprises privées étrangères, le contractant de l'État en phase d'exploitation[700]. Ainsi, l'entreprise SONATRACH SPA et les autres entreprises nationales et/ou étrangères constituant le contractant concluent un accord d'opération (*operating agreement*) qui doit être annexé au contrat et qui fixe les droits et obligations des parties. Ce contrat, une fois approuvé par l'ALNAFT, est soumis à l'approbation par décret pris en Conseil des ministres[701]. Il s'agit bien d'un bipartisme institutionnel qui contribue à un suivi particulièrement étroit des activités extractives dans ce pays.

748. Au Ghana, fut créée en 1983, par décret également, une société nationale de pétrole, *Ghana National Petroleum Act*[702]. À la suite du cadrage de la politique énergétique publiée par le ministère de l'Énergie (*Ministry of*

---

[699] Pour l'étendue des pouvoirs administratifs de la Sonangol, lire HELLER P.R.P., « Angola's Sonangol : dexterous right hand of the state », in *Oil and Governance. State-owned enterprises and the world energy supply,* (ouvr. coll.), *op. cit.*, pp. 836-884.

[700] Article 48. Lire GAILLARD E., LEBOIS M., « Algeria », in *African upstream Oil and Gas. A practical guide to the law and Regulation,* Globe business Publishing Ltd, 2015, pp. 17- 47.

[701] Article 48. al. 5. Pour l'historique de la Sonatrach et son lien étroit avec le pouvoir politique, lire ENTELIS J.-P., « Sonatrach : the political economy of an algerian state institution », in *Oil and Governance. State-owned enterprises and the world energy supply, op. cit.,* pp. 557-598.

[702] Ou *Provisional Defence Council Law* 64 (P.N.D.C.L. 64). Cf. www.ogel.org, *Laws & Regulations*, visité le 30 décembre 2012.

Energy National Policy de février 2010 sur les principes généraux devant entourer la gestion des ressources ghanéennes en hydrocarbures), une nouvelle loi a été promulguée le 2 juillet 2010[703]. En vertu de l'article 19 de cette loi, tout accord pétrolier doit nécessairement être signé entre l'entreprise privée, la société nationale et la République du Ghana[704].

749. En Guinée équatoriale, deux grandes évolutions substantielles concernant le régime des hydrocarbures sont à noter dans la loi de 2000 : un renforcement du suivi institutionnel des activités extractives et une plus grande rationalisation du domaine minier national. S'agissant du suivi institutionnel, il convient de rappeler que le premier mode d'implication de l'État équato-guinéen dans le suivi des activités pétrolières de son territoire a pris la forme de société mixte. En effet, a été créée la société mixte *Guineo Espanolo de Petroleos* (GEPSA), dont le capital était réparti entre l'État équato-guinéen (50%) et HISPANOIL (50%)[705].

750. En outre, les rapports de tutelle entre le ministère des Mines et de l'Énergie et les sociétés nationales sont confirmés et mieux précisés[706].

751. L'encadrement institutionnel des activités extractives en Guinée équatoriale a été ensuite marqué par la création de deux sociétés nationales dédiées : d'abord, par le décret présidentiel n°9/2001 du 7 février 2001, portant création de la *Guinea Ecuatorial de Petroleos* (GEPETROL). Cette société nationale gère les intérêts de l'État dans les activités d'exploration et d'exploitation du pétrole, notamment par les contrats de partage de production.

752. Toutefois, le mandat de la société nationale est contrôlé : elle est tenue, pour chacune de ses activités, d'en avoir l'autorisation expresse. Ainsi, par exemple, en ce qui concerne le contrat de partage de production signé avec Glencore en 2002, c'est le décret n°84/2002 du 15 octobre 2002 qui l'autorise à négocier et conclure ce contrat pour le compte de l'État. Ensuite, une notification expresse du ministre des Mines et de l'Énergie (*instrument of assigment*), datée du 8 novembre 2002, précise l'identité des blocs pétroliers concernés[707]. Il s'agit manifestement d'un mandat contrôlé par le pouvoir politique, comme en Angola, et non d'un mandat général accordé dans d'autres pays, comme le Cameroun.

753. Par rapport à l'activité gazière, c'est le décret présidentiel n°45/2005 du 24 janvier 2005 qui crée la *Sociedad Nacional de Gas de Guinea Ecuatorial* (SONAGAS). Il s'agit ainsi d'une société gazière nationale, qui joue exactement le même rôle que sa devancière, mais exclusivement en ce qui concerne le gaz. Les deux entreprises ont donc un potentiel énorme à gérer, le pays disposant de gisements colossaux : 1,7 milliard de barils en ce

---

[703] Voir « Petroleum Exploration and Production Bill 2010 », *Laws & Regulations*, http://www.ogel.org/legal-and-regulatory-detail.asp, visité le 1er janvier 2013.

[704] Article 19 alinéa 5.

[705] DIKOUME A. L. *op. cit.*, p. 153.

[706] Chapitre 17, articles 77 à 80.

[707] Bloc O, comprenant les blocs B-14, B-15, C-14 et C-15.

qui concerne les réserves estimées de pétrole, et 127 milliards de mètres cubes pour le potentiel gazier[708].

754. La création de cette société nationale de pétrole en 2001 paraît logique au regard du chronogramme et de l'affinement de l'encadrement institutionnel ayant débuté dans la loi de 2000, comme on l'a vu ci-dessus. En ce qui concerne par contre la création de la société nationale gazière, elle est marquée par sa quasi-concomitance avec la société nationale de pétrole, née juste quatre ans avant elle. Cette rapidité, comparativement à d'autres pays tel le Cameroun, qui n'en ont pas encore, malgré l'existence manifeste de ressources gazières, est due à une double conjoncture. D'abord, il y a la conjoncture géologique, car le pays regorge d'énormes ressources gazières, comme il a été dit. Ensuite, cette quasi-instantanéité est justifiée par une conjoncture économico-sociétaire : la majorité des sociétés actives dans ce pays sont anglo-saxonnes[709], et l'exploitation du gaz, dont la production annuelle dépasse cinq millions de tonnes[710], découle de préoccupations stratégiques largement influencées par les États-Unis d'Amérique[711].

755. Ces mesures institutionnelles visent donc à maximiser la gestion de ces hydrocarbures. Toutefois, c'est la loi de novembre 2006 qui est la plus actuelle et la plus complète, dans le régime des hydrocarbures de la Guinée équatoriale.

756. Au Nigeria[712], en Guinée équatoriale, au Congo-Brazzaville, les sociétés nationales sont pareillement centrales dans le dispositif de régulation du secteur des hydrocarbures de leurs pays. L'assimilation des sociétés nationales constitutives de bras séculier de l'État en matière énergétique ne va pas toujours de soi, même au sein de la jurisprudence, tel qu'observé dans l'affaire *Sapphire*[713].

---

[708] Lire BAMBOU F., « Gaz / Pétrole : Des secteurs qui carburent », *Marchés africains,* n°25, Spécial Guinée équatoriale, janvier 2012, p. 60.

[709] Les entreprises dominantes sont Exxon Mobil, Marathon et Noble. Mais les entreprises japonaises Marubeni et Mitsui ont des intérêts minoritaires dans la liquéfaction de gaz. Des permis d'exploration ont été accordés à Gazprom, Petronas, CNPC (Chine). Enfin, quatre licences ont été octroyées en 2010 : deux à Gazprom, groupe russe, une à Glencore et une à Starc Limited, groupes suisse et britannique, et une à AFEX, groupe franco-britannique. Voir BAMBOU F., *op. cit.*, p. 60.

[710] Il est développé une industrie locale de gaz, capable de proposer aux marchés étrangers des produits transformés, tels le méthanol, le propane, le butane, le gaz de pétrole liquéfié (GPL) et le gaz naturel liquéfié (GNL). Lire DEVEY M., « Brut et plus, si affinités », *Jeune Afrique,* n°2577, 30 mai - 5 juin 2010, pp. 72-73 ; et aussi DEVEY M., « Le pétrole c'est bien, le gaz c'est mieux », *Jeune Afrique,* n°2630, 5-11 juin 2011, pp. 55-56.

[711] Lire TAKI RIFAI, « La stratégie des compagnies pétrolières face aux nouvelles sources d'énergie », in *Les hydrocarbures gazeux et le développement des pays producteurs*, Éditions Technip, 1974, pp. 53-65.

[712] THURBER M.C., MEMELIFE I., HELLER P.R.P., « NNPC and Nigeria's oil patronage system », in *Oil and Governance. State-owned enterprises and the world energy supply, op. cit.*, pp. 701-752.

[713] Alors que la sentence *Sapphire International Petroleum Ltd v .National Iranian Oil Company,* rendue le 15 mars 1963 et une décision de la Cour de district de La Haye du 15 avril 1965, à sa suite, reconnaissaient à la Société nationale iranienne de pétrole (NIOC) la

2. Le particularisme statutaire des sociétés nationales

757. Au Cameroun, la fusion entre l'État et la Société nationale des hydrocarbures est telle que son statut juridique a conduit à des débats judiciaires. Créée par le décret présidentiel n°80/066 du 12 mars 1980, elle a pour objet de promouvoir la mise en valeur des hydrocarbures au Cameroun, ainsi que de gérer les intérêts de l'État dans ce domaine[714]. À ce titre, elle est notamment habilitée à « *suivre l'exécution des contrats d'association passés entre l'État et les compagnies pétrolières* »[715], ce qui induit un véritable pouvoir administratif, technique et commercial. Vingt-huit ans après sa création et à la faveur des perspectives de développement des ressources gazières, sa compétence a été élargie aux ressources gazières. Il y a eu l'adaptation de ses compétences réglementaires à l'étendue de ses activités, notamment la promotion du gaz naturel au Cameroun, par le décret présidentiel n°2008/012 du 17 janvier 2008.

758. Elle peut désormais valablement « *promouvoir la mise en valeur des hydrocarbures liquides et du gaz naturel au Cameroun* », « *conduire toutes études relatives aux hydrocarbures liquides et au gaz naturel* », « *conduire les négociations de contrats pétroliers et gaziers, en liaison avec les ministères en charge des Mines, de l'Économie, de l'Environnement et du Commerce* », « *assurer la collecte du gaz naturel auprès des sociétés productrices et son transport vers les industries, les producteurs d'électricité, les autres clients éligibles, les sociétés de distribution de gaz et les sites de traitement destinés à l'exportation de gaz* », et « *suivre l'exécution des contrats pétroliers et gaziers passés entre l'État et les sociétés intervenant dans les secteurs des hydrocarbures liquides et du gaz naturel* »[716].

759. En réalité, depuis longtemps déjà, ce démembrement étatique s'est employé à créer les conditions nécessaires pour l'exploitation de cette source énergétique importante. Ainsi pouvons-nous évoquer l'élaboration du Code gazier de 2002 et son décret d'application, la réalisation d'une étude d'un plan directeur de développement des ressources gazières nationales en partenariat avec le groupe Shell, la signature d'un contrat, le 7 mars 2006, visant l'attribution d'une autorisation de l'exploitation couvrant le champ de gaz de Sanaga Sud près de Kribi, et la résolution n°209/2007 du conseil

---

qualité d'organe de l'État iranien, la Cour d'appel de La Haye la considérait, dans une décision du 28 juin 1968 annulant celle précitée de la Cour de district, comme une personne privée agissant de *jure gestionnis. International Legal Material,* 1970, p. 152, cité par KAMTO M., « La notion de contrat d'État : une contribution au débat », *Revue de l'arbitrage*, n°2003, p. 726.

[714] Article 4 du décret n°80/086 du 12 mars 1980 portant création d'une Société nationale des hydrocarbures.

[715] *Ibid.*

[716] Article 4 (nouveau) du décret n°2008/012 du 17 janvier 2008 modifiant et complétant le décret n°80-086 du 12 mars 1980 portant création de la Société nationale des hydrocarbures.

d'administration du 5 juin 2007, qui crée une direction du gaz au sein de la SNH.

760. Il s'agit d'un véritable bras séculier pour l'État du Cameroun, assurant à la fois des missions de police, techniques, stratégiques et commerciales pour l'État camerounais.

761. Au demeurant, la confusion de personnalité entre la SNH et l'État est parfois perceptible au niveau judiciaire[717]. La SNH est également signataire des contrats pétroliers, en vertu de l'article 11 de la loi n°99-013 du 22 décembre 1999 portant Code pétrolier, qui dispose que « *le contrat pétrolier est négocié et signé pour le compte de l'État, par le gouvernement ou par tout établissement ou organisme public mandaté à cet effet...* ».

B. L'encadrement institutionnel renforcé

762. Le Cameroun se présente volontiers comme un État modeste, quoique ancien, du pétrole brut. Il se caractérise en effet par une multiplicité de produits d'exportations, ce qui le rend peu dépendant du pétrole brut, ou à tout le moins réduit les risques de déséquilibre financier en cas de conjoncture pétrolière défavorable.

763. Toutefois, la contribution des recettes pétrolières à la couverture des dépenses publiques est d'environ 25%, ce qui est très appréciable. De plus, des perspectives augurent d'une contribution plus importante dans les années à venir, et les enjeux de pilotage optimal de leur gestion sont aussi cruciaux que dans les grands pays pétroliers africains.

764. Dans le cadre de l'optimisation de l'exploitation des ressources pétrolières et gazières camerounaises, une option clairement conçue comme telle, et mise en œuvre au fil du temps, a consisté à systématiser le pilotage multipartite de ce secteur sensible, au niveau tant gouvernemental (1) que professionnel (2).

1. Les commissions multipartites d'ordre administratif

765. On peut citer la Commission permanente de négociation des contrats pétroliers et gaziers (CPNCPG) (a), et le Comité de pilotage et de suivi des pipelines (CPSP) (b).

---

[717] Ainsi, dans l'affaire *Winslow Bank & Trust Company Limited*, la SNH a essayé d'invoquer son indépendance par rapport à l'État en affirmant son autonomie financière basée, suivant elle, sur la base de certains contrats précis signés avec la République du Cameroun. Les juges ne l'ont pas suivie, estimant qu'il s'agit d'« *une apparence d'autonomie juridique et financière par la propriété d'un patrimoine propre, sans consistance réelle et sans indépendance suffisante pour prendre des décisions autonomes, dans son intérêt propre, et pour être considérée comme bénéficiant d'une autonomie de droit et de fait à l'égard de l'État du Cameroun permettant de dire qu'elle est effectivement une personne morale distincte* ». Cour d'appel de Paris, 8e chambre, section B, arrêt du 22 janvier 2004, reproduit dans la *Revue camerounaise de l'arbitrage*, n°30, juillet-août-septembre 2005, p. 22 à 26. Cass. ch. civ. 14 nov. 2007.

a) La Commission permanente de négociation des contrats pétroliers et gaziers

766. Créée au sein de la Société nationale des hydrocarbures, le 29 juin 2007, elle est composée de toutes les administrations compétentes ou intéressées par l'activité pétrolière et gazière, à savoir :

– La Société nationale des hydrocarbures (SNH).

– Le ministère de l'Industrie, des Mines et du Développement technologique (MINIMIDT).

– Le ministère des Finances.

– Le ministère de l'Environnement et de la Protection de la Nature.

– Le ministère du Commerce.

767. Cette commission est chargée :

– de préparer les avis motivés de la partie camerounaise en vue des négociations avec les tiers ;

– de participer aux négociations des contrats pétroliers et gaziers avec les sociétés pétrolières et gazières ;

– de préparer les textes des contrats pétroliers et gaziers négociés en vue de leur signature ;

– de participer à la préparation des cérémonies de signature des contrats.

768. À date, le Cameroun a signé vingt-deux contrats pétroliers[718] basés sur le Code pétrolier réformé de décembre 1999, tous négociés par cette équipe mixte dont chacun des membres s'assure du respect des règles dont son département ministériel est le garant. Nous observons la création, ici, d'un organe « permanent » en charge de négocier des contrats extractifs, ce qui relève de toute une politique normative et permet d'anticiper l'interposition d'un organe dans le processus majeur de création, qualification et application des normes juridiques en matière d'hydrocarbures au Cameroun[719].

b) Le Comité de pilotage et de suivi des pipelines (CPSP)

769. Créé le 7 juillet 1997 par le président de la République, ce comité, placé sous la présidence de l'administrateur-directeur général de la SNH, est composé de plusieurs administrations, et constitue le maillon central de toutes ces entités chargées de la construction du pipeline Tchad-Cameroun (1997-2003), et depuis octobre 2003, de sa gestion.

770. Il s'est attelé, pendant la phase de construction, à conduire les campagnes publiques d'information visant à informer les populations sur le projet et à obtenir leur adhésion, à assurer l'indemnisation et les

[718] Le 22e a été signé le 1er juin 2017 entre l'État du Cameroun et l'entreprise américaine Noble Energy, sur un bloc pétrolier baptisé « Yoyo », et portant sur des ressources gazières recelant un minimum de 47 milliards de mètres cubes de gaz naturel et 18 millions de barils de condensats. (V. *SNH Infos* n°55-56 d'octobre 2017, p. 14).

[719] V. deuxième partie de cette thèse portant sur le monisme relationiste du droit des hydrocarbures.

compensations versées aux personnes et communautés riveraines de l'oléoduc dont les biens ont été touchés par les travaux.

771. Depuis son exploitation effective en 2003, outre les tâches de suivi quotidiennes de l'entretien, la surveillance administrative et l'exploitation du pipeline (surveillance des opérations d'enlèvement du pétrole brut tchadien au terminal Komé-Kribi 1), le CPSP se voit confier des travaux relevant de sa compétence, dont notamment la gestion des impacts environnementaux du projet de centrale thermique à gaz de Kribi (Sud-Cameroun).

2. Les commissions multipartites d'ordre participatif

772. Les États ont une véritable tendance à systématiser la création d'organes administratifs composites visant à maximiser leur représentativité dans la régulation du secteur des hydrocarbures. C'est une option managériale dont ils sont les promoteurs exclusifs et autonomes. Outre ceux qui sont de nature administrative, certains de ces organes sont davantage de nature participative, intégrant des corporations non publiques en leur sein, afin d'assurer la prise en compte de tous les intérêts et la contribution de toutes les entités concernées par la question en cause.

773. Ainsi pouvons-nous prendre, au Cameroun, l'exemple du Comité national pour l'initiative de transparence dans les industries extractives (a), de l'Association camerounaise du gaz (b) et du Comité de pilotage énergie (c).

a) Le Comité national pour l'initiative de transparence dans les industries extractives

774. Créé par décret du Premier ministre le 16 juin 2005, ce comité est chargé :

– d'élaborer le plan d'action gouvernemental pour la mise en œuvre des principes de l'initiative de transparence dans les industries extractives ;

– de veiller à l'application de ce plan d'action ;

– d'identifier les obstacles à la mise en œuvre de ses principes et de proposer au gouvernement des mesures pour lever ces obstacles ;

– d'assurer la conduite des audits des industries extractives par des cabinets internationaux ;

– d'assurer la confection d'un état de concordance des paiements effectués par les industries extractives au profit de l'État, et des sommes effectivement enregistrées dans la comptabilité de l'État, sur la base des audits des comptes susmentionnés ;

– d'approuver et de diffuser le rapport sur les revenus des industries extractives et d'assurer la publication, sur le site Internet du gouvernement et dans les médias, des informations exhaustives sur les paiements et les recettes perçues par l'État des industries extractives.

775. Ce comité a déjà produit plusieurs rapports publics disponibles sur Internet, et s'est attelé à faire admettre le Cameroun comme pays conforme dans cette initiative le 17 octobre 2013.

b) L'Association camerounaise du gaz (ACG)

776. Le 26 octobre 2005 s'est tenue l'assemblée générale extraordinaire de création de l'Association camerounaise du gaz, et le premier conseil de ce syndicat professionnel.

777. Le Cameroun dispose de 157 milliards de m^3 environ de réserves prouvées de gaz naturel, pour un potentiel de 270 à 300 milliards de m^3, et 3 millions de m^3 sont brûlés chaque année sur les plates-formes pétrolières.

778. Dès lors, il s'agit, pour l'ACG :

– de rechercher tous les moyens propres à favoriser le développement de l'industrie du gaz au Cameroun (exportation/production, fourniture, stockage, transport, distribution, construction et exploitation de réseaux et d'installations, fabrication de matériel et d'équipements ;

– d'assurer une représentation de ses membres auprès des pouvoirs publics pour les questions ayant trait particulièrement aux techniques, à la sécurité et à l'environnement dans l'industrie du gaz au Cameroun.

779. Cette association est appelée également à favoriser la réalisation de projets de valorisation du gaz déjà identifiés au Cameroun, notamment la centrale thermique au gaz de Kribi, la récupération des gaz torchés, l'exportation de gaz naturel liquéfié (GNL) vers la Guinée équatoriale, la distribution du gaz de pétrole liquéfié (GPL).

780. Cette association est composée de toutes les entreprises amont et aval de la chaîne pétrolière camerounaise (exploration-production, raffinerie, distribution et stockage).

781. Dès lors, la mise à contribution systématique d'autres instances gouvernementales ou professionnelles est une tendance lourde dans le pilotage de la gestion des ressources pétrolières et gazières camerounaises. Elle se matérialise dans le cadre tant de la gestion de gros projets particuliers que de l'exécution de la politique gouvernementale en la matière.

782. Cette systématisation a un triple avantage recherché par les pouvoirs publics :

– assurer le meilleur suivi possible de ces activités complexes et à enjeux multiples, par l'association systématique de toute l'expertise nécessaire à la question traitée ;

– assurer la robustesse en termes de qualité des interlocuteurs face aux multinationales étrangères, le plus souvent très outillées techniquement ;

– garantir un minimum de transparence dans le pilotage des activités pétrolières et gazières, dans une dynamique mondiale irréversible de bonne gouvernance.

c) Le Comité de pilotage énergie

783. Par décret n°2003/363 du 12 décembre 2003, le chef de l'État camerounais a créé le Comité de pilotage énergie, cellule *ad hoc* de réflexion, d'appui et de supervision des stratégies de gestion des situations de crise énergétique et de finalisation du plan énergétique national. Ce comité de pilotage est chargé de :

– développer et faciliter les synergies entre différentes administrations dans la détermination des stratégies les plus adaptées aux situations de crise énergétique de court terme ;

– promouvoir et impulser les concertations en vue de la finalisation du plan énergétique national ;

– suggérer toutes mesures propres à favoriser la mise en œuvre des programmes et projets inscrits dans le cadre du plan énergétique national ;

– suggérer toutes mesures propres à favoriser la mise en œuvre des programmes et projets inscrits dans le cadre du plan énergétique national ou dans le cadre des stratégies des situations de crise énergétique.

784. Il est composé de douze membres nommés par le décret n°2003/364 du 31 décembre 2003, dont le président est un ministre chargé de mission à la présidence de la République, et où l'ADG de la SNH n'est que membre[720]. Il représente donc également une instance de coopération multipartite en ligne avec l'option gouvernementale de régulation de ce secteur d'activité. Les États forment ainsi des comités ou commissions de nature plurielle, et dont les organisations traduisent également tantôt un intérêt normatif très prononcé (comités d'ordre administratif), tantôt un intérêt davantage consultatif (comités d'ordre participatif).

785. Outre cette production de normes endogènes aux États en matière de droit des hydrocarbures, il importe d'évaluer leur rôle quant à la réception des normes d'origine externe.

SECTION II. LA SOUVERAINETÉ DANS LA RÉCEPTION DES NORMES EXOGÈNES

786. Les hydrocarbures constituent une ressource particulièrement représentative de ce que Zaiki Laidi appelait les imaginaires de la mondialisation[721]. Ils sont en général matériellement localisés, mais conçus sur un modèle d'exploitation mondialement standardisé, à telle enseigne qu'ils constituent un objet cosmopolite et topique de la mondialisation de l'économie[722]. Or, l'une des figures de la mondialisation est l'existence de

---

[720] *SNH Infos* n°15, avril 2004, p. 15.

[721] V. ZAIKI LAIDI, « Le temps mondial. Enchaînements, disjonctions et médiations », in *Les cahiers du CERI*, n°14, 1996, 38 p.

[722] BAERTSCHI B., « Quel patriotisme à l'âge de la mondialisation ? », in *La mondialisation entre illusion et utopie*, *Arch. phil. dr.*, t. 47, Dalloz, 2003, p. 122.

« *plusieurs degrés d'interventions dont l'effet est de réduire la toute-puissance de l'État dans son rôle de producteur de droit* »[723]. L'émergence et la puissance de nouveaux acteurs (multinationales, lobbyistes, comités de normalisation, agences de *rating*), le triomphe de la *lex mercatoria* ou *lex petrolea,* en l'occurrence, le droit des organisations économiques internationales telle l'OMC seraient ainsi tant et plus de manifestations de l'émergence d'un « *droit sans les États* »[724].

787. L'hypothèse d'une centralité de l'État dans la production des normes relatives à la régulation des activités d'exploitation des hydrocarbures est donc fortement amoindrie sous le prisme de la mondialisation économique. Comment les États réagissent-ils à la pression normative extérieure et inévitable, en matière de droit des hydrocarbures ?

788. Nous établirons alors que la circulation normative entre les différents ordres juridiques est fortement contrôlée lorsque les normes sont d'origine internationale (§1). De plus, les migrations des régimes juridiques de droit commun à un régime spécifique attaché aux hydrocarbures, uniquement à l'intérieur d'un État, procèdent également de toute une réception particulière (§2), non sans conséquence sur leur contenu ainsi réapproprié.

§1. L'intégration des normes extra-étatiques

789. Deux types de normes font l'objet d'appropriation souveraine par les États en matière d'hydrocarbures : les normes transnationales, dont la transparence peut être un exemple (A), et les normes internationales, comme celles relatives à la comptabilité OHADA (B).

A. Les normes transnationales : exemple de la transparence

790. La transparence est un mot relevant du registre de la physique, plus précisément de l'optique, emprunté par la science économique contemporaine. L'optique est une partie de la physique qui traite des propriétés de la lumière et des phénomènes de vision. La transparence, qui s'oppose à l'opacité, du latin *opacitas*, c'est-à-dire « *l'état de ce qui est opaque, qui ne laisse pas passer la lumière* », est *a contrario* la propriété de ce qui laisse aisément traverser la lumière et permet de nettement distinguer les objets à travers son épaisseur. Depuis une dizaine d'années, le mot « transparence » s'est imposé dans le lexique économico-politique, à la faveur non seulement de la mondialisation de l'économie[725], mais aussi, et

---

[723] ARNAUD A.J., *Entre modernité et mondialisation. Leçon d'histoire de la philosophie du droit et de l'État*, 2e édition, L.G.D.J., 2004, p. 124.

[724] COHEN-TANUGI L., « Le droit sans les États ? », in *La mondialisation entre illusion et utopie*, *op. cit.*, p. 286.

[725] V. KAMTO M., *Droit international de la gouvernance*, Paris, Pedone, 2013, troisième partie, « Gouvernance économique », pp. 185-207.

surtout, de la recherche de solutions enfin pertinentes pour l'arrimage de toute l'Afrique à la dynamique de croissance généralisée de la planète.

791. Dans cette dynamique mondiale, le secteur pétrolier a connu un traitement de choix, à cause à la fois de sa complexité particulière et de l'importance des ressources financières qui entourent son exercice. La pertinence de l'exigence de transparence dans la gestion des ressources pétrolières naît du constat sans cesse affirmé qu'il existe un paradoxe entre l'importance des ressources pétrolières africaines et la croissance de la pauvreté dans les pays africains exportateurs de pétrole.

792. Au Nigeria, par exemple, premier producteur africain et 6e mondial, où les ressources budgétaires sont constituées à 88% par les recettes pétrolières, le PNB par habitant, qui était de 1 000 dollars en 1970, a dégringolé à 320 dollars par habitant en 1996[6]. En Angola, où les liens avec la Chine favorisent un plus grand laxisme dans la gestion des ressources pétrolières, un quart des recettes (18 millions de dollars) aurait disparu de la comptabilité nationale sans laisser de traces, entre 1997 et 2002[726]. Une explication majeure de cette contradiction est le déficit de gouvernance observable dans les pays à institutions étatiques faibles, majoritairement africains, où la rente alimenterait des systèmes clientélistes inefficaces en termes de développement[727]. C'est ce qui explique le déploiement important des organisations non gouvernementales internationales et aussi africaines dans la lutte pour une meilleure gouvernance africaine. En effet, « *le contrôle international de la gestion des ressources provenant des industries extractives est le résultat de l'action persistante de la société civile internationale, à travers les ONG's* »[728].

793. Au niveau étatique et au regard de notre hypothèse sur le monisme juridique étatique en matière de droit des hydrocarbures en Afrique, il convient de s'interroger sur les mécanismes de production de normes de transparence par les États. L'on observe alors que les formes et formules d'action en la matière empruntent des voies diverses. Elles sont tantôt d'ordre normatif (1), tantôt d'ordre institutionnel (2), l'un n'excluant pas l'autre mode d'action, voire de réaction.

---

726 SÉBILLE-LOPEZ P., *Géopolitiques du pétrole,* Paris, Armand Colin, 2006.

727 COLLIER P., HOEFFLER A., « Démocraties pétrolières », *Afrique contemporaine,* n°216, 2005, pp.107-123. Cette raison n'épuise cependant pas les explications multiples concourant à l'impact quasi indolore voire corrosif des recettes pétrolières sur l'augmentation du niveau de vie des populations. Les mécanismes de partage de la rente entre États producteurs et compagnies étrangères, ainsi que l'effet négatif de l'activité pétrolière sur l'inflation et l'agriculture alors négligée, sont autant de causes de la sous-performance économico-sociale des pays rentiers africains. Lire aussi KOUNOU M., *Pétrole et pauvreté au sud du Sahara,* Yaoundé, Éditions Clé, 2006, et son interview dans *Cameroon Tribune* du lundi 15 janvier 2007, p. 14.

728 V. KAMTO M., *Droit international de la gouvernance, op. cit.,* p. 220.

1. La légalisation du principe de transparence

794. Dans la même veine que la nouvelle loi de 2010, l'État ghanéen a pris deux lois successives et complémentaires visant à encadrer et contribuer à la transparence dans la gestion des ressources pétrolières : la *Petroleum Revenue Management Bill* du 12 juillet 2010[729], complétée par la *Petroleum Revenue Management Bill* du 11 avril 2011[730].

795. En effet, l'objet des deux lois est de fournir un cadre pour la collecte, l'allocation, le management des ressources pétrolières dans la transparence, pour le bien des populations ghanéennes.

796. En vertu des dispositions de ces lois, un compte est créé à la Banque nationale ghanéenne, dédié à l'encaissement des ressources et à leurs dépenses, tant pour le secteur amont que pour le secteur aval des activités pétrolières. Les délais de paiement ainsi que les modalités de transcription comptable des paiements faits en nature sont précisés.

797. Cette loi interdit également l'utilisation des fonds pour des besoins autres que pétroliers, notamment le crédit au gouvernement, à toute entité publique ou privée, et toute sûreté sur ces ressources ainsi que sur les réserves pétrolières. De nombreuses obligations d'informations sont enfin édictées, ainsi que des règles précises relatives à l'affectation des ressources dans divers comptes prescrits.

798. Les précisions données en termes de délais, de documents justificatifs, de responsabilité et de procédures sont telles qu'il s'agit là d'un véritable droit financier spécifique dont le Ghana est manifestement l'un des promoteurs les plus avancés en Afrique.

799. Parallèlement, une distinction entre les intérêts de l'État angolais (État souverain) et ceux de l'entreprise mandatée pour gérer ses intérêts (État commerçant) est marquée par les mécanismes et les conditions de choix des associés de l'entreprise nationale, de leur désignation et de leur révocation[731].

800. L'idéal souverainiste a ensuite été consacré par plusieurs volets importants de la législation pétrolière, sur le plan de la préservation des intérêts stratégiques de l'État angolais. Ainsi sont légalisés les principes de promotion des emplois locaux, de formation du personnel local, de protection de l'environnement et de rationalisation de l'utilisation des ressources énergétiques locales. Le gouvernement est aussi tenu de promouvoir les investisseurs locaux dans ce secteur d'activité[732].

---

729 Publiée dans www.ogel.org, consulté le 1er janvier 2013.

730 *Ibid.*

731 Article 44. Voir notamment, pour toutes les procédures publiques de désignation des associés de la Société nationale, des prestataires de services, et les procédures d'appel conséquentes, qui se veulent transparentes, FEIJÕ C.M., "The Public Bid for the Oil Sector in Angola", www.ogel.org, vol. 2, issue 2, avril 2004, et aussi FEIJÕ C.M., CHEQUER A.R., "New rules for a public bid in the oil sector in Angola", *Advisor,* n°264, mars 2006, pp. 9-13.

732 Article 26.

801. En effet, tous les acteurs, tant nationaux qu'étrangers, doivent acquérir localement le maximum d'équipements et biens de consommation divers, ainsi que les services de qualité similaire, dès lors que le coût ne dépasse pas 10% des facturations des fournisseurs étrangers[733]. Tous les contrats signés en violation de ces principes doivent alors être déclarés nuls et de nul effet[734].

802. Enfin pouvons-nous prendre l'exemple de la République du Tchad. Le 30 décembre 1999, le président de la République, Idriss Déby, promulgue une loi sur les modalités de gestion des revenus pétroliers des champs de Komé, Miandoum et Bolobo[735]. Elle est le résultat d'une concession considérée comme majeure par le gouvernement tchadien, pressé de mettre en exploitation le bassin de Doba. Le « *diktat* »[736] alors imposé par la Banque mondiale consiste à loger les recettes dans des comptes à Londres, le temps d'être redistribuées selon une clé de répartition, elle aussi imposée par la Banque mondiale. Elle établit la pré-affectation d'une partie des ressources pétrolières à des secteurs particuliers, et un contrôle des dépenses financées sur les ressources pétrolières par un collège spécifique[737]. Ce dispositif vise à garantir une bonne allocation des ressources et la transparence dans l'utilisation des recettes pétrolières.

803. Les ressources issues des redevances et dividendes sont affectées au financement de projets d'investissement dans les secteurs prioritaires retenus dans la stratégie nationale de réduction de la pauvreté (SNRP) : santé, éducation, infrastructures, développement rural, environnement et ressources en eau. Le caractère législatif du dispositif mis en place est censé rassurer sur la bonne gouvernance dans la gestion de ces ressources. La loi répond également au souci de transparence dans l'emploi des recettes pétrolières, en imposant des critères très précis d'affectation des fonds et de contrôle de leur utilisation.

804. Le 30 décembre 2005, les députés tchadiens ont voté un nouveau projet de loi qui supprime le fonds destiné aux générations futures et fait passer de 15 à 30% la part des recettes versées au Trésor public tchadien[738]. La nouvelle loi supprime alors le compte pour les générations futures, accroît la part revenant librement au gouvernement à 30%, intègre les dépenses sécuritaires dans les projets prioritaires (65%) et maintient la part

---

[733] Article 27.

[734] *Ibid., in fine.*

[735] La loi n°001/PR/99 du 11 janvier 1999 portant gestion des revenus pétroliers. Lire « Dans la dernière ligne courbe », *Africa Energy Intelligence,* n°370, 02/06/1999.

[736] Lire GHARBI S., « Le nerf du conflit », *Jeune Afrique,* n°2362, 16 - 22 avril 2006, p. 16.

[737] Collège de contrôle et de suivi des recettes pétrolières (CCSRP).

[738] SMITH S., KINGAH S., ''How the Government of Chad can meet development pledges to its people without breaching its obligations with the World Bank and multinational oil companies'', *Manchester Journal of International Economic Law*, Volume 4, Issue 3 : 3-42, 2007.

de la région productrice (5%). La révision de la loi de 1999 a donc amélioré la marge de manœuvre financière du gouvernement tchadien.

805. L'on note ainsi un mode d'intervention étatique principalement articulé autour de la loi, elle-même déterminée par la pression internationale, mais contenue lorsque les intérêts supérieurs de l'État tchadien sont considérés comme entrant en jeu. Sur le plan formel et procédural, dans tous les cas, l'État est bel et bien le producteur de ces normes de transparence.

2. L'institutionnalisation du principe de transparence

806. Il apparaît clairement que le Cameroun s'est peu ou prou arrimé à la nouvelle donne internationale que nous pouvons dater des années 2000, avec des réserves de la part de la société civile, en général sujettes à caution. Une perception endogène non négligeable de cette logique de transparence est antérieure néanmoins à cette époque, et mérite un pesant d'attention particulier.

807. En prenant pour butoir la création de l'ITIE en septembre 2002 et l'adhésion du Cameroun à cette initiative en 2005, on ne peut que constater la mise en œuvre d'une dynamique de transparence préalable à cette nouvelle donne, mais par une voie institutionnelle (a). La déclinaison de l'exercice de transparence laisse simplement observer une densification progressive de l'information (b).

a) Le foyer institutionnel initial de la transparence en matière d'hydrocarbures : la SNH

808. Créée par le décret n°80/086 du 12 mars 1980, la Société nationale des hydrocarbures (SNH) constitue le bras séculier de l'État en matière pétrolière et gazière au Cameroun. La place centrale de cette société entièrement détenue par l'État est permanente depuis sa création, voire s'accroît, par-delà l'évolution de la conjoncture énergétique internationale[739]. Dès lors, elle constitue un terreau d'appréciation et d'évaluation de toute la politique gouvernementale dans ce domaine. En matière de transparence, l'administrateur-directeur général de cette société a pu lui-même décliner l'antériorité de l'insertion du Cameroun dans cette logique, en 2005, en faisant valoir les audits annuels des comptes de la SNH par des cabinets comptables nationaux et internationaux de renom, la pratique des appels d'offres en vue de l'attribution des blocs pétroliers et des contrats de prestations de services, et enfin, les diverses actions de communications menées par l'entreprise dont il a la charge[740].

---

[739] Cf. QABAZARD H.M., "The Changing Role of the National and International Oil Company in a geopolitical context", www.ogel.org, vol. 5, issue 2, avril 2007 ; ROBERTS P., "NOC, IOC - living in perfect harmony?", www.gogel.org, august 2007. Pour une comparaison avec les sociétés nationales de pétrole d'Amérique latine, VALERA J.L., "Changing Oil & Gas Fiscal and Regulatory Regimes in Latin America", www.ogel.org, january 2008.

[740] Dans son éditorial pour la revue *SNH Infos*, n°19, décembre 2005.

809. C'est alors tout un ensemble d'actions, elles-mêmes mises en œuvre à un rythme suffisamment lâche, qui traduisent une appropriation souveraine de la dynamique, sans véritablement correspondre à une dépossession de leur pouvoir normatif.

810. Ainsi, par exemple, au regard de l'information essentielle exigée plus tard des bailleurs de fonds portant sur les revenus pétroliers transférés à l'État par les compagnies pétrolières, nous pouvons observer que les objectifs n'étaient pas similaires. Le but de cette revue, support d'expression et de communication publiques de la SNH, et donc de l'État en la matière, lors de sa création en 1994, était juste de répondre « *au besoin d'informations du public sur la nature et les spécificités de l'industrie et du secteur pétrolier* »[741]. Rien ni personne à l'époque n'exigeait des chiffres, mais personne n'exigeait non plus, à l'échelle internationale, de comprendre les mécanismes internes de cette activité. En cela, la revue *SNH Infos* se donnait un rôle certes central dans l'histoire de la transparence en matière pétrolière au Cameroun, mais pas en ligne directe avec les exigences internationales en la matière.

811. La centralité de cette revue est pourtant fonction à la fois de son autonomie apparente par rapport à l'extérieur (pouvoirs publics et bailleurs de fonds), de sa périodicité (trimestrielle) et de son étendue : aucun sujet n'est *a priori* écarté du champ de publication. Or, la SNH est l'entreprise-pivot du système de gestion et d'exploitation des ressources pétrolières au Cameroun. En tant que commerçante de la part de pétrole brut revenant contractuellement à l'État et partenaire des sociétés pétrolières internationales redevables de taxes, impôts et autres redevances minières, elle constitue à la fois la source de production de revenus pétroliers et le statisticien le plus crédible et susceptible de fournir, en principe, toutes les informations relatives à l'exercice de cette activité au Cameroun. Sans la transparence de la SNH, il n'y aurait pas de transparence du tout, pas d'informations disponibles et pertinentes. La flexibilité ainsi entretenue par une appropriation souveraine des exigences de transparence internationale sous la forme institutionnelle, d'une part, et sur la base d'un support interne de communication dont la ligne éditoriale est elle-même flexible, d'autre part, traduit une maîtrise de la pression extérieure de la part des autorités camerounaises.

812. Une autre source de démonstration de l'appropriation relative des exigences de transparence est constituée par le contenu des informations fournies par la SNH, et le rythme de leur production. Quatre types d'informations vont régulièrement être donnés jusqu'en 1997 au moins :

– l'état de la conjoncture pétrolière internationale (le cours du brut et les raisons de sa variation périodique) ;

---

[741] *SNH Infos*, n°1, juillet-août-septembre 1994, éditorial de l'ADG, p. 4.

– les activités nationales et internationales de la SNH et/ou de ses responsables (visite dans des États étrangers de compagnies pétrolières, participation et organisation de symposiums internationaux) ;

– les activités de ses filiales (Hydrac, chantier naval, SCDP…) et des entreprises pétrolières internationales localement en activité (Kelt, Mobil, Phillips Petroleum alors...) ;

– l'explication de certains aspects fondamentaux de l'industrie des hydrocarbures (histoire des hydrocarbures, mécanismes de commercialisation, détail du projet du pipeline Tchad-Cameroun, système fiscal camerounais des activités pétrolières, etc.).

813. En 1997, et ceci, en sus des quatre (4) informations permanentes susmentionnées, l'administrateur général de la SNH, dans une interview donnée à la faveur de l'inauguration officielle du champ pétrolier Ebome, franchit un pas supplémentaire non seulement en donnant la tendance quantifiée de la production journalière de barils au Cameroun (110 000 alors), mais aussi en informant que « *le relèvement des cours du pétrole observé au second semestre de l'année 1996 s'est traduit par une amélioration significative de la contribution de la SNH au budget de l'État* »[742]. Même sans en donner le montant exact ni la composition, il s'agit certes là d'une avancée significative dans la nature des informations données au public concernant la gestion des hydrocarbures au Cameroun. Toutefois, celle-ci est incomplète, même si les exigences chiffrées n'étaient pas encore précises en droit international. Peu après, la SNH a largement été influencée par la nouvelle donne internationale, qui conduit à apprécier la dynamique de transparence au niveau de l'État tout entier, dès l'année 2000.

814. Le tableau ci-après témoigne d'une régularité relative de cette communication.

Tableau 1 : Transferts budgétaires opérés par la SNH

Exercice fiscal	**Montant transféré**	**Source de l'information**
1999-2000	305,278 milliards	*SNH Infos*, n°08, août 2000, page 9
2000-2001	Non indiqué	
2001-2002	Non indiqué	
2003	Non indiqué	
2004	273,046 milliards	*SNH Infos*, n°20, avril 2006, page 15
2005	380,774 milliards	*Idem*
2006	549,57 milliards	*SNH Infos*, n°23, juin 2007, page 15
1er semestre 2007	204,442 milliards	*SNH Infos*, n°24, octobre 2007, page 6

815. Les exercices 2000-2001, 2001-2001 et 2003 sont les seuls à ne pas avoir le même traitement que les autres les entourant, pour des raisons inconnues, mais vraisemblablement pas pour des raisons d'occultation. En

[742] *SNH Infos*, n°06-07, octobre 1996 - mars 1997, p. 13.

effet, compte rendu est pourtant fait des activités effectuées au cours de l'exercice 2000-2001 dans une de ses parutions de 2002[743], sans que le montant du transfert effectué au Trésor public n'y soit mentionné. Déjà onze mois avant, la tendance s'annonçait bonne pour les six premiers mois de l'exercice, grâce au raffermissement des cours du brut et malgré la baisse constatée de la production[744]. Bref, rien d'autre que l'omission ne nous semble justifier ce manquement.

816. En ce qui concerne l'exercice 2001-2002, il semble surtout avoir été marqué par la signature de trois nouveaux contrats pétroliers, ainsi que par la reprise des activités de forage par certaines entreprises, des nouvelles suffisamment bonnes pour occulter les résultats chiffrés de cet exercice dans les revues de l'entreprise[745].

817. En ce qui concerne enfin l'exercice 2003, il a connu de bons résultats grâce à une conjoncture internationale favorable et une amélioration des différentiels des principaux bruts camerounais, sans cependant que le bilan de cette année ne soit accompagné du montant des recettes transféré au Trésor public[746].

818. En tout état de cause, rien ne laisse entrevoir, à travers ces quelques omissions, un recul de la dynamique de transparence enclenchée par la SNH dans la diffusion des recettes transférées à l'État, ou dans la communication de la nature, de l'étendue et de la portée de ses activités en général. Pourtant, les informations manquantes traduisent un pouvoir autonome dans les règles de production des informations généralement requises, et donc une autonomie relative par rapport aux exigences internationales en la matière. Cette flexibilité dans l'appropriation des normes internationales en matière de transparence dans les industries extractives a été corrigée par la création d'un comité multipartite spécialement dédié à cette cause.

b) Le foyer actuel de l'institutionnalisation de la transparence : le Comité ITIE

819. L'autre source de publication des données pétrolières au Cameroun est récente, institutionnelle : le Comité ITIE (initiative pour la transparence dans l'industrie extractive). Créé par le décret n°2005/2176/PM du 16 juin 2005, le Comité de suivi et de mise en œuvre des principes d'EITI est placé auprès du ministre de l'Économie et des Finances. Il est alors chargé de produire des rapports plus exhaustifs et réguliers que la SNH.

820. La particularité de ces rapports (dix ont déjà été publiés) est triple :

– Les chiffres publiés font l'objet de réconciliations multiples et croisées, en vue de garantir la fiabilité de l'information transmise (entre

[743] *SNH Infos* n°010, janvier 2002, p. 5.
[744] *SNH Infos*, n°009, février 2001, p. 11.
[745] *SNH Infos,* n°013, juin 2003, éditorial de l'ADG, p. 2.
[746] *SNH Infos,* n°15, avril 2004, pp. 12-13.

administrations fiscales, du Trésor public, du ministère des Mines et de la Société nationale des hydrocarbures).

– Ils sont détaillés au maximum, précisant la nature des droits divers susceptibles d'être acquittés par les entreprises pétrolières (bonus de signature et de production, impôts sur les sociétés, redevances superficiaires, dividendes des compagnies pétrolières, droits fixes…).

– Ces rapports sont disponibles sur Internet, notamment sur le site Internet du Premier ministère, et ainsi destinés au grand public.

821. Avec ce rapport, le public est également informé du processus de transfert des ressources ci-dessus énumérées de la SNH vers le Trésor public, des volumes de production commercialisés en quantités et par types de brut produit localement et par lieux d'enlèvements (Moudi, Ebome ou Serepca).

822. Toutefois, la préoccupation des *majors* comme Total de ne pas singulariser les données communiquées par entreprise pétrolière afin de préserver la confidentialité des contrats a manifestement été prise en compte, au risque de limiter la transparence souhaitée[747]. C'est ce qui explique que les conditions de production de ces informations ont été décriées par certains membres du Comité de suivi, notamment de la société civile[748], ce qui est le pendant de l'exercice souverain de l'État dans les rythmes et contenus des informations produites.

823. L'intégration des normes internationales, avec la même volonté de maîtrise voire de domination des contenus normatifs, n'a pas le même effet sur la qualité des normes produites par les États. L'on peut ici poser l'hypothèse suivante : autant les marges de flexibilité sont réduites voire nulles au regard des règles impératives du droit international, autant les États n'abandonnent pas leur volonté d'encadrer la régulation du droit des hydrocarbures.

B. Les normes internationales : le droit comptable OHADA

824. Deux types de conséquences sont identifiables à la volonté des États d'intégrer des normes internationales pourtant automatiquement applicables en vertu du droit international : une disharmonie sans conséquence et donc neutre entre les deux sources (internationale et nationale) (1), et une disharmonie plus dommageable sur le plan normatif (2). Le droit comptable OHADA peut alors servir d'exemple à ce phénomène juridique.

---

747 MAGRIN G., « Compétition pétrolière et développement en Afrique : quels enjeux pour l'Europe et les États-Unis ? », CIRAD, 2006, www.gbf.net, p. 33.

748 Pour une comparaison avec la problématique de la lutte contre la pauvreté, voir OWONA NGUINI M., « Société civile, dispositifs de lutte contre la pauvreté et technologies de la gouvernementalité en Afrique centrale », in *Comprendre la pauvreté au Cameroun*, Presses de l'Université Catholique de l'Afrique centrale, 2004, p. 145 et suivantes.

1. Une disharmonie neutre : la composition des produits

825. S'agissant des produits à comptabiliser, les codes pétroliers[749] ivoirien et camerounais, par exemple, énoncent similairement ainsi leur constitution :

– la valeur de la production commercialisée par le titulaire, qui doit être conforme aux prix courant du marché international établis suivant les dispositions des contrats pétroliers ;

– la valeur de la quote-part de la production versée en nature à l'État au titre de la redevance proportionnelle à la production, en ce qui concerne les contrats de concession, le cas échéant ;

– les revenus provenant du stockage, du traitement et du transport des hydrocarbures, ainsi que la vente des substances connexes, s'il y a lieu ;

– les plus-values provenant de la cession ou du transfert d'éléments quelconques de l'actif ;

– tous autres revenus ou produits se rapportant aux opérations pétrolières ou connexes à celles-ci.

826. Toutefois, à l'analyse, cette composition de produits, qui se veut exhaustive, n'est pas si originale dans sa nomenclature. Seul le premier point, portant sur la valorisation de la production vendue, est nécessairement particulier, car dérogeant aux règles de droit commun sur la détermination des produits imposables[750].

827. En ce qui concerne le deuxième point, les règles comptables OHADA relatives à la comptabilisation de la variation des stocks, d'une part[751], et les règles fiscales relatives aux principes de rattachement des charges aux produits[752] d'autre part, conduisent à la valorisation automatique, dans les produits, de la quote-part de stocks de pétrole ainsi utilisée comme monnaie de paiement.

828. Autrement dit, il s'agit d'une édiction non nécessaire, dans la mesure où même en son absence, cette règle prévaudrait. Dans le même

---

[749] Articles 71 et 94 des codes pétroliers ivoirien et camerounais.

[750] L'article 8 de l'acte uniforme d'organisation et harmonisation des comptabilités des entreprises (AUOHC) en OHADA exige que les états financiers *« décrivent de façon régulière et sincère les événements, opérations et situations de l'exercice pour donner une image fidèle du patrimoine… »*. Il est curieux que ce principe ne soit pas explicitement listé dans les neuf fondements de la comptabilité d'une doctrine avisée. Voir ATANGANA ONANA B., *Vers les normes mondiales : comparaison OHADA et IAS/IFRS*, Yaoundé, Éditions Presses de l'UCAC, 2007, p. 54. Non seulement il est explicitement édicté par le droit comptable OHADA, mais il figure dans les cadres 33, 34 et 46 des normes de *l'International Financial Reporting Standards* / IFRS. Il s'agit plus précisément de donner une *« image fidèle de la position financière et de ses changements ainsi que de la performance d'une entité »*. Voir *Mémento IFRS 2009*, Éditions Francis Lefebvre, 2009, p. 90. (C'est nous qui soulignons).

[751] Dans le compte 73 précisément : voir *Journal officiel de l'OHADA,* n°10 – *Droit comptable et système comptable OHADA*, p. 179.

[752] CE, 29 juill. 1998, n°149517, *Bergère de France* : RJF 10/1998, p. 746, n°1083 ; OUDENOT P., *Fiscalité approfondie des sociétés*, Paris, Litec, 2001, n°536, p. 247.

sens, les trois autres précisions de comptabilisation en produits sont parfaitement couvertes par les dispositions fiscales de droit commun libellées dans un même énoncé normatif, qui exigent, dans le cadre du calcul du bénéfice imposable, la prise en compte de toutes les opérations effectuées par l'entreprise[753].

829. Énumérer les prestations diverses telles que le stockage, les produits provenant du traitement et du transport des hydrocarbures, ainsi que la vente des substances connexes, avant de terminer par la disposition bateau : « *tous autres revenus ou produits se rapportant aux opérations pétrolières ou connexes à celles-ci* », relève pratiquement de la tautologie.

830. Dès lors, la volonté d'autonomie ici ne peut être appréciée que du point de vue de l'intégration formelle de règles de fond déjà existantes dans le dispositif tant comptable que fiscal du Cameroun et de la Côte d'Ivoire, par exemple.

831. Aucune substance normative fondamentale supplémentaire ne résulte de cette intégration-appropriation, mais cela dénote clairement une volonté d'autonomie voire d'hégémonie de ces codes pétroliers, par rapport au dispositif de droit commun.

2. La disharmonie préjudiciable : le traitement des plus-values sur cession

832. S'agissant des plus-values sur cession d'immobilisations, le Code pétrolier ivoirien se veut particulièrement incitatif, dans la mesure où il précise que « *si l'exploitation est assurée par plusieurs sociétés associées, en cas de cession entre les sociétés associées ou entre une des sociétés associées et une de ses filiales, qui deviendrait partie dans ladite association, les plus-values de cession sont exclues, à condition que les actifs ainsi cédés soient comptabilisés par la société cessionnaire à la valeur apparaissant dans les livres de ladite société* »[754] .

833. Cet avantage en soi paraît logique et utile, dans la mesure où le modèle associatif, au moins entre sociétés nationales et investisseurs pétroliers étrangers, est largement répandu en Afrique noire, en Côte d'Ivoire notamment. Toutefois, la technique de comptabilisation énoncée par le dispositif ivoirien n'est ni pertinente, ni nécessaire. Elle n'est pas pertinente car en vertu de l'article 35 de l'AUOHC, « *la méthode d'évaluation des éléments inscrits en comptabilité est fondée sur la convention du coût historique* », le coût historique des biens inscrits à l'actif

---

[753] « *Le bénéfice imposable est le bénéfice net déterminé d'après les résultats d'ensemble des opérations de toute nature effectuées par les entreprises au cours de la période servant de base à l'impôt, y compris notamment les cessions d'éléments quelconques de l'actif, soit en cours, soit en fin d'exploitation* » (Article 6 alinéa 2 du CGI camerounais, et article 6 du CGI ivoirien, tel que modifié par les articles 16 et 17 de l'ordonnance n°2000-252 du 28 mars 2000.C'est nous qui soulignons).

[754] Article 71 alinéa 4 *in fine*. Cette disposition déroge au droit commun ivoirien (article 8 du CGI institué par l'article 6 alinéa 1 de l'ordonnance n° 2000-252 du 28 mars 2000).

du bilan étant constitué par *« le coût réel d'acquisition pour ceux achetés à des tiers »*[755]. Autrement dit, une telle comptabilisation violerait la fiabilité des états financiers de l'entreprise et serait contraire au droit communautaire, d'une part.

834. D'autre part, il n'est pas nécessaire de comptabiliser à l'ancienne valeur vénale le bien acquis à une valeur marchande quelconque pour assurer la neutralité fiscale d'une telle opération, but manifeste de cette disposition. Il suffit d'exiger, comme règle fiscale particulière, que les amortissements (fiscaux et non comptables) du bien en question soient effectués en fonction de l'ancienne valeur, et non de la comptabilisation du bien lui-même. Autrement dit, l'amortissement comptable sera bel et bien effectué sur la base du coût d'acquisition, tandis que la quote-part d'amortissement relative à la plus-value constituée sera réintégrée dans la liasse fiscale (tableau de détermination du résultat fiscal).

835. S'agissant maintenant de l'appréciation économique d'un tel avantage, elle dévoile une acception naïve de l'association et des intérêts des parties. Lorsqu'une société vend une immobilisation à une autre faisant partie de la même association qu'elle, leur intérêt commun à la bonne marche de ce consortium[756] peut être témoigné par une cession à la valeur vénale dudit bien, ce qui évacue du coup la question de l'imposition de la plus-value. En revanche, admettre la possibilité d'une majoration d'une marge dans la valeur nette comptable du bien cédé, mais prévoir une exonération de l'imposition de la plus-value ainsi dégagée, est contradictoire et inutile. Si les parties se distancent économiquement par l'admission en interne (dans l'association) de telles opérations commerciales, l'État n'a pas à s'embarrasser de devoir taxer le profit ainsi dégagé dans les conditions de droit commun.

836. Enfin, interdire à la société cessionnaire la récupération intégrale de sa dépense par le mécanisme légal des amortissements, c'est favoriser finalement le cédant et défavoriser le cessionnaire, alors qu'il s'agirait de procéder inversement. L'on observe donc ici une activité normative des États surabondante, mais fondamentalement suscitée par leur propension constante à imprimer le système de régulation des hydrocarbures, même au risque d'introduire des normes juridiques préjudiciables à leurs propres intérêts.

837. Cette véritable vitalité normative des États se traduit également au sein de leur propre ordre juridique, dans le cadre de la migration des normes de droit commun vers celles qui ne devraient concerner que les activités d'exploitation des hydrocarbures.

---

755 Article 36 de l'AUOHC.

756 Notamment en vertu du *jus fraternitatis* qui le caractérise. Lire CHENUT C.H., *Le contrat de consortium*, Paris, L.G.D.J., 2003, n°50, p. 35.

§2. L'intégration de règles étatiques : exemple des règles fiscales

838. Les codes pétroliers sont des instruments juridiques décisifs dans l'appréciation de la citoyenneté internationale des États. Des mécanismes de protection aussi importants désormais, tels l'arbitrage, notamment CIRDI[757], et les clauses législatives de stabilisation[758] et de droit applicable[759], sont tant et plus de dispositifs à étudier, car permettant ensuite de mieux juger de la portée juridique des contrats pétroliers[760]. Il s'agit donc également de véritables instruments d'information sur la politique pétrolière des États, appréhendés comme tels par le droit transnational. Ils fixent le cadre légal d'octroi des droits d'exploration-production, de résolution des litiges, des obligations environnementales et fiscales.

839. Toutefois, dans la volonté souveraine de l'État de centraliser le maximum de normes dans les codes pétroliers, certaines règles sont insérées de façon disharmonieuse (A), et les règles spécifiques relatives au traitement fiscal des intérêts méritent une attention particulière (B). Cette double attention normative de la part des États est, en tout état de cause, un marqueur supplémentaire du positionnement central des États en matière de réception des normes.

---

757 Convention pour le règlement des différends relatifs aux investissements entre États et ressortissants d'autres États, entrée en vigueur le 14 octobre 1966. Elle a été signée par le Cameroun le 23 septembre 1965 et les instruments de ratification ont été déposés le 3 janvier 1967, pour une entrée en vigueur le 2 février 1967, c'est-à-dire assez rapidement. Quant à la Côte d'Ivoire, elle a signé cette convention le 30 juin 1965, déposé les instruments de ratification le 16 février 1966, pour une entrée en vigueur de la convention dès le 14 octobre 1966, plus tôt encore que le Cameroun. Or, alors qu'aucun des codes pétroliers camerounais et ivoirien n'impose le CIRDI comme instance d'arbitrage (article 115 alinéa 2 du Code pétrolier camerounais et article 85 du Code pétrolier ivoirien), il est l'instance arbitrale presque systématiquement choisie par les parties aux contrats.

758 Voir CAMERON P.D., « Stabilisation in Investment Contracts and changes of rules in Host countries: Tools for Oil & Gas investors », *final report,* 7 July 2006, www.aipn.org ; CAMERON P.D., *International Energy Investment law: the pursuit of stability*, Oxford University Press, mars 2010 ; MAYER P., « La neutralisation du pouvoir normatif de l'État en matière de contrats d'État », Clunet, 1986, p. 5 et suiv. ; MONTEMBAULT B., « La stabilisation des contrats d'État à travers l'exemple des contrats pétroliers. Le retour des dieux sur l'Olympe ? », *RDAI/IBLJ*, n°6, 2003 ; DAVID N., « Les clauses de stabilité dans les contrats pétroliers. Questions d'un praticien », Clunet, 1986 ; WEIL P., « Les clauses de stabilisation ou d'intangibilité insérées dans les accords de développement économique », *Mélanges Rousseau*, Pédone, 1974.

759 WEIL P., « Principes généraux du droit et contrats d'État », *Études offertes à Berthold Goldman. Le droit des relations économiques internationales*, Paris, Litec, 1982.

760 WENGLER W., « Les accords entre États et entreprises étrangères sont-ils des traités de droit international ? », *R.G.D.I.P.*, 1972, p. 313 ; KAMTO M., « La notion de contrat d'État : une contribution au débat », *op. cit.*, p. 719 ; EL ZEIN LANKARANI L., *Les contrats d'État à l'épreuve du droit international*, *op. cit.*

A. Les règles relatives aux charges classiques

840. Dans une imitation évidente de la structuration des codes des impôts, les codes pétroliers camerounais et ivoirien par exemple commencent par énoncer le principe général suivant lequel *« le bénéfice net est établi après déduction de toutes les charges supportées pour les besoins des opérations pétrolières »*[761]. Dans un souci de précision par rapport à certaines charges précises, et non d'exhaustivité[762], les codes pétroliers énoncent parfois un certain nombre de charges dont le régime s'avère tantôt en deçà du droit commun, ce que nous considérerons comme étant une disharmonie négative (1), tantôt au-dessus du droit commun, la disharmonie positive (2).

1. L'intégration efficiente

841. Dans un libellé quasi similaire, les deux codes pétroliers énoncent deux types de charges sans aucune spécificité par rapport aux charges de droit commun dans leur nature, mais dont l'appropriation par le législateur pétrolier débouche en général sur une édiction en deçà des termes de droit commun.

842. Qui plus est, en ce qui concerne les charges de personnel, les deux législations de droit commun posent déjà le principe suivant lequel « *les rémunérations allouées à un salarié ne sont admises en déduction des résultats que dans la mesure où n'étant pas excessives par rapport au service rendu, elles correspondent à un travail effectif et sont conformes aux normes conventionnelles* »[763].

843. Il s'agit là alors d'une intégration dans la législation pétrolière parfaitement neutre par rapport à ce qui est déjà consigné dans le droit commun.

844. À l'analyse, très peu de charges sont régies de façon autonome par les codes pétroliers camerounais et ivoirien. Il s'agit uniquement :

– des pertes de matériels ou de biens résultant de destructions ou de dommages, des biens auxquels il sera renoncé ou qui seront abandonnés en cours d'année, des créances irrécouvrables et des indemnités versées aux tiers à titre de dommages[764] ;

---

[761] Articles 95 et 72 des codes pétroliers camerounais et ivoirien

[762] Les deux codes disent alors que « *celles-ci (les charges déductibles) comprennent notamment…* ».

[763] Article 7, A, 1, a du CGI camerounais. Le libellé ivoirien est différent mais garde le même principe, en édictant que « *les rémunérations ne sont admises en déduction que dans la mesure où elles correspondent à un travail effectif et ne sont pas excessives eu égard à l'importance du service rendu. Cette disposition s'applique à toutes les rémunérations directes ou indirectes, y compris les indemnités, allocations, avantages en nature et remboursement de frais* » (article 6, III, A1).

[764] Article 72 alinéa 4 du Code pétrolier ivoirien. Le Code camerounais évoque les « *pertes de matériels ou de biens résultant de destructions ou d'avaries, les biens auxquels il est renoncé ou qui sont mis au rebut en cours d'année, les créances irrécouvrables et les indemnités versées aux tiers à titre de dommages* » (article 95 alinéa d).

– des provisions raisonnables constituées en vue de faire face à des pertes ou charges nettement précisées et que des événements en cours rendent probables[765].

845. Le reste des charges intégrées dans ces codes pétroliers fait l'objet d'une « contractualisation » entre les parties, quant à ce qui est de leurs conditions de déductibilité, ce qui souligne l'intérêt de l'analyse de celles ci-dessus évoquées, se voulant impératives.

846. À la différence de l'énoncé des produits susmentionnés, l'appropriation de certaines règles concernant les conditions de déductibilité des charges par le législateur pétrolier ne se fait pas sans conséquence.

847. Pour certaines d'entre elles, il édicte des conditions de déductibilité moins restrictives qu'en droit commun, alors même que ce n'était manifestement pas son intention. Ainsi, par exemple, en ce qui concerne les conditions de déductibilité des provisions en matière de fiscalité pétrolière ivoirienne, elles sont en deçà du droit commun[766]. Il s'agit d'une rédaction très laconique, voire simpliste. Aucun encadrement formel n'est édicté, alors que le dispositif comptable et fiscal de droit commun est plus étoffé[767].

848. De même, les conditions de déductibilité fiscale des créances irrécouvrables ont été alignées, en droit fiscal camerounais, aux conditions communautaires. Depuis la loi n°2007/005 du 26 décembre 2007 portant loi de finances en République du Cameroun pour l'exercice 2008, les créances commerciales ne sont passées en charges déductibles que si le créancier apporte la preuve que l'ensemble des voies et moyens de recouvrement amiable ou forcé prévus par l'acte uniforme OHADA portant organisation

---

[765] Article 72 alinéa 6 du Code pétrolier ivoirien. Au Cameroun, le législateur ajoute « *en particulier la provision pour l'abandon des gisements, constituée conformément à la réglementation en vigueur et au contrat pétrolier* ». (Article 95 alinéa f).

[766] L'article 6, III, E du CGI ivoirien, tel que modifié par la loi n°81-150 du 27 février 1981, an. fiscale (article 14), dispose comme charge déductible : « *Les provisions constituées en vue de faire face à des pertes ou charges nettement précisées et que les événements en cours rendent probables, à condition qu'elles aient été effectivement constatées dans les écritures de l'exercice et figurant au relevé des provisions prévu à l'article 17 ci-après.* »

[767] La Côte d'Ivoire a signé le traité OHADA le 17 octobre 1993, et l'a ratifié assez tôt (le 29 septembre 1995), dont elle a déposé les instruments le 13 décembre 1996. Or, l'acte uniforme portant organisation et harmonisation des comptabilités des entreprises a été adopté le 23 mars 2000, et publié au *Journal officiel* de l'OHADA (n°10) le 20 novembre 2000. Il est donc opposable à la République de Côte d'Ivoire depuis le 30 décembre 2001, et entré en vigueur dès mars 2001, conformément aux mécanismes d'entrée en vigueur des actes uniformes OHADA. En vertu de cet acte uniforme, les entreprises sont tenues de procéder au provisionnement comptable de toutes les charges ou pertes nettement précisées quant à leur objet, que des événements survenus en cours rendent seulement probables, au passif du bilan dans les dettes financières. En vertu du principe de primauté du fait comptable, de nombreuses législations ainsi que la jurisprudence administrative exigent une comptabilisation effective de la provision pour sa déductibilité fiscale. CE, 14 mars 1979, n°7360 : *RJF*, 5/1979, n°272. Doc. adm. 4[E] 121, n°4, 26 nov. 1996 ; cité par OUDENOT P., *op. cit.*, p. 324.

des procédures simplifiées de recouvrement et des voies d'exécution (AUPSRVE) ont vainement été mis en œuvre[768].

849. Concrètement, le législateur introduit des conditions objectives de droit à déductibilité fiscale, constituées par la mise en demeure en bonne et due forme, la saisie des biens ou, le cas échéant, un procès-verbal de carence, la vente des biens, sans que cette vente ne permette de réaliser la créance[769]. Ainsi, « *lorsque les conditions ci-dessus ne sont pas respectées, les services procèdent aux réintégrations nécessaires de toutes les créances passées en charges dont les preuves d'irrécouvrabilité ne sont pas fournies* »[770].

850. Même si l'antériorité du Code pétrolier camerounais (1999) par rapport à cette règle désormais fiscale (depuis 2008) justifie une impossible parité entre les deux sources formelles (CGI pour le droit commun et Code pétrolier pour le droit spécial), il n'en demeure pas moins un antagonisme entre deux normes, surtout que l'administration fiscale, dans chacun de ces deux pays, peut fonder une telle réintégration à partir des dispositions OHADA uniquement, dont l'effet immédiatement abrogatoire a été plusieurs fois réaffirmé par la Cour commune de justice et d'arbitrage de l'OHADA[771].

851. Toutefois, il s'agit d'une intégration efficiente des règles fiscales étatiques dans la mesure où non seulement elles font sens (quoique étant

---

[768] Article 7 alinéa C nouveau du CGI camerounais. Il convient de préciser que l'AUPSRVE a été adopté au Gabon (Libreville) le 10 avril 1998, et est entré en vigueur 90 jours plus tard, soit le 10 juillet 1998, conformément à l'article 9 du traité OHADA.

[769] Circulaire n°0002/MINDI/DGI/LC/L du 11 janvier 2008 portant modalités d'application des dispositions fiscales de la loi n°2007/005 du 26 décembre 2007 portant loi de finances de la République du Cameroun pour l'exercice 2008, p. 3.

[770] *Ibid.*

[771] Les juges ont notamment pu dire que « *le droit fiscal ne fait pas partie à ce jour des matières rentrant dans le domaine du droit des affaires harmonisé tel que défini par l'article 2 du traité relatif à l'harmonisation du droit des affaires en Afrique. Toutefois, si les procédures fiscales postérieures à la date d'entrée en vigueur de l'acte uniforme concerné mettent en œuvre des mesures conservatoires, mesures d'exécution forcée et procédures de recouvrement déterminées par ledit acte uniforme, ces procédures fiscales doivent se conformer aux dispositions de celui-ci* ». Avis n°001/2001/EP, séance du 30 avril 2001, cité par ONANA ETOUNDI F., *La problématique de l'unification de la jurisprudence par la Cour commune de justice et d'arbitrage*, Éditions Droit au service du développement, Coll. Pratique et contentieux du Droit communautaire, février 2008, p. 188. On ne voit pas comment ce qui est imposé à une administration fiscale ne le serait pas pour une entreprise dans le cadre du traitement de ses créances irrécouvrables, d'une part. D'autre part, l'antériorité des codes pétroliers par rapport à l'entrée en vigueur de l'AUPSRVE n'est pas décisive, dans la mesure où de façon constante, les juges énoncent que « *les actes uniformes sont directement applicables et obligatoires dans les États parties nonobstant toute disposition contraire de droit interne antérieure ou postérieure* ». Avis n°001/2001/EP du 30 avril 2001, sur demande de la République de Côte d'Ivoire / 99 ; arrêt n°21/2002 du 26 décembre 2002, Aff. *Sté MOBIL OIL Côte d'Ivoire c/ SOUMAHORO MAMADOU*, cité par ONANA ETOUNDI F. et MBOCK BIUMLA J.-M., *Cinq ans de jurisprudence commentée de la Cour commune de justice et d'arbitrage de l'OHADA*, Presses de l'AMA, 1re édition, 2005, p. 131.

parfois contradictoires), mais elles sont aussi applicables par leurs destinataires sans violation de principes fiscaux particuliers.

2. L'intégration déficiente

852. Il s'agit ici des charges dont les conditions de déductibilité sont contrôlées en vue d'éviter des prix de transfert préjudiciables aux États, mais pour lesquelles, malheureusement, le législateur a davantage compliqué que simplifié la tâche soit aux administrations fiscales, soit aux entreprises pétrolières.

853. Il s'agit, dans un premier temps, des coûts des fournitures, du personnel et des prestations de services fournies par des sociétés affiliées aux titulaires des contrats pétroliers, qui ne doivent pas excéder ceux qui seraient normalement facturés dans des conditions de pleine concurrence entre un acheteur et un vendeur indépendants pour des fournitures ou prestations de services similaires[772].

854. Le Code pétrolier camerounais ajoute alors que « *seul est déductible le montant justifiable des rémunérations versées au personnel employé à l'étranger par le titulaire ou l'une quelconque de ses sociétés affiliées, dans la mesure où ce personnel est affecté aux opérations pétrolières conduites par le titulaire sur le territoire camerounais* »[773].

855. S'agissant des frais généraux dont les conditions de déductibilité sont restrictives dans un but de contrôle de prix de transfert, il s'avère que l'une des conditions essentielles de déductibilité fiscale des charges, figurant déjà dans le dispositif de droit commun, est que celle-ci doit avoir un lien direct avec l'exploitation[774]. Cela correspond parfaitement à la condition de lien direct avec les opérations pétrolières, exigée par les législateurs pétroliers camerounais et ivoirien.

856. Enfin, en ce qui concerne le contrôle des prix de transfert entre sociétés affiliées, par rapport auquel est introduite la méthode du prix comparable sur le marché libre (« CUP »)[775], elle exige en réalité un canevas administratif sans lequel elle est difficilement applicable. Une telle règle, pour méritoire qu'elle puisse être, devait être complétée par l'obligation par

---

[772] Article 72, alinéa 1, a du Code pétrolier ivoirien.

[773] Article 95 alinéa a du Code pétrolier camerounais.

[774] Le CGI camerounais est plus précis que son homologue ivoirien, dans la mesure où, en Côte d'Ivoire, il est simplement affirmé que « *le bénéfice net est établi sous déduction de toutes charges* » (article 6. III du CGI), alors qu'au Cameroun, il est dit que « *le bénéfice net imposable est établi sous déduction de toutes charges nécessitées directement par l'exercice de l'activité imposable au Cameroun* » (article 7 du CGI).

[775] Ou *comparable uncontrolled price method* en anglais : « *La méthode du prix comparable sur le marché libre consiste à opérer une comparaison directe du prix de transfert avec le prix pratiqué par des entreprises indépendantes, dites entreprises référentes, pour des transactions similaires situées dans des conditions économiques sensiblement analogues à celles de l'entreprise dont les prix de transfert sont analysés.* » DOUVIER P.-J., GIBERT B., GELIN S., LE BOULANGER A., *Prix de transfert*, Éditions Francis Lefebvre, 2008, Coll. Dossiers pratiques Francis Lefebvre, p. 68.

les États de fixer un cadre réglementaire d'application sans lequel ce principe demeure une simple pétition[776]. Il s'agit alors d'une preuve d'un militantisme normatif incomplet de la part des États, qui veulent marquer leur empreinte dans la régulation des hydrocarbures, mais qui n'épuisent pas toujours l'exercice dans le sens d'une efficacité des normes juridiques qu'ils produisent.

857. Enfin, les législations pétrolières camerounaise et ivoirienne édictent des règles spécifiques en ce qui concerne les conditions de déductibilité des intérêts, qui méritent un pesant d'attention particulier.

B. Les règles spécifiques aux charges financières des entreprises

858. Dans un second mouvement, les codes pétroliers camerounais et ivoirien invoquent le régime du traitement fiscal des intérêts, identiquement aménagé par les législations camerounaise et ivoirienne. Il est ainsi admis en charges déductibles « *les intérêts des capitaux mis par des tiers à la disposition du titulaire pour des besoins des opérations pétrolières de* <u>*développement*</u> *de gisements et de transport des hydrocarbures, dans la mesure où ils n'excèdent pas les taux normaux en usage sur les marchés financiers internationaux pour des prêts de nature similaire* ».

859. Les codes disposent immédiatement après que « *sont également concernés, les intérêts servis aux associés ou à des sociétés affiliées à raison des sommes qu'ils mettent à la disposition du titulaire en sus de leur part de capital, à condition que ces sommes soient affectées à la couverture d'une quote-part raisonnable des investissements de* <u>*développement*</u> *de gisements d'hydrocarbures et de transport de leur production sur le territoire camerounais, et que les taux d'intérêt n'excèdent pas ceux mentionnés au paragraphe précédent* »[777].

860. En droit fiscal, les intérêts sont des charges déductibles, pour peu qu'ils respectent les conditions générales de déductibilité des charges d'exploitation[778]. En l'occurrence, il faudrait juste que l'emprunt ait été contracté pour les besoins de l'entreprise[779]. Or, les codes pétroliers camerounais et ivoirien introduisent un double corset qui complexifie les mécanismes de déductibilité des intérêts : une limite relative à l'identité des

---

776 GHARBI N., *Le contrôle fiscal des prix de transfert*, thèse, Université de Paris 13, L'Harmattan, 2005, p. 146 à 165. Il existe par exemple des guides relatifs exclusivement au contrôle des prix de transfert dans l'administration fiscale française. Au Cameroun, un canevas similaire a été introduit par le législateur de droit commun, par l'insertion de l'article L 19 bis dans le dispositif de droit commun. Voir la circulaire n°0004/MINEFI/DGI/LC/L précisant les modalités d'application des dispositions fiscales de la loi de finances pour l'exercice 2007, p. 12.

777 Article 95 alinéa c du Code pétrolier camerounais, et article 72 alinéa 3 du Code pétrolier ivoirien.

778 TOURÉ M., *Le traitement fiscal des charges financières de l'entreprise*, thèse, Paris II, L.G.D.J., 1994, p. 59.

779 Voir OUDENOT P., *Fiscalité approfondie des sociétés*, *op. cit.*, p. 302.

intérêts déductibles (1) et une limite relative aux taux d'intérêts pratiqués (2).

1. Les règles relatives à l'identité des intérêts déductibles

861. Les législations camerounaise et ivoirienne introduisent une sélection des intérêts fiscalement déductibles en fonction de l'évolution des opérations pétrolières : les intérêts (et agios) doivent être consécutifs à des emprunts faits « *pour des besoins des opérations pétrolières de développement de gisements et de transport des hydrocarbures* ». Autrement dit, ceux qui concernent l'exploration et la production ne sont-ils pas déductibles[780] ?

862. Une réponse négative doit être faite en ce qui concerne les intérêts de capitaux en phase d'exploration[781] : ils doivent, en vertu de cette disposition légale, et par un raisonnement *a contrario*, être incorporés dans le coût des immobilisations, et amortis au rythme de ces dernières. Autrement dit, l'entreprise a l'obligation d'« activer » les intérêts courus des emprunts contractés en phase d'exploration.

863. Il s'agit là d'une contrainte dans la mesure où, en droit comptable communautaire, l'option d'une telle comptabilisation est laissée au choix de l'entreprise. En effet, le droit comptable OHADA applicable dans ces deux pays dispose que « *lorsque l'entreprise considère comme frais à immobiliser les intérêts intercalaires dus sur la période de construction d'une immobilisation, ces intérêts sont d'abord comptabilisés au débit du compte 67-frais financiers, puis transférés au débit du compte d'immobilisation concerné par le crédit du compte 72-production immobilisée* »[782].

864. La disposition légale spécifique à l'activité pétrolière préalablement évoquée est donc restrictive par rapport à la disposition communautaire d'ordre général. Il y a une « correction » de la règle générale sur le plan national par la voie législative, seuls les intérêts en phase de développement

---

[780] L'activité de développement n'est curieusement pas définie dans les deux codes pétroliers, et n'est évoquée que dans le cadre de la définition des activités d'exploitation, entendues comme « *opérations destinées à extraire les hydrocarbures à des fins commerciales, notamment les opérations de développement et de production...* » (Article 1er alinéa j des deux codes). Par contre, l'activité de transport est entendue comme étant constituée par les « *activités de transport par canalisations des hydrocarbures extraits jusqu'aux points de chargement, ou de grosse consommation en république de Côte d'Ivoire, hormis les réseaux de collecte et de desserte sur les gisements...* » (Article 1er alinéa k du Code ivoirien, et article 1er alinéa t du Code camerounais). C'est nous qui soulignons.

[781] Ou « recherche » ; ce sont les « *activités de reconnaissance détaillée ainsi que les forages de recherche destinés à découvrir des gisements d'hydrocarbures économiquement exploitables, y compris les activités d'évaluation et de délimitation d'une découverte d'hydrocarbures présumée commerciale* » (article 1er alinéa g). Elles sont effectuées avant la découverte du gisement, et recouvrent la géophysique sismique, l'interprétation géologique et géophysique, les forages d'exploration, y compris les tests de puits.

[782] In *Droit comptable et système comptable OHADA*, *Journal officiel*, n°10, 20 novembre 2000, p. 170. (C'est nous qui soulignons).

étant automatiquement déductibles, et non ceux encourus dans la phase d'exploration (malgré la faculté donnée par le droit communautaire).

865. Quel est, en revanche, le traitement fiscal applicable à des intérêts courus sur acquisition d'une immobilisation, mais en phase de développement ? Il convient de rappeler que les coûts de développement sont constitués de l'ensemble des coûts recouvrant en général le forage des puits de production (et s'il y a lieu, les puits d'injection), la réalisation des installations de surface (réseaux de collecte, unités de séparation et de traitement, réservoirs de stockage, unités de pompage et de comptage), et la réalisation des installations de transport (pipeline, terminaux de chargement)[783].

866. En vertu des dispositions du droit comptable OHADA ci-dessus évoquées, l'option est laissée à l'entreprise sur l'activation ou non de ceux-ci. Dans l'hypothèse d'une activation de ces intérêts[784], l'entreprise procéderait à l'amortissement comptable du bien suivant sa valeur d'acquisition, dont font partie les intérêts[785].

867. Dès lors, les deux codes pétroliers prévoyant la déductibilité immédiate des intérêts en phase de développement, indépendamment de l'incorporation possible de ceux-ci dans la valeur du bien immobilisé, l'entreprise peut alors :

– soit directement comptabiliser en charge fiscale les intérêts courus en phase de développement (prescription légale) ;

– soit les comptabiliser indirectement en charge, par la voie d'amortissement, si l'option retenue par l'entreprise a été de les capitaliser.

868. Enfin, il convient de se demander quel est le sort fiscal des intérêts contractés en phase de production, phase ultime de la phase d'exploitation. Si ce volet de l'activité pétrolière n'est pas explicitement cité dans le traitement fiscal des intérêts, nous pensons qu'en considération de ce qu'elle constitue l'autre pan des activités d'exploitation[786], les intérêts contractés pendant cette phase doivent être traités de la même manière que ceux courus en phase de développement, donc être déductibles fiscalement.

---

[783] Voir *Recherche et Production du pétrole et du gaz*, *op. cit.*, p. 315.

[784] Suivant l'article 37 de l'acte uniforme portant droit comptable OHADA, « *le coût réel d'acquisition d'un bien est formé du prix d'achat définitif, des charges accessoires rattachables directement à l'opération d'achat et des charges d'installation qui sont nécessaires pour mettre le bien en état d'utilisation* ».

[785] En vertu de l'article 45 de l'acte uniforme portant droit comptable OHADA, « *l'amortissement est la constatation comptable obligatoire de l'amoindrisseme nt de la valeur des immobilisations qui se déprécient de façon certaine et irréversible avec le temps, l'usage, ou en raison du changement des techniques, de l'évolution des marchés ou de toute autre cause. Il consiste pour l'entreprise à répartir le coût du bien sur sa durée probable d'utilisation…* ».

[786] Les activités d'exploitation sont entendues comme les « *opérations destinées à extraire les hydrocarbures à des fins commerciales, notamment les opérations de développement et de production…* » (article 1er alinéa j).

869. Une appropriation souveraine par le législateur des règles relatives aux intérêts s'observe ensuite en ce qui concerne la quotité d'intérêts déductibles, après son identification.

2. Les règles relatives au quantum des intérêts déductibles

870. Plus substantiellement préjudiciable pour les intérêts des entreprises pétrolières au Cameroun et en Côte d'Ivoire est le plafonnement de déductibilité constitué par « *les taux normaux en usage sur les marchés internationaux pour des prêts de nature similaire* ». Autrement dit, l'investisseur pétrolier camerounais et ivoirien doit toujours être capable de démontrer que la charge financière comptabilisée est conforme à ce qui est pratiqué à l'échelle internationale, au regard de la nature du prêt contracté.

871. Cette contrainte est également retenue dans l'hypothèse où le prêteur ne serait pas un tiers, mais des associés ou des sociétés affiliées à raison des sommes qu'ils mettent à la disposition de l'entreprise en plus de leur part de capital[787]. Or, cette limite du montant déductible, calculée en référence aux taux en usage sur les marchés internationaux, est nécessairement plus restrictive que les taux admis dans les activités de droit commun. En effet, les taux directeurs de la Banque centrale européenne (BCE), par exemple, principal outil dont elle dispose pour influer sur l'octroi de crédits et moduler l'inflation dans la zone euro, sont largement en deçà des taux directeurs des banques centrales africaines.

872. Les banques qui veulent se refinancer à court terme peuvent le faire en payant un intérêt sur la somme qu'elles empruntent auprès des banques centrales de leurs pays respectifs. Cet intérêt est calculé d'après le taux en cours à la BCE. Si ce taux d'intérêt est fort, les banques vont limiter leur crédit, sachant que le refinancement leur sera coûteux, et elles auront le comportement inverse si ce taux d'intérêt est faible. Les banques répercutent ensuite, en principe, ce loyer sur les intérêts des crédits qu'elles accordent à leurs propres clients. Plus le taux de la BCE est bas, plus le coût du crédit a des chances d'être bon marché, ce qui, en théorie, favorise la croissance.

873. À l'inverse, une hausse du taux du crédit permet théoriquement de ralentir la demande et par conséquent d'éviter une surchauffe génératrice d'inflation. Or, suivant les études faites par des spécialistes sur la politique du crédit en Afrique noire, les taux d'intérêts locaux sont en moyenne supérieurs de trois points environ à ceux de la zone euro, par exemple, qui elle-même est supérieure d'un point au moins au taux directeur de la Grande-Bretagne, des États-Unis et du Japon.

874. En considération du bonus de trois points accordé en plus du taux directeur de la BCEAO comme plafond du droit à déduction en Afrique de l'Ouest, par exemple, un investisseur pétrolier en Côte d'Ivoire qui

[787] Article 72 alinéa 3 du Code pétrolier ivoirien et article 95 alinéa c du Code pétrolier camerounais.

emprunterait dans une banque locale, et non sur les marchés internationaux, pourrait avoir à réintégrer plus de la moitié de la charge ainsi normalement supportée.

875. Maintenant, l'on peut se poser la question de savoir pourquoi une entreprise susceptible de se financer sur les marchés internationaux opterait pour un emprunt local. Indépendamment de toute réponse possible et imaginable, force est de constater qu'un tel dispositif est plus contraignant tant pour les entreprises que pour les banques locales, dont les produits (les prêts) sont forcément peu attractifs au regard de leur fiscalité locale auprès des entreprises (quote-part d'intérêts fiscalement non déductibles).

876. En tout état de cause, quand bien même les législateurs camerounais et ivoirien assumeraient parfaitement ce dispositif contraignant pour les entreprises pétrolières et gazières, demeurerait la difficulté, pour les administrations fiscales, de trouver des références précises comme le taux de plafonnement des intérêts payés, d'une part, et il conviendrait de reconnaître qu'alors que les codes pétroliers se veulent incitatifs, il s'agirait clairement là d'une mesure quasi répressive par rapport au droit commun, d'autre part. En conséquence, nous pouvons constater ici la manifestation d'un pouvoir normatif contradictoire, incomplet et pourtant effectif, les États faisant preuve d'une véritable obsession régulatrice sans forcément en mesurer tous les contours techniques.

CONCLUSION DU CHAPITRE II

877. Les sources du droit des hydrocarbures sont partiellement constituées de règles administratives classiques, telles celles qui régulent la gestion des titres miniers et l'encadrement institutionnel des activités économiques majeures. L'État déploie alors des règles similaires à tous les autres secteurs d'activités, où seule compte sa capacité à assurer son *imperium*, son suivi, à l'exclusion de toute concertation avec ses assujettis, qui sont les opérateurs privés internationaux en la matière. L'exercice plein et entier de son pouvoir souverain est également perceptible dans sa gestion des sources internationales, transnationales et même nationales des règles concernant l'exploitation des hydrocarbures, où sont perceptibles des logiques de sélection, de modification, voire de transgression consciente ou inconsciente des normes existantes. Au gré de ses intérêts, de sa philosophie et des forces en présence, l'État agit toujours dans le sens d'une prise en compte des normes exogènes, mais de façon différenciée.

878. S'agissant de normes transnationales telles que la transparence, il opte soit pour une intégration « dure », par le biais de lois dédiées (Ghana, Tchad), soit pour des mécanismes institutionnels contrôlés par la société nationale (Cameroun). En ce qui concerne les normes internationales *stricto sensu,* il s'agit presque toujours, par le biais légal ou conventionnel, d'assurer une intégration « calibrée » de celles-ci, même au risque d'une déformation des règles originaires. L'on note alors une suractivité normative de l'État en la matière, et une prépondérance parfois préjudiciable à la cohérence de l'ensemble du système de régulation.

CONCLUSION DU TITRE II

879. Au total, l'État exerce son pouvoir souverain de façon différenciée, et au gré des intérêts en cause. Lorsqu'il s'agit de contribuer à la monétisation conjointe des ressources extractives, il met en jeu son pouvoir législatif, notamment son pouvoir fiscal, non seulement pour attirer et rassurer les opérateurs privés sur la rentabilité potentielle de l'activité, mais aussi pour contribuer lui-même à l'exploitation de ces ressources dont il est le propriétaire ultime au nom de sa population. Il s'agit de l'exercice par excellence de sa souveraineté, les règles classiques en matière fiscale étant volontairement et consciemment altérées pour les besoins de la cause.

880. En revanche, la gestion du domaine minier ainsi que l'encadrement institutionnel de ces activités sont classiques, caractérisés par une verticalité entre l'État et ses administrés, qui sont alors les entreprises privées étrangères. Dans le cadre de la gestion de la circulation des normes à l'échelle externe et interne, il joue également un rôle central qui, au gré de ses intérêts et de sa technicité, débouche sur une application adaptée des normes alors en cause.

CONCLUSION DE LA PARTIE I

881. Les hydrocarbures, en tant que ressources, ont toujours fait l'objet d'un intérêt étatique particulier, en raison des dividendes économiques, stratégiques et même politiques qu'ils peuvent générer. Le droit international en premier, qui régule les rapports entre les différents États, a de façon permanente fixé les limites des compétences des États en matière énergétique. D'abord de façon positive, le droit international détermine des règles de compétences territoriales, et a fortement été influencé dans sa structure par les hydrocarbures. Autant, de façon constante, la jurisprudence internationale consacre l'indifférence des ressources en hydrocarbures comme critère de délimitation, autant a-t-il été reconnu que « *les ressources en hydrocarbures, notamment le pétrole, ont été sans aucun doute, la cause première du mouvement vers l'appropriation d'espaces maritimes* »[788]. Les règles relatives à la zone économique exclusive (ZEE), à l'élaboration desquelles les pays africains ont fortement contribué, sont principalement déterminées par les enjeux énergétiques. De même, les pouvoirs économiques internationaux reconnus aux États, en lien avec le principe de

[788] KAMGA M.K., *Délimitation maritime sur la côte atlantique africaine*, *op. cit.*, p. 17.

souveraineté des États sur leurs ressources naturelles (droit d'expropriation notamment), ont leur origine historique dans les problématiques relatives à l'exploitation pétrolière, notamment en Amérique latine.

882. En droit international des investissements et de l'environnement, par contre, les normes juridiques fixent des limites au pouvoir souverain des États, en relation avec leurs cocontractants. Le rôle normatif de l'État en est alors atténué, ou du moins modifié car influencé par des tiers, la société civile ou les investisseurs privés étrangers. Nous avons qualifié ce positionnement normatif des États de monisme interactionniste au regard du processus de formation de ces normes particulières. Il s'agit au total d'un véritable droit international des hydrocarbures, façonné par les États de façon plus ou moins autonome, désireux d'aménager les droits et obligations des sujets du droit international, titulaires d'une souveraineté qui n'a de limites que celles fixées par la communauté des États elle-même.

883. Cette souveraineté trouve au niveau national une occasion de déploiement différente, où l'État jouit d'une autorité exclusive. Dès lors, les supports d'édiction formelle du droit national que sont les lois et règlements, principalement, sont les instruments majeurs de réalisation de la souveraineté des États en matière d'exploitation des hydrocarbures. Ce pouvoir est alors exercé de façon différenciée, mais totale. L'État use de son pouvoir fiscal pour attirer les investisseurs privés étrangers et contribuer à la valorisation des ressources extractives. Il instrumente alors les règles fiscales, en les transformant en variable d'ajustement des prestations réciproques des parties, contrairement aux règles fiscales classiques de type autoritaire. Son pouvoir fiscal s'étend aux personnels administratifs qui, dans le cadre de la mise en œuvre des dispositions légales et conventionnelles, créent de véritables règles substantielles et procédurales tant pour les contractants principaux de l'État que pour les sous-traitants de ces derniers. Que ce soit les règles légales ou réglementaires, la matière fiscale constitue la source d'expression ultime de la souveraineté des États. Les enjeux financiers et stratégiques de l'exploitation des hydrocarbures contraignent les États à user de leur pouvoir législatif et réglementaire en la matière pour favoriser au mieux l'exploitation de ces ressources, quitte à transgresser les principes fondamentaux relatifs à la contrainte fiscale.

884. Outre l'usage stratégique et orienté de son pouvoir fiscal, l'État use de son pouvoir de régulation administrative classique dans le cadre de la gestion de son domaine minier. Les règles administratives édictant les droits et obligations par type de titre minier, de sélection des entreprises et de circulation de ces titres miniers sont fixées de façon régalienne, dans l'objectif permanent d'assurer au mieux ses intérêts. De même, les règles générales applicables d'origine externe, telles la transparence, les règles comptables et même les règles fiscales de droit commun, font l'objet d'une intégration sélective par l'État, par le biais des supports spécifiquement dédiés à l'exploitation des hydrocarbures (code pétrolier, notamment), ou par le biais d'institutions spécialisées (les sociétés nationales, notamment).

885. Ainsi, l'État est bien un acteur majeur et central de la normativité en matière d'exploitation des hydrocarbures. Ceci est vérifiable tant sur le plan international que national, et le droit des hydrocarbures peut être appréhendé sous le prisme du monisme juridique, qui dans le cadre de notre étude, « *n'est pas le résultat du dogme positiviste volontariste mais de l'observation de la phénoménologie du droit* »[789].

886. Toutefois, ce monisme, ou cette étaticité normative observable, doit être analysé dans son déploiement concret ou opérationnel.

789 DUPUY P.-M., « L'unité de l'ordre juridique international - Cours général de droit international public », *RCADI,* 2002, vol. 297, p. 119.

PARTIE II

LA DÉFENSE D'UN MONISME RELATIONISTE EN DROIT DES HYDROCARBURES

887. Le droit des hydrocarbures se livre uniquement sous ses volets techniques, stratégiques, économiques, et la substance de ces travaux vise essentiellement à énoncer l'ensemble des règles constitutives de ce droit, sans cohérence ni logique d'ensemble particulière. Or, la jonction de tous les acteurs avec les intérêts qui entourent ces ressources suggère une tentative de théorisation minimale, voire impose une modélisation susceptible de rationaliser l'ensemble des règles juridiques ou non, structurant cette discipline en dynamique perpétuelle.

888. Mais, « *la construction d'une matière juridique, à partir des éléments plus ou moins épars, est toujours une œuvre intellectuelle reposant par force sur des prises de position quant à la nature juridique des institutions, quant à leur domaine, quant aux principes qui sont censés les gouverner, etc.* »[790]. Nous pensons qu'après avoir démontré la centralité de l'État dans les processus de formation des normes juridiques relatives à l'exploitation des hydrocarbures, l'ordre logique de l'étude devrait s'appesantir sur sa mise en perspective. Au demeurant, comme le dit Alain Supiot, « *la recherche en droit ne diffère pas sensiblement des autres activités de recherche. Il s'agit toujours de colliger, d'ordonner, d'interpréter et d'expliquer rationnellement des données empiriques* »[791]. Il s'agit ici de dépasser, pour reprendre le mot de Jacques Chevallier, « l'étroitesse » du positivisme techniciste « *qui s'attache à restituer le plus fidèlement possible le droit existant, tout en construisant et en diffusant les cadres conceptuels destinés à assurer la cohérence de l'édifice normatif* »[792].

---

790 JESTAZ P., JASMIN C., *La doctrine*, Paris, Dalloz, 2004, p. 218.

791 SUPIOT A., « Grandeur et petitesse des professeurs de droit », *Les cahiers du droit*, vol. 42, n°3, sept. 2011, cité par FONTAINE L., *Qu'est-ce qu'un "grand" juriste ? Essai sur les juristes et la pensée juridique moderne*, Lextenso éditions, 2012, p. 105.

792 CHEVALLIER J., « Doctrine juridique et science juridique », *Droit et société*, n°50, 2002, p. 113.

889. En droit des hydrocarbures, la tâche peut s'avérer rude. N'ayant jamais fait l'objet de conceptualisation globale, nous pensons capitaliser celles des théories du droit les mieux aptes à la modéliser, principalement la théorie relationiste[793] du droit. Or, comme le dit le professeur Emmanuel Jeuland, « *le seul fait de faire reposer une théorie juridique sur la relation implique, même si ce n'est pas expressément affirmé, un dispositif symbolique et procédural, c'est-à-dire un dispositif qui rende compte de la juste distance invisible entre deux personnes dans un système de relations en transformation* ». Il ajoute que « *Michel Foucault définissait le dispositif de manière large comme ''un ensemble résolument hétérogène comportant des discours, des institutions, des aménagements architecturaux, des décisions réglementaires, des lois, des mesures administratives, des énoncés scientifiques, des propositions philosophiques, morales, philanthropiques, bref, du dit aussi bien que du non-dit''* »[794].

890. Cette approche relationiste est susceptible de mieux mettre en exergue le sens des normes juridiques relatives au droit des hydrocarbures, de mieux les traduire et les valoriser. C'est le sens de l'assertion forte de Jennifer Nedelsky qui écrit : *« Law, including rights, is one of the chief mechanism for shaping the relationships that foster or undermine values such as autonomy. (....) My aspiration is a relational habit of thought in every day conversation, in scholarship, in policy making, and in legal interpretation. (...) Thus, a deep shift in relational habits of thoughts will have to exceed the context of law. But law can both reveal the importance of such a transformation and participate in it. (...) My argument is that rights do structure relationships...(...) A relational analysis provides a better framework for identifying what is really at stake in difficult cases and for making judgments about the competing interpretations of rights involved. »*[795]

891. Le concept[796] de « relation juridique » nous a en effet paru attrayant, voire captivant. Celle-ci est ici entendue comme « *une activité ou une situation dans laquelle plusieurs personnes sont susceptibles d'agir mutuellement les unes sur les autres. Une relation doit donc réunir des sujets, au moins deux personnes, et une activité ou une situation qui fonde une interaction entre ces personnes* »[797]. Les activités d'exploration et

---

[793] E. Jeuland précise que les termes de « relationiste » et de « relationisme » s'écrivent avec un seul « n » pour les distinguer du terme de « relationniste » qui existe notamment au Québec pour désigner les personnes chargées des relations publiques. *Théorie relationiste du droit*, L.G.D.J., 2016, p. 23, note 47.

[794] « Le jeu de Michel Foucault », in *Dits et écrits*, T. II, Gallimard, 1994, pp. 298-329, cité par JEULAND E., *Théorie relationiste du droit*, *op. cit.*, p. 381.

[795] NEDELSKY J., *Law's relations: a relational theory of self, autonomy and law*, Oxford University Press, 2011, pp. 1-2.

[796] Lire BIOY X., « Notions et concepts en droit : interrogations sur l'intérêt d'une distinction… », *in* TUSSEAU (dir.), *Les notions juridiques*, *op. cit.*, pp. 21-53.

[797] MESSAI-BAHRI S., « La relation d'affaires ou relation commerciale », in JEULAND, MESSAI-BAHRI (dir.), *Les nouveaux rapports de droit*, *op. cit.*, p. 21.

d'exploitation des hydrocarbures correspondent parfaitement à cette définition. Or, si les hydrocarbures ont toujours fait l'objet d'autant de travaux sur le plan économique et stratégique (géostratégie plus précisément), c'est qu'il s'agit d'un bien particulier, influençant les modes de son encadrement normatif de façon particulière. Mettant aux prises des acteurs aux intérêts rarement convergents mais toujours aussi interdépendants, à savoir les États producteurs et les entreprises privées étrangères principalement, cette relation mérite tout son pesant d'attention.

892. De plus, « *la création d'une catégorie intermédiaire entre les choses et les personnes est possible conceptuellement en employant la notion de relation juridique, de préférence aux notions de personne (morale ou non)* »[798].

893. Si l'État est l'acteur majeur dans le processus de production de normes juridiques en droit des hydrocarbures, et que la sensibilité de l'activité elle-même, du point de vue tant financier que stratégique, à la fois pour ces États et pour les entreprises privées étrangères, est manifeste, comment ces normes juridiques sont-elles mises en œuvre ? Il s'agira, pour répondre à cette question, de décliner, dans un premier temps, la structuration même de la relation juridique existant en droit des hydrocarbures (Titre I), pour ensuite en démontrer la manifestation, dans un second mouvement (Titre II).

---

[798] JEULAND E., *Théorie relationiste du droit*, *op. cit.*, p. 214.

TITRE I

LA STRUCTURATION RELATIONISTE DU DROIT DES HYDROCARBURES

894. L'analyse des modes de déploiement des normes juridiques relatives à l'activité d'exploitation des hydrocarbures doit débuter par la déclinaison de leur contexte de production. En effet, l'interactionnisme des normes suggère une forte dimension axiologique et politique déterminant ce processus de création des normes[799]. Quelles sont les valeurs liées à l'activité d'exploitation des hydrocarbures, et quels sont ses déterminants objectifs et politiques ?

895. Nous distinguerons ainsi le pré-rapport symbolique de la relation contractuelle (Chapitre I) du rapport symbolique conséquent, dans un second mouvement (Chapitre II)[800].

799 Selon Joël Moret-Baily, les normes « *sont toujours fondées sur des valeurs et relèvent,* in fine, *d'une dimension politique* ». « Synthèse », JEULAND E. et PICAVET E., *Interactionnisme et norme*, *op. cit.*, p. 181.

800 « *Au seuil d'une théorisation de la relation juridique, il s'agit d'explorer la sphère présymbolique où coexisteraient, selon les explications, des "relations" a-causales, télépathiques ou synchroniques, en tous les cas des situations fusionnelles.* » JEULAND E., *Théorie relationiste du droit*, *op. cit.*, pp. 176-177.

CHAPITRE I

LE PRÉ-RAPPORT SYMBOLIQUE DE LA RELATION : L'ESPACE PHYSIQUE DU DROIT DES HYDROCARBURES

896. Selon la théorie relationiste, une institution doit être entendue « *comme un ensemble structuré (avec des organes, une hiérarchie, un règlement intérieur, etc.) de rapports de droit, elle serait construite à partir des rapports de force présents au moment de sa constitution, mais eux-mêmes issus de rapports de droit antérieurs, provenant d'un précédent régime ou institution (...). Cette force s'exprime dans l'interaction elle-même et déjà dans un pré-rapport symbolique conduisant à mettre en place le dispositif symbolique* »[801].

897. Il s'agit ici de décliner les conditions objectives et subjectives justifiant la structuration de la relation existant entre les États et les investisseurs privés étrangers, qui fonderont la nature de leurs relations juridiques. Il s'avère que cet exercice a déjà été peu ou prou mené par la doctrine, et débouche sur une présentation que nous appelons verticale des relations entre les États et les investisseurs privés étrangers (Section I). Dans un second mouvement, une approche agrégée d'un ensemble de facteurs sera proposée, susceptible de constituer le pré-rapport symbolique existant dans la relation, nous suggérant une relation équidistante entre ces dernières (Section II).

SECTION I. L'ÉLABORATION DE LA DISTANCE VERTICALE PAR LA DOCTRINE CONTEMPORAINE

898. Il ressort des présentations faites des rapports juridiques entre les États et les entreprises étrangères, de façon classique, que les rapports de force conduisent, suivant les époques étudiées, à un avantage normatif à l'une ou l'autre des parties. Les fondements de ce rapport juridique, qui

[801] JEULAND E., *Théorie relationiste du droit, op. cit.*, p. 155.

constituent de véritables prémisses (§1), seront éprouvés au regard de la réalité juridique (§2).

§1. Les fondements doctrinaux de la distance verticale proposée en droit des hydrocarbures

899. Schématiquement, deux types de fondements structureraient les relations entre les États et les entreprises privées étrangères : les fondements d'ordre juridique (A) et les fondements d'ordre matériel (B).

A. Les fondements d'ordre juridique

900. Les fondements d'ordre juridique ou encore le « déterminisme » juridique consistent à considérer que certains facteurs historiques conduisent à imposer un type de relation particulier entre les deux acteurs principaux dans l'exploitation des hydrocarbures, les États hôtes des investissements et leurs partenaires étrangers internationaux. Selon le raisonnement mené, il y aurait soit une relation favorable aux États (1), soit, à l'inverse, une relation favorable aux investisseurs privés (2), mais à chaque fois un droit imposé de l'extérieur de leur relation.

1. La verticalité des relations en faveur des États

901. Le droit des hydrocarbures est fille de son temps, comme toutes les régulations humaines. Toutefois, le dynamisme de la régulation serait favorisé par des facteurs extérieurs aux parties, suivant un courant de juristes internationalistes consistant. Ainsi peut-on lire : « *In the post-world II era, which was marked by rising nationalism in the post-colonial world, many of the ex-colonial countries started to demand a change. Similarly, governmental interference with energy activities through regulation started to grow. Today permanent national sovereignty over resources is recognized under international law or international economic law... Similarly, the right and obligation of governments to regulate this area to the benefit of the people is expected.* »[802] Dès lors, les conditions historiques exogènes aux parties seraient source de modification des rapports de force entre les parties, permettant au principe juridique international de souveraineté des États sur leurs ressources naturelles de connaître une mise en œuvre effective.

902. C'est tout le sens de la réflexion de Geneviève Bastid Burdeau, lorsqu'elle essaye de démontrer que d'une doctrine politique officielle relative aux principes régissant les relations entre les États de situation de ressources naturelles et les utilisateurs, le principe de souveraineté des États sur leurs ressources naturelles est passé, par le truchement de l'ONU, à un

---

[802] TALUS K., « Internationalization of energy law », in *Research handbook international energy law*, Edward Elgar Publishing, 2014, p. 5.

« *véritable principe juridique qui fut par la suite reconnu comme tel par la jurisprudence arbitrale et judiciaire* » et, précise-t-elle, « *selon un processus de cristallisation assez classique* »[803]. L'on retrouve l'idée de l'interactionnisme juridique, expliquée notamment par Toope et Brunnée[804] et reprise par certains auteurs francophones, suivant laquelle « *la normativité réside moins dans les origines de la norme que dans sa réception* »[805]. La normativité Elle évoque alors le droit de nationaliser, qui en est le complément « naturel », et qui est davantage renforcé lorsque la clause de droit applicable contenue dans le contrat d'investissement relatif à l'exploitation des ressources naturelles comporte une référence au droit international.

903. Il s'agit en quelque sorte d'un déterminisme historique en faveur des États, au regard de la pratique arbitrale et des États, chevillé autour du principe de souveraineté des États sur leurs ressources naturelles.

2. La verticalité en faveur des entreprises

904. Un raisonnement inverse est également partagé par certains auteurs : les entreprises gagneraient du terrain dans la bataille de la régulation relative aux hydrocarbures. C'est ainsi que l'on a pu écrire que : « *Over the past few decades, energy trade has transcended national borders. With privatization, restructuring, the emergence of competitive markets, cross-border energy trade and regional integration, energy trade has become international in nature. This transformation has not occurred without having had an impact on regulatory models and governance structures for various parts of the energy value chain, from exploration and production to international transport...The internationalization of energy markets has consequences on the regulation of the markets. International markets call for international regulation.* »[806]

905. Le lien ici est fait entre la globalisation économique et la circulation plus rapide et moins contrôlable des biens et services, et les règles entourant ces activités. Cette approche macrojuridique du droit suggère de prendre au sérieux l'impact de la globalisation sur le droit, les *global players* semblant gagner la lutte pour le droit[807]. Cette thèse fait sienne la pensée pluraliste sur

---

[803] BASTID BURDEAU G., « Le principe de souveraineté permanente sur les ressources naturelles à l'épreuve de la mondialisation », *op. cit.*, p. 29.

[804] In *Legitimacy and legality in international law, an Interactional Account*, *op. cit.*, p. 351 (« Adherence to the criteria of legality »).

[805] BELLEY J.-G., « Une métaphore chimique pour le droit », in *Le droit soluble. Contributions québecoises à l'étude de l'internormativité*, Paris, L.G.D.J., 1996, p. 7.

[806] TALUS K., « Internationalization of energy law », in *Research handbook international energy law*, *op. cit.*, p. 5.

[807] Lire FRYDMAN B., « Comment penser le droit global », in CHEROT, FRYDMAN (dir.), *La Science du droit dans la globalisation*, Bruylant, Coll. Penser le droit, p. 34.

l'affaiblissement du pouvoir normatif de l'État, sans précision particulière sur le sens à donner au mot « droit »[808].

906. Il s'agit là également d'un déterminisme juridique excluant les facteurs relationnels, dans la mesure où les facteurs extérieurs à cette relation seraient source d'influence de ces relations, qui n'en subiraient que les contrecoups.

907. À cette conception du fondement du droit des hydrocarbures de nature juridique se joint une autre conception de nature géoéconomique.

B. L'approche géoéconomique

908. L'approche géoéconomique privilégie des facteurs d'ordre objectif, matériel, lesquels expliqueraient la nature du droit des hydrocarbures. Ces facteurs auraient ainsi une influence sur le plan du droit national soit du fait de la puissance des entreprises pétrolières et gazières internationales (1), soit du fait des impératifs d'attractivité normative considérés comme vitaux par les États soucieux d'attirer les investissements (2).

1. L'instrumentation de la puissance économique des entreprises privées étrangères

909. Le lien entre le gigantisme des multinationales et le droit est ainsi établi par des auteurs récents : « *Les opérations tendant à l'exploitation des ressources naturelles nécessitant des investissements considérables, les gisements miniers et pétroliers ont pendant longtemps été exploités au seul profit des grandes sociétés étrangères. Aujourd'hui encore, (...) les compagnies transnationales comptent pour beaucoup dans l'exploitation des ressources naturelles sur le continent africain (...). Ces sociétés transnationales constituent des empires industriels gigantesques fortement diversifiés dont l'objet initial pouvait être ou non l'exploitation d'une ou de plusieurs ressources naturelles. (...) La puissance de ces sociétés internationales est loin d'être négligeable, de sorte que certaines d'entre elles réalisent des profits supérieurs à ceux générés par des États tout entiers. (...) Le poids de ces* majors *pourra, dans certains cas, avoir une incidence forte sur les négociations du cadre contractuel entourant l'investissement.* »[809]

910. Est alors mis ici en exergue un rapport de force favorable aux entreprises privées étrangères, en fonction de leur puissance incontestable au regard des paramètres économiques, financiers et technologiques. La

[808] TERRE D., « Le pluralisme et le droit », in *Le pluralisme*, *Arch. phil. dr.*, Dalloz, T.49, p.77 ; dans le même ouvrage, GERMAIN M., « Pluralisme et droit économique », pp. 235-250. Sur l'émergence des acteurs non étatiques dans la sphère normative internationale suite au phénomène de la mondialisation, AUBY J.-B., *La globalisation, le droit et l'État*, L.G.D.J., Lextenso éditions, 2e édition, 2010, pp. 98-104.

[809] LAURIOL T.et RAYNAUD E., *Le droit pétrolier et minier en Afrique*, *op. cit.*, pp. 48-49.

soumission, voire l'assujettissement des États, est implicitement suggérée, vu les critères de puissance qui influencent alors le contenu du droit des hydrocarbures.

2. L'instrumentation du pouvoir normatif par les États

911. Une autre approche relève de « *l'économisme* »[810], et à considérer que l'État est un acteur majeur du marché économique tout en étant l'un de ses producteurs (ou coproducteurs, avec plusieurs autres acteurs par ses lois), « *le droit étatique reflète donc l'ordre économique existant* »[811].

912. C'est ainsi qu'il a pu être dit que : « *The objectives of an international oil company differ quite significantly from those of a host government. Its chief objective is revenue maximization. (...) Other revenue-related objectives of international oil companies often include the ability to book reserves, reduce investment and operational risks and so on. In order to induce an international oil company to invest, it is essential to include internationally accepted regulatory and contractual provisions in the regulatory framework for upstream petroleum. In order to stimulate foreign direct investment, host governments must establish terms that reasonably assure investors that their investments will yield the expected profits. This translates into requirements of transparency, predictability and stability.* »[812]

913. Autrement, au contraire de l'approche passive qu'on lui prêterait, il serait le promoteur d'un droit des hydrocarbures politiquement orienté en vue de valoriser au mieux de ses intérêts son domaine minier. Un des plus hauts responsables africains de l'Association des producteurs de pétrole africains (APPA) a pu alors dire : « *Policies and regulations must be clearly defined with respect to the organization of institutions in charge of the industry, including a clear identification of the authorities responsible for the allocation of oil and gas rights. (...) In most cases, investment decisions are generally based on the understanding and appreciation of oil and gas policies and regulations (...) it is logical that investors would normally gravitate towards countries and regions where they have a better knowledge of the legal and regulatory frameworks and where the investment climate in the oil and gas industry is attractive.* »[813]

914. Les impératifs de clarté et d'attractivité des législations pétrolières et gazières sont tels qu'alors que cette organisation a une vocation statutairement technique, elle a initié des réflexions en vue de produire des modèles normatifs standards pour les pays africains.

---

[810] SUEUR L.-J., « Analyser le pluralisme pour comprendre la mondialisation ?, in CHEROT, FRYDMAN (dir.), *La Science du droit dans la globalisation*, Bruxelles, Bruylant, Coll. Penser le droit, p. 112.
[811] *Ibid.*
[812] PEREIRA E.G. et TALUS K., « Introduction », *African upstream oil and gas, op. cit.*, pp. 10-11.
[813] OYEWOLE B., Avant-propos, in *African upstream oil and gas, op. cit.*, p. 6.

915. Ces approches ont toutes en commun qu'elles considèrent le droit des hydrocarbures comme la résultante d'un seul pôle dans la relation qui devra unir les parties, envisageant donc un rapport vertical entre elles. Or, au regard de leurs propres prémisses, le droit ne semble pas confirmer ces hypothèses théoriques.

§2. Les limites doctrinales de la distance verticale proposée en droit des hydrocarbures

916. Que ce soit sur le plan juridique (A) ou sur le plan économique (B), les prémisses avancées ne sont pas vérifiées, et invalident *de facto* la pertinence des facteurs avancés comme structurant durablement le droit des hydrocarbures.

A. Sur le plan juridique

917. Deux critiques successives relativisent la portée des facteurs avancés par la doctrine sur le plan juridique : l'impact relatif du droit international sur les relations entre les parties (1) et son pendant, la tendance relationiste forte qui semble se dégager de la pratique des acteurs (2).

1. Un tissu normatif international encore divers

918. La première critique relative au caractère déterminant du droit international sur le droit des hydrocarbures est liée à sa force normative. S'il est incontestable qu'il constitue une source d'encadrement général de ces activités, il n'en demeure pas moins vrai qu'encadrer ne signifie pas forcément réguler. L'inexistence d'une organisation internationale dédiée aux hydrocarbures, d'une part, et la dilution des principes internationaux applicables en droit des hydrocarbures (principe de souveraineté permanente des États et tous les mécanismes de protection des investisseurs de l'autre côté) dans des textes internationaux plus génériques, d'autre part, réduisent la portée normative véritable de ces textes dans la régulation des parties liées par un projet extractif.

919. Il est en effet admis que : « *Questions of sovereignty are, not only aspects of international law with impact on the exploitation of energy resources. The general rules on investment protection (...) constitute an important area of international energy law, or international economic law, in this regard. In this area, international law regimes include both multilateral and bilateral agreements, and there is also an international institution which deals with claims brought under the international investment protection regime. (...) Arguably, these two areas-investment protection and permanent sovereignty over resources- <u>are two wide in scope to be characterized as merely forming part of international energy law</u> (...) the relationship is not one directional.* »[814]

[814] TALUS K., « Internationalization of energy law », *op. cit.*, p. 7.

920. Mieux, même en tenant compte des facteurs historiques ci-dessus avancés, la régulation des rapports juridiques en matière d'hydrocarbures ne semble pas fondamentalement dépendre du droit international économique. Le spécialiste du droit international nous dit alors, en intégrant pourtant les facteurs géopolitiques de certains courants de pensée : « *La ''géopolitique'' des ressources énergétiques et spécialement du pétrole s'est modifiée de manière évidente (...). La révélation des manifestations de la dépendance énergétique dans les relations internationales et son analyse de la perspective des normes du droit international général supposent avant tout quelques éclaircissements. Dans ce cas, la dépendance est vue non seulement comme une absence, comme une limitation de l'indépendance (politique), mais surtout comme une condition économique, générée par l'inévitable interdépendance d'une économie mondialisée, aussi bien que par le fonctionnement des lois du marché libre et surtout par l'action souvent divergente des intérêts géostratégiques des États et/ou de grands groupes d'intérêts économiques.* »

921. Et il ajoute : « *Cette explication comporte d'importantes conséquences : en tant que ressource naturelle, la ressource énergétique fait l'objet de la souveraineté de l'État sur le territoire duquel cette ressource se trouve, avec les implications évidentes de ce statut en ce qui concerne les droits d'exploration et d'exploitation ; en tant que marchandise, elle se manifeste dans le cadre des relations économiques internationales et sous l'incidence des réglementations juridiques afférentes, avec une perception et une pratique adéquate.* »[815]

922. Autrement dit, la pratique, au bout de la chaîne normative, est l'étalon d'appréciation ultime du droit des hydrocarbures, et non des ressources à la fois lointaines et génériques composant le droit international en général, et le droit international économique en particulier.

923. En revanche, des perspectives relationistes en la matière sont timidement reconnues comme envisageables par les juristes, qui sont en général des praticiens.

2. Un relationnisme timidement énoncé

924. Pour Peter Cameron, qui est le premier auteur à avoir exclusivement écrit un livre sur la stabilité des rapports entre les États et les entreprises pétrolières internationales : « *The evidence provided (...) strongly suggest that a more robust and constraining force is exercised by the obligations which states undertake in treaty and contract and buy the often unappealing prospect of a binding decision handed down by an international arbitral tribunal. (...) there is a plenty of evidence in the cases discussed in this study to support the familiar view that the parties to a dispute in the energy and*

---

[815] DUTU M., « La dépendance énergétique, la souveraineté et le droit international général », in DOUMBÉ-BILLÉ (dir.), *Défis énergétiques et droit international*, *op. cit.*, p. 33.

natural resources industries will make strenous efforts to reach a settlement rather than pursue a case to its legal conclusion. (...) Ultimately, the international investment law that is considered here is a framework only in a limited sense. (...) This ensures that its present stage of development, investors in energy and natural resources continue to attach a major significance to contract-based forms of stability. »[816]

925. Si, comme nous le verrons, la stabilité des relations, consignée comme engagement de l'État souverain, est l'un des attributs majeurs des rapports juridiques entre les parties, et que la clause relative à cette protection des investisseurs privés étrangers est non seulement systématique dans leurs accords respectifs, mais fortement protégée par les arbitres, le droit international, à travers ses sources classiques, n'est pas aussi décisif que la source contractuelle du droit des hydrocarbures.

926. Il importe d'apprécier maintenant les arguments géopolitiques régulièrement avancés par certains auteurs.

B. Sur le plan géoéconomique

927. L'expérience de certains États africains démontre, par un raisonnement par l'absurde, que la puissance des investisseurs étrangers ne peut pas, ultimement, justifier le mode de régulation existant entre les parties (1). De plus, cette cause devrait, pour être validée, produire les mêmes effets dans d'autres secteurs d'activités, ce qui n'est pas le cas.

1. Un déterminisme critiquable à l'expérience

928. Une confusion semble s'installer entre la puissance économico-financière des entreprises multinationales et leur puissance juridique. Certes, « *le pétrole est une affaire de gros sous* »[817]. Les différentes phases constitutives de la « chaîne de valeur » des hydrocarbures (exploration, développement et exploitation) sont nécessiteuses de gros capitaux, dont le volume est tel que seules quelques grosses compagnies internationales en ont le monopole. Selon Henri Paris, « *ce sont elles que l'on désigne sous le nom générique de* majors *: Exxonmobil Oil, Royal Dutch Shell, British Petroleum (BP), la française Total Elf Fina, Chevron Texaco, Conoco Philips, l'italienne ENI pour Ente Nazionale Idrocarburi, l'espagnole Respsol, la norvégienne Statoil, l'allemande E. On Ruhhrgas (...). Ces sociétés en majorité américaines sont le résultat d'une multitude de fusions-acquisitions, qui en fait des géantes* »[818].

---

[816] CAMERON P., *International Energy Investment law. The pursuit of stability*, Oxford University Press, 2010, p. xix. (Introduction).

[817] KOUNOU M., *Pétrole et pauvreté au sud du Sahara, Analyse des fondements de l'économie politique du pétrole dans le golfe de Guinée*, *op. cit.*, p. 85.

[818] PARIS H., *Le pétrole tue l'Afrique*, Paris, Les éditions des Riaux, 2007, p. 26.

929. Toutefois, la mesure de la puissance fondée sur la prise en considération des ressources de divers ordres est une entreprise fondamentalement empirique, et non théorique. Il convient d'éviter de faire le fétichisme des facteurs ou des moyens de la puissance ; encore faut-il pouvoir mobiliser lesdits facteurs de manière efficace afin de passer du stade de la potentialité à celui de l'effectivité, et pour une théorisation, passer du recensement des cas à l'élaboration des règles vérifiables à une échelle considérable. Il s'agit de considérer que ces facteurs ne sont pas mécaniquement efficaces, mais plutôt des facteurs prédisposant à la puissance qui peut, ou peut ne pas être décisive dans la structuration de la relation juridique entre les acteurs concernés.

930. L'exemple de la République du Tchad, l'un des pays les plus pauvres du monde[819], régulièrement en prise avec les plus grandes compagnies mondiales, peut servir de contre-exemple. Le président de la République de ce pays a demandé, le 26 août 2006, la renégociation des contrats pétroliers signés avec le consortium constitué des américains Exxon et Chevron ainsi que du malaisien Petronas, ceci, devant le gouvernement et l'Assemblée nationale réunis. En considération du fait qu'au second semestre 2006, les cours du pétrole n'ont cessé d'augmenter, le chef de l'État a évalué le manque à gagner pour l'État à 250 milliards de FCFA (558 millions de dollars), l'État tchadien n'ayant reçu que 500 millions de dollars pendant que les compagnies réalisaient un chiffre d'affaires de 5 milliards de dollars, soit dix fois plus[820]. Ce litige avait entraîné la suspension des activités d'exploitation pétrolière dans ce pays, et « *les négociations engagées entre les parties ont porté leurs fruits* »[821], la levée de la suspension ayant été prononcée le 6 octobre 2006.

931. De même pouvons-nous évoquer le cas de la révision du taux de droit de transit au Cameroun, dans le cadre de l'exploitation du pipeline Tchad-Cameroun. Le 3 avril 2009, au cours d'une cérémonie d'au revoir organisée en l'honneur du DG sortant de la COTCO, l'ADG de la SNH et président du CPSP inscrivait ainsi la question du taux de droit de transit dans les priorités du mandat du nouveau DG : « *Comme vous le savez, alors que le consortium des sociétés pétrolières et l'État du Tchad ont remarquablement bénéficié de l'embellie des prix sur le marché international, les revenus du Cameroun ont été inversement proportionnels. J'ai donc bon espoir que nous trouverons, et dans les meilleurs délais, une*

[819] OUAGADJIO B., « Le Tchad à l'aune du développement humain durable », in *Tchad, quarante ans d'indépendance : bilan et perspectives de la gouvernance et du développement*, actes du colloque de Ndjamena, 25 au 28 février 2002, CEFOD, p. 157. Lire aussi le document de la Banque africaine de développement, « Tchad - Document de stratégie pays », https://www.afdb.org/fr/countries/central-africa/chad/, visité le 12 septembre 2017.
[820] *Jeune Afrique*, n°449, 16 - 22 décembre 2007, p. 87.
[821] Lire MEKA J.-F., « Relations normalisées entre le Tchad et le consortium des sociétés pétrolières », *SNH Infos*, n°022, janvier 2007, p. 25.

solution mutuellement bénéfique aux parties, sur cette question qui relève de la justice économique. »

932. Le coup d'accélérateur est donné à la démarche du Cameroun par le chef de l'État en personne. En effet, en novembre 2012, est dépêchée une mission au Tchad conduite par son Vice-Premier ministre, ministre délégué à la présidence chargé des relations avec les Assemblées, à l'effet de conclure les négociations sur la réévaluation de ces droits. Au cours de cette mission, le président tchadien, Idriss Déby, a marqué son accord en vue de la révision à la hausse du taux de droit de transit des hydrocarbures tchadiens sur le sol camerounais. Un avenant à la convention de base vient ainsi faire justice au Cameroun. Six sessions de négociations se sont déroulées entre la partie camerounaise et COTCO, en présence de la partie tchadienne, entre le 7 février et le 1er août 2013. Elles ont pu conduire à une révision substantielle du taux du droit de transit de 0,41 dollar US par baril, fixé par la convention d'établissement du 8 février 1996, à 1,30 dollar US par baril. L'avenant prévoit en outre la révision de ce taux tous les cinq ans, sur la base de la moyenne des taux d'inflation annuels publiés par la Banque des États d'Afrique centrale (BEAC) au cours des cinq années précédentes. Par ailleurs, l'avenant signé le 29 octobre 2013 prévoit que le nouveau taux est immédiatement applicable, sans discrimination, à tous les expéditeurs de pétrole brut provenant de pays tiers, évacué à travers le pipeline Tchad-Cameroun[822].

933. Ainsi, indépendamment du cadre normatif en vigueur entre ces parties, la « relation » existant entre elles est ce qui, en bout de chaîne, a conduit à l'exécution d'une obligation majeure sur le plan financier d'un ensemble de *majors*, face à des États manifestement moins puissants financièrement.

934. Au demeurant, le gigantisme constamment avancé des projets pétroliers et gaziers et de leur pendant, la puissance financière des entreprises qui en sont les promotrices, n'est pas exceptionnel, sans que cette banalité ne conduise au même type de relations juridiques entre les États et ces entreprises.

2. Un gigantisme exceptionnel critiquable à l'expérience

935. Deux éléments de pondération permettent d'atténuer la force structurante des facteurs géologiques et économiques dans le cadre de la construction du droit des hydrocarbures : le partage du risque avec l'État (a) et l'existence d'investissements autant importants mais ne bénéficiant pas du même mode de régulation que les hydrocarbures (b).

---

[822] Lire ABESSOUGUE J.-B., « Le taux du droit de transit relevé de 0,89 dollar US par baril », *SNH Infos*, n°42, décembre 2013, pp. 16-17.

a) Le partage du risque financier entre les investisseurs et les États hôtes des investissements

936. Il convient de nuancer l'imputation totale de deux risques géologiques et économiques chez l'investisseur pétrolier étranger dans certaines hypothèses. Dans la sentence arbitrale prononcée par le tribunal *ad hoc* présidé par Pierre Lalive du 11 juin 1997 sur le litige opposant la République du Cameroun et la société Elf Serepca, les dépenses d'explorations sèches ont été réputées déductibles pour la détermination du résultat imposable d'Elf Serepca[823]. Ensuite, le principe a été légalisé, mais n'épuise pas les modes de partage de ce risque, comme cela est affirmé par une doctrine récente[824].

937. En effet, il est des cas où l'État, par son bras séculier qu'est la Société nationale, supporte pareillement le risque de l'exploration, notamment lorsqu'elle est contractante en tant que société régie par le droit commun, et ainsi le risque économique y relatif. Il s'agit d'une association en général, une *joint-venture*, avec les sociétés pétrolières étrangères en tant que partenaires, où l'État est présent *jure gestionnis*, dans un accord de partenariat commutatif[825], en tant que coassocié, comme dans les champs d'Ebome (avec Perenco Cameroon et Mobil Producing), Kombe-Nsepe (avec Perenco Oil & Gas) et Matanda (avec Glencore)[826] au Cameroun.

---

[823] Voir DIKOUME A., *op. cit.*, pp. 268-269.

[824] Le docteur Dikoume disait notamment qu'« *au Cameroun, le partage du risque d'exploration est véritablement institué avec la loi du 14 avril 1998* », thèse précitée, p. 269. L'article 15 alinéa 3 de cette loi dispose en effet que : « *Les dépenses correspondant aux travaux de recherches qui ne sont pas amorties à la date d'expiration d'un permis de recherches n'ayant pas donné lieu à octroi d'une concession, sont déductibles de l'assiette de l'impôt sur les sociétés sur une période à déterminer d'accord partie par l'État et le Contractant.* » Mais, bien avant cette loi, les modes d'association entre la société nationale et les entreprises pétrolières locales conduisaient à un partage du risque en phase d'exploitation. V. LAURIOL T. et RAYNAUD E., sur la différence entre le risque de recherche et le risque financier, in *Le droit pétrolier et minier*, *op. cit.*, p. 63. Au Nigeria, c'est la Cour suprême qui en a décidé ainsi en 1997, pour toutes les dépenses qui incombent à l'investisseur pétrolier étranger : *Shell Petroleum v. Federal Board of Inland Revenue*, cité par OCHIEZE C., "Fiscal stability : to what extent can flexibility mitigate Changing Circumstances in a Petroleum Production Tax Regime? www.ogel.org, vol. 5, issue 2, avril 2007, note 45, p. 15.

[825] L'article 1104 du Code civil dispose qu'un contrat est commutatif « *lorsque chacune des parties s'engage à donner ou à faire une chose qui est regardée comme l'équivalent de ce que l'on lui donne, ou de ce qu'on fait pour elle* », et dont le consortium en est l'exemple topique.

[826] *SNH Infos*, n°17, décembre 2004, p. 14. Cette « cogestion » des activités pétrolières est rendue possible depuis la convention d'établissement signée entre l'État du Cameroun et la Société nationale des hydrocarbures (SNH) le 17 mai 1996, par laquelle la SNH, en l'article 5, « *accepte de mener les opérations pétrolières conformément aux normes courantes prévalant dans l'industrie internationale du pétrole…* ». Le décret n°80/086 du 12 mars 1980 portant création d'une Société nationale des hydrocarbures la confinait à des tâches de suivi, de promotion, d'études, de conservation d'informations s'y rapportant, de formation professionnelle, mais pas à des tâches participatives directes. En cela, le Code pétrolier de 1999 n'est pas une révolution substantielle du point de vue de l'implication des pouvoirs publics dans la gestion pétrolière. En Angola, l'État, *via* la SONANGOL, partage 25% des produits et des charges également, ce qui est à raison considéré comme un adoucissement des

938. Dès lors, il est clair qu'en l'état actuel du droit contractuel en vigueur dans de nombreux États africains, les dépenses d'exploration sont toujours partagées avec l'État, soit directement, par la voie de la contribution directe des États, soit indirectement, par le moyen de la déductibilité fiscale ; ainsi, la dramatisation de la responsabilité exclusive de l'entreprise étrangère est exagérée.

939. Outre ce partage de risque quasi systématique entre les États hôtes et les investisseurs privés étrangers, il convient de mettre en évidence également l'existence de projets extrêmement onéreux, mais ne bénéficiant pas du même type de régulation que les activités des hydrocarbures.

b) Le partage de l'importance financière avec d'autres secteurs d'activités

940. Les montants des investissements pétroliers et gaziers, aussi importants soient-ils, ne suffisent pas à en expliquer le régime particulier. La relation juridique ou le dispositif normatif spécifique à ce secteur d'activité ne peut pas s'expliquer uniquement sur la base de ces valeurs. Les déterminants financiers doivent ainsi être relativisés, au regard notamment de l'existence de plusieurs autres secteurs d'activités où les montants sont autant, voire plus importants, que certains projets pétroliers.

941. Ainsi pouvons-nous prendre l'exemple des entreprises qui ont été considérées comme éligibles aux avantages fiscaux prévus par la loi n° 2013/004 du 18 avril 2013 fixant les incitations à l'investissement privé en République du Cameroun. En prenant le seuil minimal de neuf (9) milliards de FCFA et le plafond de soixante-quinze (75) milliards de FCFA, représentant les fourchettes les plus basses et les plus hautes des projets pétroliers ayant fait l'objet de contrat de partage de production au Cameroun[827], le pays a accordé des agréments à des entreprises relevant de plusieurs types d'activités, et dont les montants en termes d'investissements projetés sont supérieurs au seuil minimal de neuf milliards, et même supérieurs au plafond de soixante-quinze milliards. L'on dénombre alors pas moins de vingt (20) secteurs d'activités, dont l'agroalimentation, la grande distribution, l'hôtellerie, les cimenteries, les forages industriels, les industries brassicoles, les industries vinicoles, l'industrie sylvestre et enfin le transport urbain.

942. Dans le secteur de la fourniture d'énergie électrique au Cameroun, les montants d'investissements sont astronomiques : deux cent trente-huit (238) milliards de FCFA sont par exemple nécessaires pour la construction du barrage de Lom Pangar, précisément pour la construction d'un barrage

---

risques pétroliers pour les investisseurs étrangers. EIDGE O., « *How attractive are the fiscal regimes of the deepwater offshore West Africa to foreign Investment?* », www.ogel.org vol. 2, issue 3, juillet 2004, p. 9.

[827] Voir tableau n°1 sur les communiqués de la SNH relatifs à la signature des contrats de partage de production (p. 250).

réservoir d'une capacité utile de six (6) milliards de mètres cubes, associée à une usine de trente (30) mégawatts (MW) et une ligne de transport de quatre-vingt-dix kilovolts[828]. Dans le même sens, dans le même secteur d'activité, le projet Nachtigal est encore plus gigantesque en termes d'investissements. D'une capacité installée de 420 MW, il prévoit une centrale hydro-électrique, pour un coût global de 656 milliards de FCFA[829].

943. Tous ces projets, aussi onéreux soient-ils, ne bénéficient néanmoins pas du même encadrement juridique et institutionnel que les hydrocarbures. Selon les cas, le droit commun s'applique : le régime des concessions de services publics (construction de barrages et centrales, par exemple), les marchés publics, le régime des investissements étrangers, et dans tous les cas, le droit commun en matière fiscale. Ni la stabilité fiscale, ni l'arbitrage ne sont intrinsèquement liés à ces régimes juridiques et fiscaux, marqueurs d'un régime spécifique aux hydrocarbures.

944. Il s'agit en réalité d'associer des paramètres immatériels précis pour compléter la structure des déterminants du droit des hydrocarbures.

SECTION II. LA PROPOSITION DE L'ÉQUIDISTANCE COMME CLÉ D'ANALYSE DES RELATIONS

945. Emmanuel Jeuland écrit : « *Le rapport de droit ne serait donc pas la forme des rapports de force mais le rapport humain en ce qu'il est construit. Certes, il implique de la force, des éléments de domination, car les rapports sont souvent inégaux, mais le droit ne donne pas sa forme à cette force. Cette force s'exprime dans l'interaction elle-même et déjà dans un pré-rapport symbolique conduisant à mettre en place le dispositif symbolique.* »[830]

946. Cette approche est opérante en droit des hydrocarbures, qui concentre un ensemble de facteurs qui doivent toujours être regroupés afin de comprendre le dispositif symbolique instauré entre les parties. L'analyse des facteurs mis ensemble nous suggère de proposer l'équidistance comme angle d'analyse des relations juridiques entre les entreprises privées étrangères et les États producteurs. Cette proposition nous a été suggérée par la lecture des travaux, ainsi que par des discussions que nous avons pu avoir avec l'économiste Jean-Jacques Ikama, qui a profondément travaillé sur les différents modes de partage de la rente minière en Afrique noire[831].

947. Rappelant que « *"le jeu pétrolier" pourrait essentiellement être "en dernière analyse, un jeu de partage de la rente pétrolière"* », il se demande alors, dès l'introduction : « *Quelle est la place de l'équité dans le partage*

---

[828] Lire « Trois projets d'envergure », journal national *L'ère du Temps,* mai 2014, p. 12.

[829] Voir le quotidien gouvernemental *Cameroon Tribune* du 8 juillet 2016, p. 4.

[830] JEULAND E., *Théorie relationiste du droit, op. cit.*, p. 155. (C'est nous qui soulignons).

[831] IKAMA J.J., *op. cit.*.

des revenus pétroliers entre le pays producteur – propriétaire de la ressource naturelle – et les sociétés pétrolières qui exploitent les gisements pétroliers ? »[832]

948. Après avoir décrit les bases essentielles du partage de la rente pétrolière, les différents régimes de partage de la rente pétrolière et les mécanismes de spoliation, et proposé un modèle de partage « *simple, flexible et équitable de la rente pétrolière* », ses conclusions sont limpides, et nous les considérons comme non seulement opérantes, mais aussi pertinentes : « *Sur la base de ces différentes définitions et affirmations, il est recevable de conclure qu'un dispositif de partage pouvant être jugé équitable est celui qui est susceptible de permettre que les différentes parties concernées accèdent, chacune, à leur juste part, sans que cela ne mène forcément à une égalité parfaite.* » Mais, continue-t-il, « *la qualité du dispositif est-elle suffisante pour accéder à l'équité ? Non, certainement qu'il est également impératif que l'instrument, le mécanisme – quelque perfectionné qu'il puisse être – soit associé aux capacités de chacune des parties prenantes d'en faire un usage judicieux. (...) Dans ces conditions, les concessions peuvent être volontairement faites de façon à ne pas strictement se conformer à la juste part de chacun, sans que cela ne remette en cause le caractère équitable du partage ainsi effectué* »[833].

949. Paul Reuter a démontré la prise en compte de l'équité en droit international, à travers l'analyse de nombreuses jurisprudences internationales[834]. Il en conclut alors que « *le problème de l'équité se posait dans trois directions assez différentes suivant qu'elle est à la recherche d'une solution d'équivalence, d'une solution de proportionnalité ou d'une solution de finalité* »[835]. Au regard de la réflexion de l'économiste africain Ikama sur la prise en compte d'une part équitable, il en ressort davantage les fonctions relatives aux équivalences ou à la proportionnalité de l'équité, en tout cas, le volet arithmétique. Nous pensons que la dimension exclusivement pécuniaire des dispositifs normatifs en matière d'hydrocarbures est réductrice. Les bénéfices que peuvent tirer les États souverains d'un projet extractif peuvent ne pas être exclusivement pécuniaires, voire ne pas être du tout de nature pécuniaire, mais parfois politique (totalement ou partiellement).

950. Dès lors, nous pensons que c'est la fonction finaliste de l'équité qui doit être retenue au principe d'équitabilité proposé par l'économiste Ikama. Au regard de cette fonction, il ne s'agit pas « *tant d'adapter la règle juridique aux situations individuelles concrètes, que de déceler dans la règle elle-même une finalité (...). Ici, ce n'est plus par son cheminement vers l'application concrète que la règle se précise, c'est par la recherche d'un*

[832] *Ibid.*, p. XVIII.
[833] *Ibid.*, p. 128. (C'est nous qui soulignons).
[834] REUTER P., « Quelques réflexions sur l'équité en droit international », *Rev. BDI*, 1980, heinonline.org, pp. 165-186.
[835] *Ibid.*, p. 169.

plan plus général encore, par sa subordination aux finalités qui l'ont inspirée »[836]. Enfin, ce principe finaliste doit être mis en rapport avec le principe de bonne foi dicté par l'équité en droit interne, dans sa fonction interprétative. Ce rapprochement entre l'équité et la bonne foi est rappelé par le professeur Patrick Wéri, pour qui « *les contrats devant s'interpréter de bonne foi, il incombe au juge de rechercher la volonté commune des parties et le but qu'elles se sont fixé (art. 1156 C. civ)* »[837].

951. Le but à atteindre (l'équité), fonction de la relation entre les parties (leurs prétentions et leurs capacités techniques), nous semble être fortement suggéré par les conditions au rapport, qu'il convient au préalable de décliner. Il s'agit des éléments indispensables à la relation (§1), qui, mis ensemble, invalident les théories explicatives du droit des hydrocarbures (§2).

§1. Les éléments indispensables à la phase de présymbolisation

952. La phase de présymbolisation[838], en droit des hydrocarbures, est composée d'éléments matériels (A) puis d'éléments immatériels (B) qui, fusionnés, structurent de façon intrinsèque ladite phase de présymbolisation.

A. Les paramètres matériels de la relation

953. Deux éléments matériels structurent la phase de présymbolisation entre les différents acteurs : les facteurs économiques (1) et les facteurs géologiques (2).

1. Les paramètres économiques

954. Les paramètres économiques sont en lien étroit avec la matière même faisant l'objet de régulation, les hydrocarbures. Ils portent tant sur les conditions économiques d'extraction des hydrocarbures, qui sont particulières, que sur les conditions économiques de leur valorisation.

955. Selon J. Masseron, un forage en mer coûte en Afrique entre deux et six millions de dollars, et ceci, pour une faible profondeur[839]. En réalité, cette estimation doit être actualisée, l'évaluation contemporaine tendant plutôt entre 8 et 20 millions de dollars pour une durée variant entre 30 et 100 jours, et un puits à terre (*on shore*) entre 2 et 5 millions de dollars sur une période identique. Exceptionnellement, les coûts des forages d'exploration peuvent

---

836 *Ibid.*, p. 179. (C'est nous qui soulignons).

837 WÉRI P., « L'équité et le droit belge des obligations », in *Les sources du droit revisitées. Normativités concurrentes*, vol. 3, Éditions Anthémis, 2012, p. 102.

838 JEULAND E., *Théorie relationiste du droit*, *op. cit.*, p. 172.

839 Cité par KWATE EKWA A., *La spécificité du régime fiscal des sociétés pétrolières d'amont au Cameroun*, mémoire de DESS d'administration fiscale, Université de Douala, 2001, p. 16.

même atteindre 50 millions de dollars[840]. Au Cameroun, par exemple, l'année 2003 a connu un record significatif dans l'exploration du domaine minier national depuis les quinze précédentes années, avec 35 millions de dollars investis, soit 19,5 milliards de FCFA, dans la dynamique de relance de la production pétrolière locale. Plus singulièrement, l'association SNH/Conoco Phillips/Petronas a investi 24,47 millions de dollars US pour le forage de deux puits d'exploration seulement sur le champ Coco Marine, dans le permis Nyong II (PH-77), et sur une période réduite allant de juin à septembre 2005, soit une moyenne de 12,2 millions de dollars US par puits.

956. L'importance des coûts d'exploration et de développement est telle que non seulement ils sont estimés à l'avance, mais ils font l'objet d'une publication officielle systématique au Cameroun, par exemple, de la part des pouvoirs publics, comme nous le verrons.

957. En réalité, ces lourds investissements ne sont pas des risques en soi, tel que cela a pu être suggéré par de nombreux auteurs[841], s'ils ne sont pas complétés par l'incertitude, la découverte étant acquise, des prix de vente potentiellement bas de cette marchandise. En effet, le niveau des prix relativement faible des deux décennies passées et leur volatilité ont pesé sur le développement des investissements en amont. De fait, les investissements dans le secteur des hydrocarbures apprécient particulièrement les *cash flows* stables sur une longue période, compte tenu des montants engagés et de leur caractère irréversible[842].

2. Les paramètres géologiques

958. Que ce soit en matière pétrolière (a) ou en matière gazière (b), les particularités géologiques de ces ressources sont une donnée centrale dans la relation future des acteurs.

a) En matière pétrolière

959. L'importance des investissements à réaliser ainsi que les risques économiques relatifs à la fluctuation des cours du pétrole sont doublés d'un risque géologique important auquel font face les entreprises pétrolières de façon systématique : le risque géologique. Le concept de recherche pétrolière en lui-même induit substantiellement la possibilité de ne rien trouver après

---

840 Lire « Recherche et production du pétrole et du gaz », Publications de l'Institut français du pétrole (ouvrage collectif), Paris, Éditions Technip, 2002, p. 127.

841 Par exemple OCHIEZE C., "*Fiscal stability: to what extent can flexibility mitigate Changing Circumstances in a Petroleum Production Tax Regime*?", www.ogel.org, vol. 5, issue 2, avril 2007, p. 6. De même, Thierry Lauriol et Émilie Raynaud insistent davantage sur le risque géologique mais pas sur le risque économique lié aux cours des matières premières. *Le droit pétrolier et minier*, *op. cit.*, pp. 63-64.

842 V. BOUSSENA S., PAUWELS J.-P., LOCATELLI C., SWARTENBROEKX C., *Le défi pétrolier, questions actuelles du pétrole et du gaz*, Paris, Éditions Vuibert, mars 2006 (ouvr. coll.), p. 35.

des dépenses pourtant effectivement et définitivement supportées. En effet, « *l'exploration constitue une phase particulière où règne un contexte de grande incertitude (...) elle a l'ambition de découvrir des accumulations d'hydrocarbures situées à plusieurs milliers de mètres sous terre, donc parfaitement invisibles et intangibles. De surcroît, ces accumulations résultent elles-mêmes de conjonctions géologiques très précises et restrictives (...). La chance y intervient pour une part non négligeable, même si, depuis les débuts de l'exploration pétrolière il y a 150 ans, la prospection s'est rationalisée de façon spectaculaire* »[843] .

960. C'est ainsi qu'au Cameroun, cette alternative est intervenue dans les faits plusieurs fois : de nombreux permis de recherche se sont avérés infructueux. En 2005, par exemple, l'un des puits du champ Coco Marine de l'association SNH/Conoco Phillips/Petronas (puits Londji-1) a été exploré, mettant en évidence plusieurs réservoirs à eau. Il a été bouché, abandonné et classé comme puits sec, alors qu'un autre du même champ (le puits Coco-2) a révélé de l'huile évaluée entre 22 et 68 millions de barils[844]. Plus récemment encore, les puits d'appréciation MWM-4 et I-17 dans la concession Lokele (avec Addax Petroleum Cameroon comme opérateur), les puits Oak North opérés par Glencore Exploration Cameroon Ltd, ou le puits d'exploration Bamboo-1 opéré par Murphy Cameroon Ntem Oil Co dans le bassin de Douala/Kribi-Campo, ont été abandonnés en 2014[845]. En 2016, le permis Manatee-1 opéré par Kosmos dans le bloc « Bakassi Ouest », à une profondeur de 1 447 mètres, a été déclaré négatif le 27 mars 2016[846].

961. En tout état de cause, les risques économiques sont à mettre en relation avec les risques géologiques, pour apprécier, plus tard, le mode de régulation des activités relatives à la valorisation des hydrocarbures. La combinaison des volets économique et géologique est encore plus fusionnelle en matière gazière.

b) En matière gazière

962. Le gaz naturel s'utilise essentiellement pour ses propriétés de combustion (production d'électricité, de chaleur ou d'énergie) et ses propriétés chimiques des molécules (molécules utilisables dans certaines industries). Au niveau mondial, ses principaux débouchés sont la production d'électricité, la production de chaleur, la pétrochimie-raffinage et le transport[847].

---

843 V. *Recherche et production du pétrole et du gaz, op. cit.*, pp. 63-64.

844 *SNH Infos*, n°19, décembre 2005, p. 17. Il a été dit qu'en général, le long de la côte d'Afrique occidentale, la probabilité de succès a pu varier de 1 à 4, jusqu'à 1 à 20.

845 Lire le rapport annuel de la SNH de 2014, www.snh.cm, p. 27.

846 Lire le rapport annuel de la SNH de 2016, www.snh.cm, p. 20.

847 CHARON G., *Gaz de schiste : la nouvelle donne énergétique. Enjeux techniques, économiques, écologiques et géostratégiques*, Paris, Éditions Technip, 2014, p. 125.

963. La spécificité du gaz naturel, qui fait partie des hydrocarbures, par rapport au pétrole, est d'ordre chimique et enfin économique. Sur le plan chimique, le gaz naturel est un pétrole tellement léger qu'au lieu d'être liquide, à température et à pression ordinaire, il devient gazeux. Énergie très peu concentrée, il faut mille (1 000) m^3 de gaz naturel pour disposer de l'énergie équivalente à un seul m^3 de pétrole brut, ce qui explique la particularité économique de cette énergie. Le coût de transport du gaz naturel est cinq (5) fois supérieur à celui du pétrole brut[848].

964. L'activité gazière est, en matière d'exploitation des hydrocarbures, celle qui met en relation un nombre de paramètres plus élevé que le pétrole. Nécessitant de lourds investissements à la base, elle exige une clientèle préalable pour le développement gazier, avec un minimum de commandes permettant la monétisation du gaz alors produit. En effet, « *jusqu'au début des années quatre-vingt-dix, la commercialisation du GNL se faisait dans le cadre de contrats à long terme d'une durée de vingt à vingt-cinq ans, incluant des conditions de flexibilité saisonnière minimale et des clauses* Take or Pay*, ce qui induisait un transfert du risque de placer les volumes commercialisés (avec un minimum de 90%) à la charge des acheteurs, alors qu'une clause d'indexation de prix fait porter le risque de fluctuation de prix aux vendeurs* »[849].

965. De plus, alors qu'il existe un véritable marché international du pétrole brut (marché à court terme ou spot), cela n'existe pas encore en ce qui concerne le gaz naturel, en tout cas, pas de même nature. Dès lors, il y a une dépendance structurelle entre l'existence d'une clientèle et le développement de projets gaziers de quelque nature que ce soit. Cette dépendance met alors en lien deux types de rapports : le rapport entre l'État et l'entreprise privée étrangère qui ambitionne d'exploiter le gaz, d'une part, mais aussi immédiatement, et simultanément, le rapport entre l'exploitant du gaz et sa clientèle potentielle. Autrement dit, le premier rapport est dépendant du second, l'une des activités ne se concevant pas sans l'autre. Les prérequis pour l'exploitation du gaz naturel sont donc de deux ordres :

– l'existence de réserves suffisantes justifiant les coûts élevés d'investissements supérieurs à ceux enregistrés au niveau de l'activité pétrolière ;

– des contrats d'achats et de ventes à terme de gaz[850].

966. Les contraintes inhérentes à la commercialisation du gaz sont donc liées à leurs coûts d'exploitation importants et à la rigidité des conditions de leur transport (gazoducs ou infrastructures de transport du gaz naturel liquéfié). Cette architecture singulière des dispositifs de valorisation du gaz

---

848 BOY DE LA TOUR X., *Le pétrole au-delà du mythe*, Paris, Éditions Technip, 2014, p. 52.

849 BOUSSENA S., PAUWELS J.-P., LOCATELLI C., SWARTENBROEKX C., *op. cit.*, p. 307.

850 DUVAL C., LELEUCH H., PERTUZIO A., LANG WEAVER J., *International petroleum exploration and exploitation agreements. Legal economic & policy aspects*, 2nd Edition, Barrows, 2009, p. 183.

est palpable dans le cas du Cameroun, à travers la centrale thermique à gaz de Kribi.

967. Cette infrastructure déjà en exploitation comprend quatre composantes :

– le développement et la mise en production du champ gazier *offshore* Sanaga Sud, sur la base d'un contrat de partage de production signé entre l'entreprise Perenco Cameroun et l'État du Cameroun ;

– l'acheminement du gaz ainsi produit dans un centre de traitement situé sur la côte (Bipaga I), à travers des pipelines ;

– le traitement de ce gaz dans ce centre de traitement de gaz (CTG), visant à le mettre dans les spécifications requises par la centrale thermique ;

– en aval, la SNH qui achète le gaz à Perenco pour le vendre à KPDC, et donc exigeant le transport du gaz traité au CTG jusqu'à cette centrale thermique.

968. L'interaction entre chacune de ces activités est marquée par des modes de travail collectifs intégrant l'ensemble des représentants des entreprises impliquées, discutant autour des délais de réalisation, des aspects sécuritaires, du respect des standards, de la formation des futurs exploitants du gazoduc…[851]. Le directeur du gaz à la SNH, à propos de ce projet, a alors pu dire : « *Les projets gaziers sont complexes et difficiles à mettre en place, notamment au plan contractuel, en raison du nombre d'intervenants et de leurs exigences techniques et financières. Le projet de la centrale thermique de Kribi n'y a pas échappé…* »[852]

969. Quatre acteurs voient ainsi leurs intérêts interagir :

– l'État, soucieux de valoriser son gaz naturel ;

– l'entreprise privée étrangère Perenco, soucieuse de commercialiser au mieux la ressource, en assurant la rentabilité du projet ;

– Kribi Power Development Company (centrale de génération d'électricité) ;

– la SNH, bras séculier de l'État en matière énergétique, chargée de s'interposer entre le vendeur (donc, pour en être le client) et l'utilisateur final de ce produit, les populations consommatrices d'électricité.

970. Il est notable alors, ici, que l'entreprise nationale soit intercalée entre les acteurs principaux de ce champ juridico-économique, à titre de facilitateur et de régulateur incontournable de la relation juridique. Il s'agit là, en plus du tiers arbitre, d'un quatrième acteur à prendre au sérieux dans le rapport symbolique créé par les parties, dont le rôle et la centralité sont permanents, tel qu'il sera développé plus tard.

971. Néanmoins, ces facteurs matériels ne sont pas complets s'ils ne sont pas associés à certains facteurs immatériels.

---

[851] Lire « Démarrage imminent des travaux de construction du gazoduc Bipaga-Mpolongwe », *SNH Infos*, n°37, avril 2012, p. 25.

[852] Interview dans *SNH Infos*, n°36, décembre 2011, p. 24.

B. Les paramètres immatériels de la relation

972. Deux ordres de paramètres sont à prendre en considération dans la relation fondant le droit des hydrocarbures : le statut juridique particulier des hydrocarbures (1) et le statut juridique particulier de l'État souverain (2).

1. Le statut juridique singulier des hydrocarbures

973. Les hydrocarbures bénéficient d'un statut juridique à part dans la gamme des ressources naturelles. Si, comme on l'a vu, la plupart des Constitutions africaines énoncent le principe suivant lequel les États sont les propriétaires des ressources naturelles sur lesquelles ils exercent leur pleine souveraineté, il apparaît que cet exercice est particulier en matière d'hydrocarbures (a) au regard des autres ressources naturelles (b), ce qui contribue à mettre en lumière la régulation spécifique des activités relatives aux hydrocarbures.

a) Une ressource naturelle juridiquement singulière

974. Sur le plan juridique institutionnel et fiscal, les hydrocarbures occupent une place de choix dans l'inventaire des ressources dites naturelles. Il convient de rappeler que « *la ressource naturelle désigne le produit à l'état brut, c'est-à-dire tel qu'il a été extrait sans qu'il n'ait subi de transformation (...), avant cette étape, la ressource naturelle est la plupart du temps immédiatement impropre à la consommation* »[853]. Au regard de cette définition, les ressources naturelles peuvent être classées en ressources naturelles renouvelables (énergie hydraulique, éolienne, biomasse, solaire, géothermique ou encore marine), et en ressources non renouvelables ou épuisables, celles « *dont les stocks sur terre sont limités et qui mettent très longtemps pour se constituer* »[854], à savoir les ressources minérales et les hydrocarbures.

975. Les hydrocarbures se singularisent tant des ressources naturelles renouvelables que des autres ressources naturelles non renouvelables dont ils font pourtant partie, sur le plan du dispositif juridique les encadrant. À titre de comparaison et pour ne pas avoir à comparer avec chacune des ressources naturelles déjà en exploitation au Cameroun, par exemple, seules les deux caractéristiques juridiques les plus singularisantes suivantes peuvent alors être mises en exergue : l'exclusivité des clauses fiscales téléonomiques vis-à-vis des ressources naturelles renouvelables (i), et l'unicité du régime juridique et fiscal vis-à-vis des ressources minérales non renouvelables (ii).

---

[853] LAURIOL T., RAYNAUD E., *Le droit pétrolier et minier*, *op. cit.*, p. 56.
[854] *Ibid.*, p. 57.

i) L'exclusivité des clauses fiscales téléonomiques[855] *vis-à-vis des ressources naturelles renouvelables*

976. Les clauses fiscales en matière d'hydrocarbures, dans de nombreux pays africains, visent à atteindre un résultat économique particulier et prédéfini, au point d'envisager la possibilité pour l'État de ne pas avoir à percevoir des recettes, voire à devoir rembourser une partie de celles-ci. Dans les contrats de partage de production, l'élément fiscal constitué par le partage de la production est dépendant du niveau de résultat de l'activité elle-même, indépendamment des différentes clés de calcul arrêtées par les parties. La relation fiscale n'obéit pas au rapport autoritaire et régalien classique existant entre l'État et les contribuables, mais davantage à une relation de type égalitaire, coopératif, horizontal, dans le but d'atteindre un résultat commun aux parties.

977. Le régime juridique des ressources naturelles renouvelables n'obéit pas à cette caractéristique fondamentale, et le régime de l'énergie hydraulique (dont les investissements sont bien plus élevés qu'en matière d'hydrocarbures, comme on l'a vu) peut en être un exemple topique.

978. Les textes applicables tant aux concessions publiques de services qu'à l'activité même de production de l'énergie électrique sont les suivants au Cameroun :

– La loi n°98/022 du 24 décembre 1998 régissant le secteur de l'électricité, dont l'article 12 prévoit que « *toute activité de production notamment hydroélectrique, établie sur le domaine public, ainsi que de transport et de distribution d'électricité, est soumise au régime de la concession* ». Il convient de préciser que le régime fiscal des concessions de service public est fixé dans le Code général des impôts (articles 248 à 261), sans qu'aucune disposition ne soit négociable comme en matière de fiscalité des hydrocarbures.

– La loi n°2008/009 du 16 juillet 2008 fixant le régime fiscal, financier et comptable applicable aux contrats de partenariat. Celle-ci prévoit, en son article 3, un régime fiscal applicable aux phases de conception, de réalisation et d'exploitation de projet d'investissement, mais aucune disposition n'est contractuellement aménagée. Comme la loi précédente, il s'agit donc de régimes fiscaux verticaux ou autoritaires, correspondant à la définition classique de l'impôt.

979. La spécificité des hydrocarbures en est ainsi clarifiée. La particularité des hydrocarbures est aussi perceptible même dans la sous-gamme des ressources minérales.

---

[855] « *Conception selon laquelle s'exerce, tout au long de l'évolution, une finalité de nature purement mécanique, tenant à la mise en œuvre par les êtres vivants du projet dont ils sont dotés.* » (V. *Dictionnaire Larousse*, www.larousse.fr, visité le 28 février 2018).

ii) L'unicité de régime vis-à-vis des ressources minérales

980. Les ressources minérales font partie, avec les hydrocarbures, des ressources non renouvelables bénéficiant d'un régime juridique d'exception. S'il est clair qu'« *il est fréquent que les opérations d'exploration et de production ne soient pas soumises au droit commun mais réglementées par des textes dérogatoires, en l'occurrence des codes miniers et pétroliers* »[856], nous pensons qu'il n'est pas exact d'affirmer que « *le particularisme propre à chaque projet minier et pétrolier veut que ces textes dérogatoires soient, le cas échéant, complétés par des supports conventionnels signés entre l'État d'accueil et l'opérateur privé* »[857].

981. Des deux secteurs pétrolier et minier, en effet, seul le premier est toujours formellement encadré par un contrat d'exploitation, le secteur minier ne l'étant qu'éventuellement. Les législations minières prévoient schématiquement presque toujours trois types d'activités : le secteur artisanal[858], le secteur semi-industrialisé[859] ou semi-mécanisé, et enfin le secteur industriel[860]. Or, l'affirmation suivant laquelle « *l'octroi d'un permis d'exploitation est généralement assorti de la signature d'un contrat d'exploitation* » n'est pas exacte : si elle peut être systématique dans certains pays[861], cela constitue l'exception dans la majorité des autres pays, où c'est davantage le secteur industriel qui peut être régi par des conventions minières.

---

[856] LAURIOL T.et RAYNAUD E., *op. cit.*, p. 170.

[857] *Ibid.* L'amalgame entre les deux types d'activités pétrolières et minières sur le plan du formalisme important constitué par les contrats est développé sans réserve par ces auteurs lorsqu'ils affirment, s'agissant des règles applicables aux secteurs pétroliers et miniers, complétées par des supports conventionnels, que « *les contrats miniers et pétroliers ont vocation à prendre en considération le particularisme propre à chaque projet en adaptant le cadre général établi par les codes miniers et pétroliers* » (p. 97).

[858] L'exploitation artisanale désigne « *toute activité par laquelle une personne physique (...) se livre, dans une zone d'exploitation artisanale délimitée en surface et en profondeur jusqu'à trente mètres au maximum, à extraire et à concentrer des substances minérales en utilisant des outils, des méthodes et des procédés non industriels, manuels et peu mécanisés* » (article 1 de la loi centrafricaine n°09-005 du 29 avril 2009 portant Code minier).

[859] L'exploitation semi-industrielle désigne « *toute exploitation minière de petite taille, permanente, fondée sur la justification de l'existence d'un gisement, utilisant selon les règles de l'art, des procédés semi-industriels et dont la production annuelle en régime de croisière n'excède pas un certain tonnage du produit commercialisable fixé par substance et par la réglementation minière* » (en Guinée, l'article 1 de la loi L/2013/n°053/CNT du 8 avril 2013 portant amendement de certaines dispositions de la loi n°2011/006/CNT du 9 septembre 2011 portant Code minier).

[860] L'exploitation industrielle désigne « *toute exploitation fondée sur la mise en évidence préalable d'un gisement, possédant des installations fixes, nécessaires pour la récupération dans les règles de l'art, de minerais exploités par des procédés industriels* » (en Centrafrique, article 1 de la loi n°09-005 du 29 avril 2009 portant Code minier).

[861] Au Burundi, l'article 61 de la loi n°1-21 du 15 octobre 2013 portant Code minier prévoit que « *le titre minier d'exploitation est constitué du permis d'exploitation auquel est annexée obligatoirement une convention minière* ».

982. Autrement dit, les activités artisanales et semi-industrielles ne bénéficient pas, en général, du même encadrement juridique avec l'État, qui entretient une distance plus prononcée avec les opérateurs de ces derniers (distance verticale), mais plus étroite (équidistance) avec ceux impliqués dans les activités minières de grande taille.

983. Cette unicité de régime relative aux hydrocarbures, comparativement au secteur minier, est partiellement fondée sur le caractère stratégique des hydrocarbures.

b) Une ressource naturelle stratégiquement singulière

984. Sur le plan stratégique, les hydrocarbures en général, et le pétrole en particulier, jouissent d'un statut singulier, relatif à leur usage purement stratégique, politique et économique. Sur le plan strictement stratégique, le pétrole est à la fois un vecteur essentiel de l'intégration des États producteurs dans l'économie mondiale et une richesse déterminante pour la survie politique des gouvernements de ces pays. Il est en même temps un facteur déterminant dans la déconnexion des régimes avec leurs populations, les ressources de la rente pétrolière permettant aux élites dirigeantes de se dispenser de tout besoin de légitimation populaire[862].

985. Parallèlement, il constitue « *un facteur tangible de déstabilisation et de désintégration sociales (...), d'insécurité et d'instabilité politiques (...) à travers la pollution de l'environnement et des nappes phréatiques, la recrudescence des tensions communautaires, (...) l'expansion d'une violence réactionnaire interne...* »[863]. Il est donc clairement source de puissance interne et externe aux États et ne peut que faire systématiquement l'objet d'une gestion des plus étroites par tous les États par ces derniers[864].

986. Outre le statut manifestement singulier des hydrocarbures, il faut prendre en compte, ceci pouvant expliquer cela, le statut singulier de l'État dans la relation juridique qui se noue entre celui-ci et les investisseurs internationaux.

2. Le statut juridique singulier de l'État dans la relation avec les investisseurs

987. De façon unanime, c'est l'État souverain qui est l'acteur qui contracte ses relations avec les entreprises privées étrangères en matière d'exploration et de production des hydrocarbures (a). Les enjeux

---

862 COPINSCHI P., *Le pétrole, une ressource stratégique*, Paris, La Documentation française, 2012.

863 KOUNOU M., *Pétrole et pauvreté au sud du Sahara. Analyse des fondements de l'économie politique du pétrole dans le golfe de Guinée*, *op. cit.*, p. 26.

864 LE BIDEAU H., *Le pétrole, enjeu stratégique des guerres modernes*, L'esprit du Livre éditions, 2010.

opérationnels de sa définition suggèrent d'en déterminer un marqueur, une clé de validation qui, ici, est la clause de stabilité fiscale (b).

a) L'identité du cocontractant : l'État souverain

988. La Cour permanente de justice internationale, dans son premier arrêt rendu en 1923, soulignait en ce sens que « *la faculté de contracter des engagements internationaux est précisément un attribut de souveraineté* »[865]. Si ceci est vrai dans l'espace international, ceci l'est également dans l'espace interne, où l'État, en tant qu'acteur économique, contracte plusieurs actes juridiques[866]. Seulement, engageant de façon particulière ses prérogatives exclusives de législation, entre autres (comme on l'a vu), le statut juridique de l'État est ici celui de l'État souverain.

989. En effet, pour J. Chevallier, la connaissance qu'on croit avoir de l'État n'est qu'une « pré-connaissance » qui contribue à brouiller les perspectives[867]. Néanmoins, il est admis que l'État est une personne juridique bénéficiant d'une prérogative juridique discriminante : la souveraineté. Dans cette étude, et avec Boris Barraud, nous pensons que la souveraineté « *doit être approchée comme un droit subjectif de l'État, telle une méta-prérogative juridique – une norme juridique supérieure s'exprimant à travers des normes juridiques inférieures – qui lui confère le droit de réguler les activités de son peuple dans l'espace de son territoire en utilisant, de manière inconditionnée et unilatérale, le droit sous ses diverses formes* »[868].

990. Ce véritable « droit au droit » est utilisé en toute connaissance de cause par les États producteurs des hydrocarbures, et la clause de stabilité qui y est systématiquement insérée en est le marqueur fondamental.

b) La clause de stabilité fiscale, marqueur de la souveraineté des États

991. Le professeur Olivier Beaud écrit que « *la puissance conceptuelle de la souveraineté tient à [sa] faculté de [se] transformer en techniques juridiques directement applicables* »[869]. La clause de stabilité est clairement une technique juridique contractuelle, pouvant devenir toute une politique juridique des États sur le long terme, comme on l'a vu, et traduisant l'identité du cocontractant des entreprises privées étrangères : l'État souverain. Pierre Mayer rappelle en effet qu'« *il arrive (...) que des entreprises veuillent échapper à l'application du droit, surtout administratif,*

---

[865] Cour permanente de justice internationale, 17 août 1923. Affaire du vapeur *Wimbledon.*

[866] Lire CLAMOUR G., UBAUD-BERGERON M. (dir.), *Contrats publics, mélanges en l'honneur du professeur Michel Guibal*, vol. 1 et 2, Presses de la faculté de Montpellier I, 2006 ; LAAZOUZI M., *Les contrats administratifs à caractère international*, Paris, Economica, 2008.

[867] CHEVALLIER J., *L'État,* 2e éd, Dalloz, Coll. Connaissance du droit, 2011, p. 1.

[868] BARRAUD B., *L'État entre fait et droit,* Paris, L'Harmattan, 2015, p. 286.

[869] BEAUD O., *La puissance de l'État*, Paris, PUF, Coll. Léviathan, 1994, p. 69.

de l'État, et concluent avec celui-ci un contrat qui n'est pour autant manifestement pas un contrat de droit privé. C'est le cas notamment des accords de développement économique, au premier rang desquels figurent les contrats visant à l'exploitation de richesses minières et pétrolières conclus entre les pays en voie de développement et des entreprises de pays industrialisés »[870].

992. Or, comme le démontre l'auteur, la qualité de l'État, ici, ne peut être que celle de l'État souverain, car seul compétent pour abandonner son pouvoir régalien de légiférer. C'est pourquoi, nous suivons Xavier Magnon dans son approche instrumentaliste et relationiste de la souveraineté, lorsqu'il développe ainsi son idée : « *La souveraineté implique que l'entité souveraine se donne les instruments juridiques, les normes, propres à réaliser par leur contenu, les fins que vise sa volonté. Elle implique aussi qu'elle se donne les moyens, lesquels sont fondamentalement des normes, apparaissant les plus aptes selon elle à atteindre ces fins. Elle peut donc aussi, sans que rien ne l'y oblige, fixer elle-même formellement la façon dont s'organisent hiérarchiquement <u>les relations entre ces normes</u> en fonction de leur contenu qui définit ces fins ou ces moyens. Ainsi, la souveraineté place spontanément au sommet de cette organisation normative, pour signifier leur prééminence au regard de sa volonté, <u>celles d'entre elles qui expriment l'essentiel de ces fins.</u>* »[871]

993. Ce statut spécifique de l'État, validé par la technique juridique que constitue la clause de stabilité, légitime des mesures normatives parfois considérées à tort comme « anormales », au sens de ce qui n'est pas conforme à la norme. Alors que la fiscalité peut être la matière la plus révélatrice de ce rapport d'équidistance entre les investisseurs privés étrangers et les États, la doctrine n'intégrant pas cette identité unique de l'État dans une relation économique, elle a développé des théories ambitionnant pourtant de démontrer la spécificité de la fiscalité pétrolière amont, mais tout en considérant la distance verticale de l'État existant en droit commun comme étant opérante et indépassable.

994. Il convient de critiquer cette approche afin de valider la portée opératoire de la personnalité spécifique de l'État dans la relation qu'il entretient avec les investisseurs privés étrangers.

§2. Analyse critique de la théorie implicite de la distance verticale sous le prisme de la fiscalité

995. La spécificité de la fiscalité pétrolière constitue très souvent l'idée que veulent, directement ou indirectement, faire retenir les chercheurs de la

---

[870] MAYER P., « La neutralisation du pouvoir normatif de l'État en matière de contrat d'État », in *Choix d'articles de Pierre Mayer*, *op. cit.*, p. 249.

[871] MAGNON X., « Repenser la frontière droit externe - droit interne au profit d'une approche unitaire du droit », in *Repenser les rapports entre les ordres juridiques*, *op. cit.*, p. 534.

matière pétrolière. Avec des contenus aussi variables que contradictoires dans ses éléments caractéristiques, l'idée générale et définitive que devraient retenir les lecteurs est qu'elle est « spécifique », adjectif auquel on substitue assez souvent le synonyme de « particulière ».

996. Ainsi pouvons-nous apprendre que « *le domaine des hydrocarbures (...) a été de tout temps régi par une fiscalité* *spécifique* *(...), ce secteur n'est généralement pas régi par les dispositions de droit commun, ni en matière d'impôt direct, ni en matière d'impôt indirect, mais plutôt par une législation* *particulière* »[872]. Plus incisivement et dans un travail exclusivement dédié à la démonstration de la spécificité de la fiscalité pétrolière amont[873], un auteur invoque sans ambages et d'avance le résultat de son travail : « *On s'en convaincra,* *la spécificité* *du régime fiscal que nous étudions est évidente.* »[874] Dans une thèse ambitionnant de faire du droit comparé[875], tout un titre, le premier, intitulé « Les tendances communes à la définition d'une fiscalité pétrolière spécifique », est entièrement consacré à la démonstration de cette spécificité. La conclusion, prévisible, est que « *l'étude des particularismes de la fiscalité pétrolière dans les États membres de la CEMAC (...) a permis de montrer qu'à l'aube du second choc pétrolier, la fiscalité pétrolière dans les États membres de la CEMAC est* *une fiscalité spécifique* » [876].

997. Ce travail important, ayant fait l'objet d'une publication, est d'autant plus intéressant qu'il porte sur plusieurs États, et qu'en toute logique, comme le dit l'auteur, « *la spécificité se détermine (...) d'un État à l'autre* », mieux, « *à l'intérieur d'un même État, d'un gisement à l'autre* » [877].

998. Outre les nombreux arguments qui démentiront ce résultat présenté allègrement comme un postulat, la multiplicité des spécificités de régimes entre États, et ensuite à l'intérieur d'un même État, conduit à banaliser l'idée de spécificité, voire à la normaliser dans un champ d'étude donné. Développer un inventaire de régimes spécifiques dans le champ d'étude de la fiscalité pétrolière, c'est mécaniquement rendre normaux ces éléments caractéristiques dans un domaine de définition précis. La démultiplication des spécificités des fiscalités pétrolières (à chaque pays « sa » spécificité) invalide *ipso facto* cette théorie comme étant une propriété caractérisant la fiscalité pétrolière en tant que discipline. Dans la mesure où l'on peut affirmer que la fiscalité pétrolière amont du Gabon est différente de celle du

---

[872] HAMMAMI M., *Les contrats de partage de production dans le domaine des hydrocarbures*, thèse dactyl., Université de Montpellier I, décembre 2006, p. 169. (C'est nous qui soulignons).

[873] KWATE EKWA A., La *spécificité du régime fiscal des sociétés pétrolières amont au Cameroun, op. cit.*

[874] *Ibid.*, p. 9. (C'est nous qui soulignons).

[875] DIKOUME A. L., *La fiscalité pétrolière comparée dans les États membres de la CEMAC, op. cit.*

[876] *Ibid.*, p. 262. (C'est nous qui soulignons).

[877] *Ibid.*, p. 262.

Cameroun qui, elle-même, est différente de celle du Tchad, il y a là une insuffisance essentielle à ce concept, qui n'arrive pas à ressortir une caractéristique commune à la discipline, but pourtant recherché par la doctrine.

999. En plus de cette insuffisance inhérente à la démarche épistémologique des auteurs, il convient de décliner les éléments caractéristiques de cette doctrine (A), avant de la soumettre à la critique (B).

A. L'affirmation d'une spécificité de type vertical

1000. Il ressort des développements de cette doctrine que certains éléments périphériques caractériseraient la fiscalité substantielle des hydrocarbures (1), mais que, dans la forme, le conditionnement du monisme étatique classique en matière de fiscalité conduit à sous-estimer la fonction véritable des contrats, dans une posture verticale que devraient, de façon incompressible, avoir les États dans leur relation avec les investisseurs privés étrangers (2).

1. Les règles de fond qui spécifieraient le droit des hydrocarbures

1001. Pour cette doctrine, ce sont davantage des règles de fiscalité substantielle qui concernent à la fois les impôts et taxes propres aux hydrocarbures (a), et les impôts directs et indirects de droit commun (b) qui sont suffisants pour caractériser la fiscalité pétrolière amont.

a) Des impôts et taxes propres aux hydrocarbures

1002. L'un des marqueurs les plus avancés de la fiscalité pétrolière est qu'elle est structurée par un ensemble de prélèvements spécifiques. Ainsi, les droits fixes, les bonus, les redevances superficiaires et la redevance proportionnelle ou *royalty* sont les éléments fiscaux les plus cités comme « spécifiques » à la fiscalité pétrolière. Ils bénéficient toujours d'une partie particulière dans les travaux portant sur la fiscalité pétrolière amont, qui, pour emporter l'adhésion du lecteur, sont intitulés « *prélèvements spécifiques* »[878].

1003. La simple existence de tels prélèvements est considérée comme suffisante en soi, pour constater que la fiscalité pétrolière est spécifique. Or, suivant les pays étudiés ou la définition de la « fiscalité pétrolière » que l'on adopte, certains prélèvements ou taxes sont avancés ici et pas là, sans que cela n'entame l'aisance de la doctrine à user de cette énumération comme

---

[878] DIKOUME A.L., *op. cit.*, p. 159 ; KWATE EKWA A., *op. cit.*, p. 36. Pour sa part, M. Hammani évoque « *les droits et taxes spécifiques à l'activité des hydrocarbures* » dans sa thèse (*op. cit.*, p. 174), tandis qu'Omri Mohamed Ali parle plutôt de fiscalité « propre aux hydrocarbures » : *Fiscalité pétrolière : impact sur l'activité exploration-production des hydrocarbures. Cas de la Tunisie*, Thèse dactyl., Université de Nice - Sophia Antipolis, mai 1995, p. 48.

moyen de démonstration du caractère « spécifique » de la fiscalité pétrolière amont[879]. Autrement dit, ce n'est pas le nombre de taxes ou de prélèvements spécifiques qui permet la généralisation de ce qualificatif. La simple existence de taxes ou droits relevant exclusivement des activités pétrolières amont est considérée comme décisive et justifie cette *communis opinio doctorum.*

1004. À ces prélèvements spécifiques s'adjoignent également d'autres caractéristiques relatives tant aux droits directs qu'indirects, et concourant, selon les mêmes auteurs, à la spécificité de la fiscalité pétrolière amont.

b) Des règles particulières relatives aux droits directs et indirects

1005. En ce qui concerne les droits indirects, une des caractéristiques fondamentales de la fiscalité pétrolière amont serait le panel d'exonérations dont bénéficient les opérateurs pétroliers. Ainsi, la patente, l'impôt de distribution et surtout la taxe sur la valeur ajoutée ne sont pas applicables aux entreprises pétrolières amont[880].

1006. En ce qui concerne l'imposition directe des entreprises pétrolières, ce sont surtout des règles particulières de détermination de l'impôt sur les sociétés qui seraient un élément supplémentaire de spécification de la fiscalité pétrolière amont, même si l'étendue de cette particularité n'est pas invoquée de la même façon.

1007. Pour ce qui est de la doctrine camerounaise, par exemple, les points constants avancés sont les prix affichés, l'enclos fiscal, le déplafonnement des frais de siège, la non-limitation des dépenses locatives et la non-limitation des charges financières[881]. Les taux particuliers applicables sont également présentés comme confirmatifs de la spécificité de la fiscalité pétrolière amont, car étant plus élevés que ceux en vigueur en droit commun : 57,5% pour les entreprises françaises et 48,6475% pour les entreprises d'obédience anglo-saxonne[882].

1008. Dans le même sens, en ce qui concerne la Tunisie, il est fait état de l'application des prix affichés pour les ventes à l'exportation (à l'exclusion des ventes locales où l'on retient les prix réellement pratiqués)[883], et de l'existence de taux d'impôts particuliers[884]. S'agissant des charges, la

[879] Ainsi, par exemple, A. L. Dikoume (*op. cit.*, p. 175) évoque aussi le droit de transit dû par la Compagnie de transport des hydrocarbures COTCO, qui n'est pas invoqué par A. Kwate Ekwa qui n'intègre pas, à tort, les activités de transport des hydrocarbures dans le champ de la fiscalité pétrolière amont.

[880] EKWA KWATE A., *op. cit.*, pp. 35-36 ; DIKOUME A. L., *op. cit.*, pp. 212-218 ; ALI O.M., *op. cit.*, pp. 46 et s.

[881] KWATE EKWA A., *op. cit.*, p. 28 et s. ; DIKOUME A. L., *op. cit.*, pp. 182-184, et pp. 202-204 en ce qui concerne les charges déductibles.

[882] KWATE EKWA A., *op. cit.*, pp. 33-34 ; DIKOUME A. L., *op. cit.*, pp. 205-207, où il ressort aussi des taux différents pour le Gabon, la Centrafrique, le Tchad et le Congo.

[883] HAMMAMI M., *op. cit.*, p. 211 ; ALI O.M., *op. cit.*, p. 91.

[884] HAMMAMI M., *op. cit.*, p. 220 ; ALI O.M., *op. cit.*, pp. 73-74.

doctrine tunisienne n'insiste pas particulièrement sur leur spécificité, mais se contente de les énoncer, pour probablement laisser le soin au lecteur de constater leur particularité, soit de nature, soit de régime[885].

1009. À ces « spécificités » s'ajoute souvent le formalisme particulier constitué par la contractualisation des termes fiscaux.

2. Le formalisme lié à la contractualisation des termes fiscaux

1010. Une autre caractéristique présentée comme fondamentale est le caractère contractuel de la fiscalité pétrolière. Deux démarches différentes sont alors empruntées pour présenter cette caractéristique d'ordre formel : l'argumentation frontale et l'argumentation médiate.

1011. L'argumentation frontale consiste, pour certains auteurs, à ne pas s'embarrasser d'explications sur cette particularité, et à la présenter comme un « en-soi », une particularité presque désincarnée. Ainsi, par exemple, pour Michel Lascombe, l'impôt est requis des particuliers (opérateurs pétroliers, s'entend) « *en vertu d'une obligation d'ordre contractuel* ». Et l'auteur de continuer : « *L'État percevra l'impôt à la suite d'un accord de volonté entre son cocontractant et lui-même et non par voie d'autorité. C'est du reste, comme nous l'avons dit, la particularité essentielle du système fiscal que nous étudions.* »[886]

1012. Moins péremptoire sur le caractère autonome des contrats pétroliers, Achille Kwate Ekwa, et plus tard Albert Léonard Dikoume, dans un libellé étonnamment identique, expliquent que pour le cas du Cameroun, ce sont les lois pétrolières qui fixent les différents prélèvements dus par les entreprises pétrolières, mais que ces mêmes lois désignent les conventions d'établissement et les accords d'association comme source d'édiction des « conditions d'application » des obligations réciproques des parties, et que cela justifie que l'on dise que la fiscalité pétrolière est « *essentiellement contractuelle* »[887].

1013. On notera au passage la contradiction flagrante qu'il y a à considérer les contrats comme « source essentielle » alors qu'ils ont été présentés comme instrument d'« application » d'une source nécessairement extérieure à ces contrats, d'une part. D'autre part, cette affirmation est incorrecte au moins depuis l'avènement du Code pétrolier en 1999 au Cameroun, où la fiscalité pétrolière est partagée dans ses sources par la loi et

---

885 HAMMAMI M., *op. cit.*, pp. 214-219 ; ALI O.M., *op. cit.*, p. 72. Ce dernier insiste davantage sur les différents mécanismes spécifiques d'amortissements des dépenses pétrolières, auxquels il consacre seize pages (de la page 78 à la page 94).

886 *Éléments pour l'étude des clauses financières et fiscales des contrats pétroliers internationaux*, *op. cit.*, p. 18. (C'est nous qui soulignons).

887 Respectivement dans *La spécificité du régime fiscal des sociétés pétrolières amont au Cameroun*, mémoire de DESS en administration fiscale, *op. cit.*, p. 23, et *La fiscalité pétrolière comparée dans les États membres de la CEMAC*, *op. cit.*, p. 87.

les contrats pétroliers, *a minima*, qui sont aussi des sources autonomes, soit par habilitation de la loi, soit par complément de celle-ci.

1014. Plus médiate est l'argumentation de la doctrine tunisienne, qui tend à fonder et expliquer le caractère contractuel des dispositions fiscales, et présente ainsi le contrat comme une conséquence logique, et non comme une anomalie particularisante ni une curiosité formelle. Omri Mohamed Ali nous dit ainsi : « *La convention de recherche et d'exploitation relative à chaque permis précise le régime fiscal correspondant qui résulte d'une négociation entre l'État tunisien et la société pétrolière compte tenu des éléments suivants :*

– l'importance des capitaux nécessaires pour les travaux d'exploration et de production ;

– le caractère aléatoire des revenus liés à l'activité d'exploration dans le domaine pétrolier : risque technique, risque politique, risque économique, etc. ;

– la fluctuation des prix du pétrole due à l'instabilité du marché.

Ces caractéristiques constituent les raisons de la négociabilité des dispositions fiscales. »[888]

1015. Si l'argumentaire médiat nous semble plus proche de la justification principale de la contractualisation des termes fiscaux en matière pétrolière, mettant en relation des facteurs objectifs et des facteurs subjectifs, elle s'avère elle-même incomplète, comme nous le verrons plus tard. Cet argument ne fonde notamment pas la légitimité de la contractualisation des termes fiscaux, et se contente d'en expliquer l'origine.

1016. Il s'agit d'évaluer terme à terme les différents éléments considérés comme constitutifs de la fiscalité pétrolière par la doctrine francophone.

B. L'évaluation critique de la spécificité énoncée par la doctrine

1017. Dans une démarche critique au sens poppérien du terme[889], l'on remarque que les éléments spécifiques avancés par la doctrine ne le sont pas

---

[888] *Op. cit.*, p. 13, c'est nous qui soulignons. Dans le même sens mais moins démonstratif, HAMMAMI M. (*Les contrats de partage de production dans le domaine des hydrocarbures*, thèse précitée, p. 3) explique que « *le véritable objet du contrat principal vise à assurer un partage équilibré de la rente générée. La compagnie qui apporte son expertise technique en plus de ses moyens financiers négocie une part équitable du revenu pétrolier. En contrepartie, l'État propriétaire de la richesse tente de capitaliser l'investissement en s'appropriant la meilleure part possible* » (nous soulignons). L'auteur (thèse précitée, p. 52) se contredit plus tard en croyant pouvoir dire que « *la principale raison juridique qui motive les compagnies pétrolières pour le choix de la formule contractuelle se rapporte à la possibilité offerte aux parties de négocier, au préalable, le mode de règlement des différends* ». (C'est nous qui soulignons). En réalité, les enjeux d'équilibre objectif ou patrimonial ne sont réglables que dans un contrat détaillé et précis, alors que ceux relatifs aux enjeux subjectifs ou politiques du contrat, dont fait partie le droit à l'arbitrage, peuvent aussi être couverts par des traités de protection des investissements, des clauses législatives d'arbitrage et des compromis d'arbitrage postérieurs et indépendants des contrats d'État.

au regard des autres secteurs d'activités (1), avant de mettre en perspective la critique de l'*instrumentum* constitué par les contrats pétroliers, qui est faite sous le prisme inconscient de la verticalité supposée des rapports en droit des hydrocarbures (2).

1. La porosité des marqueurs de la doctrine contemporaine

1018. La démarche de qualification empruntée ici par la doctrine est classique. Elle tend à singulariser une fiscalité particulière par rapport aux règles générales, dans un exercice facile de clivage entre le *jus commune* (droit commun) et le *jus singulare* ou *jus proprium* (droit spécifique) propre aux juristes[890]. Or, cette démarche est viciée par l'insuffisance essentielle à l'usage de la dichotomie et de la séparabilité comme grille de lecture et de la description du réel, qui est la relativité de la pureté de la catégorie considérée. La frontière entre ce qui est considéré comme « droit commun » et « droit spécifique » est poreuse, et invalide *ipso facto* le modèle proposé par cette doctrine.

1019. Elle pose comme postulat de référence l'existence d'un corps de règles constitutif du droit commun, par rapport auquel il est alors aisé de constater le particularisme de celles applicables aux entreprises pétrolières amont. Or, les auteurs ne décrivent pas au préalable ce qu'il faut entendre par « droit commun ». Est-ce l'ensemble des dispositions fiscales applicables à toutes les entreprises autres que pétrolières (indépendamment de la source formelle) ? Sont-ce les dispositions incluses dans le Code général des impôts (à la différence des dispositions fiscales contenues dans les contrats pétroliers et/ou d'autres contrats fiscaux) ?

1020. Quel que soit le critère retenu, il s'avérera insatisfaisant car, dans le droit commun[891], il y a du spécifique, et dans le spécifique, il y a du droit commun. En effet, le Code général des impôts, qui est clairement la source essentielle du dispositif fiscal applicable dans un pays, relève du droit commun, mais contient aussi des dispositions spécifiques à certaines activités économiques.

---

[889] Pour Karl Popper, « *une vérité ou une conjecture touchant la vérité ne présentent d'intérêt pour la science que si elles apportent une solution à un problème, un problème ardu, fécond et assez profond* ». POPPER K., *Conjectures et réfutations. La croissance du savoir scientifique*, Paris, Éditions Payot, 1985, p. 340.

[890] L'opposition droit commun - droit spécial structure le droit des contrats, le droit pénal, le droit des sociétés… V. dans ce sens, POLLAUD-DULLIAN F., « Du droit commun au droit spécial - et retour », *in Aspects contractuels du droit des affaires. Mélanges en l'honneur de Yves Guyon*, Paris, Dalloz, 2003, p. 925 et s. ; CHAZAL J.-P., « Réflexions épistémologiques sur le droit commun et les droits spéciaux », in *Études de droit de la consommation. Liber Amicorum Jean Calais-Auloys*, Paris, Dalloz, 2004, p. 279 et s.

[891] Dans son sens juridique premier, le terme « commun », désigne ce « *qui concerne tous les membres d'un groupe, par opposition à individuel, collectif* ». CORNU G., *Vocabulaire juridique*, 9e édition mise à jour, PUF, Quadrige, 2011, p. 204.

1021. Par exemple, sur le plan substantiel, au Cameroun, les taxes d'abattage, la redevance forestière annuelle, la taxe d'entrée usine et la surtaxe à l'exportation sont entre autres des taxes régies par les articles 242 et suivants du CGI, et ne sont applicables que pour les activités forestières. Les secteurs forestiers et miniers au moins sont en partie fiscalisés par le biais de taxes spécifiques, dont la nature et les mécanismes de calcul sont fonction des activités concernées[892]. Le Code général des impôts prévoit ainsi, quoique source commune de la fiscalité au Cameroun, des dispositions spécifiques à ces secteurs d'activités.

1022. Pour ce qui est ensuite des exonérations particulières qui seraient constitutives des éléments caractéristiques du secteur pétrolier amont, elles ne sont ni exclusives, ni exceptionnelles. Les différents régimes applicables par exemple aux investissements au Cameroun (régime de base, régime des petites et moyennes entreprises, régime des entreprises stratégiques, de zone franche, régime des projets structurants)[893] prévoient des exonérations diverses et variées pour chacun d'entre eux[894].

1023. En ce qui concerne les règles spécifiques de détermination de la base imposable à l'impôt sur les sociétés, enfin, et pour ne citer qu'un exemple au Cameroun, la convention fiscale franco-camerounaise de 1976, telle que révisée en 1994 et 1999, aménage des déplafonnements relatifs aux charges des entreprises pour les entreprises françaises, indépendamment de leurs différents secteurs d'activités (banques, assurances, NTIC, transport, etc.)[895].

1024. Ainsi, le droit commun peut générer du spécifique et le spécifique rentrer dans le droit commun, si l'on fait de la nature de la source (Code général des impôts *versus* contrat) ou de la disposition fiscale (exonération ou taxe spécifique *versus* impôt ou taxe de droit commun) l'élément décisif de caractérisation et de singularisation de la fiscalité pétrolière.

1025. Sur le plan formel, le caractère contractuel des dispositions fiscales ne saurait *per se* constituer un élément caractéristique de la fiscalité pétrolière, au sens d'exclusif et de décisif, dans la mesure où d'autres entreprises voient également leur régime fiscal fixé de façon contractuelle[896]. Certes, ces véritables « contrats fiscaux », pour reprendre le terme de Gérard Timsit, relèvent de la « *fiscalité conditionnelle plutôt que contractuelle* »,

---

[892] ATANGA R. et TOCKE A., in *Éléments de la fiscalité des affaires au Cameroun*, Paris, L'Harmattan, 2011, pp. 105-114 pour la fiscalité forestière, et pp. 115 à 122 pour la fiscalité minière applicable au Cameroun. Ce régime a substantiellement évolué depuis lors.

[893] Décret n°2008/2304/PM du 29 juillet 2008 précisant les modalités d'application du régime fiscal particulier des projets structurants du Code général des impôts.

[894] V. chapitre V du Code général des impôts au Cameroun.

[895] Ceci en vertu du principe de non-discrimination contenu dans cette convention. Pour une explication de ce principe, lire la circulaire n°0012/MINEFI/DI du 20 juillet 1997 portant sur l'avenant du 31 mars 1994 à la convention fiscale franco-camerounaise du 21 octobre 1976.

[896] C'est ainsi le cas des entreprises de travaux publics en général au Cameroun, notamment dans le cadre des contrats de partenariats. Voir la loi n°2008/009 du 16 juillet 2008 fixant le régime fiscal, financier et comptable aux contrats de partenariat.

dans la mesure où « *l'analyse du contenu de ces conventions révèle que les seuls engagements qu'elle comporte sont ceux pris par l'entreprise, en particulier quant à son programme d'investissements, qui doit d'ailleurs être agréé par l'administration* ». Qui plus est, « *la convention (...) ne fait qu'entraîner l'application aux sociétés dites "conventionnées" du régime fiscal prévu en leur faveur...* »[897]. Toujours est-il que d'un point de vue opérationnel et pratique, c'est bien ce contrat ou agrément qui informe du régime fiscal de ladite entreprise et qui lui est opposable ainsi qu'à l'État, comme les contrats pétroliers.

1026. Ainsi, si, à chaque fois que ces particularités existent, on doit qualifier la fiscalité du secteur concerné de « spécifique », on doit alors admettre qu'il y a plusieurs fiscalités spécifiques, ce qui banalise ce concept et le rend inapte à singulariser un secteur d'activité particulier.

1027. De plus, ce prisme déforme l'appréhension de la fiscalité pétrolière amont, en la réduisant à un simple élément d'incitation peu ou prou pertinent, et l'attire anormalement dans le champ classique d'analyse de la légalité d'un tel traitement (spécifique), parce que sa nature est précisément insuffisamment cernée.

2. Une contestation primaire de l'ordre juridique classique en matière de fiscalité pétrolière

1028. Une conséquence logique se dégage de la comparaison de la fiscalité pétrolière aux autres fiscalités par le prisme de sa source contractuelle et de ses éléments incitatifs : la critique acerbe de la force donnée aux contrats en matière de fiscalité pétrolière amont (a), elle-même tacitement fondée sur une conception inappropriée de l'ordre juridique en matière de fiscalité pétrolière (b).

a) La contestation injustifiée des contrats pétroliers comme source de la fiscalité pétrolière

1029. Parfois, la doctrine a cru pouvoir relever « *une législation fiscale trop flexible* » du fait que « *pour l'essentiel des clauses fiscales, les lois régissant les hydrocarbures renvoient aux contrats ou conventions selon les cas* »[898].

1030. Ainsi a-t-il été tour à tour critiqué la disposition légale camerounaise qui dispose que la redevance doit être réglée en nature ou en espèces, conformément aux modalités fixées dans le contrat pétrolier, la loi devant, selon cette doctrine, « *prévoir au moins les fourchettes des taux applicables* ». Pour cette dernière, en effet, « *les règles d'assiette et de recouvrement devraient relever au moins du domaine réglementaire* »[899].

---

[897] « Les contrats fiscaux », D. 1964, 22e cahier, chronique XVIII, p. 120.
[898] DIKOUME A. L., *op. cit.*, p. 249.
[899] *Ibid.*, p. 250.

Dans le même élan, elle constate amèrement qu'en vertu de l'article 96 (4) du Code pétrolier, « *le bonus de signature est du domaine contractuel* », mais qu'en plus, « *il n'est qu'une éventualité au contrat* ». Or, pour elle, « *cette disposition devrait être fermement régie par la loi* »[900].

1031. De même, les habilitations directes accordées aux contractants, en ce qui concerne la source des exonérations et le pourcentage de partage de la production en Guinée équatoriale, les modalités de partage du *profit oil* au Congo[901], ou le mode de valorisation des hydrocarbures au Tchad[902], sont critiquées par cette même doctrine, car devant relever, selon elle, de la loi, sinon de la réglementation.

1032. L'on constate qu'aucune distinction n'est faite entre les simples règles de forme (modalités de paiement), celles liées à la détermination de la base d'imposition de l'impôt sur les sociétés, et celles édictant des exonérations de taxes indirectes, d'une part. D'autre part, l'inventaire d'habilitations accordées par la législation pétrolière aux contractants est largement plus important que ce qui est avancé, par exemple, dans les législations pétrolières des États africains francophones au moins.

b) Le fondement tacite de la contestation

1033. Une telle posture se fonde et se légitime clairement dans l'idéal positiviste étatiste suivant lequel la fiscalité en général, donc la fiscalité pétrolière amont aussi, relève de l'ordre juridique classique étatique, dans lequel l'État est considéré comme l'acteur légitime et exclusif de l'édiction de la norme fiscale, notamment par le Parlement. La contestation de la contractualisation de certains termes fiscaux invalide implicitement les normes ainsi arrêtées, pas sur le plan empirique, mais sur les plans systémique, ontologique et axiologique[903].

1034. Il est sous-tendu en arrière-fond par le principe de légalité fiscale enseigné dans les premiers cours de finances publiques, suivant lequel l'impôt est « *une matière réservée au législateur* »[904], en vertu de dispositions extraconstitutionnelles[905] et constitutionnelles[906].

---

900 *Ibid.* (C'est nous qui soulignons).

901 *Ibid.*, p. 251.

902 *Ibid.*, p. 253.

903 AGOSTINI C., « Pour une théorie réaliste de la validité », *in l'Architecture du droit, Mélanges en l'honneur de Troper*, Paris, Economica, 2006, p. 1.

904 TROTABAS L., COTTERET J.-M., *Droit Fiscal*, Paris, Dalloz, 8e édition, 1997, p. 70.

905 L'article 14 de la Déclaration des droits de 1789 dispose que « *tous les citoyens ont droit de constater, par eux-mêmes ou par leurs représentants, la nécessité de la contribution publique, de la consentir librement, d'en suivre l'emploi, et d'en déterminer la quotité, l'assiette, le recouvrement et la durée* ».

906 L'article 26 (2, d-3) de la Constitution de la République du Cameroun accorde l'exclusivité de la compétence de la « *création des impôts et taxes et la détermination de l'assiette, du taux et des modalités de recouvrement de ceux-ci* » au Parlement, comme la plupart des Constitutions francophones. V. OLINGA A.D., *La Constitution de la République du Cameroun*, Yaoundé, Presses UCAC, 2006, p. 124.

1035. Les latitudes accordées explicitement par la loi aux parties contractantes de statuer sur des volets purement fiscaux sont alors considérées comme de la flexibilité injustifiée, voire des violations élémentaires du droit fiscal primaire. Il pourrait ultimement s'agir d'une insuffisance étatique qui traduirait au moins une inattention grave de la part du législateur, et au pire, une preuve de faiblesse devant les investisseurs privés internationaux presque toujours présentés comme de puissants interlocuteurs pouvant traiter d'égal à égal avec les États producteurs[907].

1036. Toutefois, cette critique est viciée dans sa nature par deux insuffisances essentielles :

– Elle absolutise la compétence du Parlement en matière fiscale, alors que même en restant dans l'ordre juridique étatique classique, le principe de légalité n'a pas une portée exclusive en droit positif. Autrement dit, « *le Parlement ne constitue pas le seul organe habilité à édicter des normes générales en matière fiscale* »[908]. L'analyse de fond aurait alors conduit cette doctrine à interroger la juridicité et l'opportunité de l'habilitation donnée aux parties sur les questions fiscales ainsi ciblées, et non à considérer religieusement le Parlement comme l'organe exclusivement compétent en matière fiscale.

– La critique sur la légalité des normes fiscales contractuelles est soutenue par des considérations liées à l'ordre juridique étatique classique, alors même que les contrats signés entre les États et les entreprises privées étrangères ne relèvent pas nécessairement, ni exclusivement, tant dans leur contenu que dans leur force obligatoire, de l'ordre juridique étatique. Autrement dit, il y a un déficit d'enracinement de cette source contractuelle du point de vue juridique, source sans laquelle la force obligatoire et la nature même de ces contrats sont méconnues.

1037. Ainsi la doctrine énonce-t-elle des éléments caractéristiques de la fiscalité pétrolière amont qui relèvent de la banalité, car ces éléments caractéristiques sont retrouvés dans d'autres secteurs d'activités. La contractualisation de ces dispositifs fiscaux est certes courante et même systématique en Afrique noire notamment, mais pas exclusive et surtout pas intelligible dans l'ordre juridique classique. Dès lors, critiquer le caractère « trop flexible » de la législation pétrolière de certains États africains, car accordant une part importante aux contrats, contribue à obscurcir la nature de la fiscalité pétrolière ainsi que la totalité de ses sources.

---

907 SINDJOUN L., *Sociologie des relations internationales africaines*, Karthala, 2002, pp. 225-226.

908 PELLETIER M., *Les normes du droit fiscal*, Paris, Dalloz, 2008, p. 132.

CONCLUSION DU CHAPITRE I

1038. L'espace physique existant entre les investisseurs privés étrangers et les États producteurs est de type équidistant, entendu comme une distance subjective et spécifique aménagée par les parties, en vue d'intérêts matériels et immatériels divers et complexes. En effet, des conditions matérielles (économiques et géologiques) et immatérielles (les statuts juridiques des hydrocarbures ainsi que de l'État cocontractant des entreprises pétrolières et gazières) structurent le rapport présymbolique. L'interposition de la Société nationale des hydrocarbures entre les producteurs des hydrocarbures et leurs clients est une variable constante qui conduit à prendre en compte un second acteur qui s'impose dans la relation juridique entourant l'exploitation des hydrocarbures. Les doctrines ayant, consciemment ou inconsciemment, modélisé le droit des hydrocarbures sous le prisme de la verticalité ont été étudiées et révèlent des contradictions internes et externes permettant de mettre en relief notre théorie de l'équidistance, dont il faudrait maintenant analyser les modes d'expression.

CHAPITRE II

LE RAPPORT SYMBOLIQUE DE LA RELATION : LA FORMALISATION DE L'ÉQUIDISTANCE EN DROIT DES HYDROCARBURES

1039. Les rapports de droit « *sont des montages ayant une fonction symbolique. Ils impliquent une procédure, un tiers de référence et des normes qui constituent elles-mêmes des processus* »[909].

1040. Dans l'architecture et le déploiement du droit des hydrocarbures, l'on peut considérer un quatrième acteur, les sociétés nationales mandatées par les États pour gérer leurs intérêts dans le secteur des hydrocarbures. La relation d'équidistance est ce que nous proposons pour décrire le droit des hydrocarbures. C'est le moment de préciser le sens à donner à ce terme. L'équidistance, pour nous, est la compression des mots « équité » et « distance ». L'équité est « *un ensemble de principes, exogènes au droit positif, qui le transcendent et lui préexistent* »[910].

1041. Nous adoptons la perception subjectiviste, qui « *relève strictement du sujet qui s'en réfère. D'où sa dimension doublement subjective : d'une part, elle manque de réalité objective et d'autre part, elle dépend exclusivement du sujet qui, en l'invoquant, la constitue* »[911]. Il existe un autre avantage à l'usage de ce mot, pour tenter de « *débobiner le fil du lien social au regard du lien de droit, et ensuite de mieux comprendre le lien de droit et sa faille* »[912] : cette équité « *permet au juge d'humaniser la règle de droit en considérant les circonstances individuelles du cas. Elle fait partie du droit, un droit qui se préoccupe d'une solution particulière pour chaque espèce* ».[913]

909 JEULAND E., *Théorie relationiste du droit, op. cit.*, p. 172.
910 ARNAUD A.-J. (dir.), *Dictionnaire encyclopédique de théorie et de sociologie du droit, op. cit.*, p. 233.
911 *Ibid.*, p. 235.
912 JEULAND E., *La fable du ricochet. Approche juridique des liens de parole, op. cit.*, p. 22.
913 ARNAUD A.-J. (dir.), *Dictionnaire encyclopédique de théorie et de sociologie du droit, op. cit.*, p. 235.

1042. L'équidistance, selon nous, est la juste distance subjective et arbitraire arrêtée par les parties au regard des conditions particulières de construction et d'évolution de leurs rapports juridiques. Elle fonde le rapport symbolique qui la caractérise, qui est principalement structuré autour du contrat, d'une part (Section I), et de l'arbitre tiers à la relation, d'autre part (Section II).

SECTION I. LE CONTRAT, INSTRUMENT DE L'ÉQUIDISTANCE RELATIONNELLE

1043. Dans la théorie relationiste du droit, le contrat occupe une place de choix. Émile Durkheim nous dit en effet : « *En résumé, les règles relatives aux droits réels et aux rapports personnels qui s'établissent à leur occasion forment un système défini qui a pour fonction, non de rattacher les unes aux autres les parties différentes de la société, mais au contraire, de les mettre en dehors les unes des autres, de marquer nettement les barrières qui les séparent (...), d'une manière générale, le contrat est le symbole de l'échange (...), or il est clair que l'échange suppose toujours quelque division du travail plus ou moins développé.* »[914]

1044. Bien plus tard, le professeur Emmanuel Jeuland affine cette centralité des contrats dans les rapports juridiques : « *Le rapport de droit est symbolique, car il redouble, comme on l'a vu, le rapport humain et comporte une potentielle boucle temporelle, une possibilité de retour à la situation originaire. Par exemple, un contrat prévoit les droits et obligations réciproques des parties. En cas de conflit, on peut revenir aux termes de l'engagement initial. On compare la situation actuelle avec le contrat originaire, on compare aussi la situation actuelle avec les règles de droit s'appliquant au contrat, c'est-à-dire les différents modèles permettant de déterminer la juste distance entre les parties. Tout passe par le langage au sens large (composé de mots) aujourd'hui ; mais le contrat continue à avoir une fonction et un agencement symboliques.* »[915]

1045. Deux idées-forces peuvent alors être retenues de cette réflexion, par rapport à notre sujet d'étude :

– Le contrat est central dans la relation juridique.

– Il peut faire l'objet d'interprétation de la part de tierces personnes, en cas de conflit.

1046. Il s'agit donc pour nous de présenter le cadre organisationnel de l'équidistance en matière de droit des hydrocarbures. Nous distinguons alors

---

[914] DURKHEIM E., *De la division du travail social*, PUF, Quadrige, 1998, p. 88, cité par JEULAND E., *La fable du ricochet. Approche juridique des liens de parole, op. cit.*, p. 69. (C'est nous qui soulignons).

[915] JEULAND E., *Théorie relationiste du droit, op. cit.*, p. 272. (C'est nous qui soulignons).

l'organisation formelle de cette équidistance en droit international (§1) de son organisation en droit transnational (§2).

§1. L'équidistance relationnelle en droit international

1047. Pour Gidon Gottlieb, un auteur américain, le droit ne se confond pas avec l'État puisque chaque institution, voire chaque relation, génère ses normes[916]. Il pense qu'il se crée ainsi un « *ordre relationnel entre les parties et finalement une société relationnelle* »[917]. En matière d'hydrocarbures, les accords interétatiques constituent la voie la plus normale et opposable de délimitation des frontières. Comme il a pu être dit laconiquement, « *quand deux États négocient en vue d'arriver à un compromis sur la frontière maritime, ils n'ont pas besoin de se demander ce que le droit international a à dire à ce sujet : ces deux États se donnent la frontière qu'ils veulent d'un commun accord et peuvent prendre en considération un certain nombre de facteurs déterminés dont la longue amitié qu'avaient leurs peuples, des considérations économiques, politiques ou militaires* »[918].

1048. En réalité, une telle convention ne serait pas conforme au droit international, parce qu'elle serait elle-même du droit international, en vertu de nombreuses dispositions internationales. Il s'agit là d'un aménagement de relations internationales fondées sur l'équidistance que nous qualifions de « relationnelle », c'est-à-dire celle qui prend en compte les liens entre États, par-delà les règles exogènes relatives à la délimitation des frontières. Les *Joint Development Zone* (JDZ) en sont un exemple éloquent. Il s'agit alors de rappeler leurs fondements juridiques (A), et d'en décliner le contenu relationnel conséquent en droit des hydrocarbures (B).

A. Les fondements juridiques des Joint Development Zone

1049. L'on peut distinguer les traités internationaux (1) des jurisprudences internationales (2), comme fondements juridiques des zones de développement conjoint.

1. Les traités internationaux

1050. La CNUDM prévoit que la délimitation de la zone économique exclusive et du plateau continental « *est effectuée par voie d'accord conformément au droit international tel qu'il est visé à l'article 38 du Statut de la Cour internationale de justice, afin d'aboutir à une solution équitable* » (art. 74 et 83). Cette disposition du Statut prévoit que la Cour doit appliquer les conventions internationales, la coutume internationale, les principes généraux de droit « *reconnus par les nations civilisées* », de même

[916] JEULAND E., *Théorie relationiste du droit, op. cit.*, p. 420.
[917] *Ibid.*, p. 421.
[918] ARBOUR J.-M., *op. cit.*, p. 42. (C'est nous qui soulignons).

que les décisions judiciaires et la doctrine des publicistes « *les plus qualifiés des différentes nations, comme moyen auxiliaire de détermination des règles de droit* ».

1051. La CNUDM prévoit par ailleurs, à l'article 15, qu'aucun des deux États « *n'est en droit, sauf accord contraire entre eux, d'étendre sa mer territoriale au-delà de la ligne médiane dont tous les points sont équidistants des points les plus proches des lignes de base à partir desquelles est mesurée la largeur de la mer territoriale* » ; et il est également prévu que cette disposition « *ne s'applique cependant pas dans le cas où, en raison de l'existence de titres historiques ou d'autres circonstances spéciales, il est nécessaire de délimiter autrement la mer territoriale des deux États* ».

1052. La centralité des accords étatiques est soutenue ensuite par le principe général de droit international public, *pacta sunt servanda*, l'un des plus anciens principes du droit international. Il est consacré par la Charte des Nations unies (art. 2/2) et par d'autres actes internationaux (la déclaration de l'Assemblée générale des Nations unies de 1970, l'acte final d'Helsinki de 1975…). Au regard de ces réglementations, les États ont le devoir d'accomplir de bonne foi les obligations découlant des principes et normes généralement reconnus par le droit international. Ils ont l'obligation d'accomplir de bonne foi les traités conclus conformément aux normes impératives du droit international.

1053. Sur la base de ces sources générales, les hydrocarbures ont constitué un moyen de détermination de la délimitation des frontières des États, surtout que la jurisprudence internationale a confirmé cette véritable habilitation relationnelle.

2. La jurisprudence internationale

1054. L'instrumentation des concessions pétrolières en matière de délimitation maritime est manifeste au niveau jurisprudentiel. Celles-ci contribuent à forger la conviction des juges sur la base du consentement soit implicite, soit explicite des parties.

1055. Le consentement implicite consiste pour les juges à constater que les parties ont bel et bien eu conscience de l'emplacement géographique inapproprié des concessions pétrolières, mais les ont admises comme telles dans un but purement pratique voire diplomatique. Il consiste donc à valoriser la relation particulière que les États ont nouée vis-à-vis de ces frontières, au regard des hydrocarbures.

1056. C'est ainsi que pour l'affaire de la délimitation des frontières Cameroun-Nigeria, les juges ont pris en considération un certain nombre de faits censés traduire le consentement tacite du Nigeria quant à sa frontière maritime. Ils ont d'abord fait remarquer qu'au moment de son accession à l'indépendance, le Nigeria ne souleva aucune question quant à l'étendue de son territoire dans la péninsule de Bakassi. Mieux, il reconnut la frontière au moment de son vote en faveur de la résolution 1608 (XV) de l'Assemblée générale du 21 avril 1961, laquelle mettait un terme au régime de tutelle et entérinait le résultat du plébiscite sur l'indépendance. Le tribunal évoque ensuite les accords relatifs à la délimitation maritime partielle (déclarations de Yaoundé I et II de Maroua), et elle « *estime qu'il ressort clairement de chacun de ces documents que les Parties tenaient pour établi que Bakassi appartenait au Cameroun* »[919]. La Cour note ensuite que les demandes officielles formulées jusque dans les années 1980 par l'ambassade du Nigeria, en vue de visiter les ressortissants du Nigeria résidant à Bakassi, vont dans le même sens.

1057. De façon supplémentaire, et dans le cadre de la construction de son faisceau d'indices, les juges font remarquer aussi que « *cette communauté de vues entre les Parties se trouve également reflétée par la répartition géographique des concessions pétrolières accordées par l'une et l'autre jusqu'en 1991* »[920]. Manifestement, pour la Cour, cette répartition correspond à l'idée que les parties se faisaient de la situation, et selon laquelle « *le Cameroun possédait préalablement un titre sur Bakassi. L'affirmation selon laquelle les Parties auraient tout simplement choisi de traiter les questions d'exploitation pétrolière de manière totalement indépendante du titre territorial ne saurait expliquer cette remarquable cohérence (qui ne souffre que de très peu d'exceptions)* »[921]. La doctrine a alors pu établir que « *pour tous ces motifs, le tribunal juge que l'accord anglo-allemand du 11 mars 1913 était valide et qu'il devait être appliqué dans son intégralité* »[922].

1058. L'on remarque alors que les juges, dans le déroulé de leur raisonnement, ne considèrent la question du consentement tacite des parties que comme un élément parmi d'autres entraînant leur décision ultime. Mieux, les concessions pétrolières ne sont évoquées qu'en dernière position d'un ensemble d'éléments considérés comme probants, comme pour fortifier ce dernier élément somme toute original, qui consiste à faire de l'emplacement pourtant compromettant par rapport à la décision finale de démarcation, un élément en leur faveur. Il existe une sorte d'interdépendance fonctionnelle des arguments des juges, alors même que chacun des éléments constitutifs du faisceau d'indices est indépendant, dans sa nature, des autres éléments. Le consentement tacite de l'emplacement inapproprié ne suffit pas alors tout seul à structurer le raisonnement définitif des juges. Cela est différent pour l'exigence de l'accord expresse

1059. En effet, il existe aussi des consentements explicites à cette prise en considération de l'emplacement des concessions pétrolières dans la détermination du champ de souveraineté territoriale des États. Ainsi, dans

919 Par. 214.
920 Par. 215.
921 *Ibid.*
922 LABRECQUE G., *Les différends territoriaux en Afrique. Règlement juridictionnel*, Paris, L'Harmattan, 2005, p. 374.

l'affaire *Libye c. Tunisie*[923], le premier des deux segments de la frontière tracée par la Cour correspond à une ancienne ligne *de facto* déterminée aux fins de l'exploitation des éponges et observée tacitement pendant des années, outre qu'elle « *concrétise la manière* » (par. 96) dont les deux États ont accordé des concessions pétrolières. Dans cet arrêt de 1982, reproduisant le mémoire libyen (par. 36), il est dit (par. 117) qu'en 1968, « *la Libye a accordé une concession (n° 137) à l'est d'une ligne sud-sud-ouest entre 33° 55'N 12°E et un point en mer se trouvant à une distance d'environ un mille marin de la côte, dont l'angle par rapport au méridien de Ras Adjir était de 26°, et les limites occidentales des concessions libyennes ultérieures se sont appuyées sur cette même ligne qui, d'après les explications données par la Libye, suivait la direction des concessions tunisiennes* ». Ainsi l'emplacement de la concession pétrolière libyenne n°137 a-t-il constitué un critère décisif du jugement des juges, mais en relation avec la volonté des parties elles-mêmes. La centralité des concessions pétrolières dans cette affaire s'est davantage révélée suite à la demande de révision et en interprétation de la Tunisie.

1060. La Tunisie prétendit avoir découvert, après la décision de justice de la CIJ, un fait nouveau qui « *concerne directement les fondements de fait et de droit sur lesquels a reposé le choix par la Cour de la méthode pratique qu'elle a définie* »[924], remettant en cause la ligne *de facto* entre les concessions pétrolières. Sur la base du rapport d'expertise d'un expert océanographe commis à cet effet, et dont le rapport fut joint à la demande en révision, la Tunisie remit en cause la formule complémentaire du dispositif : la vérification faite par l'expert montrait en effet qu'il ne peut exister d'unité de ligne, entre le tracé en escalier du permis tunisien et la limite occidentale de la concession libyenne. Le professeur Decaux nous dit alors que « *faute de vérification faite par la Cour au moment de la rédaction, le piège des données chiffrées s'est refermé sur cette contradiction fondamentale que l'expert désigné par la Tunisie a été le premier à mettre en lumière : il y a une impossibilité fondamentale au cœur du dispositif de l'arrêt de 1982* »[925].

1061. Or, le fait nouveau invoqué par la Tunisie concerne justement le « véritable tracé » de la concession pétrolière libyenne n° 137, expressément visée par le dispositif de l'arrêt de 1982. Il apparaît que la concession n° 137 empiétait sur le permis tunisien voisin, contrairement aux renseignements fournis à la Cour en 1982. De plus, la ligne de délimitation F.P. « *attribuerait à la Libye des zones de plateau continental se trouvant à l'intérieur du permis tunisien de 1966* »[926]. Pour la Tunisie, la découverte du tracé véritable de la concession n° 137 par son expert constituerait un fait qui

[923] *Affaire du plateau continental Tunisie c. Libye*, arrêt CIJ, Recueil, 1982, pp. 18-94.

[924] Lire DECAUX E., « L'arrêt du 10 décembre 1985 de la Cour internationale de justice sur la demande en révision et en interprétation de l'arrêt du 24 février 1982 en l'affaire du plateau continental (*Tunisie c. Libye*) », *A.F.D.I.,* vol. 31, 1985, p. 325.

[925] *Ibid.*

[926] *Ibid.*, p. 331.

serait « *de nature à exercer une influence décisive sur l'arrêt de la Cour, étant donné que la Cour s'est fondée sur certaines affirmations de la partie libyenne qui se sont trouvées contredites par le document en cause et que le dispositif même de l'arrêt définit la ligne de délimitation à tracer d'après des critères tirés de ces affirmations* »[927]. Ainsi, par la production d'informations scientifiques sur le véritable emplacement des concessions pétrolières libyennes par rapport aux permis d'exploration tunisiens, la Tunisie entend entériner la portée normative, précisément démarcative des concessions pétrolières, tel qu'évoqué par la Libye également. Seul l'enjeu de précision des coordonnées pourrait faire basculer la décision des juges, et non le principe même de devoir tenir compte de ces concessions pétrolières, dès lors que les parties en ont convenu ainsi.

1062. En l'absence d'un tel accord, l'emplacement des concessions pétrolières est sans impact sur la délimitation des frontières. C'est l'affaire de la frontière terrestre et maritime entre le Cameroun et le Nigeria *(Cameroun c. Nigeria)* qui a le plus récemment reprécisé cette indifférence du rôle des concessions pétrolières en matière de délimitation maritime. La Cour relève en premier : « *Tant la Cour que les tribunaux arbitraux ont eu l'occasion d'examiner le rôle de la pratique pétrolière dans les différends de délimitation maritime.* »[928] Et après avoir rappelé sa propre jurisprudence, elle déclare : « *Dans le domaine de l'arbitrage, le tribunal arbitral en l'affaire Guinée/Guinée-Bissau a décidé de ne pas tenir compte d'une concession pétrolière octroyée par le Portugal. (RSA, vol. XIX, p. 174, par. 63). Le tribunal arbitral en l'affaire de la délimitation des espaces maritimes entre le Canada et la France (Saint-Pierre-et-Miquelon) n'a pas accordé d'importance aux concessions pétrolières octroyées par les parties (RSA, vol. XXI, p. 295-296, par. 89-91).* »[929]

1063. Sur la base de cette jurisprudence arbitrale plus encore que sur la sienne propre, qui paraît à cet égard moins nette, la Cour prend position sur cette importante question en déclarant que : « *Tant la Cour que les tribunaux arbitraux ont eu l'occasion d'examiner le rôle de la pratique pétrolière dans les différends de délimitation maritime (...), dans l'ensemble, il ressort de la jurisprudence que si l'existence d'un accord exprès ou tacite entre les parties sur l'emplacement de leurs concessions pétrolières respectives peut indiquer un consensus sur les espaces maritimes auxquels elles ont droit, les concessions pétrolières et les puits de pétrole ne sauraient eux-mêmes être considérés comme des circonstances pertinentes justifiant l'ajustement ou le déplacement de la ligne de délimitation provisoire.* »[930]

1064. À la suite du rejet des trois circonstances pertinentes invoquées par le Cameroun, la Cour a examiné la pratique pétrolière entre les parties aux

---

927 *Ibid.*

928 Frontière terrestre et maritime entre le Cameroun et le Nigeria (*Cameroun c. Nigeria* ; Guinée équatoriale intervenant), arrêt, CIJ, Recueil, 2002, p. 447, par. 304.

929 *Idem.*

930 *Idem.*

fins de savoir si elles pouvaient jouer dans la délimitation frontalière. La Cour conteste à la pratique pétrolière toute pertinence dans la délimitation maritime, sauf en cas d'accord exprès ou tacite, tel un *modus vivendi.* Face à la thèse du rôle déterminant de la pratique pétrolière dans la délimitation maritime soutenue par le Nigeria, cherchant à éviter une éventuelle attribution au Cameroun de concessions pétrolières par lui accordées, la Cour se prononce donc négativement.

1065. On est ainsi fixé sur la condition de la crédibilité ultérieure de tout moyen soulevé sur la base de la pratique pétrolière pour étayer des revendications en délimitation maritime : l'existence d'un accord exprès ou tacite. Le régime des *Joint Development Zone*[931] conforte ensuite la primauté de la relation interétatique dans le droit de la délimitation des frontières.

B. Le contenu relationnel des JDZ

1066. La CNUDM[932] a fixé les limites nationales des compétences à l'intérieur desquelles les États côtiers exercent leur souveraineté, leurs droits souverains et leurs juridictions sur les espaces et les ressources maritimes. Mais, lorsque l'on tente d'établir une relation entre la ressource marquée par sa mobilité et la frontière qui, elle, se caractérise par sa stabilité, des difficultés d'ordre juridique surviennent dans la mesure où il est reconnu que « *les ressources sont là où elles sont, et la frontière est là où elle est* »[933]. Ce rapport juridique très lâche entre ressource et frontière est d'ailleurs consacré par la jurisprudence constante de la Cour internationale de justice.

1067. Le régime des JDZ est ainsi un faisceau de règles de type relationnel qu'il convient de rappeler (1), nonobstant les principes faisant l'objet de production jurisprudentielle, qui contribuent à la densification de ces règles (2).

1. La priorisation des relations interétatiques dans les JDZ

1068. Selon l'Institut britannique de droit international et comparé, un accord sur la zone de développement conjoint peut se définir comme étant « *an agreement between two states to develop so as to share jointly in agreed proportions by inter-state cooperation and national measures the offshore oil and gas in a designated zone of the seabed and subsoil of the continental shelf to which both or either of the participating States are entitled in international law. Where the States recognize an EEZ the*

---

[931] Dans une logique de « gagnant-gagnant », les États décident souvent d'exploiter ensemble les ressources naturelles disponibles. L'Afrique est un terreau particulièrement fertile de ce mode de régulation conjointe de certaines zones territoriales. Lire le dossier spécial portant sur « Les frontières de la discorde », *Jeune Afrique,* n°2567 du 21 au 27 mars 2010, pp. 79-83.

[932] Convention des Nations unies sur le droit de la mer, 10 décembre 1982, 1833, R.T.N.U. 3, 21, *I.L.M.*, 1261 (entrée en vigueur : 16 novembre 1994). [Convention de 1982].

[933] WEIL P., *Perspective du droit de la délimitation maritime*, Paris, Pedone, 1988 p. 275.

forgoing definition can be amended to extend also to the agreement jointly to develop overlapping EEZs »[934].

1069. On s'aperçoit que cette définition semble, de prime abord, faire de la zone de développement conjoint un espace maritime où les ressources à exploiter comprennent à la fois les ressources pétrolières et gazières et toutes ressources biologiques. Ainsi, une zone de développement conjoint est définie comme un système d'exploration et d'exploitation de ressources maritimes vivantes et non vivantes dans le plateau continental et dans la zone économique exclusive de deux ou plusieurs États côtiers. La gestion commune de cette zone peut se faire avec ou sans frontière maritime, selon les termes et conditions voulus par les parties concernées.

1070. Si les océans constituent un écosystème intégré, ils sont cependant juridiquement désintégrés en plusieurs espaces de juridictions nationales qui rendent aléatoires les notions de propriété et de droits souverains sur les ressources océaniques. Ainsi, à l'unité physique de la mer s'oppose une diversité de régimes juridiques, qui complique, théoriquement, le processus de délimitation maritime et la nature juridique des titres sur les ressources de la mer.

1071. Dans le domaine de l'exploitation du pétrole, les difficultés apparaissent lorsque deux États ont des prétentions sur le même gisement pétrolier. Se trouve ainsi posée la question des ressources marines qui chevauchent le plateau continental ou la zone économique exclusive des 200 milles marins, et dont l'exploitation est sujette à des requêtes portant sur la détermination de la frontière maritime.

1072. Le problème de la délimitation des espaces maritimes entre États voisins n'échappe pas à cet impératif de coopération. C'est en cela que la notion de « zone de développement conjoint » ou encore de « champs transfrontières » se donne comme des réponses tangibles aux questions de mise en œuvre des dispositions de la CNUDM de 1982, et plus particulièrement dans le domaine de l'exploitation des ressources marines partagées. Il reste cependant que la nature juridique de la « zone de développement conjoint » comme moyen pratique d'exploitation de ces ressources est très controversée. La Cour internationale de justice, pour sa part, ne fait qu'exhorter les États à l'application d'une zone conjointe d'exploitation, sans donner plus de précisions sur ses fondements juridiques.

1073. Face à une telle situation, les États concernés mettent en veilleuse la problématique de la frontière, du moins en tant que ligne divisoire de la compétence territoriale des États voisins. Dans ce cas, ils ont le choix d'explorer conjointement la ressource en minimisant la portée de la frontière maritime qui conserve toutefois sa pertinence, étant entendu que « *toute*

---

[934] FOX H. et *al.*, « Joint Development of Offshore Oil and Gas », Londres, British Institute of International and comparative Law, 1989, p. 45. Voir aussi, HORIGAN J.E., « Unitization of petroleum Reservoirs Extending across Sub-Sea Boundary Lines of Bordering States in the North Sea », *Natural Resources Lawyer,* 7, 67, 1974, pp. 73-74.

action solidaire pour protéger, conserver et exploiter rationnellement les ressources du milieu marin et échanger les informations scientifiques nécessaires, suppose résolus au préalable les problèmes épineux de souveraineté concernant le tracé des frontières maritimes »[935].

1074. Même dans un contexte régional d'exploitation des ressources, on admet que « *la coopération régionale n'est mieux servie que si les questions sur les frontières maritimes sont résolues* »[936]. Ceci suppose que le concept de frontière n'a rien perdu de son intérêt. Au contraire, il est un élément de sécurité juridique même si les États, face à leurs impératifs économiques et financiers, peuvent décider de minimiser son sens et sa portée lorsque l'exploitation des ressources naturelles partagées est en cause. Cependant, « *les ressources naturelles n'appellent vraiment l'attention de l'internationaliste que lorsque leur unicité physique ne correspond pas à une unité politique* »[937], eu égard aux réflexes nationalistes qui prennent souvent le dessus sur la coopération en matière d'exploitation des ressources conflictuelles sur les espaces et les ressources maritimes qu'est la coopération entre les États impliqués.

1075. On peut cependant avancer que la zone de développement conjoint est un processus qui encourage la résolution d'un différend frontalier maritime entre deux États qui consentent à explorer, exploiter et gérer conjointement des ressources minérales partagées qui chevauchent la ligne de division de leurs plateaux continentaux respectifs. En 1980, l'Assemblée générale de l'Organisation des Nations unies a avancé le même principe de coopération en matière d'exploitation des ressources partagées[938].

1076. L'on a alors un régime juridique entourant ces JDZ, qui a fait l'objet de structuration progressive par la jurisprudence, toujours dans le sens de préserver la relation juridique existante ou qui doit exister entre les États concernés.

2. Les principes juridiques des JDZ renforçant les rapports juridiques interétatiques

1077. L'exploitation conjointe des hydrocarbures met en jeu deux souverainetés politiques, au moins, qui doivent fédérer leurs intérêts communs. Dès lors, les prétentions souverainistes classiques sur les territoires s'arrêtent devant les impératifs de paix et d'exploitation rationnelle des ressources, autour de l'obligation principale de coopération

---

935 BENNOUNA M., « La délimitation des espèces maritimes en Méditerranée », in *Mélanges à la mémoire de Jean Carroz, Le droit de la mer*, Rome, Organisation des Nations unies pour l'alimentation et l'agriculture, 1987, p. 15.

936 FRANCK E., « Maritime Boundaries and Regional Co-operation » *International Journal of Estuarine and Coastal law*, 5, 1990, p. 215.

937 DUPUY P.-M., « Ressources naturelles partagées et ressources de l'humanité », *Annuaire de l'AAA : Coopération scientifique et technique internationale*, Vol. 54/55/56, La Haye, Martinus Nijhoff Publishers, 1984/85/86, p. 201.

938 Doc. Off. AG, 34e sess. ; 107e séance plén., Doc. NUA/RES/34/186 (1979).

(a), à laquelle se greffent des obligations résiduelles qui en sont dépendantes (b).

a) L'obligation principale de coopération

1078. Le symposium international d'Abidjan en 1987, sur la zone économique exclusive, recommanda aux États africains « *de régler l'ensemble des problèmes de délimitation des frontières maritimes entre pays de la sous-région par voie d'accord* »[939]. L'Organisation de l'unité africaine (OUA)[940], par l'entremise de son Conseil économique pour l'Afrique (le CEA), fit la même recommandation aux États africains : « *All African coastal state (...) if they have not already done so, (should) determine baselines and geographical coordinates from their extended zones of maritime jurisdiction are to be measured, and to enter into dialogue with their neighbors in order to establish their maritime boundaries, keeping in mind the concepts of joint development and or management zones.* »[941]

1079. L'obligation juridique de coopérer peut s'entendre de deux manières. Soit les États coopèrent pour trouver une méthode applicable à la délimitation de la frontière maritime, soit ils coopèrent pour exploiter ensemble les ressources communes, sans envisager dans l'immédiat le tracé de la frontière. C'est dans cette seconde situation que l'alternative de la zone de développement conjoint est envisagée. En effet, les paragraphes 74 (3) et 83 (3) de la CNUDM prévoient, en ce qui concerne la délimitation du plateau continental et de la zone économique exclusive, qu'« *en attendant la conclusion de l'accord [...] les États concernés, dans un esprit de compréhension et de coopération, font tout leur possible pour conclure des arrangements provisoires de caractère pratique et pour ne pas compromettre ou entraver pendant cette période de transition la conclusion d'un accord définitif. Les arrangements provisoires sont sans préjudice de la délimitation des frontières* »[942].

1080. À l'examen de ces dispositions, on s'aperçoit que si le concept de zone de développement conjoint n'est pas dans sa lettre un produit de la convention de 1982 sur le droit de la mer, il l'est tout au moins dans son esprit, car les paragraphes 74 (3) et 83 (3) posent le principe de l'arrangement provisoire en attendant le règlement définitif de la délimitation.

---

939 « Symposium international sur la zone économique exclusive, tenu à Abidjan, Côte d'Ivoire : Un appel à la coopération », *Conseil national des chargeurs du Cameroun*, 1987, n°4, Hors-série.

940 Maintenant, l'Union africaine (UA).

941 KWIATKOWSKA B., « Some Remarks on Africa, with Particular Reference to the State Practice of Ghana », in MENSAH (dir.), *Ocean Governance: Strategies and Approaches for the 21st Century*, Honolulu, The Law of the Sea Institute, University of Hawaii, 1994, 511, p. 517.

942 Convention de 1982, *supra*, note 1, par. 74 (3) et 83 (3).

1081. L'« arrangement provisoire de caractère pratique » peut être défini comme un accord d'exploitation conjointe de la ressource indivise fondée sur l'idée de coopération entre les États impliqués. Il s'agit là d'un régime transitoire qui répond ainsi à un objectif bien défini par la CNUDM de 1982, celui de permettre aux États une exploitation optimale de leurs ressources marines pour les fins de développement socio-économique. Ainsi, le concept de zone économique exclusive est l'expression la plus tangible de l'objectif de développement visé par la CNUDM de 1982. Or, tout blocage des négociations sur la délimitation des espaces maritimes non seulement ne saurait permettre d'atteindre cette finalité, mais s'éloignerait de l'idéal recherché par la convention de 1982, l'utilisation des mers et des océans à des fins pacifiques[943]. En outre, par l'expression « arrangement provisoire de caractère pratique », les paragraphes 74 (3) et 83 (3) reconnaissent que ce qui est fondamental, ce n'est pas la détermination de la frontière maritime, mais le développement et l'exploitation des ressources naturelles.

1082. Toutefois, c'est véritablement l'article 142 de la CNUDM de 1982 qui pose plus clairement la problématique des ressources minérales partagées entre un État côtier et la communauté internationale à travers l'Autorité des fonds marins. En effet, l'article 142 fait référence aux ressources minérales qui sont sous la compétence des États côtiers ainsi que sous le contrôle de l'Autorité des fonds marins, et propose le même principe de coopération en affirmant que dans le cas de gisements de ressources de la zone qui s'étendent au-delà des limites de celle-ci, les activités menées dans la zone le sont compte dûment tenu des droits et intérêts légitimes de l'État côtier sous la juridiction duquel s'étendent ces gisements. Un système de consultation avec l'État concerné, notamment de notification préalable, est établi afin d'éviter toute atteinte à ces droits et intérêts. Dans les cas où des activités dans la zone peuvent entraîner l'exploitation de ressources se trouvant en deçà des limites de la juridiction nationale d'un État côtier, le consentement préalable de cet État est nécessaire[944].

1083. Or, il est implicite, dans les paragraphes 74 (3) et 83 (3), que l'alternative à l'approche de zones de développement conjoint consiste à procéder aux développements des ressources pétrolières du plateau continental. Si l'on admet que la CNUDM de 1982 n'est pas une convention de précision mais de consensus, on arrive à la conclusion que c'est l'esprit plutôt que la lettre qu'il faut privilégier. L'expression « arrangement provisoire », sans préjudice de la délimitation finale, ne dit rien sur la nature juridique de ce principe. S'agit-il d'une obligation de moyen, de produire ou de résultat ? Autrement dit, ce principe fait-il de l'approche de la zone de développement conjoint une obligation juridique ? Ou encore, « adopter un esprit de compréhension et de coopération » signifie-t-il que les États concernés doivent forcément conclure un accord d'exploitation conjointe ?

---

[943] *Ibid.*, à l'art. 301.
[944] *Ibid.*, à l'art. 142.

L'expression « esprit de compréhension » laisse entendre que les États concernés doivent savoir qu'en droit et en fait, ni l'un ni l'autre ne peut unilatéralement exploiter le gisement qui, lui, est unique[945].

1084. Il s'agit d'une obligation floue permettant d'aménager le type de rapports qui sied au cas par cas, pour non seulement préserver la paix entre les États, mais aussi fédérer l'intérêt commun des États vers l'exploitation des ressources énergétiques, au-delà de leurs intérêts égoïstes individuels et de leur souveraineté nationale. En effet, « *le flou contribuerait ainsi à préserver un certain pluralisme dans l'application d'un droit qui devient de plus en plus complexe* »[946].

1085. Les obligations accessoires à l'obligation de coopération sont autant de règles supplémentaires visant à garantir la qualité de la relation juridique constituée par les JDZ[947].

b) Les obligations accessoires à l'obligation de coopération

1086. L'article 59 de la CNUDM de 1982 traite des aspects qui n'ont pas été expressément résolus par la loi conventionnelle. En des termes très généraux, l'article 59 exhorte les États à la coopération lorsqu'il dispose : « *Dans les cas où la convention n'attribue de droits ou la juridiction à l'intérieur de la zone économique exclusive, ni à l'État côtier ni à d'autres États et où il y a conflit entre les intérêts de l'État côtier et ceux d'un ou plusieurs autres États, ce conflit devrait être résolu sur la base de l'équité et eu égard à toutes les circonstances pertinentes, compte tenu de l'importance que les intérêts en cause présentent pour les différentes parties* (...). »[948]

1087. On constate, à travers cette définition, que la notion de coopération n'est pas expressément évoquée, au contraire de l'équité, qui doit être l'horizon de règlement du différend éventuel. Elle reste implicite, comme moyen, dans la mesure où la mise en œuvre de l'article 59 ne peut se faire que lorsque les États concernés s'engagent à négocier en vue d'une résolution en équité du différend qui les oppose.

1088. La CNUDM de 1982 n'a pas défini une équité qui serait valable pour la zone économique exclusive et une autre qui serait propre au plateau continental. Il n'y a donc pas lieu d'établir pareille distinction, car l'équité à laquelle fait référence l'article 59 est celle qui prohibe toute exploitation unilatérale d'une ressource partagée, peu importe qu'elle se trouve dans la zone économique exclusive ou sur le plateau continental.

---

945 BOUVET J.-P., *L'unité de gisement. Hydrocarbures et autres matières minérales*, L'Harmattan, 2004.

946 DELMAS-MARTY M., *Le flou du droit. Du Code pénal aux droits de l'homme*, Paris, PUF, 1986, 2e éd., Coll. Quadrige, 2004, pp. 15-16.

947 THIBIERGE C., « Le droit souple, réflexions sur les textures du droit », *RTD civ.*, 2003, p. 599.

948 *Ibid.*, à l'art. 59. (C'est nous qui soulignons).

1089. La notion tire implicitement son fondement juridique aussi bien de la CNUDM de 1982 que de la jurisprudence de la Cour internationale de justice. Il ressort aussi de ces deux sources du droit que la coopération en matière d'exploitation des ressources marines peut bien se faire avec ou sans frontière maritime[949]. Autrement dit, deux États peuvent adopter le régime de zone de développement conjoint sans qu'il soit nécessaire de procéder à une délimitation de la frontière maritime. Toutefois, les critères pour établir une zone de développement conjoint sont librement définis par des accords bilatéraux, comme en témoigne la pratique des États.

1090. Ces fondements juridiques directs et indirects des JDZ, tels que réitérés par certaines instances régionales africaines, ont été complétés par la jurisprudence internationale toujours dans le sens de la priorisation des intérêts tournant autour des hydrocarbures et de l'équité.

1091. Outre le droit international, le droit transnational favorise les relations entre les parties comme source de leur mode de régulation.

§2. L'équidistance relationnelle en droit transnational

1092. Deux moyens différents mais complémentaires permettent d'assurer l'équidistance relationnelle en matière de droit des hydrocarbures à l'échelle transnationale : les techniques contractuelles (A) et les institutions contractuelles (B).

A. L'organisation contractuelle de l'équidistance relationnelle

1093. Les contrats pétroliers sont légitimés par des considérations économiques et stratégiques. Sur le plan économique, les variables extérieures aux parties dans le cadre de l'exploitation (éventuelle) d'un champ pétrolier sont telles que les dispositions fiscales ne peuvent qu'être adaptées au cas par cas (*case-by-case basis*). La flexibilité du régime fiscal est essentielle et même consubstantielle à la nature de l'activité pétrolière et gazière amont, caractérisée par des différences structurelles des diverses rentabilités potentielles.

1094. Or, seul le contrat permet un tel calibrage, une telle adaptation, une telle casuistique, et non la loi, trop générale et impersonnelle pour une application optimale de ses termes. Voilà pourquoi, selon le doyen Carbonnier, « *le contrat, par opposition à l'esprit unitaire de la loi, est l'instrument de la diversité juridique* »[950].

1095. Sur le plan stratégique, les contrats pétroliers sont fondés sur des considérations liées à l'efficience, qui se conçoivent « *comme une mise en balance des avantages pouvant être obtenus au regard des contraintes et des*

---

[949] Voir plus particulièrement JAGOTA S.P., « Maritime Boundary and Joint Development Zones : Emerging Trends », *10 Ocean Yearbook*, 110, 1993, pp. 110-127.

[950] CARBONNIER J., *Flexible droit*, Paris, L.G.D.J., 10e édition, 2001, p. 313.

investissements générés »[951], notamment l'efficience allocative relative à l'optimisation de la distribution des produits. Dès lors, l'instrument (le contrat), ainsi que les clauses fiscalo-financières qui y sont insérées, constituent des moyens utilisés par les parties pour atteindre un résultat défini à l'avance, car, comme le signalait le doyen Centi, « *l'efficience ne porte pas sur les fins, mais sur les moyens adoptés pour atteindre les fins* »[952].

1096. Or, les contrats, pour autant qu'ils soient indispensables, ne sont pas intrinsèquement capables de prévoir toutes les situations, d'où la pertinence de la clause de renégociation (1). Tout au plus, certaines clauses financières précises peuvent contribuer à rétablir l'équité initialement projetée par les parties, dans des hypothèses bien prévues par elles ; ce sont les clauses d'« *equitable adjustments* » (2).

1. La gestion par la clause de renégociation

1097. Comme le dit le professeur Éric Brousseau, « *l'instauration d'un droit de renégociation est un moyen d'inciter au moins l'une des parties à réaliser le niveau ''efficace'' d'effort ou d'investissement (non contractualisable) parce qu'il a la garantie qu'*a posteriori *le niveau de l'échange pourra être ajusté en fonction de l'investissement effectivement réalisé et de l'état de l'environnement* »[953]. Pour lui, c'est un enjeu de crédibilisation même du contrat, et il rappelle que « *la décision qui résulte d'un tel processus (...) a de fortes chances d'être mieux adaptée qu'une décision individuelle à la situation rencontrée. Elle tient compte d'un plus grand nombre d'informations, intègre correctement les préférences des deux parties, s'appuie sur deux rationalités qui se complètent, etc.* »[954]. En somme, la clause de renégociation est l'instrument par excellence d'expression de la relation juridique, et du « terreau relationnel » constituant le droit des hydrocarbures, objet de notre étude.

1098. Pour prendre l'exemple du Cameroun, il est appréciable que tous les accords pétroliers prévoient une procédure de renégociation peu ou prou complète, son absence étant cause de malentendus préjudiciables en général pour l'investisseur pétrolier[955].

---

[951] KERHUEL A.J., *L'efficience stratégique du contrat d'affaires. Un champ d'action de la liberté contractuelle*, Presses Universitaires d'Aix-Marseille, 2010, p. 27.

[952] Cité par KERHUEL A.J., *op. cit.*, p. 28.

[953] BROUSSEAU E., « L'économiste, le juriste et le contrat », in *Études offertes à Jacques Ghestin. Le contrat au début du XXIe siècle*, Paris, L.G.D.J., 2015, p. 167.

[954] *Ibid.*, p. 171.

[955] Le professeur Maniruzzamann nous dit : « *It should be noted that the interpretation of the requirement ''except by mutual consent of the parties'' may give rise to problems in practice in the absence of procedure envisaged by the parties whereby such consent would be given. Without such a procedure agreed upon by the parties the task falls to a judge or arbitrator, if a dispute arises, to determine whether there had been mutual consent of the parties before any change occurred to the agreement by the actions of either party. Consent may be either*

1099. Il convient alors de décliner les modes uniformes de déclenchement de la procédure (a), et ensuite les résultats multiformes de celle-ci (b).

a) Le déclenchement uniforme de la procédure

1100. La procédure la plus complète est celle définie par les contrats pétroliers, qui arrêtent comme condition de l'enclenchement de la renégociation toute modification « *qui affecterait de façon significative l'équilibre économique ou fiscal du présent Contrat au détriment du CONTRACTANT…* », c'est-à-dire, « *toute mesure ayant pour effet de diminuer les profits nets des activités du CONTRACTANT exercées dans le cadre du présent Contrat en limitant les recettes ou en augmentant les charges d'exploitation du CONTRACTANT* »[956]. Cette condition est plus précise que celles qui vont dans le même sens en Irak ou en Chine[957], sans pour autant relever de l'extraordinaire : toute modification, aussi minime qu'elle soit, est susceptible d'enclencher la procédure, indépendamment d'un seuil de sensibilité convenable.

1101. Ensuite – et ceci est valable pour tous les accords pétroliers au Cameroun –, l'entreprise est tenue de notifier au ministre chargé des hydrocarbures une requête exposant ses motifs de rejet, dans un délai de deux mois à compter de la notification au contractant de la mesure législative ou réglementaire en cause[958]. L'autorité saisie apprécie alors au cas par cas, et s'il y a lieu, le cas échéant, accepte que la modification sujette à palabre ne s'applique pas au contrat pétrolier. Cette obligation préalable rend conditionnelle la renégociation, car suspendue à l'appréciation souveraine de l'État hôte.

1102. Mais après cette saisine, la suite de la procédure débouche sur le résultat de la renégociation.

b) Le résultat multiforme de la procédure

1103. S'agissant de la suite de la procédure de renégociation, elle est différente suivant qu'il s'agit des contrats pétroliers ou des conventions d'établissement au Cameroun. Les points communs à l'ensemble des accords

---

express or implied. » "Drafting Stabilisation clause in International Energy contracts: some pitfalls for the unawary", *Oil, Gas & Energy Law Intelligence*, www.ogel.org, avril 2007.

[956] Articles 29.1 et 2 de tous les contrats de partage de production et de concession, à l'exclusion du contrat de concession entre la République du Cameroun et le consortium Addax – Tullow. (C'est nous qui soulignons).

[957] Respectivement les articles 29.2 du modèle de contrat de partage de production et 28.2 du modèle de partage de production chinois de 1992.

[958] Art. 29.1 *in fine* de tous les contrats de partage de production et de concession, et 30.1 *in fine* du contrat de concession entre la République du Cameroun et le consortium Addax – Tullow. Art. 18 *in fine* des conventions d'établissement de Total SA, Pecten, Perenco Cameroon, du consortium Euroil limited-Trophy, de Mobil Oil Producing et de Noble Energy. Art. 24 alinéa 3 (a) de la convention d'établissement de COTCO.

pétroliers en termes d'issue de la saisine sont que le ministre en charge des mines dispose de deux mois dès réception de la requête du saisissant pour y répondre, l'absence de réponse équivalant à une acceptation de la requête[959].

1104. Par contre, un point majeur de différence de régime s'observe aisément lorsque le ministre chargé des mines rejette la requête du plaignant. S'agissant des contrats pétroliers susmentionnés, un tel rejet ouvre droit à la phase de renégociation proprement dite, « *afin de rétablir l'équilibre économique ou fiscal du Contrat tel qu'il était convenu à la date d'entrée en vigueur, en tenant compte de la disposition législative ou réglementaire visée par la requête. Les Parties disposent alors d'un délai de quatre-vingt-dix (90) jours à compter de la notification de rejet de la requête du contractant* »[960]. C'est seulement en cas de désaccord, après ce délai global de cinq mois, que le différend pourra être soumis à la procédure d'arbitrage[961]. En revanche, aucune des huit conventions d'établissement n'aménage un moment de renégociation entre les parties, et toutes prévoient directement le recours à l'arbitrage en cas de rejet, par le ministre chargé des hydrocarbures, des requêtes des entreprises pétrolières[962].

1105. Un tel raccourci procédural est équivoque : est-ce à dire qu'aucune autre solution n'est possible en dehors du rejet pur et simple de la nouvelle législation ou réglementation dans ces conventions ? Rien n'est moins sûr. En effet, l'article 17 des conventions Total SA, Pecten Cameroon Company, Perenco Oil & Gas, Perenco Cameroun, Noble Energy, Mobil Producing et Euroil limited - Trophy Petroleum, et l'article 24.2 pour ce qui est de la COTCO, conditionnent l'application de nouvelles mesures à leur « accord préalable », ce qui suppose certes un droit de rejet de ces entreprises, mais aussi, et surtout, une marge de flexibilité caractéristique même des clauses de renégociation.

1106. En revanche, l'absence de *timing* de négociation *stricto sensu* contraint les parties à procéder quand même à des pourparlers, mais dans les deux mois impartis à l'autorité saisie par requête. Il s'agit là, manifestement, d'une insuffisance procédurale limitant les marges de renégociation

---

959 Art. 29.3 des contrats de partage de production Dissoni, Bomana, Bomono et Ndian River et 30.2 des contrats de concession entre la République du Cameroun et le consortium Addax – Tullow, Steling Oil & Gas et le consortium RSM Production - Rodéo. Art. 18 *in fine* des conventions d'établissement de Total SA, Pecten, Perenco Cameroon, Perenco Oil & Gas, Noble Energy, Mobil Producing et du consortium Euroil Limited- Trophy Petroleum. Art. 24 alinéa 3 (a) de la convention d'établissement de COTCO.

960 Art. 29.4 des contrats de partage de production susvisés, et 30. 3 des contrats de concession ci-dessus évoqués. C'est exactement la même procédure et le même délai en Égypte (art. XIX du modèle de contrat de concession égyptien de 1998).

961 Art. 29.5 de tous les contrats de partage de production et de concession, et 30. 4 du contrat de concession entre la République du Cameroun et le consortium Addax – Tullow.

962 Art. 18 *in fine* des conventions d'établissement de Total SA, Pecten Perenco Cameroon, Euroil limited-Trophy Petroleum, Perenco Oil & Gas, Noble Energy et Mobil Producing. Art. 24 alinéa 3 (a) de la convention d'établissement de COTCO.

réciproques des parties et l'exercice de bonne foi exigée et exigible dans ces contrats particulièrement sensibles.

1107. Si la renégociation est un élément essentiel de l'aménagement de la relation entre les parties, elle n'est pas la seule technique contractuelle disponible. Il y a également des clauses d'ordre financier, que nous pouvons rapprocher des systèmes de compensation dénommés *equitable adjustment*, pratiqués dans le régime des contrats publics américains[963].

2. La gestion par les clauses de compensation financière

1108. S'agissant des conventions d'établissement, un mécanisme tout à fait spécifique au Cameroun consiste à garantir à l'investisseur pétrolier étranger la si bien nommée « rente minière garantie » (RMG). La rente minière s'entend comme étant la différence constatée entre le chiffre d'affaires des hydrocarbures sur un permis donné et au cours d'un exercice social, et le coût technique[964] afférent à ce permis. La rente minière garantie, en revanche, est le résultat incompressible que l'État garantit d'avance à l'entreprise privée, indépendante de la rente minière (le résultat d'exploitation) effective de la période de liquidation.

1109. Deux situations différentes composent ce dispositif : la clause de compensation financière éventuelle (a) et la clause de compensation certaine dans le contrat d'association SNH/Perenco/Mobil Producing (b).

a) La clause de compensation éventuelle des revenus

1110. L'hypothèse la plus courante inhérente au régime de rente minière garantie est celle constituée par l'éventualité, pour l'État, d'avoir à compenser l'insuffisance de rentabilité que pourrait avoir l'entreprise étrangère, par rapport au résultat garanti à l'avance par l'État. Cette obligation est explicitement énoncée dans les conventions d'établissement des entreprises au Cameroun, par exemple, par le même article, comme suit : « *La République unie du Cameroun garantit que chaque année [X] disposera, après paiement de la redevance minière proportionnelle, de l'impôt sur les sociétés (...) et de tout autre impôt, droit, taxe et redevance de quelque nature que ce soit et pour chaque permis de recherche ayant donné lieu à l'octroi de permis d'exploitation ou de concessions, d'une part de la rente minière égale à 13% de la rente de ce permis.* »

---

963 Lire VIDAL L., « L'apport du droit des contrats américains au droit des contrats publics français : l'exemple des *equitable adjustments*, in CLAMOUR, UBAUD-BERGERON, *Contrats publics, Mélanges en l'honneur du professeur Michel Guibal*, vol. I, *op. cit.*, pp. 471-497.

964 Somme de frais d'exploitation, des amortissements des installations de production et des travaux d'exploration afférent audit permis et des frais financiers, à l'exclusion de la redevance minière proportionnelle, de l'impôt sur les sociétés et de tout autre impôt, droit, de toute taxe et redevance de quelque nature que ce soit.

1111. Le principe étant ainsi fixé, la même disposition règle l'éventualité de l'insuffisance du résultat garanti, comme suit : « *Si cette valeur n'est pas atteinte, le taux de la redevance minière [que X] doit acquitter au titre de l'exercice considéré sera revu en conséquence...* » Ainsi, la redevance minière due par l'entreprise à titre de prélèvement purement fiscal en contrepartie d'un droit d'exploiter un gisement, et due en dehors de toute notion de bénéfice, devient un impôt modulatoire fonction de la rente minière : si la rente minière est suffisamment importante pour octroyer 13% à l'entreprise étrangère, seule la différence est reversée à l'État à titre de redevance minière proportionnelle.

1112. Par contre, si elle s'avère insuffisante, le calcul de la redevance minière proportionnelle est fait de telle sorte que l'entreprise puisse recevoir la rente minière garantie, allant parfois jusqu'à conduire l'État à payer la différence *via* la SNH à l'entreprise. Ce sont exactement les mêmes dispositions pour trois autres entreprises américaines et anglaise, avec comme singularité commune pour les deux premières entreprises citées que la RMG est haussée à 25,31%.

1113. Une autre entreprise américaine également bénéficie de cette garantie de résultat, mais avec une option dans le partage de la rente, entre une rente garantie liquidée *a minima* (26%, 24% ou 22% suivant un ratio de rentabilité arrêté conventionnellement), mais intégrant tous les droits et taxes payés à l'État, y compris l'impôt sur les sociétés, fixé dans ce cas à 57,5%, et un partage plus équilibré (50,63%, 46,736% et 42,841% suivant le même ratio), mais liquidée avant l'impôt sur les sociétés, dont le taux serait alors de 48,6475%. Le choix doit être formellement notifié dès la première production d'hydrocarbures[965].

1114. Avec un certain nombre de mesures d'incitations entreprises entre 1991 et 1998, la RMG s'est stabilisée à 22% sur le bassin du Rio Del Rey, 26% sur le bassin de Douala et 30% sur les autres bassins et zones en eaux profondes[966]. C'est ce qui justifie que l'on considère que la liquidation de la redevance minière se liquide « *par reconstitution* »[967], pouvant même, dans certaines hypothèses, être négative, hypothèse dans laquelle la SNH est

---

965 Article 16 alinéa 2. Opérateur de l'association Nyong II (bassin de Douala / Kribi-Campo), cette entreprise a fait la première découverte de pétrole et de gaz en eaux profondes jamais réalisée sur le domaine minier national dans le courant du troisième trimestre 2007. *SNH Infos,* n°24, octobre 2007, p. 5.

966 Loi n°91/018 du 12 décembre 1991 relative aux mesures particulières d'incitation en vue de la promotion des activités de recherche et de production des hydrocarbures dans le bassin de Douala ; loi n°95/13 du 8 août 1995 fixant les mesures particulières pour la promotion des activités de production des hydrocarbures liquides des champs marginaux dans le domaine minier national et surtout en matière fiscale ; loi n°98/003 du 14 avril relative aux mesures fiscales particulières en matière de recherche des hydrocarbures sur le domaine minier national. C'est l'option de la convention Perenco Oil and Gas (article 16).

967 DIKOUME A.L., *op. cit.*, p. 187. Cette hypothèse est couramment rencontrée, et la SNH a dû par exemple payer des redevances négatives pour 5 939 560,69 USD en 2003 et 9 278 078,44 USD en 2004 à l'entreprise américaine Pecten uniquement ; *ibid.*, pp. 351-352.

amenée, suivant le contrat d'association, à payer cette redevance négative pour ramener le revenu dû à l'entreprise privée au niveau de la rente minière prévue.

b) La clause de compensation certaine des revenus

1115. Alors que le principe de paiement d'une redevance négative n'est qu'éventuel dans les deux conventions ci-dessus évoquées, il est explicitement édicté s'agissant du contrat d'association signé entre la République du Cameroun et un consortium Y (le Contractant), premier contrat de consortium dans lequel l'État agit de *jure gestionnis* et qui soit en production *via* sa société nationale pour le moment.

1116. Après avoir arrêté le principe d'une allocation d'une quote-part de 85% de la production disponible, nette d'impôt sur les sociétés, dans son article 9.3.4, à tous les membres du consortium, l'article 9.3.5 stipule qu'« *afin de permettre à chacune des composantes du Contractant de recevoir la recette nette définie à l'article 9.3.1 (soit 15% pour l'État et 85% pour le Contractant), il est convenu que l'État versera à chaque composante du Contractant une redevance négative. Cette redevance constituera pour les composantes du Contractant une recette nette de tous impôts et taxes camerounais* ».

1117. Cette nécessaire compensation naît de l'obligation de payer l'impôt sur les sociétés de 15% (en phase A, une phase particulière d'incitation fiscale fixée dans le contrat), ce qui conduit arithmétiquement à une baisse de rente d'autant. Le paiement de l'impôt sur les sociétés ne représente qu'un enjeu comptable pour ces entreprises et même pour l'État, dans la mesure où, que ce soit du côté du redevable ou des pouvoirs publics, cela n'affecte pas leur trésorerie. L'enjeu de prévisibilité et de stabilité qu'aménage ce mécanisme modulaire de recettes publiques, unique en Afrique noire[968], est sauf de la meilleure façon qui soit, dans la mesure où toute sorte d'altération des conditions économiques extrinsèques au contrat est absorbée par ce système régulateur qui, additionné aux précédents modes de protection contractualisés, achève de renforcer l'équilibre économique du contrat initial.

1118. La généralisation de la clause de renégociation et l'insertion sélective de certaines clauses compensatrices financières dans les accords pétroliers au Cameroun, mais aussi grâce aux autres moyens de préservation des droits patrimoniaux des investisseurs pétroliers étrangers, sont des techniques de gestion des incertitudes ainsi que des vides juridiques.

1119. Cette organisation doit également tenir compte des institutions plus ou moins formelles créées par les parties pour préserver l'équidistance contractuellement formalisée.

---

[968] EIDGE O., "How attractive are the Fiscal Regimes of the Deepwater Offshore West Africa to Foreign Investment?", *op. cit.*, p. 10.

B. L'organisation institutionnelle de l'équidistance relationnelle

1120. Un rapport de droit se combine avec d'autres et ils finissent par former une institution. Les rapports de droit s'organisent en chaîne, transportent des symboles. Les rapports juridiques à trois (ou plusieurs) personnes et la substitution en particulier constituent la phase intermédiaire de la formation de l'institution[969]. En suivant le professeur Jeuland, nous devons distinguer les institutions de régulation de la relation contractuelle (1) des institutions de sanction de la régulation contractuelle (2).

1. Les institutions de la régulation contractuelle

1121. Parce que le principe de coopération systématique entre les parties demeure théorique sans l'aménagement d'un cadre opérationnel pertinent, les relations entre les parties, en droit des hydrocarbures, génèrent un appareil institutionnel censé contribuer à la matérialisation de leurs relations juridiques.

1122. Ce sont les sociétés en participation (a) et les comités d'opération (b).

a. Les sociétés en participation : structure formelle de la régulation équidistante

1123. Il convient de rappeler le régime de la société en participation en droit commun (i), avant d'en décliner la forme en matière de régulation des activités relatives aux hydrocarbures (ii).

i) Le principe : une forme d'association renforçant l'équidistance relationnelle

1124. L'article 114 de l'acte uniforme du 17 avril 1997 relatif au droit des sociétés commerciales et du groupement d'intérêt économique définit la société de participation comme une société dans laquelle « *les associés conviennent qu'elle ne sera pas immatriculée au registre du commerce et du crédit mobilier et qu'elle n'aura pas la personnalité morale* ». C'est donc une société transparente dont l'ensemble des règles qui la gouvernent dépend de la volonté des parties[970].

1125. La société de fait pourrait aussi se rapprocher de la *joint-venture*. Selon l'acte uniforme, en son article 864, « *il y a société de fait lorsque deux ou plusieurs personnes physiques ou morales se comportent comme des associés sans avoir constitué entre elles l'une des sociétés reconnues par le présent acte uniforme* »[971].

---

[969] JEULAND E., *Théorie relationiste du droit, op. cit.*, p. 258.
[970] Article 855.
[971] *Ibid.*

1126. L'existence de la société de fait est basée sur la théorie de l'apparence[972]. La Cour de cassation française précise que : « *Si l'existence d'une société créée de fait exige la réunion des éléments constitutifs d'une société, l'apparence d'une telle société s'apprécie globalement indépendamment de la révélation de ces divers éléments.* » Qu'il s'agisse d'une société en participation ou d'une société de fait, il n'y a pas de signature sociale, de raison sociale, ni de forme précise ou publicité requise.

1127. La participation aux résultats de l'exploitation est librement fixée par les associés[973]. Évidemment, les associés sont tenus de participer aux bénéfices et aux pertes, mais ils ont une grande liberté dans la répartition des résultats. Dans le contrat de constitution de la *joint-venture* contractuelle, l'absence d'*affectio societatis,* c'est-à-dire de la volonté d'union, l'éloigne du concept même de société (art. 4 de l'acte uniforme sur les sociétés commerciales et le groupement d'intérêt économique). La *joint-venture* sera donc simplement un instrument de coopération usité dans la pratique internationale. Mieux, c'est la « *règle de la liberté contractuelle en la matière, la SEP [étant] une forme de société simple, constituée au mépris des formes légales prévues ; la collaboration entre les associés est secrète et discrète, et ne laisse paraître aucune vie sociale extérieure ; la société est en principe occulte et non révélée aux tiers* »[974].

1128. Sur un plan purement analytique, la SEP « *concourt (...) à imposer un devoir de loyauté à l'égard de chaque membre du consortium. (...) chaque partenaire à un tel contrat sera en droit d'exiger de l'autre encore plus de diligence, encore plus de loyauté, et pourrait-on dire encore plus de bonne foi que dans un contrat ordinaire* »[975].

1129. Les relations entre les entreprises émaneront donc du droit des contrats et du droit des obligations, et non du droit des sociétés. C'est à la fois la souplesse formelle et la rigueur éthique entourant cette forme d'association qui justifient sa régularité en matière extractive.

ii) L'application en matière pétrolière

1130. Réguliers voire systématiques dans l'industrie extractive, il convient d'exemplifier les usages qu'on observe dans la relation juridique ainsi formalisée entre les parties, pour en démontrer le caractère intense, dans la perspective d'entretenir une relation équidistante déjà préalablement contractualisée par le contrat extractif principal. Il convient en effet de rappeler que le contrat de consortium succède au contrat pétrolier principal

---

[972] MERLE P., *Droit commercial. Sociétés commerciales*, 8e édition, Paris, Dalloz, 1998, p. 680.

[973] *Ibid.*

[974] Lire ANOUKAHA F., CISSE A., DIOUF N., NGUEBOU TOUKAM J., POUGOUE P.-G., SAMB M., *OHADA. Sociétés commerciales et G.I.E*, Bruylant, 2002, p. 23.

[975] CHENUT C.H., *Le contrat de consortium, op. cit.*, p. 35.

qui accorde les droits d'exploitation à une entreprise pétrolière qui a été jugée capable par l'État de mener les opérations extractives conséquentes.

1131. Nous prendrons l'exemple d'un accord d'association signé le 8 février 1980 entre la République du Cameroun et une entreprise pétrolière sur le champ Moudi, dont le signataire était le ministre de l'Économie et du Plan de l'époque pour le compte de l'État, d'une part, et l'entreprise pétrolière, d'autre part. C'est un concentré de droits et d'obligations fondamentalement guidé par le souci de l'équidistance entre les parties.

1132. Conformément à la loi applicable à l'époque, « *les dépenses de recherche et de développement sont intégralement avancées par les sociétés concernées. En cas de mise en exploitation d'un gisement, les modalités de remboursement des avances faites pour le compte de l'État sont fixées par les accords d'association* »[976]. Il y est précisé que l'association n'emporte pas création d'une personnalité morale, ce qui maintient une distance organique et fonctionnelle entre les associés, qui forment néanmoins un binôme visant le même objectif. Le financement des dépenses est différent suivant la phase de maturation du projet.

1133. En phase d'exploration et de développement, l'investisseur privé étranger avance intégralement les fonds jusqu'à la mise en exploitation du titre, conformément à l'article 5 de la loi n°78/14 du 29 décembre 1978, sauf si l'État décide de participer d'une façon directe au financement de sa part de 50% desdites dépenses. À compter de la mise en exploitation, les dépenses sont également partagées entre l'État et l'investisseur privé étranger. L'association organise alors également les modalités de remboursement des avances faites par l'investisseur privé étranger pendant la phase d'exploration, l'État devant également en supporter la moitié. Il est prévu un audit préalable de ces coûts antérieurs, et que les modalités de remboursement soient alternativement en espèces ou en nature sur la base de la production des hydrocarbures.

1134. Toute une batterie de mesures contractuelles permet alors tant à l'investisseur privé qu'à l'État de préserver leurs intérêts. S'agissant des investisseurs, les mesures contractuelles sont les suivantes :

– La durée de remboursement ne peut excéder ni la durée estimée de la production du titre d'exploitation, ni la durée des remboursements des emprunts qu'il a pu contracter, avec l'accord de l'État, pour financer ces avances.

– Si le principe est que le remboursement cessera dès lors qu'il n'y aura plus de production à l'intérieur du permis original de recherches concerné, il est également admis que la production d'autres titres d'exploitation pourra contribuer à assurer le remboursement de ces avances.

---

[976] Article 5 de la loi n°78-14 du 29 décembre 1978 complétant, en ce qui concerne les hydrocarbures, la loi n°64-LF-3 du 6 avril 1964 portant régime des substances minérales au Cameroun.

1135. Pour l'État, il est garanti contractuellement que les remboursements n'excèdent pas, sauf accord entre les parties, un montant ne dépassant pas la différence entre :

– les revenus obtenus par l'État de la disposition de la part de production revenant à l'État ;

– les revenus obtenus par l'État de la disposition des quarante pour cent (40%) de production que l'État pourra se réserver.

1136. S'agissant du partage de la rente minière qui fait l'objet de tout un article, il est arrêté les principes suivants :

– La compagnie pétrolière recevra chaque année, et pour chaque titre d'exploitation, un revenu net égal à treize pour cent (13%) de la rente minière annuelle du titre d'exploitation concerné.

– Au cas où le taux de la redevance proportionnelle ne permettrait pas de remplir les conditions de la règle précédente, le montant de ladite redevance sera ajusté afin que ladite compagnie reçoive le revenu net ci-dessus évoqué.

– Au cas où le niveau de partage contractuellement arrêté ne permet pas de garantir le seuil de rentabilité de 13% arrêté, l'État cédera à la compagnie, au cours de l'année concernée, des hydrocarbures liquides dans des quantités et à des conditions de cession telles que la compagnie recevra effectivement ledit revenu net.

1137. C'est une véritable ingénierie institutionnelle et technique qui est ainsi aménagée entre les parties. Le contrat d'association est suivi d'une annexe qui précise certaines règles fiscales applicables entre les parties à titre de consortium. Elle porte davantage sur les dépenses et amortissements de l'association, afin que le principe de séparation des personnalités morales respectives des membres de l'association soit strictement respecté.

1138. Elle précise alors que les dépenses d'investissement sont les dépenses correspondant à des immobilisations, car faites avant la mise en exploitation, y compris les frais financiers. En revanche, les dépenses faites après la mise en exploitation, correspondant soit à des coûts opératoires, soit aux frais financiers, sont déductibles dans la même année pour le calcul du revenu imposable de la compagnie pétrolière. Il convient ici de constater que l'entreprise pétrolière fait face à deux types d'acteurs en même temps : l'État cocontractant et l'État souverain susceptible de requérir qu'elle s'acquitte de ses obligations fiscales. Il s'agit ici à la fois d'une confusion et d'une fusion de relations différentes par nature, l'État étant un concentré de personnalités différentes.

1139. Pour ce qui est des immobilisations, elles seront amorties pour le calcul du revenu imposable de la compagnie, en appliquant les taux annuels arrêtés dans l'accord d'association, ceci, à compter de la mise en exploitation, ou en cas de travaux exécutés ultérieurement à compter de la date de mise en service du bien ou d'arrêt des travaux concernés. Ici aussi, la définition des règles d'amortissement au sein de l'association est une confusion de sources et d'acteurs, mais qui, en définitive, sécurise l'investisseur privé. Sa relation est renforcée puisque le même interlocuteur est à la fois responsable du respect de ce qui ne relève que d'un rapport contractuel (en tant que cocontractant) et de la bonne application des règles fiscales qui, en principe, relèvent, elles, de l'autorité de la puissance publique (et donc en tant qu'État souverain).

1140. Les précisions relatives aux taux d'amortissements, au demeurant, laissent peu de place à un doute sur la légitimité du cocontractant à signer et donc à faire appliquer plus tard ces règles fiscales. L'accord précise en effet : « *Ces taux pourront être aménagés d'accords parties si la durée réelle d'utilisation des matériels est inférieure à celle correspondant aux taux fixés dans l'accord de participation. Ces aménagements interviendront notamment en cas de pertes accidentelles, d'usure plus rapide du matériel ou d'exploitation moins longue que celle retenue pour la fixation des taux fixés dans l'accord d'association.* » Des taux d'amortissement sont alors fixés pour pas moins de cinquante-deux (52) immobilisations, réparties en quatorze (14) grandes catégories d'actifs :

– les constructions ;
– les installations de chargement et stockage ;
– les véhicules et voies d'accès
– les transports fluviaux ;
– les voies d'accès ;
– les autres immobilisations ;
– les lignes de transport de force ;
– les transformateurs ;
– les machines fixes ou mobiles ;
– les travaux souterrains et sondages ;
– le matériel de transport ;
– le matériel de forage ;
– les équipements offshores ;
– les immobilisations incorporelles.

1141. L'énumération détaillée et spécifique de ces biens est une manifestation de la volonté de précision qui habite les parties, en vue d'éviter des malentendus susceptibles de préjudicier à la qualité de leur relation juridique.

1142. Vu les valeurs de certains de ces éléments d'actifs, les précisions contractuelles ci-dessus sont une clé fondamentale de l'équidistance entre les parties, et aucune autre source interne ne statue sur les règles applicables en la matière, l'État (législatif) laissant ainsi l'État souverain contractualiser les règles applicables.

1143. L'article 9 de l'accord, intitulé « Concertation », stipule qu'au cas où les éléments techniques ou financiers concernant un titre d'exploitation ne permettent pas son développement, ou éventuellement l'engagement des dépenses ultérieures, dans des conditions acceptables aux parties, l'État et la compagnie se concerteront pour trouver une solution acceptable. Toutefois, il est stipulé que rien dans l'accord de participation ne sera interprété pour obliger la compagnie à investir ou à avancer des fonds pour le développement d'une découverte d'hydrocarbures liquides si la compagnie estime que les conditions économiques applicables audit développement ne sont pas d'un attrait suffisant pour justifier de tels investissements ou avances.

1144. L'article 10, portant sur la « direction et gestion des opérations », prévoit que l'État, la compagnie et les autres associés éventuels de la compagnie choisissent celui d'entre eux qui sera opérateur, mais la direction des opérations sera assurée par le biais de procédures de consultation et de collaboration « *afin d'assurer une conduite efficace des opérations selon les meilleures pratiques de l'industrie pétrolière internationale, ainsi qu'un cadre comptable pour les activités de l'association* ».

1145. L'article 11 stipule enfin que le régime fiscal applicable à la compagnie est défini et garanti par sa convention d'établissement dont les termes tiendront compte des dispositions des lois 78/14 et 78/24 du 29 décembre 1978 ainsi que des termes énumérés dans l'accord. Il est dit que la compagnie sera redevable de l'impôt sur le revenu, conformément à l'article 24 de la loi 78/24 du 29 décembre 1978, uniquement sur le revenu imposable provenant de la disposition de la production lui revenant, mais que les taux d'amortissements applicables pour le calcul du revenu imposable seront ceux décrits à l'annexe de cet accord de participation.

1146. Aucun autre accord signé par les entreprises privées étrangères n'est aussi précis sur la gouvernance de l'association, les règles applicables et finalement sur les mécanismes de préservation de l'équidistance relationnelle.

1147. Les comités d'opérations institués entre les parties, et qui représentent les véritables organes de décisions de l'association, en sont également les marqueurs décisifs.

b) Les comités d'opérations : structures opérationnelles de la régulation équidistante

1148. Dans un contrat d'association concernant le même champ pétrolier mais avec une autre entreprise pétrolière, et signé le 16 décembre 1993 au Cameroun, l'on peut observer une densification du régime contractuel marquant un renforcement des liens entre les associés. Si les grandes règles ci-dessus énumérées sont reprises, quelques innovations traduisant une amélioration du système de coopération entre l'État et les entreprises pétrolières ressortent clairement de ce contrat d'association.

1149. En premier lieu, dans le rapport associatif est formalisé un « comité d'opérations ». L'article 6, décomposé en deux alinéas portant respectivement sur la composition et les procédures (article 6 alinéa 1), les fonctions et les pouvoirs (article 6 alinéa 2), chacun décomposé lui-même en cinq sous-points, aménagent l'association.

1150. La gestion et le contrôle des opérations sont assurés par un comité d'opérations conjointes comprenant les représentants de chaque partie (la

République du Cameroun et l'entreprise pétrolière, appelée « contracteur »). Le représentant de l'opérateur est le président du comité d'opérations, lequel se réunit au moins une fois tous les six mois, dont l'ordre du jour fait obligatoirement figure de questions soulevées par le ou les non-opérateurs. Toute partie à l'association peut soumettre une question à l'examen de l'opérateur ou lui demander par écrit de convoquer une réunion du comité d'opérations. Chaque réunion du comité d'opérations fait l'objet d'un procès-verbal établi par l'opérateur, qui doit être approuvé par les parties dans un délai de soixante jours.

1151. Toutefois, la tenue des réunions n'est pas obligatoire : toute question relevant du contrat d'association peut être soumise au comité d'opérations pour examen et vote, à condition que toutes les parties soient saisies de la question par écrit. Dans ce cas, chaque partie notifie son vote par écrit à toutes les autres parties dans les quinze jours qui suivent la réception de la proposition. Une autre exception est introduite si la proposition implique des opérations de forage et si la plate-forme de forage devant être utilisée est sur le site ou en train d'y être acheminée, et nécessite, selon l'opérateur, une décision immédiate, auquel cas, le vote doit être émis par télex ou message porté dans les quarante-huit heures qui suivent la réception de la proposition.

1152. Le pilotage de l'association est clairement de la responsabilité de ce comité d'opérations :

– Il examine, révise et approuve, pour l'année suivante, les projets de programmes de travaux et de budgets correspondants ainsi que tout projet tendant à modifier ces derniers.

– Il fixe la capacité de production optimale par champ dans chaque concession minière.

1153. Toutes les décisions de ce comité sont prises à l'unanimité, sauf celles de commercialité et de développement d'une découverte, et toutes les décisions relatives aux demandes d'attribution, de renouvellement ou d'abandon de titres miniers sont prises par l'entreprise pétrolière uniquement.

1154. Le volet financier de l'association est également marqué par une amélioration du lien associatif, par rapport aux accords de participation initiaux. Si le principe de contribution des deux parties à toutes les dépenses nécessaires aux opérations pétrolières est réitéré (ceci, au prorata de leur participation dans les dépenses), l'ingénierie associative s'améliore dans le sens d'un meilleur suivi des opérations financières, mais aussi de la garantie d'une justice dans les responsabilités des deux parties (étatique et investisseur privé étranger).

1155. C'est ainsi qu'il est désormais prévu que l'opérateur adresse par avance un état détaillé à chaque membre de l'association et au prorata de sa participation dans les dépenses, mois par mois, des paiements envisagés pour le trimestre suivant, afin d'être en mesure de régler à bonne date les dépenses engagées dans le cadre des opérations conjointes.

1156. Les règlements doivent se faire quinze jours après l'appel de fonds de l'opérateur, et tout retard de paiement dû à l'opérateur est passible d'intérêts moratoires à compter de la date d'exigibilité de ce montant jusqu'à celle de son règlement, au taux du LIBOR en vigueur à cette date d'exigibilité, révisé trimestriellement, majoré de deux points d'intérêts (2%). Le rapport entre l'État et la compagnie étrangère est alors particulièrement étroit lorsqu'il est contractuellement arrêté que les intérêts facturés par la compagnie sont des produits imposables à l'impôt sur les sociétés, mais seulement lorsqu'ils sont payés ou perçus par cette dernière. Cette règle est moins avantageuse qu'en droit commun, où les intérêts sont taxables dès qu'ils sont échus, et pas forcément payés. Elle s'explique aisément par le double statut de bénéficiaire de recettes fiscales mais aussi de redevable de cette dette confondue en la personne du cocontractant de l'entreprise privée étrangère, l'État souverain.

1157. Une autre disposition contractuelle majeure met en rapport direct la matière (les hydrocarbures) et les parties (l'État et l'investisseur privé étranger) : le mode de remboursement des avances faites par l'investisseur privé étranger. Il est arrêté que les avances consenties par le contracteur à la République du Cameroun ainsi que les intérêts y relatifs, le cas échéant, seront remboursés à partir de la production conjointe dans la zone d'association. Ce remboursement cessera dès lors qu'il n'y aura plus de production conjointe. L'extinction des hydrocarbures constitue ainsi une cause d'extinction de la dette financière, car formant la source de remboursement validée contractuellement.

1158. De plus, la part revenant à la République du Cameroun et pouvant constituer une partie des remboursements est plafonnée à 30% du chiffre d'affaires de la production conjointe, l'entreprise étrangère la commercialisant et en gardant la recette. Le solde non remboursé en raison de ce plafonnement est reporté, et les montants non remboursés du fait des limites de remboursement portent intérêt à compter de leur date d'exigibilité jusqu'à celle de leur règlement total, au taux du LIBOR en cours à cette date d'exigibilité, révisé trimestriellement, majoré de deux points d'intérêts (2%). Mieux, ces intérêts seront capitalisés le 31 décembre à minuit de chaque année, ce qui accroît la pression de remboursement de la part de la République du Cameroun.

1159. Au total, il s'agit d'un véritable régime contractuel structuré autour des principes de la société en participation, mais fortement conditionné par l'équidistance organisée et pratiquée par les parties, devant, dans le cas d'espèce, tenir compte des obligations techniques et financières de l'opérateur, ainsi que de l'obligation, même tardive, de l'État d'avoir à supporter ses propres charges associatives.

2. L'institution de sanction contractuelle : l'arbitre tiers stabilisateur

1160. La pérennité du rapport juridique existant entre les parties nécessite des arbitres chargés de solutionner les litiges éventuels pouvant survenir. Mieux, le tiers appelé à trancher ces litiges potentiels est un membre du rapport juridique. C'est ce qui fait alors penser que « *le rapport de droit se stabilise au cours d'une symbolisation tertiaire faisant intervenir un tiers, lui-même symbolisé* »[977]. Son rôle est donc éminent dans la pérennité de ce rapport juridique. En effet, « *le pouvoir qu'il acquiert des parties a ainsi une force d'attraction redoutable. Le tiers aide à la distanciation en témoignant du début de la relation et en pouvant revenir dans l'après-coup.* »[978]

1161. L'organisation des formes de règlement des différends dans les obligations contractuelles internationales est essentielle. Dans le cadre de la régulation des hydrocarbures, le mode de règlement privilégié est l'arbitrage. Après avoir décliné l'encadrement international évolutif de ce mode de résolution de litige applicable donc aux investissements pétroliers et gaziers, trois caractéristiques essentielles de cette institution nous semblent devoir mériter un intérêt singulier par rapport au sujet de notre étude, la démonstration de l'équidistance comme clé de modélisation du droit des hydrocarbures : l'arbitrabilité des litiges, même fiscaux, entre les parties, l'autonomie quasi absolue de l'arbitre en tant qu'institution, et l'autonomie de l'arbitre en tant que tiers stabilisateur.

1162. L'arbitrabilité des litiges fiscaux nés d'un différend relatif à l'exécution d'un contrat pétrolier et gazier est fondée sur le fait que la fiscalité applicable à l'investisseur est en quelque sorte « *contractualisée* »[979]. Autrement dit, elle est « horizontalisée », descendue de son piédestal étatiste pour ne devenir qu'une simple obligation financière de nature contractuelle et non plus légale, avec une contrepartie exigée et exigible de l'État. Le litige fiscal émanant de l'exécution d'un tel contrat ne relève plus de l'ordre public étatique[980], il se mue en litige simplement contractuel, relevant de l'ordre transnational dans lequel la bonne exécution des engagements réciproques des parties est appréciable par un arbitre, au contraire des litiges fiscaux *stricto sensu* dont la solution ressort de la compétence des juridictions étatiques. Autrement dit, les autres arguments strictement juridiques consistant à évoquer l'efficacité de la clause d'arbitrage en présence d'un litige international, et même en présence d'une règle nationale d'inarbitrabilité des questions fiscales, nous semblent de type

[977] JEULAND E., *Théorie relationiste du droit, op. cit.*, p. 239.
[978] JEULAND E., *Théorie relationiste du droit, op. cit.*, p. 256.
[979] ANCEL P., « Arbitrage et ordre public fiscal », *Revue de l'arbitrage,* n°2, 2001, p. 278.
[980] VINCENT-LEGOUX M.C., *L'ordre public, Étude de droit comparé interne*, Presses Universitaires de France, novembre 2001 ; KENFACK DOUAJNI G., « La notion d'ordre public international dans l'arbitrage OHADA », *Revue camerounaise de l'arbitrage*, n°29, avril-mai 2005, p. 3.

techniciste, et surtout de nature descriptive[981]. Celle-ci pourrait aussi être considérée comme le résultat de la relation juridique initialement nouée entre les parties. La nouvelle distance imposée ou proposée par l'État au moment de la contestation de l'arbitrabilité est confrontée à son engagement initial. La tâche du tiers stabilisateur (l'arbitre) est alors de retrouver la distance initiale existante entre les parties, qui, en l'occurrence, est systématiquement une équidistance.

1163. Ensuite, il semble bien que l'autonomie de l'arbitre, du point de vue de sa compétence ainsi que de son office d'arbitre, soit de plus en plus reconnue comme la tendance lourde du droit de l'arbitrage, et qu'il soit même possible d'envisager son applicabilité absolue vu le dynamisme de cette tendance. L'indifférence presque généralisée « *professée aux instruments nationaux* »[982] à ces deux sujets se manifeste bien entendu au niveau des règles « compétence-compétence », mais aussi, et surtout, au regard des règles applicables par l'arbitre dans son office. S'impose progressivement l'idée d'un arbitrage « *détaché des lois étatiques* »[983], ou d'un arbitrage international caractérisant un « *droit contre l'ordre juridique* »[984].

1164. Selon Emmanuel Gaillard, l'arbitre « *conçoit des règles de conflit transnationales, dégagées d'une analyse de droit comparé, à moins que sa conscience de l'existence du phénomène transnational ne le conduise à se dispenser purement et simplement du détour par la méthode conflictuelle (...) pour lui préférer l'application des règles de fond directement issues d'une analyse de droit comparé et, dans un certain courant de pensée, de la considération des besoins propres du commerce international* »[985]. En un mot, l'arbitre est libre de choisir le droit applicable au litige suivant la conception qu'il se fait de son office. Cette autonomie totale des arbitres en construction de plus en plus articulée est adossée sur la contestation pertinente de l'existence des ordres juridiques, surtout s'agissant des États dont la volonté devrait être appréciée selon ces ordres juridiques supposés. Or, comme le dit Mathias Forteau, « *le bon sens commande de constater que*

---

[981] Lire GILDEMEISTER A.E., *L'arbitrage des différends fiscaux en droit international des investissements*, L.G.D.J., 2013, p. 63 à 65.

[982] Lire MEGERLIN F., *Ordre public transnational et arbitrage international de droit privé. Essai critique sur la méthode*, ANRT, 2002, p. 285.

[983] CHAABAN R. (dir.), *L'arbitrage détaché des lois étatiques*, actes du colloque du Mans, Éditions L'Épitoge-Lextenso, collection l'Unité du droit, 2012.

[984] GRISEL F., *L'arbitrage international ou le droit contre l'ordre juridique*, Fondation Varenne, 2011.

[985] GAILLARD E., « Aspects philosophiques du droit de l'arbitrage international », cité par LAAZOUZI M., « L'arbitre international et les rapports entre ordres juridiques », in BONNET (dir.), *Traité des rapports entre ordres juridiques*, L.G.D.J., 2016, p. 1035.

l'État qui s'engage internationalement n'est pas différent de l'État qui s'engage au plan interne »[986].

1165. Nous pensons que cette relativisation des ordres juridiques est favorable à l'émergence de la théorie relationiste en matière arbitrale, dont le droit des hydrocarbures est un usager aussi ancien que structurant. L'arbitre commis dans un litige extractif est fortement tenu de s'approprier l'équidistance nouée entre les parties, à travers toutes les clauses contribuant à l'expression de leurs volontés respectives, notamment celle de l'État hôte des investissements extractifs.

1166. Consignant des obligations entre parties à statuts juridiques différents (l'État comme personne publique souveraine, d'une part, et les entreprises privées internationales, d'autre part), les contrats pétroliers et gaziers engendrent des questions particulières dans leurs conditions de mise en œuvre. Le respect de l'équidistance formalisée sous la forme contractuelle nécessite un mode de régulation particulier, tenant compte de la spécificité de ces statuts. Nous admettons alors qu'« *outre les questions de la détermination du droit applicable et la détermination des droits et des obligations des parties, la présence de l'élément public dans les contrats d'État pose deux autres questions cruciales, directement liées à la spécificité de ces contrats. La première concerne la procédure ; elle est relative au recours de la personne publique à l'arbitrage international. La deuxième concerne le fond ; elle a trait à la réparation du préjudice subi par les parties »*[987].

1167. Nous nous intéresserons ici à la dimension relationnelle de la procédure d'arbitrage international, qui est la caractéristique pertinente que nous proposons à cette institution.

SECTION II. L'ARBITRE, GARANT DE L'ÉQUIDISTANCE RELATIONNELLE

1168. Les spécificités de l'arbitrage commercial international ont généré certaines théories visant à le singulariser des procédures judiciaires classiques. Toutefois, les insuffisances de ces théories (§1) nous suggèrent de proposer le paradigme relationnel comme appareil doctrinal de modélisation de cette procédure (§2).

---

986 FORTEAU M., « Repenser la logique de traitement des rapports entre ordres juridiques. Changer de regard : tout ne serait-il pas affaire de droit applicable, plutôt que d'ordres juridiques ? », in BONNET (dir.), *Traité des rapports entre ordres juridiques, op. cit.*, p. 636.
987 RAOUF M.A., *L'arbitrage international et les contrats d'État*, Éditions Universitaires Européennes, mars 2017, p. 315.

§1. Les doctrines arbitragistes alternatives au paradigme relationnel

1169. Deux catégories de doctrines arbitragistes peuvent être identifiées en matière d'arbitrage commercial international : la théorie relative à l'existence d'un ordre public arbitral, que nous pouvons considérer comme dominante (A), et les théories voisines au paradigme relationnel, qui sont minoritaires (B).

A. La notion d'ordre public arbitral d'Emmanuel Gaillard

1170. Il convient de rappeler la substance de cette théorie (1), avant d'en décliner les limites doctrinales plurielles (2).

1. La substance de la notion

1171. Les partisans de l'ordre juridique arbitral partent d'une remise en cause des modèles kelsénien et hartien de l'ordre juridique, « *à l'évidence inadaptés pour justifier l'émergence d'un ordre juridique arbitral dans la mesure où ces deux théories normativistes de l'ordre juridique ne conçoivent pas un ordre juridique en dehors de l'État ou au moins en dehors de sa reconnaissance par l'État* »[988].

1172. Valérie Lasserre précise alors qu'« *il est évident que le modèle étatique – kelsénien – ne peut être d'aucun secours puisque précisément l'ordre juridique arbitral, s'il existe, est détaché des lois étatiques, sans qu'il y ait pour autant aucune forme de souveraineté supranationale équivalente à celle de l'État* »[989]. Cette véritable « *répudiation du cadre étatique* », pour reprendre l'expression de Bernard Audit[990], se construit à partir des règles développées ci-après.

– L'autonomie de la clause compromissoire par rapport à tout droit étatique et au contrat principal[991].

1173. Ce principe d'indépendance et d'autonomie de la clause d'arbitrage a été posé en arbitrage international par l'arrêt *Gosset* de la première chambre civile de la Cour de cassation du 7 mai 1963, qui énonce : « *En matière d'arbitrage international, l'accord compromissoire, qu'il soit conclu séparément ou inclus dans l'acte juridique auquel il a trait, présente toujours, sauf circonstances exceptionnelles qui ne sont pas alléguées en la*

---

[988] Voir CHAABAN R., « La reconnaissance des sentences arbitrales annulées dans le pays du siège : émergence d'un ordre juridique arbitral ? », in CHAABAN (dir.), *L'arbitrage détaché des lois étatiques,* vol. II, Éditions L'Épitoge – Lextenso, Coll. L'Unité du Droit, 2012, p. 97.

[989] LASSERRE V., « Propos introductifs », in CHAABAN (dir.), *L'arbitrage détaché des lois étatiques, op. cit.,* p. 10.

[990] AUDIT B., « Préface », in CHAABAN (dir.), *L'arbitrage détaché des lois étatiques, op. cit.,* p. V.

[991] LEBOULANGER P., « Le principe de validité de la clause compromissoire sans référence à la loi », in CHAABAN (dir.), *L'arbitrage détaché des lois étatiques, op. cit.,* pp. 21-26.

cause, une complète autonomie juridique, excluant qu'il puisse être affecté par une éventuelle invalidité de cet acte. »[992]

– L'application du droit du commerce international, dès lors que sont en cause des intérêts du commerce international, donc une opération économique internationale[993].

1174. Des propositions méthodologiques permettant d'identifier et d'appliquer ces règles ont alors été avancées notamment par Emmanuel Gaillard, intégrant le droit comparé comme matrice de sélection des normes applicables[994].

– La singularisation de la sentence arbitrale.

1175. Au regard de l'affaire *Putrabali,* notamment, elle « *n'est rattachée à aucun ordre juridique étatique, (et) est une décision de justice internationale* »[995]. La conséquence immédiate de cette autonomisation de la sentence arbitrale est alors que l'annulation de la sentence arbitrale par les juridictions du siège de l'arbitrage ne fait pas obstacle à sa reconnaissance par le juge d'exécution[996].

– En matière d'*exequatur*, un contrôle minimum des entorses à l'ordre public par les juges, notamment en France depuis 2004, avec l'arrêt *Thalès*, qui a défrayé la chronique.

1176. Les juges ont en effet jugé que « *la violation de l'ordre public international au sens de l'article 1502-5 du Code de procédure civile doit être flagrante, effective et concrète* », ce qui rend ainsi exceptionnelle une annulation d'une sentence arbitrale.

1177. L'ensemble de ces règles, visant à assurer et garantir l'autonomie de l'arbitrage international, serait alors motivé par le principe d'efficacité.

1178. Toutefois, la notion d'ordre public arbitral a été contestée dans sa pertinence ultime.

2. Les insuffisances de la notion d'ordre juridique arbitral

1179. Trois types de critiques ont émaillé la pertinence de la notion d'ordre juridique arbitral : les divergences doctrinales internes à ce courant,

---

992 Cass. 1re civ., 7 mai 1963, Bull. civ., 1963, I, n°246 ; D. 1963.545, note Robert Jean ; *Rev. crit. DIP*, 1963, p. 615, note Motulsky Henri.

993 LOQUIN E., « L'application des règles matérielles internationales par les arbitres du commerce international », in CHAABAN (dir.), *L'arbitrage détaché des lois étatiques, op. cit.*, pp. 29-42.

994 Emmanuel Gaillard évoque « *a comparative law analysis which will enable the arbitrators to apply the rule which is the most widely accepted* ». GAILLARD E., « Transnational Law: a legal system or a method of decision making », *Arbitration International*, 2001, p. 62.

995 Cass. 1re civ., 29 juin 2007, *Société PT Putrabali Adyamulia c. Société Rena Holding et Société Mnogutia Est Épices* (qui maintient l'arrêt de la Cour d'appel de Paris du 31 mars 2005), *Rev. arb.*, 2006, p. 665, note Gaillard Emmanuel, Dalloz, 2006.

996 CHAABAN R., « La reconnaissance des sentences arbitrales annulées dans le pays du siège : émergence d'un ordre juridique arbitral ? » in CHAABAN (dir.), *L'arbitrage détaché des lois étatiques, op. cit.*, pp. 83-103.

sa discordance avec les caractéristiques d'un ordre juridique (efficacité et unité) et l'impasse méthodologique fondée sur le droit comparé.

1180. Des divergences doctrinales ont émergé s'agissant de la définition même de l'ordre juridique arbitral. Pour Éric Loquin, il s'agit de l'ordre juridique mercatique qui produirait ses propres règles constitutives de la *lex mercatoria,* qui ont la particularité d'être spécialement adaptées aux besoins du commerce international, et qui ne trouvent pas la source de leur normativité dans un ordre juridique étatique déterminé mais dans l'ordre juridique mercatique lui-même, au sein duquel elles prennent naissance. D'autres, en revanche, optent pour l'existence d'un ordre juridique proprement arbitral dont les règles transnationales ont leur source parfois dans un consensus qui se dégage d'une tendance dominante de la communauté des États (par leur activité normative), et dont la convergence permettrait aux arbitres de dégager des règles transnationales. Ce caractère « *fuyant* »[997] de l'ordre juridique arbitral, où les acteurs principaux seraient tantôt les commerçants eux-mêmes, tantôt les arbitres, en est une fragilité certaine.

1181. En ce qui concerne l'opérationnalisation de la notion d'ordre juridique, force a été de constater que le prétendu ordre juridique arbitral n'était ni efficace, ni uni. L'efficacité de l'ordre juridique s'apprécie par l'existence d'un pouvoir coercitif permettant de sanctionner les règles qui les forment, ce qui est manquant chez les arbitres. Ils sont dépendants des juges nationaux pour ne pas devenir un « *chiffon de papier* »[998]. Thomas Clay, pourtant partisan de l'ordre juridique arbitral, reconnaît que « *l'ordre juridique arbitral est en effet tributaire de l'ordre étatique à la fois pour l'utilisation de règles étatiques et pour recourir à la force publique* »[999].

1182. Pour ce qui est de l'unité inhérente à tout ordre juridique, enfin, les règles transnationales qui seraient dégagées par les États, et nécessairement différentes au regard de leurs contextes culturels respectifs[1000], sont en principe insusceptibles de dégager un principe unificateur. Pierre Mayer a pu ainsi rappeler que le rôle prééminent de la culture d'origine « *habite le cerveau de l'arbitre et voyage avec lui* »[1001]. Cette doctrine culturaliste de l'arbitrage a par ailleurs connu une illustration certaine avec les affaires des cargaisons déroutées[1002], d'une part, et la sentence *World Duty Free*

---

[997] *Ibid.*, p. 99.

[998] MAYER P., « L'autonomie de l'arbitre international dans l'appréciation de sa propre compétence », *RCADI,* 1989, n°36, p. 217.

[999] CLAY T., *L'arbitre*, thèse de doctorat en droit, Université de Paris 2, 2000, n°261, p. 261.

[1000] Voir utilement les développements récents du professeur Gilles Lhuilier sur le décentrement du monde, les espaces normatifs et la nouvelle épistémologie qu'impose le droit transnational. *Le droit transnational*, *op. cit.*, par. 221 à 223.

[1001] MAYER P., « Le pouvoir des arbitres de régler la procédure. Une analyse comparative des systèmes de *civil law* et de *common law* », *Revue de l'arbitrage*, 1995, p. 163, p. 181.

[1002] Sentence arbitrale du 10 juin 1955, *Affaire des cargaisons déroutées*, Recueil des sentences arbitrales, vol. XII, Nations unies, p. 65 ; cité par GRISEL F., *L'arbitrage international ou le droit contre l'ordre juridique*, *op. cit.*, p. 401.

Company Limited c/Kenya[1003], d'autre part, qui portait sur la violation d'un contrat renvoyant à deux droits étatiques (le droit anglais et le droit kényan).

1183. Enfin, une critique ultime de la notion d'ordre juridique arbitral a porté sur la méthode comparatiste défendue par Emmanuel Gaillard. Elle consiste à faire valoir que « *la possibilité même d'unifier les règles de droit repose paradoxalement sur la capacité à les différencier* », et que, « *inversement, la différenciation repose sur l'existence de points fixes de comparaison donc une certaine uniformité* »[1004]. Le droit comparé, en tant que « *discipline qui permet de décrire les structures de n'importe quel système juridique à l'aide de concepts généraux présentant la finesse nécessaire et suffisante* »[1005], induit en lui-même les deux réalités d'un même principe, l'unité et la division.

1184. Outre l'incertitude de la notion d'ordre juridique arbitral, son intérêt a été considéré comme négligeable. Des théories plus réalistes et plus récentes semblent prendre en compte ces insuffisances plurielles et se rapprochant du paradigme relationiste du droit, mais dégageant également des limites théoriques.

B. Les insuffisances des doctrines voisines au paradigme relationnel

1185. Deux théories proches du paradigme relationnel du droit ont été identifiées, ambitionnant de fonder l'autonomie relative de l'arbitrage commercial international : une théorie non assumée comme telle, que nous pouvons appeler la théorie de la contraction contractuelle (1), et une autre, plus aboutie, la théorie de la triade juridique (2).

1. La théorie de la contraction contractuelle

1186. Le paradigme de protection des investisseurs privés étrangers a conduit à une modification des règles relatives aux procédures d'arbitrage transnational, comme on l'a vu. Les arbitres internationaux ont apporté une réponse positive à la question de savoir si le consentement de l'État à l'arbitrage CIRDI peut être déduit d'un acte juridique autre que le contrat conclu entre l'État et l'investisseur privé, et ce, que cet acte soit une législation interne ou un traité bilatéral.

1187. Toutefois, la focale est presque exclusivement mise sur cette procédure originale, et rarement, des nuances analytiques sont énoncées autour de ces exceptions procédurales, que ce soit pour les valoriser ou pour les contester.

[1003] *World Duty Free Company Limited c/Kenya* (affaire CIRDI n°ARB/00/7), sentence du 25 septembre 2006, p. 53 (par. 165).

[1004] GRISEL F., *L'arbitrage international ou le droit contre l'ordre juridique, op. cit.*, p. 114.

[1005] Voir PFERSMANN O., « Le droit comparé comme interprétation et comme théorie du droit », *Revue international de droit comparé,* 2001, p. 275, p. 286, cité par GRISEL F., *L'arbitrage international ou le droit contre l'ordre juridique, op. cit.*, p. 115.

1188. Or, certaines nuances permettent de dédramatiser l'originalité de ces procédures, ou à tout le moins de tempérer l'absence de consentement direct entre l'État et son cocontractant, comme vient de le proposer Mohamed Abdel Raouf. Il rappelle en premier lieu, à partir de la sentence arbitrale CIRDI rendue en 1997[1006], que le tribunal arbitral s'est demandé si, en l'espèce, il était nécessaire qu'il y ait un consentement entre l'État du Zaïre et le ressortissant (AMT) de l'autre État (États-Unis), pour soumettre le différend au CIRDI. Plus précisément, il s'est posé la question de savoir si, en l'absence d'un consentement d'AMT, le consentement de l'État américain, exprimé dans le traité bilatéral, suffisait à y faire place.

1189. Le tribunal arbitral a très justement répondu par la négative, estimant que l'exigence d'un consentement des parties ne disparaissait pas avec l'existence du traité. Selon les arbitres, quand l'article 25 de la convention de Washington exige, dans son paragraphe 1, que « les parties » doivent avoir consenti par écrit à soumettre le différend au Centre, il ne vise pas des États, mais il parle d'un État et du ressortissant d'un autre État.

1190. Ils ont logiquement considéré que « *deux États ne peuvent pas, en application de l'article 25 de la convention, obliger un de leurs ressortissants à se présenter devant le Centre ; ce serait un pouvoir que la convention ne leur accorde pas* »[1007]. À leurs yeux, il fallait démontrer qu'il y avait eu un accord entre les parties, ou alors qu'à défaut de cet accord, il fallait appliquer l'article VII, paragraphe 4 qui donnait au ressortissant de l'autre État le pouvoir de forcer l'État partie au différend à se présenter devant le Centre. C'est ce dernier cas de figure qui, selon les arbitres, se posait en l'espèce : AMT (le ressortissant visé au paragraphe 4) a voulu que soit suivie la procédure devant le CIRDI. Cette volonté qu'il a exprimée sans équivoque, jointe à celle du Zaïre exprimée dans le traité bilatéral, constituait aux yeux du tribunal arbitral le consentement nécessaire à la validité de la saisine du Centre[1008].

1191. C'est alors que Mohamed Abdel Rouf encadre la portée du recours offert à l'investisseur étranger devant le CIRDI. Pour lui, tout « *dépend de la nature des liens établis entre le traité et le contrat. Certaines clauses, surtout dans les accords bilatéraux anciens, prévoient que les différends qui pourraient surgir entre l'État et l'investisseur étranger doivent être soumis au CIRDI par accord entre les parties* »[1009]. Il prend l'exemple de la convention conclue par la France et le Zaïre, qui prévoit que les accords

---

[1006] SA CIRDI du 21 février 1997, *American Manufacturing & Trading Inc. c. / République du Zaïre, J.D.I.*, 1998, n°1, pp. 243-268, obs. E. Gaillard. Cf. également décision du CIRDI sur la compétence du 11 juillet 1997, *Fedax N.V. c. / République du Venezuela, J.D.I.*, 1999, n°1, pp. 278-293, obs. E. Gaillard.

[1007] La sentence, *op. cit.*, p. 253. Les arbitres ont estimé qu'ils ne pouvaient pas soutenir que « *le consentement des parties pour venir devant le CIRDI résulte simplement de l'accord préalable souscrit par les États-Unis et par le Zaïre dans le traité bilatéral* ».

[1008] *Ibid.*, pp. 253-254.

[1009] RAOUF M.A., *op. cit.*, p. 330. (C'est nous qui soulignons).

relatifs aux investissements qui seront conclus « *comporteront obligatoirement une clause prévoyant que les différends relatifs à ces investissements devront être soumis, au cas où un accord amiable ne pourrait intervenir à bref délai, au Centre international pour le règlement des différends relatifs aux investissements en vue de leur règlement par l'arbitrage* »[1010]. Il fait aussi la remarque suivante : « *Ce type de dissociations renvoie aux contrats à conclure avec les ressortissants de l'une des parties, en exigeant de l'État cocontractant d'insérer une clause prévoyant, en cas de différend, le recours au CIRDI. On trouve ici une sorte d'obligation de conclure et de ce fait, la clause CIRDI apparaît ainsi devoir constituer, dans certains cas, une condition de validité des contrats d'État relatifs aux investissements conclus entre les parties régies par un traité bilatéral.* »[1011]

1192. Il y a ainsi un engagement clair de l'État de devoir recourir à la clause CIRDI dans l'accord signé éventuellement avec un ressortissant de son cocontractant. Il existe donc une réduction de la distance entre cet État et cet investisseur privé étranger futur, en termes d'accord à avoir à soumettre leur potentiel litige en arbitrage CIRDI. Il s'agit d'une contraction de cette distance, par le biais d'un engagement non plus hypothétique, mais obligatoire.

1193. Dans le même sens, Mohamed Abdel Raouf relève que les traités plus récents de protection des investissements, notamment ceux conclus par la France, ont tendance à privilégier une rédaction différente selon laquelle l'État s'engage par avance à accepter de soumettre au CIRDI tout différend qui viendrait à l'opposer à un ressortissant de l'autre partie au traité. Il prend alors l'exemple de l'article 7 du traité franco-égyptien qui prévoit, par exemple, que « *chacune des parties accepte de soumettre au CIRDI les différends qui pourraient l'opposer à un ressortissant ou à une société de l'autre partie contractante* »[1012].

1194. Même s'il considère que l'interprétation de cette deuxième formule n'est pas encore tranchée par les arbitres, il met en exergue une formulation qui constitue en soi une contraction contractuelle au sujet de l'accord entre les parties à devoir soumettre le litige possible à l'arbitrage CIRDI, l'« acceptation » de l'État dans le traité bilatéral étant univoque et

---

1010 *Ibid.* (C'est l'auteur qui souligne).

1011 *Ibid.*, pp. 330-331.

1012 Traité du 22 décembre 1974, *JO*, 8 nov. 1975, p. 11486. (C'est l'auteur qui souligne). Voir également le traité signé avec le Soudan en 1978, cité par BROCHES A., *op. cit.*, p. 66, n°19. Voir traité signé entre le Royaume-Uni et l'Égypte (1975), le Sri Lanka (1980), cité par BROCHES A., *op. cit.*, p. 66, n°17. Cf., l'article 7 paragraphe 3 (A) du traité bilatéral sur les investissements entre l'Égypte et les États-Unis d'Amérique, qui donne à l'investisseur étranger la possibilité de saisir directement le CIRDI sans besoin d'invoquer une clause compromissoire contenue dans le contrat de concession conclu avec le gouvernement égyptien ou avec l'une de ses émanations ; cité par EL-KOSHERI A.S., « Setting disputes in the energy sector. The particularity of the conflict avoidance methods pertaining to petroleum agreements », *ICSID Review* (FIJL), 1996, vol. 11, n°2, pp. 272-285, spéc., p. 284.

susceptible de l'engager mécaniquement dans ses rapports ultérieurs avec les ressortissants de l'État cosignataire du traité bilatéral.

1195. Dans cette logique d'identification de la nature du lien existant entre les différents supports juridiques (traité bilatéral et accord d'investissement), l'auteur rappelle que l'acceptation de la juridiction du CIRDI est en revanche absente dans les traités bilatéraux qui ont adopté la disposition suivante : « *La partie contractante dans le territoire de laquelle un ressortissant de l'autre partie contractante procède ou a l'intention de procéder à un investissement, donnera son consentement à toute demande de la part de ce ressortissant de soumettre les différends relatifs à cet investissement, en vue d'une conciliation ou d'un arbitrage, au Centre international pour le règlement des différends relatifs aux investissements (...).* »[1013] Il apparaît clairement qu'ici, l'investisseur privé ne pourra pas se prévaloir d'un tel libellé pour contraindre l'État à se soumettre à l'arbitrage CIRDI, la manifestation de son consentement étant explicitement reportée à un événement ultérieur à la signature du traité bilatéral. Nous pouvons donc identifier ici, pour l'auteur, une conception relationiste minimale dans l'engagement de l'État, qui consisterait à contracter les procédures et les statuts juridiques, où l'État hôte des investissements confondrait le support de son engagement (le traité bilatéral) et le moment de son expression (avant la signature de l'accord d'investissement) à un seul moment, avec des verbes non équivoques sur sa volonté de se soumettre à l'arbitrage CIRDI (accepter, donner...). Le lien entre les deux contractants principaux à l'accord d'investissement (État - investisseur privé étranger) est donc quasiment constatable par le biais de libellés clairs et non équivoques insérés dans le traité bilatéral.

1196. Cette conception (quasi) relationiste des rapports entre les parties concernées à l'investissement souffre pourtant de deux insuffisances fondamentales.

1197. Elle considère qu'en tout état de cause, la compétence de l'arbitre du CIRDI doit nécessairement faire l'objet d'un accord bilatéral, qu'il soit direct ou indirect, seul le consentement des parties prévalant en la matière. Il le dit explicitement lorsqu'il souligne, en réaction à la doctrine euphorique sur l'expansion nouvelle de l'arbitrage CIRDI, que « *nous ne partageons pas cette manière de voir puisqu'en prétendant que le CIRDI peut être saisi par un écrit autre qu'une clause compromissoire ou un compromis, cette doctrine ne fait pas de l'existence d'un lien contractuel entre les parties une condition à la saisine du Centre. En effet, si la clause compromissoire présuppose l'existence de liens contractuels entre les parties, si le compromis est une convention autonome entre les parties, la saisine du*

[1013] Traduction libre du traité bilatéral conclu entre les Pays-Bas et l'Égypte le 30 octobre 1976, et de celui conclu le 28 janvier 1977 entre le Japon et l'Égypte, *Gazette officielle d'Égypte*, 9 février 1978, n°6, cité par BROCHES A., *op. cit.*, p. 65, n°14, cité par RAOUF A.M., *op. cit.*, p. 331.

Centre en vertu d'une législation interne ou d'un traité bilatéral n'impose, elle, aucune relation juridique préalable entre la partie étatique et l'investisseur privé. De surcroît, le bénéfice de la législation interne ou du traité bilatéral contenant la clause CIRDI risque de s'étendre à tout investissement sans que soit exigé le moindre agrément, et dans ce cas, il ne peut plus être soutenu qu'il existe le moindre rapport de type contractuel entre l'investisseur et l'État d'accueil »[1014].

1198. Nous pensons que l'auteur fait ici preuve de prescription juridique, sans décrire cette tendance lourde. Son affirmation suivant laquelle « *le seul argument, à notre sens, valable pour refuser les moyens tirés de l'immunité de juridiction invoquée par l'État, c'est l'existence d'une clause compromissoire ou d'un compromis librement et valablement accepté par l'État* »[1015], est une incantation, et non une modélisation des règles existantes.

1199. La neutralisation de la présence de l'élément public, tel qu'il le démontre lui-même, est une tendance lourde et irréversible, qu'il convient de modéliser et non de critiquer, particulièrement dans le cadre de l'arbitrage des contrats d'État, son champ d'étude, d'une part.

1200. D'autre part, sa vision de la relation juridique entre les parties est trop bilatérale, formaliste, contractuelle, et ne prend pas en compte les conditions objectives de contractualisation des rapports entre les parties, qui expliquent dans une large mesure ce qui est présenté (à tort) comme une autonomisation des arbitres.

2. La théorie assumée de la triade juridique de Stone et Grisel

1201. Une théorie plus articulée autour de la triade juridique a été proposée par Alec Stone Sweet et Florian Grisel, ambitionnant de fournir un appareil explicatif pertinent aux règles arbitrales en vigueur en général[1016], et aux règles arbitrales en matière d'arbitrage commercial en particulier[1017].

1202. Cette approche est partiellement relationiste. Les auteurs commencent par constater, pour le regretter, que « *la genèse du droit est le parent pauvre de la doctrine juridique, qui lie généralement l'existence d'un ''droit'' à celle d'un ordre juridique issu d'un souverain* »[1018] . Ils rappellent ensuite que « *certaines voix se sont néanmoins élevées pour définir la genèse du droit comme intervention d'un tiers désintéressé et impartial, ou plus*

[1014] *Ibid., op. cit.*, p. 373.
[1015] *Ibid.*, p. 375.
[1016] Lire STONE SWEET A., GRISEL F., « L'arbitrage international : du contrat dyadique au système normatif », in *L'arbitrage, Arch. phil. dr.*, T. 52, Dalloz, 2009, pp. 75-95.
[1017] GRISEL F., *L'arbitrage international ou le droit contre l'ordre juridique*, *op. cit.*, p. 177.
[1018] STONE SWEET A., GRISEL F., *op. cit.*, p. 77.

précisément comme passage d'une structure sociale bipolaire (la "dyade") à une structure sociale tripolaire (la "triade") »[1019].

1203. Capitalisant cet argument de base dont ils citent les précurseurs, ils élaborent alors « *un cadre explicatif (...) fondé sur un modèle simple, pourvu de trois éléments principaux qui interagissent sous un mode circulaire : la dyade, la triade, et la "structure normative"* »[1020], qui structure ce qu'ils appellent « *le mécanisme triadique de règlement des différends* »[1021].

1204. Outre qu'il est possible d'envisager une quatrième partie dans la relation juridique, notamment les sociétés nationales représentant les États souverains en matière de droit des hydrocarbures, il convient de relever deux caractéristiques essentielles dans cette théorie de la triade juridique, en lien avec le paradigme relationnel du droit :

– Ils décrivent la relation construite par les parties contractantes, la dyade (unité sociale primordiale) et l'arbitre, comme étant une « triade », définie comme « *une technique primale d'organisation de l'autorité sociale* »[1022], où l'intervention d'un tiers vise à régler un litige potentiel entre les entités formant la dyade.

– L'étape de création normative, la quatrième et dernière, est celle qui consiste à constater que « *le tiers (l'arbitre) maintient les parties dans l'illusion qu'il ne ferait qu'appliquer des règles préexistantes au cas d'espèce, alors que souvent, ces règles sont créées afin d'être appliquées à ce cas* ». Ils concluent alors sur ce processus normatif en évoquant un véritable « *schéma circulaire de création normative (qui) peut être représenté par une boucle partant de la structure normative et y revenant par les intermédiaires successifs de la dyade, de la triade, et de la création normative triadique* »[1023].

1205. Toutefois, un élément constitutif majeur de cette théorie semble se distancer du paradigme relationnel : le caractère « prospectiviste » des décisions arbitrales.

1206. Le caractère prospectiviste des décisions arbitrales naîtrait du processus de « juridicisation » de l'arbitrage. Ce phénomène jurisprudentiel consiste à constater que « *le tiers cherche à justifier sa décision par des techniques normatives. Parmi ces techniques figure la méthode jurisprudentielle, par laquelle le tiers se réfère aux décisions d'entités triadiques confrontées à des cas d'espèce similaires (...), en tranchant un*

1019 *Ibid.*, p. 77. Ils citent alors STONE SWEET A., « Judicialization and the Construction of the Governance », *Comparative Political Studies*, 1999, p. 160-1 ; STONE SWEET A., « Islands of Transnational Governance », in ANSEL, DI PALMA (dir.), *On restructuring Territoriality*, Cambridge University Press, 2004, p. 122.

1020 STONE SWEET A., GRISEL F., *op. cit.*, p. 81.

1021 STONE SWEET A., GRISEL F., *op. cit.*, p. 77.

1022 STONE SWEET A., « The new *Lex Mercatoria* and transnational governance », *Journal of European Public Policy*, 13, 627, 2006, cité par STONE SWEET A. et GRISEL F., *op. cit.*, p. 81.

1023 STONE SWEET A. et GRISEL F., *op. cit.*, p. 83.

litige dans un cas d'espèce, l'arbitre crée des règles juridiques abstraites, générales et prospectives »[1024]. La théorie triadique entrevoit ainsi un corps de règles générales pouvant être constitutives d'un droit applicable à la « communauté » concernée, construit par un ensemble de décisions arbitrales convergentes. Il y a là une vision quasi verticale du droit arbitral, soutenue par un mécanisme à la fois constatable (la force créatrice du droit par l'arbitre) et hypothétique (la règle du précédent judiciaire ou de la *stare decisis* des systèmes de *common law*), en droit des hydrocarbures. Les auteurs reconnaissent eux-mêmes au demeurant que cette tendance « *est moins nette dans le domaine de l'arbitrage commercial, dans la mesure où les décisions arbitrales y sont moins publicisées* »[1025].

1207. Ces théories plus ou moins affirmées comme telles recèlent des ingrédients théoriques que nous capitaliserons dans le cadre de l'affirmation d'un arbitrage de type relationnel, tout en nous distançant des limites de ces dernières.

§2. La théorie relationiste et l'arbitrage des litiges en droit des hydrocarbures

1208. Gilles Cistac nous rappelle que lorsque l'État participe, par le biais des relations contractuelles, à la vie économique internationale, le concept de souveraineté, même s'il conserve un très grand rôle dans les relations internationales interétatiques, est relativisé dans les rapports contractuels entre États et personnes privées étrangères[1026]. L'insertion, dans ces rapports, des clauses compromissoires contribue, selon cet auteur, à un certain « aménagement » de la souveraineté de l'État au profit de l'entreprise privée étrangère[1027]. Dans le même sens, M. Lebculanger estime que « *c'est l'un des traits les plus marquants du droit en cette matière que de voir que (...) des règles de compétences juridictionnelles, qui sont l'expression la plus vive de la souveraineté de l'État, sont soumises à des négociations entre l'État lui-même et son partenaire étranger* »[1028].

1209. La relation particulière aménagée entre les investisseurs étrangers et les États en général (A) doit être mise en relief pour mettre en évidence le caractère relationiste de l'arbitrage des investissements pétroliers et gaziers (B).

1024 *Ibid.*, p. 88.

1025 STONE SWEET A.et GRISEL F., *op. cit.*, p. 92.

1026 CISTAC G., « Le renouvellement du rôle de l'État contractant dans le commerce international. Éléments pour une théorie générale », *DPCI*, vol. 22, n°2, 1996, pp. 167-168, spéc., p. 182.

1027 *Ibid.*, p. 188.

1028 LEBOULANGER P., « Les contrats entre États et entreprises privées étrangères », cité par RAOUF M.A., *op. cit.*, p. 346.

A. La relation entre l'investisseur privé et l'État hôte

1210. Que ce soit dans les investissements privés étrangers en général (1) ou dans ceux qui concernent particulièrement l'industrie pétrolière et gazière (2), le lien entre l'État hôte et ses partenaires génère un droit particulier.

1. Dans les investissements privés étrangers

1211. Dans son travail visant à démontrer la neutralité du statut de personne publique pour l'État dans les règles d'arbitrage, Mohamed Abdel Raouf reconnaît que « *pour ces pays, l'admission de l'arbitrage pour le règlement des différends les opposant à des entreprises privées étrangères est <u>destinée à l'encouragement des investissements étrangers jugés indispensables pour leur développement économique</u>. Le recours à l'arbitrage international est perçu comme <u>un moyen</u> d'accroître la confiance et la sécurité des entreprises privées étrangères* »[1029].

1212. Le recours à l'arbitrage suppose l'existence d'une intention claire et précise de la part des parties au contrat de se soustraire à la soumission des juridictions étatiques normalement compétentes, mais, contrairement à ce qui est très souvent avancé, pas seulement pour l'investisseur privé étranger, mais aussi pour l'État hôte.

1213. La convention de Washington du 18 mars 1965, en créant le CIRDI, voulait engager le règlement des différends opposant un investisseur privé à un État étranger afin de contourner, certes, les appréhensions des investisseurs vis-à-vis du recours aux tribunaux de l'État contractant ou des risques liés à l'immunité de juridiction de ce dernier. Mais, le consentement écrit et préalable des parties au différend constitue la pierre angulaire de la saisine du CIRDI et le fondement de la compétence du Centre. L'article 25 de la convention de Washington subordonne, en effet, la compétence d'un tribunal arbitral du CIRDI à une double condition de consentement : celui des États en présence, d'abord, par la ratification préalable de la convention par l'État partie au différend et, ensuite, le consentement spécifique des parties au litige en vue de soumettre leur différend au CIRDI.

1214. Cet article prévoit que « *la compétence du Centre s'étend aux différends d'ordre juridique entre un État contractant (...) et le ressortissant d'un autre État contractant qui sont <u>en relation directe avec un investissement</u> et que les parties ont consenti par écrit à soumettre au Centre* ».

1215. L'investissement privé international est ainsi la source matérielle de l'arbitrage, pour l'intérêt bien compris des deux parties contractantes. Cet intérêt également étatique à l'arbitrage est davantage mis en évidence en ce qui concerne les investissements pétroliers et gaziers par la doctrine.

[1029] RAOUF M.A., *op. cit.*, p. 317.

2. Dans les investissements pétroliers et gaziers

1216. La doctrine spécifiquement spécialisée en droit pétrolier a également établi la nature particulière des relations entre les États hôtes et les entreprises pétrolières et gazières sous le prisme de la stratégie. Le phénomène de l'internationalisation des régimes pétroliers et gaziers, que traduit la similitude entre les législations nationales spécialisées de différents pays, semble fournir une clé de compréhension des relations quasi structurelles entre ces contractants. Kim Talus, professeur de droit pétrolier à l'université d'Helsinki en Finlande, explique alors que l'internationalisation des législations nationales n'est pas forcément le résultat conscient d'un arrimage normatif des États vers des standards consacrés. Il s'agirait davantage d'une forte volonté de stimuler les investissements pétroliers et gaziers, qui suggère aux États hôtes d'offrir des conditions attractives suffisamment pertinentes pouvant contribuer à rassurer les investisseurs sur les perspectives de profitabilité de leurs investissements. Mieux, selon Kim Talus, cet objectif essentiel des États hôtes est parfois occulté par la disponibilité des standards internationaux notamment promus par la Banque mondiale en termes d'encadrement des investissements internationaux, dont il pense qu'ils ne sont que des instruments de facilitation, et non des documents d'inspiration ultime pour ces États[1030].

1217. Dans le même sens, le professeur Peter Cameron de l'université de Dundee (Écosse), dans le cadre de son travail spécifique sur la clause de stabilité fiscale qui est un marqueur important du droit pétrolier et gazier, explique dès l'introduction qu'afin d'éviter de perturber leurs relations à long terme, les contractants à un investissement énergétique font généralement le maximum d'efforts pour arriver à un arrangement amiable en substitution d'une véritable procédure arbitrale[1031].

1218. Enfin, dans un travail récent portant sur l'étude des régimes pétroliers et gaziers de plusieurs pays africains, la même idée est partagée de façon simple et non équivoque : « *In order to induce international oil company to invest, it is essential to include internationally accepted regulatory and contractual provisions in the regulatory framework for upstream petroleum. In order to stimulate foreign direct investment, host*

[1030] Voir TALUS K., « Internationalization of energy law », in TALUS (ouvr. coll.), *Research handbook on international energy law, op. cit.*, p. 10. : « *This international element in not so much a result of a conscious choice to include internationally accepted provisions but more the result of the process of internationalization in this area of law : in order to stimulate foreign direct investment, host government must offer terms which give investors reasonable assurance that their investments will earn the profits for which they bargain. The process of internationalizing national petroleum regimes (...) is the more concrete and achievable aim of creating a competitive global market for capital which craves stability, familiarity and efficiency.* »

[1031] Voir CAMERON P., *International energy investment law. The pursuit of stability, op. cit.*, p. xlix.

governments must establish terms that reasonably assure investors that their investments will yield the expected profits. »[1032]

1219. Ainsi, l'abandon de souveraineté des États quant à leur pouvoir juridictionnel est une stratégie d'attraction et de sécurisation des investissements privés étrangers pour les États, et une source de sécurité pour les investisseurs privés internationaux. C'est cette double logique convergente qui explique le caractère relationiste de l'arbitrage des litiges pétroliers et gaziers.

B. La structuration de l'arbitrage des investissements pétroliers et gaziers

1220. La tierce entité chargée de départager les parties contractantes fait partie du rapport de droit[1033]. Elle est l'institution chargée de restaurer l'équidistance initiale arrêtée par les parties, sur la base du mandat qui lui a été donné par ces dernières[1034]. L'organisation des formes de règlement des différends dans les obligations contractuelles internationales est essentielle. Dans le cadre de la régulation des hydrocarbures, le mode de règlement privilégié est l'arbitrage.

1221. L'environnement psychologique, économique et stratégique entourant les investissements pétroliers et gaziers justifie dans une large mesure l'intégration des arbitres de façon consubstantielle dans la relation existant entre les États hôtes et leurs cocontractants (1). Le régime de l'arbitrage, ensuite, est une conséquence logique de cette relation juridique composite (2).

1. L'arbitre, un tiers compétent sur la base des liens de droit

1222. Dans le cadre d'un dispositif symbolique et procédural, « *c'est-à-dire un dispositif qui rende compte de la juste distance invisible entre deux personnes dans un système de relations en transformation* »[1035], l'arbitrage n'est pas une institution réduisant la souveraineté des États, mais une source consolidant le rapport juridique noué par les parties. Pour Mezghani, « *c'est parce que l'arbitrage ne s'intègre pas à une organisation étatique que le fondement de l'immunité de juridiction, à savoir l'égalité souveraine, ne peut plus jouer ici* »[1036]. M. Reymond considère qu'il est établi que la souveraineté de l'État non seulement ne fait pas obstacle à la conclusion d'une convention d'arbitrage, mais surtout, qu'elle en est le fondement, au même titre que le principe de l'autonomie de la volonté pour les entreprises

---

[1032] PEREIRA E.G., TALUS K., « Introduction », in PEREIRA, TALUS, *African Upstream Oil and Gas*, *op. cit.*, p. 11.

[1033] JEULAND E., *Théorie relationiste du droit, op. cit.*, p. 239.

[1034] *Ibid.*, p. 256.

[1035] *Ibid.*, p. 381.

[1036] MEZGHANI A., « Souveraineté de l'État et participation à l'arbitrage », cité p. 364, note 652.

et les particuliers[1037]. La souveraineté est ainsi perçue comme la base même des accords conclus par l'État et, partant, des clauses d'arbitrage[1038].

1223. Dans la sentence *Westland*, les arbitres ont épousé le point de vue de la doctrine selon lequel le recours par l'État à l'arbitrage vaut renonciation à son immunité de juridiction. Dans cette affaire, l'Égypte soulevait l'exception de l'immunité pour contester la compétence du tribunal arbitral. Celui-ci, en se référant à une conception acceptée par le droit suisse, droit du lieu de l'arbitrage, a affirmé que « *la conclusion d'une convention d'arbitrage implique la renonciation à ce moyen* »[1039].

1224. Les règles d'arbitrage consacrant l'autonomie de l'arbitre par rapport à la soustraction éventuelle de l'État peuvent se comprendre par le principe relationiste de la transduction. Emmanuel Jeuland explique que « *cela signifie que les individus et les groupes se développent de manière concomitante. Les normes s'inscrivent dans ce schéma tant dans leur création par interaction que dans leur interprétation et leur mise en œuvre par des pratiques* »[1040].

1225. Dès lors, la clause d'arbitrage peut être perçue comme une norme symbolique au sens large, englobant tous les signifiants, et faisant partie d'un dispositif juridico-symbolique. Créée au sein du rapport juridique existant entre les États et leurs cocontractants privés étrangers, « *elle permet de déterminer la juste distance entre les parties et ce que chacune peut faire dans le rapport* »[1041]. En admettant, avec la théorie relationiste, qu'il n'y a pas de droit sans tiers, et que l'État souverain est en relation avec l'investisseur privé étranger, seule l'institution d'arbitrage est le vecteur de consécration de la relation juridique existant entre les deux parties. Or, « *le tiers stabilisateur d'un lien de droit (...) acquiert en même temps un pouvoir de décision sur les parties. Pour constituer une force stabilisatrice, il faut que les parties acceptent de laisser au tiers les moyens d'exercer son office. Elles lui concèdent, autrement dit, une part de leurs droits qui se transforme en droit sur les autres, c'est-à-dire en pouvoir. Ces pouvoirs sont confiés à des tiers qui ont, dans l'idéal, acquis une suffisante autonomie dans les liens de droit en équilibrant en eux-mêmes les forces neutre, active et réceptive et qui ont donc une certaine autorité pour être impartiaux* »[1042]. Mais

---

1037 REYMOND C., « Souveraineté de l'État et participation à l'arbitrage », *Rev. arb.*, 1985, p. 519.

1038 Cf., en ce sens, LALIVE P., « L'État en tant que partie à des contrats de concession ou d'investissement conclus avec des sociétés privées étrangères », Rapport présenté au 2e congrès tenu par l'Institut international pour l'unification du droit privé, Rome, 1976, New Directions in International Trade Law, New York, 1977, p. 317 ; OPPETIT B., « Les États et l'arbitrage : esquisse de systématisation », *Rev. arb.*, 1985, pp. 493-494.

1039 SA CCI, aff. n°3879 du 25 mars 1984, *Westland Helicopters United c./Arab Organization for Industrialisation* (AOI), Émirats arabes unis, Arabie saoudite, Qatar, République arabe d'Égypte et Arab British Helicopter Company (Égypte), *J.D.I.*, 1984, pp. 232-246.

1040 JEULAND E., *La théorie relationiste du droit, op. cit.*, p. 277.

1041 *Ibid.*, p. 275.

1042 JEULAND E., *La fable du ricochet, op. cit.*, pp.168-169.

surtout : « *Parmi ces pouvoirs, il existe des possibilités d'enjoindre les parties*... »[1043]

1226. L'*arbitration without privity* peut dès lors être expliquée également à partir du paradigme relationnel du droit. L'offre d'arbitrage de l'État, consignée dans un traité bilatéral de protection et/ou de promotion des investissements, est une règle qui contient une obligation potentielle d'un État vis-à-vis d'un investisseur, dans le cadre d'un autre lien de droit préexistant ou à venir. Les liens de droit créés tant entre les États, d'une part, et entre l'État hôte des investissements et l'opérateur privé, d'autre part, forment une spirale de liens de droit. L'arbitre tiers, qui a une autorité sur les parties, dont l'État, donne un effet juridique à l'engagement hypothétique de l'État hôte, en constatant la naissance de l'obligation de cet État, donc d'un lien de droit, d'avoir à se soumettre à l'arbitrage, dès lors qu'un litige survient entre les contractants. Il applique l'approche structurale de la règle du droit, qui pose que toute règle de droit peut prendre une forme hypothético-déductive, sous la forme suivante : « si telles conditions sont réunies, alors tel effet juridique peut être déduit ». Comme Emmanuel Jeuland le dit, cette approche trouve un relief particulier avec la notion de lien de droit, et ici, précisément, avec la spirale de liens de droit sanctionnée par l'arbitre sur sa compétence quasi systématique, indépendamment de la source d'édiction de son consentement, ou de sa promesse de consentement[1044].

1227. Cette circularité de la règle de droit relative à l'arbitrage transnational démontre aussi que le droit des hydrocarbures en particulier, le droit des investissements en général, n'est pas seulement un composé de règles de droit, mais aussi de jugements et surtout de liens de droit. De plus, « *peu importe l'origine historique du droit – un jugement, un lien de droit ou une règle de droit – qui par définition est inaccessible, ce qui compte est l'articulation entre ces différents éléments de droit. Il ne devrait pas être présenté de déséquilibre dans la présentation de ces différents éléments* »[1045].

1228. Outre son autonomie ainsi motivée à partir de la notion de lien de droit, sa compétence également peut être fondée par cette notion.

2. L'arbitre, un tiers autonome sur la base des liens de droit

1229. L'autonomie de l'office d'arbitrage par rapport au droit applicable est également de plus en plus reconnue comme la tendance lourde du droit de l'arbitrage. L'indifférence presque généralisée « *professée aux instruments nationaux* »[1046] à ces deux sujets se manifeste bien entendu, on

---

1043 *Ibid.*, p. 169. (C'est nous qui soulignons).
1044 *Ibid.*, p. 193.
1045 *Ibid.*, p. 30.
1046 Lire MEGERLIN F., *Ordre public transnational et arbitrage international de droit privé. Essai critique sur la méthode*, ANRT, 2002, p. 285.

l'a vu, au niveau des règles « compétence-compétence », mais aussi, et surtout, au regard des règles applicables par l'arbitre dans son office.

1230. La doctrine arbitragiste a pu établir l'autonomie des règles applicables pour ces arbitres, notamment dans le cadre de l'arbitrage commercial transnational, au point de conceptualiser l'existence de tout un ordre juridique arbitral.

1231. Emmanuel Gaillard, qui en est l'un des pourfendeurs les plus fervents, développe l'idée suivant laquelle l'arbitre « *qui conçoit l'arbitrage comme détaché des ordres juridiques nationaux aura plus volontiers recours à des règles de conflit transnationales, dégagées d'une analyse de droit comparé, à moins que sa conscience de l'existence du phénomène transnational ne le conduise à se dispenser purement et simplement du détour par la méthode conflictuelle (...) pour lui préférer l'application des règles de fond directement issues d'une analyse de droit comparé et, dans un certain courant de pensée, de la considération des besoins propres du commerce international* »[1047]. Selon Malik Laazouzi, « *l'adoption d'une représentation de l'arbitrage admettant l'existence d'un ordre juridique arbitral n'affecte pas tant le régime applicable de l'arbitrage que la manière dont l'arbitre désignera le droit applicable* »[1048]. Cette habilitation à choisir le droit applicable est généralement prévue dans les législations modernes sur l'arbitrage, et même lorsque les règles d'arbitrage semblent encadrer le droit à appliquer par les arbitres, comme la convention de Washington instituant le CIRDI, leur liberté demeure quasi totale.

1232. En effet, « *dans le cadre de l'arbitrage CIRDI, l'accès à l'exécution sans contrôle dans tous les États parties à la convention de Washington assure aux arbitres la possibilité de faire prévaloir leur conception des rapports entre les ordres juridiques, s'agissant du droit applicable au fond du litige, sans avoir à s'inquiéter de la position éventuellement contraire des ordres juridiques étatiques eux-mêmes. L'engagement pris par les États contractants eux-mêmes de donner effet aux sentences CIRDI les contraint à accepter sans discussion la position prise par les personnes privées, aussi éminents juristes soient-ils, exerçant une mission juridictionnelle* »[1049].

1233. En droit des hydrocarbures, qui est une déclinaison de la *lex mercatoria (*mais sans en avoir toutes les caractéristiques*)*, on constate aisément, avec Mathias Forteau, que le droit applicable à choisir par les arbitres peut conduire ces derniers à « *devoir appliquer soit concurremment, soit alternativement, le droit interne et le droit international* » ; et il conclut

---

[1047] GAILLARD E., « Aspects philosophiques du droit de l'arbitrage international », *op. cit.*, spéc. p. 158 et s.

[1048] LAAZOUZI M., « L'arbitre international et les rapports entre ordres juridiques », in BONNET (dir.), *Traités des rapports entre ordres juridiques, op. cit.*, p. 1035.

[1049] *Ibid.*, p. 1043. Il précise que cela est valable même lorsque l'État défendeur invoque la contrariété entre sa Constitution et les normes internationales invoquées par le demandeur, en citant la sentence du 12 mai 2005 *CMS c/Argentine*.

que *« plutôt que de vouloir engoncer ces combinaisons variées dans le corset d'ordres juridiques autonomes les uns des autres, il paraît plus simple et plus juste de les décrire pour ce qu'ils sont : des variations du droit applicable devant chaque juridiction »*[1050].

1234. En un mot, l'arbitre est libre de choisir le droit applicable au litige suivant la conception qu'il se fait de son office. Cette autonomie totale des arbitres en construction de plus en plus articulée est adossée sur la contestation pertinente de l'existence des ordres juridiques, surtout s'agissant des États dont la volonté devrait être appréciée selon ces ordres juridiques supposés. Or, la volonté de l'État ne devrait pas être considérée comme différente suivant les différents ordres juridiques auquel il appartient[1051].

1235. Dans une tentative de proposition d'une théorie pertinente à la complexité juridique offerte par cette configuration infinie du droit de l'arbitrage, le professeur Xavier Magnon propose une théorie normativiste du droit, qui voudrait pouvoir *« résoudre la question à partir des normes des systèmes et non à partir de la pratique des États ou des organes de concrétisation du droit dans les différents systèmes observés »*[1052]. Il l'oppose à la tendance purement descriptive du phénomène, empirique, qui *« révèle un déni d'explication du phénomène juridique en des termes normatifs. Le fait l'emporte sur le droit. L'efficacité, et, plus exactement l'inefficacité de la primauté dans un certain nombre de cas feraient le droit »*[1053]. Et il conclut que *« le droit est précisément là pour soumettre les faits aux contraintes qu'il pose. (...) le droit garantit l'unité par la contrainte qu'il impose, aussi bien au niveau interne que dans les rapports entre le droit externe et le droit interne »*[1054].

1236. Il s'agit d'une vision normativiste, donc classique, du droit. Nous pensons que la relativisation des ordres juridiques est favorable à l'émergence de la théorie relationiste en matière arbitrale. L'arbitre commis dans un litige extractif est fortement tenu de s'approprier l'équidistance nouée entre les parties, à travers toutes les clauses contribuant à l'expression de leurs volontés respectives, notamment celle de l'État hôte des investissements extractifs, mais aussi les clauses contractuelles.

1050 FORTEAU M., « Repenser la logique de traitement des rapports entre ordres juridiques. Changer de regard : tout ne serait-il pas affaire de droit applicable, plutôt que d'ordres juridiques ? », *op. cit.*, pp. 648-649. (C'est nous qui soulignons).

1051 FORTEAU M., « Repenser la logique de traitement des rapports entre ordres juridiques. Changer de regard : tout ne serait-il pas affaire de droit applicable, plutôt que d'ordres juridiques ? », *op. cit.*, p. 636.

1052 MAGNON X., « Repenser la frontière droit externe – droit interne au profit d'une approche unitaire du droit », in BONNET (dir.), *Traité des rapports entre ordres juridiques, op. cit.*, p. 658.

1053 MAGNON X., « Repenser la frontière droit externe – droit interne au profit d'une approche unitaire du droit », *op. cit.*, p. 636.

1054 MAGNON X., « Repenser la frontière droit externe – droit interne au profit d'une approche unitaire du droit », *op. cit.*, p. 666.

1237. Dès lors, il convient de constater un groupe de liens de droit. En effet, « *les liens de droit peuvent se combiner par deux ou trois dans des configurations élémentaires. (...) Chaque groupe de liens développe une culture particulière qui est une histoire commune de la construction et du déroulement des liens* »[1055]. Si le droit international, le droit national et le droit transnational sont applicables dans une relation existant entre un État et un investisseur privé étranger, c'est bien parce qu'à la base, chacune des entités composant ce rapport juridique a plusieurs liens de droit :

– Les États qui relèvent naturellement du droit international, et donc, qui sont en lien avec les engagements généraux dans l'ordre juridique international.

– Les États et leurs cocontractants étatiques qui forment un lien de droit certes de type international, mais aussi de nature bilatérale, plus ou moins matérialisés par des accords spécifiques (comme les traités bilatéraux de protection et/ou de promotion des investissements).

– Le lien entre les États et les investisseurs privés étrangers, qui, de par leurs différents statuts juridiques, sont une autre source de lien elle-même génératrice de droit particulier.

1238. Or, ce groupe de liens, constitué d'une combinaison de liens de droit classiques et élémentaires[1056], trouve sa forme ultime d'organisation par la fonction arbitrale en tant que « miroir » des parties[1057]. La part d'inconnu qui est alors consubstantielle à l'exercice de la résolution des litiges constitue précisément l'art du droit, c'est-à-dire celui qui consiste à équilibrer et canaliser les forces dans cette société particulière, en constante transformation.

CONCLUSION DU CHAPITRE II

1239. Le droit des hydrocarbures peut se décliner avec pertinence autour du paradigme relationnel du droit. Le volet contractuel, tant au niveau international que transnational de l'encadrement de cette activité, offre des perspectives relationistes évidentes, l'objet de la relation favorisant des rapports juridiques équidistants. L'équidistance s'entend ici d'une distance équitable mais subjective, telle qu'aménagée par les parties, au regard de leurs propres intérêts patrimoniaux et extrapatrimoniaux du moment. Tenant compte des circonstances considérées comme pertinentes par ces dernières, l'équidistance est une distance fortement subjective, voire arbitraire, dont l'arbitre est le garant.

1240. À ce sujet, les dynamiques visant à apprécier, à promouvoir, voire à imposer un caractère équilibré aux contrats extractifs relèvent davantage de

---

1055 JEULAND E., *La fable du ricochet, op. cit.*, p. 245.

1056 *Ibid.*, p. 245.

1057 *Ibid.*, p. 303.

l'idéologie que du droit extractif lui-même. Outre que l'équilibre s'analyse presque toujours sous le seul angle patrimonial ou financier, ce qui ne rend pas compte de la plénitude d'un contrat extractif, ce volet patrimonial lui-même n'est pas mesurable sur la base de clés objectives incontestables, et ceci, de façon structurelle même à l'activité extractive. Sur un plan strictement juridique, seul le concept opératoire de l'équidistance peut poser les bases épistémologiques d'une description et d'une prescription du droit extractif en Afrique.

1241. L'arbitrage, en tant qu'institution de régulation du rapport juridique entre les parties, contribue non seulement à la constitution d'un lien de droit, mais aussi, tant dans son droit à officier que dans sa manière d'officier, à la consolidation de l'équidistance entre les parties.

CONCLUSION DU TITRE I

1242. Les rapports juridiques entre les États et les investisseurs privés ont plusieurs fois, de façon directe ou indirecte, fait l'objet de description par la doctrine. Ils ont davantage été présentés comme fortement structurés par des considérations matérielles, notamment économiques et géologiques, et quelquefois autour des aspects immatériels tournant autour du statut juridique des ressources extractives (propriété nationale assurée par le pouvoir central). Il s'avère que ces éléments de caractérisation ne sont pas pertinents tant au regard des autres ressources naturelles n'ayant pas le même type d'encadrement normatif, d'une part, que d'autres secteurs d'activités hautement capitalistiques n'ayant pas non plus le même profil normatif, d'autre part.

1243. La doctrine ayant tenté de systématiser la fiscalité pétrolière amont, qui est le point nodal de basculement de la totalité du droit des hydrocarbures, est conditionnée par une vision exclusivement régalienne, contraignante et donc déformante des rapports juridiques existant entre les États et les investisseurs privés étrangers en Afrique. Il était ainsi nécessaire de déconstruire cette théorie erronée, pour proposer une théorie baptisée « équidistance entre les parties ». Il s'agit d'une distance spécifique nouée entre les contractants étatiques et privés, qui tient compte de données subjectives censées être consignées dès le début de leurs relations. L'arbitre, en tant que tiers stabilisateur des rapports, est alors tenu de veiller, grâce au mandat des contractants, à la préservation de ce rapport équidistant, spécifique voire unique eu égard aux circonstances de construction de leurs différents liens juridiques[1058].

1244. Il convient d'achever la démonstration de ce rapport équidistant entre les parties par la présentation de ses manifestations extérieures.

[1058] Pour un parallèle très instructif sur la portée opératoire de la règle de l'équidistance en matière de droit de la délimitation des frontières, mais aussi le rôle décisif des arbitres en la matière, lire utilement Paul Von MUHLENDAHL, *L'équidistance dans la délimitation des frontières maritimes. Étude de la jurisprudence internationale*, Paris, Pedone, 2016.

TITRE II

LA MANIFESTATION RELATIONISTE DU DROIT DES HYDROCARBURES

1245. Selon Rémy Libchaber : « *Le droit a partie liée avec les institutions qui le rendent possible, comme avec les normes qui en expriment le discours. Mais de façon plus fondamentale, il puise ses racines dans la société dont il assure la cohésion.* »[1059] En outre, pour Pierre Noreau, « *une fois institué, le droit devient lui-même un facteur instituant, et propose un procédé stable d'institutionnalisation* ». Il rappelle ensuite que : « *Pierre Bourdieu renvoie dans le même sens à l'effet d'homologation qui accompagne la consécration juridique d'une référence.* »[1060]

1246. Ainsi, « *le droit ne serait pas à proprement parler un révélateur, mais la structure dynamique de la société* »[1061]. Dans un sens différent, le professeur Emmanuel Jeuland estime qu'assimiler le droit à un ensemble de normes apparaît de plus en plus réducteur et ne permet guère de rendre compte de la conformation des normes par les acteurs, notamment par l'opération d'interprétation[1062].

1247. La centralité de l'État dans le droit des hydrocarbures, chevillée autour du principe juridique de souveraineté des États sur leurs ressources naturelles, suggère, dans le cadre de l'étude de la manifestation des liens de droit dans cette discipline, une meilleure appréhension de la personnalité de l'État, faisceau d'identités et émetteur de liens tant administratifs que contractuels et fonctionnels (Chapitre I).

1248. Il s'agira ensuite de dévoiler l'ensemble des modes de symbolisation de ses différentes relations générées par la régulation de l'exploitation des ressources en hydrocarbures, vecteur majeur de création, de développement et d'entretien des relations entre les parties (Chapitre II).

1059 LIBCHARER R., *L'ordre juridique et le discours du droit*, *op. cit.*, p. 192.

1060 NOREAU P., « De la force symbolique du droit », in THIBIERGE (dir.), *La force normative*, L.G.D.J., Bruylant, 2009, p. 144.

1061 JEULAND E., *La fable et le ricochet*, *op. cit.*, p. 71.

1062 JEULAND E., *Théorie relationiste du droit*, *op. cit.*, p. 407.

CHAPITRE I

LA MANIFESTATION PAR LA PERSONNALITÉ RELATIONNELLE DE L'ÉTAT DANS LA RELATION CONTRACTUELLE

1249. On l'a dit, la multiplication des liens de droit est une variable explicative majeure du droit des hydrocarbures en général, et du droit africain des hydrocarbures en particulier. La matière elle-même induit une attention aiguë des États à l'échelle internationale, et donc mobilise de façon naturelle les États souverains ou politiques entre eux. En interne, il s'agit pour les États à la fois d'aménager un régime administratif dédié à ces activités et de s'assurer autant que faire se peut un partage équitable des richesses extractives sur le plan économique. Ces différentes fonctions et facettes de l'État entraînent une fusion de postures au sein de la même entité, à partir de laquelle se structurent des liens de droit différents mais interdépendants.

1250. Il s'agit alors de décliner la manifestation de ces différentes figures, observables tant sur le plan institutionnel (Section I) que contractuel (Section II).

SECTION I. LA MANIFESTATION SUR LE PLAN INSTITUTIONNEL

1251. La confusion, au sein de la même institution étatique, de plusieurs personnalités pouvant chacune engendrer un rapport de droit en matière d'hydrocarbures, a été perceptible en droit international de délimitation des frontières dans l'affaire *Bakassi,* par exemple (§1). En droit national, où l'État est l'architecte principal de l'ordre juridique interne, cette aptitude à démultiplier le type de liens de droit est davantage effectivement manifeste (§2).

§1. À l'échelle internationale, une équidistance refoulée : l'affaire *Bakassi*

1252. La contractualisation des délimitations territoriales en fonction des hydrocarbures peut se faire de façon volontaire, comme nous l'avons vu. Dans cette hypothèse, l'État assume dès le départ une volonté de s'affranchir des règles impératives concernant la délimitation des frontières, qui, en l'occurrence, excluent des grilles de décision l'emplacement des exploitations pétrolières. Les États concernés, grâce à l'habilitation contractuelle qui est la leur, peuvent réduire la distance imposée par ces règles impératives, pour en établir une nouvelle, l'équidistance, dont le régime des zones de développement conjoint ou *Joint Development Zone* est une des manifestations les plus topiques.

1253. Toutefois, les circonstances de certaines affaires territoriales semblent mettre le juge, tiers stabilisateur de la relation juridique existant entre deux États, dans la contrainte d'avoir à suggérer, de façon implicite, sans expressément mentionner les hydrocarbures comme facteur de décision, une modification de la distance constatée par lui, une migration d'une distance verticale vers une équidistance. L'affaire *Bakassi* en est l'exemple le plus parlant (A). Cet arrêt somme toute sibyllin sur certains volets a préparé la prise en compte de ces ressources dans le cadre de l'accord politico-diplomatique signé le 12 juin 2006 entre les deux États, l'accord de Greentree (B).

A. Le silence créateur de normes dans l'arrêt Bakassi relatif aux concessions pétrolières

1254. Il convient de rappeler les termes du silence des juges sur des questions centrales liées à cette affaire (1), avant d'en dégager les implications juridiques (2).

1. Les termes du silence judiciaire

1255. La Cour internationale de justice a rendu un arrêt clair quant à la neutralité de la pratique pétrolière des États dans les règles de détermination des limites territoriales, comme on l'a vu[1063]. Toutefois, sa décision s'est avérée incomplète quant à la portée de cette règle dans le cas d'espèce. Mieux, de nombreux éléments concourent à dire qu'elle a fortement été influencée par les concessions pétrolières situées sur le territoire camerounais, de façon positive.

1256. Le silence de la Cour a été constaté en ce qui concerne la gestion des ressources ou biens qui, hier présumés régulièrement acquis[1064], ne le

---

[1063] Voir *infra*. Partie I, Chapitre I, Section I, par. 1 : « Droit de la souveraineté territoriale de l'État ».

[1064] OLINGA A.D., *L'accord de Greentree du 12 juin 2006 relatif à la presqu'île de Bakassi*, Paris, L'Harmattan, 2009, p. 95.

sont plus en vertu de cette décision de justice. Le Nigeria, au paragraphe 282 de l'arrêt, a fait remarquer que la décision de la Cour « *impliquerait le transfert au Cameroun de nombreuses concessions appartenant au Nigeria ou à la Guinée équatoriale, dans l'infrastructure desquelles ont été investis des milliards de dollars* ». Certes, aucun des deux États n'a formulé à cet égard d'engagement précis devant elle, lequel eût pu l'amener à formuler quelques propositions d'orientation des pourparlers futurs des États. Mais, la décision de la Cour s'avère équivoque, de façon alternative, sur au moins deux points fondamentaux.

1257. Tout d'abord, l'arrêt a-t-il pour effet d'annuler, rétroactivement, la propriété nigériane sur les biens qui avaient pu être constitués par l'État nigérian sur la base de l'exploitation des ressources de la péninsule, cet État ayant été convaincu, de bonne ou de mauvaise foi, d'être souverain à Bakassi et, donc, de jouir de la souveraineté permanente sur les ressources naturelles ?

1258. En statuant clairement de la sorte, la Cour aurait procédé à un transfert des potentiels biens nigérians, au risque de violer un principe général de droit reconnu par les nations civilisées, l'interdiction de l'enrichissement sans cause[1065]. Ce risque a manifestement été pris en compte par la Cour, le Nigeria ayant explicitement relevé cette conséquence juridique dans sa plaidoirie[1066].

1259. Ou alors, visait-il simplement à geler la situation juridique à la date du 10 octobre 2002, engageant le Nigeria et le Cameroun à trouver les modalités de règlement de la question des biens, dans le sens du retour du Cameroun à la pleine souveraineté sur l'ensemble des ressources naturelles en vertu de la nouvelle attribution non équivoque du titre de souveraineté territoriale ?

1260. L'absence de clarification judiciaire est ici manifestement volontaire, vu la sensibilité de toute décision expresse qui serait prise sur les questions ci-dessus évoquées. L'option qui fut la sienne de ne pas se prononcer sur ces questions est intelligible uniquement si l'on mesure les conséquences de l'une ou de l'autre des orientations, qui serait particulièrement préjudiciable pour l'une ou l'autre des parties. Mieux, les ressources naturelles sont rarement évoquées comme motif de décision dans les sentences relatives à la délimitation des frontières maritimes, et lorsqu'elles sont manifestement prises en compte, ceci se fait en général de « *manière silencieuse* »[1067].

[1065] *Ibid.*, p. 94 et note n°202.
[1066] Cf. paragraphe 282 de l'arrêt Bakassi.
[1067] VON MUHLENDAHL P., *L'équidistance dans la délimitation des frontières maritimes. Études de la jurisprudence internationale,* Pedone, 2016, p. 306.

2. Les implications juridiques du silence judiciaire

1261. La doctrine, dans ce silence, a considéré que « *la Cour a laissé probablement aux États le soin de le régler, ce d'autant plus que la question ne lui a pas été explicitement posée* »[1068].

1262. En réalité, ce silence n'a de sens que mis en face des déséquilibres géoéconomiques qu'une précision quelconque des juges aurait nécessairement causés. Que ce soit le transfert des actifs d'autrui sans cause, ou la confirmation des prétentions territoriales du Nigeria sur la base de l'emplacement des concessions pétrolières, tel que souhaité par le Nigeria, la Cour internationale de justice aurait invariablement violé au moins une des règles fondamentales du droit international. En ne statuant que sur les principes, les juges renvoient nécessairement les parties vers un compromis de nature politique, sur la base conventionnelle. Les juges suscitent une réduction de la distance relationnelle observable entre les parties, leurs liens étant si distendus que seul un rapprochement, une réduction de cette distance, peut déboucher sur une règle pacifique en lien avec la question pétrolière.

1263. À partir de ce moment, la décision de justice qui était censée trancher ce litige long et tranchant entre deux États voisins, se transforme en *soft law* encadrant des pourparlers et des négociations dont elle ne définit que les grandes lignes. Les concessions pétrolières et les enjeux économiques qu'elles charrient ont réduit le champ d'expression des juges, pour augmenter celui des parties engagées dans ce rapport juridique. En suscitant le développement d'un champ politique, en complément des orientations juridiques, l'imprécision ou l'incomplétude de la décision est non seulement volontaire, mais orientée. Le professeur Florian Couveinhes Matsumoto, de l'Université de Recherche Paris Sciences et Lettres, et membre du Centre de théorie et d'analyse du droit, a rappelé récemment que « *le discours de la Cour n'implique pas seulement sa volonté – ou la nécessité dans laquelle elle est, ou l'obligation qui est la sienne – de se justifier, de montrer que sa décision n'est pas arbitraire ou prise de manière purement subjective ; il consiste encore en un appel à des évaluations pouvant être menées de l'extérieur, par références à des règles et des principes indépendants de sa volonté* »[1069].

1264. En effet, « *en plus des modes de manifestations de la volonté, la portée normative de la norme peut également se moduler. Le droit international ne se réduit pas aujourd'hui à obliger ou interdire, il peut aussi permettre, recommander, tolérer, promouvoir. (...) grâce aux accords*

[1068] OLINGA A.D., *L'accord de Greentree du 12 juin 2006 relatif à la presqu'île de Bakassi*, *op. cit.*, p. 95.

[1069] COUVEINHES MATSUMOTO F., « Les motifs des arrêts et avis de la CIJ », in COUVEINHES MATSUMOTO F., NOLLEZ-GOLDBACH, (dir.), *Les motifs non juridiques des jugements internationaux,* Actes de la 1re journée de droit international de l'ENS, Pedone, 2016, p. 137.

politiques, non normatifs, on estompe la reconnaissance de la subjectivité de l'une des parties, on augmente la marge discrétionnaire dans la satisfaction des compromis, (...) les accords politiques ont été et sont en définitive des outils de la politique juridique extérieure des États dans un monde en évolution »[1070].

1265. Le silence de la Cour internationale de justice sur la question décisive du sort des installations pétrolières peut être considéré comme un mode d'expression de la justice. Le silence manifeste de la Cour sur des questions importantes voire décisives de l'affaire *Bakassi* est en soi un mode d'expression de la justice. Le noyau central des règles relatives à la délimitation des frontières est certes réaffirmé explicitement, à savoir l'indifférence de l'emplacement des concessions. Il faudrait néanmoins un compromis de nature politique, de nature relationnelle, pour pouvoir statuer sur le sort des installations pétrolières déjà implantées, puisque la Cour ne s'est pas prononcée sur ce volet de l'affaire. Ainsi, de cette décision peut s'inspirer voire s'imposer une démarche favorisant les liens entre les acteurs. Dans le même temps, le contenu normatif délivré par la Cour se déploie par le jeu de sa simple déclinaison, les conséquences logiques de sa mise en œuvre pouvant, si prises en compte, aller dans un sens inverse. Il s'agit en quelque sorte d'une décision de justice à grande capacité normogène[1071], en raison de son caractère générique et décontextualisé.

1266. C'est cet arrêt qui fonde, dans une large mesure, l'accord de Greentree du 12 juin 2006.

B. La résilience de l'accord de Greentree relatif aux concessions pétrolières

1267. Les bases de travail ayant fondé l'accord de Greentree (1) n'ont pas permis un dénouement de type relationnel de ses termes (2), du moins en ce qui concerne les hydrocarbures.

1. Les bases de travail viciées de l'accord de Greentree

1268. Théoriquement, l'accord de Greentree était conçu comme une simple modalité d'application de l'arrêt du 10 octobre 2002. C'est ce qui ressort des clauses de sauvegarde énoncées à l'article 4 de l'accord : « *Aucune disposition du présent accord ne pourra être interprétée comme*

[1070] AZNAR GOMEZ M.L., « Une vision provisoire du droit international actuel », in JOUANNET, RUIZ FABRI, SOREL (dir.), *Regards d'une génération sur le droit international*, *op. cit.*, p. 51.

[1071] Frédéric Dournaux nous dit que « *les normes dont les prescriptions sont génériques par nature recèlent une exceptionnelle 'capacité normogène', en ce sens qu'elles favorisent la création d'autres normes, que ce soit par la reprise de leurs prescriptions, par les modifications qu'elles inspirent ou auxquelles elles contraignent, ou par les textes d'application qu'elles appellent* ». DOURNAUX F., « La densification normative, processus d'évolution du droit », in THIBIERGE et *al.*, *La densification normative*, *op. cit.*, p. 196.

impliquant une renonciation du Cameroun à sa souveraineté sur une parcelle quelconque de son territoire », et à l'article 7 : « *Le présent accord ne peut en aucune manière être entendu comme une interprétation ou une modification de l'arrêt de la CIJ du 10 octobre 2002, dont il est une simple modalité d'application.* »[1072] Dès lors, l'arrêt de la CIJ en a constitué à la fois la source juridique et la légitimité politique. Toutefois, la neutralité de ses termes sur le traitement des installations pétrolières, à son tour, alors même que certaines de ses dispositions ont adressé la question, a prolongé la force du contenu normatif relatif à la souveraineté du Cameroun sur la presqu'île de Bakassi.

1269. Alors que cette question a été tranchée par l'arrêt de 2002, la pleine et entière souveraineté de la péninsule de Bakassi ayant été reconnue par cet arrêt, rappeler comme fondement de travail le strict respect des termes de cet arrêt était dès le départ une source de blocage relationnel. L'épineuse question de la gestion des actifs déclarés situés sur le territoire du Cameroun, mais ayant fait l'objet d'importants investissements de la part de la partie adverse, gardait la totalité de sa gravité.

1270. C'est cette base qui a logiquement fondé les conclusions équivoques et incomplètes de l'accord de Greentree, qui, à la fois fondées sur les termes de l'arrêt *Bakassi* et l'accord en cours de construction, se sont révélées résilientes.

2. Les conclusions incomplètes de l'accord de Greentree

1271. L'engagement le plus important de cet accord d'un point de vue économique et, probablement aussi, le plus curieux, est celui de « *ne pas entreprendre ou poursuivre l'exploitation des ressources naturelles du sous-sol de la zone ni aucune activité portant atteinte à l'environnement* ». L'interdiction de poursuivre l'exploitation suppose qu'il existe éventuellement une exploitation déjà engagée[1073]. Or, cet état de fait pose des problèmes à la fois juridiques et moraux, ainsi simplement résumé par le professeur Alain Didier Olinga : « *Faut-il seulement arrêter l'exploitation éventuelle des ressources, ou démanteler également les installations destinées à la réalisation de ladite exploitation ? Si le démantèlement des infrastructures d'exploitation n'est pas envisagé, comment va s'opérer leur transfert à l'État du Cameroun ?* »[1074]

[1072] Accord entre la République du Cameroun et la République fédérale du Nigeria concernant les modalités de retrait et de transfert d'autorité dans la presqu'île de Bakassi, 12 juin 2006, cité par OLINGA A.D., *L'accord de Greentree du 12 juin 2006 relatif à la presqu'île de Bakassi, op. cit.*, pp. 125-129.

[1073] Ce que le juge Bola Ajibola laisse clairement entendre au paragraphe 137 de son opinion dissidente jointe à l'arrêt du 10 octobre 2002, en citant, parmi les actes d'autorité posés par le Nigeria à Bakassi, l'octroi de permis d'exploitation pétrolière.

[1074] *Ibid.*, p. 94.

1272. Il est inévitable que des négociations soient engagées entre les deux États sur ce point, l'exploitation engagée avant l'arrêt de la Cour l'ayant été, en principe, sur la base d'une croyance raisonnable, de la part du Nigeria, d'être sur son territoire de souveraineté à Bakassi.

1273. Le procès-verbal du 12 juin 2006, complémentaire à l'accord, stipule qu'un rapport du secrétaire général des Nations unies à présenter aux parties et aux États témoins « *contiendra des informations sur l'application des délais prévus de l'accord signé aujourd'hui, ainsi que les informations sur les infrastructures pétrolières* offshore *nigérianes dans les eaux territoriales camerounaises* ». Cette formule, qui distingue clairement la propriété des infrastructures, « nigérianes », et la souveraineté territoriale, « camerounaise », est révélatrice de la complexité du problème, insoluble sur le plan de l'équité.

1274. Dès lors, « *le mode classique de règlement d'un éventuel conflit entre souveraineté territoriale et la propriété étrangère située dans le ressort territorial de la souveraineté est l'octroi au propriétaire, en cas de volonté d'appropriation du bien étranger par le souverain territorial, d'une adéquate, préalable et prompte indemnité compensatoire* »[1075].

1275. Les contours à la fois techniques, comptables et statistiques d'une telle indemnisation sont tels qu'un accord sera nécessaire entre le Cameroun et le Nigeria sur la question, considération également faite de l'identité des propriétaires (investisseurs privés étrangers ou nationaux, ou l'État du Nigeria), au sens de la convention de Vienne du 8 avril 1983 sur la succession d'États en matière de biens, archives et dettes d'État.

1276. Le silence de l'arrêt du 10 octobre 2002 laisse alors apparaître toute sa pertinence, l'accord de Greentree du 12 juin 2006 lui-même s'aménageant une suite contractuelle pour régler le problème de l'exercice effectif de la souveraineté du Cameroun sur la péninsule de Bakassi, tout en tenant compte des enjeux économiques et juridiques d'un transfert effectif d'autorité complète sur cette portion de son territoire.

1277. Dès lors, les termes de la sentence judiciaire suggérant un rapprochement entre les parties, même de façon implicite, devraient trouver une suite, l'occasion manquée de Greentree n'ayant pas pu être celle de la concrétisation de ce rapprochement, à cette réduction de la distance relationnelle, en matière de gestion des hydrocarbures à tout le moins.

1278. L'équidistance relationnelle qui, ici, aurait concouru à trouver soit un mode de gestion ou de compensation précis et jugé équitable par les parties, soit un mode de développement conjoint, n'a pas pu se réaliser en raison des règles impératives y relatives, certes, mais surtout des liens distants entretenus par les parties sur cette question, de type vertical.

[1075] La sentence *Texaco-Calasiatic c/Libye* de René Dupuy du 19 janvier 1977. Sur la sentence, lire COHEN-JONATHAN G., « L'arbitrage *Texaco-Calasiatic c. Gouvernement libyen* (sentence au fond du 19 janvier 1977) », *AFDI*, 1977. Lire aussi LALIVE J.-F., « Un grand arbitrage pétrolier entre un gouvernement et deux sociétés privées étrangères (arbitrage *Texaco-Calasiatic c. Gouvernement libyen*), *JDI*, 2, 1977, p. 319 et ss.

L'équidistance est ainsi certes suggérée, mais refoulée par les parties, pour des raisons de nature politique.

1279. L'équidistance relationnelle est davantage aménagée dans les rapports internes aux États, même si elle revêt plusieurs formes.

§2. À l'échelle nationale, une équidistance habillée

1280. Les rapports juridiques entretenus entre les États et les investisseurs privés étrangers en matière d'exploitation des hydrocarbures sont équidistants, c'est-à-dire noués sur la base d'une équité de nature subjective établie entre eux. Ces derniers se construisent, s'entretiennent et se développent en partie de façon symbolique, par la constitution d'une « partie » camerounaise, entendue comme les membres de l'équipe administrative mandatés par les pouvoirs publics pour représenter l'État souverain dans la relation qui l'unit avec les investisseurs privés étrangers.

1281. Le vocable « partie » est au demeurant systématiquement utilisé dans les communications officielles relatives aux hydrocarbures lorsqu'il faut rendre compte de l'identité des interlocuteurs ayant assuré et assumé la représentativité de l'État. Vocable bifocal en ceci qu'il traduit une double réalité, un ensemble puis son contraire, une partie, il est chargé de symbole visant à traduire non seulement la complexité de la composition de ses membres, mais aussi leur unité et solidarité dans la décision prise par l'État souverain.

1282. Il convient cependant de dénouer la composition de ces parties pour en étudier les différents liens internes, et constater une représentation de principe de l'État souverain (A), conséquence d'une domination institutionnelle de la Société nationale des hydrocarbures au Cameroun (B).

A. La représentation de principe de l'État souverain par les comités interministériels

1283. Il faut au préalable rappeler l'obligation normative de constitution de la « partie » étatique, avec une exemplification avec les comités interministériels (1), avant d'en décliner les manifestations majeures par rapport à l'exploitation des hydrocarbures, avec la Commission permanente de négociation des contrats pétroliers et gaziers (2).

1. Les comités interministériels : instances de renforcement symbolique de l'État

1284. L'État du Cameroun a toujours souhaité agréger le maximum de compétences étatiques pour gérer et orienter sa politique énergétique. Si, au départ, cela se traduisait par la composition multipartite des conseils d'administration avec des représentants de plusieurs ministères, cette option gouvernementale s'est davantage manifestée par l'édiction de l'obligation, pour la SNH, d'avoir à conduire la négociation des contrats pétroliers et gaziers « en liaison » avec les ministères des Mines, de l'Économie, de l'Environnement et du Commerce[1076], mais aussi, de façon générale, par l'habilitation qui lui est faite d'avoir à créer « *en tant que de besoin des comités spécialisés chargés de suivre certaines opérations* »[1077].

1285. Si le principe est clairement énoncé par les décrets constitutifs de la SNH, l'on observe une mise en œuvre différenciée dans son application. Les sources de création de ces comités ne sont pas identiques, sans que cela n'influence leur validité et encore moins leur légitimité. Le régime du Comité de pilotage et de suivi des pipelines (CPSP) permet de mettre en exergue la politique administrative du Cameroun à ce sujet.

1286. Le CPSP est né dans le cadre de la mise en construction d'un pipeline entre la République du Tchad et celle du Cameroun, dans un contexte d'euphorie et de gigantisme accompagnant cet investissement majeur au sud du Sahara dans les années quatre-vingt-dix. Le projet consiste en une initiative de 2 100 milliards de FCFA (3,5 milliards de dollars US) visant à produire du pétrole dans des champs au sud du Tchad, et à le transporter jusqu'à la côte atlantique du Cameroun, d'où il sera exporté vers les marchés internationaux. Le projet produira environ 160 millions de mètres cubes (autour d'un milliard de barils) de brut sur une période de 25 à 30 ans.

1287. Géographiquement, les trois champs pétrolifères que comporte le projet sont localisés à Komé, Miandoudoun et Bolobo, dans le bassin de Doba, situé à 100 km au Sud-Est de Moundou, la grande ville du Sud du Tchad. Les gisements de ces trois champs sont exploités à l'aide de 300 puits, et le transport du pétrole est assuré par un oléoduc long de 1 070 km, dont 170 km (15%) parcourent le Tchad et 880 km (85%) le Cameroun. Ce projet, dont l'architecture institutionnelle est composée, outre des gouvernements tchadien et camerounais, de la Banque mondiale et d'un consortium de multinationales (Exxon, Pétronas, Chevron), a été présenté comme exceptionnel par tous ses acteurs principaux de l'époque, et ceci même pour le Cameroun qui ne constituait dès l'origine qu'un corridor de passage.

1288. C'est ainsi que « *les promesses pour le Cameroun se construisent tout autant autour des bénéfices relatifs à la réduction de la pauvreté grâce aux revenus générés par les droits de transit et les impôts, la création de nouvelles perspectives d'emplois et de formation ainsi que l'amélioration des infrastructures. On évoquait pêle-mêle la mise en place d'un système intégré de routes, de terrains d'aviation, de voies ferrées et de moyens de stockage et de télécommunication nécessaire à la construction et à*

[1076] Article 4 nouveau du décret n°2008/012 du 17 janvier 2008 modifiant et complétant le décret n°80-086 du 12 mars 1980 portant création de la Société nationale des hydrocarbures.

[1077] Article 10 (nouveau) du décret n°82/146 du 14 avril 1982 modifiant le décret n°81-225 du 17 juin 1981 relatif à la Société nationale des hydrocarbures.

l'exploitation du projet qui impliquait naturellement la rénovation des axes routiers, la construction de ponts, etc. »[1078]. Le 8 février 1996, un accord bilatéral est conclu entre les deux pays (Cameroun et Tchad), prévoyant la construction de l'oléoduc et des installations annexes ; il sera le départ d'une série de mesures législatives et institutionnelles visant à encadrer ce projet.

1289. Deux textes sont à l'origine du CPSP : le décret n°97/116 du 7 juillet 1997 fixant les conditions et modalités d'application de la loi n°96/14 du 5 août 1996 portant régime de transport par pipeline des hydrocarbures en provenance des pays tiers, et l'arrêté présidentiel n°433 du 24 août 1999 portant organisation et fonctionnement du Comité de pilotage et de suivi des pipelines (CPSP).

1290. Le premier texte crée, en son article 3, un Comité de pilotage et de suivi des pipelines qui assure « *la coordination des interventions des administrations dans le cadre des travaux de construction d'exploitation et d'entretien du système de transport par pipeline. À ce titre, le Comité de pilotage et de suivi des pipelines est* <u>*le facilitateur des relations*</u> *entre le postulant puis le titulaire de l'autorisation de transport par pipeline et lesdites administrations* ».

1291. Ce décret constitutif est d'importance dans le dispositif institutionnel de régulation du secteur des hydrocarbures, dans la mesure où il concentre les compétences de deux émanations de l'État à la fois, le ministère des Mines et le CPSP ainsi créé. Alors que le ministère semble constituer la voie administrative classique pour tout suivi d'activités économiques, le CPSP s'apparente à une structure technique et proche des opérateurs, pouvant véritablement constituer un interlocuteur technique aux entreprises privées étrangères. C'est ainsi que le ministère en charge des mines transmet le dossier de recevabilité pour une demande d'autorisation de transport par pipeline au CPSP[1079], qui « *provoque des concertations entre les ministères et organismes publics intéressés aux fins d'apprécier le bien-fondé du projet. Il invite aussi souvent que nécessaire le postulant à présenter ses observations et à faire des nouvelles propositions pour la réalisation de l'opération, dans le cas où des objections seraient formulées au cours de l'instruction* »[1080]. Son rôle de « facilitateur » est également précisé comme l'interface entre les opérateurs privés et les ministères chargés des établissements classés dangereux, de l'environnement et le ministère chargé des domaines[1081].

1292. C'est cette véritable fonction de plaque tournante dans la gestion des pipelines qui le positionne à la fois comme le bras séculier technique de

---

[1078] LEKA ESSOMBA A., *Pétrole, pouvoirs et sociétés. Une analyse des nouvelles dynamiques sociales à partir du pipeline Tchad-Cameroun*, *op. cit.*, p. 146.
[1079] Article 13.
[1080] Article 13 alinéa 2.
[1081] Voir respectivement les articles 13, alinéa 3, 13 alinéa 4 et article 14 du décret n°97/116 du 7 juillet 1997 fixant les conditions et modalités d'application de la loi n°96/14 du 5 août 1996 portant régime de transport par pipeline des hydrocarbures.

l'État en la matière et comme le véritable détenteur du pouvoir administratif, qui justifie ensuite son organisation et ses règles de fonctionnement fixées par l'arrêté présidentiel n°433 du 24 août 1999 portant organisation et fonctionnement du Comité de pilotage et de suivi des pipelines.

1293. Suivant cet arrêté, le CPSP est confirmé dans son rôle central dans le dispositif institutionnel de la régulation des activités de pipelines, sans pour autant, comme le cas de la SNH, que cette compétence lui soit exclusive. C'est ainsi qu'il a pour missions :

– La négociation avec les promoteurs et le suivi de toutes les phases de réalisation des projets de pipelines.

– La coordination des interventions des administrations et organismes publics compétents dans le cadre des travaux de construction, d'exploitation et d'entretien des systèmes de transport, la conduite des concertations pour l'approbation du tracé ; et de toutes concertations qu'il juge utiles avec les administrations, organismes publics ou collectivités publiques locales concernées.

– Le suivi de la mise en œuvre des plans d'environnement, tels que définis dans les engagements du promoteur, vis-à-vis du Cameroun et des prêteurs, en liaison avec le ministère chargé de l'environnement.

– Le suivi des travaux et des activités de tout titulaire de l'autorisation de transport par pipeline, en liaison avec les départements ministériels concernés.

– Le suivi en liaison avec les administrations et organismes publics concernés de tout contentieux entre la République du Cameroun et le ou les titulaires de l'ATP.

1294. Cette prescription permanente d'avoir à travailler avec les départements ministériels concernés est traduite dans l'une des instances organiques du CPSP, le comité de suivi (CS)[1082], qui comprend en son sein des représentants de pas moins de quatorze institutions étatiques[1083]. Toutefois, l'autre organe du CPSP, le secrétariat permanent (SP), qui constitue l'organe « *d'exécution du CS* »[1084], est entièrement composé du personnel de la SNH, tant pour ce qui est du secrétaire permanent et de son adjoint[1085] que des chefs des six sections qui la composent[1086].

1082 Chargé en gros de veiller à la cohérence des objectifs globaux de la politique de l'État en matière de construction, d'exploitation et d'entretien des systèmes de transport par pipeline, d'assurer le suivi général et d'engager les actions nécessaires à la bonne mise en œuvre des projets de pipeline (article 4 alinéa 2).

1083 Il s'agit de la présidence de la République, des services du Premier ministre, des ministères des Finances, des Mines, de l'Environnement, de la Santé publique, des Investissements publics, du Développement industriel et commercial, des Transports, des Domaines, de la Défense, de l'Administration territoriale, des Télécommunications, de la Justice (article 4 alinéa 1).

1084 Article 5 alinéa 1.

1085 Article 5 alinéa 3.

1086 *Ibid.* Il s'agit de la section environnement, tracé et sécurité, de la section économie et finance, de la section administration et comptabilité, de la section ingénierie et mobilisation

1295. Avec le président du comité de suivi qui est l'administrateur-directeur général de la SNH[1087], la gestion collégiale du CPSP est ainsi contrôlée par la SNH, qui maintient un *leadership* institutionnel au sein de ce dispositif administratif.

1296. Si, s'agissant d'un comité aussi solidement régi, la SNH a pu assurer le *leadership* institutionnel, l'on peut anticiper l'hypothèse que cette configuration administrative se rencontrera dans le cadre de la Commission permanente de négociation des contrats pétroliers et gaziers (CPNCPG), moins dense sur le plan des textes constitutifs, mais qui n'en est pas moins un instrument collégial de gestion souveraine des attributs étatiques en matière d'hydrocarbures.

2. La Commission permanente de négociation des contrats pétroliers et gaziers (CPNCPG)

1297. Elle a été créée par la note de service n°241/SNH/ADG/2007 du 29 juin 2007, signée de l'administrateur-directeur général des hydrocarbures, et portant création d'une Commission permanente de négociation des contrats pétroliers et gaziers. Elle est chargée de préparer les avis motivés de la partie camerounaise en vue des négociations avec les tiers, négocie les contrats avec les sociétés pétrolières et assure la préparation des contrats ainsi négociés, en vue de leur signature. Elle est composée de cinq structures : la SNH, le ministère de l'Industrie, des Mines et du Développement technologique, le ministère de l'Économie et des Finances, le ministère de l'Environnement et de la Protection de la Nature, et le ministère du Commerce[1088].

1298. Deux grandes différences peuvent s'observer par rapport à l'encadrement du CPSP.

1299. Premièrement, c'est une note de service qui institue cette commission, alors même que sa composition est interministérielle comme le CPSP. Autrement dit, la SNH use ici d'un mandat général qui la situe au sommet de l'organisation de la régulation du secteur des hydrocarbures, au point de pouvoir, par simple note en principe à usage interne, intégrer des membres d'autres départements ministériels au sein d'une commission aussi importante que la négociation des contrats pétroliers et gaziers.

1300. Deuxièmement, les procédures de négociation ne sont pas clarifiées. Rien n'est précisé sur la forme des avis à produire préalablement à la signature des contrats, sur les modalités de résolutions des divergences éventuelles, sur la responsabilité de chacune des administrations dans le processus de discussion et de décision. Le *leadership* de la SNH est d'autant

---

des ressources locales, de la section conseil juridique et de la section communication et éducation (article 5 alinéa 1).

[1087] Article 4 alinéa 1.

[1088] Lire ZAMBO M., « Désormais des commissions permanentes pour examiner les offres et négocier les contrats », *SNH Infos*, n°24, octobre 2007, p. 9.

plus assuré que les responsabilités de président, de vice-président et de rapporteurs sont assumées par des responsables de la SNH, et que sur dix-sept membres, dix relèvent de directions de cette société. Ainsi, la centralité de la SNH est assurée de façon implicite dans le cadre des négociations des contrats pétroliers et gaziers, en ligne avec le mandat général de représentation dont elle est le bénéficiaire de façon statutaire et légale.

1301. C'est le moment de décliner les mécanismes de positionnement privilégié de la SNH, au regard des textes ci-dessus analysés.

B. La supériorité institutionnelle de la société nationale

1302. La supériorité institutionnelle de la SNH est justifiée par l'aménagement contrôlé de ses compétences sur le plan statutaire, d'une part (1), et par son dédoublement identitaire, d'autre part (2).

1. L'aménagement contrôlé des compétences de la SNH

1303. S'agissant du Cameroun, quatre décrets présidentiels successifs structurent cette entité étatique depuis sa création, avec à chaque fois une densification de ses compétences et de son organisation, dans le souci d'assurer au mieux ses missions régaliennes. Le décret n°80/086 du 12 mars 1980 portant création d'une société nationale des hydrocarbures clarifie son objet : il s'agit de promouvoir la mise en valeur des hydrocarbures au Cameroun, de gérer les intérêts de l'État dans ce domaine, et pour cela, elle est habilitée, entre autres, à « *suivre l'exécution des contrats d'association passés entre l'État et les compagnies pétrolières* »[1089].

1304. La tâche de « suivi » dès l'origine est suffisamment vague pour pouvoir y mettre toute sorte de contenu. Il peut alors s'agir d'un suivi de type administratif, à l'image des activités ministérielles, ou alors d'un suivi « serré » qui donne un mandat pour une association conjointe avec ces entreprises étrangères. Un marqueur important de ce décret créatif est le flou entretenu sur l'autonomie de cette entité étatique vis-à-vis des pouvoirs politiques dès l'origine.

1305. D'une part, il est prévu que le régime juridique de l'entreprise soit « *un établissement public à caractère industriel et commercial doté de la personnalité juridique et de l'autonomie financière* »[1090], et que ses comptes soient conformes aux règles qui régissent les entreprises à caractère

[1089] Article 4 du décret n°80/086 du 12 mars 1980 portant création d'une Société nationale des hydrocarbures.

[1090] Article 1er du décret n°80/086 du 12 mars 1980 portant création d'une Société nationale des hydrocarbures.

industriel et commercial[1091], avec une organisation classique, un conseil d'administration et une direction générale[1092] .

1306. D'autre part, la présence de l'État politique est marquée par la tutelle de l'entreprise qui est le secrétariat général de la présidence de la République[1093], la composition du conseil d'administration où, sur huit membres, deux représentent la présidence de la République et deux sont désignés par le chef de l'État, les services du Premier ministre, le ministère des Mines et de l'Énergie, le ministère des Finances et le ministère de l'Économie et du Plan étant représentés chacun par une personne[1094]. Enfin, le règlement intérieur de la SNH est élaboré par le conseil d'administration, mais approuvé par décret présidentiel, et le directeur général et son adjoint sont tous deux nommés par décret présidentiel[1095].

1307. Le décret suivant entretient le flou sur le statut juridique de cette entreprise, en maintenant la tutelle du secrétariat général de la présidence de la République[1096], tout en soumettant désormais la SNH à une vérification annuelle des comptes par deux commissaires aux comptes nommés par le conseil d'administration[1097], et en exigeant de la société un rapport annuel d'activités pour l'exercice écoulé, qui doit préalablement être approuvé par ces deux commissaires aux comptes[1098]. La soumission de cette entité étatique aux règles de gouvernance financière de droit commun traduit alors la volonté politique de voir clair dans la gestion de ce démembrement étatique, au moment où son implication concrète dans la gestion des ressources pétrolières s'annonçait effective. Le décret suivant la dote « *des pouvoirs les plus étendus pour la gestion et l'administration de la Société nationale des hydrocarbures* », et introduit notamment la possibilité pour ce

---

1091 Article 17 du décret n°80/086 du 12 mars 1980 portant création d'une Société nationale des hydrocarbures.

1092 Article 4 du décret n°80/086 du 12 mars 1980 portant création d'une Société nationale des hydrocarbures.

1093 Article 1er *in fine* du décret n°80/086 du 12 mars 1980 portant création d'une Société nationale des hydrocarbures.

1094 Article 9 du décret n°80/086 du 12 mars 1980 portant création d'une Société nationale des hydrocarbures.

1095 Articles 10 et 11 du décret n°80/086 du 12 mars 1980 portant création d'une Société nationale des hydrocarbures.

1096 Article 1er dernier alinéa (nouveau) du décret n°81/225 du 17 juin modifiant et complétant le décret n°80-086 du 12 mars 1980 portant création d'une Société nationale des hydrocarbures.

1097 Article 18 premiers alinéas (nouveau) du décret n°81/225 du 17 juin modifiant et complétant le décret n°80-086 du 12 mars 1980 portant création d'une Société nationale des hydrocarbures.

1098 Article 19 alinéas 2 et 3 (nouveaux) du décret n°81/225 du 17 juin modifiant et complétant le décret n°80-086 du 12 mars 1980 portant création d'une Société nationale des hydrocarbures.

dernier de créer « *en tant que de besoin des comités spécialisés chargés de suivre certaines opérations* »[1099].

1308. Cette dernière habilitation sera d'un usage régulier ensuite par cette entreprise, contribuant à son positionnement stratégique dans le pilotage des activités énergétiques du pays. Le dernier décret vise quant à lui à intégrer le gaz naturel dans les compétences de la SNH, tant en ce qui concerne la promotion du domaine minier national que la conduite des études relatives aux hydrocarbures au Cameroun et la promotion de la réalisation des infrastructures de transport et de traitement du gaz naturel sur le territoire national[1100].

1309. Enfin, quatre compétences mettant directement en rapport la SNH et les entreprises pétrolières et gazières sont précisées : elle doit assurer la collecte du gaz naturel auprès des sociétés productrices et son transport vers les industries, les producteurs d'électricité, les autres clients éligibles, les sociétés de distribution de gaz et les sites de traitement destinés à l'exportation de gaz, conduire les négociations de contrats pétroliers et gaziers, en liaison avec les ministères des Mines, de l'Économie et de l'Environnement, en suivre l'exécution, et conclure, en tant que de besoin, tous accords avec les sociétés exerçant dans le domaine de la production, du stockage des hydrocarbures liquides et du gaz naturel, installées au Cameroun et justifiant des capacités techniques et financières requises[1101].

1310. À l'analyse, toutes les compétences ici réglementairement reconnues à la SNH étaient déjà assumées par cette dernière, notamment le suivi des activités gazières, ainsi que la négociation et le suivi des contrats pétroliers et gaziers. Il s'agit donc ici davantage d'une régularisation que d'une institution de nouvelles compétences, le mandat général accordé dans les textes antérieurs bénéficiant clairement d'une force normative suffisante pour ce faire. En revanche, contrairement à d'autres modèles institutionnels de certains pays africains intégrant des sociétés nationales spécifiques pour le gaz, ce dernier décret renforce la posture centrale de la SNH de façon non équivoque.

1311. À cet important pouvoir administratif de la SNH doit s'ajouter son dédoublement identitaire pour mesurer sa place dans le dispositif institutionnel national.

2. Le dédoublement identitaire de la SNH

1312. Le vendredi 17 mai 1996 a eu lieu la double cérémonie de signature, d'abord de la signature de la convention d'établissement entre l'État du Cameroun et la SNH, et ensuite de l'accord d'association liant

---

[1099] Article 10 (nouveau) du décret n°82/146 du 14 avril 1982 modifiant le décret n°81-225 du 17 juin 1981 relatif à la Société nationale des hydrocarbures.

[1100] Article 4 nouveau du décret n°2008/012 du 17 janvier 2008 modifiant et complétant le décret n°80-086 du 12 mars 1980 portant création de la Société nationale des hydrocarbures.

[1101] *Ibid.*

l'État au consortium de sociétés pétrolières constitué par Mobil, Kelt et SNH. Pour l'État du Cameroun, les signataires étaient le ministre du Développement industriel et commercial, ainsi que le ministre des Mines, de l'Eau et de l'Énergie. Comme l'a rappelé l'administrateur-directeur général de la SNH à cette occasion, la convention d'établissement « *précise le cadre juridique et contractuel qui sous-tendra les prochaines actions de la SNH en tant qu'investisseur dans tout projet de développement de champ pétrolier dans le domaine minier national* ».

1313. En clair, la convention d'établissement permet à la SNH d'étendre ses activités et de devenir une véritable société pétrolière capable de mener des opérations sur un titre minier du domaine national. En effet, faut-il le rappeler, l'attribution d'un titre minier selon la législation pétrolière est subordonnée à la signature, avec l'État du Cameroun, d'une convention d'établissement qui définit les droits et obligations des parties. Il s'agit d'un préalable à tous travaux de recherche dans le cadre d'un permis exclusif (permis H) ou de développement dans le cadre d'une concession. En d'autres termes, la convention d'établissement donne à la SNH la possibilité de se voir attribuer, comme toute autre société pétrolière, un titre minier, et de mener toutes opérations pétrolières sur ce titre. L'État dispose donc désormais, avec la SNH, de son outil propre, capable d'intensifier les travaux d'exploration et de favoriser la mise en production de nouveaux champs. Pour la SNH, il s'agit là de l'accroissement de ses compétences : à celles relatives à son suivi de type régulateur, s'ajoutent désormais des compétences de types économiques, opérationnels et lucratifs. Le ministre signataire de la convention d'établissement de l'époque ne s'y est d'ailleurs pas trompé. Il a alors pu féliciter la SNH « *pour son sens de l'initiative qui se traduit aujourd'hui par une implication toujours plus grande de la SNH dans les opérations pétrolières, par une prise de participation directe aux investissements et pour sa volonté manifeste d'amener la SNH à jouer un rôle beaucoup plus actif dans la conduite des opérations pétrolières* »[1102].

1314. C'est cette double fonction qui influencera les liens intra-administratifs mais aussi ceux entretenus avec les opérateurs pétroliers et gaziers plus tard, notamment dans tout le processus de construction dynamique des relations contractuelles.

[1102] Lire NGUEMA E., « Une implication toujours plus grande dans les opérations pétrolières », *SNH infos,* n°005, juillet-août-septembre 1996, p. 8. (C'est nous qui soulignons).

SECTION II. LA MANIFESTATION SUR LE PLAN CONTRACTUEL

1315. Les relations juridiques en droit des hydrocarbures sont fortement de type relationnel. Dès lors, ce droit génère et est entretenu par un ensemble de rapports juridiques que traduisent de nombreuses institutions[1103].

1316. Les processus de construction des rapports juridiques et des relations contractuelles[1104] en général sont divers et variés, même si chaque type de contrat comporte sa spécificité qui en explique le mode de dénouement (§1). La relation contractuelle existant entre les parties permet de gérer les situations de vide contractuel (§2), renforçant non seulement l'idée de relation contractuelle, mais aussi celle d'équidistance.

§1. Le processus de construction de la relation contractuelle

1317. Deux phénomènes caractérisent le processus de construction : l'usage des documents précontractuels (A) et des groupes de contrats (B), exclusivement en matière gazière.

A. L'usage des documents précontractuels en matière gazière

1318. En raison de la spécificité de l'industrie gazière, la période précontractuelle est particulièrement encadrée en matière gazière. Elle est marquée par une véritable vitalité relationnelle, attestée par la systématisation de la signature de documents précontractuels. Les documents précontractuels sont de plusieurs ordres : les documents publicitaires, les documents préparatoires, puis les devis et factures *pro forma*[1105].

1319. Dans le cadre du développement des activités gazières, et ceci, dans la « *mystérieuse phase précontractuelle* » décrite par le professeur Mazeaud[1106], deux phases différentes sont articulées de façon relationnelle autour des documents précontractuels : la phase de construction de la faisabilité technique du projet gazier (1) et la phase de la faisabilité financière du projet gazier (2).

1103 « *Tous les liens humains seraient donc des liens juridico-symboliques. On n'a pas accès à l'autre autrement que par une relation symbolique. Ce qui est premier en droit, ce n'est pas la loi, la norme, le juge ou l'institution. Ce à partir de quoi le droit s'instaure et se crée est la relation juridico-symbolique conçue comme une juste distance dans une boucle temporelle, c'est-à-dire un dispositif qui permet à la fois de se projeter dans le futur et de revenir dans le passé. Ce rapport de droit, lien de filiation, lien conjugal, lien de nationalité ou lien contractuel, unit des personnes aussi bien dans leur conscient que dans leur inconscient. Des ensembles de rapports de droit forment des institutions qui sont elles aussi de nature symbolique.* » JEULAND E., *Théorie relationiste du droit*, *op. cit.*, pp. 226-227.

1104 Lire MESSAI-BAHRI S., « La relation d'affaires ou relation commerciale », in *Les nouveaux rapports de droit*, *op. cit.*, pp. 19-35.

1105 Lire LABARTHE F., *La notion de document contractuel,* Paris, L.G.D.J., 1994, p. 90.

1106 Lire MAZEAUD D., « Mystères et paradoxes de la période précontractuelle », in *Études offertes à Jacques Ghestin. Le contrat au début du XXIe siècle*, *op. cit.*, pp. 637-659.

1. Les documents précontractuels dans le cadre de la faisabilité technique des projets gaziers

1320. C'est le cas le plus régulier. La SNH et la branche GNL du groupe franco-belge Suez Global LNG Ltd ont signé par exemple un protocole d'accord en vue de la réalisation de l'étude de faisabilité d'un projet de liquéfaction du gaz naturel (GNL) au Cameroun, le 5 novembre 2008. Au titre de ce protocole d'accord, la SNH et GDF Suez s'engagent à étudier les configurations d'un projet d'exportation de GNL qui cadre le mieux possible avec le potentiel et les objectifs du Cameroun dans le secteur gazier, y compris l'option d'une usine flottante au large de Kribi ou de Limbé. Le lien juridique ici est clairement focalisé sur l'objectif de l'étude conjointe du projet. Cette étude intégrera notamment l'extraction à terre de gaz de pétroles liquéfiés pour les besoins domestiques, la production de condensats nécessaires à l'accroissement de l'approvisionnement de la raffinerie camerounaise en bruts locaux, et la création de capacités additionnelles de génération d'électricité. Au terme de cette étude, les parties prendront la décision de lancement des études d'ingénierie détaillées de l'usine de GNL[1107].

1321. Dans le même sens, le 13 octobre 2010, l'ADG de la SNH et le vice-président exécutif pour la pétrochimie de la société Ferrostaal, Kaspar Evertz, ont signé un protocole d'accord formalisant leur entente pour conduire une étude de faisabilité en vue de la construction d'une usine de production d'engrais chimiques au Cameroun. L'usine envisagée vise une production annuelle d'environ 600 000 tonnes d'ammoniac et 700 000 tonnes d'urée, destinés au marché local et à l'exportation. Ces engrais seraient produits à partir des ressources gazières. L'étude de faisabilité sera conduite par une équipe « *conjointe SNH/Ferrostaal dans un délai de neuf mois* »[1108].

1322. L'association de la SNH à ces études n'est pas neutre : elle vise à fournir au contractant potentiel le maximum de garanties sur des données tant administratives que géologiques et même psychologiques devant entourer la réalisation du projet d'envergure envisagé. C'est clairement le début d'une relation contractuelle, même si les droits des parties à ne pas finalement contracter sont fortement protégés[1109].

1323. Une phase plus délicate est également marquée par ces protocoles d'accord : celle qui vise à assurer une certaine rentabilité financière au projet gazier.

[1107] Lire « Le groupe GDF Suez s'intéresse au gaz camerounais », *SNH Infos,* n°27, décembre 2008, p. 9.

[1108] Lire HAOUWA-ADJI, « La SNH entend produire des engrais chimiques », *SNH Infos,* n°36, décembre 2011.

[1109] D. Mazeaud rappelle que l'insécurité, l'incohérence et l'imprévisibilité sont les « *vices qui affectent, en droit positif, les avant-contrats* ». MAZEAUD D., « Mystères et paradoxes de la période précontractuelle », in *Études offertes à Jacques Ghestin. Le contrat au début du XXIe siècle, op. cit.*, p. 652.

2. Les documents précontractuels dans la phase de construction de la faisabilité financière du projet gazier

1324. L'industrie gazière est particulièrement risquée sur le plan financier, comme on l'a vu. Une condition de son décollage, de sa réalisation, est l'obtention préalable de contrats purement commerciaux, assurant une clientèle suffisante pour rendre le projet rentable. L'un des piliers de la construction de ce volet financier du projet gazier est la signature d'accords commerciaux, de « préaccords » commerciaux précisément, dans la mesure où ils sont signés avant même le début de l'exploitation gazière, mieux, avant la construction de l'infrastructure nécessaire pour ce faire.

1325. C'est ainsi que l'ADG de la SNH et le président de GDF SUEZ LNG, ainsi que le DG de Perenco Cameroun, ont signé le 1er juin 2011 des préaccords commerciaux pour la vente et l'achat de gaz destiné au projet GNL. Le 30 juin 2011, c'était au tour d'Euroil Cameroon. Ainsi, plus de trois ans après le protocole d'accord principal signé sur le projet d'infrastructure gazier susmentionné, des (pré-) accords commerciaux l'ont été, en quelque sorte, pour continuer la construction de la relation entre les parties, qui s'étoffe cette fois-ci des fournisseurs de la matière première, le gaz naturel. En effet, ces préaccords contiennent les principes qui régiront la vente, à Cameroon LNG, du gaz naturel produit par les opérateurs Perenco et Euroil. En s'accordant sur ces principes (de prix, de quantités, de spécificités géologiques, de délai, d'imputation de responsabilité, etc.), les parties confirment leur volonté de poursuivre leur coopération dans le développement de ce projet, « *avec pour objectif la signature ultérieure de contrats commerciaux définitifs* »[1110].

1326. De même, un protocole d'accord en vue de l'approvisionnement de l'usine de production d'engrais chimiques en gaz naturel a été signé le 24 avril 2012, entre l'ADG de la SNH, Ferrostaal Gmbh, le partenaire allemand qui construira l'usine, représenté par son premier vice-président Kaspar Evertz, et la société Euroil Ltd, représentée par son président, Chief Tabetando. Au titre de ce protocole d'accord, les trois sociétés entendent coopérer pour que les champs gaziers du permis Etindé, dont Euroil est l'opérateur, soient évalués, développés puis mis en production dans des délais compatibles avec la construction de l'usine, dont l'approvisionnement en gaz naturel doit être assuré. Les besoins en gaz de l'usine d'engrais sont estimés à 70 millions de pieds cubes par jour, pour une période de dix ans minimum, que les parties souhaitent porter à 20 ans. En octobre 2011, la SNH et la firme avaient déjà signé un protocole d'accord dans le cadre duquel une étude de faisabilité du projet de construction de cette usine a été réalisée. Les premiers résultats de cette étude ont permis d'identifier un site d'implantation de l'usine à Limbé. Il a alors été considéré que « *la signature*

[1110] Lire HAOUWA-ADJI G.A., « Projet GNL : le temps de l'engagement », *SNH Infos*, n°34, juillet 2011, p. 27.

de ce deuxième protocole d'accord consolide la crédibilité du projet avec l'implication d'un opérateur gazier d'amont, et marque une étape majeure de ce projet… »[1111].

1327. Cette combinaison tripartite est des plus intéressantes dans le processus de l'analyse de la relation contractuelle. Elle traduit bien l'idée de « groupe de liens » exposée par le professeur Jeuland : « *Les liens de droit peuvent se combiner par deux ou trois dans des configurations élémentaires. Chaque personne est au centre d'un écheveau de liens de droit (...). Une personne se définit à bien des égards par ses liens de droit.* »[1112] Plus loin, il rappelle qu'*« il existe des groupes de contrat »*[1113], dont les préaccords susmentionnés sont des exemples en matière de droit des hydrocarbures, les protocoles d'accords étant bel et bien des accords, « *en ce sens que deux parties décident de négocier à un moment donné. Les parties s'entendent sur certains points* »[1114].

B. L'usage des groupes de contrats

1328. Catala affirmait que « *l'époque est aux opérations juridiques complexes, réponse du droit à l'évolution des techniques industrielles et économiques, qu'il s'agisse de production ou de distribution de biens ou de services* »[1115]. L'exploitation des hydrocarbures en sont un exemple concret, fortement organisés autour de groupes de contrats.

1329. Les groupes de contrats sont différents des protocoles d'accords au sens où il s'agit de contrats fermes, mais à la fois imbriqués et interdépendants[1116]. Seul leur caractère définitif, et non préparatoire, les distingue des protocoles d'accords. En matière gazière, l'on a pu observer l'existence de tels groupes de contrats, qu'il conviendra de présenter (1). Mais, l'impact de ces accords impliquant l'État qui concentre plusieurs personnalités de type relationnel permettra de valider le caractère complexe des relations en autant de liens juridiques pouvant les structurer, avec l'impact fiscal qu'il a eu (2).

1. La structure du groupe de contrats gaziers

1330. Le 15 janvier 2008, l'ADG de la SNH et le directeur général de Perenco, Geoffroy Martin-Denavit, ont conclu un contrat de gaz pour une période de 20 ans, visant l'alimentation en gaz de la centrale thermique qui sera construite à Kribi. Cette centrale contribuera à pallier la pénurie d'électricité dans la région interconnectée Sud. Le gaz naturel qui alimentera

---

[1111] Lire ZAKYATOU D., « SNH, Ferrostaal et Euroil s'entendent pour la fourniture du gaz », *SNH Infos,* n°37, avril 2012, p. 14.
[1112] JEULAND E., *La fable du ricochet, op. cit.,* p. 245.
[1113] *Ibid.*, p. 246.
[1114] LABARTHE F., *La notion de document contractuel, op. cit.*, p. 139.
[1115] Préface de la thèse de NERET J., *Le sous-contrat,* L.G.D.J., 1979, p.XV.
[1116] Lire PELLE S., *La notion d'interdépendance contractuelle*, Dalloz, 2007.

la future centrale sera produit à partir du champ gazier Sanaga Sud. Au titre du contrat, Perenco, signataire en mars 2006 d'un contrat de partage de production avec la République du Cameroun visant l'exploitation de ce champ, s'engage à produire du gaz naturel, à le traiter dans les installations prévues au lieu de Bipaga 1, près de la ville de Kribi, et à le livrer à la SNH.

1331. Dans la chaîne de valorisation de ce gaz, il est alors prévu que « *c'est la SNH qui se chargera de la livraison finale du gaz,* via *un pipeline de 15 km, qui reliera le site de Bipaga 1 à celui de Mpolongwé, où sera construite la centrale* »[1117]. Dès lors, en toute logique, l'ADG de la SNH et l'administrateur général de la société KPDC, filiale du groupe AES, Naaveed Manazir, ont signé un contrat sur la fourniture du gaz le 29 janvier 2008, en vue de l'alimentation de la future centrale thermique à gaz de Kribi. Conclu pour une période de 20 ans également, forcément en lien avec la durée de validité du contrat d'approvisionnement précédent, il est alors précisé qu'« *il s'agit d'un contrat de type "Take or Pay" au titre duquel la SNH s'engage à livrer à KPDC (...) un volume journalier de gaz compris entre 11 et 40 millions de pieds cubes par jour. Le volume contractuel de gaz souscrit au titre du "Take or Pay" est de 28 millions de pieds cubes par jour, au prix de 2,09 dollars par millier de pieds cubes arrêté par le Gouvernement. Le Contrat ainsi signé constitue la dernière étape des négociations sur le projet de construction* ». Enfin, il convient d'intégrer que c'est ce contrat qui « *permet le démarrage effectif du projet...* »[1118].

1332. Au regard des besoins en énergie électrique induits par le projet d'extension de l'usine d'ALUCAM (industrie de transformation d'aluminium, filiale de Pechiney, et grande consommatrice d'énergie électrique au Cameroun), les bases économiques de ce projet de centrale ont été considérées comme viables, l'usine devant consommer à elle seule 50 MW sur les 150 MW produits à Kribi[1119]. Or, le volet fiscal de cette activité n'avait pas été intégré dans les calculs de sa rentabilité, d'où alors le rôle décisif joué par la SNH auprès de l'administration fiscale ensuite.

2. La nature du rôle de la SNH dans la sécurisation de la relation juridique

1333. Après la signature des contrats pétroliers ou gaziers, et ceci, dans le souci d'aplanir des divergences de vues ou de sécuriser l'entendement des parties dans le cadre de l'application des termes contractuels arrêtés, une procédure immédiate et exceptionnelle (non écrite) peut être diligentée par la SNH pour saisir formellement le ministre concerné, en général, celui des finances. Il s'agit en général de situations non expressément prévues par les dispositifs normatifs en vigueur, et nécessitant une clarification de l'administration compétente.

[1117] *SNH Infos,* n°25, mai 2008, p. 29.
[1118] *SNH Infos,* n°25, mai 2008, p. 30. (C'est nous qui soulignons).
[1119] *SNH Infos,* n°24, octobre 2007, p. 19.

1334. Ainsi en a-t-il été du régime fiscal applicable au contrat de fourniture de gaz à la centrale thermique de Kribi. Le 6 mars 2006 a été signé, comme on l'a vu, le contrat de partage de production attribuant à Perenco et SNH une autorisation d'exploitation couvrant le champ de gaz Sanaga Sud découvert une trentaine d'années auparavant. Ce projet, dans sa configuration, prévoyait un schéma imbriqué, où, en amont, l'association SNH-Perenco devait procéder au développement des puits gaziers, d'une part, et où, en aval, la SNH devait acheter ce gaz pour le vendre à KPDC, chargée alors de la génération de l'électricité, d'autre part. Deux problèmes fiscaux se posèrent alors en même temps :

– Le problème de la taxation de la vente du gaz entre Perenco (le vendeur) et la SNH (l'acheteur), qui pouvait être taxable à la taxe sur la valeur ajoutée si l'on considérait qu'une telle transaction pourrait relever du droit commun, et non plus du secteur amont où le produit extractif est généralement exporté.

– Le problème de la taxation de ce même produit entre la SNH et KPDC, le Code gazier en vigueur prévoyant une taxation de 5% sur le chiffre d'affaires réalisé sur les ventes de gaz, à titre de redevance gazière.

1335. Les enjeux de nivellement du prix final d'électricité, à la fin de cette chaîne de valorisation du gaz, d'une part, et les imprécisions textuelles de tout le dispositif normatif, d'autre part, ont conduit à préciser que ni la TVA, ni la redevance gazière n'étaient dues dans le cadre de ces opérations. Il est notable de constater un usage assumé des conditions économiques d'un projet extractif, ainsi que de l'orientation de l'institution publique mandatée pour assurer la régulation du secteur des hydrocarbures, pour statuer en matière fiscale.

1336. Les relations entre administrations, telles qu'aménagées dans les textes réglementaires et mises en pratique par les différents acteurs, sont fortement influencées par l'interaction entre le pouvoir de ces acteurs et les textes plus ou moins clairs régissant leurs missions respectives dans le cadre de la régulation du secteur des hydrocarbures. Les enjeux économiques, stratégiques et financiers de ces activités conduisent à exiger la plus grande concertation entre les administrations compétentes. Toutefois, le statut pivot de la SNH modère et modèle ce principe dans le sens de la préservation de son *leadership* institutionnel, même à l'intérieur de comités interministériels créés et dont elle est systématiquement le chef de file.

1337. La gestion des hydrocarbures intégrant le principe d'une association permanente avec les investisseurs étrangers, il existe également des mécanismes de gestion du vide contractuel qui mobilisent les liens de droit existant entre les parties.

§2. Les mécanismes de gestion du vide contractuel

1338. Suivant la théorie relationiste du droit, les liens existant entre les parties sont une source de droit, par-delà les documents formels consacrant les droits et obligations des parties (lois, contrats…)[1120]. Deux types de mécanismes relationnels permettent de combler le vide contractuel, entendu comme les zones de « non-droit » : les mécanismes contractuels (A) et les mécanismes extracontractuels (B).

A. Les mécanismes contractuels

1339. Les événements pouvant survenir dans l'avenir entre les parties sont de deux ordres : l'incertain et l'imprévu. Un événement est imprévu lorsque les parties n'ont pas imaginé qu'il puisse advenir. L'incertain désigne par contre un événement envisagé par les parties, mais dont la survenance est aléatoire[1121]. Dans les deux cas, la relation est perturbée, le lien initial est susceptible d'être rompu, ou à tout le moins altéré dans sa distance originelle, et des mécanismes de rétablissement de la juste distance sont mis en œuvre, dans le sens de l'équidistance initiale.

1. La contractualisation face à l'imprévu

1340. Dans le lien existant entre les parties dans une relation liée à l'exploitation des hydrocarbures, l'association doit pouvoir faire face à tous les événements, fussent-ils imprévus.

1341. L'une des meilleures illustrations de cette caractéristique est la gestion du départ d'un cocontractant privé de la République du Cameroun, Total E&P, alors qu'il était l'acteur majeur de la scène pétrolière camerounaise. Le DG de l'entreprise, s'étant substitué à l'entreprise qui avait alors défait le lien contractuel, explique ainsi les modalités relationnelles de son remplacement : « *Les transactions relatives à la reprise de Total E&P nous ont amenés au constat que cette société ayant une convention d'établissement et un régime fiscal distinct, il était plus indiqué de la préserver comme entité et de la rebaptiser, d'où "Perenco Rio Del Rey". Les équipes intégrées Perenco Cameroon et Perenco Rio Del Rey sont gérées par une seule équipe de management, dans le souci de créer une synergie pour un idéal unique. (...) La croissance de Perenco Cameroun est sans nul doute le résultat de la coopération fructueuse avec la SNH et l'État du Cameroun (...). Les bonnes relations entre nos équipes restent un élément fondateur de notre présence au Cameroun.* »[1122]

1120 Lire JEULAND E., « L'énigme du lien de droit », RTD Civ., 2003, p. 455.

1121 THIBIERGE L., *Le contrat face à l'imprévu*, *op. cit.*, p. 25. En cela, l'intitulé « les contrats extractifs à l'épreuve des faits imprévus » dans l'ouvrage *Le contentieux extractif* (Éditions ICC, 2015), publié sous la direction du professeur Gilles LHUILLIER et du docteur Achille NGWANZA, est sujet à caution. Il intègre le principe de renégociation qui y est développé, pour des cas parfaitement prévisibles tels que la volonté pour l'État de rompre avec l'équilibre initial des contrats, mais simplement aléatoires.

1122 Interview de Denis Clerc-Renaud, DG de Perenco Cameroun, parue dans *SNH Infos*, n°36, décembre 2011, pp. 21-22. (C'est nous qui soulignons).

1342. Deux préoccupations sont alors ainsi fusionnées en une seule :

– L'enveloppe normative devant sceller l'alliance nouvelle est jugée si performante que seul le nom social de l'entreprise serait changé. Ainsi, les droits et obligations anciennement contractualisés demeurent identiques, malgré le départ de l'ancien cocontractant de l'État.

– La nouvelle entreprise ne change pas sa structure, ni son personnel, comme pour maintenir la même identité de l'entreprise qui entretient déjà « une coopération fructueuse » avec la SNH, et ainsi fait des efforts juridiques (préservation de l'architecture contractuelle ancienne) et organisationnels (permanence de l'équipe de management) pour maintenir le cap de la relation antérieure.

1343. Il s'agit ici de l'expression d'une des qualités des contrats extractifs en particulier, qui est un « contrat-organisation », pour reprendre le qualificatif de Paul Didier. C'est un contrat qui « *se forme par un processus d'agrégation qui peut être longtemps continué et qui n'est jamais réversible* »[1123]. Ainsi Jean-François Hamelin définit-il l'agrégation comme étant « *le tout que forment les engagements des alliés du fait que leurs prestations sont toutes affectées à l'exercice de l'activité commune. (...) L'agrégation peut subsister malgré l'extinction de l'engagement dont l'un des alliés était tenu. (...) Ceci s'explique aisément par le fait que la cause de l'engagement de chaque allié ne réside pas, contrairement aux engagements nés d'un contrat-échange, dans une ou plusieurs prestations déterminées mais dans une activité commune qui transcende les prestations qui ont été stipulées* »[1124].

1344. Cette neutralisation relationnelle du départ de l'un des associés est encore plus instantanée et immédiate (sans l'intermédiation d'un tiers) lorsque c'est l'État lui-même, *via* la société qu'il a créée pour le représenter dans ce secteur d'activité, qui se charge de la poursuite de la relation après le départ de l'opérateur étranger, de façon imprévisible.

1345. C'est ainsi qu'en décembre 1997, l'État du Cameroun signe un contrat d'association avec CMS Nomeco Cameroun, alors opérateur du permis Kombé (37,5%), Globex (37,5%) et SNH (25%), pour le développement du champ MVIA. CMS NOMECO y fore un puits qui s'avère négatif. En 2001, Perenco Oil & Gas rachète les actifs de CMS NOMECO et de Globex, portant ainsi ses parts à 75% ; les 25% restants revenant à la SNH. Par décret présidentiel n°2004/152 du 21 juin 2004, le champ MVIA est octroyé à l'association Perenco. Suite aux résultats mitigés du puits MVIA-6, foré du 28 février au 14 mars 2006, Perenco Oil & Gas annonce son retrait de la concession. Ce désengagement est entériné par le

[1123] DIDIER P., « Le consentement sans l'échange : contrat de société », *RJ com.*, n° spéc., nov. 1995, p. 95, cité par HAMELIN J.-F., *Le contrat-alliance*, Paris, Economica, 2012, p. 215.

[1124] *Ibid.*, pp. 215 et 217.

comité d'opérations du 21 avril 2008, et le désengagement de Perenco Oil & Gas prend effet le 30 juin 2008.

1346. Sur ce retrait, la SNH devient, le 1er juillet 2008, opérateur du champ MVIA. Le 28 octobre 2009, un décret du président de la République lui accorde le transfert des droits et obligations sur la concession MVIA. La SNH entreprend alors de capitaliser tous les efforts consentis pendant de longues années. C'est ainsi que le champ MVIA sera mis en production le 24 novembre 2013, avec un débit moyen de 570 barils d'huile par jour[1125]. Le directeur de la production d'alors a pu dire : « *Maintenant que le champ MVIA est en pleine exploitation, nous pensons qu'il faut rapidement nous ajuster dans nos procédures internes, car nous sommes désormais une société opératrice d'hydrocarbures à part entière, et cela demande une expertise avérée, une grande rigueur et une rapidité d'intervention dans le règlement des problèmes journaliers récurrents sur un site d'exploitation pétrolière. Il nous faut nous arrimer à cela si nous voulons faire de ce saut dans les opérations pétrolières une grande réussite.* »[1126]

1347. La situation alors est unique dans sa configuration, puisque l'État, par le biais de son démembrement ou de son émanation, fusionne la posture de régulateur et d'opérateur. En quelque sorte, un schisme de personnalité voit le jour, pour créer une relation entre l'État souverain et son démembrement, et entretenir une distance particulière.

1348. Certaines situations prévisibles, mais aléatoires dans leur survenance, sont également prises en charge par la relation contractuelle.

2. La contractualisation face à l'incertain

1349. Le caractère prévisible des événements incertains rend moins complexe leur prise en charge par la relation contractuelle existant entre les parties. En général, il s'agit de contractualiser de nouveau la nouvelle règle contractuelle, qui se greffe sur celles déjà existantes.

1350. Le vendredi 17 juillet 2009 a été signé un avenant au contrat de vente de gaz du 15 janvier 2008, qui complète, précise ou modifie certaines dispositions concernant la force majeure, les droits des prêteurs et l'allocation des risques. Il précise par ailleurs le rôle des différentes parties prenantes au projet, à savoir l'État, la SNH, Perenco et la Kribi Power Development Company (KPDC). Elle intervient après celle, enregistrée le 16 mars 2009, d'un avenant au contrat conclu par la SNH et KPDC le 29 janvier 2008 pour le même objet. Elle a été rendue nécessaire par le souci d'harmoniser les dispositions communes des contrats SNH/Perenco et SNH/KPDC, qui ont tous trait à la fourniture de gaz à la future centrale thermique à gaz de Kribi[1127] ; mais surtout, la solidité des engagements initiaux n'a pas été jugée assurée par les bailleurs de fonds internationaux,

---

[1125] *SNH Infos*, n°43/44, juin 2014, p. 28.
[1126] *Ibid.*, p. 29.
[1127] *SNH Infos*, n°30, novembre 2009, p. 9.

d'où est venue l'appréciation critique principale des clauses anciennes. En fait, que des clauses puissent ne pas être à la hauteur des enjeux, cela est prévisible. C'est juste l'origine de l'évaluation ici qui est inédite, à savoir des parties prenantes (*stakeholders)* nouvelles, ce qui influence donc la relation contractuelle préexistante.

1351. Le cas encore plus simple de la gestion des provisions pour remise en état des sites pétroliers est plus classique. Face au vieillissement progressif des champs en production, la SNH et les opérateurs Elf et Pecten (à l'époque) se sont accordés sur le principe de la création, à partir de l'exercice 1999-2000, d'un fonds destiné à financer, en temps opportun, les opérations de démantèlement des installations pétrolières des champs pétroliers du bassin de Rio Del Rey, arrivés en fin d'exploitation. Pour l'exercice 1999-2000, une provision budgétaire de 24 millions de dollars US a été adoptée, sur la base d'une estimation du coût des travaux de démantèlement et des réserves restantes. Cette provision devrait être réajustée tous les ans en fonction du niveau des réserves restantes et du coût éventuellement révisé des travaux[1128].

1352. Leurs accords initiaux n'avaient pas prévu ces engagements, malgré la prévisibilité du vieillissement des champs pétroliers. Un simple accord postérieur à ce contrat de base a alors permis de clarifier le régime de cette obligation, la relation contractuelle permettant d'ajuster les prestations réciproques des parties dès que le besoin s'en fait sentir, au demeurant avec ou sans écrit formel.

1353. Il s'agit maintenant de distinguer ces mécanismes contractuels de ceux qui sont davantage procéduraux.

B. Les mécanismes extracontractuels

1354. Les parties à une relation contractuelle peuvent également, en dehors du formalisme de la contractualisation de leur accord supplémentaire, voire de leur nouvel accord, procéder à deux types de gestion du vide contractuel : les concertations bipartites sous forme de réunions (1) et la transmission aux arbitres de la question litigieuse en cas de divergences de points de vue sur la conduite à tenir (2).

1. Les réunions de concertation

1355. C'est le mode le plus simple, le plus direct et le plus prévisible : une relation contractuelle doit pouvoir se nourrir de « contacts » permanents, surtout lorsque certaines questions d'intérêt commun le suggèrent.

1356. En matière extractive, et davantage lors de la phase précontractuelle, où celles-ci sont aléatoires, alors que pendant la phase contractuelle, elles sont programmées pour la majorité d'entre elles, les

[1128] *SNH Infos,* n°008, août 2000, p. 15.

réunions entre les parties à la relation contractuelle servent à aplanir certaines questions en lien avec le projet extractif. Ainsi pouvons-nous donner l'exemple de la visite d'une délégation de GDF Suez à la SNH le 12 décembre 2011. Conduite par le président de la branche Global Gaz et GNL, Philip Olivier, cette séance de travail a permis de faire le point sur l'état d'avancement du projet de construction d'une usine de liquéfaction de gaz naturel à Kribi, conduite en partenariat avec GDF Suez. L'ADG, tout en appréciant l'évolution satisfaisante de ce projet, a « *encouragé GDF Suez à poursuivre les discussions avec les opérateurs pétroliers amont pour confirmer leur participation à Cameroon LNG* ».

1357. Il s'agit de réunions visant certes à faire « le point » sur l'évolution des travaux, mais aussi, et surtout, à mettre la pression sur un investisseur lorsque l'État estime qu'il est possiblement défaillant.

1358. Dans le même sens, le 18 mai 2015, le DGA d'Engie est reçu à la SNH afin de « *faire le point sur l'avancement du projet de construction à Mboro, d'une usine de liquéfaction du gaz naturel. (...) Au regard des enjeux de ce projet, il était important pour les acteurs clés du projet de s'accorder sur certains détails et d'envisager les étapes futures, dans la perspective de la prise de décision finale d'investissement. (...)* »[1129].

1359. Autre exemple, le DG d'Addax Petroleum Cameroon Company, repreneur des intérêts détenus de Shell dans la société Pecten, a été reçu le 25 novembre 2011 à la SNH par l'ADG. Cette rencontre était la première, depuis la reprise, par Addax Petroleum, filiale de la société chinoise SINOPEC, des 80% de parts détenues par le groupe anglo-néerlandais Shell dans le capital de Pecten Cameroun Company. Pecten, opérateur de l'association Lokélé, opérait environ 20% de la production nationale de pétrole brut. Cette cession, préalablement approuvée par le gouvernement, a été entérinée par un conseil d'administration extraordinaire tenu le 31 octobre 2011[1130]. Parfois, ces réunions peuvent à la fois être institutionnalisées en dehors de toute obligation contractuelle formelle et concerner l'ensemble des opérateurs d'un secteur d'activité. Cette véritable plate-forme d'échanges entre opérateurs pétroliers représente alors un faisceau de relations juridiques mises non pas ensemble, mais côte à côte, pour des besoins de mutualisation et de partage d'expériences.

1360. C'est ainsi qu'au Cameroun, depuis une première réunion du genre tenue avec succès et intérêt le 13 juillet 2012 entre tous les opérateurs pétroliers amont du pays, il a été décidé qu'elle se tiendrait désormais dans une régularité trimestrielle. Le but alors affirmé de ces concertations est de « *partager des informations sur leurs activités* », avec pour objectif final « *de créer une synergie qui permettra de réduire le coût des opérations. De fait, à travers ces concertations, les opérateurs pourront être informés de la*

[1129] Lire ESSENGUE NGOLLO J.J., DOUNDZE C., « Le DGA d'Engie reçu par l'ADG », *SNH Infos*, n°47/48, juillet 2015, p. 19. (C'est nous qui soulignons).

[1130] Lire « SNH et Addax tissent des liens », *SNH Infos,* n°37, avril 2012, p. 16.

disponibilité des appareils, de forages ou d'acquisitions sismiques, et élaborer des plannings permettant d'éviter de coûteuses allées et venues de matériel »[1131].

1361. Ces réunions entre acteurs différents, ayant tissé des liens juridiques différents voire concurrents entre eux, mettent en exergue une des caractéristiques fondamentales des hydrocarbures, qui en explique l'encadrement juridique particulier : son caractère « commun »[1132]. Cette réunion collective est une reconnaissance de l'existence d'une véritable « communauté », au sens où l'entend Michel Alliot, historien des institutions africaines, qui nous dit que « *la communauté se définit non par une ressemblance mais par un triple partage : partage d'une même vie (...), partage de la totalité des spécificités (...) et partage d'un champ décisionnel commun* »[1133]. Depuis la Rome antique, semble-t-il, « *la notion de* res communes *(...) évoque un lien étroit et presque indispensable entre les ressources naturelles et la communauté humaine. Ce qui vient à l'esprit avant tout est l'intérêt de la collectivité, c'est-à-dire que la collectivité est l'unique bénéficiaire de ces* res *: le centre de référence juridique pour leur gestion* »[1134].

1362. C'est ce qui peut alors expliquer ce mode de gestion collective des hydrocarbures, articulée autour des principes bien décrits par Hervé Le Crozier de la manière suivante : « *Huit principes d'agencement que l'on retrouve dans les situations qui assurent réellement la protection des ''communs'' dont ces communautés d'acteurs ont la charge ; des groupes aux frontières définies ; des règles régissant l'usage des biens collectifs qui répondent aux besoins et spécificités locales ; la capacité des individus concernés à les modifier ; le respect de ces règles par les autorités extérieures ; le contrôle du respect des règles par la communauté qui dispose d'un système de sanctions graduées ; l'accès à des mécanismes de résolution des conflits peu coûteux ; des activités de gouvernance organisées en strates différentes et imbriquées.* »[1135]

1131 *SNH Infos*, n°38, août 2012, p. 19.

1132 Lire PARANGE B., DE SAINT VICTOR J. (dir.), *Repenser les biens communs*, CNRS Éditions, 2014 ; et DARDOT P., LAVAL C., *Commun, Essai sur la révolution au XXIe siècle*, Paris, Éditions La Découverte, 2015.

1133 Cité par LE ROY E., « Sous les pavés du monologisme juridique. Prolégomènes anthropologiques », in PARANGE, DE SAINT VICTOR (dir.), *Repenser les biens communs, op. cit.*, p. 95.

1134 MANNINO V., « Le bien "commun" : la fausse impasse du droit romain et du droit savant », in PARANGE, DE SAINT VICTOR (dir.), *Repenser les biens communs*, *op. cit.*, p. 95. (C'est nous qui soulignons).

1135 Cité par LE ROY E., « Sous les pavés du monologisme juridique. Prolégomènes anthropologiques », in PARANGE, DE SAINT VICTOR (dir.), *Repenser les biens communs*, *op. cit.*, p. 99.

1363. Ce véritable droit du commun, intégré dans la *praxis* instituante[1136] de la communauté, est complété par la possible soumission de leurs litiges à un tiers arbitre, ce qui est une occurrence arrivée, en droit des hydrocarbures, plusieurs fois en Afrique, notamment au Cameroun.

2. Les transmissions des litiges au tiers arbitre

1364. Les liens de droit se construisent, on l'a vu[1137], « *sous le contrôle d'un juge ou d'un arbitre en prenant en compte l'espace physique de ce lien...* »[1138]. Il « *crée des pôles et met à distance tout en jouant un rôle d'interprétant du symbole ou du rapport de droit. Sa fonction est mise en place dès la phase de symbolisation tertiaire* »[1139]. Cette fonction régulatrice et de vigile est source de crédibilisation du lien juridique, inexistant sans ce tiers arbitre stabilisateur.

1365. Au Cameroun, deux grandes « affaires » n'ont pu être solutionnées que par la voie arbitrale, mode par excellence de résolution des contentieux extractifs[1140].

1366. Dans la sentence arbitrale prononcée par le tribunal *ad hoc* présidé par Pierre Lalive du 11 juin 1997 sur le litige opposant la République du Cameroun et la société Elf Serepca, les dépenses d'explorations sèches ont été réputées déductibles pour la détermination du résultat imposable d'Elf Serepca[1141]. Les parties ne s'étaient donc pas accordées sur le droit ou pas pour ces dernières d'avoir à réduire du bénéfice fiscal définitif les coûts engagés dans le cadre de l'exploration sèche, c'est-à-dire celle n'ayant pas pu déboucher sur la découverte de gisements d'hydrocarbures commercialisables. Il y avait comme un vide juridique, qui n'a pu être comblé que par la voie arbitrale.

1367. L'autre litige était également d'ordre fiscal, et une fois de plus, il portait sur les règles de détermination de la base imposable à l'impôt sur les sociétés. Il s'agissait cette fois-ci de se demander, sur la base des accords pétroliers signés et de la législation pétrolière applicable, si les opérateurs pétroliers avaient le droit de déduire les provisions pour remise en état des sites pétroliers. Ce sont des provisions destinées à couvrir des charges futures de remise en état des sites exploités par les entreprises. Elles sont instituées soit par la loi, soit par les contrats pétroliers, ou simplement constituées par le fait du simple engagement volontaire des compagnies

---

1136 DARDOT, LAVAL C., *Commun, Essai sur la révolution au XXIe siècle*, *op. cit.* Chapitre 10 : « La praxis instituante », pp. 405-451.

1137 Voir *supra*. Partie II, Titre I, chap. II, section II. « L'arbitre, garant de l'équidistance relationnelle ».

1138 JEULAND E., *La fable du ricochet*, *op. cit.*, p. 301.

1139 JEULAND E., *Théorie relationiste du droit*, *op. cit.*, p. 257.

1140 NGWANZA A., « L'arbitrage en matière extractive », in LHUILLIER, NGWANZA (dir.), *Le contentieux extractif*, *op. cit.*, pp. 227-236.

1141 DIKOUME A. L., *La fiscalité pétrolière comparée dans les États membres de la CEMAC*, *op. cit.*, pp. 268-269.

pétrolières. Les États sont tenus, de par leurs obligations internationales, de veiller à la restitution physique des sites préalablement exploités, notamment par la convention des Nations unies de Montego Bay de décembre 1982[1142].

1368. Au Cameroun, c'est la sentence arbitrale du 23 janvier 2003 qui a accordé ce droit à ces compagnies, avec force détails sur le calendrier de récupération et les bases juridiques et contractuelles applicables en la matière[1143]. Il n'est pas anodin de remarquer que la question fiscale est celle qui conduit potentiellement le plus en arbitrage en matière extractive : concernant les enjeux d'équité financière, la juste distance contractualisée entre les parties au début de leurs relations est particulièrement sensible à toute variation au cours de l'exécution des obligations contractuelles des parties. Le juge, en tant que tiers stabilisateur de la relation, est alors le vigile à qui est confiée la tâche de rétablir l'équité contractuelle, l'équidistance entre les parties.

CONCLUSION DU CHAPITRE I

1369. Les relations juridiques en matière d'hydrocarbures ont à la fois des modes de manifestations institutionnelles et contractuelles qui traduisent la qualité des liens juridiques entre les parties prenantes. Le paradigme relationnel permet de se rapprocher de la vérité de ces rapports, à charge d'aborder le sujet avec « *réalisme juridique* »[1144]. Par cette sorte de « *démarche de physicien-juriste* »[1145] que permet l'échelle de mesure de la juridicité, il s'agit de rendre compte, loin de toute stipulation de la complexité, de la réalité du phénomène juridique, lequel ne s'arrête définitivement pas à la loi, à la disposition contractuelle ou à la décision juridictionnelle.

1370. C'est ainsi qu'en matière internationale, il est possible de rendre compte de la nature relationnelle des rapports entre États en matière d'hydrocarbures, pour les cas « limites », que le droit international classique ne peut prendre en charge. L'arrêt *Bakassi* entre le Nigeria et le Cameroun

---

1142 L'article 60 alinéa 3 de cette convention dispose que « *les installations ou ouvrages abandonnés ou désaffectés doivent être enlevés afin d'assurer la sécurité de la navigation, compte tenu des normes internationales généralement acceptées en la matière par l'organisation internationale compétente* ».

1143 DIKOUME A. L., *La fiscalité pétrolière comparée dans les États membres de la CEMAC*, *op. cit.*, pp. 288-293.

1144 LE ROY E., « Sous les pavés du monologisme juridique. Prolégomènes anthropologiques », in PARANGE, DE SAINT VICTOR (dir.), *Repenser les biens communs*, *op. cit.*, p. 101.

1145 ISAR H., « L'organisation structurale des pluralismes : contribution à une approche épistémologique de la pluridisciplinarité en sciences humaines et sociales », in BENOIST, ISAR (dir.), *Pluralisme, pluralismes*, Aix-en-Provence, PUAM, Coll. Inter-normes, 2011, p. 228.

en 2002 et l'accord de Greentree qui s'est ensuivi en ont été les exemples topiques[1146].

1371. À l'échelle nationale, par contre, l'équidistance est plus systématique, chevillée autour de la personnalité relationnelle constituée par les sociétés nationales, comme par exemple la Société nationale des hydrocarbures au Cameroun, qui domine les autres administrations dans le cadre de la représentativité de l'État vis-à-vis des investisseurs privés étrangers. Elle représente par ailleurs un quatrième acteur décisif dans la relation juridique existant entre l'État, les opérateurs privés et les arbitres. Des mécanismes tant contractuels qu'extracontractuels permettent alors de préserver l'équidistance, qui constitue l'horizon ultime de la relation juridique entre les parties.

1372. Cette prescription théorique ne serait pas complète si elle n'était pas accompagnée par la dimension purement symbolique des relations contractuelles en matière d'hydrocarbures.

[1146] L'approche prudente vis-à-vis de la prise en compte des ressources naturelles en tant que circonstances pertinentes s'est poursuivie en 2006, dans l'affaire *Barbade c.Trinité-et-Tobago où le tribunal a obervé que « resource-related criteria have been treated more cautiously by the décisions of international courts and tribunals, which have not generally applied this factor as a relevant circumstance ».* (2006, § 241).

CHAPITRE II

LA MANIFESTATION PAR L'UTILITÉ DE LA SYMBOLIQUE DANS LA RELATION CONTRACTUELLE

1373. Selon Pierre Noreau, « *le monde des perceptions est une dimension fondatrice de toute relation sociale* »[1147]. Il développe l'idée que le droit est une forme du lien social, et donc, que le phénomène juridique est indissociable des autres formes de régulation sociale. Il explique alors que « *le recours à la force symbolique du droit* » vise surtout à renforcer l'adhésion des sujets de droit à un ensemble de représentations qu'on suppose (ou qu'on espère) partagées[1148]. Les symboles participent alors des « *modalités de réappropriation, de reconstruction ou de contournement de la normativité* »[1149].

1374. Emmanuel Jeuland va plus loin dans l'utilité des symboles en droit. Pour lui : « *Le rapport de droit est un équivalent-symbolique, comme il a existé un équivalent-or. Le droit n'est pas une discipline formelle qui revêt d'enveloppes juridiques des rapports humains préexistants. En effet, les rapports humains impliquent, pour être davantage que de simples contacts, un processus de symbolisation entre deux parties. Or cette mise en place n'est rien d'autre qu'une construction ou mieux, pour parer la critique de relativisme, d'instauration juridique.* »[1150]

1375. En droit des hydrocarbures, les symboles sont constants, divers et destinés à plusieurs types de significations. On peut distinguer les symboles internes à la relation contractuelle (Section I) de ceux qui sont nécessairement destinés à un usage externe à cette relation (Section II).

[1147] NOREAU P, « La force symbolique du droit », in THIBIERGE C., *La force normative*, *op. cit.*, p. 140.
[1148] *Ibid.*, p. 146.
[1149] *Ibid.*, p. 147.
[1150] LATOUR B., *Enquête sur les modes d'existence*, cité par JEULAND E., *Théorie relationiste du droit*, *op. cit.*, p. 244. (C'est nous qui soulignons).

SECTION I. LES SYMBOLES À L'INTÉRIEUR DU RAPPORT JURIDICO-SYMBOLIQUE

1376. Emmanuel Jeuland nous dit, au sujet des différents sens du mot « symbole » : « *Il paraît simple de réserver le terme de "signe" à un mot lorsqu'il rend compte d'une chose déterminée (suffisamment déterminée) et le mot de "symbole" lorsqu'il renvoie à des invisibles ambivalents et souvent contradictoires. Par exemple, le mot "tortue" est un signe lorsqu'il se réfère à l'animal, mais il est aussi symbole de lenteur et de sagesse ; le cheval est un animal et l'un des symboles du passage de la mort et du retour de la vie, etc.* »[1151]

1377. Cette clarification nous permet d'envisager la symbolisation des relations contractuelles en matière d'hydrocarbures tant sous le prisme des symboles *stricto sensu* (§1) que de celui des signes (§2).

§1. Les symboles de la relation contractuelle

1378. Selon Jones, « *tous les symboles représentent des idées se rapportant au soi et aux proches parents, ou bien aux phénomènes de la naissance, de l'amour et de la mort* »[1152]. L'étendue des événements pouvant donner lieu à la production des symboles justifie que l'on s'attarde d'abord sur ceux qui traduisent l'existence de la relation contractuelle (A), puis sur ceux qui en sont des instruments de célébration (B).

A. Les symboles relatifs à l'existence des relations contractuelles

1379. L'un des symboles les plus anciens et les plus systématiquement usités entre les parties est la mise en scène de l'existence des relations contractuelles au moment de l'arrivée et du départ des responsables des entreprises pétrolières et gazières (1). Ensuite, de façon moins constante, il existe des cérémonies de formalisation de cette relation contractuelle (2).

1. La fusion des cérémonies d'arrivée et de départ des responsables d'entreprises pétrolières et gazières

1380. Ce sont manifestement les plus anciennes et les plus régulières des cérémonies symbolisant la relation contractuelle en matière d'hydrocarbures au Cameroun.

1381. Elles sont organisées à l'occasion du départ officiel du directeur général de la société pétrolière, et dans le même temps, de l'arrivée de son remplaçant. Même les discordances de calendriers ne suffisent pas à supprimer le principe même de ces cérémonies ou visites. C'est ainsi qu'à

[1151] P. 227.

[1152] *Importance de la psychanalyse pour les sciences psychologiques*, Bergman, Wiesbaden, 1913, p. 11, cité par JEULAND E., *Théorie relationiste du droit, op. cit.*, p. 230.

l'occasion de la réception, le 8 octobre 2009, du responsable John Kohnert, nouveau P.-D.G. de Pecten, dans le cadre d'une visite de contact, nous apprenons que « *des contraintes de calendrier n'avaient pas permis que son prédécesseur et lui soient reçus ensemble par l'ADG au moment du passage de témoin, comme cela est d'usage dans le cadre de relations entre la SNH et ses partenaires* »[1153].

1382. La fusion de ces événements est déjà en soi un symbole de la permanence du lien qui est alors ainsi affichée. Les hommes passent, mais la relation perdure. La présence des deux personnalités dans la même cérémonie est alors toujours capitalisée par le représentant de l'État, en l'occurrence l'ADG de la SNH, pour non seulement faire un bilan des actions du partant, mais aussi, et surtout, pour poser les bases de travail pour le nouvel arrivant.

1383. Ainsi pouvons-nous prendre l'exemple de la cérémonie organisée le 9 septembre 2008 à Yaoundé au Cameroun, à l'occasion du départ de ce pays de M. Jean Privey, ex-président de Total E&P Cameroun arrivé en fin de mandat, et de l'arrivée de Jacques Marraud des Grottes, son remplaçant. Dans son allocution de circonstance, l'ADG a souligné que c'est sous l'impulsion de M. Privey que « *la confiance qui a toujours caractérisé les relations entre le Cameroun et le groupe Total et [qu'il a su] si bien redynamiser, a amené le groupe à renouveler son intérêt pour le domaine minier camerounais, et à négocier plusieurs nouveaux blocs d'exploration* ». Au cours des cinq dernières années, les associations dans lesquelles la SNH et Total ont des intérêts ont réalisé de nombreux projets, pour un montant d'investissement global estimé à près de 860 millions de dollars US. L'ADG, dans son discours, relève en outre, et immédiatement après les défis qui attendent le nouvel arrivant, notamment relatifs à la valorisation du gaz, que « *face à la crise énergétique que traverse le Cameroun et aux besoins pressants d'industrialisation de notre pays, les interpellations répétées des acteurs du secteur par le chef de l'État, Son Excellence Monsieur Paul Biya, exigent des réponses appropriées* »[1154].

1384. La cérémonie permet alors de tisser une continuité entre l'action précédente et celle à venir. Elle inscrit le rapport juridique dans une trame temporelle infinie, invisible, où se construit et s'installe une relation affranchie de l'identité des dirigeants.

1385. Le rituel cérémonial est aussi exécuté pour marquer ses doutes ou déceptions quant aux résultats de la relation contractuelle, et pas toujours pour marquer sa satisfaction. Le 3 octobre 2007, le nouveau P.-D.G. de Pecten, Vince Holtam, est reçu, en remplacement de Ruud Schrama, arrivé en fin de séjour. L'ADG de la SNH détaille ainsi le bilan et les perspectives qu'il entrevoit dans cette relation : « *L'arrivée dans notre pays de M. Vince*

[1153] *SNH Infos*, n°31, mars 2010, p. 32. (C'est nous qui soulignons).

[1154] Lire « La SNH dit au revoir à Jean Privey et accueille Jacques Maraud des Grottes », *SNH Infos*, n°27, décembre 2008, p. 12.

Holtam intervient au moment où plusieurs chantiers importants ouverts par M. Schrama demandent à être poursuivis ou relancés, avec encore plus de dynamisme. C'est le cas notamment :

– de la mise en production de la concession Mondoni restée en veilleuse depuis son attribution en 1996 ;

– de la mise en œuvre des recommandations des études géosciences menées au cours des deux dernières années, parmi lesquelles la construction et la pose de nouvelles plates-formes dans le cadre du développement complémentaire de la concession Mokoko Abana ;

– de la problématique du stockage et de la valorisation de la production de Lokele ;

– de la réduction des gaz torchés sur les plates-formes ;

– de la reprise de l'exploration. »

1386. Et il continue ainsi son diagnostic : « *Comme vous le savez, ces dernières années, les efforts de Pecten dans ce domaine ont été modestes. La SNH espère que le contexte international favorable créé par la bonne tenue des prix du pétrole pourra amener votre société à revoir sa politique d'investissement dans l'exploration au Cameroun.* »[1155]

1387. Pourtant, sous la conduite du P.-D.G. sortant, Pecten a réussi à stabiliser la production de la concession Lokele qu'elle opère, où elle a mis en production le champ Mike, à 16 500 barils par jour en moyenne, malgré le vieillissement des champs en exploitation. Par ailleurs, les coûts d'exploitation de cette association se sont situés à 7,65 dollars par baril en moyenne entre 2005 et 2007, malgré le renchérissement des prestations de maintenance et de mise à niveau des installations. Enfin, Pecten a poursuivi le recours à l'innovation technologique dans le domaine de la production, avec la généralisation de l'utilisation des pompes électriques submersibles et des écrans extensibles de protection contre les venues des sables dans les puits[1156].

1388. Ce contraste dans l'évaluation de la performance de l'association ou de la relation traduit la grande subjectivité entourant la perception des relations par l'un de ces acteurs. Elle légitime également la contractualisation formelle de celle-ci, cet acte juridique « scellant » le maximum d'engagements et de droits des parties, et permettant, le moment venu, de s'assurer de la juste distance, de l'équidistance des relations contractuelles soit par les parties elles-mêmes, soit par l'arbitre.

1389. Outre ces cérémonies de dévoilement et de pérennisation de l'existence de la relation contractuelle, les cérémonies de formalisation de la relation contractuelle sont également systématiques.

[1155] Lire « L'ADG invite Pecten à revoir sa politique d'investissement dans l'exploration au Cameroun », *SNH Infos*, n°24, octobre 2007, p. 28. (C'est nous qui soulignons).

[1156] Lire « Le nouveau DG de Pecten à la SNH », *SNH Infos*, n°24, octobre 2007, pp. 27-28.

2. Les cérémonies de la formalisation de la relation contractuelle

1390. La signature des contrats pétroliers et gaziers est la procédure visant à « sceller » la relation contractuelle qui a fait l'objet de mûrissement progressif à travers des phases de négociation, et parfois d'établissement de documents précontractuels, comme on l'a vu. Ils font en outre systématiquement l'objet de médiatisation publique et de production de communiqués[1157].

1391. Sur le plan de la mise en scène, les accords pétroliers et gaziers sont tous signés au siège de la Société nationale des hydrocarbures, en présence du ministre en charge des mines au Cameroun. Cette localisation à la SNH est une source symbolique puissante de *leadership*, dans la mesure où ces accords auraient pu être signés au sein du ministère, qui est sa tutelle administrative. De plus, en vertu de l'article 11 du Code pétrolier qui dispose que « *le Contrat pétrolier est négocié et signé pour le compte de l'État, par le Gouvernement ou par tout établissement ou organisme public mandaté à cet effet* », la SNH est signataire de tous les accords pétroliers ainsi que de leurs avenants, et ceci, depuis sa création. L'ADG appose sa signature autant que le ministre des Mines sur tous les feuillets des contrats (auxquels sont annexés les accords comptables et les accords de participation), et ce, dans les deux langues officielles qui sont le français et l'anglais.

1392. Les accords ainsi signés concentrent une densité de gravité extrême, avec deux signataires pour le compte de la même entité (alors que la loi pétrolière aménage une alternative), un paraphe de tous les feuillets et de tous les documents formant l'ensemble contractuel, et ceci, dans les deux langues officielles.

1393. À ces symboles de l'existence et de la formalisation des relations contractuelles, il faut ajouter celles qui concernent la célébration de la performance des relations contractuelles.

B. Les symboles relatifs à l'efficience des relations contractuelles

1394. Il s'agit ici des cérémonies d'inauguration des projets pétroliers et gaziers, dont il faut préciser la signification (1) et identifier les symboles les plus marquants (2).

1. La signification des inaugurations de projets pétroliers et gaziers

1395. Les inaugurations de projets sont les symboles les plus représentatifs de la densité des relations entre les parties à une relation contractuelle en matière d'hydrocarbures. En effet, comme on l'a vu, la signature des contrats peut ne pas déboucher sur la réalisation concrète du projet extractif, en raison des incertitudes géologiques et économiques

[1157] Voir le tableau recensant l'ensemble des communiqués de la SNH et de ses partenaires dans cette thèse, *infra*.

entourant cette activité. Or, le développement matériel d'un projet extractif qui se traduit par la construction d'une infrastructure majeure, et en général très onéreuse, n'intervient qu'après plusieurs études contradictoires d'évaluation de la faisabilité de ce projet. Dès lors, un minimum d'incertitude est levé, et l'espoir d'une valorisation de la ressource énergétique concernée est croissant.

1396. C'est cela qui justifie la symbolisation très solennelle de l'avancée dans la relation contractuelle, dont les inaugurations de projets sont les manifestations principales. En raison de l'importance des projets, la représentativité de l'État du Cameroun diffère, alors même que celle des investisseurs privés étrangers est toujours assurée par les plus hauts responsables locaux et parfois internationaux de la ou des entreprises concernées. C'est ainsi qu'à l'inauguration du projet de pipeline Tchad-Cameroun, la solennité a été maximale, découplée en deux cérémonies différentes : une à Komé en République du Tchad le 18 septembre 2000, et une à Kribi en République du Cameroun, et ceci, en présence des deux chefs d'États concernés.

1397. Toutes les parties à cette relation contractuelle exceptionnellement dense étaient présentes : les États du Cameroun et du Tchad, représentés par leurs plus hautes autorités, les entreprises privées étrangères opérant tant au Tchad qu'au Cameroun (COTCO, TOTCO), les bailleurs de fonds internationaux (Banque mondiale et Banque européenne d'investissement), les organes administratifs techniques locaux (CPSP, SNH) et les autorités administratives locales[1158].

1398. Il convient alors d'identifier les symboles constitutifs de l'inauguration des projets.

2. L'identification des symboles dans le cadre de l'inauguration des projets pétroliers et gaziers

1399. Emmanuel Jeuland nous rappelle que : « *Le rapport de droit a une fonction symbolique en ce qu'il crée un décalage dans le temps, autrement dit, une boucle temporelle permettant de prévoir l'avenir et de revenir en arrière, si besoin est, à titre de preuve, notamment en cas de conflit dans le rapport. Cette fonction symbolique a donc une force faible.* »[1159] Il ajoute par ailleurs que : « *Le symbole sert à rendre solide et durable le rapport humain dans un cosmos juridique où les entités sont des nœuds de relations en mouvement. Il sert aussi, par sa fragilité, à empêcher qu'une des parties ne se sente toute-puissante. Enfin, au moment de l'exécution du rapport, il sert à en prouver l'existence et le contenu. Il réalise donc une coupure initiale de reconnaissance/accrochage en mettant à juste distance les deux parties comme si l'on continuait à symboliser le rapport humain en séparant en*

[1158] Lire : « Les présidents Biya et Déby ont lancé les travaux de chantier », *SNH Infos,* n°009, février 2001, p. 6.

[1159] JEULAND E., *Théorie relationiste du droit, op. cit.,* p. 251.

deux un morceau de bois ou de poterie. Chaque morceau était unique et représentait chaque partie. Les deux morceaux s'adjoignaient exactement s'il était nécessaire de faire la preuve de la relation. »[1160]

1400. La symbolisation de la cérémonie de construction du pipeline Tchad-Cameroun est fonction de l'intérêt sous-régional, financier et stratégique l'entourant. Le type de coopération exceptionnelle qu'elle exige de la part d'acteurs aussi différents conditionne dans une large mesure la symbolique mise en œuvre à cette occasion.

1401. Au-delà des rites classiques d'une inauguration (coupure de ruban symbolique, pose de la première pierre, sabre de champagne, ouverture symbolique des vannes), la présence des deux chefs d'État est en soi un symbole puissant, révélateur de l'intensité et de la complexité de la relation contractuelle nouée, des liens de droit en jeu.

1402. À l'occasion cette fois de l'inauguration du champ pétrolifère Ebomé Marine à Kribi, le 21 février 1997, et de l'usine de production de gaz naturel le 15 novembre 2013 à Douala par le chef de l'État camerounais, des cérémonials similaires particulièrement symboliques ont pu être exécutés. À chaque fois, en effet, le président de la République adresse des mots à destination des opérateurs privés, visant à les rassurer sur l'engagement de l'État du Cameroun et sa détermination à conduire le projet à bon terme en préservant leurs intérêts.

1403. C'est ainsi que s'agissant de l'inauguration du champ pétrolifère de Kribi au Cameroun, le chef de l'État a déclaré : « *En présidant cette cérémonie, je tiens à exprimer toute notre reconnaissance envers les partenaires qui ne nous ont pas ménagé leur soutien.* » Il les a assurés en outre de la garantie que « *le Cameroun ne ménagera aucun effort pour leur apporter les concours nécessaires à la conduite de leurs actions* »[1161].

1404. Ces symboles multiples utilisés en une seule cérémonie (présence d'hôtes de marque, médiatisation, rites d'inauguration et discours élogieux) sont des moyens pour tisser le lien entre les parties, de façon à faire représenter entre celles-ci le type de distance contractuelle existant entre elles.

1405. C'est également la fonction des signes que de symboliser les relations contractuelles en matière de droit des hydrocarbures.

§2. Les signes de la relation contractuelle

1406. Plusieurs types de signes de la relation contractuelle peuvent être identifiés en matière d'hydrocarbures (A). Mais, certains procédés managériaux et technologiques contribuent à l'affaiblissement du lien juridico-symbolique (B).

[1160] *Ibid.*, p. 251.

[1161] Discours reproduit dans *SNH Infos*, n°006-007, mars 2007, p. 7.

A. Les signes de célébration de la relation

1407. À l'occasion du départ de certains dirigeants des entreprises pétrolières et gazières, des signes particuliers peuvent être produits à l'occasion du départ d'un dirigeant d'une entreprise pétrolière ou gazière par l'État (1), qu'il s'agira de singulariser par rapport aux autres cérémonies classiques du genre (2).

1. Les signes particuliers de célébration de la relation contractuelle

1408. Le 30 septembre 2014, l'ex-directeur général de Perenco, Denis Clerc-Renaud, a bénéficié d'honneurs particuliers à l'occasion de son départ du Cameroun. Une médaille de Chevalier de l'Ordre national de la valeur lui a été décernée par le ministre des Mines, de l'Industrie et du Développement technologique (MINMIDT), accordée par le chef de l'État. Ce dernier a alors pu dire : « *Perenco, présent depuis 1993 au Cameroun, est aujourd'hui le patriarche des sociétés opératrices. Conscient de ce nouveau statut, il a été de mon rôle de repousser les limites, de construire les fondations du futur. (...) Ce dispositif est le résultat lui aussi de la volonté farouche d'un État responsable et compétent. Aujourd'hui ce dispositif prend tout son sens.* »[1162] Un diaporama a permis de revoir en images, avec émotion, les réalisations phares de Perenco au Cameroun pendant son mandat de cinq ans. Dans un diaporama vidéo réalisé pour la circonstance, les partenaires et collaborateurs d'hier, mais également des responsables dépêchés depuis Londres et Paris, le regardent ouvrir symboliquement, en février 2013, avec l'ADG de la SNH, les vannes du gazoduc qui relie le centre de traitement de gaz de Bipaga à la centrale thermique de Kribi. La fourniture de gaz à cette centrale d'une capacité de 216 MW constitue une réalisation phare de ce mandat, car elle a permis de réduire substantiellement le déficit énergétique dont souffre le réseau interconnecté Sud. De plus, il y a eu le relèvement substantiel de la production pétrolière nationale après la reprise par Perenco, en avril 2011, des actifs de Total E&P Cameroun. Grâce notamment à l'usage de nouvelles techniques de récupération du pétrole dans les champs vieillissants du bassin du Rio Del Rey et la mise en production de nouveaux champs, la production pétrolière opérée par Perenco est passée d'environ 6 000 barils par jour à 65 000 barils équivalent pétrole par jour entre 2009 et 2014.

1409. Parallèlement, les dépenses en exploration, appréciation et développements nouveaux et complémentaires de Perenco sont passées de 40,246 millions à 460,806 millions de dollars US en prévision de clôture pour l'exercice de 2014. Enfin, M. Clerc-Renaud a en outre contribué à l'aboutissement des négociations pour la mise en place, dans le bassin du Rio Del Rey, du plus gros tanker installé à ce jour au Cameroun, d'une capacité de 950 000 barils, le *Massongo*. Les économies espérées suite à la

[1162] *SNH Infos,* n°45/46, janvier 2015, p. 29.

mise en eau de ce terminal de stockage en 2012 sont de l'ordre de 450 millions de dollars US pour la période 2013-2027.

1410. Enfin, l'ADG a annoncé que « *parallèlement à sa participation au projet Cameroon LNG, Perenco a proposé et reçu l'aval de la SNH et de GDF Suez pour un projet complémentaire de mise en place d'une unité flottante de liquéfaction de gaz naturel au large de Kribi* »[1163]. L'ADG a, à cette occasion, offert au DG sortant une pipe royale, pur produit de l'artisanat Bamoum (Ouest du Cameroun, culture plusieurs fois centenaire).

1411. Jacky Lesage, ex-DG de l'entreprise COTCO, a également bénéficié d'une cérémonie de célébration particulière. À cette occasion, il a pu dire : « *La décoration qui vient de m'être remise par Monsieur le Ministre de l'Industrie, des Mines et du Développement technologique est pour moi un immense honneur. Cette médaille vient aussi honorer la collaboration franche et efficace qui existe entre l'organe interministériel qu'est le CPSP et COTCO, collaboration sans laquelle nous n'aurions pas pu faire avancer le projet du pipeline Tchad-Cameroun. La tâche n'a pas toujours été facile. Elle a cependant toujours été exaltante et nos efforts communs, vers la voie de l'excellence, nous ont permis de vaincre les obstacles et de progresser.* » Parmi les bons points à mettre à son actif, ont alors été citées la « camerounisation » des postes de cadres de COTCO, la cession à la République du Cameroun, d'une part, de trois ponts au public, et d'autre part, d'une des douze fibres optiques du câble de télécommunication posé le long du pipeline, la construction presque achevée de l'immeuble-siège de la société à Douala, et la résolution de la quasi-totalité des revendications des populations riveraines du pipeline[1164].

2. Le particularisme de ces cérémonies au regard des signes

1412. Deux éléments clés particularisent ces cérémonies de célébration au regard des cérémonies traditionnelles similaires : la médaille décernée et son corollaire, la présence du ministre en charge des mines. En effet, les autres éléments constitutifs de ces cérémonies laissent dégager le même rituel consistant à faire le bilan positif du responsable partant qui, comme on l'a vu, peut être apprécié différemment suivant les prismes utilisés. Autrement dit, les résultats élogieux avancés au soutien de la distinction honorifique ne sont valables que pour autant qu'ils soient mis en avant par les responsables politiques. Certes, la longévité et les réalisations effectives de ces acteurs ne sont pas négligeables, mais le rapport subjectif entre les acteurs prime davantage que celles-ci.

1413. Au demeurant, les variables exogènes au rapport contractuel sont telles que l'appréciation objective des performances des dirigeants est difficile, voire impossible. Seuls la perception et le rapport entretenu entre

---

[1163] *SNH Infos*, n°45/46, janvier 2015, p. 28.
[1164] *SNH Infos*, n°29, juin 2009, p. 27.

les différents responsables sont certains, au moment de la décision d'honorer particulièrement ces derniers. Il est à noter qu'alors que la SNH exerce une plénitude de compétence en termes de préparation des contrats, de signature de ceux-ci et du contrôle des activités pétrolières et gazières, la distinction honorifique n'est pas considérée de sa compétence. Le rapport existant entre le pouvoir politique et la SNH se réinstaure, une sorte de distance et de différenciation, dont la fonction ne vise qu'à amplifier le sérieux et l'exceptionnalité de l'honneur ainsi fait au dirigeant partant. Le ministre représente une part de la personnalité de l'État supérieure à celle concentrée au niveau de la SNH, du moins en ce qui concerne spécialement cet événement. L'honneur accordé au partant d'être décoré par le ministre n'a de valeur que si l'on prend en compte l'omniprésence et l'omnipotence habituelles de la SNH. L'incompétence présente et exceptionnelle de la SNH pour l'occasion contribue à densifier le signe, à l'élever au rang des actes les plus forts de l'État.

B. L'affaiblissement du lien juridico-symbolique

1414. À l'image de plusieurs activités humaines, et notamment dans le secteur économique, la technologie a fortement transformé le mode d'élaboration, de mise en œuvre et de sanction du droit. Or, « *le rapport au monde par l'intermédiaire des outils n'est pas symbolique mais physique* ». De plus, « *ces nouvelles technologies ne sont pas neutres pour les rapports de droit. Elles sont impliquées dans les rapports de droit par ce que l'on appelle une transduction (ce qui veut dire conduire à travers). (...) Ces nouvelles technologies génèrent quatre changements d'échelle : de temps, d'espace, de mode de traitement et de coût. En numérisant les données, elles opèrent une pulvérisation en minuscules pixels qui n'est peut-être pas neutre pour la procédure. Elles sont de nature à porter atteinte au rapport juridico-symbolique en raccourcissant les justes distances, en conduisant à une certaine immédiateté et donc à une synchronisation dans le temps tout en déterritorialisant les rapports* »[1165].

1415. Dans le cadre de notre étude, des procédés tant techniques (1) que managériaux (2) contribuent à affaiblir le rapport juridico-symbolique existant entre les parties.

1. Les procédés techniques de désymbolisation du rapport juridico-symbolique

1416. Deux activités majeures ont connu des évolutions technologiques majeures conduisant à la perturbation du rapport juridico-symbolique entre l'État et les opérateurs privés : le système d'informations de gestion intégrée (a) et la gestion des données d'exploration-production (b).

[1165] JEULAND E., *Théorie relationiste du droit, op. cit.*, pp. 314-315.

a) Le système de gestion intégrée de la SNH

1417. La société a mis en place un système d'informations de gestion intégrée de la SNH (SIGIS), qui a pour objectif d'améliorer et d'optimiser la performance des processus pour une meilleure maîtrise de la gestion de ses activités. Il consiste à regrouper ces processus, dépendants ou non, autour d'une seule et unique base de données. SIGIS vise la gestion efficace et automatisée des processus clés de la SNH, notamment la gestion budgétaire, la gestion des approvisionnements, des stocks et de la logistique, la gestion de la trésorerie, la gestion de la comptabilité, la gestion des immobilisations, la gestion de la maintenance, la gestion des ressources, de la paie et des temps, la gestion de la production et des associations, et la gestion commerciale du brut, des produits pétroliers et du gaz, et même les activités juridiques[1166].

1418. La motivation initiale pour la mise en place du SIGIS était le suivi et le contrôle des activités de production, et notamment, la gestion des associations pétrolières. L'objectif était de mettre à la disposition de la SNH un outil permettant de suivre de manière efficace et efficiente toutes les informations venues des opérateurs pétroliers, et de constituer ainsi sa propre base de données informatisées des diverses opérations et coûts y liés. Ces fonctionnalités ne pouvant être complètes et utiles qu'avec l'adjonction de composantes logistiques, commerciales, financières et comptables, le projet s'est étendu petit à petit aux autres domaines de gestion de l'entreprise pour aboutir à un système d'information global[1167].

1419. Ce système informatique contribue ainsi à raccourcir le temps relationnel avec les partenaires de l'État, par une déstructuration du lien initialement établi.

b) La gestion informatique des données d'exploration et de production des hydrocarbures au Cameroun

1420. La loi n°64/LF/3 du 6 avril 1964 portant régime des substances minérales, qui a régi les activités de recherche des hydrocarbures jusqu'au début de la production de pétrole brut en 1977, a laissé apparaître un vide juridique en ce qui concerne les données issues des activités d'exploration et de production pétrolière et gazière. Les bandes sismiques, échantillons de puits et autres données générées par les compagnies pétrolières sont restés en leur possession, même après leur départ du pays.

1421. Avec la loi n°99/13 du 29 décembre 1999 portant Code pétrolier, la donne change en matière de propriété et de transfert des données d'exploration et de production (E&P). L'article 87 de ce code, relatif aux règles de contrôle et des déclarations de cette loi, fait obligation au titulaire

---

[1166] Lire DOUNDZE C., « Staff Information Days (SID): IT, legal ans strategic aspects explained », *SNH Infos*, n°55/56, octobre 2017, p. 11.

[1167] *SNH Infos*, n°51/52, octobre 2016, p. 9.

d'un contrat pétrolier de fournir au ministère chargé des hydrocarbures, ou à tout organisme mandaté à cet effet, les documents, informations, échantillons et rapports périodiques provenant et résultant des opérations pétrolières. Cette nouvelle donne est implémentée à travers le décret n°2000/465 du 30 juin 2000, dont les titres 16 et 17 sont consacrés aux archives et à la confidentialité des informations et données E&P. Depuis lors, tous les contrats pétroliers conclus sous l'égide de cette loi contiennent des dispositions traitant spécifiquement de leurs droits et obligations respectifs en la matière.

1422. Or, pour accomplir ses missions de gestionnaire du domaine minier national, la SNH a mis sur pied le Centre d'informations pétrolières (CIP), qui abrite la Banque nationale des données E&P du Cameroun. Sa principale vocation est d'assurer la collecte, la conservation et la gestion de ce patrimoine national, important pour la connaissance des bassins sédimentaires et la conduite des activités d'opérations pétrolières.

1423. Mais, le processus de rapatriement de données se fait en fonction du type de données à collecter. On en distingue deux types : d'une part, les données historiques, détenues par les entreprises ayant quitté le pays après y avoir mené des opérations pétrolières avant la création de la SNH pour certaines, en emportant les données générées par leurs activités ; et d'autre part, les données des activités courantes, générées par les sociétés encore sous contrat avec le Cameroun. Pour le cas des données historiques, le CIP procède à un recensement des données à rapatrier et établit un inventaire. Ensuite, il contacte l'opérateur pour savoir si les données recherchées existent. Si les données sont dans l'état et les formats adéquats, elles peuvent être directement rapatriées. Il peut par contre arriver que les données sollicitées nécessitent d'être transcrites. La transcription, qui peut être une copie ou un passage d'un support ou d'un format à un autre, génère des coûts pour la conversion des données. S'agissant des données découlant des activités courantes, le CIP collecte les données fournies par les sociétés pétrolières. Cette collecte s'effectue à partir de supports demandés par le CIP afin de rendre faciles leur stockage et leur gestion[1168].

1424. Le CIP a été lancé comme projet le 14 septembre 1993, rattaché ensuite à la direction exploration le 22 juin 1999, puis est devenu une unité autonome depuis le 23 juillet 2002, date à laquelle il a été érigé en direction : « *Nous avons opté dès le démarrage des activités de mise en place du CIP pour un système informatique qui permet une gestion intégrée de l'ensemble des données d'exploration/production. Il s'agit donc (...) de poursuivre l'expansion graduelle de cette infrastructure informatique selon les besoins, notamment avec la mise en place, à terme, d'une connectivité sécurisée pour l'accès à distance. (...) Il s'agit d'une opération complexe de par le type de données, la nature des supports, la localisation physique des informations et le cadre contractuel du rapatriement proprement dit. (...) il s'agit d'assurer*

[1168] *Ibid.*, pp. 14-15.

une meilleure coopération et un partage de connaissances avec nos partenaires… »[1169]

1425. En juillet 2006, un comité de pilotage et de suivi de l'exploitation et de l'optimisation du système opérationnel d'interprétation et de décision (SOID) a été créé en vue de la modernisation du premier système informatique-métier mis en place et devenu obsolète. Ce comité a pour mission de veiller à l'utilisation du SOID par les ingénieurs pétroliers de la SNH, et d'assurer son fonctionnement optimal. Aujourd'hui, les analyses et interprétations gagneraient en précision et fiabilité, et l'un des responsables du suivi de ce système exulte : « *Désormais, pour une étude donnée, les résultats obtenus par nos ingénieurs métiers seront systématiquement confrontés à ceux obtenus par les opérateurs. Ainsi, les représentants de la SNH lors des comités techniques seront mieux outillés pour prendre des décisions appropriées. Pour ce faire, nos ingénieurs pétroliers, qui ont par ailleurs les mêmes compétences que ceux des opérateurs, suivront les formations nécessaires pour l'exploitation de la nouvelle plate-forme.* »[1170]

1426. Enfin, la dynamique de contraction de l'espace et donc de modification de la relation opérationnelle et même juridique existant entre les opérateurs pétroliers et la SNH se consolidera avec l'entrée en service du centre de stockage des échantillons de forages pétroliers et gaziers (CSEF) dans la ville économique de Douala, mais surtout par la mise en service annoncée du portail cartographique « *permettant un accès à distance aux informations relatives au domaine minier camerounais* », aussi bien par les techniciens camerounais que par les investisseurs privés étrangers[1171].

2. Les procédés managériaux de désymbolisation du rapport juridico-symbolique

1427. L'une des missions principales de la SNH est de commercialiser sur les marchés internationaux la part de la production nationale de pétrole brut revenant à l'État. Pour ce faire, en dehors du déploiement de ses hommes sur les plates-formes, en vue du suivi et du contrôle des activités de production, la SNH est également présente sur les trois terminaux pétroliers nationaux où sont stockées les quantités produites (Kolé, Ebomé, Moudi), afin d'assurer le bon déroulement des opérations d'enlèvement de pétrole brut par les différents associés, ainsi que sur le *Komé-Kribi 1* pour les enlèvements du brut tchadien. La SNH entretient alors des rapports de complémentarité avec les opérateurs des terminaux pétroliers.

1169 Interview du directeur du CIP d'alors, *SNH Infos,* n°014, octobre 2003, p. 13. (C'est nous qui soulignons).

1170 Lire EKOUMÉ D., président du Comité de pilotage et de suivi de l'exploitation et de l'optimisation du système opérationnel d'interprétation et de décision (SOID), interview parue dans *SNH Infos,* n°24, octobre 2007, p. 21.

1171 Lire l'interview de l'administrateur-directeur général de la SNH, dans le rapport annuel de la SNH de 2006 : www.snh.cm, p. 10, visité le 8 octobre 2018.

1428. Dans le cadre du contrat d'association signé avec l'État, les opérateurs ont la charge de gérer les terminaux, y compris la logistique des opérations et la préparation de certains documents de chargement (connaissement, certificats de qualité et de quantité, certificats d'origine, relevés des creux) soumis à la signature de la SNH (pour ce qui concerne ses propres enlèvements), de l'administration des douanes, du ministère en charge des mines, des inspecteurs et du capitaine du navire.

1429. Dans le cas des contrats d'association, les réserves prouvées et exploitables de pétrole brut d'un champ sont réparties entre associés selon une clef définie au départ. À cet effet, lorsqu'un associé effectue un enlèvement, les autres membres contrôlent et confirment la quantité déclarée par l'associé concerné. La SNH ne peut donc pas se permettre d'être absente lors de ses propres enlèvements et ceux de ses associés. Il revient à l'inspecteur de la SNH de vérifier l'état de ces vannes. De même, la SNH, *via* ses experts représentés, vérifie les chiffres indiqués sur les compteurs mécaniques ou magnétiques. Ces compteurs à comptage continu permettent de savoir s'il y a eu mouvement de pétrole pendant l'absence de l'inspecteur de la SNH.

1430. De plus, dans le cadre de sa mission de *monitoring* du secteur pétrolier, la SNH a signé avec HYDRAC, une société parapublique dans laquelle elle est actionnaire majoritaire, un contrat de surveillance administrative des mouvements de tous les hydrocarbures sur l'ensemble du territoire national. À ce titre, HYDRAC assiste à tous les enlèvements de brut SNH et associés sur les terminaux, sur la base du contrat les liant. Son rôle est donc parallèle et concurrent à celui de l'inspecteur nommé par le client[1172].

1431. Ce sont là, de façon non exhaustive, des procédés de symbolisation contribuant à la perturbation, ou à tout le moins à la modification du rapport juridique entre les parties.

1432. Il convient d'exposer maintenant les mécanismes de la manifestation du rapport juridico-symbolique à l'extérieur de la relation contractuelle.

SECTION II. LES SYMBOLES À L'EXTÉRIEUR DU RAPPORT JURIDICO-SYMBOLIQUE

1433. La communication est le mode essentiel d'extériorisation de la qualité du rapport juridico-symbolique. Soit ils portent sur une symbolisation de l'harmonie du rapport juridico-symbolique (§1), soit ils connotent une disharmonie à l'intérieur du rapport juridico-symbolique (§2).

[1172] Lire *SNH Infos*, n°19, décembre 2015, p. 21.

§1. Les messages sur l'harmonie du rapport juridico-symbolique

1434. Grâce à la communication de type événementiel, les rapports juridico-symboliques entre les parties sont présentés sous un visage des plus harmonieux (A). En sus, il existe une communication occasionnelle visant à expliquer certaines spécifications de l'association ou alors à en faire une sorte de promotion marketiste (B).

A. La communication événementielle

1435. Aucune obligation légale, réglementaire ou contractuelle n'oblige les parties à communiquer sur la signature d'un contrat pétrolier au Cameroun, encore moins sur tout ou partie de son contenu. Pourtant, la régularité et même systématicité de leur usage en fait clairement une pratique, source du droit des hydrocarbures[1173]. Il convient dès lors de mettre en lumière la force et l'utilité de la communication en matière d'exploitation des hydrocarbures (1), avant d'en dégager le contenu de type relationnel (2).

1. La force et l'utilité de la communication

1436. Il est constant qu'après la signature des contrats pétroliers au Cameroun, des opérations de communication autour de la relation contractuelle nouée avec les entreprises privées étrangères soient mises en œuvre. Elles participent clairement de la violence symbolique au sens de Bourdieu, c'est-à-dire celle qui « *extorque des soumissions qui ne sont même pas perçues comme telles en s'appuyant sur des "attentes collectives", des croyances socialement inculquées. (...) la théorie de la violence symbolique repose sur une théorie de la croyance ou, mieux, sur une théorie de la production de la croyance, du travail de socialisation nécessaire pour produire des agents dotés des schèmes de perception et d'appréciation qui leur permettront de percevoir les injonctions inscrites dans une situation ou dans un discours et leur obéir* »[1174].

1437. Les activités d'exploration et d'exploitation des hydrocarbures comportent un coût social élevé, touchant spécifiquement aux problématiques liées aux risques écologiques, aux populations vulnérables, aux intérêts financiers de l'État. L'opinion publique nationale et internationale étant devenue, dans l'empire de l'économie mondiale, une force de proposition politique, la vérité en général représente désormais un enjeu stratégique. Or, ainsi que le note Beck, « *les États et les grands groupes entretiennent des rapports stratégiques avec la vérité : ils taisent ce qui peut leur nuire et clament ce qui doit leur profiter* »[1175]. Les cibles de

[1173] DEUMIER P., « La pratique et les sources du droit », in *Les sources du droit revisitées, Normativités concurrentes* (ouvr. coll.), vol. 3, *op. cit.*, pp. 111-136.
[1174] BOURDIEU P., *Raisons pratiques. Sur la théorie de l'action*, Paris, Seuil, 1996, p. 190.
[1175] BECK U., *Pouvoir et contre-pouvoir à l'heure de la mondialisation*, Paris, Flammarion, Alto/Aubier, 2003, p. 163.

cette communication systématique sont les opinions nationales et internationales, les journalistes de la presse nationale, les opérateurs économiques nationaux et l'administration camerounaise.

1438. Les activités principales de cette stratégie d'alignement de l'opinion tournent autour de la publication de communiqués de presse mais aussi d'articles relatifs à ces signatures de contrat dans la revue institutionnelle de la société étatique en charge de la valorisation des hydrocarbures, *SNH Infos*. Il s'agit de donner au projet extractif une image paisible, concertée, rationnelle, avantageuse et conforme aux attentes sociales. Le contenu standard de ces communiqués participe de cette logique d'information, de séduction et de prédation des esprits, au sujet du rapport contractuel ainsi noué.

2. Le contenu relationnel de la communication

1439. Trois caractéristiques majeures se dégagent du contenu de la communication postérieure à la signature des contrats pétroliers et gaziers au Cameroun : leur *timing* (les dates de signature), leur caractère conjoint (les signatures) et leur contenu invariable (les informations contractuelles).

1440. La systématisation des communiqués de presse à la suite de la signature des contrats pétroliers et gaziers est un marqueur du rapport existant entre les entreprises privées étrangères et l'État du Cameroun. Il s'agit d'un acte de communication quasi simultané avec la signature des contrats, intervenant le même jour, sinon le lendemain de la signature de l'accord elle-même.

1441. Au demeurant, les termes de ce communiqué sont lus à la fin de la signature des contrats, en fin de négociation, signifiant qu'ils ont été préparés avant même ladite signature officielle. Cette concomitance traduit la volonté des parties, outre la signature des contrats proprement dite, de marquer une alliance de type juridique, certes, mais aussi, et surtout, de type métajuridique, intégrant la prise de conscience commune de commencer une aventure conjointe, où chacune des parties devra contribuer à la réalisation de cet objectif unique de monétisation de la ressource, dans l'intérêt bien compris des deux parties. Seul le contrat ne permet pas de nouer ce rapport, en tout cas, il n'est pas considéré comme suffisant par les parties.

1442. La production simultanée de ce communiqué participe d'un renforcement des liens juridiques, voire de la construction de liens métajuridiques ou parajuridiques, intégrant notamment des volets psychologiques. Ce lien juridique renforcé se traduit également par la systématisation de la signature conjointe de ce communiqué, tant par l'administrateur-directeur général de la SNH que par le représentant de l'entité contractante. Au demeurant, seul l'État, à travers ses représentants, aurait pu rendre publique la signature des contrats, mais trois facteurs décisifs semblent militer pour la signature conjointe de celui-ci :

– Le consensualisme qui entoure la totalité du processus de la phase de négociation à la phase de signature aurait été entamé si le binôme État-investisseur privé étranger ne transparaissait pas dans la formalisation de cette information publique, dont le contenu est ce qui serait le plus disponible au niveau des destinataires de cette information.

– Certaines informations dévoilées dans ces communiqués peuvent s'avérer sensibles tant pour les opérateurs privés que pour l'État, et seule la signature des deux parties peut attester de leur consentement commun à la publication de ces informations, et donc du respect de la clause de confidentialité à la hauteur de ce qui a été publié.

– La dernière caractéristique relative au contenu de ces communiqués standardisés est d'ordre matériel, avec deux ordres d'information dont la vocation est clairement de légitimer la nature du lien créé entre les parties, tant en raison de la haute technicité des travaux à entreprendre que de l'identité même du cocontractant de l'État.

1443. L'essentiel des travaux auxquels s'est engagée l'entreprise privée étrangère est toujours décliné. L'on peut apprendre que celle-ci doit réaliser des études géologiques, géophysiques, retraiter des données aérogravimétriques, aéromagnétiques, interpréter des données sismiques tantôt 2D, tantôt 3D, acquérir des données magnétométriques et de densité gradiométrique, réaliser des campagnes de recherche d'indices d'huile en surface, construire des forages, etc.[1176]. Les coûts de ces programmes sont systématiquement déclinés également, ce qui contribue à construire une image de sérieux et laisse percevoir les enjeux du lien contractuel, ces montants étant plus ou moins astronomiques.

1444. Enfin, le communiqué, depuis ces dernières années, conclut en déclinant l'identité complète du cocontractant, dans le but de rassurer l'opinion sur les capacités techniques du cocontractant à réaliser l'ensemble des travaux préalablement annoncés.

1445. Ainsi, s'agissant de Kosmos Energy Cameroon, ayant signé le contrat de partage de production pour la recherche pétrolière dans le bloc Fako le 12 janvier 2012 avec l'État du Cameroun, pouvons-nous apprendre, à la fin du communiqué public y relatif : « *Kosmos Energy Ltd, société mère de Kosmos Energy Cameroon HC, est une société indépendante d'exploration et de production de pétrole et de gaz focalisée dans des zones frontières et émergentes de l'Afrique de l'Ouest et du Nord et de l'Amérique du Sud. Le portefeuille des avoirs de Kosmos comprend, au Ghana, des prospects d'exploration en* offshore *et des découvertes majeures dont celle réalisée en 2007 dans le champ Jubilee, ainsi que le permis de recherche avec un potentiel considérable en hydrocarbures dans l'*offshore *du Maroc*

[1176] Voir le tableau n°2 synthétisant quelques communiqués de presse relatifs à la signature des contrats pétroliers et gaziers au Cameroun, infra.

*et du Suriname et dans l'*onshore *du Cameroun. Kosmos est coté à la bourse de New York et opère sous le sigle KOS.* »[1177]

1446. S'agissant du capital réputationnel de l'entreprise qui est mobilisé aux fins de séduction et d'assurance, son contenu est forcément variable, au gré des actifs possibles à mettre au compte du cocontractant.

1447. C'est ainsi que s'agissant de l'entreprise Perenco Cameroun, signataire du contrat de partage de production sur le bloc Moabi le 15 janvier 2013, il est plutôt dit en conclusion : « *La société PERENCO CAMEROUN est une filiale du groupe pétrolier international PERENCO SA qui est actif dans l'exploration et la production des hydrocarbures liquides et du gaz naturel à travers le monde, notamment en République démocratique du Congo, en République du Congo, au Gabon, en Tunisie, en Égypte, en Turquie, en Colombie, au Vietnam et au Royaume-Uni. Le groupe est présent au Cameroun à travers ses filiales PERENCO CAMEROUN et PERENCO RIO DEL REY, avec une production globale opérée de 45 000 barils par jour, soit environ 75% de la production journalière nationale totale actuelle.* »[1178]

1448. Le niveau de détail des informations alors fournies témoigne de la coopération entre l'État et l'entreprise dans le cadre de la collecte des informations à publier, et cette interaction génère une norme non écrite relative tant à la communication externe concernant le lien contractuel récemment noué qu'au contenu même des informations jugées séduisantes pour le public. Il est ici significatif que la fonction de ces communiqués aille au-delà de leur portée uniquement normative, telle que décrite par les spécialistes du *soft law* ou droit souple[1179].

[1177] Voir *Cameroon Tribune,* 17 janvier 2012, p. 12.

[1178] Voir *Cameroon Tribune,* 18 janvier 2013, p. 20.

[1179] Notamment DEUMIER P., « Les communiqués de la Cour de cassation : d'une source d'information à une source d'interprétation », *RTD Civ.* 2007, p. 531 ; GERRY-VERNIERES S., *Les petites sources du droit. À propos des sources étatiques non contraignantes*, Paris, Economica, 2012, n°190 et suiv. ; et plus récemment, BISMUTH R., « Fairvesta d'un autre point de vue. Une réflexion sur ce que 'soft law' veut dire », *in* DEUMIER et SOREL, *Regards croisés sur la* soft law *en droit interne, européen et international », op. cit.*, pp. 253-262.

Tableau 2 : Communiqués officiels sur la signature des contrats pétroliers au Cameroun (source : l'auteur)

Contrats et dates	**Signataires du communiqué (État et entreprise privée)**	**Engagements des travaux principaux**	**Montants des investissements**	**Partie camerounaise**	**Sources de publication**
Contrat de partage de production avec Fusion Oil & Gas le 14/03/2011	– ADG de la SNH – Président de Fusion Oil, Peter Dolan	Acquisition de 2 000 km de sismique 2D ou de 400 km² de sismique 3D	Non spécifié	Ministères des Mines, des Finances, du Développement industriel, de l'Environnement et la SNH	*SNH Infos*, n°10, janvier 2002, p. 11
Contrat de partage de production avec Euroil le 12/12/2007	– ADG de la SNH – Président d'Euroil, Chief Tabetando	Acquisition de 12 000 km de données aéromagnétiques, et de 500 km de sismique 2D et le forage du puits d'exploration	29 620 000 dollars US	Ministères des Mines, des Finances, du Commerce, de l'Environnement et la SNH	*Cameroon Tribune* du 13/12/2007, p. 11
Contrat de partage de production avec Kosmos Energy le 12/01/2012	– ADG de la SNH – Vice-président de Kosmos, Christopher Stone	Acquisition de données magnétométriques, et de 100 km de sismique 2D ou le forage d'un puits d'exploration	18 millions de dollars US	Ministères des Mines, des Finances, du Commerce, de l'Environnement, de l'Eau et de l'Énergie et la SNH	*Cameroon Tribune* du 17/01/2012, p. 12
Contrat de partage de production avec Perenco Cameroun le 15/01/2013	– ADG de la SNH – DG Perenco, Denis Clerc-Renaud	Forage de deux puits d'exploration, à une profondeur minimum de 1 100 mètres	35 millions de dollars US	Ministères des Mines, des Finances, du Commerce, de l'Environnement, de l'Eau et de l'Énergie et la SNH	*Cameroon Tribune* du 18/01/2013, p. 20 - *SNH Infos*, n°40, février 2013, p. 33
Contrat de partage de production avec le consortium Orion / Heta Cameroun le 15/01/2013	– ADG de la SNH – Vice-président d'Orion Energy Holding Inc.	Acquisition de 2 000 km de sismique et le forage de deux puits d'exploration	75 millions de dollars US	Ministères des Mines, des Finances, du Commerce, de l'Environnement, de l'Eau et de l'Énergie et la SNH	*Cameroon Tribune* du 15/12/2014, p. 26
Contrat de partage de production avec Tower Resources le 15/09/2015	– ADG de la SNH – Président de Tower Resources, Graeme Thomson	Acquisition de 2 000 km de sismique et le forage de deux puits d'exploration	75 millions de dollars US	Ministères des Mines, des Finances, du Commerce, de l'Environnement, de l'Eau et de l'Énergie et la SNH	*Cameroon Tribune* du 15/12/2014, p. 26

B. La communication occasionnelle

1449. Le rapport juridico-symbolique est également exposé dans le cadre de la communication occasionnelle, casuistique, dépendante à la fois de la nature de l'événement dont l'association veut rendre compte, et de l'intérêt qu'elle y accorde.

1450. L'on peut alors distinguer la communication de type pédagogique, visant à expliquer un volet des activités de l'association (1), et la communication de type marketiste (2), qui est un exercice de promotion d'image auprès du grand public (2).

1. La communication de type pédagogique

1451. Elle peut porter sur divers objets. C'est ainsi que, par exemple, une dizaine d'administrations et de potentiels partenaires ont pris part à des assisses organisées conjointement par la SNH et GDF Suez le 16 mai 2012 à Yaoundé, avec pour objectif « *d'expliquer aux administrations concernées, sociétés et potentiels partenaires, les contours du projet de construction d'une usine de liquéfaction de gaz naturel (GNL) au Cameroun, d'une capacité de 3,5 tonnes par an. Les présentations faites par les responsables de la SNH et de GDF Suez ont notamment porté sur la chaîne de valeur du gaz naturel au Cameroun, le partenariat stratégique gagnant entre la SNH et GDF Suez, l'état d'avancement du projet, les bénéfices pour le Cameroun, les relations avec les parties prenantes et l'État* »[1180]. La nature du projet, complexe, commande qu'une telle initiative soit prise en vue de son « acceptabilité » ultérieure par les populations.

1452. Sur le plan organisationnel, une équipe SNH/GDF/Suez s'est rendue à Kribi et à la Lolabé du 8 au 17 décembre 2014 dans le cadre de consultations publiques du projet de liquéfaction de gaz naturel que conduisent les deux entreprises, communément appelé « projet GNL ». De même, du 6 au 14 décembre 2014, la SNH et GDF/Suez Cameroon LNG ont animé un stand dédié à Cameroon LNG dans le cadre du 5e salon international de l'entreprise.

1453. Un atelier d'information a en outre été organisé le 12 décembre 2014 à l'intention des représentants d'instituts de formation, de cabinets de recrutement, de sociétés de services, de démembrements étatiques chargés de la formation et de l'emploi, d'organismes partenaires au développement, des exposés ayant été présentés par le directeur du gaz de la SNHG et le DG de la filiale camerounaise de GDF Suez[1181].

1454. La participation conjointe de tous les partenaires est systématique, dans le but non seulement de rassurer les populations sur la volonté de l'État de s'associer avec l'investisseur privé étranger, mais aussi de sécuriser et légitimer les intérêts de celui-ci.

[1180] *SNH Infos*, n°38, août 2012, p. 19.

[1181] *SNH Infos*, n°45/46, janvier 2015, p. 27.

1455. De même, suite à l'arrivée de nouveaux expéditeurs de pétrole *via* le pipeline Tchad-Cameroun à partir du Tchad et du Niger (à venir), les modalités d'application des priorités d'accès et d'allocation des capacités ont été reprécisées par la COTCO au cours d'un atelier y relatif tenu le 25 février 2014, et auquel la SNH et les principales administrations concernées ont pris part. Il en ressort que la priorité sera accordée en premier ressort au transport du pétrole brut extrait par le consortium Exxon Mobil/Petronas/Chevron dans les trois champs du permis H en exploitation (Komé, Miandoum et Bolobo), conformément aux conventions d'établissement liant COTCO à la Tchad Oil Transportation Company (TOTCO).

1456. En cas de capacité disponible après la comptabilisation du pétrole brut extrait de ces champs, la capacité supplémentaire sera allouée d'abord au pétrole brut extrait après le consortium ou une autre compagnie dans d'autres zones du permis H ; ensuite, au pétrole brut extrait des autres bassins sédimentaires du Tchad ; enfin, au pétrole brut extrait au Cameroun, puis dans les autres pays avec lesquels le Cameroun et le Tchad ont signé des accords en la matière[1182].

1457. Ces communications de type pédagogique visent à rendre plus lisibles les activités de l'association, certes, mais aussi à mettre en évidence la cohésion d'ensemble de chacun des liens juridiques entremêlés, voire leur pertinence.

2. La communication de type marketiste

1458. La légitimation des activités extractives dépend dans une large mesure de la bonne perception qu'en ont les populations locales, laquelle est elle-même tributaire des retombées sociales ou infrastructurelles de ces activités. Dès lors, toutes les actions publiques et solennelles visant à valoriser ces entreprises de séduction relèvent d'un procédé marketing visant à établir un lien quasi juridique avec ces populations, qui s'intègre dans le rapport juridico-symbolique global des parties.

1459. Exemple peut être alors pris de la cérémonie solennelle de cession des ponts par COTCO le 25 octobre 2007, en présence du ministre des Travaux publics, du président du CPSP et du DG de COTCO. Les trois ponts concernés avaient été construits par l'opérateur COTCO pour faciliter l'acheminement du matériel de construction du pipeline Tchad-Cameroun. Il s'agit des ponts sur la rivière Mougue (40 m), à Bidjouka, Lokoundje (70 m), et Mba (30 m).

1460. Le contexte de cette cession est alors décrit comme suit : « *Le protocole d'accord de cession des trois ouvrages, signé entre COTCO et la République du Cameroun, soulage les populations riveraines concernées, qui avaient exprimé le vœu que ces ponts ne soient pas démontés à la fin des travaux de construction du pipeline, comme initialement prévu. Ces*

[1182] *Ibid.*, p. 33.

ouvrages de franchissement contribuent à l'amélioration de leurs conditions de vie, et à faciliter les déplacements quotidiens. (...) Ces structures nécessiteront tout de même quelques travaux de renforcement destinés à les rendre durables. Des travaux que la République du Cameroun s'est engagée à réaliser. »[1183]

1461. L'on constate ainsi que cette opération n'était pas prévue dès le départ, et que la République du Cameroun va devoir prendre en charge toute seule les travaux nécessaires, contrairement à tout type de relation « classique » existant entre les parties. Toutefois, la solennité donnée à la cérémonie de restitution est aussi capitalisée par COTCO, qui a dû renoncer à son projet de destruction de départ, suite à la demande faite par les populations au niveau de l'État, lequel État a répercuté et obtenu la doléance sans trop d'efforts, la relation juridico-symbolique les liant permettant une gestion du vide, de l'imprévu et de l'incertain contractuel.

1462. La logique de promotion sociale des activités extractives dans le but de légitimer et de solidifier le lien juridico-symbolique existant entre les acteurs conduit également les parties à capitaliser ensemble toute sorte d'action bénéfique aux populations, même si celle-ci n'est pas une contrainte légale et encore moins contractuelle, mais réalisée sur la base de la responsabilité sociétale des entreprises. C'est ainsi que par exemple, le 20 juillet 2016, Glencore a transféré aux autorités locales (Bamusso, dans le Sud-Ouest frontalier au Nigeria), des latrines à fosses ventilées réalisées en faveur de ces populations. Le représentant de l'ADG de la SNH a alors, à cette occasion, félicité Glencore « *pour avoir atteint ses objectifs conformément aux engagements pris dans le cadre de la responsabilité sociétale en faveur des populations riveraines des zones d'opérations* »[1184]. Étaient présents des représentants du MINMIDT, le représentant du sous-préfet de Bamusso, des chefs traditionnels, des notables locaux. Cette déclaration atteste d'une imputation de la responsabilité à l'entreprise pétrolière, mais la présence de la SNH et ses félicitations traduisent une distance différente de celle fondée sur le partenariat classique entre ces entités. Il s'agit davantage ici d'une distance verticale, autoritaire, dans laquelle et par laquelle la SNH assume un rapport de contrôleur et d'évaluateur extérieur.

1463. Le dédoublement identitaire de la SNH s'exprime ici, une fois de plus, dans les mêmes conditions lorsqu'en revanche, elle contribue à la réalisation d'une œuvre sociale avec l'un de ses partenaires. C'est le cas rencontré avec son partenaire ADDAX, avec qui elle s'est associée pour offrir une adduction d'eau d'une valeur de 10 millions de FCFA aux riverains du permis Ngosso, dans le bassin du Rio Del Rey, le 11 mai 2006. Il est alors dit, dans le communiqué de presse y relatif, qu'« *au-delà du fait*

[1183] Lire MEKA J.-F., « COTCO cède trois ponts à l'État du Cameroun », *SNH Infos*, n°25, mai 2008, p. 33.
[1184] *Ibid.*, p. 24.

que ce puits améliore considérablement la vie quotidienne de ses bénéficiaires, il traduit concrètement la concertation permanente érigée en plate-forme par la SNH et ses partenaires, dans leurs relations avec les populations riveraines, depuis le début des travaux de recherche pétrolière dans la zone du permis Ngosso. (...) ce geste est assurément d'une grande beauté, quand on sait que sur ce permis attribué à l'association SNH/Tullow Oil/Addax (opérateur) en 2004, les travaux largement perturbés par le problème frontalier avec le Nigeria, n'en sont qu'au stade d'exploration »[1185].

1464. La construction de la relation SNH/entreprise/communautés locales est donc occasionnelle, les obligations y relatives n'étant pas consignées dans les accords formels liant l'État et les entreprises privées étrangères. Seul le lien créé entre les parties génère cette norme consistant à tenir compte de certains impératifs sociaux.

1465. Il convient maintenant de s'attarder sur les messages symbolisant la disharmonie des rapports juridico-symboliques.

§2. Les messages sur la disharmonie de la relation

1466. Deux pôles de communication différents et opposés émettent des messages afin de connoter la qualité du rapport juridico-symbolique : les opérateurs pétroliers, qui visent à conditionner le maintien du rapport juridico-symbolique (A), et l'État souverain, qui cherche à assurer la dignité du rapport juridico-symbolique (B).

A. Les messages des opérateurs : les conditions du maintien du rapport juridico-symbolique

1467. Les liens de type relationnel, surtout en matière extractive où l'État joue un rôle central, sont un mode de création et de développement du droit intégrant les hypothèses de crise, soit par la voie contractuelle, soit par la voie institutionnelle, comme on l'a vu. Dès lors, la possibilité d'avoir à communiquer de façon libre sur un élément perturbateur, voire préjudiciable au rapport juridico-symbolique, surtout de la part d'un opérateur désireux de rester dans ce rapport, doit être analysée comme un symbole annonciateur d'un bouleversement probable des règles préalablement établies, surtout lorsque le support d'expression publique est la revue de la société nationale.

1468. L'expression ultime de la disharmonie ou déséquilibre contractuel pouvant conduire à la rupture du lien juridique, il convient de rappeler le contexte dans lequel une telle communication a pu être faite (1), avant d'en donner la teneur et la symbolique (2).

[1185] *SNH Infos*, n°21, août 2006, p. 6.

1. Le contexte de la communication

1469. Deux raisons directement liées à l'activité pétrolière au Cameroun déterminent la nature des termes contractuels : le cours du brut et l'importance quantitative des gisements miniers camerounais.

1470. En ce qui concerne l'importance des champs pétroliers exploités au Cameroun, il convient de préciser au préalable que le régime fiscal des activités pétrolières amont au Cameroun est largement tributaire de l'idée suivant laquelle les gisements exploités et/ou exploitables sont de petite dimension en termes de réserves, en clair, constituent des « champs marginaux ». L'administrateur-directeur général de la SNH, à l'occasion du trentième anniversaire de cette entreprise, a pu dire, avec lucidité et même fatalité : « *Le Cameroun a hérité d'un domaine minier quelque peu étroit, avec une géologie pétrolière relativement plus complexe que celle de certains de ses voisins, qui par ailleurs possèdent un domaine minier plus étendu, notamment en mer profonde.* » Il continue : « *Prenons par exemple la zone du Rio del Rey, très étriquée, qui se situe du reste sur la ligne volcanique du mont Cameroun : les géologues vous apprendront que roches volcaniques et roches sédimentaires font très peu bon ménage.* »[1186]

1471. Donnée invariable du contexte d'exploitation des ressources pétrolières au Cameroun, la modestie des richesses locales s'associe à la variable exogène des cours du brut pour structurer les régimes fiscaux entre les parties.

2. Le contenu du message exprimant les conditions du maintien du rapport juridico-symbolique

1472. Dans la première interview grand format accordée dès le numéro 4 de la revue étatique d'information pétrolière *SNH Infos*, le directeur général de la plus grande entreprise pétrolière de ce pays, à l'époque, prend le temps, dans un entretien particulièrement sensible, de planter ainsi le décor : « *Quels étaient les prix de vente du brut de l'époque ? (Époque de la signature des accords pétroliers en vigueur en 1982). De 1980 à 1982, ils ont été de l'ordre de 33 à 39 dollars US/bbl. Ce qui, en tenant compte de l'inflation cumulée jusqu'en 1995, pour des besoins de comparaison, équivaudrait à des prix d'environ 60 à 70 dollars/bbl en monnaie de 95. Quels sont les prix aujourd'hui ? (...) ils tournent autour de 16 à 17 dollars US/bbl. Cela veut dire que le contexte a radicalement changé. Les marges se sont rétrécies. Les entreprises sont devenues plus sélectives pour leurs investissements.* »[1187]

1473. L'effort de pédagogie et de rationalité de ce responsable est patent. Il présente tous les ingrédients structurant le rapport juridique créé à une époque dont il veut mettre en évidence le caractère suranné. La relation entre

[1186] Lire son interview dans *SNH Infos*, n°32, août 2010, p. 19.
[1187] *SNH Infos*, n°004, avril-mai-juin 2004, p. 11.

le cadre contractuel et la donnée objective qu'est le cours du dollar est une source de préparation et de légitimation de toute proposition qu'il pourrait alors faire, voire de source de séduction et d'adhésion mécanique à son raisonnement.

1474. C'est alors sans surprise qu'il donne sa conclusion : « *Notre sentiment est donc que le contrat actuel nécessite encore quelques correctifs et améliorations en ce qui concerne l'exploration. Le risque devient plus lourd pour les seules compagnies. Nous proposons donc de le partager, avec de nouveaux partenaires qui ne viendront que si le temps ne nous est compté, et avec l'État (...). En ce qui concerne les champs marginaux, nous avons signé en décembre 1994 des accords qui, dès lors qu'ils seront ratifiés par l'Assemblée nationale courant 1995, permettront de démarrer immédiatement deux nouveaux projets de développements : Kolé et Lipenja Sud...* »[1188]

1475. En termes de « sentiment », il s'agit quasiment d'un avertissement donné aux autorités, le risque d'arrêt de la relation et l'annonce de l'existence d'accords de prêts avant même les validations institutionnelles nécessaires contrebalançant l'impression de proposition qu'il donne au départ. Sans surprise, toute une loi, la loi n°95/13 du 8 août 1995, a fixé les mesures particulières visant à promouvoir les activités de production des hydrocarbures liquides des champs marginaux dans le domaine minier national, et a dû prendre en compte ces facteurs « inéquitables », susceptibles de rompre le lien avec les compagnies. Promulguée en août alors que l'interview a été faite en juin, celle-ci est un symbole de tension, de crise dans la relation, destiné à la fois au pouvoir législatif et au grand public qui doit se préparer à une modification du rapport contractuel de la relation juridique anciennement établie.

1476. Par le biais d'avenants aux conventions d'établissement et aux contrats d'association conclus avec la République du Cameroun, des mesures particulières ont été contractualisées, portant alors sur « *le partage de la production, la quantité de production nécessaire au remboursement des coûts, les mécanismes de récupération des dépenses, les amortissements et les conditions de rémunération des investissements* »[1189].

B. Le message de l'État souverain : la dignité de l'État dans le rapport juridico-symbolique

1477. En droit des hydrocarbures, l'État joue un rôle majeur, voire central dans les relations juridico-symboliques. Il est à la fois régulateur et opérateur, et est soumis, pour son crédit et son autorité, à une obligation

[1188] *Ibid.*
[1189] Article 6.

d'honneur[1190], certes comme ses partenaires, mais davantage en raison de son identité particulière.

1478. Dans les relations contractuelles existant entre les États et leurs partenaires étrangers, cette préoccupation est de tous les instants de la part des sociétés nationales. L'exemple de la SNH du Cameroun peut alors être pris dans ce sens, elle qui, de façon régulière, communique dans le but d'assurer la dignité de ses options stratégiques (1) mais aussi la dignité de ses activités purement contractuelles (2).

1. Les messages relatifs à la dignité stratégique

1479. La SNH est statutairement habilitée à gérer les intérêts de l'État dans le secteur pétrolier et gazier camerounais. Dans le cadre du déploiement de sa stratégie, il se trouve rarement que des cas de disharmonie contractuelle soient publiés. Ils sont gérés « dans le secret des affaires », au sein d'institutions créées à cet effet (les associations pétrolières), ou, à défaut, en cas de divergence persistante, résolus par voie d'arbitrage.

1480. Dès lors, la communication sur les litiges d'ordre stratégique est un moyen d'assurer une légitimité pour la SNH, surtout lorsque cette communication fait suite à une décision arbitrale. Cela a été le cas dans ce qui a été appelé « l'affaire IBC », qui a fait l'objet d'une communication particulière de la part de cette institution[1191]. Dans le cadre de la diversification de ses activités, la SNH a conclu un partenariat avec la société IBC SA en vue de la construction d'une usine de transformation d'aciers et de métaux industriels. La SNH et son personnel sont ainsi entrés dans le capital d'IBC SA à hauteur de 61%, soit 51% de parts pour l'entreprise, et 10% pour son personnel. Les actionnaires minoritaires, avec 39%, ont gardé la gestion de l'entreprise, en exécution du pacte d'actionnaires signé le 18 septembre 2007.

1481. Plusieurs prêts ont alors été octroyés à IBC par la SNH dans le cadre de conventions de prêts pour le financement de la construction d'usine, mais n'ont jamais fait l'objet de remboursement, et les billets à ordre garantissant ces prêts ont été retournés impayés. Au regard des difficultés persistantes de l'entreprise, la SNH a décidé, à l'expiration du pacte d'actionnaires du 18 septembre 2007, de nommer un nouveau président du conseil d'administration, un directeur général adjoint, ainsi qu'un directeur financier et comptable dans cette structure, et d'instituer la double signature pour tout paiement et pour tout engagement vis-à-vis des tiers. En désaccord avec cette décision, le directoire en place dans cette entreprise a introduit une

---

[1190] Lire LE TOURNEAU P., « Le droit et l'éthique », in *Droit et technique, Mélanges à la mémoire du professeur Xavier Linant de Bellefonds*, Éditions LexisNexis, 2007, p. 311.

[1191] Lire ZAKYATOU D. ABDOULATIF, « La Cour commune de justice et d'arbitrage de l'OHADA donne à nouveau raison à la Société nationale des hydrocarbures », *SNH Infos,* n°49, novembre 2015, p. 21 ; v. aussi *Cameroon Tribune*, 17 novembre 2015, avec le même titre, p. 9.

demande d'arbitrage contre la SNH et son personnel actionnaire dans IBC SA pour abus de majorité auprès de la Cour commune de justice d'arbitrage (CCJA) de l'OHADA.

1482. Sans entrer dans les moyens juridiques mobilisés par la CCJA, la SNH a alors fait savoir publiquement que « *la Cour commune de justice et d'arbitrage (...) a débouté par décision rendue le 15 octobre à Abidjan, en Côte d'Ivoire, M. Ekwa Ngalle et consorts de toutes leurs demandes dans le différend qui les opposait à la SNH et ses employés actionnaires (...). M. Ekwa Ngalle et consorts avaient déjà été condamnés le 15 janvier 2014 par le tribunal arbitral institué par la CCJA, qui a jugé que ces derniers ont plutôt commis un acte constitutif d'abus de minorité* »[1192].

1483. Trois caractéristiques peuvent être dégagées de cette publication :

– Elle est suffisamment précise pour connaître la nature du litige, mais imprécise pour connaître les différents moyens des parties.

– Elle est suffisamment précise pour connaître l'issue ultime de ce contentieux, mais imprécise pour savoir si les résolutions en contestation pourront être mises en œuvre après cette décision.

– Elle n'est pas en lien direct avec les activités d'exploration et de production des hydrocarbures, mais publiée dans les mêmes conditions et par le biais des mêmes supports communicationnels usités dans le cadre de la communication relative à ces activités.

1484. Dès lors, la fonction de cette publication est bien d'assurer l'honorabilité, la respectabilité et la dignité de la SHH, sur un plan stratégique. Elle vise à émettre le message suivant lequel les options managériales et stratégiques de la SNH sont validées par les institutions arbitrales, et qu'ainsi, la SNH est digne de partenariat, son honneur ayant été sauf.

Parfois, la SNH est appelée à répondre directement à des questions d'infamie proférées par la presse nationale et internationale, susceptibles d'entacher sa personnalité.

2. Les messages relatifs à la dignité contractuelle

1485. Une pression considérable de la presse a conduit parfois la SNH, par réaction à la *vulgate* de la presse, à expliquer ses modes de fonctionnement et ses attributions : il s'agit par exemple du journal français *Le Figaro* du 17 janvier 2007, qui a annoncé l'ouverture d'une information judiciaire par le pôle financier du parquet de Paris au sujet « *d'importants mouvements financiers suspects concernant le groupe Total et dans lesquels serait impliquée la Société nationale des hydrocarbures, ainsi que sa filiale locale Tradex SA* ».

1486. En réponse à ces allégations fortement relayées par la presse nationale, la SNH a publié un communiqué déniant toute sorte de

[1192] *Ibid.*

responsabilité, ni personnelle, ni de sa filiale, dans cette affaire *Total*, en réexpliquant le contenu de son mandat, les mécanismes de commercialisation du brut camerounais, l'identité de ses clients, la lisibilité de ses comptes sociaux au demeurant constamment audités et publiés[1193]. Dans le même sens et bien avant, l'affaire *Omram Adham Group,* qui a fait les choux gras de la presse cette fois-ci nationale[1194], a conduit la SNH à annoncer publiquement son épilogue judiciaire, en faisant savoir que le contentieux qui l'opposait aux groupes Omram Adham (OAG), General Mediterranean Holding (GMH) et la Banque continentale du Luxembourg (BCL) s'était achevé en sa faveur par décision du 3 janvier 2006 de la 13e chambre correctionnelle du tribunal de grande instance de Paris.

1487. Elle nous dit alors : « *Cette condamnation fait suite à la non-exécution par le Groupe OAG d'une convention de prêt d'un montant de 1,250 million de dollars US, signée le 23 novembre 1991 entre l'État du Cameroun et ce groupe ; et la rétention frauduleuse par ce même groupe de six billets à ordre, dont un, d'une valeur de 40 millions de dollars US, avait été indûment présenté pour encaissement.* »[1195] Et de conclure : « *Cet épilogue heureux d'une longue bataille juridique engagée par la SNH en 1994, pour son compte et celui de l'État du Cameroun, (...) vient confirmer la détermination de la SNH à remplir efficacement le mandat qui lui est confié par l'État, par une gestion efficiente des ressources pétrolières, et dans l'intérêt bien compris de notre pays.* »[1196]

1488. Il s'agit ici d'un exercice de communication s'apparentant à un droit de réponse, au sens où le fait générateur de la sortie médiatique est exogène, antérieur et accusatoire. Cette réaction quasi instantanée démontre également que l'État du Cameroun veille à son image internationale, qu'il est sensible à tout ce qui pourrait entacher sa crédibilité et son honorabilité internationales. La relation ici en jeu est celle qui existe entre le démembrement et l'opinion publique nationale et internationale qui doit être acquise à l'idée d'une société intègre, focalisée sur ses missions statutaires, et digne de considération.

CONCLUSION DU CHAPITRE II

1489. Que ce soit à l'intérieur de leur relation juridique ou à l'extérieur de celle-ci, les symboles jouent un rôle fondamental dans les parties contractantes en droit des hydrocarbures en Afrique. Elles coagulent la nature du rapport équidistant noué par la systématisation de l'usage des

---

[1193] Cf. communiqué dans *Mutations,* n°1830, mercredi 24 janvier 2007, p. 6.
[1194] *Le Messager*, n°893, 22 mars 1999.
[1195] *SNH Infos*, n°20, avril 2006, p. 3.
[1196] *Ibid.*

signes et symboles appropriés. Les rites[1197] procéduraux d'inauguration et de célébration des réussites contractuelles sont systématiques, et matérialisés par des signes suffisamment expressifs de la qualité du rapport.

1490. Néanmoins, certains procédés technologiques et managériaux contribuent à réduire l'intensité de la relation juridique, sans la rompre. À l'extérieur du rapport, la communication individuelle mais aussi collective des parties contractantes rend compte de la relation juridique auprès des tiers, tantôt de façon positive, tantôt l'inverse. En tout état de cause, le droit des hydrocarbures s'exprime également par l'ensemble des symboles et signes instrumentés par les parties, et qui sont des modes de réappropriation de la distance instaurée volontairement par les parties, ce que nous avons appelé l'équidistance.

CONCLUSION DU TITRE II

1491. À l'échelle internationale, la nature relationnelle des rapports entre États en matière d'hydrocarbures revêt plusieurs formes. Tantôt l'État exerce son pouvoir normatif de façon classique, tantôt il est contraint de coopérer avec des acteurs divers (société civile ou entreprises privées étrangères, notamment), en vue d'établir et de mettre en œuvre des normes juridiques. Il s'agit alors d'un monisme pluraliste, où le rôle de l'État est diversement perceptible, mais toujours présent. Nous observons alors qu'il s'agit dune véritable « société relationnelle ou interétatique » selon l'expression du professeur Jean-Jacques Pardini, « qui impose naturellement que les États (…) créent le jeu de leurs propres interactions selon une logique marquée par l'intersubjectivité »[1198].

1492. Ce positionnement central de l'État en matière de production des normes juridiques en droit des hydrocarbures est plus systématique à l'échelle nationale. En plus, que ce soit à l'intérieur de leur relation juridique ou à l'extérieur de celle-ci, les symboles jouent un rôle fondamental dans les parties contractantes en droit des hydrocarbures en Afrique. Les cérémonies relatives aux inaugurations de projets pétroliers et gaziers, ainsi que d'officialisation des arrivées et départs des plus hauts responsables des entreprises pétrolières, participent d'une sédimentation et d'un renforcement des liens contractuels, ainsi que de l'évaluation de leur intensité et de leur rentabilité. Elles coagulent la nature du rapport équidistant noué par la systématisation de l'usage des signes et symboles appropriés, comme les

---

[1197] Les rites sont entendus ici comme des actions accomplies conformément à des règles et faisant partie d'un cérémonial. V. *Dictionnaire Larousse*, www.larousse.fr, visité le 1er mars 2018.

[1198] PARDINI J.-J., « Brèves réflexions sur les interactions entre les ordres juridiques », in *La communicabilité entre les sytèmes juridiques, liber amicorum Jean-Claude Escarras*, Bruylant, 2005, p. 137.

médailles décernées aux responsables considérés comme les plus méritants à la fin de leurs séjours dans le pays hôte.

CONCLUSION DE LA PARTIE II

1493. L'État central est tenu de valoriser ses ressources extractives en liaison avec l'investisseur privé étranger, dans une relation « gagnant-gagnant », où les deux parties ont un même objectif, mais pas le même statut juridique. Dès lors, une relation particulière est nouée entre les parties, fortement structurée autour d'éléments matériels et immatériels à prendre en considération. Il s'agit en premier lieu des variables économiques et géologiques, qui, du côté de l'investisseur privé étranger, sont des pesanteurs lourdes dans sa décision d'investissement. Mais, il faut associer cette donnée aux statuts juridiques des États et des ressources extractives elles-mêmes. L'État, en tant que personne morale de droit public, jouit des privilèges de législation et de juridiction. Il a donc le pouvoir de changer les règles fiscales, par exemple, qui entrent en jeu dans le calcul de la rentabilité des projets pétroliers et gaziers. Ces ressources naturelles sont une propriété collective que l'État a la charge de valoriser ensuite, ce qui le contraint à user de toutes les voies et moyens pour y parvenir. La combinaison entre le statut souverain du cocontractant que constitue l'État, d'une part, et la nécessité de valoriser le bien collectif représenté par les ressources naturelles, d'autre part, conduit à la naissance d'une association de type particulier, de type relationnel. L'interactionnisme normatif tel que décrit par les courants du behaviorisme et les travaux de Toope et Brunnée[1199], qui en a constitué une source d'explication, trouve alors au droit des hydrocarbures une illustration saisissante.

1494. Celle-ci se traduit par le développement et l'entretien de liens précontractuels et contractuels, par des contrats dont le contenu et l'encadrement institutionnel traduisent l'existence de liens de droit que nous avons appelés équidistants. L'équidistance n'est ni l'égalité, ni l'équité, mais la relation particulière créée entre les parties au regard de facteurs subjectifs et objectifs qu'elles ont considérés comme décisifs au moment de la signature de leurs accords. L'équidistance est une distance assumée, particulière et dynamique. Elle est aménagée à l'intérieur des contrats par le biais de clauses particulières de nature juridique (clauses de renégociation contractuelle ou d'ajustement des prestations financières des parties) et fiscale (exonérations ou réduction des taux d'impôt). Mais, cette équidistance est également assurée par la voie institutionnelle, notamment par l'adjonction autant systématique que possible des sociétés nationales créées à cet effet aux activités des opérateurs privés. Non seulement des

---

[1199] TOOPE et BRUNNÉE, *Legitimacy and legality in International law, an interactional account*, *op. cit.*

contrats spécifiques baptisés « contrats d'association » formalisent les liens de droit entre les deux parties, mais plusieurs instances collégiales de pilotage des activités sont aménagées en vue du respect des termes des rapports équidistants volontairement établis (comités d'opérations, notamment).

1495. Le caractère relationnel des rapports existant entre les États et les opérateurs privés est certes vérifiable à l'échelle internationale de façon occasionnelle, mais systématique à l'échelle nationale. À l'échelle internationale, les accords de développements conjoints ou certaines décisions arbitrales tiennent compte de l'importance des relations bipartites entre États intéressés par les mêmes gisements pétroliers et/ou gaziers, par-delà les règles visant à rendre neutre l'existence des hydrocarbures pour délimiter les frontières. En droit national, les relations juridiques entre les parties sont d'autant plus équidistantes que la vie de leur réunion est constamment entretenue par des symboles et des signes qui visent à rappeler et raffermir le type de liens juridiques scellés entre elles. Les actes forts de la vie de ces associations, tels que les inaugurations de projets pétroliers et gaziers et les mouvements administratifs des plus hauts responsables des entreprises pétrolières, sont marqués par de véritables rites cérémoniaux, souvent festifs. Néanmoins, de nouveaux procédés managériaux et technologiques contribuent à dé-symboliser la relation, mais sans la rompre. L'institution d'arbitrage est alors systématiquement constituée par les parties, et les règles relatives à la compétence autonome des arbitres, d'une part, et à l'autonomie de leur pouvoir arbitral, d'autre part, peuvent s'expliquer par le caractère relationnel des liens tissés entre les parties. L'arbitre restitue aux parties les termes de leur rapport juridique, et ce pouvoir ne dépend pratiquement plus de la volonté de ces dernières au moment où son office est requis.

CONCLUSION GÉNÉRALE

1496. La *lex petrolea* est l'ensemble des normes créées par les parties contractantes au fil du temps, relatives à l'exploration et à l'exploitation des hydrocarbures. Elle fait office de doctrine dominante pour en décliner la nature. Aucun rôle particulier ou décisif ne semble être accordé à l'État dans ces dynamiques normatives, relégué qu'il est à un simple cocontractant des entreprises privées étrangères. Le pluralisme juridique, dans sa variante réaliste, est donc la seule théorie juridique considérée comme opérante en la matière[1200].

1497. Or, les ressources extractives ne sont pas un bien économique classique. Elles figurent dans la plupart des Constitutions africaines comme étant des biens de la nation tout entière, et l'État central est explicitement considéré comme le créancier des dividendes potentiels de ces richesses. Dès lors, l'étude a consisté à s'interroger sur le véritable rôle des États, de leurs cocontractants et de tierces personnes telles les arbitres et les sociétés nationales dans la production des normes entourant l'exploitation des hydrocarbures, sous le prisme critique de sa banalisation, voire de son éradication du champ des pôles émetteurs des normes en matière de commerce international.

1498. S'agissant de ressources qui mettent potentiellement en jeu plusieurs souverainetés étatiques, le droit international offre une première illustration du rôle fondamental des États dans les sources du droit des hydrocarbures. Que ce soit en matière de compétence territoriale ou de compétence économique, le droit international a fortement été influencé par les hydrocarbures. Plusieurs règles évolutives et précises ont été instituées dans le sens de l'affirmation de la souveraineté permanente des États sur leurs ressources naturelles, mais aussi dans le sens du maintien du statut privilégié de l'État central dans la gestion de celles-ci. Inversement, les hydrocarbures ont contribué à la fixation des limites des pouvoirs économiques des États à travers le paradigme de la protection des investisseurs privés étrangers, en droit international des investissements. Il

[1200] La *lex petrolea* serait ainsi caractérisée, comme la *lex mercatoria*, par le caractère privé de ses sources, en marge de toute intervention étatique. Lire GOLDMAN B., « La *lex mercatoria* dans les contrats et l'arbitrage internationaux : réalité et perspectives », JDI, 1979, p. 475.

existe également tout un droit international de l'environnement façonné par les risques spécifiques liés à ces ressources énergétiques, constitué de conventions tant internationales que régionales et sous-régionales africaines dédiées à ces ressources extractives. Incontestablement, il existe un droit international des hydrocarbures, construit au fil du temps par les États eux-mêmes.

1499. La centralité de l'État s'observe également en droit interne. Il use de son pouvoir législatif non seulement en ce qui concerne les règles d'ordre patrimonial dont la fiscalité est l'épicentre fondamental, mais aussi dans son devoir de régulation classique relatif à son domaine minier.

1500. La mise en œuvre de normes internationales et nationales également laisse observer un usage souverain de son pouvoir de régulation. Le rythme et la nature des adaptations internes de ces règles extra-étatiques dévoilent une volonté permanente de contrôle et d'orientation des activités d'exploration et d'exploitation des hydrocarbures, qui influence ces normes applicables aux investisseurs privés étrangers. La matière fiscale joue un rôle particulier dans l'exercice de son pouvoir souverain de législation, et est marquée du sceau de l'instrumentalisation maximale, en vue de favoriser l'effectivité et l'efficience de ces activités extractives. Tout l'appareil institutionnel et réglementaire de l'État est également mis à contribution dans ce sens, et complète ainsi ce qu'il convient d'appeler le droit national des hydrocarbures.

1501. Cependant, si l'État est central dans la production des normes relatives aux activités extractives, il ne les déploie pas de façon autoritaire et verticale. Il se met en relation avec ses partenaires étrangers, dans un lien de coopération matérialisé par plusieurs actes juridiques et institutions bilatérales qui en constituent l'ossature complète. Le droit des hydrocarbures applicable ne se résume pas alors à l'ensemble des textes et contrats existants, les liens de droit créés par les parties étant eux-mêmes source de droit. Les conditions objectives et juridiques d'exploitation des ressources extractives conduisent à l'établissement d'une relation juridique particulière, et les termes contractuels associés aux institutions bilatérales de régulation, ainsi qu'à l'institution tierce constituée par l'arbitrage, nous ont amené à proposer l'équidistance comme théorie représentative du rapport juridique existant entre ces acteurs. Il s'est agi de démontrer l'existence d'un monisme juridique en amont du processus de construction du droit des hydrocarbures, mais ensuite d'un monisme relationnel en aval, dans la mesure où le pouvoir normatif de l'État est mis en relation avec l'influence des investisseurs privés étrangers, des arbitres et des entités chargées de les représenter.

1502. Au total, l'étude sur les sources du droit des hydrocarbures en Afrique conduit à dépasser le positivisme juridique classique. En effet, « *toute approche théorique résulte d'une démarche constructiviste,* *conduisant de fait à une mise à distance du droit positif*»[1201]. Une approche relationiste permet de décliner les différentes sources classiques (textes durs) autour d'une variété d'approches plus actuelles, probablement plus complexes, mais aussi plus pertinentes. Le jeu des acteurs à statuts à la fois différents et complémentaires, autour d'une économie particulièrement singulière, nous a permis de mobiliser les instruments doctrinaux que sont l'interactionisme juridique, l'adhésion, la coutume, bref, de nous affranchir du positivisme techniciste du droit. Grâce à cette nouvelle approche, nous avons proposé l'équidistance comme clé de déclinaison et de prescription du droit des hydrocarbures. L'équidistance prend pour point de départ la notion de distance du professeur Emmanuel Jeuland. Elle vise simplement à qualifier cette distance, car elle tient compte de l'équivalence et de la proportionnalité des prestations, mais surtout de la finalité donnée par les parties à leur projet extractif, qui n'est pas seulement de type patrimonial. Les rapports juridiques étudiés sont tantôt de type vertical, tantôt de type horizontal, mais toujours de type coopératif et relationnel pour déboucher sur une relation complexe, fortement subjective et singulière, ne permettant pas d'envisager des comparaisons sérieuses et incontestables entre différentes relations nouées dans l'industrie extractive. Dès lors, l'équidistance relationnelle est à la fois un espoir et un défi majeur lancé aux juristes : il s'agit de s'affranchir des canons usuels de réflexion, de procéder à un « décentrement intellectuel » au sens de Gilles Lhuilier[1202]. L'Afrique peut alors constituer un terreau d'étude à haute portée heuristique, elle qui semble être habitée, depuis les temps immémoriaux, par les principes d'équité, de proportionnalité et, en un mot, par le principe d'équidistance.

1503. En effet, dans sa volonté de décliner les fondements du droit en Afrique pharaonique, Mbog Bassong, un initié dans l'ordre ancestral du Mbog chez les Bassa du Cameroun, explique : « *Faire des lois, élaborer les principes généraux de leur régulation, adapter les appareils juridiques à la complexité des problèmes à résoudre, garantir les droits et obligations des gouvernants et des gouvernés, suppose une mise en œuvre du droit. Celui-ci conjugue sources et techniques. La théorie africaine du droit vise l'équité (...). L'équité suppose aussi la non-égalité (...). C'est que, avec l'égalité, l'espace devenu isomorphe produit l'entropie, la mort. C'est la différence qui engrange le mouvement, l'action, le temps, l'éternité. Et c'est la valeur de cette différence en termes de proportionnalité d'échelle qui permet au mouvement d'actualiser les étants, de structurer la stabilité des éléments dynamiques et instables.* »[1203]

1201 FALLON D., « Peut-on penser les rapports entre les ordres juridiques », in *Entre les ordres juridiques, Mélanges en l'honneur du doyen François Hervouet*, LGDJ, novembre 2015, p. 75.

1202 *Le droit transnational, op. cit.*, p. 453.

1203 Lire MBOG BASSONG, *Les fondements de l'État de droit en Afrique précoloniale*, L'Harmattan, 2007, pp. 260-261.

1504. Il semble bien alors qu'il s'agisse moins, pour les études africanistes, d'une invitation à une « déterritorialisation », visant à « *quitter une habitude, une sédentarité* »[1204], mais qu'à l'inverse, d'une nécessité de réactivation d'un paradigme à la fois ancien et futuriste. Les conditions d'émergence d'un droit extractif plus conforme à la figuration des rapports entre parties impliquent alors une multidisciplinarité dont ne pourraient s'affranchir les chercheurs, intégrant des variables sociologiques, politistes, anthropologiques, psychologiques, historiques… Le droit extractif est probablement la discipline qui s'accommodera le mieux et le plus rapidement du mouvement de remise en cause de l'*Homo economicus* depuis les années 1980, et motivant la création de centres de recherches à vocation multidisciplinaire à travers le monde[1205], exclusivement articulés autour de la transversalité dans l'étude des sciences sociales.

1204 DELEUZE J. et GUETARI F., *L'anti-Œdipe*, 1972, cités par LHUILIER G., *Le droit transnational, op. cit.*, p. 453.

1205 En 2011, *l'Institute for Advanced Study* à Toulouse a été créé avec pour mission la facilitation des projets de recherche multidisciplinaires, et connaît un succès mondial. Lire *Le Monde,* n°22935, lundi 8 octobre 2018, p. 32.

BIBLIOGRAPHIE SÉLECTIVE

A. DICTIONNAIRES ET ENCYCLOPÉDIES

ALBERT J.-L., PIERRE J.-L., RICHER D. (dir.), *Dictionnaire de droit fiscal et douanier*, Paris, Éditions Ellipses, 2007.

ARNAUD A.-J. (dir.), *Dictionnaire encyclopédique de théorie et de sociologie du droit*, Paris, L.G.D.J., 1993.

BASDEVANT J., *Dictionnaire de droit international public*, Bruxelles, Bruylant, 2001.

BELLEY J.-G., *Dictionnaire encyclopédique de théorie et de sociologie du droit*, 2e éd., Paris, L.G.D.J., 1993.

BOCKEL, *Encyclopédie juridique de l'Afrique*, Abidjan, Dakar, Lomé, Les Nouvelles Éditions Africaines, 1982.

CABRIOLA R. (dir.), *Dictionnaire du vocabulaire juridique*, 6e éd., Éditions LexisNexis, 2015.

CHEMILLIER-GENDREAU, ROSENBERG D., *Droit international et relations internationales, Encyclopédie juridique de l'Afrique,* Tome II, Abidjan, Dakar, Lomé, Les Nouvelles Éditions Africaines, 1982.

CORNU G., *Vocabulaire juridique*, 6e édition mise à jour, Paris, PUF, 2004.

CORNU G. (dir.), *Vocabulaire juridique*, 8e édition, Paris, PUF, 2007.

SCHAEGIS C., *Dictionnaire de droit administratif*, Paris, Ellipses, 2008.

TIMSIT G., in ALLAND, RIALS (dir.), *Dictionnaire de la culture juridique*, Paris, Lamy - PUF, Coll. Quadrige - Dicos poche, 2003.

B. OUVRAGES

1. Ouvrages de théorie, d'épistémologie, de sociologie et de philosophie du droit

ATIAS Ch., *Épistémologie juridique*, Paris, Dalloz, Coll. Précis, 2002.

BARRAUD B., *La recherche juridique. Sciences et pensées du droit*, Paris, L'Harmattan, Coll. Logiques juridiques, 2016.

BARRAUD B., *L'État entre fait et droit,* Paris, L'Harmattan, 2015.

BEAUD O., *La puissance de l'État*, Paris, PUF, Coll. Léviathan, 1994.

BEHAR-TOUCHAIS M., MARTIAL-BRAZ N., RIFFARD J.-F. (dir.) *Le renouvellement des sources du droit,* Paris, Economica, 2011.

CARBONNIER J., *Sociologie juridique*, Paris, PUF, 1978.

CARBONNIER J., *Flexible droit,* 10e édition, Paris, L.G.D.J., 2001.

CHAMPEIL-DESPLATS, *Méthodologies du droit et des sciences du droit,* Paris, Dalloz, 2014.

CONSEIL D'ÉTAT, *Le droit souple*, Étude annuelle 2013, Paris, La Documentation française.

DARDOT P., LAVAL C., *Essai sur la révolution au XXIe siècle*, Paris, La Découverte/ Poche, 2015.

DAVID R., JAUFFRET-SPINOSI C., *Les grands systèmes de droit contemporains,* 11e édition, Paris, Dalloz, 2002.

DELMAS-MARTY M., *Le pluralisme ordonné*, Paris, Seuil, 2006.

DELMAS-MARTY M., *Le flou du droit. Du code pénal aux droits de l'homme*, 2e éd., Paris, PUF, Coll. Quadrige, 2004.

DE BECHILLON D., CHAMPEIL-DESPLATS V., BRUNET P., MILLARD E., *L'architecture du droit, Mélanges en l'honneur de MICHEL TROPER*, Paris, Economica, 2006.

DEUMIER P., *Le droit spontané*, Paris, Éditions Economica, 2002.

DEUMIER P. et SOREL J.-P., *Regards croisés sur le* soft law *en droit interne, européen et international*, L.G.D.J., 2018.

FONTAINE L., *Qu'est-ce qu'un « grand » juriste ? Essai sur les juristes et la pensée juridique moderne*, Lextenso éditions, 2012.

GENY F., *Méthode d'interprétation et sources en droit privé positif*, T. I (1919), Paris, L.G.D.J., n° 91, rééd. 1996.

GERRY-VERNIERES S., *Les petites sources du droit. À propos des sources étatiques non contraignantes*, Paris, Economica, 2012.

GILISSEN J. (dir.), *Le pluralisme juridique*, Bruxelles, éd. Gilissen John, Vanderlinden Jacques, 1972.

GRADONI L. (dir.), *La circulation des concepts juridiques : le droit international de l'environnement entre mondialisation et fragmentation*, Société de Législation Comparée, 2009.

GRISEL F., *L'arbitrage international ou le droit contre l'ordre juridique*, Fondation Varenne, 2011.

GURVITCH G., *L'expérience juridique et la philosophie pluraliste du droit*, Paris, Pedone, 1935.

JEANSEN E., *L'articulation des sources du droit. Essai en droit du travail*, Paris, Economica, 2008.

JELLINEK G., *L'État moderne et son droit*, Éditions Panthéon Assas, Coll. Les introuvables, 2005.

JESTAZ P., JASMIN C., *La doctrine*, Paris, Dalloz, 2004.

JEULAND E., *La fable du ricochet. Approche juridique des liens de parole.* Ed Mare & Martin, 2009.

JEULAND E., *Théorie relationiste du droit*, Paris, L.G.D.J., 2016.

LOQUIN E., KESSEDJAN C. (dir.), *La mondialisation du droit*, vol. 19, Litec, Coll. Travaux du CREMIDI, 2000.
LEGEAIS R., *Grands systèmes de droit contemporains, approche comparative*, 2e éd., Litec, 2008.
MEGERLIN F., *Ordre public transnational et arbitrage international de droit privé. Essai critique sur la méthode*, ANRT, 2002.
MILLARD E., *Théorie générale du droit*, Paris, Dalloz, Coll. Connaissance du droit, 2006.
NEDELSKY J., *Law's relations: a relational theory of self, autonomy and law*, Oxford University press, 2011.
OST. F, DE KERCHOVE M.V., *De la pyramide au réseau ? Pour une théorie dialectique du droit*, Bruxelles, Publications des facultés universitaires Saint-Louis, 2002.
PERELMAN, VANDER ELST R. (dir.), *Les notions à contenu variable en droit,* Bruxelles, Bruylant, 1984.
POPPER K., *La logique de la découverte scientifique,* 1959, 1935, trad. fr. 1973, Paris, rééd. Payot, Coll. Bibliothèque scientifique, 1995.
RIFFARD R.F., BEHAR-TOUCHAIS M., *Les mutations de la norme. Le renouvellement des sources du droit*, Paris, Economica, 2011.
THIBIERGE C. et *al.*, *La force normative. Naissance d'un concept*, L.G.D.J., Bruylant, 2009.
THIBIERGE C. et *al.*, *La densification normative*. Ed. Mare et Martin, 2014.
TOOPE et BRUNNÉE, *Legitimacy and legality in international law, an interactional account,* Cambridge University Press, 2010.
TUSSEAU, *Les notions juridiques*, Paris, Economica, 2009.
VINCENT-LEGOUX M.C., *L'ordre public, Étude de droit comparé interne*, Paris, Presses Universitaires de France, novembre 2001.
VOGEL J. (dir.), *La globalisation du droit des affaires : mythe ou réalité*, éd. Panthéon Assas, Coll. Droit Global, 2001.

2. Ouvrages relatifs au droit international, au droit international économique et au droit transnational

ANAYA J., *International Human Rights and Indigenious Peoples*, Aspen publishers, 2009.
AUBY J., *La globalisation, le droit et l'État de droit*, Bruxelles, Bruylant, 2002.
AUBY J., *La globalisation, le droit et l'État*, 2e édition, Paris, L.G.D.J. - Lextenso Éditions, 2010.
BALLENEGER J., *La pollution en droit international, la responsabilité pour les dommages causés par la pollution transfrontière*, Genève, Lib. Droz, 1975.
BEGUIN J., MENJUCQ M. (dir.), *Droit du commerce international,* Ed. LexisNexis, 2011.

BONOMO S., *Les traités bilatéraux relatifs aux investissements. Entre protection des investissements privés étrangers et sauvegarde de la souveraineté des États*, PUAM, 2012.

CARREAU D., FLORY T., JUILLARD P., *Droit international économique,* 3e éd., Paris, L.G.D.J., 1990.

CARREAU D., *Droit international public,* 7e éd., Paris, Pedone, 2001.

CHRISTAKIS T., *Le droit à l'autodétermination en dehors des situations de décolonisation,* Paris, La Documentation française, 1999.

DAILLIER P., PELLET A., FORTEAU M., *Droit international public*, 8e éd., Paris, L.G.D.J., 2009.

DE NANTEUIL A., *Droit international des investissements*, Paris, Pedone, 2014.

JOUVE E., *Le droit des peuples,* Paris, PUF, 1986.

KAMTO M., *La volonté de l'État en droit international*, Leiden Boston, Martinus Nijhoff, 2007.

KELSEN H., *The Law of the United Nations*, London, Stevens, 1950.

KISS A., BEURIER J.-P., *Droit international de l'environnement*, Paris, Pedone, 2004.

LAAZOUZI M., *Les contrats administratifs à caractère international*, Paris, Economica, 2008.

LANKARANI L., *Les contrats d'État à l'épreuve du droit international,* Bruxelles, Bruylant, 2001.

LAGELLE A., *Les standards en droit international économique. Contribution à l'étude de la normativité internationale*, Paris, L'Harmattan, Coll. Logiques juridiques, 2014.

LHUILIER G., *Le droit transnational*, Paris, Dalloz, 2016.

MENJUCQ M. (dir.), BÉGUIN J., *Droit du commerce international,* LexisNexis, n° 16, Coll. Traités, 2011.

RIDEAU J., *Droit institutionnel de l'Union et des Communautés européennes*, 5e éd., Paris, L.G.D.J., 2005.

ROULAND N., PIERRE-CAPS S., POUMAREDE J., *Droit des minorités et des peuples autochtones*, Paris, PUF, 1996.

THIERRY H., COMBACAU J., SUR S., VALLÉE C., *Droit international public*, Paris, Montchrestien, Précis Domat, 1975.

WEIL P., *Perspective du droit de la délimitation maritime*, Paris, Pedone, 1988.

3. Ouvrages relatifs aux hydrocarbures

BOY DE LA TOUR X., *Le pétrole au-delà du mythe*, Paris, Éditions Technip, 2014.

CAMERON P., *International Energy Investment law. The pursuit of stability*, Oxford University Press, 2010.

CHARON G., *Gaz de schiste : la nouvelle donne énergétique. Enjeux techniques, économiques, écologiques et géostratégiques*, Paris, Éditions Technip, 2014.

COPINSCHI P., *Le pétrole, une ressource stratégique,* Paris, La Documentation française, 2012.

DAVIS J.M., OSSOWSKI R., FEDELINO A., *Fiscal Policy formulation and implementation in oil-producing countries*, International Monetary Fund, 2003.

DIKOUME A.L., *La fiscalité pétrolière des États membres de la CEMAC. Cameroun, Congo, Gabon, Guinée équatoriale, Tchad, Centrafrique*, Paris, L'Harmattan, 2008.

DURAND B., *La crise pétrolière. Analyse des mesures d'urgence*, EDP Sciences, 2009.

DUVAL C., LELEUCH H., PERTUZIO A., LANG WEAVER J., *International petroleum exploration and exploitation agreements. Legal economic & policy aspects*, 2nd ed., Barrows, 2009.

FAVRE G., FELLRATH I., SPOORENBERG F., *Droit de l'énergie, Recueil de textes internationaux, européens et suisses*, Éditions Schulthess, 2011.

GARCIA-ROBLES, *La question du pétrole au Mexique et le droit international*, Paris, Éditions Internationales, 1939.

IKAMA J., *Comment partager la rente pétrolière ? Les enseignements d'une expérience africaine*, Paris, Éditions Technip, 2013.

KOUNOU M., *Pétrole et pauvreté au sud du Sahara,* Yaoundé, Éditions Clé, 2006.

LAURIOL T., RAYNAUD E., *Le droit pétrolier et minier en Afrique*, Paris, L.G.D.J., Lextenso éditions, 2016.

LE BIDEAU H., *Le pétrole, enjeu stratégique des guerres modernes,* L'esprit du Livre éditions, 2010.

MOULAY AHMED IDRISSI B., *Droit pétrolier et conventions pétrolières au Maroc*, Casablanca, Les éditions maghrébines, 1974.

PARIS H., *Le pétrole tue l'Afrique*, Paris, Les éditions des Riaux, 2007.

Recherche et production du pétrole et du gaz, Publications de l'Institut français du pétrole, (ouvrage collectif), Paris, Éditions Technip, 2002.

ROSENBERG D., *Le principe de souveraineté des États sur leurs ressources naturelles*, Paris, LGDJ, 1983.

SADEK B., PAUWELS J.P., LOCATELLI C., SWARTENBROEKX C., *Le défi pétrolier. Questions actuelles du pétrole et du gaz,* Éditions Vuibert, 2006.

SÉBILLE-LOPEZ PH., *Géopolitiques du pétrole*, Paris, Armand Colin, 2006.

4. Ouvrages africains divers

ATANAGANA O., *Vers les normes mondiales : comparaison OHADA et IAS/IFRS*, Yaoundé, Éditions Presses de l'UCAC, 2007.

ATANGA R., TOCKE A., *Éléments de la fiscalité des affaires au Cameroun*, Paris, L'Harmattan, 2011.

GATSI J. (dir.), *L'effectivité du droit de l'OHADA*, Yaoundé, Presses Universitaires d'Afrique, 2006.

KAMGA M., *Délimitation maritime sur la côte atlantique africaine,* Bruxelles, Bruylant, 2006.

KAMTO (dir.), *La Charte africaine des droits de l'homme et des peuples et le protocole y relatif portant création de la Cour africaine des droits de l'homme et des peuples. Commentaire article par article,* Bruxelles, Bruylant, 2011.

KENFACK H., *Droit du commerce international*, Paris, Dalloz, Coll. Memento, 2012.

LABRECQUE G., *Les différends territoriaux en Afrique. Règlement juridictionnel*, Paris, L'Harmattan, 2005.

MAIA C., KOLB R., *Le statut international de la province angolaise du Cabinda à la lumière du droit international public,* Paris, Pedone, 2015.

MODI KOKO H.D., *L'harmonisation du droit des affaires en Afrique : Regard sous l'angle de la théorie du droit,* www.juriscope.org.

MOUANGUE KOBILA J., *La protection des minorités et des peuples autochtones au Cameroun. Entre reconnaissance interne contrastée et consécration universelle réaffirmée*, Éditions Danoia, mars 2009.

MOUSSA S., *OHADA. Sociétés commerciales et G.I.E.*, Bruxelles, Bruylant, 2002.

NLEP R.G., *L'administration publique camerounaise, Contribution à l'étude des systèmes africains d'administration publique*, Paris, L.G.D.J., 1986.

NOUROU TALL S., *Droit des organisations internationales africaines, Théorie générale de droit communautaire comparé*, Paris, L'Harmattan, Coll. Droits de l'Homme, Paix et Sécurité, 2015.

NTAMPAKA C., *Introduction aux systèmes juridiques africains*, Namur, Presses Universitaires de Namur, 2005.

OLINGA A., *La Constitution de la République du Cameroun*, Yaoundé, Presses UCAC, 2006.

SINDJOUN L., *Sociologie des relations internationales africaines*, Karthala, 2002.

TERRAY E. (coord.), *L'État contemporain en Afrique,* Paris, L'Harmattan, 1987.

5. Autres

AUBY J., *Recherches sur le pouvoir réglementaire de l'administration* (préface), Paris, L.G.D.J., 1968.

CHAPUS R., *Droit administratif général*, tome 1, 7e éd., Paris, Montchrestien, 1993.

CHAABAN R. (dir.), *L'arbitrage détaché des lois étatiques*, Éditions L'Épitoge-Lextenso, 2012.

CHENUT C.H., *Le contrat de consortium*, Paris, L.G.D.J., 2003.

CHEVALLIER J., *L'État*, 2e éd, Paris, Dalloz, Coll. Connaissance du droit, 2011.

CLAMOUR G., UBAUD-BERGERON M. (dir.), *Contrats publics, mélanges en l'honneur du professeur Michel Guibal*, vol. 1 et 2, Montpellier, Presses de la faculté de Montpellier I, 2006.

DEBOURG C., *Les contrariétés des décisions dans l'arbitrage international*, Paris, L.G.D.J., 2012.

DOUVIER P.J., GIBERT B., GELIN S., LE BOULANGER A., *Prix de transfert*, Paris, Francis Lefebvre, Coll. Dossiers pratiques, 2008.

DURKHEIM E., *De la division du travail social*, Paris, PUF, Quadrige, 1998.

GAILLARD E., *La jurisprudence du CIRDI*, vol. 1, Paris, Pedone, 2004.

GAUDEMET, MOLINIER J., *Finances publiques*, tome II, 6e éd., Paris, Montchrestien, 1997.

GILDEMEISTER A.E., *L'arbitrage des différends fiscaux en droit international des investissements*, Paris, L.G.D.J., 2013.

GUYON Y., *L'arbitrage*, Paris, Economica, 1995.

KERHUEL A.J, *L'efficience stratégique du contrat d'affaires. Un champ d'action de la liberté contractuelle*, Presses Universitaires d'Aix-Marseille, 2010.

MANCIAUX S., *Investissements étrangers et arbitrage entre États et ressortissants d'autres États. Trente années d'activité du CIRDI*, Travaux du CREDIMI, vol. 24, 2004.

MERLE P., *Droit commercial. Sociétés commerciales*, 8e éd., Paris, Dalloz, 1998.

NAJIB G., *Le contrôle fiscal des prix de transfert*, Paris, L'Harmattan, 2005.

OUDENOT P., *Fiscalité approfondie des sociétés*, LexisNexis, Coll. Litec Fiscal, 2001.

PELLETIER M., *Les normes du droit fiscal*, Paris, Dalloz, 2008.

TROTABAS, COTTERET, *Droit Fiscal*, 8e éd., Paris, Dalloz, 1997.

C. ARTICLES

1. Articles de théorie, d'épistémologie, de sociologie et de philosophie du droit

ABADIE P., « La normalisation technique comme instrument de mondialisation du droit : l'exemple des normes de *reporting* environnemental », in MORAND DEVILLER, BENICHOT (dir.), *Mondialisation et globalisation de concepts juridiques : l'exemple du droit de l'environnement*, IRJS Éditions, 2010.

ACHTOUK-SPIVAK, « Le droit applicable aux arbitrages en matière d'investissements », in LEBEN (dir.), *Droit international des investissements et de l'arbitrage transnational*, Paris, Pedone, 2015.

AGOSTINI C., « Pour une théorie réaliste de la validité », in *L'Architecture du droit, Mélanges en l'honneur de Troper*, Paris, Economica, 2006.

AMSELEK P., « Brèves réflexions sur la notion de ''sources du droit'' », *Arch. Phil. du dr.*, T.3, *Droit et économie*, Paris, Sirey, 1992.

AMSELEK P., « Réflexions critiques autour de la conception kelsénienne de l'ordre juridique », *Revue de Droit Public*, 1978.

ANCEL P., « Arbitrage et ordre public fiscal », *Revue de l'arbitrage*, n°2, 2001.

ATIAS Ch., « La fin d'un mythe ou la défaillance du juridique », D., 1997.

AZZI T., « Les mutations de la norme en droit international privé », in *Les mutations de la norme,* Paris, Economica, 2000.

BARRAL V., « Le rayonnement intrasystémique du concept de développement durable », in RUIZ FABRI, *Émergence et circulation des concepts juridiques en droit international de l'environnement : entre mondialisation et fragmentation*, Paris, Société générale de législation comparée, 2009.

BERTONCINI F., « La mondialisation du droit de l'environnement autour du concept d'équilibre écologique », in MORAND DEVILLER, BENICHOT (dir.), *Mondialisation et globalisation des concepts juridiques : l'exemple du droit de l'environnement,* IRJS Éditions, 2010.

BIOY X., « Notions et concepts en droit : interrogations sur l'intérêt d'une distinction… », in TUSSEAU (dir.), *Les notions juridiques*, Paris, Economica, 2009.

BOBBIO N., « État, pouvoir et gouvernement », in *l'État et la démocratie internationale : des histoires des idées à la science politique,* Bruxelles, Complexe, 1998, p. 231.

BODEAU-LIVINEC P., « Le domaine réservé : persistance ou déliquescence des fonctions étatiques face à la mondialisation », in *L'État dans la mondialisation*, Actes du colloque de Nancy du 31 mai, 1er juin et 2 juin 2013, Paris, Pedone, 2013, p. 175.

BOUTONNET M., « La densification normative du droit de l'environnement. Du phénomène normatif au mode de régulation

juridique », in THIBIERGE et *al.*, *La densification normative*, Ed. Mare et Martin, 2014.
CABRILLAC R., « Le symbolisme des codes », in *L'Avenir du droit, Mélanges en hommage à François Terré*, Paris, Dalloz, 1999.
CHEVALLIER J., « Doctrine juridique et science juridique », *Droit et société*, n°50, 2002.
CHAZAL J.-P., « Réflexions épistémologiques sur le droit commun et les droits spéciaux », in *Études de droit de la consommation. Liber amicorum Jean Calais-Auloys*, Paris, Dalloz, 2004.
COLAS B., « Acteurs, sources formelles et hiérarchie des normes en droit international économique », *RGD*, n°22, 1991.
CREPET DAIGREMONT, « Les sources du droit international des investissements », in LEBEN (dir.), *Droit international des investissements et de l'arbitrage transnational,* Paris, Pedone, 2015.
DECOCQ G., « Réflexions sur l'influence doctrinale », in *Libres propos sur les sources du droit, Mél. Philippe Jestaz*, Paris, Dalloz, 2006.
DELMAS-MARTY M., « Plurijuridisme et mondialisation : vers un pluralisme ordonné », in *Le plurijuridisme*, PUAM, 2005.
DELMAS-MARTY M., « La mondialisation du droit : chances et risques », D., 1999.
DEUMIER P., « La pratique et les sources du droit », in *Les sources du droit revisitées, Normativités concurrentes* (ouvr. coll.), vol. 3, Éditions Anthémis, 2012.
FRYDMAN B., « Comment penser le droit global », in CHÉROT, FRYDMAN (dir.), *La Science du droit dans la globalisation*, Bruxelles, Bruylant, Coll. Penser le droit, 2012.
GAILLARD E., SEBILEAU, « La force normative du paradigme juridique », in THIBIERGE et *al.*, *La force normative. Naissance d'un concept,* Paris, L.G.D.J., hors collection, 2009.
GRZEGORCZYK C., « Ordre juridique comme réalité », in *Ordre juridique, Revue française de théorie, de philosophie et de culture juridiques*, tome 35, Paris, PUF, 2000.
JEAN D'ASPREMONT, « La déformalisation dans la théorie des sources du droit international », in *Les sources du droit revisitées* (ouvr. coll.), vol. 4, « Théorie des sources du droit », Éditions Anthémis, 2012.
LAAZOUZI M., « L'arbitre international et les rapports entre ordres juridiques », in BONNET (dir.), *Traité des rapports entre ordres juridiques*, Paris, L.G.D.J., 2016.
LE ROY E., « Sous les pavés du monologisme juridique. Prolégomènes anthropologiques », in PARANCE, DE SAINT VICTOR (dir.), *Repenser les biens communs,* CNRS Éditions, 2014, pp. 81-101.
JAMIN C., « La doctrine : explication de texte », in *Libres propos sur les sources du droit, Mél. Philippe Jestaz*, Paris, Dalloz, 2006.
JEULAND E., « L'énigme du lien de droit », *RTD Civ.*, 2003, p. 455.

JEULAND E., CHAMPAIN L., « Interactionnisme et norme, approche juridique », in JEULAND, PICAVET, *Interactionnisme et norme. Approche transdisciplinaire*, IRJS, 2016, pp. 7- 23.

JORI M., « Ordre juridique », in *Dialogue, dialectique en philosophie et en droit*, Paris, Sirey, vol. 29, 1984.

KAECKENBEECK, « La protection internationale des droits acquis », *R.C.A.D.I.*, 1937.

MAGNON X., « Repenser la frontière droit externe - droit interne au profit d'une approche unitaire du droit », in *Repenser les rapports entre les ordres juridiques*, Paris, L.G.D.J. -Montchrestien, Lextenso éditions, 2013.

MARTIAL-BRAZ, « La mutation des sources en droit public », *RDA,* n° 6, oct. 2012.

MESSAI-BAHRI, « La relation d'affaires ou relation commerciale », in JEULAND, MESSAI-BAHRI (dir.), *Les nouveaux rapports de droit*, IRJS Éditions, 2013.

MORET-BAILLY J., « Ambitions et ambiguïtés des pluralismes juridiques », in *Ordre juridique, Revue française de théorie, de philosophie et de culture juridiques*, vol. 32, Paris, PUF, 2002.

NICOLAS E., « Répétabilité et répétition des énoncés normatifs : la force intercitationnelle dans le langage juridique comme force normative », in THIBIERGE et *al.*, *La force normative. Naissance d'un concept,* Paris, LGDJ, 2009.

NICOLAS E., « L'invitation normative à penser la positivité en termes de processus. L'introduction du facteur temps dans le concept de positivité », in THIBIERGE et *al.*, *La densification normative : découverte d'un processus,* Ed. Mare & Martin, 2013.

NICOLAS E., « Les flux normatifs et la densification normative », in THIBIERGE et *al.*, *La densification normative : découverte d'un processus,* Éditions Mare & Martin, 2013.

NORSOLOR, « La distinction de la force contraignante et de la force obligatoire des normes juridiques. Pour une approche duale de la force normative », in THIBIERGE et *al.*, *La force normative. Naissance d'un concept,* L.G.D.J., Bruylant, 2009.

OST F., VAN DE KERCHOVE M., « De la bipolarité des erreurs ou de quelques paradigmes de la science du droit », *Arch. Phil. du Droit,* 1988.

OST F., VAN DE KERCHOVE M., « La doctrine entre faire savoir et savoir faire », in *Les sources du droit revisitées*, vol. 3, Anthémis, Coll. Normativités Concurrentes, 2012, pp. 17- 43.

PICARD E., « La hiérarchie des normes confrontée aux rapports entre ordres juridiques », in *Repenser les rapports entre les ordres juridiques*, Paris, L.G.D.J. - Montchrestien, Lextenso éditions, 2013.

ROUVIERE F., « La globalisation du droit : une idée théoriquement inutile », in CHEROT,

SCHIFF BERMANN P., « Le nouveau pluralisme mondial », *R.I.D.E.*, T. XXVII, vol. I, 2013.
SEIDL-HOHENVELDERN, « International economic 'soft law' », *RCADI,* II, vol. 163, 1979.
SÈVE R., « Brèves réflexions sur le Droit et ses métaphores », *Arch. Phil. du Dr.,* T. 27, *Sources du droit*, Paris, Sirey, 1982.
SUEUR L.-J., « Analyser le pluralisme pour comprendre la mondialisation ? », in CHEROT, FRYDMAN (dir.), *La Science du droit dans la globalisation*, Bruxelles, Bruylant, Coll. Penser le droit, année.
SUPIOT A., « Grandeur et petitesse des professeurs de droit », *Les cahiers du droit*, vol. 42, n°3, sept. 2011.
THIBIERGE C., « Le droit souple, réflexions sur les textures du droit », *RTD civ.*, 2003.
VAN DE KERCHOVE M., « Les rapports entre systèmes juridiques : entre clôture et ouverture », in BERGEL (dir.), *Le plurijuridisme*, Actes du 8e congrès de l'Association internationale de méthodologie juridique, Presses Universitaires d'Aix-Marseille, 2005.
VAN DE KERCHOVE, OST F., « Le pluralisme, facteur d'effectivité ou d'ineffectivité du droit ? », in *Pluralisme juridique et effectivité du droit économique* (ouvrage collectif), Éditions Larcier, 2011.
VANDERINDEN, « Pluralisme juridique radical, révélation et *common law* anglaise », in *Libres propos sur les sources du droit, Mélanges Philippe Jestaz*, Paris, Dalloz, 2006.
VULLIERME J.-L., « Les anastomoses du droit (Spéculation sur les sources) », *Archives de philosophie du droit*, vol. 26, 1981.

2. Articles de droit international

ABDULQAWI AHMED Y., « L'influence des États africains sur la formation des règles relatives à la zone économique exclusive », in *L'Afrique et le droit international : variations sur l'organisation internationale, Liber Amicorum Raymond RANJEVA*, Paris, Pedone, 2013.
ALLAND D., « Le droit international sans Terminus ? Réflexions sur la délimitation », in *Droit des frontières internationales*, Journées franco-allemandes, Société française pour le droit international, Paris, Pedone, 2016.
ALOUPI N., « Pays en développement et zone économique exclusive », Y.B. Int'L, L.185, 2010.
AZNAR GOMEZ L., « Une vision provisoire du droit international actuel », in JOUANNET, RUIZ FABRI, SOREL (dir.), *Regards d'une génération sur le droit international*, Paris, Pedone, 2008.
BARDONNET D., CARROZ J., « Les États de l'Afrique de l'Ouest et le Droit international des pêches maritimes », *AFDI*, 1973.

BASTID BURDEAU G., « Le principe de souveraineté permanente sur les ressources naturelles à l'épreuve de la mondialisation », in *L'État souverain dans le monde aujourd'hui, Mélanges J.-P. PUISSOCHET*, Paris, Pedone, 2008.

BENNOUNA M., « La délimitation des espèces maritimes en Méditerranée », in *Mélanges à la mémoire de Jean Carroz, Le droit de la mer,* Rome, Organisation des Nations unies pour l'alimentation et l'agriculture, 1987.

BULLINHTON J., « Problems on International law in the Mexican Constitution of 1917 », *A.J.I.L.*, vol. 21, n° 4, oct. 1927.

BUZZINI G., « La généralité du droit international général, réflexions sur la polysémie d'un concept », *RGDIP*, 2004.

COAVITTI, « L'ONU et la protection des minorités : un droit coutumier *in statu nascendi ?* », *L'Observateur des Nations unies*, n°20 & 21, 2006.

COUVEINHES MATSUMOTO F., « Les motifs des arrêts et avis de la CIJ », in COUVEINHES MATSUMOTO, NOLLEZ-GOLDBACH (dir.), *Les motifs non juridiques des jugements internationaux,* Actes de la 1re journée de droit international de l'ENS, Paris, Pedone, 2016, p. 137.

CORNTASSEL J., « Toward Sustainable Self-Determination: Rethinking the Contempory Indigenous-Rights Discourse », *Alternatives, Global, Local, Political*, vol. 33, 2008.

CRAWFORD I., « The Rights of peoples: some conclusions », in CRAWFORD J. (Ed.), *The rights of peoples*, Oxford University Press, 1992.

DUPUY P.-M., « L'unité de l'ordre juridique international » - Cours général de droit international public, *RCADI,* vol. 297, 2002, p. 119.

FRANCK E., « Maritime Boundaries and Regional Cooperation », *International Journal of Estuarine and Coastal law,* 5, 1990.

GLELE A., « Introduction à la Charte africaine des droits de l'homme et des peuples », in *Mélanges Claude Albert Colliard*, Paris, Pedone, 1984.

GONIDEC P., « Conflits internes et question nationale en Afrique : le droit à l'autodétermination », *African Journal of International and Comparative Law*, vol. 9, 1997.

KLABER J., « Reflections on mimesis and international law - An epilogue », in NEGRI, SCHULTE-TENCKHOFF (dir.), *La formation du droit international. Entre mimétisme et dissémination,* Paris, Pedone, 2016.

KOHEN M., « La création d'États en droit international contemporain », *Cours Euro Bancaja de droit international*, vol. VI, 2002.

KOHEN M., « Sur quelques vicissitudes du droit des peuples à disposer d'eux-mêmes », in *Mélanges Jean Salmon*, Bruxelles, Bruylant, 2007.

LACOREL S., « Le renouvellement du droit des peuples à l'autodétermination face aux changements environnementaux », in COURNIL, FAREGOULE (dir.), *Changements environnementaux globaux et droits de l'homme*, Bruxelles, Bruylant, 2012.

LADAN A., « Twenty years of the Exclusive Economic Zone in Africa: resource, exploitation and management », 29, Comp. & Int'l L.J.S. Afr. 249, 1996.
MALJEAN-DUBOIS, « La contribution de l'Union africaine à la protection de la nature en Afrique : de la convention d'Alger à la convention de Maputo », in *L'Afrique et le droit international, Variations sur l'organisation internationale, Liber Amicorum Raymond Ranjeva*, Paris, Pedone, 2013.
MAVOUNGOU N., « Vers une réelle coopération régionale en matière maritime », *Avant-garde,* n° 005, avril-juin 2007.
MBENGUE M., « Delimitation and demarcation of borders in Africa: history, problems and prospects », in *Droit des frontières internationales*, Journées franco-allemandes, Société française pour le droit international, Paris, Pedone, 2016.
METOU B., « La détermination des frontières internationales de nouveaux États africains », in
REUTER, « Quelques réflexions sur l'équité en droit international », *RBDI,* 1980.
WENGLER W., « Le droit de la libre disposition des peuples comme principe du droit international », *RHDI,* 26, 1957.
WODIE F., « Les intérêts économiques et le droit de la mer », *RGDIP*, n°3, 1976.
WORTLEY B., « The General Principles of private international law », *R.C.A.D.I.,* 1958.

3. Articles sur les hydrocarbures

ABESSOUGUE J.B., « Le taux du droit de transit relevé de 0,89 dollar US par baril », *SNH Infos,* n°42, décembre 2013.
AILINCAI M., « Exploitation des ressources naturelles et droit à un environnement sain », in
BABAFEMI OYEWOLE, « Avant-propos », in *African uptstream oil and gas,* Global business publishing ltd, 2015.
BAMBOU F., « Gaz / Pétrole : Des secteurs qui carburent », *Marchés africains,* n°25, Spécial Guinée équatoriale, janvier 2012.
BASTID BURDEAU G., « Le principe de souveraineté permanente sur les ressources naturelles à l'épreuve de la mondialisation », *L'État souverain dans le monde d'aujourd'hui, Mélanges en l'honneur de J.-P. Puissochet*, Paris, Pedone, 2008.
BONNEFOY N., « Moving towards an Africa Lex Petrolea », *Advisor,* September 2012.
BUISSON J., « Impôt et souveraineté », in *L'impôt, Arch. Phil. dr.*, Tome 46, 2002.

COLLIER P., « Ressources naturelles, développement et conflits : liens de causalité et mesures politiques », *Revue d'économie du développement*, Vol. 18, 2004.

COLLIER P., HOEFFLER A., « Démocraties pétrolières », *Afrique contemporaine,* n°216, 2005.

DAVID G.V., HULTS D.R., THURBER M.C., « Major conclusions and implications for the future of the oil industry », in *Oil and Governance. State owned-enterprises and the world energy supply,* Cambridge University Press, 2012.

DEVERY M., « Brut et plus, si affinités », *Jeune Afrique,* n°2577, 30 mai - 5 juin 2010.

DEVERY M., « Le pétrole c'est bien, le gaz c'est mieux », *Jeune Afrique,* n°2630, 5 - 11 juin 2011.

DOAK BISHOP, *International arbitration of petroleum dispute: the development of a lex petrolea*, CPLMP (Université de Dundee, Écosse), Discussion paper n° DP 12, 1997, XXIII YB Com Arb, 1998.

DOUMBÉ-BILLÉ S., « Droit international et défis énergétiques : "arguments d'une recherche" », in DOUMBÉ-BILLÉ (dir.), *Défis énergétiques et droit international,* Éditions Larcier, 2011.

EIDGE O., « How attractive are the fiscal regimes of the deepwater offshore West Africa to foreign Investment? », www.ogel.org, vol. 2, issue 3, juillet 2004.

ESSAGA S., « L'autonomie relative des codes pétroliers en matière fiscale en Afrique noire : exemple à partir de l'impôt sur les sociétés en droit camerounais et ivoirien », *Revue Solon*, n°5, vol. III, avril 2011.

ESSAGA S., « Les bonus en fiscalité pétrolière », *African oil magazine,* n°3, juillet - août 2009.

ENTELIS J.P., « Sonatrach: the political economy of an algerian state institution », *Oil and Governance. State-owned enterprises and the world energy supply* (ouvr. coll.), Cambridge University Press, 2012.

FLEISCHER, "Oil Spills: Convention to Limit Liability", *Environment Policy and Law,* vol. 3, 1977.

FOGUE TEDOM A., « Le mythe de la marginalisation stratégique de l'Afrique : analyse de la dynamique américaine et chinoise autour du pétrole africain », in KAMTO (dir.), *L'Afrique dans un monde en mutation,* Éditions Afrédit, janvier 2010.

FOX H. et *al.*, « Joint Development of Offshore Oil and Gas », Londres, British Institute of International and comparative Law, 2000.

GAILLARD E., LEBOIS M., « Algeria », in *African upstream Oil and Gas. A practrical guide to the law and Regulation,* Globe business Publishing Ltd, 2015.

GHARBI S., « Le nerf du conflit », *Jeune Afrique,* n°2362, 16 - 22 avril 2006.

GORDON BARROWS, "Equatorial Guinea: legislation 2000'', *Advisor,* n°199, August / Sept 2000.

HELLER, « Angola's Sonangol: dexterous right hand of the state », in *Oil and Governance. State-owned enterprises and the world energy supply* (ouvr. coll.), Cambridge University Press, 2012.
LEERBERG B.E, MC CLURE C.E., WINFROW P., « Petroleum taxation in Libya », www.ogel.org, vol. 3, issue 2, juin 2005.
MAGRIN G., « Compétition pétrolière et développement en Afrique : quels enjeux pour l'Europe et les États-Unis ? », *CIRAD,* 2006, www.gbf.net.
MANIN P., « Exploitation du gaz naturel et transformation des structures juridiques », in *Les hydrocarbures gazeux et le développement des pays producteurs*, vol. 2, Paris, Librairies Techniques, 1974.
MEKA J.-F, « Relations normalisées entre le Tchad et le consortium des sociétés pétrolières », *SNH Infos*, n°022, janvier 2007.
MIRCEA D., « La dépendance énergétique, la souveraineté et le droit international général », in *Défis énergétiques et droit international,* DOUMBÉ-BILLÉ (dir.), Éditions Larcier, 2011.
NABI L.K., "Libya unveils terms for foreign investors'', *International Energy Law and Taxation Review,* 2005.
NAHKLE C., ''Petroleum Fiscal Regimes. Evolution and challenges'', in *The Taxation of petroleum and minerals: principles, problems and practice*, New York, Routledge, 2010.
NOEL P., « La constitutionnalisation du régime juridique international des investissements pétroliers et la (re) construction du marché mondial », *Cahiers de recherche,* n°20, Institut d'économie et de politique de l'énergie, septembre 2000.
NOUVEL Y., « Les mesures équivalant à une expropriation dans la pratique récente des tribunaux arbitraux », *RGDIP*, 2002.
OCHIEZE C., « Fiscal *Stability: to what extent can flexibility mitigate changing circumstances in a petroleum production tax regime* », www.ogel.org, April 2007.
OTMAN W.A, « Developing the libyan marginal fields opportunities and risks », www.ogel.org, vol. 4, issue 1, mai 2006.
QABAZARD, « The Changing Role of the National and International Oil Company in a geopolitical context », www.ogel.org, vol. 5, issue 2, avril 2007.
RIFAI A., « La stratégie des compagnies pétrolières face aux nouvelles sources d'énergie », in *Les hydrocarbures gazeux et le développement des pays producteurs*, Paris, Éditions Technip, 1974.
ROBERTS P., « NOC, IOC - living in perfect harmony? », www.ogel.org, august 2007.
SALEM M., « Le développement de la protection conventionnelle des investissements étrangers », in IFFAUT-SILK, *La régulation de l'énergie : bilan et réformes*, *RIDE,* 2011.
STEFAAN S., KINGAH S.S., « How the Government of Chad can meet development pledges to its people without breaching its obligations with

the World Bank and multinational oil companies »,, *Manchester Journal of International Economic Law*, Volume 4, Issue 3, 3-42, 2007.

TALUS K., « Internationalization of energy law », in *Research handbook international energy law*, Edward Elgar Publishing, 2014.

TCHAPMEGNI R., « Les nouvelles revendications foncières et l'activité extractive. Le cas de l'Arctique », in NGWANZA, LHUILLIER (dir.), *Le contentieux extractif*, ICC, 2015.

THOMAS C.C., « Update on *lex petrolea*: the continuing development of customary law relating to international oil and gas exploration and production », *J.W.E.L.B.*, vol. 4, n°3, septembre 2011.

THURBER M.C., MEMELIFE I., HELLER P.R.P., « NNPC and Nigeria's oil patronage system », in *Oil and Governance. State-owned enterprises and the world energy supply,* (ouvr. coll.), Cambridge University Press, 2012.

TREVES T., « La pollution résultant de l'exploration et de l'exploitation des fonds marins en droit international », *A.F.D.I.*, vol. 24, n°1, 1978, pp. 827-850.

VALERA J.L., "Changing Oil & Gas Fiscal and Regulatory Regimes in Latin America", www.ogel.org, january 2008.

WALTER KANSTEINER, « Offensive sur l'or noir africain », *Le Monde Diplomatique*, janvier 2003.

4. Articles divers

BEYNEX I., « L'arbitrage international est-il véritablement un mode alternatif de règlement des différends ?, *RTD Com.*, 2012, p. 225.

BOIDMAN D., WARD P., VINEBERG, « Global trends in the taxation of international mergers & acquisitions: convergence? Divergence ? The organization between law & taxation – Policies & Practicies », in *Fiscalité et entreprise : politiques et pratiques, Mélanges Jean-Pierre Le Gall*, Paris, Dalloz, 2007.

BON P., « Les actes législatifs de l'exécutif », in *La communicabilité entre les systèmes juridiques, Liber amicorum Jean-Claude Escarras* (ouvr. coll.), Bruxelles, Bruylant, 2005.

BROUSSEAU E., « L'économiste, le juriste et le contrat », in *Études offertes à Jacques Ghestin. Le contrat au début du XXIe siècle*, Paris, L.G.D.J., 2015.

CAZALA J., « La clause de respect des engagements », in LEBEN (dir.), *Droit international des investissements et de l'arbitrage transnational,* Paris, Pedone, 2015.

CHEVALLIER J., « Souveraineté et droit », in *Les évolutions de la souveraineté,* Paris, L.G.D.J., Coll. Grands Colloques, 2006.

DESPAX M., « Le droit de l'environnement a pour objet de supprimer ou de limiter l'impact des activités humaines sur les éléments ou les milieux naturels », in *Droit de l'environnement*, Litec, 1980.

DONFACK SOKENG L., « Bonne gouvernance, État de droit et développement. Approche critique de la réforme de l'État en Afrique », *RTD*, n°2, avril-juin 2007.

FIEVET G., « Réflexions sur le concept de développement durable : prétention économique, principes stratégiques et protection des droits fondamentaux », *Revue belge de droit international*, n°128, 2001.

HABERLI CH., « Les investissements étrangers en Afrique », in KAHN, *Politique étrangère*, vol. 45, n°1, 1980.

JARROSSON C., « Les frontières de l'arbitrage », *Rev. arb*, n°1, 2001.

JUILLARD P., « Chronique de droit international économique (Investissements) », *AFDI*, 1986.

JUILLARD P., « Chronique de droit international économique (Investissements) », *AFDI*, 1988.

KAMTO M., « La notion de contrat d'État : une contribution au débat », *Revue de l'arbitrage,* 2003.

KENFACK D., « La notion d'ordre public international dans l'arbitrage OHADA », *Revue camerounaise de l'arbitrage*, n°29, avril-mai 2005.

KESSEDJIAN C., « Mondialisation, gouvernance, régulation : doit-on penser le droit international économique différemment au XXIe siècle », in *Le droit international économique à l'aube du XXIe siècle, Mélanges en l'honneur de Dominique Carreau et Patrick Julliard, Cahiers internationaux,* n°21, Paris, Pedone, 2009.

KISS C., « Activités scientifiques et techniques et devoir d'information », in *Études offertes à Claude-Albert COLLIARD,* Paris, Pedone, 1984.

LEBEN C., « Un survol historique », in LEBEN (dir.), *Droit international des investissements et de l'arbitrage transnational*, Paris, Pedone, 2015.

LOQUIN E., « Où en est la *lex mercatoria* ? », in *Études P. Kahn*, Paris, Litec, 2000.

MALJEAN-DUBOIS, « Quel droit pour l'environnement ? », in *Droit de l'environnement*, Paris, Dalloz, 2004.

MAYER P. « *Contract claims* et clauses juridictionnelles des traités relatifs à la protection des investissements », in *Choix d'articles de Pierre Mayer*, Paris, L.G.D.J., 2015, p. 419

NEGRIN O., « Une légende fiscale : la définition de l'impôt de Gaston Jèze », *Revue de droit public*, n°1, 2008.

NEGRIN O., « Les principes en droit fiscal », in CAUDAL (dir.), *Les principes en droit*, Paris, Economica, 2008.

NOUVEL Y., « Les standards de traitement : le traitement juste et équitable, la sécurité pleine et entière », in LEBEN (dir.), *Droit international des investissements et de l'arbitrage transnational,* Paris, Pedone, 2015.

POLLAUD-DULLIAN F., « Du droit commun au droit spécial - et retour », in *Aspects contractuels du droit des affaires. Mélanges en l'honneur d'Yves Guyon*, Paris, Dalloz, 2003.

OKWU-OKFOR O.C., « Self-Determination and the struggle for Ethno-Cultural Autonomy in Nigeria: The Zangon-Kataf and Ogoni Problems »,

African Society of International and Comparative Law Proceedings, 1994.
OLINGA A., « La question anglophone devant le prétoire international des Droits de l'Homme », in OLINGA (dir.), *Le Cameroun et le prétoire international*, Éditions Afrédit, 2015.
QUENEUDEC J., « La zone économique », *RGDIP*, n°2, 1975.
RIGAUX F., « Souveraineté des États et arbitrage international », in *Le droit des relations économiques internationales, Études offertes à Bertold Goldmann*, Paris, Litec, 1982.
ROLAND P., « L'Afrique dans tous ses états », *Espaces Temps*, vol. 33, n°1, 1990.
SAUTTER G., « Quelques réflexions sur les frontières africaines », in *Problèmes de frontières dans le tiers-monde,* Paris, L'Harmattan, Coll. Pluriel-Débat, 1982.
TREVISANUT S., « La Convention des Nations unies sur le droit de la mer et le droit de l'environnement : développement intrasystémique et renvoi intersystémique », in FABRI, GRADONI, *La circulation des concepts juridiques : le droit international de l'environnement entre mondialisation et fragmentation,* Paris, Société de législation comparée, 2009.
VIDAL L., « L'apport du droit des contrats américains au droit des contrats publics français : l'exemple des *equitable adjustments* », in CLAMOUR, UBAUD-BERGERON, *Contrats publics, mélanges en l'honneur du professeur Michel Guibal*, CREAM, 2006.

D. COLLOQUES ET CONFÉRENCES

BERGER J.-L., « La coordination des sources du droit », in *La méthodologie de l'étude des sources du droit*, Actes du 6e congrès de l'Association internationale de méthodologie juridique, Presses Universitaires d'Aix-Marseille, 2001.
COMBACAU J., « La crise de l'énergie au regard du droit international », in *SFDI, La crise de l'énergie et le droit international,* Actes du colloque de Caen, Paris, Pedone, 1976.
FONTAINE L., « Le pluralisme comme théorie des normes », in FONTAINE (dir.), *Droit et pluralisme*, Actes du colloque de Caen des 30 novembre et 1er décembre 2006, Éditions Nemessis, Bruylant, Coll. Droit et Justice, 2007.
GOHIN O., « Souverainetés et compétences en droit constitutionnel français depuis 1946 », in *Les évolutions de la souveraineté*, Actes du colloque de l'université d'Angers, 13 et 14 janvier 2005, Paris, Éditions Montchrestien, Coll. Grands colloques, 2006.
MAILLARD DESGREES DU LOU, « Rapport introductif », in *Les évolutions de la souveraineté*, Actes du colloque de l'université d'Angers,

13 et 14 janvier 2005, Paris, Éditions Montchrestien, Coll. Grands colloques, 2006.

MACHELON J.-P., « Souveraineté et État de droit », in *Les évolutions de la souveraineté*, Actes du colloque de l'université d'Angers, 13 et 14 janvier 2005, Paris, Éditions Montchrestien, Coll. Grands colloques, 2006.

OUAGADJIO B., « Le Tchad à l'aune du développement humain durable », in *Tchad, quarante ans d'indépendance : bilan et perspectives de la gouvernance et du développement*, Actes du colloque de Ndjamena, 25 au 28 février 2002.

THOLOZAN O., « La figure de la pyramide et du réseau dans l'architecture du droit », Colloque transdisciplinaire droit et architecture, « Reconsidérer les frontières disciplinaires, leurs interactions et leurs mutations », Aix-en-Provence, 11 avril 2012.

TROPER M., « La souveraineté comme principe d'imputation », in *Les évolutions de la souveraineté*, Actes du colloque de l'université d'Angers, 13 et 14 janvier 2005, Paris, Éditions Montchrestien, Coll. Grands colloques, 2006.

E. THÈSES ET MÉMOIRES

DE GEOUFFRE DE LA PRADELLE G., *La frontière,* Thèse de Droit, Paris, 1928.

HAMMAMI M., *Les contrats de partage de production dans le domaine des hydrocarbures*, Thèse, Université de Montpellier I, décembre 2006.

KWATE EKWA A., *La spécificité du régime fiscal des sociétés pétrolières d'amont au Cameroun*, Mémoire de DESS d'administration fiscale, Université de Douala, 2001.

LEHOT M., *Le renouvellement des sources internes du droit et le renouveau du droit de la responsabilité civile*, Thèse, Université du Maine, 2001.

LEKA E., *Pétrole, pouvoirs et sociétés. Une analyse des nouvelles dynamiques sociales à partir du pipeline Tchad/Cameroun*, Thèse dactylographiée de sociologie politique, Université de Yaoundé I, 2008-2009.

MBALLA OWONA, *La définition de l'acte administratif unilatéral en droit administratif camerounais,* Thèse de doctorat en droit public, Université de Yaoundé II - Soa, 2008.

MOBIBO TOURE, *Le traitement fiscal des charges financières de l'entreprise*, Thèse, Paris II, L.G.D.J., 1994.

MOUANGUE KOBILA, *Le Cameroun face à l'évolution du droit international des investissements*, Thèse de droit international économique, dactyl., Université de Yaoundé II SOA, 2004.

NOEL P., *Production d'un ordre pétrolier libéral. Une politique normative américaine dans les relations internationales entre 1980 et 2000*, Thèse, Université de Grenoble II, 2000.

NTANG E., *La recherche et l'exploitation des hydrocarbures au Cameroun : aspects juridiques,* Thèse de doctorat de 3e cycle, Paris I, 1986.

OMRI MOHAMED A., *Fiscalité pétrolière : impact sur l'activité exploration-production des hydrocarbures. Cas de la Tunisie*, Thèse, Université de Nice - Sophia Antipolis, mai 1995.

OSMAN F., *Les principes généraux de la* lex mercatoria, *contribution à l'étude d'un ordre juridique anational*, Thèse, Paris, L.G.D.J., 1992.

TUSSEAU G., *Les normes d'habilitation*, Thèse, Paris 10, Dalloz, 2006.

VARNEROT V., *Les sources privées du droit fiscal*, Thèse, Université de Nice - Sophia Antipolis, 2001.

F. JURISPRUDENCES

1. Jurisprudence internationale

Affaire *Frontière terrestre et maritime entre le Cameroun et le Nigeria,* 10 octobre 2002, *Rec. C.I.J.*, 2002, pp. 302-602.

Affaire du vapeur Wimbledon, 16 janvier 1923, *C.P.J.I.,* série A, 1923, n°1, p. 6.

Conformité au droit international de la déclaration unilatérale d'indépendance relative au Kosovo, 22 juillet 2010, *Rec. C.I.J*, Avis consultatif n°141.

Affaire du plateau continental (Tunisie/Jamahiriya arabe libyenne), arrêt du 10 décembre 1985, *Rec. C.I.J.*, 1985.

Affaire du Plateau continental de la mer du Nord, arrêt du 20 février 1969, *Rec. C.I.J.*, 1969, p. 3.

Affaire de la licéité de la menace ou de l'emploi d'armes nucléaires, 8 juillet 1996, avis consultatif, *Rec. C.I.J.*

Affaire Timor oriental (Portugal. c. Australie), 30 juin 1995, arrêt, *Rec. C.I.J.*, 1995, p. 90.

Différend frontalier (Burkina Faso c. République du Mali), arrêt du 22 décembre 1986, *Rec. C.I.J.*, 1986, p. 554.

Affaire du Sud-Ouest Africain, avis consultatif, 11 juillet 1950, *Rec.C.I.J.*, 1950, p. 132.

Affaire des activités militaires et paramilitaires au Nicaragua et contre celui-ci (compétence), 26 novembre 1984, *Rec. C.I.J.*, 1984, p. 169 (fond), 27 juin 1986, *Rec. C.I.J.*, 1986, p. 14.

Affaire du Détroit de Corfou (*Royaume-Uni c. Albanie*), arrêt, *Rec. C.I.J.*, 1949, p. 4.

Affaire relative au paiement en or des emprunts fédéraux brésiliens émis en France, 12 juillet 1929, série A/B, n°21.

2. Jurisprudence arbitrale

Sentence *KOWEÏT contre American Independent Oil Co (AMINOIL),* 24 mars 1982, Clunet 1982, p. 869 (traduction française) ; Répertoire, n°3623, 3151.

Sentence *Saoudi Arabia v Arabian American Oil company* (ARAMCO), 23 août 1958, Répertoire, n°3168, 3229.

Sentence *Sapphire International Petroleum Ltd v National Iranian Oil Company,* 15 mars 1963, Répertoire, n°3206, 3207.

Sentence *Texaco Overseas Petroleum Company et California Asiatic Oil Company c.gouvernement de la République arabe de Libye,* 19 janvier 1977, Répertoire, n°3145, 3175, I.L.M., vol. 17, p. 16.

Sentence *Libyan Oil Company (Liamco) c. Gouvernement de la République arabe libyenne,* 12 avril 1977, *Revue de l'arbitrage,* 1980, pp. 132-191.

Sentence *American Manufacturing & Trading Inc / République du Zaïre,* sentence du 21 février 1997, Clunet, 1998, p. 243.

3. Jurisprudence nationale

Affaire n°266/2003, *Kevin Mgwanga Gunme et Al. c / Cameroun,* Doc.Ex.CL/529 (XV).

CJCE 5 février 1963, *Van Gend en loos*, aff. 26/62, Rec.

Arrêt n°20 du 20 mars 1968, *Ngongang Njanke Martin c/État du Cameroun,* rendu par l'assemblée plénière de la Cour fédérale de justice.

Jugement n°38/CS-CA/ADD/03-04 du 29 décembre 2004, *Association le Tabernacle des Aigles c/État du Cameroun* (MINATD).

G. TEXTES INTERNATIONAUX ET NATIONAUX

1. Textes internationaux

Convention de Genève sur le droit de la mer de 1958.

Résolution de l'Assemblée générale des Nations unies n°2200 (XXI), 16 décembre 1966.

Charte africaine des droits de l'homme et des peuples.

Déclaration des Nations unies sur les droits des peuples autochtones.

Protocole relatif à la coopération en matière de lutte contre la pollution en cas de situation critique.

Charte des Nations unies.

Résolution 1514 (XV) du 16 décembre 1960.

Deux pactes internationaux du 16 décembre 1966.

Résolution 2621 (XXV) du 12 décembre 1970 sur le programme d'action pour l'application intégrale de la déclaration adoptée par la résolution 1514 (XV).

Résolution 2625 (XXV) du 26 octobre 1970.

Résolution 36/103 du 9 décembre 1981.
Charte de l'OUA de 1963.
Résolution AHG/16 (1) de la Conférence des chefs d'États africains, qui réaffirme leur adhésion au principe de l'intégrité territoriale.
Convention pour la protection du milieu marin de l'Atlantique du Nord-Est, ou convention OSPAR.
Convention d'Abidjan pour la coopération en matière de protection et de développement du milieu marin et côtier de la région de l'Afrique de l'Ouest et du Centre.
Convention de Nairobi pour la protection, la gestion et le développement de l'environnement marin et côtier de la région de l'Afrique de l'Est.
Protocole relatif à la coopération en matière de lutte contre la pollution en cas de situation critique.
Convention internationale sur la responsabilité civile des propriétaires de navires pour les dommages dus à la pollution par les hydrocarbures.
Convention internationale sur l'intervention en haute mer en cas d'accident entraînant ou pouvant entraîner une pollution par les hydrocarbures.
Résolution A. 672 (16) de l'OMI en date du 19 octobre 1989.
Traité entre la République du Cameroun et les États-Unis d'Amérique concernant l'encouragement et la protection réciproque des investissements signés à Washington le 26 février 1986, ratifié le 6 avril 1989.
Accord entre le gouvernement de la République unie du Cameroun et le gouvernement de la République socialiste de Roumanie sur la garantie réciproque des investissements, signé le 30 août 1980, ratifié le 16 décembre 1981 par décret n°80/110 du 14 mars 1981.
Accord entre le gouvernement de la République du Cameroun et le gouvernement de la République populaire de Chine pour la promotion et la protection réciproque des investissements, signé le 10 mai 1997.
Convention pour le règlement des différends relatifs aux investissements entre États et ressortissants d'autres États.
Traité entre la République fédérale du Cameroun et la République fédérale d'Allemagne, relatif à l'encouragement des investissements de capitaux.
Traité OHADA du 17 octobre 1993.
Acte uniforme portant harmonisation des comptabilités.

2. Textes nationaux

o **République d'Algérie**

Loi n°13-01 du 20 février 2013 modifiant et complétant la loi n°05-07 du 28 avril 2005 relative aux hydrocarbures.

o **République du Bénin**

Loi n°2006-18 du 17 octobre 2006 portant Code pétrolier.

o **République du Burundi**

Loi n°1-21 du 15 octobre 2013 portant Code minier au Burundi.

o **Cameroun**

Loi n°91/018 du 12 décembre 1991 relative aux mesures particulières d'incitation en vue de la promotion des activités de recherche et de production des hydrocarbures dans le bassin de Douala (Cameroun).

Loi n°95/13 du 8 août 1995 fixant les mesures particulières pour la promotion des activités de production des hydrocarbures liquides des champs marginaux dans le domaine minier (Cameroun).

Loi n°64.LF.3 du 6 avril 1964 portant régime des substances minérales de la République unie du Cameroun.

Loi n°64-LF-66 du 6 avril 1964 fixant l'assiette, les taux et le mode de recouvrement des droits fixes, redevances et taxes minières.

Loi n°95/13 du 8 août 1995 fixant les mesures particulières pour la promotion des activités de production des hydrocarbures liquides des champs marginaux dans le domaine minier national.

Loi n°91/018 du 12 décembre 1991 relative aux mesures particulières d'incitation en vue de la promotion des activités de recherche et de production des hydrocarbures dans le bassin de Douala.

Loi n°96-06 du 18 janvier 1996 portant révision de la Constitution du 2 juin 1972.

Loi n°99-13 du 22 décembre 1999 portant Code pétrolier.

Ordonnance n°2002/001 du 27 juin 2002 portant budget de l'État pour la période transitoire du 1er juillet 2002 au 31 décembre 2002.

o **République de Centrafrique**

Loi n°09-005 du 29 avril 2009 portant Code minier en Centrafrique.

Ordonnance n°93.007 du 25 mai 1997 portant Code pétrolier de la Centrafrique.

o **République du Congo**

Loi n°24-94 portant Code des hydrocarbures au Congo.

o **République de Côte d'Ivoire**

Ordonnance n°12-369 du 18 avril 2012 portant modification de la loi n°96-669 du 29 août 1996 portant Code pétrolier.

o **République de Guinée équatoriale**

Loi n°6/2000 du 20 mars portant modification des articles déterminés du décret-loi n°7/1981 du 16 juin sur les hydrocarbures.

o **République de Guinée**

Loi n°2014/034/AN du 23 septembre 2014 portant Code pétrolier.

o **République du Niger**

Loi n°2007-01 du 31 janvier 2007 portant Code pétrolier.

o **République du Sénégal**

Loi n°98-05 du 8 janvier 1998 portant Code pétrolier.

o **Tunisie**

Loi n°99-93 du 17 août 1999 portant promulgation du Code des hydrocarbures.

o **Tchad**

Ordonnance n°07/PC-TP-MH du 3 février 1962 organisant les activités de recherche, d'exploitation et de transport des hydrocarbures liquides ou gazeux au Tchad.

INDEX

A

B

C

D

E

F

G

H

I

J

L

M

N

O

P

R

S

T

Z

REMERCIEMENTS

L'écart existant entre les universités et centres de recherche de diverses zones du monde est dans une large mesure fonction de l'importance ou non de financements alternatifs à la recherche scientifique.

Ces derniers devraient davantage provenir du secteur privé, dans une association mutuellement bénéfique, la proximité entre le secteur productif et la recherche scientifique étant une condition *sine qua non* du developpement collectif.

Nous remercions les entreprises ci-dessous pour leur contribution à la production et à la promotion de ce travail:

- Le cabinet d'audit et de conseil **Mazars Cameroun**
- Le cabinet d'avocats **Jing & Partners**
- **Blessing Petroleum**
- **Bocom Petroleum**
- **Neptune Oil S.A.**

TABLE DES MATIÈRES

Centre Africain de Recherche
sur les Politiques Energétiques et Minières

CARPEM

17 rue Montaigu, Résidence Clos Margot, 72 000 Le Mans France

QU'EST-CE QUE LE CARPEM ?

Le contexte de la recherche contemporaine africaine est propice à l'accueil et à la diffusion de tous les mouvements d'innovation et de créativité scientifiques. Le **CARPEM** est un laboratoire d'inventivité scientifique, un espace de rupture épistémologique visant à promouvoir la recherche sur les thématiques et problématiques énergétiques africaines.

De façon dominante et sociologique, il s'agit d'une **dynamique de réappropriation par les africains de leur destin scientifique,** portant sur les ressources naturelles en Afrique. Il souhaite se positionner en support et en ressort du milieu universitaire africain et mondial, contribuant à la production des schémas de présentation pertinents, et de propositions des politiques énergétiques et minières africaines efficientes.

Le **CARPEM** contribue ainsi à créer un environnement varié de formation, de réflexion et de production des savoirs scientifiques relatifs aux secteurs extractifs africains, et vise à **favoriser l'éclosion d'une élite technique et scientifique** capable de mettre à disposition le savoir utile et efficace à la communauté africaine et universelle.

Le **CARPEM** a déjà pu nouer des rapports de coopération avec des organisations aussi sérieuses que l'Association Internationale des Négociateurs Pétroliers de Houston **(AIPN),** et l'Organisation Internationale de la francophonie **(OIF).**

ADHERER AU CARPEM

Les entreprises, les chercheurs, les étudiants, les organisations de la société civile et les institutions publiques nationales et internationales peuvent participer à cette dynamique originale de recherche en Afrique.

Pour adhérer au CARPEM et contribuer à la production endogène de la science énergétique africaine, écrire à carpem_ac@yahoo.com, ou à contact@carpem.org.

Site web : www.carpem.org - Tél. : +237 675 21 30 66

OING avec statut consultatif auprès de la Francophonie

Structures éditoriales du groupe L'Harmattan

L'Harmattan Italie
Via degli Artisti, 15
10124 Torino
harmattan.italia@gmail.com

L'Harmattan Hongrie
Kossuth l. u. 14-16.
1053 Budapest
harmattan@harmattan.hu

L'Harmattan Sénégal
10 VDN en face Mermoz
BP 45034 Dakar-Fann
senharmattan@gmail.com

L'Harmattan Cameroun
TSINGA/FECAFOOT
BP 11486 Yaoundé
inkoukam@gmail.com

L'Harmattan Burkina Faso
Achille Somé – tengnule@hotmail.fr

L'Harmattan Guinée
Almamya, rue KA 028 OKB Agency
BP 3470 Conakry
harmattanguinee@yahoo.fr

L'Harmattan RDC
185, avenue Nyangwe
Commune de Lingwala – Kinshasa
matangilamusadila@yahoo.fr

L'Harmattan Congo
67, boulevard Denis-Sassou-N'Guesso
BP 2874 Brazzaville
harmattan.congo@yahoo.fr

L'Harmattan Mali
Sirakoro-Meguetana V31
Bamako
syllaka@yahoo.fr

L'Harmattan Togo
Djidjole – Lomé
Maison Amela
face EPP BATOME
ddamela@aol.com

L'Harmattan Côte d'Ivoire
Résidence Karl – Cité des Arts
Abidjan-Cocody
03 BP 1588 Abidjan
espace_harmattan.ci@hotmail.fr

L'Harmattan Algérie
22, rue Moulay-Mohamed
31000 Oran
info2@harmattan-algerie.com

L'Harmattan Maroc
5, rue Ferrane-Kouicha, Talaâ-Elkbira
Chrableyine, Fès-Médine
30000 Fès
harmattan.maroc@gmail.com

Nos librairies en France

Librairie internationale
16, rue des Écoles – 75005 Paris
librairie.internationale@harmattan.fr
01 40 46 79 11
www.librairieharmattan.com

Lib. sciences humaines & histoire
21, rue des Écoles – 75005 Paris
librairie.sh@harmattan.fr
01 46 34 13 71
www.librairieharmattansh.com

Librairie l'Espace Harmattan
21 bis, rue des Écoles – 75005 Paris
librairie.espace@harmattan.fr
01 43 29 49 42

Lib. Méditerranée & Moyen-Orient
7, rue des Carmes – 75005 Paris
librairie.mediterranee@harmattan.fr
01 43 29 71 15

Librairie Le Lucernaire
53, rue Notre-Dame-des-Champs – 75006 Paris
librairie@lucernaire.fr
01 42 22 67 13

www.ingramcontent.com/pod-product-compliance
Lightning Source LLC
La Vergne TN
LVHW021143061026
849535LV00002B/344
* 9 7 8 2 3 4 3 1 6 2 1 8 8 *